新選明文東洋古典大系

新完譯
春秋左氏傳(中)

文璇奎 譯

明文堂

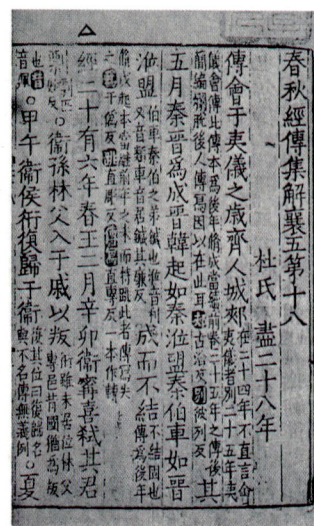

▶ 송본 춘추경전 집해(宋本春秋經傳集解) 권18 양공(襄公) 26년조

▲ 공자시교도(孔子示敎圖) 단상(壇上)의 중앙이 공자이다.

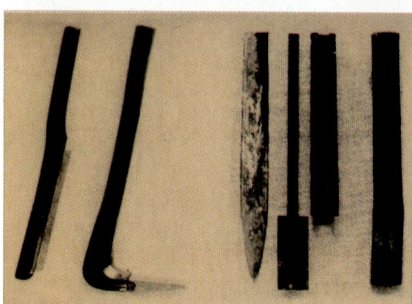

◀ 죽간용 문방구(竹簡用文房具) 죽간에 글씨를 새기거나 잘못된 글씨를 정정하는 데 사용했다. 하남성 신양현(信陽縣) 전국시대의 묘에서 출토

◀ 춘추시대의 지도

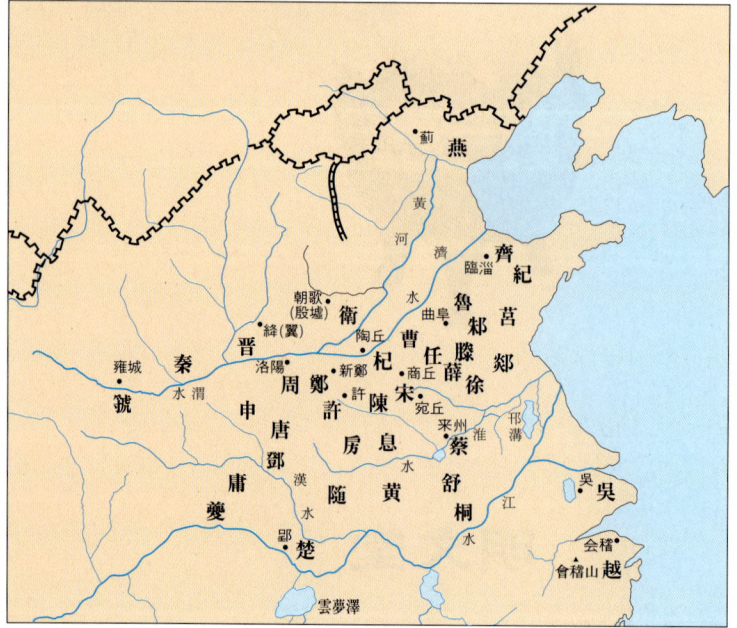

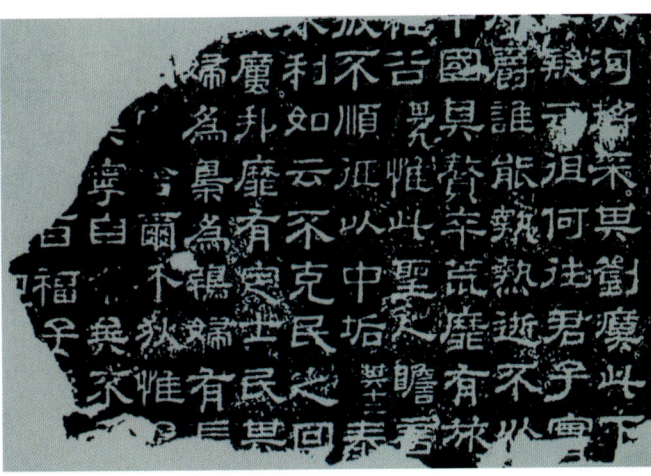

◀ 희평석경(熹平石經) 《춘추》에는 《시경》에서의 인용이 자주 나온다.

▼ 탕왕(湯王) 은(殷)나라의 초대 왕. 하(夏)의 걸왕(桀王)을 치고 천자(天子)의 자리에 올랐다.

▶ 우왕입상(禹王立像) 순제(舜帝)로부터 선양받은 우왕은 치산치수(治山治水)로 유명하다.

▼ 청동제 준(尊 : 酒器)

▲ 주역(周易) 백서(帛書). 마왕퇴(馬王堆) 발견.

▲ 춘추전국시대의 칠정(漆鼎)

▶ 청동으로 만든 종(鐘) 조상의 제사 때 사용하는 악기이다.

▼ 춘추전국시대의 도화(刀貨)

개정 증보판 동양고전을 발간하면서

오늘의 인류사회는 크게 변하고 있다. 외형적으로 눈부시게 발달한 과학 기술 및 공업 생산은 마침내 시간과 공간의 격차를 좁혔으며, 이에 인류는 하나가 되어야 한다는 정신적·도덕적 의식이 높아졌으며, 아울러 인류 대동의 하나의 평화세계 창건을 희구하는 방향으로 나아가고 있다.

그동안 우리의 정신적 문화유산인 동양고전(東洋古典)이 현대를 사는 우리에게 새로이 인식되어 적어도 그 정신세계의 바탕을 터잡아 오늘날의 방황하는 현대인들에게 가치관과 학문연구의 새로운 도약의 기회로 삼아 널리 연구 발전시켜야 할 것이다. 이는 사회 전 분야와 국가의 경영까지도 책임지는 학문의 도약을 깨우쳐 주고 가르쳐 줄 것이다.

이에 우리 지식인들도 보다 적극적으로 동양의 한문 경전을 읽고 심성을 함양하고 인격을 도야해야 한다. 아울러 국가 및 세계적인 차원에서도 모든 사람이 '충효(忠孝)'를 실천하고 '예의염치(禮義廉恥)'를 가리어야만이 '수신(修身) 제가(齊家) 치국(治國) 평천하(平天下)'의 일관된 도덕세계를 창건할 수 있을 것이다.

동양의 고전과 성현들의 가르침이나 사상은 심오하고 어렵다. 그러므로 좋은 참고서를 바탕으로 공부해야 한다.

본사 명문당은 「한문고전 출판」에서는 가장 오래되고 또 권위를 자랑하는 출판사이다. 오래 전 명문동양고전대계(明文東洋古典大系)를 출판하였는데 세월이 흘러 이제 개정판을 내게 되었다.
 새 개정판은 예전의 세로 편집을 현대 감각에 맞게 가로 편집을 하였으며, 어렵게 느껴졌던 번역문을 알기 쉬운 말로 풀어 번역하였다.
 아울러 오자(誤字)와 오역(誤譯)되고 누락된 부분을 바로잡았으며, 주해(註解) 부분도 보다 상세히 풀었다. 또한 한글 세대를 위하여 원문에 음을 달아 손쉽게 동양고전에 다가갈 수 있는 기회를 마련하였다.
 아무쪼록 동양고전을 읽고 공부하는 독자층이 널리 확대되어 도덕적 지식인들이 양산되고, 평화세계가 이룩되기를 바란다. 더불어 명문당은 더욱 노력하여 갈고 닦고 심혈을 기울여 양서 출판에 힘쓸 것을 다짐한다.

2008년 3월

명문당 김 동 구 삼가 씀

차 례 … 3

차 례

개정 증보판 동양고전을 발간하면서 …… 1

제10 선공(宣公) 상(上) …… 5

원년(元年) 5 / 2년 10 / 3년 23 / 4년 30 / 5년 38 / 6년 40 / 7년 42 / 8년 45 / 9년 49 / 10년 53

제11 선공(宣公) 하(下) …… 59

11년 59 / 12년 65 / 13년 102 / 14년 104 / 15년 109 / 16년 121 / 17년 125 / 18년 130
선공 시대 연표 135

제12 성공(成公) 상(上) …… 137

원년(元年) 137 / 2년 140 / 3년 177 / 4년 187 / 5년 191 / 6년 196 / 7년 205 / 8년 211 / 9년 219 / 10년 230

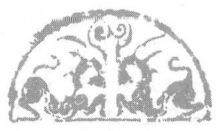

제13 성공(成公) 하(下) ······ 236

　　　11년 236 / 12년 242 / 13년 248 / 14년 260 / 15년 265 /
　　　16년 273 / 17년 304 / 18년 318
　　　성공 시대 연표 332

제14 양공(襄公) 상(上) ······ 334

　　　원년(元年) 334 / 2년 338 / 3년 345 / 4년 354 / 5년 368 /
　　　6년 373 / 7년 377 / 8년 385 / 9년 394 / 10년 410

제15 양공(襄公) 중(中) ······ 430

　　　11년 430 / 12년 442 / 13년 445 / 14년 453 / 15년 478 /
　　　16년 484 / 17년 490 / 18년 497 / 19년 508 / 20년 521

제16 양공(襄公) 하(下) ······ 527

　　　21년 527 / 22년 542 / 23년 553 / 24년 575 / 25년 586 /
　　　26년 611 / 27년 642 / 28년 666 / 29년 688 / 30년 711 /
　　　31년 730
　　　양공 시대 연표 754

제10

선공 상
宣公 上

문공(文公)의 아들. 어머니는 경영(敬嬴)
재위 기원전 608~591년

經| ○元年春王正月_{원년춘왕정월},에 公卽位_{공즉위}.라

○公子遂如齊_{공자수여제},하여 逆女_{역녀}.라

○三月_{삼월},에 遂以夫人婦姜至自齊_{수이부인부강지자제}.라

○夏_하,에 季孫行父如齊_{계손행보여제}.라

○晉放其大夫胥甲父于衛_{진방기대부서갑보우위}.라

○公會齊侯于平州_{공회제후우평주}.라

○公子遂如齊_{공자수여제}.라

○六月_{유월},에 齊人取濟西田_{제인취제서전}.이라

○秋_추,에 邾子來朝_{주자래조}.라

○楚子·鄭人侵陳_{초자 정인침진},하고 遂侵宋_{수침송}.이라

○晉趙盾帥師_{진조돈솔사},하여 救陳_{구진}.이라

○ 宋公·陳侯·衛侯·曹伯會晉師于棐林,하여 伐鄭.이라
○ 冬,에 晉趙穿帥師,하여 侵崇.이라
○ 晉人·宋人伐鄭.이라

원년 봄 천자가 쓰는 역으로 정월에, 선공(宣公)이 즉위했다.
공자 수(遂)가 제나라로 가, 제나라 공녀(公女)를 맞이했다.
3월에, 수가 공의 부인 부강(婦姜)을 모시고, 제나라로부터 돌아왔다.
여름에, 계손행보(季孫行父)가 제나라에 갔다.
진(晉)나라가 그 대부 서갑보(胥甲父)를 위나라로 추방했다.
공이 제나라 군주인 후작과 평주(平州)에서 만났다.
공자 수가 제나라에 갔다.
6월에, 제나라 사람이 제수(濟水) 서쪽의 땅을 차지했다.
가을에, 주나라 군주인 자작이 찾아왔다.
초나라 군주인 자작과 정나라 사람이 진(陳)나라를 침공하고, 드디어 송나라도 침공했다.
진(晉)나라의 조돈(趙盾)이 군사를 이끌고, 진(陳)나라를 구원했다.
송나라 군주인 공작·진나라 군주인 후작·위나라 군주인 후작·조나라 군주인 백작이 진(晉)나라 군사와 비림(棐林)에서 합류하여 정나라를 쳤다.
겨울에, 진(晉)나라 조천(趙穿)이 군사를 이끌고, 숭(崇)나라를 쳤다.
진(晉)나라 사람·송나라 사람이 정나라를 쳤다.

|주해| ○公子遂如齊(공자수여제), 逆女(역녀) – 선공이 아직 복상중(服喪中)이었는데도, 공자 수를 시켜 제나라 공녀를 아내로 맞이하게 한 것은 예가 아니었다.

○ 放(방) - 내쫓음.
○ 平州(평주) - 제나라 지명으로, 지금의 산동성 내무현(萊蕪縣) 동쪽 땅.
○ 濟西田(제서전) - 제수 서쪽의 땅은 원래 조(曹)나라의 영토였는데, 희공 31년에 진(晉)나라가 점령하여 노나라에게 나누어 주었다.
○ 救陳(구진) - 전(傳)에는 '구진송(救陳宋 : 진나라와 송나라를 구원했다)'으로 되어 있다.
○ 棐林(비림) - 정나라 지명으로, 지금의 하남성 신정현(新鄭縣) 동쪽 땅.
○ 崇(숭) - 진(秦)나라에 복종하였던 작은 나라로, 지금의 섬서성 우현(鄠縣) 동쪽에 위치했다.

|傳| 元年春王正月에 公子遂如齊하여 逆女는 尊君命也라
三月에 遂以夫人婦姜至自齊는 尊夫人也라
夏에 季文子如齊는 納賂以請會라
晉人討不用命하여 放胥甲父于衛하여 而立胥克이라 先辛奔齊라
會于平州하여 以定公位라
東門襄仲如齊하여 拜成이라
六月에 齊人取濟西之田은 爲立公故하여 以賂齊也라

원년 봄 천자가 쓰는 역으로 정월에, 공자 수(遂)가 제나라로 가 공녀를 맞이했다고 쓴 것은, 군주가 그렇게 하라고 명한 것을 존중해서였다.

3월에, 수가 공의 부인 부강(婦姜)을 모시고 제나라로부터 돌아왔다고 써 공자를 뺀 것은, 공의 부인을 높여서였다.

여름에, 계문자(季文子)가 제나라에 간 것은, 제나라 군주에게 뇌물을 바치고 두 나라 군주가 만나기를 청한 것이었다.

진(晉)나라 사람이 군령(軍令)을 지키지 않은 자를 처벌하여, 서갑보(胥甲父)를 위나라로 추방하여, 그의 아들 서극(胥克)을 후계자로 세웠다. 당시에 선신(先辛)은 제나라로 도망갔다.

노나라 선공과 제나라 군주가 제나라 평주(平州)에서 만나, 선공의 위치를 안정시켰다.

동문양중(東門襄仲 : 공자 수)은 제나라에 가, 두 나라 군주가 회합을 갖고 우호관계를 닦은 일에 대해 감사를 드렸다.

6월에 제나라 사람이 노나라 제수(濟水) 서쪽 땅을 차지했다는 것은, 선공이 군주가 된 것을 인정받기 위하여, 제나라에게 뇌물로 주어서였다.

| 주해 | ○尊夫人也(존부인야) – '공자수(公子遂)'라 쓰지 않고, 다만 수(遂)라고만 써 말한 것은, 선공의 부인을 높여서였다.

○討不用命(토불용명) – 문공 12년에, 진(晉)나라가 하곡(河曲) 땅에서의 싸움에 있어, 하군(下軍)의 부장이던 서갑보가 군령을 어겨 진(秦)나라 군사를 놓쳤던 일을 가지고 처벌했음을 말한 것이다. 그 싸움에서 조천(趙穿)도 서갑보와 같은 행동을 취했지만, 조천은 문공 17년에 정나라로 인질이 되어 갔다.

宋人之弑昭公也에 晉荀林父以諸侯之師伐宋이라 宋及晉平하여 宋文公受盟于晉하고 又會諸侯于扈하여 將爲魯討齊라가 皆取賂而還이라 鄭穆公曰 晉不足與也라하고 遂受盟于楚라 陳共公之卒也에 楚人不禮焉하니 陳靈公受盟于晉이라 秋,

에 ^{초자침진}楚子侵陳,하고 ^{수침송}遂侵宋.이라 ^{진조돈솔사}晉趙盾帥師,하여 ^{구진 송}救陳·宋,하고 ^{회우비림}會于棐林,하여 ^{이벌정야}以伐鄭也.라 ^{초위가구정}楚蔿賈救鄭,하여 ^{우우북림}遇于北林,하여 ^수囚 ^{진해양}晉解揚,하니 ^{진인내환}晉人乃還.이라

^{진욕구성어진}晉欲求成於秦,에 ^{조천왈}趙穿曰, ^{아침숭}我侵崇.이라 ^{진급숭}秦急崇,이면 ^{필구지}必救之,리 니 ^{오이구성언}吾以求成焉.이라 ^동冬,에 ^{조천침숭}趙穿侵崇,이나 ^{진불여성}秦弗與成.이라

^{진인벌정}晉人伐鄭,은 ^{이보북림지역야}以報北林之役也.라 ^{어시}於是,에 ^{진후치}晉侯侈.라 ^{조선자위}趙宣子爲 ^정政,하여 ^{취간이불입}驟諫而不入.이라 ^고故로 ^{불경어초}不競於楚.라

송나라 사람이 자기 나라 군주인 소공(昭公)을 죽이자, 진(晉)나라의 순임보(荀林父)가 제후의 군사를 이끌고 송나라를 쳤다. 그러자 송나라는 진나라와 화평하여, 송나라 군주 문공은 진나라한테 명(命)을 받기로 하고 또 제후들과 호(扈)에서 회합하여, 노나라를 위하여 제나라를 치려다가, 제후들이 다 뇌물을 받고 돌아갔다. 그러자 정나라 군주 목공(穆公)은 말하기를, "진나라를 맹주(盟主)로 삼음에는 부족하다."고 했다. 그리고 바로 초나라를 맹주로 받들었다.

진(陳)나라 군주 공공(共公)이 세상을 떠났는데, 초나라 사람이 조상하는 예를 지키지 않으니, 진나라 영공(靈公)은 진(晉)나라를 맹주로 받들었다. 가을에, 초나라 군주인 자작은 진(陳)나라를 침공하고, 드디어 송나라도 침공했다. 진(晉)나라 조돈(趙盾)이 군사를 이끌고 진(陳)·송나라를 구원하고, 비림(棐林)에서 제후들과 합류하여, 정나라를 쳤다. 그러자 초나라의 위가(蔿賈)가 정나라를 구원하여, 북림(北林)에서 진(晉)나라 군사와 만나, 진나라 대부 해양(解揚)을 포로로 잡으니, 진나라 사람들은 곧 돌아갔다.

진(晉)나라가 진(秦)나라와 화해하려고 하니, 조천(趙穿)이 말하기를, "우리는 숭(崇)나라를 칩시다. 진(秦)나라는 숭나라가 위급하다고 여기면 반드시 구원할 것이니, 그러면 우리는 그때 화해를 요구합시다."라고 했다. 겨울에, 조천은 숭나라를 침공했지만, 진(秦)나라는 화해함에 응하지 않았다.

진(晉)나라 사람이 정나라를 친 것은 북림의 싸움에 대한 보복으로 써였다. 그때, 진나라 군주는 사치를 일삼고 있었다. 조선자(趙宣子 : 趙盾)가 정치의 책임을 맡고 있어, 자주 군주에게 충간(忠諫)했지만, 군주는 듣지 않았다. 그러므로 진나라는 초나라와 세력을 다투지 못했다.

주해 ○宋人之弑昭公(송인지시소공) — 송나라 사람이 소공을 죽인 것은, 노나라 문공 16년의 일이었다.
○晉荀林父以諸侯之師伐宋(진순림보이제후지사벌송) — 이것은 노나라 문공 17년의 일이었다.
○陳共公之卒也(진공공지졸야) — 이것은 노나라 문공 13년의 일이었다.
○不禮焉(불례언) — 조상(弔喪)의 예를 지키지 않음.
○北林(북림) — 정나라 지명으로, 지금의 하남성 신정현(新鄭縣) 동북쪽 땅.
○急崇(급숭) — 숭나라가 위급하다고 여김.
○競(경) — 세력을 다툼. 패자(覇者) 되기를 다툼.

經 ○二年春王二月壬子,에 宋華元帥師,하여 及鄭公子歸生帥師戰于大棘,하여 宋師敗績,하고 獲宋華元.이라

○秦師伐晉.이라

○夏,에 晉人·宋人·衛人·陳人侵鄭.이라

○秋九月乙丑,에 晉趙盾弑其君夷皐.라

　　　　동시월을해　　　천왕붕
　〇冬十月乙亥,에 天王崩.이라

　2년 봄 천자가 쓰는 역으로 2월 임자날에, 송나라 화원(華元)이 군사를 이끌고, 정나라 공자 귀생(歸生)이 거느린 군사와 대극(大棘)에서 싸워, 송나라 군사가 대패하고, 송나라 화원을 잡았다.
　진(秦)나라 군사가 진(晉)나라를 쳤다.
　여름에, 진(晉)나라 사람·송나라 사람·위나라 사람·진(陳)나라 사람들이, 정나라를 침공했다.
　가을 9월 을축날에, 진(晉)나라 조돈(趙盾)이 그의 군주 이고(夷皋)를 죽였다.
　겨울 10월 을해날에, 천자께서 붕(崩)하셨다.

| 주해 | 〇二月壬子(이월임자)-2월 10일.
　〇大棘(대극)-송나라 지명으로, 지금의 하남성 영릉현(寧陵縣) 서남쪽 땅.
　〇九月乙丑(구월을축)-9월 27일.
　〇十月乙亥(시월을해)-10월 8일.
　〇天王(천왕)-주(周)나라 광왕(匡王). 재위 기원전 612~607년.

　　　　　이년춘　　　　정공자귀생수명우초　　　　벌송　　　　송화원　　악
| 傳 | 二年春,에 鄭公子歸生受命于楚,하고 伐宋.이라 宋華元·樂
　　려어지　　　이월임자　　전우대극　　　송사패적　　　　수화원
呂禦之,에 二月壬子,에 戰于大棘,하여 宋師敗績.이라 囚華元,하
　　　획악려급갑차사백륙십승　　부이백오십인　　괵백인　　　　광
고 獲樂呂及甲車四百六十乘·俘二百五十人·馘百人.이라 狂
　교아정인　　　정인입어정　　　도극이출지　　　　획광교　　군
狡輅鄭人,하여 鄭人入於井,하니 倒戟而出之,러니 獲狂狡.라 君
　자왈　실례위명　　　의기위금야　　　융소과의이청지　　지위
子曰, 失禮違命,하니 宜其爲禽也.로다 戎昭果毅以聽之,니 之謂
　례　　살적위과　　치과위의　　역지　　육야
禮.라 殺敵爲果,요 致果爲毅.라 易之,면 戮也.라

將戰,에 華元殺羊食士,어늘 其御羊斟不與.라 及戰曰, 疇昔之
羊,은 子爲政,이나 今日之事,는 我爲政.이라하고 與入鄭師.라 故
로 敗.라 君子謂,하되 羊斟非人也.라 以其私憾敗國殄民.이라 於
是,에 刑孰大焉.가 詩所謂人之無良者,는 其羊斟之謂乎.아 殘民
而逞.이라

  2년 봄에, 정나라 공자 귀생(歸生)이 초나라의 명령을 받고 송나라를 쳤다. 송나라의 화원(華元)과 악려(樂呂)가 정나라 군사를 막아내니 2월 임자날에, 대극(大棘)에서 송나라 군사가 패했다. 정나라는 화원을 사로잡고 악려를 죽이고, 전차 460대, 포로 250명, 100명을 죽여 귀를 벤 전과를 올렸다. 이 싸움에서 송나라 대부 광교(狂狡)가 정나라 사람을 상대하였는데, 정나라 사람이 우물 속으로 빠지니, 그는 창을 거꾸로 넣어주어 창 자루를 잡게 하여 끌어올렸더니, 그 정나라 사람은 광교를 죽였다. 군자(君子)는 이 일을 두고 말했다. "군대의 법도를 잊고 군령(軍令)을 어겼으니, 그가 죽게 된 것은 당연한 일이다. 군대는 윗사람은 과(果)와 의(毅)를 명백히 알리고, 아랫사람은 그 명을 따름을 군의 법도라 이른다. 적을 죽임을 과(果)라 하고, 과(果)를 완수함을 의(毅)라 한다. 이 법도를 어기면, 곧 형을 받는다."
  싸우려고 했을 때, 화원은 양(羊)을 잡아 군사들에게 먹였는데, 그는 전차를 조종하는 양짐(羊斟)에게는 고기를 주지 않았다. 그런데 싸우게 되어서 양짐은 말하기를, "어젯밤의 양고기는 당신께서 주관했지만, 오늘 싸우는 일은 내가 주관하게 될 거요."라 하고, 화원을 태운 채 정나라 군사 진영 안으로 달려들어갔다. 그래서 송나라 군사는 패하였다. 군자는 이 일을 두고 말했다. "양짐은 사람이 아니다.

그는 자기의 개인 감정으로, 나라의 군사를 패하게 하고 백성들을 죽였다. 이에, 형벌 받을 일이 이보다 무엇이 더 클손가? 시(詩)에, '사람으로서 양심 없는 자'라고 이른 것은 양짐과 같은 자를 두고 이른 것일까? 그는 백성의 생명을 빼앗으면서 분풀이했다."

주해 ○輅(아) – 맞음, 상대함.
  ○禽(금) – 죽음, 죽여짐.
  ○羊斟不與(양짐불여) – 인정상 자기의 전차를 조종하는 사람이니, 남보다도 오히려 더 주었을 것이지만, 그의 이름에 양(羊)자가 들어, 양고기를 먹으면 불길할까봐 주지 않은 것으로 짐작된다.
  ○疇昔(주석) – 어젯밤.
  ○詩(시) – 《시경》 풍(風) 용풍(鄘風)의 순지분분편(鶉之奔奔篇) 구절.

해설 진(晉)나라와의 동맹국에서 벗어나 초나라에 복종했던 정나라가, 초나라의 명으로 송나라를 쳐 이긴 싸움에서 있었던 두 가지 사건의 전말을 말하고 있다. 그것은 송나라 대부 광교(狂狡)가 정나라 사람을 인정으로 구해 주었다가 오히려 자신이 죽게 된 일과, 송나라 사령관의 전차를 조종한 양짐(羊斟)이 양고기를 주지 않았다고 감정을 품어 상관을 죽이고, 나아서는 수많은 나라 사람을 죽여, 결국 대패하게 한 일이다. 여기에서 우리는 공적인 일에 있어서는 사사로운 감정으로 일을 해서는 안된다는 것을 느끼게 된다.

송인이병차백승 문마백사   이속화원우정   반입
宋人以兵車百乘·文馬百駟,하여 以贖華元于鄭.이라 半入,에
화원도귀   입우문외   고이입   견숙장왈 자지마연
華元逃歸,하여 立于門外,하여 告而入.이라 見叔牂曰, 子之馬然
야   대왈 비마야   기인야   기합이래분
也.라 對曰, 非馬也,요 其人也.라 旣合而來奔.이라
송성   화원위치순공   성자구왈 환기목   파기복
宋城,에 華元爲植巡功.이라 城者謳曰, 睅其目,하고 皤其腹,에

棄甲而復.이로다 于思于思,여 棄甲復來.로다 使其驂乘謂之曰,
牛則有皮,하고 犀兕尚多,에 棄甲則那.아 役人曰, 縱其有皮,나
丹漆若何.오 華元曰, 去之.라 夫其口衆,이나 而我寡.라
秦師伐晉,하니 以報崇也.라 遂圍焦.라 夏,에 晉趙盾救焦,하고
遂自陰地及諸侯之師侵鄭,하여 以報大棘之役.이라 楚鬪椒救鄭,
에 曰, 能欲諸侯,하여 而惡其難乎.아 遂次于鄭,하여 以待晉師.
라 趙盾曰, 彼宗競於楚,나 殆將斃矣,리니 姑益其疾.이라하고 乃
去之.라

　송나라 사람이 전차 백 대, 잘 꾸민 말 4백 필과, 대신 화원(華元)을 정나라에게서 돌려받기로 했다. 그리하여 그 교환물의 반절쯤이 정나라로 들어갔을 때 화원은 도망쳐 송나라로 들어가, 도읍의 성문 밖에 서서, 자기가 돌아왔노라고 소리쳐 말하고 성안으로 들어갔다. 그리고 숙장(叔牂 : 羊斟)을 보자, "그대가 부린 말이 적진으로 뛰어들어갔기에 내가 잡혔다."라고 말했다. 그러자 숙장이 대답하기를, "말이 그런 게 아니라, 그 말을 부린 사람이었던 내가 그렇게 했습니다."라 했다. 그는 이렇게 대답하고는, 노나라로 도망쳤다.
　송나라가 성을 쌓았는데, 화원이 주장관이 되어 공사의 순시를 했다. 그때 성 쌓는 사람들이, "눈알은 툭 솟았고, 배는 크기도 한데 갑옷 버리고 돌아왔다네. 수염 많은 털보여, 갑옷을 내던지고 돌아왔다네."라고 노래하였다. 그러자 화원은 자기 수레에 같이 타고 있는 사람을 시켜, "소가 있다면 가죽이 있고, 우리 송나라에는 무소와 외뿔

소의 가죽이 아직도 많이 있는데, 한 벌의 갑옷을 버린 것쯤이야 무슨 문제가 되는가?"라고 말하게 했다. 그랬더니 일꾼이 말하기를, "비록 갑옷 만들 가죽이야 있다 하더라도, 갑옷에 칠할 붉은 칠, 검은 칠은 어찌한단 말이오?"라고 하였다. 그러자 화원은, "어서 가자. 저 사람들의 입은 많지만, 우리의 입은 적다."고 했다.

진(秦)나라 군사가 진(晉)나라를 쳤으니, 그것은 숭(崇)나라를 쳤던 일을 보복함으로써였다. 진나라 군사는 드디어 초(焦)를 포위했다. 여름에, 진(晉)나라의 조돈이 초를 구하고, 곧이어 음지(陰地)로부터 제후들의 군사와 정나라를 침공하여, 대극(大棘)에서의 싸움에 대한 보복을 했다. 초나라 투초(鬪椒)가 정나라를 구원함에 있어 말하기를, "제후들을 손안에 넣으려고 생각하고 있으면서, 어찌 고난을 싫다고 할 것이랴?"라 했다. 그리고 정나라로 가 주둔하여, 진(晉)나라 군사를 기다렸다. 그때 조돈은 말하기를, "저 투초의 종족(宗族)은 초나라에서 세력이 세나, 정녕 장차 자멸(自滅)할 것이니, 잠시 그의 교만 떠는 버릇이 더 커지기를 기다리리다."라고 했다. 그리고 가버렸다.

| 주해 | ○文馬百駟(문마백사) – 문마는 보기 좋게 꾸민 말. 사(駟)는 네 마리로 백사는 4백 마리의 말.
○植(식) – 주장관(主掌官).
○睅(환) – 솟은 눈.
○皤(파) – 배가 불룩함. 큰 배.
○焦(초) – 진(晉)나라의 읍 이름으로, 지금의 하남성 섬현(陝縣) 서쪽에 위치했다.
○陰地(음지) – 진(晉)나라 땅으로, 지금의 하남성 노씨현(盧氏縣) 동북쪽 땅.
○鬪椒(투초) – 당시에 초나라 영윤(令尹).
○益其疾(익기질) – 그의 병의 성질(거만 떠는 버릇)을 더하게 함.

진령공불군   후렴이조장   종대상탄인   이관기피
晉靈公不君,하여 厚斂以彫牆,하고 從臺上彈人,하여 而觀其避
환야   재부이웅번불숙   살지   치저분   사부인대
丸也.라 宰夫胹熊蹯不熟,하니 殺之,하여 寘諸畚,하고 使婦人戴
이과조   조돈 사계견기수   문기고이환지   장간   사
以過朝.라 趙盾·士季見其手,하고 問其故而患之.라 將諫,에 士
계왈   간이불입   즉막지계야   회청선   불입   즉
季曰, 諫而不入,이면 則莫之繼也.라 會請先.이라 不入,이면 則
자계지   삼진급류   이후시지왈   오지소과의   장개지
子繼之.하라 三進及溜,하여 而後視之曰, 吾知所過矣,니 將改之.
계수이대왈   인수무과   과이능개   선막대언
리라 稽首而對曰, 人誰無過.이리오 過而能改,면 善莫大焉.이오니
시왈   미불유초   선극유종   부여시   즉능
다 詩曰, 靡不有初,로되 鮮克有終.이라하였나이다 夫如是,는 則能
보과자선의   군능유종   즉사직지고야   기유
補過者鮮矣.이오니다 君能有終,이면 則社稷之固也.이오니다 豈唯
군신뢰지   우왈   곤직유궐   유중산보보지   능
群臣賴之.리오 又曰, 袞職有闕,에 惟仲山甫補之.라하였나이다 能
보과야   군긍보과   곤불폐의
補過也.이오니다 君肯補過,면 袞不廢矣.이오니다
유불개   선자취간   공환지   사서예적지   신왕
猶不改,하니 宣子驟諫.이라 公患之,하고 使鉏麑賊之.라 晨往,
침문벽의   성복장조   상조   좌이가매   예퇴이탄
하니 寢門闢矣.라 盛服將朝,에 尚早,하여 坐而假寐.라 麑退而歎
이언왈   불망공경   민지주야   적민지주   불충   기군
而言曰, 不忘恭敬,은 民之主也.라 賊民之主,는 不忠,이오 棄君
지명   불신   유일어차   불여사야   촉괴이사
之命,은 不信.이라 有一於此,는 不如死也.로다 觸槐而死.라

진(晉)나라 영공(靈公)이 군주 노릇을 제대로 하지 않고 과다한 세금을 거두어들여 담장에까지 조각하고, 궁전 위에서 사람들에게 팔매질을 하여, 사람들이 피하려고 허둥거리는 광경을 보고 좋아하곤 했

다. 요리사가 곰발바닥 삶은 것이 제대로 잘 삶아지지 않자, 영공은 그 요리사를 죽여 삼태기에 담고, 그것을 부인에게 이고 조정(朝廷)을 지나가게 했다. 그때 조돈(趙盾)과 사계(士季)가 삼태기 밖으로 나온 죽은 사람의 손을 보고, 그 영문을 물어 알고는 걱정했다. 조돈이 군주에게 충간하려 하자 사계가 말하기를, "당신께서 충간했다가 받아들여지지 않는다면, 그 뒤를 이어 충간할 사람이 없게 됩니다. 그러니 이 몸이 먼저 충간하게 하기를 바랍니다. 내가 충간해서 받아들여지지 않으면, 그때 당신이 내 뒤를 이어 충간하십시오."라고 했다. 한 번, 그리고 두 번 땅에 엎드려 말해도 돌아보지 않더니, 세 번째로 궁전의 처마 밑 빗물 떨어지는 곳에서 엎드려 말하니 군주는 뒤돌아보고 말하기를, "내 지나치게 한 바를 알고 있으니, 앞으로 고치겠소."라고 하였다. 그래서 사계는 땅에 머리를 조아리고 말했다. "사람으로서 어느 누가 잘못함이 없겠사옵니까? 잘못을 하고 그걸 고칠 수가 있다면, 그것보다 더 좋은 일은 없사옵니다. 시(詩)에 이르기를, '처음 시작함이 있으되, 좋게 끝을 맺는 이는 드물도다.'라고 하였사옵니다. 이것은 곧 잘못을 고칠 수 있는 사람이 적다는 것을 말한 것이옵니다. 군주께서 잘못을 고치시어 유종의 미를 거두신다면, 그것은 곧 국가 사직이 굳건하게 되어짐이옵니다. 어찌 저희들 신하의 복 받음만이 되겠나이까? 시에 또 이르기를, '나라의 삼공(三公)으로 있는 자에게 잘못이 있으면, 중산보(仲山甫)가 그것을 바르게 하네.'라 하였나이다. 이것은 잘못을 바르게 했다는 것을 말한 것이옵니다. 군주께서 앞으로 잘못 고치기를 응해 주신다면, 군주의 지위는 안정되옵니다."

그러나 영공은 그의 잘못을 고치지 않으니, 조선자(趙宣子 : 조돈)가 자주 충간했다. 그러자 영공은 그것을 싫어하고, 서예(鉏麑)를 시켜 조돈을 죽이게 했다. 서예가 아침 일찍 조돈의 집으로 가니, 잠자는 방의 문이 활짝 열려 있었다. 그때 조돈은 조복(朝服)을 잘 차려

입고 조정으로 나가려는 참이었는데, 시각이 아직 일러서 자리에 앉은 채 자는 듯이 눈을 감고 있었다. 그것을 본 서예는 물러나와 탄복하고 혼잣말로, "군주에 대해서 공경스럽게 해야 한다는 것을 잊지 않고 있는 이는 백성의 주인공이다. 백성의 주인공을 죽이는 것은 불충(不忠)이고, 군주의 명령을 지키지 않는 것은 불신(不信)이다. 이 두 가지 중의 한 가지 허물을 범한다는 것은, 차라리 죽는 것만 같지 못하도다."하고 느티나무에 자기의 머리를 찧어 죽었다.

| 주해 | ○宰夫(재부) – 요리사.
○士季(사계) – 진나라 대부로, 수(隨) 땅을 영유지로 가지고 있었기에 수회(隨會)라고도 했고, 또 나중에 원(苑) 땅을 영유지로 소유했으므로 원무자(苑武子)라고도 하였다.
○霤(유) – 처마 밑의 빗물 떨어지는 곳.
○靡不有初(미불유초), 鮮克有終(선극유종) – 《시경》 대아(大雅) 탕편(蕩篇)의 구절.
○袞職有闕(곤직유궐), 惟仲山甫補之(유중산보보지) – 《시경》 대아 증민편(烝民篇)의 구절.
○袞職(곤직) – 곤은 용(龍)무늬가 들어 있는 옷으로, 천자 밑의 삼공(三公)이 입었다. 여기에서 곤직은 삼공을 말한 것이고, '곤불폐의(袞不廢矣)'의 곤은 진나라 영공을 삼공에 비유해서 말한 것이다.
○仲山甫(중산보) – 주나라 선왕(宣王) 때의 명신(名臣).
○袞不廢矣(곤불폐의) – 곤복을 입고 있는 군주의 지위가 안정되다.

秋九月,에 晉侯飮趙盾酒,하고 伏甲將攻之.라 其右提彌明知之,하고 趨登曰, 臣侍君宴,에 過三爵非禮也.라 遂扶以下.라 公嗾夫獒焉,에 明搏而殺之.라 盾曰, 棄人用犬,이나 雖猛何爲.아

鬪且出,하고 提彌明死之.라
初,에 宣子田於首山,에 舍於翳桑.이라 見靈輒餓,하고 問其病,
하니 曰, 不食三日矣.라 食之,하니 舍其半.이라 問之,하니 曰, 宦
三年矣,에 未知母之存否.라 今近矣,에 請以遺之.라 使盡之,하
고 而爲之簞食與肉,하여 寘諸橐以與之.라 旣而與爲公介,어늘
倒戟以禦公徒,하여 而免之.라 問何故,하니 對曰, 翳桑之餓人
也.라 問其名居,에 不告而退,하여 遂自亡也.라
乙丑,에 趙穿殺靈公於桃園,하니 宣子未出山而復.이라 大史書
曰, 趙盾弑其君,하여 以示於朝.라 宣子曰, 不然.이라 對曰, 子
爲正卿,에 亡不越境,하고 反不討賊,하니 非子而誰.오 宣子曰,
嗚呼,라 詩曰, 我之懷矣,에 自詒伊慼.이로다 其我之謂矣.라 孔
子曰, 董狐古之良史也,로 書法不隱,하고 趙宣子古之良大夫也,
로 爲法受惡.이라 惜也.라 越境乃免.이었도다

가을 9월에, 진(晉)나라 군주 영공이 조돈에게 술대접을 하고, 무장한 병사를 숨겨 그를 죽이려 했다. 그런데 조돈이 타는 전차의 오른쪽 전사인 제미명(提彌明)이 그 계획을 알고, 달려가 ᄀ 술자리로 올라서서 말하기를, "신하가 군주께서 자리 잡으신 잔치에 모시고 있으면서, 세 잔을 넘게 마시는 것은 예의에 어긋나는 일입니다."라고 했다. 이에 조돈은 사태가 급함을 깨닫고 바로 맨발로 뛰어 내려갔다.

그러자 영공은 사나운 개로 하여금 덤벼들게 했는데, 제미명이 그 개를 손으로 때려죽였다. 그때 조돈은, "인재(人材)는 내동댕이치고 개를 쓰나, 제아무리 사납다 하더라도 그게 무엇을 하겠습니까?"하고, 병사들을 상대하여 싸우면서 도망쳐 나갔고, 제미명은 죽어갔다.

전에 조선자(조돈)가 수산(首山)에서 사냥했을 때, 예상(翳桑)에서 숙박했다. 그때, 그는 영첩(靈輒)이라는 자가 굶주리고 있는 걸 보고 무슨 병이 있느냐고 물었다. 그랬더니 영첩이 대답하기를, "사흘동안 아무것도 먹지 않았습니다."라고 하였다. 그래서 조선자는 그에게 밥을 먹였더니, 그는 밥의 반절을 남겼다. 조선자가 그 까닭을 묻자 그는, "나라에 3년 간 봉사(奉仕)해 왔으나, 어머니가 잘 계시는지 어쩐지를 모르고 있습니다. 지금은 어머니 계시는 곳이 가까우니, 이것을 어머니에게 보내게 해주십시오."라고 대답하였다. 조선자는 남은 밥을 먹게 하고, 그를 위해 밥과 고기를 표주박에 담아, 전대에 넣어 주었다. 그후, 영첩은 군주의 호위병이 되었는데, 그때 가지고 있던 창부리를 반대로 대고 군주의 병사들을 막아, 조선자가 죽음을 면하게 했다. 조선자가 무슨 까닭으로 그랬느냐고 물으니, 영첩은 대답하기를, "저는 예상에서 굶주렸던 사람입니다."라고 했다. 조선자가 그의 이름과 살고 있는 곳을 물으니, 그는 대답하지 않고 물러가 그길로 바로 혼자 도망쳤다.

을축날에, 조천(趙穿)이 영공을 도원(桃園)에서 죽이니, 조선자는 다른 나라로 도망가다 국경의 산을 넘지 못하고 있었는데, 그 소식을 듣고 되돌아갔다. 대사관(大史官)은 그 사건을 기록하기를, '조돈이 그의 군주를 죽였다.'라 하고, 그것을 조정에 돌려 보였다. 그러자 조선자가 말하기를, "내가 죽이지 않았소."라고 했다. 이에 대해서 대사관은 말하기를, "당신께서는 나라의 신하로서 제일 윗자리인 정경(正卿)으로, 다른 나라로 망명하다가 국경을 넘어가지 않았고, 돌아와서 군주를 죽인 악한 자를 치지 않고 있으니, 결국 당신께서 죽인 것이 아니고 누구란 말씀입니까?"라고 했다. 그러자 조선자는, "아아, 시(詩)에 이르기를, '내 생각을 품었음에, 스스로 걱정거리를 남겼도다.'라고 이른 것은, 나 같은 사람을 두고 말한 것이구려!"라고 말했다. 공자(孔子)께서는 말씀하셨다. "동호(董狐)는 옛날의 훌륭한 사관(史官)으로 법도대로 써 사실을 숨기지 않았고, 조선자는 옛날의 훌륭한 대부로 법도를 위하여 악명을 받아들였다. 그것은 아까운 일이었다. 그가 국경을 넘었더라면 그 악명을 면했을 것이다."

주해| ㅇ三爵(삼작)―세 잔의 술.
ㅇ獒(오)―사나운 개[犬].
ㅇ首山(수산)―수양산(首陽山). 지금의 산서성 영제현(永濟縣) 남쪽에 있음.
ㅇ翳桑(예상)―불명.
ㅇ宦(환)―나라를 위하여 봉사함.
ㅇ公介(공개)―군주의 호위병.
ㅇ倒戟(도극)―창을 반대쪽으로 향하게 함.
ㅇ名居(명거)―이름과 거처하는 곳.
ㅇ乙丑(을축)―9월 27일.
ㅇ桃園(도원)―원(園)의 이름.
ㅇ詩曰(시왈)―《시경》에 들어 있지 않은 옛 시, 즉 일시(逸詩)의 구절.
ㅇ越境乃免(월경내면)―국경을 넘어 다른 나라로 가면 군주와 인연이 끊어져, 후일 나쁜 짓 한 사람을 응징할 책임이 없기에, 이렇게 말한 것이다.

해설| 무도한 진나라의 영공이 자기를 잘 받드는 충신 조돈(趙盾)을 죽이려다가 실패하고, 결국은 자신이 신하에게 죽은 일을 말하고 있다. 그리고 이 글에서는, 제미명(提彌明)과 영첩(靈輒)이 조돈에 대한 의(義)된 행위를 취했음과, 국가의 역사를 기록하는 사관이 권세에 아부하지 않은 사실과, 조돈이 법도를 짓밟음 없이, 스스로 악명을 달게

받은 의리를 말하고 있다.

　　　　　　선자사조천역공자흑둔우주　　　이립지　　　임신조우무궁
　　　宣子使趙穿逆公子黑臀于周,하여 而立之,하여 壬申朝于武宮.
이라
　　　　　초　　여희지란　　저무축군공자　　　자시진무공족　　　급
　　　初,에 麗姬之亂,에 詛無畜群公子,하여 自是晉無公族.이라 及
　　　성공즉위　　내환경지적　　　이위지전　　이위공족　　　우
　　　成公卽位,에 乃宦卿之嫡,하고 而爲之田,하여 以爲公族.이라 又
　　환기여자　　　역위여자　　　기서자위공행　　　진어시유공
　　宦其餘子,하여 亦爲餘子,하고 其庶子爲公行.이라 晉於是有公
　족　　여자　공행
　族·餘子·公行.이라
　　　　　　조돈청이괄위공족　　　왈　군희씨지애자야　　　미군희
　　　　　趙盾請以括爲公族,하고 曰, 君姬氏之愛子也.이오니다 微君姬
　씨　　　즉신적인야　　　　공허지　　동　　조돈위모거지족
　氏,면 則臣狄人也.이었나이다 公許之.라 冬,에 趙盾爲旄車之族,
　　　사병계이기고족위공족대부
하고 使屛季以其故族爲公族大夫.라

　조선자는 조천을 시켜 공자 흑둔(黑臀)을 주(周)나라로부터 맞이하여 오게 해서, 그를 군주〔成公〕로 세워, 임신날에 선조인 무공(武公)의 사당에 고했다.
　전에, 여희(麗姬)의 소동 때, (여희는 헌공 및 대부들과) 여러 공자를 기르지 않겠다고 맹서하여, 그로부터 진나라에는 공족(公族)이라는 것이 없어졌다. 그랬는데 성공이 즉위하게 되자, 경(卿)의 적장자(嫡長子)에게 벼슬을 주고 그들에게 토지를 주어, 공족으로 삼았다. 그리고 그 적장자의 동생들에게 벼슬을 주어서 여자(餘子)라 하고, 그 서자들은 공행(公行)이라 했다. 그래서 진(晉)나라에는 공족·여자(餘子)·공행의 족(族)이 있게 되었다.
　조돈은 조괄(趙括)을 공족으로 삼을 것을 청원하고 말하기를, "괄

(括)은 군주의 딸이 사랑하신 아들이옵니다. 군주의 딸이 아니었더라면, 저는 적(狄) 오랑캐로 지냈을 것입니다."라고 했다. 그러자 성공은 그의 청원을 들어주었다. 겨울에, 조돈은 공행보다 아래 족(族)인 모거족(旄車族:公行)의 신분이 되고, 병계(屛季:括)로 하여금 자기 씨족을 통솔하고 공족대부(公族大夫)가 되게 했다.

│주해│ ○公子黑臀(공자흑둔) – 진나라 문공(文公)의 아들.
  ○壬申(임신) – 10월 5일.
  ○麗姬之亂(여희지란) – 진나라 헌공(獻公) 때의 여희의 소동.
  ○君姬氏(군희씨) – 조돈의 아버지 조최(趙衰)의 아내로, 진나라 문공의 딸.
  ○故族(고족) – 그의 일족. 조최 이후의 친족을 말한다.
  ○公族大夫(공족대부) – 공족을 통솔하는 대부.

│해설│ 진(晉)나라 성공(成公)이 즉위했고, 성공이 공족·여자·공행의 3족을 둔 일, 그리고 조돈이 전에 문공의 딸이 자기가 적(狄) 오랑캐의 아들인데도 적자로 삼아 출세하게 해준 은혜를 갚은 사실을 말하고 있다.

│經│ ○ _{삼년춘왕정월} 三年春王正月,에 _{교우지구상} 郊牛之口傷.이라 _{개복우} 改卜牛,에 _{우사} 牛死.라 _내 乃
  _{불교} 不郊,나 _{유삼망} 猶三望.이라
  ○ _{장광왕} 葬匡王.이라
  ○ _{초자벌륙혼지융} 楚子伐陸渾之戎.이라
  ○ _하 夏,에 _{초인침정} 楚人侵鄭.이라
  ○ _추 秋,에 _{적적침제} 赤狄侵齊.라
  ○ _{송사위조} 宋師圍曹.라

○ 冬十月丙戌(동시월병술),에 鄭伯蘭卒(정백란졸).이라
○ 葬鄭穆公(장정목공).이라

3년 봄 천자가 쓰는 역으로 정월에, 교제(郊祭)에 희생으로 올릴 소[牛]의 입에 상처가 났다. 그래서 다른 소로 희생을 삼을 것을 점쳐 정했는데, 그 소가 죽었다. 그러므로 교제를 지내지 않았거니와 삼망(三望)의 제사는 그대로 지냈다.
주나라 천자인 광왕(匡王)을 장사 지냈다.
초나라 군주인 자작이 육혼(陸渾)의 융(戎) 오랑캐를 쳤다.
여름에, 초나라 사람이 정나라를 침범했다.
가을에, 적적(赤狄) 오랑캐가 제나라를 침범했다.
송나라 군사가 조나라를 포위했다.
겨울 10월 병술날에, 정나라 군주인 백작 난(蘭)이 세상을 떠났다.
정나라 목공을 장사 지냈다.

▎주해▎ ○郊(교)-교제(郊祭). 희공 31년조 참고.
○三望(삼망)-희공 31년조 참고.
○葬匡王(장광왕)-광왕이 세상을 떠난 것은 전년 10월의 일이었다. 천자는 세상을 떠난 지 7개월이 지나야 장사를 지냈는데, 네 달만에 장사 지낸 것은 예에서 벗어난 일이었다.
○陸渾之戎(육혼지융)-희공 22년조 참고.
○十月丙戌(시월병술)-10월 25일.

▎傳▎ 三年春(삼년춘),에 不郊而望(불교이망),은 皆非禮也(개비례야).라 望郊之屬也(망교지속야),니 不郊(불교),면 亦無望可也(역무망가야).라
晉侯伐鄭及延(진후벌정급연),에 鄭及晉平(정급진평),하니 士會入盟也(사회입맹야).라

楚子伐陸渾之戎,하고 遂至於雒,하여 觀兵于周疆.이라 定王使
王孫滿勞楚子,하니 楚子問鼎之大小輕重焉.이라 對曰, 在德
不在鼎.이라 昔,에 夏之方有德也,에 遠方圖物,하고 貢金九牧,
하여 鑄鼎象物,하여 百物而爲之備,하여 使民知神姦.이라 故로
民入川澤山林,하여 不逢不若,하고 螭魅罔兩,이 莫能逢之.라 用
能協于上下,하여 以承天休.라 桀有昏德,에 鼎遷于商,하여 載祀
六百.이라 商紂暴虐,에 鼎遷於周.라 德之休明,에 雖小重也,요
其姦回昏亂,이면 雖大輕也.라 天祚明德,에 有所底止.라 成王定
鼎于郟鄏,에 卜世卅,이요 卜年七百,하니 天所命也.라 今, 周德
雖衰,나 天命未改.라 鼎之輕重,은 未可問也.라

3년 봄에, 교제(郊祭)를 지내지 않고 삼망(三望)의 제사를 지낸 것은, 다 예의에 벗어난 일이었다. 망(望：三望)의 제사는 교제에 따라 붙는 제사니, 교제를 지내지 않는다면 망 제사를 지내지 않음이 옳다.

진(晉)나라 군주인 후작[成公]이 정나라를 쳐 연(延)까지 쳐들어 가니, 정나라가 진나라와 화평을 맺고, 사회(士會：隨武子)가 정나라 도읍으로 들어가 맹서하였다.

초나라 군주인 자작[莊王]이 육혼(陸渾)의 융 오랑캐를 정벌하고, 드디어 낙수(洛水) 가에 이르러, 주(周)나라 천자의 직할지 경계에서 군사 대열을 정리하여 관병식(觀兵式)을 가졌다. 그러자 주나라 천자인 정왕(定王)은 왕손만(王孫滿)에게 가서, 초나라 군주를 위로케 하시니, 초나라 군주는 왕손만에게 천자를 상징하는 구정(九鼎)의 크기

와 무게를 물었다. 왕손만은 대답했다. "천자가 되는 것은 그 사람의 덕(德) 여하에 있는 것이지, 구정에 관계가 있는 것은 아니오. 옛날, 하(夏)나라 왕이 천자로서 한창 덕이 있어, 먼 나라들은 각기 그 나라 안의 기이한 것들의 형상을 그려 올리고, 구주(九州)의 치자(治者)에게 동(銅)을 바치게 하여, 큰 솥을 만들어 여러 가지 것들의 모양을 새겨넣어, 모든 것이 다 그 솥에 나타나게 해서, 백성들로 하여금 악마를 알게 했소. 그래서 백성들이 천택(川澤)이나 산림에 들어가서도, 좋지 못한 것을 피해서 만나지 않았고, 산천의 괴물이 백성들을 만나 해칠 수가 없었소이다. 그리하여, 천하 사람 상하가 화합할 수 있어서 하늘의 복을 받았던 것이오. 그랬는데 하나라 걸왕(桀王)의 악덕이 있자, 구정은 상(商：殷)나라로 넘어가, 6백년이 지났었소. 그러다가, 상나라 주왕(紂王)이 포학하여 구정은 주나라로 넘어온 것이오. 구정을 소유하는 천자의 덕이 아름답고 밝음에는, 구정이 비록 작다 하더라도 무거워 옮길 수는 없는 것이고, 천자의 덕이 좋지 못하여 어리석고 난잡하면, 구정이 비록 크다 하더라도 가볍게 넘겨져 가는 것이오. 그리고 하늘이 밝은 덕을 복으로 내림에는 일정한 한도가 있는 것이오. 주나라 성왕(成王)이 겹욕(郟鄏)을 서울로 삼아 구정을 안치하시고 대수(代數)를 점치시니 30대 계속된다는 것이었고, 주나라 연수를 점치시니 7백년 동안 계속된다는 것이었으니, 이것이 곧 주나라 왕실에 준 천명(天命)이오. 지금 주나라 천자의 덕이 비록 쇠약해지고 있기는 하나, 천명은 바꾸어지지 않고 있소이다. 그러니 구정의 무게는 물을 것이 되지 못하오."

|주해| ○延(연)-정나라 지명으로, 지금의 하남성 정현(鄭縣) 동쪽 땅.
○雒(낙)-낙수(洛水). 낙수는 섬서성으로부터 흘러 하남성의 낙양(洛湯) 부근을 흘러내려 황하(黃河)로 들어간다.
○定王(정왕)-기원전 606~586년까지 재위했다.
○鼎(정)-구정(九鼎). 아홉 개의 솥인 구정은 원래 하(夏)나라 우(禹)임

금이 만들었다 한다. 구정은 본래 종묘의 제사 기구로 사용되었으나, 나중에는 천자 자리를 이어받는 표지가 되었다.
o 圖物(도물)-지방 산천(山川)의 기이한 것들을 그린 그림.
o 九牧(구목)-구주(九州)의 장관.
o 神姦(신간)-악마(惡魔).
o 不若(불약)-좋지 못한 것. 마물(魔物).
o 螭魅罔兩(이매망량)-이매는 산중(山中)의 괴물이고, 망량은 물속의 괴물.
o 天休(천휴)-하늘이 내리는 도움.
o 載祀(재사)-해[年].
o 休明(휴명)-아름답고 밝음.
o 祚(조)-복을 줌.
o 郟鄏(겹욕)-주나라의 옛 서울. 지금의 하남성 낙양현(洛陽縣) 서쪽 땅.

夏,에 楚人侵鄭,은 鄭卽晋故也.라

宋文公卽位三年,에 殺母弟須及昭公子,는 武氏之謀也.라 使 戴·桓之族攻武氏於司馬子伯之館,하고 盡逐武·穆之族,에 武·穆之族,이 以曹師伐宋.이라 秋,에 宋師圍曹,는 報武氏之亂也.라

冬,에 鄭穆公卒.이라 初,에 鄭文公有賤妾,하니 曰燕姞.이라 夢 天使與己蘭,에 曰, 余爲伯鯈,하고 余而祖也.라 以是爲而子.라 以蘭有國香,으로 人服媚之如是也.라 旣而文公見之,하고 與之 蘭而御之,하니 辭曰, 妾不才,로 幸而有子,라도 將不信,이리니 敢

徵蘭乎.인저 公曰, 諾.이라 生穆公,하니 名之曰蘭.이라 文公報鄭
子之妃,하니 曰陳媯,하여 生子華·子臧.이라 子臧得罪而出,이어
늘 誘子華而殺之南里,하고 使盜殺子臧於陳·宋之間.이라 又娶
于江,하여 生公子士,러니 朝于楚,에 楚人鴆之,하여 及葉而死.라
又娶于蘇,하여 生子瑕·子俞彌.라 俞彌早卒,하고 泄駕惡瑕,
하니 文公亦惡之.라 故로 不立也.라 公逐群公子,에 公子蘭奔晉,
하여 從晉文公伐鄭.이라 石癸曰, 吾聞,하되 姬姞耦,면 其子孫必
蕃.이라 姞吉人也,로 后稷之元妃也.라 今, 公子蘭姞甥也.라 天
或啓之,면 必將爲君,하고 其後必蕃.하리라 先納之,면 可以亢寵.
이리라 與孔將鉏·侯宣多納之,하여 盟于太宮而立之,하여 以與
晉平.이라 穆公有疾,하니 曰, 蘭死,면 吾其死乎.인저 吾所以生
也.라 刈蘭而卒.이라

여름에 초나라 사람이 정나라를 침범한 것은, 정나라가 진(晉)나라에 복종했기 때문이다.

송나라 문공이 즉위한 지 3년에, 동생 수(須)와 소공(昭公)의 아들을 죽인 것은, 무공(武公)의 자손을 없앨 계략 때문이었다. 그는 대공·환공의 자손에게 무공의 자손 중 중심 인물을 사마(司馬)인 자백(子伯)의 집에서 치고, 무공·목공의 자손을 다 쫓아내어, 무공·목공의 자손들이 조나라의 군사로 송나라를 쳤다. 가을에, 송나라 군사가

조나라를 포위한 것은, 무공 자손의 일족을 도와 난리를 일으키게 한 것을 보복한 것이다.

　겨울에, 정나라 목공이 세상을 떠났다. 전에, 정나라 문공(목공의 아버지)에게는 천한 집안 출신의 첩이 있었으니, 연길(燕姞)이라 불렸다. 문공의 꿈에 천사(天使)가 그에게 난(蘭)을 주며 말하기를, "나는 백주(伯儵)라 하는데, 너의 조상이다. 나는 이것으로써 너의 아들을 낳게 하리라. 난은 나라에서 가장 향기로운 것으로, 후일 사람들은 너의 아들을 난을 대함과 같이 따르고 사랑하리라."고 하였다. 그 뒤 문공은 연길을 보고, 그녀에게 난을 주고 자기를 섬기게 하니, 연길이 사양해서 말하기를, "첩(妾)은 재능이 없으므로, 총애를 받아 아들을 둔다 하더라도, 사람들은 그 사실을 믿지 않을 것이니, 그 증거로 이 난을 가지려 하옵니다."라고 했다. 그러자 문공은 응낙했다. 그녀가 목공을 낳으니, 아들의 이름을 난(蘭)이라 했다. 문공은 정나라의 공자, 즉 숙부인 자의(子儀)의 처와 간통하였다. 그녀의 이름은 진규(陳嬀)라 했는데, 자화(子華)와 자장(子臧)을 낳았다. 자장이 죄를 짓고 외국으로 나갔는데, 문공은 자화를 꾀어 남리(南里)에서 죽이고, 자객을 시켜 자장을 진(陳)나라와 송나라의 국경에서 죽였다. 문공은 또 강(江)나라에서 아내를 맞아 공자 사(士)를 낳았는데, 사가 초나라를 찾아가니, 초나라 사람이 그에게 독을 먹여 섭(葉) 땅에 이르러 죽었다.

　문공은 다시 소(蘇)나라에서 아내를 맞이하여, 자하(子瑕)와 자유미(子兪彌)를 낳았다. 유미는 일찍 죽었고, 대부 설가(泄駕)가 자하를 미워하자 문공 또한 그를 미워했다. 그래서 그는 태자가 되지 못했다. 문공이 뭇 공자들을 몰아내니, 공자 난(蘭)은 진(晉)나라로 도망하였다가, 진나라 문공(文公)이 정나라를 치니 따라간 일이 있었다. 석계(石癸)가 말하기를, "내 들었거니와, '희성(姬姓)과 길성(姞姓)이 결혼하여 짝이 되면, 그들의 자손은 반드시 번창한다.'고 하오. 길성의 사람은 길(吉)한 사람으로, 주나라 선조 후직(后稷)의 정부인이 길성이었소. 현재 우리나라의 공자 난은 길성의 부인이 낳았소. 하늘이 혹 그분을 도우면 반드시 군주가 될 것이고, 그분의 후손은 반드시 번창할 것이오. 다른 사람들보다 먼저 그분을 맞이한다면, 매우 총애를 받을 수 있으리다."라고 했다. 그리고 공장서(孔將鉏)·후선다(侯宣多)들과 난을 맞아들여, 조묘(祖廟)에서 맹서하고 태자로 세워서 진나라와 화평을 맺었다. 목공이 병이 나니 말하기를, "난(蘭)이 시들어 죽으면, 나는 죽을 것이다. 난은 나를 태어나게 한 것이다."라고 했다. 난초가 시들자 과연 목공은 세상을 떠났다.

|주해| ○國香(국향) — 나라에서 가장 향기로움.
○服媚(복미) — 따라 사랑함.
○徵蘭(징란) — 난을 증거로 받음.
○報(보) — 가장 밑의 작은아버지의 처와 간음(姦淫)함을 보라 했다.
○誘子華而殺之南里(유자화이살지남리) — 자화를 죽인 것은, 희공 16년의 일이었다. 남리(南里)는 정나라 지명으로 지금의 하남성 신정현(新鄭縣) 남쪽 땅.
○使盜殺子臧於陳·宋之間(사도살자장어진송지간) — 자장을 죽인 것은, 희공 24년의 일이었다.
○葉(섭) — 초나라 지명으로, 지금의 하남성 섭현(葉縣) 남쪽 땅.
○從晉文公伐鄭(종진문공벌정) — 난(蘭)이 진나라 문공이 정나라를 치니, 따라간 것은 희공 30년의 일이었다.

|經| ○四年春王正月,에 公及齊侯平莒及鄭,이나 莒人不肯,하니 公伐莒,하여 取向.이라

○秦伯稻卒.이라

○夏六月乙酉,에 鄭公子歸生弑其君夷.라

○赤狄侵齊.라

○秋,에 公如齊,하고 公至自齊.라

○冬,에 楚子伐鄭.이라

4년 봄 천자가 쓰는 역으로 정월에, 공과 제나라 군주인 후작이 거(莒)나라와 담(郯)나라를 화평시키려 했으나, 거나라 사람이 응하지 않으니, 공이 거나라를 쳐 상(向)을 빼앗았다.

진(秦)나라 군주인 백작 도(稻)가 세상을 떠났다.

여름 6월 을유날에, 정나라 공자 귀생(歸生)이 군주 이(夷)를 죽였다.

적적(赤狄) 오랑캐가 제나라를 침공했다.

가을에 공이 제나라에 갔고, 공이 제나라로부터 돌아왔다.

겨울에, 초나라 군주인 자작이 정나라를 쳤다.

▌주해▌ ○郯(담)-나라 이름으로, 지금의 산동성 담성현(郯城縣)에 위치했다.

○向(상)-거나라의 읍 이름.

○六月乙酉(유월을유)-6월 28일.

▌傳▌ 四年春,에 公及齊侯平莒及郯,이나 莒人不肯,에 公伐莒,하여 取向,은 非禮也.라 平國以禮,하고 不以亂.이라 伐而不治,는 亂也.라 以亂平亂,에 何治之有.아 無治,면 何以行禮.리오

楚人獻黿於鄭靈公.이라 公子宋與子家,가 將入見,에 子公之
食指動.이라 以示子家曰, 他日,에 我如此,면 必嘗異味.라 及入,
에 宰夫將解黿.라 相視而咲.이라 公問之,하니 子家以告.라 及食
大夫黿,에 召子公而弗與也.라 子公怒,하고 染指於鼎,하여 嘗之
而出.이라 公怒,하여 欲殺子公.이라 子公與子家謀先,하니 子家
曰, 畜老猶憚殺之,어늘 而況君乎.아 反譖子家,에 子家懼而從
之.라 夏弒靈公.이라 書曰, 鄭公子歸生弒其君夷,는 權不足也.라
君子曰, 仁而不武,하여 以無能達也.라 凡弒君,에 稱君,은 君無
道也,요 稱臣,은 臣之罪也.라

鄭人立子良也,에 辭曰, 以賢則去疾不足,하고 以順則公子堅
長.이라 乃立襄公.이라 襄公將去穆氏,이나 而舍子良.이라 子良
不可曰, 穆氏宜存,은 則固願也.로소이다 若將亡之,면 則亦皆亡.
하소서 去疾何爲.리까 乃舍之,하여 皆爲大夫.라

4년 봄에, 공과 제나라 군주가 거나라와 담나라를 화평케 하려 했
으나, 거나라 사람이 응하지 않아, 공이 거나라를 쳐 상(向)을 빼앗은
것은 예에 벗어난 일이었다. 다른 나라를 화평케 함에는 예의에 맞게
할 뿐 어지럽히는 싸움으로써 하는 것은 아니다. 상대 나라를 쳐서
잘 다스려지지 않게 하는 것은, 난폭한 짓이다. 난폭한 짓으로 어지러

운 나라를 화평케 하니, 어떻게 다스려짐이 있을 것인가. 상대 나라가 다스려져 있지 않다면, 어떻게 예의를 행할 수 있을 것인가?

초나라 사람이 큰 자라를 정나라 영공(靈公)에게 바쳤다. 공자 송(宋)과 자가(子家)가 궁전으로 군주를 뵈러 들어갈 때, 자공(子公 : 공자 宋)의 둘째손가락이 저절로 움직였다. 그러자 그는 자가에게 보이면서 말하기를, "다른 날에, 내 둘째손가락이 이렇게 저절로 떨리면, 반드시 별미를 먹었다네."라고 했다. 그리고 궁중으로 들어가니, 요리사가 큰 자라 요리를 만들려 하고 있었다. 그래서 그들은 서로 마주보고 웃었다. 영공이 어째서 웃느냐고 물으니, 자가가 그 내력을 말했다. 대부들에게 그 자라고기를 먹게 하였는데, 영공은 자공을 불러다 놓고서도 나누어 주지 않았다. 그러자 자공은 화를 내고 나가며, 자라고기를 삶은 물에 손가락을 담그었다가, 그 손가락을 빨면서 나갔다. 그러자 영공이 노하여 자공을 죽이려 했다. 자공은 자가와 자기가 죽기 전에 영공을 죽이자고 계획하니, 자가는 말하기를, "집에서 기르는 가축도 늙으면 죽이기를 꺼리는데, 하물며 군주를 죽일 수가 있단 말인가."라고 했다. 이에 자공이 오히려 자가를 모함하겠다 하니, 자가는 그가 모함할 것이 두려워 자공의 제안에 따랐다. 여름에 영공을 죽였다. 경문(經文)에 정나라 공자 귀생(歸生 : 子家)이 군주 이(夷)를 죽였다고 쓴 것은, 그가 자공으로 하여금 못하게 말리는 권위가 부족했음을 밝힌 것이다. 군자(君子)는 이 일을 두고 말하기를, "자가는 어질면서도 용감하지 못하여 그의 어짊을 관철시키지 못했다."라고 했다. 무릇 신하가 군주를 죽였을 때 경문에 죽은 군주의 이름을 쓴 것은, 그 군주가 무도(無道)한 것을 말함이고, 죽인 신하의 이름을 쓴 것은, 죽인 신하에게 죄가 있음을 말함이다.

정나라 사람이 자량(子良)을 군주로 세우려 하자, 자량은 사양하여 말하기를, "어진 것으로 말하자면, 거질(去疾) 나는 군주가 되기에 부족하고, 순서로 말하자면 공자 견(堅)이 나보다 연장자요."라 했다.

34 … 춘추좌씨전(春秋左氏傳) 중(中)

그래서 양공(襄公)을 군주로 삼았다. 그런데 양공이 목공(穆公)의 아들을 다 제거하고, 자량만을 남겨두려 하였다. 그러자 자량이 안된다며 말하기를, "목공의 아들들이 제대로 있게 되는 것은, 저의 진실된 소원이옵니다. 만약에 그들을 망하게 하신다면 모조리 다 망하게 하옵소서. 거질 저만 어찌 그대로 있겠사옵니까?"라고 했다. 그래서 그대로 두어, 다 대부로 삼았다.

|주해| ○黿(원)-큰 자라.
○食指(식지)-둘째손가락.
○他日(타일)-전의 다른 날.
○異味(이미)-진미(珍味).
○穆氏(목씨)-목공의 아들들. 양공도 목공의 아들이었다.
○何爲(하위)-어찌 혼자 남아있으랴.

초 초사마자량생자월초 자문왈 필살지 시자야
初,에 楚司馬子良生子越椒.라 子文曰, 必殺之.하라 是子也,

웅호지상 이시랑지성 불살 필멸약오씨의
는 熊虎之狀,하고 而豺狼之聲,이니 弗殺,이면 必滅若敖氏矣.라

언왈 낭자야심 시내랑야 기가축호 자량불가 자
諺曰, 狼子野心.이라 是乃狼也.라 其可畜乎.아 子良不可.라 子

문이위대척 급장사 취기족왈 초야지정 내속행
文以爲大慼.이라 及將死,에 聚其族曰, 椒也知政,이면 乃速行

의 무급어난 차읍왈 귀유구식 약오씨지귀
矣,하여 無及於難.하라 且泣曰, 鬼猶求食,이어늘 若敖氏之鬼,는

불기뇌이
不其餒而.아

급령윤자문졸 투반위령윤 자월위사마 위가위
及令尹子文卒,하니 鬪般爲令尹,하고 子越爲司馬,하며 蔿賈爲

공정 참자양이살지 자월위령윤 기위사마
工正,이어늘 譖子揚而殺之,하여 子越爲令尹,하고 己爲司馬.라

자월우오지 내이약오씨지족 어백영어료양 이살
子越又惡之,하곤 乃以若敖氏之族,하여 圄伯嬴於轑陽,하여 而殺

之.라 遂處烝野,하여 將攻王.이라 王以三王之子爲質焉,에 弗受,
하니 師于漳澨.라 秋七月戊戌,에 楚子與若敖氏戰于皐滸.라 伯
棼射王,에 汏輈及鼓跗,하고 著於丁寧.이라 又射,에 汏輈以貫笠
轂,하니 師懼退.라 王使巡師曰, 吾先君文王,이 克息,하사 獲三
矢焉,에 伯棼竊其二,러니 盡於是矣.라 鼓而進之,하여 遂滅若敖
氏.라

初,에 若敖娶於䢵,하여 生鬭伯比.라 若敖卒,에 從其母畜於䢵,
이러니 淫於䢵子之女,하여 生子文焉.이라 䢵夫人使棄諸夢中,이러
니 虎乳之.라 䢵子田見之,하고 懼而歸.라 夫人以告,하고 遂使收
之.라 楚人謂乳穀,하고 謂虎於菟.라 故로 命之曰, 鬭穀於菟,하
고 以其女妻伯比,어늘 實爲令尹子文.이라

其孫箴尹克黃使於齊,하여 還及宋聞亂.이라 其人曰, 不可以
入矣.라 箴尹曰, 棄君之命,이면 獨誰受之.아 君天也,어늘 天可
逃乎.아 遂歸復命,하고 而自拘於司敗.라 王思子文之治楚國也
曰, 子文無後,면 何以勸善.가 使復其所,하고 改名曰生.이라

冬,에 楚子伐鄭,은 鄭未服也.라

전에, 초나라 사마(司馬) 자량(子良)이 자월초(子越椒)를 낳았다.

그러자 (자량의 형인) 자문(子文)이 말하기를, "반드시 죽여라. 이 아이는 곰과 호랑이 형상을 하고, 승냥이와 이리 소리를 내니, 이 아이를 죽이지 않으면, 반드시 우리 약오씨(若敖氏)가 망할 것이다. 속담에 말하기를, '이리 새끼는 마음이 늘 산야에 있다.'고 한다. 이 아이는 곧 이리다. 그런데 기를 수가 있단 말인가?"라고 했다. 그러나 자량은 안된다고 했다. 그래서 자문은 큰 근심거리로 여겼다. 그래서 그는 죽어갈 때 씨족을 모아놓고 말하기를, "이후에 초(자월초)가 정권을 잡으면, 다들 속히 외국으로 떠나 재난을 당하지 말라."고 했다. 그리고 울며 말하기를, "귀신도 먹을 것을 구하는데, 우리 약오씨의 귀신은 앞으로 배고프지 않을 것인가?"라고 했다.

　영윤(令尹) 자문이 죽자 투반(鬪般)이 영윤이 되고, 자월(子越 : 자월초)이 사마(司馬)가 되며, 위가(蔿賈)가 공정(工正)이 되었는데, 위가는 영윤인 자양(子揚 : 鬪般)을 모함하여 죽여서, 자월이 영윤이 되고, 자신은 사마가 되었다. 그런데 자월이 또 위가를 미워하고, 곧 약오씨의 문중 사람들을 이끌고서 백영(伯嬴 : 위가)을 요양(轑陽)에다 잡아 가두었다가 죽였다. 그리고 이어 증야(烝野)에 머물러 있으며 초왕(楚王)을 공격하려 했다. 당시에 초나라 왕은 (문왕·성왕·목왕의) 세 왕의 아들을 인질로 삼으려 했으나, 그 요구를 받아주지 않자, 장수(漳水) 가에 군을 출동시켰다. 가을 7월 무술날에, 초나라 군주인 자작[莊王]은 약오씨 군과 고호(皐滸)에서 싸웠다. 그때 백분(伯棼 : 월초)이 활을 초왕을 향하여 쏘니, 그 화살이 날아 왕이 탄 전차의 앞에 댄 나무를 지나 북을 올려놓는 대(臺)를 꿰뚫고 그 밑에 있는 징에 맞았다. 다시 쏘자, 그 화살은 전차의 앞에 댄 나무를 지나 포장의 중심대를 꿰뚫으니, 군사들이 놀라 뒤로 물러났다. 그러자 초왕은 사람을 시켜 군중을 돌아다니며 이르게 하기를, "선대 문왕(文王)께서 식(息)나라를 쳐 이기시어, 그 나라의 유명한 화살 세 개를 입수하셨는데, 백분이 그 두 개를 훔쳐갔더니, 그걸 여기에서 다 쏘았다."라

하고, 북을 쳐 진격하여 드디어 약오씨를 멸망시켰다.

 전에 약오(若敖)는 운(鄖)나라에서 아내를 맞이해 투백비(鬪伯比)를 낳았다. 약오가 죽자 투백비는 어머니를 따라 운나라에서 길러졌는데, 운나라 공녀와 간음하여, 자문(子文)을 낳았다. 그러자 운나라 군주의 부인은 그 아기를 몽(夢)이라는 습지대에다 버리게 했더니, 호랑이가 젖을 먹이는 것이었다. 운나라 군주인 자작이 사냥을 나가 그것을 보고, 놀라 돌아갔다. 군주의 부인이 그 사실을 고하고는, 바로 그 아기를 다시 데려갔다. 초나라 사람들은 젖을 구(穀)라 하고, 호랑이를 오도(於菟)라 했다. 그래서 그 아이의 이름을 투구오도(鬪穀於菟)라 하고, 그 공녀를 투백비의 아내로 삼았는데, 그 아이가 커 실로 영윤 자문이 되었던 것이다.

 자문의 손자로 잠윤(箴尹) 극황(克黃)이 제나라로 사자(使者)가 되어 가 일을 처리하고 돌아가다가 송나라 땅에 이르렀을 때, 국내에서 난리가 난 것을 들었다. 따르고 있던 사람이 말하기를, "본국으로는 들어갈 수 없습니다."라고 했다. 그러자 잠윤은 말하기를, "군주의 명령을 버리면, 어느 사람이 나를 받아주겠는가? 군주는 신하에게 있어서 하늘인데, 신하로서 그 하늘을 도피할 수가 있겠는가?"라 했다. 그리고 바로 돌아가 복명(復命)하고는, 자진하여 사법관(司法官)의 앞에 죄인으로 나갔다. 그러자 초왕은 그의 할아버지 자문이 초나라를 다스린 공을 생각하여 말하기를, "자문의 후손이 없게 된다면, 어떻게 착함을 신하들에게 권장할 수 있을 것인가?"라 했다. 그리고 극황을 그의 관직에 복직시켰고, 이름을 생(生)이라 고쳤다.

 겨울에, 초나라 군주 자작이 정나라를 친 것은, 정나라가 초나라에게 복종하지 않았기 때문이다.

주해 ㅇ狼子野心(낭자야심) – 이리 새끼는 마음이 항상 산야에 있어 사람이 길들일 수가 없고, 그것을 기르면 사람을 해친다는 뜻.

○不其餒而(불기뇌이) – 제사 지내는 자손이 끊어져, 귀신이 굶주릴 것이 아니냐? '이(而)'는 조사.

○工正(공정) – 관직 이름. 백공(百工)을 다스리는 장관.

○轑陽(요양) – 초나라 읍 이름으로, 지금의 호북성 종상현(鍾祥縣)의 구수(臼水)가 한수(漢水)로 흘러 들어가는 곳을 말했다 한다.

○烝野(증야) – 초나라 읍 이름으로 지금의 호북성 강릉(江陵) 부근.

○漳澨(장서) – 장수(漳水) 가. 장수는 호북성 남장현(南漳縣) 형산(荊山)의 남녘에서부터 동남쪽으로 흘러, 종상(鍾祥)·당양(當陽)을 거쳐 저수(沮水)와 합쳐진다.

○皐滸(고호) – 초나라의 지명. 장서(漳澨)의 남쪽.

○汰輈(태주) – 주는 수레의 앞에 댄 나무. 태는 지나다.

○鼓跗(고부) – 북을 올려 놓는 대.

○丁寧(정녕) – 치는 징.

○笠轂(입곡) – 수레 포장살이 모이는 부분.

○鄖(운) – 운(䢵)이라고도 한 나라로, 지금의 호북성 안륙현(安陸縣)에 위치했다.

○夢(몽) – 습지대의 이름으로, 호북성 운몽현(雲夢縣)에 있음.

○縠(구) – 다른 책에 곡(穀)자로 쓰여 있기도 하다. 그러나《설문해자(說文解字)》에 '구유야(縠乳也 : 구는 젖이다)'라고 되어 있는 것에 의하면 '縠'자라야 한다.

○箴尹(잠윤) – 초나라 관직 이름.

○司敗(사패) – 형벌을 맡은 관직 이름. 사구(司寇)에 해당한다.

| 經 | ○五年春,에 公如齊.라
_{오년춘} _{공여제}

○夏,에 公至自齊.라
_하 _{공지자제}

○秋九月,에 齊高固來逆叔姬.라
_{추구월} _{제고고래역숙희}

○叔孫得臣卒.이라
_{숙손득신졸}

제10 선공(宣公) 상(上) 5년 … 39

○_동冬,에 齊高固及子叔姬來.라
○_{초인벌정}楚人伐鄭.이라

5년 봄에, 공이 제나라에 갔다.
여름에, 공이 제나라로부터 돌아왔다.
가을 9월에, 제나라 고고(高固)가 와 숙희(叔姬)를 맞이했다.
숙손득신(叔孫得臣)이 세상을 떠났다.
겨울에, 제나라 고고와 공녀(公女) 숙희가 왔다.
초나라 사람이 정나라를 쳤다.

▌주해 ▏ ○高固(고고)-제나라 대부.
○叔姬(숙희)-노나라 공녀.

▌傳 ▏ 五年春,에 公如齊,하니 高固使齊侯止公,하고 請叔姬焉.이라
夏,에 公至自齊,는 書過也.라
秋九月,에 齊高固來逆女,는 自爲逆也.라 故로 書曰逆叔姬,하
니 卿自逆也.라
冬來,는 反馬也.라
楚子伐鄭.이라 陳及楚平,에 晉荀林父救鄭,하고 伐陳.이라

5년 봄에 공이 제나라에 가니, 고고(高固)가 제나라 군주에게 공을 머물게 하고, 숙희(叔姬)를 아내로 줄 것을 요청했다.
여름에 공이 제나라로부터 돌아왔다는 것은, 제나라에서 머문 기간

이 지나쳤음을 말한 것이다.

가을 9월에 제나라 고고가 와 공녀(公女)를 맞이한 것은, 자신이 아내로 맞이함을 말한 것이다. 그래서 숙희를 맞이했다고 말한 것은, 제나라의 경(卿) 자신이 맞이한 것이다.

겨울에 온 것은, 결혼 때 빌려 쓴 말을 돌려주기 위해서였다.

초나라 군주인 자작이 정나라를 쳤다. 당시에 진(陳)나라가 초나라와 화평을 맺었기에, 진(晉)나라의 순임보(荀林父)는 정나라를 구하고, 진(陳)나라를 쳤다.

주해 | ○過(과)-제나라에 체재(滯在)한 시일이 지나쳤다는 것을 말한다.
○反馬(반마)-결혼 때 빌려 타고 간 말을 돌려줌.

經 | ○六年春,에 晉趙盾·衛孫免侵陳.이라

○夏四月.

○秋八月,에 螽.이라

○冬十月.

6년 봄에, 진(晉)나라 조돈(趙盾)·위나라 손면(孫免)이 진(陳)나라를 침공했다.

여름 4월.

가을 8월에, 메뚜기 떼가 일어났다.

겨울 10월.

傳 | 六年春,에 晉·衛侵陳,은 陳卽楚故也.라

夏,에 定王使子服求后于齊.라

秋,에 赤狄伐晉,하여 圍懷及邢丘,하니 晉侯欲伐之.라 中行桓
子曰, 使疾其民,하여 以盈其貫,이면 將可殪也.리이다 周書曰, 殪
戎殷,은 此類之謂也.이오니다
冬,에 召桓公逆王后于齊.라
楚人伐鄭,하여 取成而還.이라
鄭公子曼滿,이 與王子伯廖語,하되 欲爲卿.이라 伯廖告人曰,
無德而貪.이라 其在周易豊≡≡≡之離≡≡,하여 弗過之矣.라 閒一
歲,하여 鄭人殺之.라

 6년 봄에 진(晉)나라와 위나라가 진(陳)나라를 침공한 것은, 진(陳)나라가 초나라에 복종했기 때문이었다.

 여름에, 주나라 천자 정왕(定王)께서 대부인 자복(子服)을 노나라에 보내시어, 제나라로부터 왕후(王后)를 맞이하게 하도록 부탁하였다.

 가을에, 적적(赤狄) 오랑캐가 진(晉)나라를 쳐, 회(懷)를 포위하고 형구(邢丘)까지 이르니, 진나라 군주가 그들을 치려 했다. 그러자 중행환자(中行桓子 : 荀林父)가 말했다. "그 백성들을 괴롭혀 악(惡)이 극도에 이르게 한다면, 장차 거꾸러질 것이옵니다. 주서(周書)에 이르기를, '악이 극도에 이르기를 기다려 큰 나라인 은(殷)나라를 멸망시켰다.'는 것은 이런 경우와 같은 것이옵니다."

 겨울에 소(召)의 환공(桓公)이 제나라에서 왕후를 맞이했다.

 초나라 사람이 정나라를 쳐 성(成)을 빼앗고 돌아갔다.

 정나라 공자 만만(曼滿)이 초나라 왕자인 백료(伯廖)와 같이 말하되 경(卿)이 되고 싶다고 했다. 그러자 백료는 다른 사람에게 말하기를, "만만은 덕이 없으면서도 욕심이 많다. 그의 욕심은 《주역(周易)》에 풍괘(豊卦)가 변하여 이괘(離卦)가 되는 괘가 있는데, 그가 욕심부리는 것은 이 괘의 내용에서 벗어나지 못할 것이다. (3년을 지나지 못하고 망할 것이다)"라고 하였는데, 과연 한 해가 지나서 정나라 사람이 만만을 죽였다.

| 주해 | ㅇ懷(회) — 은공 11년에 나왔다.
　ㅇ邢丘(형구) — 진(晉)나라 읍 이름으로, 지금의 하남성 온현(溫縣) 동쪽에 있음.
　ㅇ盈其貫(영기관) — 그 악이 극도에 참.
　ㅇ殪(에) — 거꾸러짐, 죽음, 망함.
　ㅇ周書(주서) — 《서경(書經)》 강고(康誥)편을 말한다.
　ㅇ戎殷(융은) — 큰 은나라.
　ㅇ王子伯廖(왕자백료) — 초나라 대부이자 왕자.
　ㅇ豊之離(풍지리) — 풍괘(豊卦)의 상륙(上六) 음효(陰爻)가 변해서 양효(陽爻)가 되어, 이괘(離卦)가 됨을 말한다. 풍괘의 상륙 효사(爻辭)에, '그 집을 풍부하게 하고, 그 집에 햇빛이 들지 않게 가린다. 그 방문을 들여다보니, 고요하여 사람이 없어 3년 동안 볼 수 없도다. 흉(凶)한 괘다.'라 하였다.
　ㅇ弗過之矣(불과지의) — 《주역》의 괘 내용과 같이 3년을 지나지 못하여 죽을 것이다.
　ㅇ閒一歲(간일세) — 중간에 한 해를 둠.

| 經 | ㅇ七年春(칠년춘),에 衛侯使孫良夫來盟(위후사손량부래맹).이라
　ㅇ夏(하),에 公會齊侯(공회제후),하여 伐萊(벌래).라
　ㅇ秋(추),에 公至自伐萊(공지자벌래).라

○ 大旱.이라
○ 冬,에 公會晉侯 · 宋公 · 衛侯 · 鄭伯 · 曹伯于黑壤.이라

7년 봄에, 위나라 군주인 후작이 손양부(孫良夫)에게 노나라에 와 맹서하게 했다.
여름에, 공이 제나라 군주인 후작과 만나서, 내(萊)나라를 쳤다.
가을에, 공이 내나라 치는 일로부터 돌아왔다.
큰 한발이 들었다.
겨울에, 공이 진(晉)나라 군주인 후작 · 송나라 군주인 공작 · 위나라 군주인 후작 · 정나라 군주인 백작 · 조나라 군주인 백작과 흑양(黑壤)에서 회합을 가졌다.

주해 ○ 萊(내) – 나라 이름으로, 군주의 성은 강(姜)이고, 지금의 산동성 황현(黃縣) 동남방에 위치했다.
○ 黑壤(흑양) – 진(晉)나라 읍 이름으로, 황보(黃父)라고도 했다. 문공 17년조에 나왔다.

傳 七年春,에 衛孫桓子來盟,은 始通,하고 且謀會晉也.라
夏,에 公會齊侯伐萊,는 不與謀也.라 凡師出,에 與謀曰及,하고 不與謀曰會.라
赤狄侵晉,하여 取向陰之禾.라
鄭及晉平,하니 公子宋之謀也.라 故로 相鄭伯以會.라 冬盟于黑壤.이라 王叔桓公臨之,하여 以謀不睦.이라

晉侯之立也,에 公不朝焉,하고 又不使大夫聘.이라 晉人止公于會,하여 盟于黃父,에 公不與盟.이라 以賂免.이라 故로 黑壤之盟不書,하니 諱之也.라

7년 봄에, 위나라의 손환자(孫桓子 : 孫良夫)가 노나라로 와 맹서한 것은, 노나라 선공(宣公)이 즉위한 뒤 처음으로 찾아와 우호관계를 맺고, 그리고 진(晉)나라 군주와 회합할 일을 상의한 것이었다.

여름에, 공이 제나라 군주[惠公]와 만나 내(萊)나라를 친 일은, 서로 같이 미리 도모하지 않았던 일이다. 무릇 군사를 출동시킨 일을 말함에 있어, 서로 같이 상의했음은 '……와[及]'라는 식으로 말하고, 서로 미리 상의하지 않았음은 그저 '만나서[會]' 이런 식으로써 말한다.

적적(赤狄) 오랑캐가 진(晉)나라를 침공하여, 상음(向陰)의 조벼[粟禾]를 베었다.

정나라와 진(晉)나라가 화평을 맺었으니, 그것은 정나라의 공자 송(宋)의 계략으로써였다. 그랬으므로 공자 송이 정나라 군주를 도와 진나라 군주와 회합을 가졌다. 제후들이 겨울에 흑양(黑壤)에서 맹서했다. 그때 주나라 경사(卿士) 왕숙환공(王叔桓公)은 그 자리에 참석하여, 패자(覇者)인 진(晉)나라 군주와 화목하지 않은 나라에 대해서 상의했다.

진(晉)나라 군주 후작[成公]이 즉위했을 때, 노나라의 선공이 찾아 방문하지 않았고, 대부로 하여금 예방케 하지도 않았다. 진(晉)나라 사람이 선공을 회합에서 잡아, 황보(黃父 : 흑양)에서 맹서할 때, 선공은 그 맹서하는 일에 참여하지 못했다. 선공은 뇌물로써 난처한 처지를 면했다. 그랬으므로 경문에는 흑양(黑壤 : 황보)에서 맹서하였다는

것은 쓰지 않았으니, 그것은 공이 참여하지 못한 것을 꺼려서였다.

▌주해▌ ㅇ向陰(상음) – 진나라의 읍 이름으로, 지금의 하남성 제원현(濟源縣) 서남쪽 땅이었다고 한다.
ㅇ不睦(불목) – 진(晉)나라 성공(成公)과 화목하지 않아 복종하지 않음을 말했고, 제나라와 진(陳)나라를 말한 것이다.

▌經▌ ㅇ八年春,에 公至自會.라
　　　　　　　팔년춘　　　공지자회

ㅇ夏六月,에 公子遂如齊,하여 至黃乃復.이라
　　하유월　　공자수여제　　　지황내복

ㅇ辛巳有事于太廟.라 仲遂卒于垂.라
　　신사유사우태묘　　중수졸우수

ㅇ壬午猶繹,에 萬入去籥.이라
　　임오유역　　만입거약

ㅇ戊子,에 夫人嬴氏薨.이라
　　무자　　부인영씨훙

ㅇ晉師·白狄伐秦.이라
　　진사　백적벌진

ㅇ楚人滅舒蓼.라
　　초인멸서료

ㅇ秋七月甲子,에 日有食之,하여 旣.라
　　추칠월갑자　　일유식지　　　기

ㅇ冬十月己丑葬我小君敬嬴,에 雨不克葬,하고 庚寅日中而克葬.이라
　　동시월기축장아소군경영　　우불극장　　　경인일중이극　　　　장

ㅇ城平陽.이라
　　성평양

ㅇ楚師伐陳.이라
　　초사벌진

8년 봄에, 공이 회합으로부터 돌아왔다.

여름 6월에, 공자 수(遂)가 제나라에 가다가, 황(黃)에 이르러서 중지하고 되돌아왔다.

신사날에, 태묘(太廟)에 제사를 지냈다. 동문양중(東門襄仲)인 공자 수가 수(垂)에서 세상을 떠났다.

임오날에, 지내지 말아야 할 역제(繹祭)를 그대로 지내, 만(萬:舞樂)을 태묘 안에서 행했으되, 소리가 밖으로 나갈 것을 두려워하여 피리 부는 것을 뺐다.

무자날에, 부인 영씨(嬴氏)가 훙거(薨去)했다.

진(晉)나라 군사와 백적(白狄) 오랑캐 군사가 진(秦)나라를 쳤다.

초나라 사람이 서료(舒蓼)나라를 멸망시켰다.

가을 7월 갑자날에 일식(日蝕)이 있었는데, 개기식(皆旣食)이었다.

겨울 10월 기축날에 노나라 군주 부인 경영(敬嬴)의 장사를 치르는데 비가 내려 장사를 지내지 못하고, 경인날 한낮에야 장사를 지냈다.

평양(平陽)에 성을 쌓았다.

초나라 군사가 진(陳)나라를 쳤다.

주해
ㅇ 黃(황) - 제나라 지명. 환공 17년조 참고.
ㅇ 辛巳(신사) - 6월 17일.
ㅇ 有事于太廟(유사우태묘) - 노나라 시조 주공(周公)의 영을 모신 태묘에서 제사를 지냄.
ㅇ 垂(수) - 제나라 지명으로, 지금의 산동성 평음현(平陰縣)의 경계 땅.
ㅇ 壬午(임오) - 6월 18일.
ㅇ 猶繹(유역) - 역(繹)은 제사 이름으로, 큰 제사의 다음날에 지내는 작은 제사를 말한다. 태묘에서 큰 제사를 지낸 날에 공자 수가 죽었으니, 그 다음날에 지낼 역제는 응당 중지하는 게 예의였는데도, 그대로 지냈다는 말이다.
ㅇ 萬入去籥(만입거약) - 만(萬)은 무악(舞樂)이고, 약(籥)은 피리. 무악을 행하려고 태묘에 들어갔으나, 그 소리가 밖으로 새어 나갈까 두려워 피

리 부는 것을 그만두었다는 말.
o 戊子(무자)-6월 24일.
o 夫人嬴氏(부인영씨)-선공의 어머니.
o 舒蓼(서료)-나라 이름으로 안휘성 서성현(舒城縣)의 경계 지방에 위치했다.
o 七月甲子(칠월갑자)-7월 30일.
o 旣(기)-개기식(皆旣食).
o 十月己丑(시월기축)-10월 26일.
o 庚寅(경인)-10월 27일.
o 日中而克葬(일중이극장)-한낮이 되어서야 장사를 지냄.
o 平陽(평양)-노나라 읍 이름으로, 지금의 산동성 신태현(新泰縣) 서북쪽에 있음.

傳| 八年春,에 白狄及晉平,하고 夏會晉伐秦.이라 晉人獲秦諜,하여 殺諸絳市,이어늘 六日而蘇.라

有事于太廟,하고 襄仲卒而繹,은 非禮也.라

楚爲衆舒叛故,로 伐舒蓼滅之.라 楚子疆之,하여 及滑汭,하고 盟吳·越而還.이라

晉胥克有蠱疾,에 郤缺爲政.이라 秋廢胥克,하고 使趙朔佐下軍.이라

冬葬敬嬴,에 旱無麻,로 始用葛茀.이라 雨不克葬,은 禮也.라 禮,에 卜葬,엔 先遠日,하니 避不懷也.라

城平陽,은 書時也.라

陳及晉平,에 楚師伐陳,하여 取成而還.이라
<small>진급진평　　초사벌진　　　취성이환</small>

　8년 봄에, 백적(白狄) 오랑캐가 진(晉)나라와 화평을 맺고, 여름에 진나라와 합세하여 진(秦)나라를 쳤다. 진(晉)나라 사람이 진(秦)나라의 간첩을 잡아, 도읍 강(絳)의 시중(市中)에서 죽였는데 엿새가 지나서 다시 살아났다.

　태묘(太廟)에 큰 제사를 지냈는데, 그날에 동문양중(東門襄仲 : 공자 수)이 죽었는데도 큰 제사의 다음날에 지내는 작은 제사 역제(繹祭)를 여전히 지낸 것은 예의에 맞지 않은 일이었다.

　초나라가 여러 서(舒)나라들이 반항하는 이유로, 서료나라를 멸망시켰다. 그리고 초나라 군주인 자작은 국경선을 바르게 정하여, 그 판도(版圖)를 활수(滑水) 가까이까지 넓혀 잡고, 오(吳)나라·월(越)나라와 동맹을 맺고 돌아갔다.

. 진(晉)나라 서극(胥克)이 정신착란의 병에 걸려서, 극결(郤缺)이 정권을 쥐고 있었다. 가을에 극결은 서극을 파직시키고, 조삭(趙朔)에게 대신 하군(下軍)의 부장(副將)이 되게 했다.

　겨울에 부인 경영(敬嬴)을 장사 지냄에, 한발(旱魃)로 삼[麻]이 없었으므로, 처음으로 칡으로 꼰 새끼를 사용했다. 비가 내려 장사 지내지 않은 것은 예에 맞는 처사였다. 예의상 장사 지낼 날을 점침에는, 먼저 그 달 중에서 제일 먼 좋은 날을 택하려고 점을 치는 것이니, 이것은 죽은 분을 생각하지 않고, 하루라도 빨리 장사 지내려 한다고 보임을 피하기 위해서이다.

　평양(平陽)에 성을 쌓았다는 것은, 제때에 쌓았다는 것을 말한다.

　진(陳)나라가 진(晉)나라와 화평을 맺어, 초나라 군사가 진(陳)나라를 쳐서, 화목하기로 하고 돌아갔다.

주해 ○疆(강)—국경선을 바르게 잡음.

○滑汭(활예)-활수(滑水) 가. 활수는 안휘성 동부를 흐른다.

經 ○九年春王正月에, 公如齊하고, 公至自齊라.
　　　　　구년춘왕정월　　공여제　　　공지자제

○夏에, 仲孫蔑如京師라.
　하　　중손멸여경사

○齊侯伐萊라.
　제후벌래

○秋에, 取根牟라.
　추　　취근모

○八月에, 滕子卒이라.
　팔월　　등자졸

○九月에, 晉侯·宋公·衛侯·鄭伯·曹伯會于扈라.
　구월　　진후　송공　위후　정백　조백회우호

○晉荀林父帥師하여, 伐陳이라.
　진순림보솔사　　　벌진

○辛酉에, 晉侯黑臀卒于扈라.
　신유　　진후흑둔졸우호

○冬十月癸酉에, 衛侯鄭卒이라.
　동시월계유　　위후정졸

○宋人圍滕이라.
　송인위등

○楚子伐鄭이라.
　초자벌정

○晉郤缺帥師하여, 救鄭이라.
　진극결솔사　　　구정

○陳殺其大夫泄冶라.
　진살기대부설야

9년 봄 천자가 쓰는 역으로 정월에, 공이 제나라에 갔고, 공이 제나라로부터 돌아왔다.

여름에, 중손멸(仲孫蔑)이 천자가 계시는 서울에 갔다.

제나라 군주인 후작이 내(萊)나라를 쳤다.

가을에 근모(根牟)를 (노나라가) 점령하여 차지했다.

8월에 등나라 군주인 자작이 세상을 떠났다.

9월에, 진(晉)나라 군주인 후작·송나라 군주인 공작·위나라 군주인 후작·정나라 군주인 백작·조나라 군주인 백작이 호(扈)에서 회합을 가졌다.

진(晉)나라 순임보(荀林父)가 군사를 이끌고 진(陳)나라를 쳤다.

신유날에, 진(晉)나라 군주인 후작 흑둔(黑臀)이 호에서 세상을 떠났다.

겨울 10월 계유날에, 위나라 군주인 후작 정(鄭)이 세상을 떠났다.

송나라 사람이 등나라를 포위했다.

초나라 군주인 자작이 정나라를 쳤다.

진(晉)나라의 극결(郤缺)이 군사를 이끌고 정나라를 구했다.

진(陳)나라가 그 나라의 대부 설야(泄冶)를 죽였다.

주해 ○根牟(근모)-동방의 이(夷) 오랑캐 나라. 지금의 산동성 기수현(沂水縣) 동남방에 위치했다.
○扈(호)-정나라 지명으로, 지금의 하남성 원무현(原武縣) 서북쪽 땅.
○辛酉(신유)-두예는 그의 주에서, 9월에는 신유날이 들어 있지 않으므로, 잘못 적은 것이라고 했다.
○十月癸酉(시월계유)-10월 16일.

傳 九年春,에 王使來徵聘,이라 夏,에 孟獻子聘於周,에 王以爲

有禮,하사 厚賄之.라

秋,에 取根牟,는 言易也.라 滕昭公卒.이라 會于扈,는 討不睦

야   진후불회   진순림보이제후지사벌진   진후졸우호
也.라 陳侯不會,에 晉荀林父以諸侯之師伐陳,라가 晉侯卒于扈,
     내 환
하여 乃還.이라
      동   송인위등   인기상야
    冬,에 宋人圍滕,은 因其喪也.라
     진령공여공녕   의행보통어하희   개충기일복   이희
    陳靈公與孔寧·儀行父通於夏姬,하여 皆衷其衵服,하여 以戲
     우조   설야간왈   공경선음   민무효언   차문불령
    于朝.라 泄冶諫曰, 公卿宣淫,이면 民無效焉,잇가 且聞不令,이오
     군기납지   공왈   오능개의   공고이자   이자청살
    니 君其納之.하소서 公曰, 吾能改矣.라 公告二子,하니 二子請殺
     지   공불금   수살설야   공자왈   시왈   민지다벽   무자
    之.라 公弗禁,에 遂殺泄冶.라 孔子曰, 詩曰, 民之多僻,에 無自
     립벽   기설야지위호
    立辟.이라 其泄冶之謂乎.아
      초자위려지역고   벌정   진극결구정   정백패초사
    楚子爲厲之役故,로 伐鄭,하니 晉郤缺救鄭.이라 鄭伯敗楚師
     어류분   국인개희   유자량우왈   시국지재야   오사무
    於柳棼,하니 國人皆喜,로되 唯子良憂曰, 是國之災也.라 吾死無
     일 의
    日矣.로다

9년 봄에, 천자께서 사람을 시켜 노나라가 예방할 것을 요구하셨다. 여름에, 맹헌자(孟獻子)가 주나라로 예방하였는데, 천자께서는 맹헌자가 예의가 있다고 여기시어, 그에게 후한 선물을 주셨다.

가을에 근모(根牟)를 점령하여 차지했다는 것은, 쉽게 입수했다는 것을 말한다. 등나라 소공(昭公)이 세상을 떠났다. 호(扈)에서 회합을 가진 것은, 진(晉)나라에 복종하지 않는 나라를 치자는 것이었다. 진(陳)나라 군주[영공]가 회합에 참가하지 않아 진(晉)나라 순임보(荀林父)는 제후들의 군사와 진(陳)나라를 치다가, 진(晉)나라 군주가 호에서 세상을 떠나자 귀환했다.

겨울에, 송나라 사람이 등나라를 포위한 것은 등나라가 상을 당하고 있는 틈을 탄 것이었다.

진(陳)나라 영공(靈公)은, 공녕(孔寧)과 의행보(儀行父)와 같이, 대부 하어숙(夏御叔)의 아내인 하희(夏姬)와 간통하여, 각기 하희의 속옷을 입고서, 조정에서 히히덕거렸다. 대부인 설야(泄冶)가 충간(忠諫)하기를, "위에 계시는 군주께서나 경(卿)이 음탕한 짓을 하여 보이시면 백성이 본받음이 없겠사옵니까? 그리고 다른 나라에서 들으면 좋지 못하오니, 군주께서는 그 속옷을 넣어 주소서."라 했다. 그러자 군주는, "내 이런 짓을 하지 않도록 행실을 고치리다."라고 말했다. 그리고 그 일을 공녕과 의행보 두 사람에게 말하니, 두 사람은 설야를 죽이자고 했다. 군주가 그들의 하고자 하는 것을 금하지 않자, 그들은 드디어 설야를 죽였다. 공자(孔子)는 말했다. "시(詩)에 이르기를, '백성들이 많이 삐뚤어져 있어, 나 혼자 바른 도를 행할 수 없도다.'라 하였다. 이것은 설야와 같은 경우를 두고 말한 것이 아닐까?"

초나라 군주가 여(厲)에서 있었던 싸움에 대한 보복을 한다는 이유로 정나라를 치니, 진나라 극결(郤缺)이 정나라를 구원했다. 정나라 군주가 초나라 군사를 유분(柳棼)에서 패배시키니, 나라 사람들이 다 기뻐했지만, 오직 자량(子良)만은 걱정하여 말하기를, "이것은 나라의 재난이 될 일이다. 내가 죽을 날이 얼마 남지 않았구나!"라고 했다.

주해 ○夏姬(하희) — 신(陳)나라 대부 하어숙(夏御叔)의 아내로, 정나라 목공(穆公)의 공녀였다.
○衷其袓服(충기일복) — 여자의 속옷을 속에 입음.
○宣(선) — 보이다.
○聞(문) — 외국에게 들려짐.
○詩曰(시왈) — 《시경》 대아 판편(板篇)의 구절.
○厲之役(여지역) — 선공 6년에 초나라와 정나라가 싸워, 정나라가 초나라

군사를 패배시켰다.
○國之災(국지재)-나라의 재난이 됨.

|經|　○^{십년춘}十年春,에 ^{공여제}公如齊,하고 ^{공지자제}公至自齊.라
　　　^{제인귀아제서전}
○齊人歸我濟西田.이라
　　　^{하사월병진}　　^{일유식지}
○夏四月丙辰,에 日有食之.라
　^{기사}　　^{제후원졸}
○己巳,에 齊侯元卒.이라
　^{제최씨출분위}
○齊崔氏出奔衛.라
　^{공여제}
○公如齊.라
　^{오월}　　^{공지자제}
○五月,에 公至自齊.라
　^{계사}　　^{진하징서시기군평국}
○癸巳,에 陳夏徵舒弑其君平國.이라
　^{유월}　　^{송사벌등}
○六月,에 宋師伐滕.이라
　^{공손귀보여제}
○公孫歸父如齊.라
　^{장제혜공}
○葬齊惠公.이라
　^{진인}　^{송인}　^{위인}　^{조인벌정}
○晉人·宋人·衛人·曹人伐鄭.이라
　^추　　^{천왕사왕계자래빙}
○秋,에 天王使王季子來聘.이라
　^{공손귀보솔사}　　^{벌주}　　^{취역}
○公孫歸父帥師,하여 伐邾,하고 取繹.이라
　^{대수}
○大水.라

○ 季孫行父如齊.라
  계손행보여제

○ 冬,에 公孫歸父如齊.라
  동   공손귀보여제

○ 齊侯使國佐來聘.이라
  제후사국좌래빙

○ 飢.라
  기

○ 楚子伐鄭.이라
  초자벌정

10년 봄에, 공이 제나라에 갔고, 공이 제나라로부터 돌아왔다.

제나라 사람이 전에 우리 노나라 소유였던 제수(濟水) 서쪽 땅을 돌려주었다.

여름 4월 병진날에, 일식(日蝕)이 있었다.

기사날에, 제나라 군주 후작 원(元)이 세상을 떠났다.

제나라의 최씨(崔氏)가 위나라로 달아났다.

공이 제나라에 갔다.

5월에, 공이 제나라로부터 돌아왔다.

계사날에, 진(陳)나라 하징서(夏徵舒)가 그의 군주 평국(平國)을 죽였다.

6월에, 송나라 군사가 등나라를 쳤다.

공손귀보(公孫歸父)가 제나라에 갔다.

제나라 혜공(惠公)을 장사 지냈다.

진(晉)나라 사람·송나라 사람·위나라 사람·조나라 사람이 정나라를 쳤다.

가을에, 천자께서 왕계자(王季子)로 하여금 노나라로 와 예방케 하셨다.

공손귀보가 군사를 이끌고 주(邾)나라를 치고, 역(繹)을 빼앗았다.

큰물이 났다.

계손행보(季孫行父)가 제나라에 갔다.
겨울에 공손귀보가 제나라에 갔다.
제나라 군주인 후작이 국좌(國佐)로 하여금 와 예방케 했다.
기근(飢饉)이 들었다.
초나라 군주인 자작이 정나라를 쳤다.

|주해| ○濟西田(제서전)—선공 원년조 참고.
 ○四月丙辰(사월병진)—4월 1일.
 ○己巳(기사)—4월 14일.
 ○崔氏(최씨)—제나라 대부였던 최저(崔杼).
 ○癸巳(계사)—5월 9일.
 ○夏徵舒(하징서)—진(陳)나라 대부로, 어숙(御叔)과 하희(夏姬)의 아들.
 ○平國(평국)—진(陳)나라 영공(靈公)의 이름.
 ○王季子(왕계자)—왕의 막내아들. 당시 주왕(周王)은 정왕(定王)이었다. 여기에서는 정왕의 막내아들이 아니라, 선대 왕의 막내아들로, 정왕의 막내동생을 말한다. 그는 곧 뒤에 나오는 유(劉)의 강공(康公)이다.
 ○繹(역)—주(邾)나라 읍 이름으로, 지금의 산동성 추현(鄒縣) 북쪽에 위치했다.
 ○飢(기)—큰물로 농작물이 잘 되지 않았음을 말한다.

|傳| 十年春,에 公如齊.라 齊侯以我服故,로 歸濟西之田.이라 夏,에 齊惠公卒.이라 崔杼有寵於惠公.이라 高·國畏其逼也,러니 公卒而逐之,하니 奔衛.라 書曰, 崔氏,는 非其罪也,요 且告以族,하고 不以名.이라 凡諸侯之大夫違,엔 告於諸侯曰, 某氏之守臣某,가 失守宗廟.라 敢告.라 所有玉帛之使者,면 則告也,요

不然則否.라

公如齊,는 奔喪.이라

陳靈公與孔寧·儀行父飮酒於夏氏.라 公謂行父曰, 徵舒似
汝.라 對曰, 亦似君.이오니다 徵舒病之,하고 公出,에 自其廏射而
殺之,하니 二子奔楚.라

滕人恃晉,하여 而不事宋,하니 六月,에 宋師伐滕.이라

鄭及楚平,에 諸侯之師伐鄭,하여 取成而還.이라

秋,에 劉康公來報聘.이라 師伐邾,하여 取繹.이라 季文子初聘
于齊.라

冬,에 子家如齊,는 伐邾故也.라 國武子來報聘.이라

楚子伐鄭,하니 晉士會救鄭,하여 逐楚師于潁北,하고 諸侯之師
戍鄭.이라 鄭子家卒.이라 鄭人討幽公之亂,하여 斲子家之棺,하고
而逐其族也.라 改葬幽公,하고 諡之曰靈.이라

　10년 봄에, 공이 제나라에 갔다. 제나라 군주는 우리 노나라가 자기에게 굴복하고 있다고 여긴 이유로, 뺏어간 제수(濟水) 서쪽 땅을 우리에게 돌려주었다.
　여름에, 제나라 혜공(惠公)이 세상을 떠났다. 최저(崔杼)는 혜공에게 총애를 받았다. 그런데, 제나라 경(卿)인 고씨(高氏)와 국씨(國氏)는 최저의 핍박이 있을까 두려워하다가, 혜공이 세상을 떠나자 최저

를 쫓아내니, 그는 위나라로 도망갔다. 경문에 최씨라고 쓴 것은, 그에게 죄가 없다는 것을 말한 것이고, 또 제나라에서 족명(族名)만을 알리고, 이름은 알려오지 않았기 때문이었다. 무릇 제후의 대부가 자기 나라를 떠남에 있어 다른 제후들에게 말하기를, "아무개의 신하인 아무개는 우리 종묘(宗廟)를 받듦에 실수가 있었습니다. 그래서 이에 감히 알립니다."라고 하는 것이다. 그리고 평소 옥백(玉帛)으로써 예물로 삼아 서로 사자(使者)를 보낸 사이의 나라라면 그 사실을 알려주고, 그렇지 않은 사이라면 알리지 않는 것이다.

공이 제나라에 간 것은, 조상(弔喪)차 급히 간 것이었다.

진(陳)나라 영공이 공녕(孔寧)과 의행보(儀行父)와 같이 하씨(夏氏)의 집에서 술을 마셨다. 그때 영공이 의행보에게 말하기를, "하징서(夏徵舒 : 하희가 낳은 아들)는 모습이 너와 같다."라고 했다. 그러자 의행보가 대답하기를, "역시 군주 같기도 하옵니다."라고 하였다. 이 말을 들은 하징서는 마음이 아팠다. 그래서 영공이 그 자리에서 나오자, 마구간에서 활을 쏘아 죽이니, 다른 두 사람은 초나라로 도망쳤다.

등나라 사람이 진(晉)나라를 믿고, 송나라를 섬기지 않으니, 6월에 송나라 군사가 등나라를 쳤다.

정나라가 초나라와 화평을 맺어, 제후들의 군사가 정나라를 쳐, 화목하겠다는 약속을 받고 돌아갔다.

가을에, 유(劉)의 강공(康公 : 王季子)이 와, 우리나라가 주나라를 예방했던 일에 대한 보답의 예방을 했다. 노나라 군사가 주(邾)나라를 쳐 역(繹)을 점령하여 차지했다. 계문자(季文子 : 季孫行父)가 제나라의 새 군주가 즉위한 뒤 처음으로 제나라를 예방했다.

겨울에, 자가(子家 : 公孫歸父)가 제나라에 간 것은, 주나라를 친 일을 해명하는 일 때문이었다. 제나라의 국무자(國武子 : 國佐)가 와, 답례의 예방을 했다.

관(棺, 漆棺 복원 모형)

초나라 군주인 자작이 정나라를 치니, 진(晉)나라의 사회(士會)가 정나라를 구원하여, 초나라 군사를 영수(潁水) 북쪽으로 격퇴하고, 제후들의 군사가 정나라를 지켰다. 당시에 정나라 자가(子家)가 세상을 떠났다. 정나라 사람이, 그가 유공(幽公)을 죽이는 난동을 일으켰던 일을 책망하여, 그의 관을 부수어 시체를 드러내고, 그의 가족들을 쫓아냈다. 그리고 유공을 개장(改葬)하고, 영(靈)이라는 시명(諡名)을 드렸다.

| 주해 | ㅇ劉康公(유강공) — 왕계자(王季子). 뒤에 유(劉) 땅에 봉(封)되고, 강공이라 불렸다. 유는 지금의 하남성 후씨현(緱氏縣) 서북쪽 땅.
ㅇ幽公之亂(유공지란) — 선공 4년에 자가(子家)가 유공을 죽인 난동.
ㅇ斲(착) — 관을 부수어 시체를 드러냄.

제11
선공 하
宣公 下

문공(文公)의 아들. 어머니는 경영(敬嬴)
재위 기원전 608~591년

經| ○^{십유일년춘왕정월}十有一年春王正月.이라

○ ^하夏,에 ^{초자}楚子·^{진후}陳侯·^{정백맹우진릉}鄭伯盟于辰陵.이라

○ ^{공손귀보회제인}公孫歸父會齊人,하여 ^{벌거}伐莒.라

○ ^추秋,에 ^{진후회적우찬함}晉侯會狄于欑函.이라

○ ^{동시월}冬十月,에 ^{초인살진하징서}楚人殺陳夏徵舒.라

○ ^{정해}丁亥,에 ^{초자입진}楚子入陳,하여 ^{납공손녕}納公孫寧·^{의행보우진}儀行父于陳.이라

11년 봄 천자가 쓰는 역으로 정월.

여름에, 초나라 군주인 자작·진(陳)나라 군주인 후작·정나라 군주인 백작이, 진릉(辰陵)에서 맹서하였다.

공손귀보(公孫歸父)가 제나라 사람과 만나, 거나라를 쳤다.

가을에, 진(晉)나라 군주인 후작이 적(狄) 오랑캐와 찬함(欑函)에서 회합을 가졌다.

겨울 10월에, 초나라 사람이 진(陳)나라의 하징서(夏徵舒)를 죽였다. 정해날에, 초나라 군주인 자작이 진(陳)나라로 들어가, 공손녕(公孫寧)과 의행보(儀行父)를 진나라로 들여보냈다.

주해 | ㅇ辰陵(진릉) – 진(陳)나라 지명으로, 지금의 하남성 서화현(西華縣) 서쪽 땅.
ㅇ欑函(찬함) – 적(狄)의 지명으로, 지금의 하남성 수무현(修武縣) 땅으로 추측된다.
ㅇ丁亥(정해) – 10월 12일.

傳 | 十一年春,에 楚子伐鄭,하여 及櫟.이라 子良曰, 晉·楚不務德,하여 而以兵爭.이라 與其來者可也.라 晉·楚無信,이어늘 我焉得有信.가 乃從楚.라 夏,에 楚盟于辰陵,은 陳·鄭服也.라 楚左尹子重侵宋,에 王待諸郔.이라 令尹蔿艾獵城沂.라 使封人慮事,하여 以授司徒.라 量功命日,하고 分財用,하며 平板幹,하고 稱畚築,하며 程土物,하고 議遠邇,하며 略基趾,하고 具餱糧,하며 度有司,하여 事三旬而成,에 不愆于素.라 晉郤成子求成于衆狄.이라 衆狄疾赤狄之役,하여 遂服于晉.이라 秋,에 會于欑函,은 衆狄服也.라 是行也,에 諸大夫欲召狄.이라 郤成子曰, 吾聞之,하되 非德莫如勤.이라 非勤何以求人.가 能勤有繼,이니 其從之也.라 詩曰, 文王旣勤止.라 文王猶勤,이어늘

황 과 덕 호
況寡德乎.아

　11년 봄에, 초나라 군주[장왕]가 정나라를 쳐, 역(櫟)까지 쳐들어 갔다. 정나라 자량(子良)이 말하기를, "진(晉)나라와 초나라는 덕으로 제후들을 복종시키려 힘쓰지 않고, 무력으로써 다투고 있다. 그러니 쳐들어오는 자에게 그냥 복종하기만 하면 된다. 진나라와 초나라는 신의가 없는데, 우리나라가 어찌 신의를 지킬 수가 있겠는가?"라고 했다. 그래서 곧 초나라에 대해서 복종하기로 했다. 여름에, 초나라가 진릉(辰陵)에서 맹서한 것은, 진(陳)나라와 정나라가 복종해서였다.
　초나라의 좌윤(左尹)인 자중(子重)이 송나라를 침공하니, 초나라 왕은 연(郔)에서 기다리고 있었다. 그리고 영윤(令尹) 위애렵(蔿艾獵)은 기(沂)에 성을 쌓았다. 그는 토목에 관한 일을 맡고 있는 관리에게 명하여 공사를 설계시키고, 인부를 감독하는 관리에게 명해서 착공시켰다. 그는 공사의 분량을 미리 재어 준공까지의 일수를 정해 명하고, 자재를 적당히 분배하여 공사에 부족함이 없게 하며, 성을 쌓는 데 쓰는 판자 또는 기둥 등을 평평하게 하여 높고 낮은 일이 없게 하고, 삼태기로 흙을 운반하는 일과 절굿공이로 흙을 찧어 단단하게 하는 일의 노동력을 균등하게 나누었으며, 성 쌓는 데 필요한 흙의 분량을 미리 계산하여, 그 흙을 운반하는 거리의 원근을 헤아리고, 성벽의 토대(土臺)의 넓이를 돌아다니며 정했고, 식량을 충분히 준비했으며, 관리의 재능을 따져 적당한 임무를 주어, 공사는 한달 동안에 완성되었는데 계획한 대로 되어지지 않음이 없었다.
　진(晉)나라의 극성자(郤成子 : 극결)가 여러 적(狄) 오랑캐 부족들에게 회목할 것을 요청했다. 여러 적 부족들은 적저(赤狄) 오랑캐한테 사역(使役)당하는 것을 싫어하여, 곧 진나라에게 복종했다. 가을에 찬함(欑函)에서 회합을 가진 것은, 여러 적 부족들이 진나라에게 복종해서였다. 이 회합을 행함에 있어, 진나라의 여러 대부들은 적 오랑캐를 부르려 했다. 극성자가 말했다. "내 들었거니와 '덕으로 일을 행하지 못한다면, 부지런히 힘씀보다 더 좋은 수는 없다.'고 하오. 이쪽에서 힘쓰지 않고 어떻게 다른 사람을 내 쪽으로 오게 할 것이오? 잘 힘쓰면 좋은 결과가 있는 것이니, 우리가 저쪽으로 가야 하오. 시(詩)에 이르기를, '문왕(文王)은 부지런히 힘쓰셨네.'라 하였소. 주나라 문왕과 같은 분도 부지런히 힘쓰셨는데, 하물며 덕이 적은 사람들에 있어서야 다시 말할 것이 있겠소?"

|주해| ㅇ郔(연) - 초나라 지명으로, 지금의 하남성 항성현(項城縣) 경계 땅.
ㅇ沂(기) - 초나라 지명으로, 지금의 하남성 정양현(正陽縣) 경계 땅.
ㅇ封人(봉인) - 국경을 지키는 관리를 봉인이라 했거니와, 여기에서는 토목공사 담당관이라고 풀이된다.
ㅇ司徒(사도) - 일하는 사람의 감독관.
ㅇ量功(양공) - 공사의 분량을 미리 계산함.
ㅇ財用(재용) - 자재(資材).
ㅇ平板幹(평판간) - 널판지(판자)와 기둥을 나란히 씀.
ㅇ土物(토물) - 공사에 쓰이는 흙.
ㅇ餱糧(후량) - 인부들의 식량.
ㅇ素(소) - 미리 짠 계획.
ㅇ從之(종지) - 진나라에서 적에게로 감.
ㅇ詩曰(시왈) - 《시경》 송(頌) 주송(周頌) 뇌편(賚篇) 구절.

冬에, 楚子爲陳夏氏亂故로 伐陳이라 謂陳人하되 無動하라 將討於少西氏라 遂入陳하여 殺夏徵舒하여 轘諸栗門하고 因縣陳이라 陳侯在晉이라 申叔時使於齊反하여 復命而退라 王使讓之曰, 夏徵舒爲不道하여 殺其君에, 寡人以諸侯討而戮之

라 諸侯·縣公皆慶寡人,이어늘 汝獨不慶寡人,은 何故.아 對曰,
猶可辭乎.잇가 王曰, 可哉.라 曰, 夏徵舒殺其君,은 其罪大矣,요
討而戮之,는 君之義也.라소이다 抑人亦有言,하되 曰, 牽牛以蹊
人之田,하여 而田主奪之牛.라 牽牛以蹊者,는 信有罪矣,요 而奪
之牛,는 罪已重矣.이오니다 諸侯之從楚也,에 曰, 討有罪也.이었
나이다 今縣陳,은 貪其富也.이오니다 以討召諸侯,하고 而以貪歸
之,는 無乃不可乎.이오니까 王曰, 善哉.라 吾未之聞也.로다 反
之,면 可乎.아 對曰, 可哉.이오니다 吾儕小人所謂取諸其懷而與
之也.로소이다 乃復封陳,하고 鄕取一人焉以歸,하여 謂之夏州.라
故로 書曰, 楚子入陳,하여 納公孫寧·儀行父于陳,은 書有禮
也.라
　　屬之役,에 鄭伯逃歸.라 自是,로 楚未得志焉.이라 鄭旣受盟于
辰陵,이어늘 又徵事于晉.이라

　　겨울에, 초나라 군주는 진(陳)나라 하씨(夏氏)의 난동 때문이라는
이유로 진나라를 쳤다. 그는 진나라 사람들에게 이르기를, "동요(動
搖)하지 말라. 다만 소서씨(少西氏)를 벌하려는 것이다."라고 했다.
그는 곧 진나라로 들어가 하징서(夏徵舒)를 죽여, 율문(栗門)에서 그
의 시체를 양쪽 수레 사이에 매어, 끌게 해서 찢는 형을 가하고, 이어

진나라를 멸망시켜, 초나라의 한 현(縣)으로 삼았다. 그때, 진나라 군주[성공]는 진(晉)나라에 가 있었다. 대부 신숙시(申叔時)가 제나라에 사자(使者)가 되어 갔다 돌아가, 초나라 왕에게 복명(復命)만 하고 물러났다. 그러자 초왕은 사람을 시켜 그를 책망해서 말하기를, "하징서가 부도(不道)한 짓을 하여, 그의 군주를 죽였기에, 내 제후들을 거느리고 그를 쳐 죽였다. 다른 나라의 제후나 현공(縣公)이 다 경하(慶賀)의 말을 했는데, 네가 홀로 내게 경하의 말을 하지 않는 것은 무슨 이유냐?"라고 했다. 신숙시가 대답하기를, "신도 한말씀 올릴 수 있사옵니까?"라고 했다. 그러자 초왕은, "말해도 좋다."고 했다. 이에 신숙시는 말했다. "하징서가 그의 군주를 죽인 것은 그 죄가 크옵고, 그를 쳐 죽인 것은 군주의 의(義)된 행위이옵니다. 그러하온데 사람들이 말하는, '소를 끌고 남의 밭을 지름길 삼아 밟고 가면, 밭주인은 그의 소를 빼앗는다.'라는 말도 있사옵니다. 소를 끌고 남의 밭을 지름길 삼아 밟고 가는 자에게는 실로 죄가 있사옵고, 그리고 소를 뺏는 것은, 그 죄가 극히 큰 것이옵니다. 다른 나라의 제후가 우리 초나라를 따르니 말씀하시기를, '죄 있는 자를 친다.'고 하셨나이다. 그랬는데 이제 진나라를 우리나라의 현(縣)으로 삼으신 것은 남의 재물을 탐낸 일이옵니다. 죄 있는 자를 친다는 이유로 다른 나라 제후를 불러내어 남의 재물을 탐내고 돌려보내신다는 것은 좋지 못한 일이 아니겠사옵니까?" 이 말을 들은 초왕은, "옳다! 내 아직 이런 말을 들은 일이 없었다. 진나라 땅을 진나라 군주에게 돌려주면 좋을까?"라고 말했다. 이 말을 들은 신숙시는 말했다. "좋사옵니다. 저와 같은 소인배(小人輩)가 말하는 '남의 품속에서 훔친 것을 나중에 그에게 돌려준다.'고 말하는 것과 같사옵니다." 이에, 초왕은 국토를 진나라 군주에게 주어 다시 군주 노릇을 하게 하고, 진나라의 각 고을에서 한 사람씩을 골라내어 데리고 돌아가, 초나라 땅에서 살게 하고, 그들이 사는 곳을 하주(夏州)라고 불렀다. 그래서 경문(經文)에, '초나라 군주인 자작이 진나라로 들어가, 공손녕과 의행보를 진나라에 들여보냈다.'고 써 말한 것은 초왕의 행위가 예의에 맞았다는 것을 쓴 것이다.

여(厲)에서의 싸움 때, 정나라 군주인 백작[영공]이 도망쳐 돌아갔다. 이때부터 초나라는 정나라를 마음대로 하지 못했다. 정나라가 이미 진릉(辰陵)에서 맹약(盟約)을 받았는데, 정나라는 다시 진(晉)나라를 섬기게 해 달라고 요구했다.

│주해│ ○少西氏(소서씨)-하징서(夏徵舒)를 지칭한다. 소서(少西)는 하징서의 조상 자하(子夏)의 이름.
○栗門(율문)-진나라 도읍의 성문(城門) 이름.
○縣公(현공)-현의 장관(長官). 당시에 초나라 군주가 왕이라고 칭했기에, 현의 장관은 공(公)이라고 참칭(僭稱)했다.
○可辭乎(가사호)-말해도 좋은가?
○蹊(혜)-지름길. 지름길로 삼음.
○吾儕(오제)-우리들.
○取諸其懷而與之也(취저기회이여지야)-다른 사람의 물건을 그의 품속에서 훔쳤다가 나중에 되돌려 줌.
○鄕(향)-행정구역상의 이름. 주나라 시대에는 1만 2천5백가(家)가 있는 고을을 일렀다. 참고로 오가(五家)를 비(比)라 했고, 오비(五比)를 여(閭)라 했으며, 오려(五閭)를 족(族)이라 했고, 오족(五族)을 당(黨)이라 했으며, 오당(五黨)을 주(州)라 했고, 오주(五州)를 향(鄕)이라 했다.
○夏州(하주)-하징서를 죽이고 얻은 사람들이 사는 고을이라는 뜻으로 붙인 이름.

│經│ ○十有二年春,에 葬陳靈公.이라
○楚子圍鄭.이라

○夏六月乙卯,에 晉荀林父帥師,하여 及楚子戰于邲,하여 晉師敗績.이라

○秋七月.

○冬十有二月戊寅,에 楚子滅蕭.라

○晉人·宋人·衛人·曹人同盟于淸丘.라

○宋師伐陳,하니 衛人救陳.이라

12년 봄에, 진(陳)나라 영공을 장사 지냈다.

초나라 군자인 자작이 정나라를 포위했다.

여름 6월 을묘날에, 진(晉)나라 순임보가 군사를 이끌고, 초나라 군주인 자작과 필(邲)에서 싸워, 진나라 군사가 대패했다.

가을 7월.

겨울 12월 무인날에, 초나라 군주인 자작이 소(蕭)나라를 멸망시켰다.

진(晉)나라 사람·송나라 사람·위나라 사람·조나라 사람들이, 청구(淸丘)에서 동맹을 맺었다.

송나라 군사가 진(陳)나라를 치니, 위나라 사람이 진나라를 구원했다.

| 주해 | ○六月乙卯(유월을묘)-6월 14일.

○邲(필)-정나라 지명으로, 지금의 하남성 정현(鄭縣) 동쪽 땅.

○十有二月戊寅(십유이월무인)-두예(杜預)는 그의 주에서, 12월에는 무인날이 들지 않았고, 11월 9일이었다고 말했다.

○淸丘(청구)-위나라 지명으로 지금의 하북성 복양현(濮陽縣) 동남쪽 땅.

| 傳 | 十二年春,에 楚子圍鄭旬有七日.이라 鄭人卜行成,하니 不

吉.이라 卜臨于大宮,하고 且巷出車,하니 吉.이라 國人大臨,에 守
陴者皆哭,에 楚子退師.라 鄭人脩城,에 進復圍之,하여 三月克
之.라 入自皇門,하여 至于逵路.라 鄭伯肉袒牽羊以逆,하고 曰,
孤實不天,하여 不能事君.이라 使君懷怒以及敝邑,하니 孤之罪
也.라 敢不唯命是聽.가 其浮諸江南,하여 以實海濱,이라도 亦唯
命.이오 其翦以賜諸侯,하여 使臣妾之,라도 亦唯命.이라 若惠顧
前好,하고 徼福於厲·宣·桓·武,하여 不泯其社稷,하여 使改事
君夷於九縣,이면 君之惠也,요 孤之願也,로되 非所敢望也.라 敢
布腹心,하니 君實圖之.하라 左右曰, 不可許也,이오니 得國無赦.
하소서 王曰, 其君能下人,하니 必能信用其民矣.리라 庸可幾乎.
아 退三十里,하여 而許之平.이라 潘尫入盟,하고 子良出質.이라

12년 봄에, 초나라 군주인 자작이 정나라 도읍을 17일 동안 포위하고 있었다. 그러자 정나라 사람이 초나라와 화해할 것을 거북등을 구워 치는 점을 쳐보니, 그 결과는 불길하다는 것이었다. 그래서 선조의 사당에 나라가 망했다는 것을 울며 고하고, 시가(市街)에 전차(戰車)를 출동시켜 결사(決死)의 일전(一戰)을 행할 것을 점치니, 그러면 좋다는 것이었다. 그래서 정나라 사람들은 선조의 사당에 모여 울며 나라가 망하게 되었음을 고하니, 성벽 위를 수비하고 있는 병사들이 다 울어, 초나라 군주인 자작은 (그 사정을 가엾게 여겨) 군대를 퇴각시켰다. 그랬다가, 정나라 사람들이 성을 수리하는 걸 보고 초군은 진격하여 다시 포위하여, 세 달만에 정나라 도읍의 성을 함락

시켰다. 그리고는, 황문(皇門)이라는 성문을 통해서 입성(入城)하여 성내의 광장에 이르렀다. 그때 정나라 군주인 백작이 윗옷을 벗고 양(羊)을 끌고 초왕을 맞이하고 말했다. "저는 하늘한테 버림을 받아 군주를 제대로 섬기지 못했었습니다. 그래서 군주로 하여금 화를 내시고 저희 나라에 납시게 하였으니, 이것은 저희 죄입니다. 그런데, 감히 명하시는 것을 그대로 듣지 않겠습니까? 저를 강남(江南) 땅으로 잡아다가 바닷가에 살게 하시더라도, 저는 오직 그 명을 받을 것이고, 제나라 국토를 나누어 다른 제후들에게 하사(下賜)하셔서, 저로 하여금 그 제후의 신하가 되게 하시더라도, 저는 오직 그 명을 받겠습니다. 군주께서 만약 전의 우호관계를 돌아보아 주시고, 제가 저희 조상 여왕(厲王)·선왕(宣王)·환공(桓公)·무공(武公)한테 뜻밖의 복을 받아, 이 정나라 사직(社稷)을 보존케 하시어서, 태도를 고치어 군주 치하(治下)의 구현(九縣)의 장관과 같은 신분으로 군주를 섬기게 해주신다면, 그것은 군주께서 저에 대한 큰 은혜이고, 저희가 원하는 바이지만, 감히 쉽게 바라지를 못하는 처지입니다. 그러나, 감히 속마음을 터놓고 말씀드리니, 군주께서는 진실로 살펴주십시오." 정나라 군주가 이렇게 말하니, 초왕의 좌우 신하들이 말하기를, "정나라 군주의 청원은 허락할 수 없는 것이오니, 정나라를 빼앗고, 용서하시지 마옵소서."라고 하였다. 그러나 초왕은, "정나라 군주는 타인(他人)에게 자기를 낮출 수 있는 사람이니, 그는 반드시 잘 그의 백성들을 믿어 쓰고 있으리라. 내 어찌 정나라 땅을 차지할 것을 바라랴?"라고 말했다. 그리고 30리를 물러나, 화해하기를 허락했다. 그래서 초나라의 반왕(潘尫)이 정나라 도읍으로 들어가 맹서하고, 정나라 자량(子良)은 초나라로 나가 인질이 되었다.

주해 ○臨于大宮(임우태궁) — 시조의 사당에 들어가 나라가 망하게 되었다는 것을 울며 고함.

○巷出車(항출차) – 시가에 전차(戰車)를 내어 벌이고 결사의 일전을 할 것을 보임.
○陴(비) – 성벽 위의 담.
○皇門(황문) – 정나라 도읍 성문의 이름.
○逵路(규로) – 사방(四方) 팔방(八方)으로 통하는 큰 길, 광장(廣場).
○肉袒牽羊(육단견양) – 저고리를 벗어 알몸이 되고 양을 끌다. 이 행동은 복종하여 신복(臣僕)이 된다는 뜻을 나타냄이다.
○不天(불천) – 하늘의 복을 받지 못함.
○江南(강남) – 양자강(揚子江) 이남의 땅을 말한다.
○實海濱(실해빈) – 바닷가에 살게 하다.
○厲(여)·宣(선)·桓(환)·武(무) – 정나라의 시조는 환공(桓公)이고, 그의 아들은 무공(武公)이었는데, 시조 환공은 주나라 여왕(厲王)의 막내아들이고, 선왕(宣王)의 서제(庶弟)였다.
○夷(이) – 여기에는 '같이, 또는 동등(同等)하게'의 뜻으로 쓰였다.
○布腹心(포복심) – 거짓 없는 본심(本心)을 말함.

　　　　　하유월　　　　　진사구정　　　　　　　순림보장중군　　　　　　선곡좌지
　　　夏六月,에　晉師救鄭.이라　荀林父將中軍,하고　先縠佐之,하며
　　　　사회장상군　　　　　극극좌지　　　　　　조삭장하군　　　　　　난서좌지
　　　士會將上軍,하고　郤克佐之,하며　趙朔將下軍,하고　欒書佐之,하며
　　　조괄　조영제위중군대부　　　　　　　　공삭　한천위상군대부　　　　　순
　　　趙括·趙嬰齊爲中軍大夫,하고　鞏朔·韓穿爲上軍大夫,하며　荀
　　　수　　조동위하군대부　　　　　한궐위사마
　　　首·趙同爲下軍大夫,하고　韓厥爲司馬.라
　　　　　급하　　　　　문정기급초평　　　　　환자욕환왈　　　　무급어정　　　이
　　　及河,하여　聞鄭旣及楚平.이라　桓子欲還曰, 無及於鄭,하여　而
　　　초기민　　　　언용지　　　　초귀이동　　　　　불후　　　수무자왈　　　선
　　　勤其民.이라　焉用之.아　楚歸而動,이라도　不後.라　隨武子曰, 善.
　　　　　　　　　회문　　　용사　　　관훈이동　　　　　덕형정사전례불역
　　　이라　會聞,하되　用師,는　觀釁而動.이라　德刑政事典禮不易,이면
　　　　불가적야　　　불위시정　　　　초군토정　　　노기이　　　이애기비
　　　不可敵也.로　不爲是征.이라　楚君討鄭,은　怒其貳,하고　而哀其卑.라

라 叛而伐之,하고 服而舍之,하니 德刑成矣,라 伐叛刑也,요 柔服
德也,니 二者立矣,라 昔歲入陳,하고 今茲入鄭,에 民不罷勞,하고
君無怨讟,은 政有經矣,라 荊尸而擧,에 商農工賈不敗其業,하고
而卒乘輯睦,하여 事不奸矣,라 蔿敖爲宰,하여 擇楚國之令典,이라
軍行,에 右轅,하고 左追蓐,하며 前茅慮無,하고 中權,하며 後勁,하
고 百官象物而動,하여 軍政不戒而備,는 能用典矣,라 其君之擧
也,에 內姓選於親,하고 外姓選於舊,하며 擧不失德,하고 賞不失
勞,하며 老有加惠,하고 旅有施舍,라 君子小人,이 物有服章,하고
貴有常尊,하며 賤有等威,하여 禮不逆矣,라 德立刑行,하고 政成
事時,하며 典從禮順,이어늘 若之何敵之,오 見可而進,하고 知難
而退,는 軍之善政也,요 兼弱攻昧,는 武之善經也,이니 子姑整軍
而經武乎,인저 猶有弱而昧者,이어늘 何必楚,아 仲虺有言,하니
曰, 取亂侮亡,이라 兼弱也,라 汋曰, 於鑠王師,에 遵養時晦,로다
耆昧也,라 武曰, 無競惟烈,이로다 撫弱耆昧,하여 以務烈所可
也,라

여름 6월에, 진(晉)나라 군사가 정나라를 구하러 나섰다. 순임보(荀林父)는 중군대장이 되고, 선곡(先縠)이 부장(副將)이 되었으며, 사회(士會)는 상군대장이 되고, 극극(郤克)이 부장이 되었으며, 조삭(趙朔)은 하군대장이 되고, 난서(欒書)가 부장이 되었으며, 조괄(趙括)·

조영제(趙嬰齊)가 중군대부(中軍大夫)가 되고, 공삭(鞏朔)·한천(韓穿)이 상군대부가 되었으며, 순수(荀首)·조동(趙同)이 하군대부가 되고, 한궐(韓厥)이 사마(司馬)가 되었다.

　진나라 군사가 황하(黃河) 가에 이르러, 정나라가 이미 초나라와 화평을 맺었다는 소식을 들었다. 환자(桓子 : 荀林父)가 되돌아가려 하며 말하기를, "정나라를 구하는 일 없이 우리의 백성(병사)을 수고롭게 하는 일이다. 어찌 그런 짓을 할까 보냐? 초나라 군사가 돌아가고 난 뒤에 행동하더라도, 늦지 않다."라고 했다. 그러자 수무자(隨武子 : 士會)가 말했다. "좋은 말씀입니다. 사회 저는 들었는데, '군사를 씀에는, 틈을 보아 출동시킨다'라고 합니다. 덕(德)·형벌(刑罰)·정치·나라의 일·법·예의가 제대로 되어지고 있으면, 대적할 수가 없는 것으로, 정벌하지 않는 것입니다. 초나라 군주가 정나라를 친 것은, 정나라가 배반한 것을 화내서였고, 치고서 정나라 군주의 천한 태도 취함을 불쌍히 여겼습니다. 배반하여 치고, 굴복하자 용서했으니, 덕과 형벌을 잘도 베푼 것입니다. 배반함을 치는 것은 형을 가하는 일이고, 복종한 자를 부드럽게 대함은 덕을 베푸는 일이 되니, 초왕은 두 가지를 다 행한 것입니다. 지난해에는 진(陳)나라에 쳐들어갔고, 이제는 정나라에 쳐들어갔는데도, 그 나라 백성들이 괴롭다 하지 않고, 초왕이 원망과 비방을 받지 않는 것은, 정치가 옳게 행해지고 있는 것이 됩니다. 초나라가 시(尸)의 진법(陳法)으로 전쟁을 하니 행상(行商)하는 사람들·농사짓는 사람들·공업히는 사람들·점포를 꾸미어 장사하는 사람들이, 각기 그들의 가업(家業)을 게을리하지 않고, 군사의 보병의 병졸들과 전차를 타고 싸우는 전사들이 서로 화목하여, 서로 자기 입장을 고수하고 남의 입장을 침범하지 않고 있습니다. 위오(蔿敖 : 손숙오)가 재상(宰相)이 되어, 그는 초나라의 훌륭한 법을 채택했습니다. 군사가 나가 싸움에 있어서, 우익군(右翼軍)은 대장이 탄 전차를 끄는 말[馬]의 방향에 따라 진격하고, 좌익군(左翼軍)은 풀을 모아 숙위(宿衛)할 준비를 하며, 띠[茅]로 깃발을 삼은 전군(前軍)은 적의 복병(伏兵)이 있음을 없애기 위해서 진군하고, 중군(中軍)은 싸움의 계략을 꾸미며, 후군(後軍)은 정예부대(精銳部隊)로 후부(後部)를 단단히 지키고, 군무(軍務)에 종사하고 있는 모든 관리는 해·달·용·호랑이와 같은 것을 그린 깃발의 부대에 따라 행동하여, 군정(軍政)의 단속함이 없어도 잘 되어지는 것은, 법을 잘 쓰고 있는 게 됩니다. 그리고 초나라 군주가 인재를 등용함에 있어서는, 자기와 같은 성(姓)의 사람들 중에 같은 값이면 촌수가 보다 가까운 사람을 골라 쓰고, 타성(他姓)의 사람이라면 같은 값이면 전부터의 관계를 보아 등용하며, 인재 등용에 실덕함이 없고, 신하들에게 은상(恩賞)을 줌에 공로자가 빠지지 않게 하며, 노인을 우대하고, 외국에서 온 사람에게 은혜를 베풀어 부자유스러움이 없게 하고 있습니다. 그리고 또 신분의 위아래에 따라 의복류(衣服類)에 꾸민 모양의 구별이 있고, 높은 지위에 있는 자는 일정한 존엄성(尊嚴性)이 갖추어져 있으며, 천한 지위에 있는 자도 각기 지위에 따라서 위엄을 지니어서, 예의에 벗어나지 않고 있습니다. 덕이 확립되어 있고 형벌을 정당히 행하며, 정치가 잘 되어지고, 나랏일이 다 시절에 알맞으며, 법을 지키고, 예의가 잘 행해지고 있는데, 어떻게 대적할 수 있겠습니까? 사정이 좋음을 보고 진격하고, 어렵다는 것을 알고는 물러난다는 것은, 용병(用兵)의 바른 법이고, 약한 자를 쳐 빼앗고, 어지러운 자를 공격한다는 것은, 전쟁상의 좋은 원칙이 되니, 장군께서는 잠시 우리 군사를 정비하여 무력의 충실을 계획하시는 게 어떻습니까? 그리고 약하고 어지러운 나라가 또 있는데, 하필이면 초나라만 생각할 것입니까? 중훼(仲虺)가 남긴 말이 있는데, 그는 말하기를, '어지러운 나라를 쳐 차지하고, 망해 가고 있는 나라를 업신여기어 침공한다'라고 했는데, 이것은 약한 나라를 쳐 얻는다는 것을 말한 것입니다. 작(汋)의 시(詩)에 이르기를, '아아, 훌륭한 임금의 군사여, 하늘의 도(道)를 따라 이때의 어두운 임금을 쳐 나라를 빼앗았도다'라고 하였음은, 어지러운 자를 쳐 멸망시켰음을 말한 것입니다. 그리고 무(武)의 시에 이르기를, '비견(比肩)할 수 없이 강해 빛나는 공업(功業) 세웠도다'라고 하였습니다. 약한 자를 어루만져 주고, 어지러운 자를 쳐서, 빛나는 공업 이루기를 힘쓰는 것이 좋습니다."

주해 ○怨讟(원독)-원망하고 비방함.
○荊尸(형시)-형은 초나라이고, 시(尸)는 초나라 무왕(武王)이 창안한 독특한 군진법(軍陣法)으로, 장공 4년조에 나왔다.
○商(상)·賈(고)-상은 행상(行商)이고, 고는 점포를 꾸미어 놓고 장사하는 사람.
○卒乘(졸승)-졸은 보병의 군졸이고, 승은 전차를 타고 싸우는 병사.
○令典(영전)-훌륭한 법. 여기에서는 훌륭한 군법(軍法)을 말한다.
○中權(중권)-중군이 군략(軍略)을 세움.
○後勁(후경)-후군이 정예병으로 후부를 단단히 함.
○內姓(내성)-(군주와) 같은 성.
○外姓(외성)-이성(異姓).
○旅(여)-외국에서 온(간) 사람.
○施舍(시사)-혜택을 베풀어 부자유스러움이 없게 함.
○君子小人(군자소인)-군자는 신분이 높은 사람이고, 소인은 신분이 낮은 사람.
○服章(복장)-의복 등에 꾸민 모양.
○經武(경무)-군비(軍備)를 계획함.
○仲虺(중훼)-은(殷)나라 탕왕(湯王) 때의 좌상(左相)이었다 한다.
○汋(작)-《시경》 송(頌) 주송(周頌)의 시편(詩篇) 이름.
○耆昧(기매)-어지러운 자를 침.
○武(무)-《시경》 송 주송의 시편 이름.

彘子曰, 不可.라 晉所以霸,는 師武臣力也.라 今失諸侯,면 不

可謂力,이오 有敵而不從,이면 不可謂武.라 由我失霸,면 不如死.
라 且成師以出,하여 聞敵彊而退,면 非夫也.라 命爲軍帥,하여 而
卒以非夫,는 唯群子能,이오 我弗爲也.라 以中軍佐濟.라 知莊子
曰, 此師殆哉.라 周易有之,하니 在師䷆之臨䷒,하여 曰, 師
出以律,에 否臧,이면 凶.이라 執事順成爲臧,이오 逆爲否.라 衆散
爲弱,이오 川壅爲澤,이어늘 有律以如己也.라 故로 曰, 律否臧,이
면 且律竭也.라 盈而以竭,하고 夭且不整,은 所以凶也.라 不行之
謂臨,에 有帥而不從,은 臨孰甚焉.고 此之謂矣,어늘 果遇,면 必
敗.리라 彘子尸之,이니 雖免而歸,라도 必有大咎.리라 韓獻子謂
桓子曰, 彘子以偏師陷,이면 子罪大矣.라 子爲元帥,에 師不用
命,은 誰之罪也.오 失屬亡師,는 爲罪已重,이니 不如進也.라 事
之不捷,엔 惡有所分.이라 與其專罪,는 六人同之,가 不猶愈乎.아
師遂濟.라

그때, 체자(彘子:先縠)가 말했다. "안됩니다. 우리 진나라가 패자(覇者)가 된 것은, 우리나라의 군대가 굳세고, 신하들이 노력해서입니다. 이제 우리편의 제후 나라를 잃게 되면, 신하인 우리들이 노력하고 있다고 말할 수 없는 것이고, 적이 눈앞에 있는데도 싸우러 나가지 않는다면, 우리 군대가 굳세다고는 말할 수 없는 것입니다. 우리들로 말미암아 패자의 지위를 잃게 된다면, 차라리 죽는 것만 같지 못합니다. 그리고 군대 편성을 하고 나라를 나와서, 적이 강하다는 걸 듣고

물러간다면, 대장부가 아닙니다. 군주의 명으로 군사의 장수가 되어, 결국 대장부가 아닌 걸로 끝장을 짓는 일은, 오직 여러분만이 할 수 있는 일이고, 나는 그런 짓을 하지 않습니다." 이렇게 말한 그는, 중군부장으로서 군대를 이끌고 황하를 건너갔다. 그러자 지장자(知莊子 : 荀首)가 말했다. "가는 이 군대는 위태롭다. 주역(周易) 괘에 사괘(師卦)가 임괘(臨卦)로 변하는 괘가 있어, 괘사(卦辭)에 이르기를, '군대가 출진(出陣)할 때에는 군율(軍律)로 엄히 통제함에, 그 통제가 잘 되어지지 못하면, 흉한 결과가 난다'고 했다. 일을 행함에 있어, 아랫사람이 윗사람에게 순종함이 장(臧 : 좋음)이 되고, 윗사람의 명령을 어김을 비(否 : 나쁨)라 한다. 대중(大衆)이 흩어짐을 약(弱 : 약함)이라 하고, 내[川]가 막히어 흐르지 못함을 택(澤)이라 하는데, 이것은 군율이 있는데도 지키지 않고, 제멋대로 한다는 것이다. 그러므로 군율이 잘 지켜지지 않으면, 그 군율은 유야무야 되고 만다는 것이다. 물이 가득 찼어도 흐를 물줄기가 없으면 그 물은 말라버리고, 막히어 제대로 흐르지 못함은, 흉한 결과가 되는 원인이다. 한 곳에 고인 채 흐르지 않음을 임(臨)이라 하는데, 군사를 이끄는 대장이 있음에도, 그의 영을 따르지 않음은, 이보다 더한 임의 경우가 있을 건가? 주역에서 이른 것은, 우리 군대의 경우와 같은 것을 말한 것인데, 이 군대가 적군을 만난다면, 반드시 패할 것이다. 저 체자(彘子)야말로 재난을 초래할 주인공이 될 것이니, 그가 비록 화를 면하고 돌아온다 하더라도, 필시 큰 벌이 있을 것이다." 이에, 한헌자(韓献子 : 韓厥)가 환자(桓子 : 荀林父)에게 말했다. "체자가 적은 군대를 거느리고 가, 적중(敵中)에 빠지게 되는 것은, 장군의 죄는 큰 것입니다. 장군은 우리 군사의 원수(元帥)이므로, 군사가 명령을 따르지 않는 것은, 누구의 죄이겠습니까? 우리편의 제후국(諸侯國)을 잃고, 우리 군대를 잃는 것은 죄가 아주 큰 것이 되니, 진격하는 것보다 더 좋은 수가 없습니다. 싸움에 이기지 못할 경우, 그 죄는 분담할 사람들이 있습니다.

장군 혼자서 죄를 뒤집어쓰는 것보다는, 우리 여섯 사람이 같이 짓는 것이 좋지 않겠습니까?" 그래서 군사가 다 황하를 건너갔다.

▌주해▐ ㅇ非父也(비부야)-대장부가 아님.
　ㅇ卒以非父(졸이비부)-대장부가 아닌 것으로 끝을 맺음.
　ㅇ師之臨(사지림)-사괘는 곤괘(坤卦☷)가 위가 되고, 감괘(坎卦☵)가 아래가 되어서 이루어진 괘로, 그 초륙(初六)의 음효(陰爻)가 변해서 양효(陽爻)가 되어 결국 임괘(臨卦)가 된다.
　ㅇ師出以律否臧凶(사출이율비장흉)-이것은 사괘(師卦) 초륙(初六)의 효사(爻辭)다. 율(律)은 군율(軍律). 군사는 출진(出陣)할 때가 중요하며, 반드시 군율로 통제해야 하고, 그것이 제대로 되어지지 않을 때는, 흉한 결과를 초래함.
　ㅇ衆散爲弱(중산위약)-사괘(師卦)의 하괘(下卦)인 감괘(坎卦)가 변하여 태괘(兌卦☱)가 된 것에 대한 설명이다. 감(坎)은 중(衆)이고, 태(兌)는 약(弱)함을 뜻한다.
　ㅇ川壅爲澤(천옹위택)-감괘(坎卦)는 내[川]를 뜻하고, 또 태괘(兌卦)는 못[澤]을 뜻한다. 감괘가 태괘로 변하여, 내가 막히어 못[澤]이 된다는 것.
　ㅇ有律以如己也(유율이여기야)-군율이 정해져 있어도, 부장(部將)들이 지키지 않고 제멋대로 함.
　ㅇ律竭(율갈)-감괘[軍法]가 변하여 태괘[澤:물이 흐르지 못해 그 자리에서 마른다는 뜻이 있다]로 되어서, 군율이 유야무야한 것이 됨.
　ㅇ盈而以竭(영이이갈)-내[坎卦]가 못[澤:兌卦]이 되어, 한때 물이 차 넘치지만, 흘러갈 물줄기가 없어서 말라 없어진다는 것.
　ㅇ夭且不整(요차부정)-요(夭)는 막힘. 정(整)은 제대로 흐름.
　ㅇ不行之謂臨(불행지위림)-물[水:坎卦]이 변해서 못[澤:兌卦]이 되어, 물이 잠기어 흐르지 않음이 임괘(臨卦)가 된다는 것.
　ㅇ尸之(시지)-이 재난(災難)을 초래하는 주인공.
　ㅇ偏師(편사)-적은 군대.
　ㅇ失屬(실속)-자기편(복종하는 편)을 잃음. 즉 정나라를 잃게 됨.
　ㅇ惡有所分(악유소분)-실패의 죄를 나누어 질 사람이 있음.

楚子北師,하여 次于郔.이라 沈尹將中軍,하고 子重將左,하며 子
反將右.라 將飮馬於河而歸.에 聞晉師旣濟,하고 王欲還.이라 嬖
人伍參欲戰,하니 令尹孫叔敖弗欲曰, 昔歲入陳,하고 今玆入鄭,
하여 不無事矣.라 戰而不捷,이면 參之肉其足食乎.아 參曰, 若事
之捷,이면 孫叔爲無謀矣,이오 不捷,이면 參之肉將在晉軍,이어늘
可得食乎.아 令尹南轅反旆.라 伍參言於王曰, 晉之從政者新,하
여 未能行令.이오니다 其佐先縠剛愎不仁,하여 未肯用命,이요 其
三帥者,가 專行不獲,하여 聽而無上,이어늘 衆誰適從.인가 此行
也,는 晉師必敗.리이다 且君而逃臣,이면 若社稷何.이오니까 王病
之,하고 告令尹,하여 改乘轅而北之,하여 次于管以待之.라
晉師在敖·鄗之間.이라 鄭皇戌使如晉使曰, 鄭之從楚,는 社
稷之故也,요 未有貳心.이라 楚師驟勝而驕,하고 其師老矣,며 而
不設備.라 子擊之,하고 鄭師爲承,이면 楚師必敗.라 彘子曰, 敗
楚服鄭,은 於此在矣,니 必許之.하라 欒武子曰, 楚自克庸以來,
其君無日不討國人而訓之.라 于,하되 民生之不易,하여 禍至之無
日,이며 戒懼之不可以怠.라 在軍,하면 無日不討軍實而申儆之.
라 于,하되 勝之不可保,하여 紂之百克而卒無後.라 訓之以若
敖·蚡冒之篳路·藍縷以啓山林,하여 箴之曰, 民生在勤,하여

勤則不匱.라 不可謂驕.라 先大夫子犯有言,하니 曰, 師直爲壯,
이요 曲爲老.라 我則不德,하여 而徼怨于楚,에 我曲楚直,하니 不
可謂老.라 其君之戎,은 分爲二廣,에 廣有一卒,하고 卒偏之兩.이
라 右廣初駕,하여 數及日中,이면 左則受之,하여 以至于昏,하고
內官序當其夜,하여 以待不虞,하니 不可謂無備.라 子良鄭之良
也,요 師叔楚之崇也.라 師叔入盟,하고 子良在楚,하여 楚·鄭親
矣.라 來勸我戰,에 我克,이면 則來,나 不克,이면 遂往.이리라 以
我卜也,니 鄭不可從.이라 趙括·趙同曰, 率師以來,니 唯敵是求
也.라 克敵得屬,이면 又何俟.오 必從彘子.라 知季曰, 原·屛咎
之徒也.라 趙莊子曰, 欒伯善哉.라 實其言,이면 必長晉國.이리라

초나라 군주는 군사를 북방(北方)으로 진군(進軍)시켜 연(鄢)에 머물게 했다. 그때 심현(沈縣)의 장관이 중군(中軍)대장이 되고, 자중(子重: 嬰齊)이 좌군(左軍)대장이 되었으며, 자반(子反)이 우군(右軍)대장이 되었다. 초나라 군주가 황하(黃河)에서 말에게 물을 먹이고 돌아가려다가, 진나라 군사가 황하를 이미 건넜다는 것을 듣고, 귀환하려 했다. 그러자 초왕의 총애를 받고 있던 오삼(伍參)이 싸우기를 바라니, 영윤(令尹)인 손숙오(孫叔敖)는 싸우지 않으려는 마음으로 말하기를, "지난해에 진(陳)나라에 쳐들어갔었고, 지금은 이 정나라로 쳐들어와, 전쟁을 하지 않은 틈이 없었네. 전쟁을 해서 이기지 못하면, 오삼 자네의 살을 다 뜯어먹는다고 분이 풀리겠나?"라고 했다. 그러자 오삼은, "만일 이번 싸움에서 이기면, 손숙(孫叔)님이 좋

은 계략이 없었다는 것이 되고, 이기지 못한다면, 오삼 제 살은 진나라 군사 중에 있게 될 것인데, 먹을 수가 있겠습니까?"라고 말하였다. 그러나, 영윤은 타고 있던 전차를 남쪽을 향하게 하고, 전방의 군기(軍旗)를 돌려 들게 했다. 그러자 오삼은 초왕에게 말했다. "진나라 정치를 담당하는 자가 새로 나와, 아직은 그의 명령이 제대로 행해지지 못하고 있사옵니다. 그리고 그의 부장(副將)인 선곡(先穀)은 성질이 완고(頑固)하고 어질지 못하여, 윗사람의 명령에 따르지 않고, 삼군(三軍)의 장수가, 제각기 독자적인 행동을 해서 행동 통일이 못되어, 명령을 들으려 해도 체계적인 상부(上部)가 없사온데, 군대 무리가 그 누구를 따를 것이옵니까? 이번 싸움에서는, 진나라 군사가 반드시 패할 것이옵니다. 그리고 군주로서 남의 나라 신하한테 도망가시고서, 우리나라 사직(社稷)의 명예를 어찌하시려는 것이옵니까?" 이 말에, 초왕은 어찌할 바를 몰라 걱정하고, 영윤에게 말하여 타고 있던 전차를 돌리어 북진(北進)하여, 관(管)에 군진을 치고 머물러 진나라 군사를 기다렸다.

그때, 진나라 군사는 오산(敖山)과 호산(鄗山)의 중간에 군진을 치고 있었다. 그런데 정나라의 황술(皇戌)이 진나라 군사에게로 사자(使者)가 되어 가 말하기를, "정나라가 지금 초나라에게 복종하고 있는 것은 국가 사직을 보존하기 위해서일 뿐, 진나라에 대해서 배반의 마음을 가지고 있는 것은 아닙니다. 초나라 군사는 계속 승리하여 교만스럽고, 그 군사는 지금 피로해 있으며, 그리고 아무런 싸울 준비를 하고 있지 않습니다. 그러니 장군께서 초군을 치시고, 우리 정나라가 그 뒤를 따라 공격하면, 초나라 군사는 반드시 패할 것입니다."라고 했다. 그러자 진나라 사람들 사이에서 다음과 같은 말이 오고갔다.

체자(嚭子)—초나라를 패배하게 만들고 정나라를 복종케 할 기회는 이때이니, 반드시 사자의 말을 들으십시오.

난무자(欒武子 : 欒書)—초나라는 용(庸)나라를 쳐 이긴 이래, 초나라 군주는 나라 사람들을 단속하여 잘 가르치지 않은 날이 없었습니다. 그 군주는 말하기를, '백성들이 잘살게 하는 것은 쉽지 않아, 화(禍)가 닥칠 날이 정해져 있지 않으니, 삼가고 두려워해서 게을리해서는 안된다'고 해왔습니다. 그리고 출진(出陣)하여서는, 군사를 단속하여 거듭거듭 훈계하지 않는 날이 없었습니다. 그 군주는 말하기를, '승리는 언제고 확보할 수가 없는 것으로, 은(殷)나라 주왕(紂王)은 백번 승리했었어도 결국은 망해서 후손이 끊어지고 말았다'고 말했습니다. 그리고 또, 그 군주는 선조인 약오(若敖)와 분모(蚡冒)가 잡목과 대(竹)로 만든 수레를 타고, 남루한 옷을 입고, 산림을 개척했었던 일을 가지고 사람들을 훈계해서 말하기를, '사람이 잘산다는 것은 부지런함에 있어, 부지런하면 궁핍(窮乏)하지는 않는 것이다'라고 해왔습니다. 그러니 초나라 측이 교만을 부린다고 말할 수는 없습니다. 우리의 전 대부(大夫)인 자범(子犯)님께서 하신 말씀이 있으니, 그분은 말씀하시기를, '군사가 바른 길을 밟고 있으면 씩씩하다고 말할 수 있고, 도리에서 벗어난 군사는 피로하다고 말할 수 있다'고 했습니다. 우리는 덕이 없어서 초나라의 원망을 받고 있으니, 우리는 도리에서 벗어난 군사이고, 초나라는 올바른 처지이니, 그들이 피로해 있다고 말할 수는 없습니다. 초나라 군주가 거느리고 있는 친병(親兵)은, 두 광(廣)으로 나누었는데, 전차 15대를 보유하는 한 광에는 백명으로 된 보병부대인 졸(卒)이 소속되고, 거기에 또 50명 소부대인 편(偏)과 25명으로 조직된 소대인 양(兩)이 따르고 있습니다. 좌우 두 광(廣) 중, 우광(右廣)의 부대가 먼저 전차를 타고 경비하고, 시간을 정확히 헤아리어, 정오(正午)가 되면 좌광이 교대하여 해질 때까지 경비하고, 그 뒤로는 군주의 측근에 따르는 여러 관원(官員)이 순번을 정해서 그날그날의 저녁을 지키어, 뜻밖에

가죽으로 만든
방패〔盾〕

일어나는 일에 대비하고 있으니, 그가 싸울 준비를 하지 않고 있다고는 말할 수 없습니다. 그리고 자량(子良)은 정나라의 명신(名臣)이고, 사숙(師叔:潘尫)은 초나라 사람들의 숭배 대상 인물입니다. 사숙이 정나라 도읍으로 들어가서 두 나라간의 맹서를 하였고, 정나라 자량이 인질로서 초나라에 가 있어, 현재의 초나라와 정나라는 친한 사이입니다. 이제 사람이 와 우리에게 싸울 것을 권하고 있는데, 우리가 이기면 우리편으로 따라올 것이나, 이기지 못하면 정나라는 바로 초나라편으로 갑니다. 그들은 우리를 가지고 점치고 있는 것이니, 정나라의 말은 따를 수 없는 것입니다.

조괄(趙括)·조동(趙同)—군사를 끌고 왔으니, 이제는 오직 적과 대적할 뿐입니다. 적을 이기고 우리 속국(屬國)을 손아귀에 넣기만 한다면야, 또다시 무슨 결과를 기다릴 것입니까? 반드시 체자의 말을 따라야 합니다.

이에, 지계(知季:知莊子)는 평해서 말하기를, "원(原:趙同)과 병(屛:趙括)은 재앙을 받아야 할 사람들이다."라 했고, 조장자(趙莊子:趙朔)는 "난백(欒伯:欒書)은 훌륭한 인물이다. 그가 그의 말대로 실행한다면, 그는 반드시 진나라 정치 담당자의 장(長)이 될 것이다."라고 평하여 말했다.

주해
○ 沈尹(심윤)—초나라 심현(沈縣)의 장관.
○ 剛愎(강퍅)—완고함.
○ 敖(오)—산 이름. 지금의 하남성 광무현(廣武縣) 서북쪽에 있음.
○ 鄗(호)—산 이름으로, 오산의 남쪽에 있다.
○ 申儆(신경)—거듭 경계함.
○ 若敖(약오)·蚡冒(분모)—초나라 군주의 선조.
○ 篳路(필로)—잡목과 대로 만든 수레.
○ 廣(광)—전차 15대를 중심으로 하여 편성된 부대.
○ 卒(졸)—백명의 보병 부대.

o 偏(편)-50명으로 편성된 군대.
o 兩(양)-25명으로 된 소대.
o 數及日中(수급일중)-시각을 정확히 헤아려 정오에 이름.
o 內官(내관)-군주 측근의 관원.
o 以我卜也(이아복야)-우리 진나라가 이기는가 지는가를 가지고, 정나라가 어디로 붙을까를 점쳐 결정한다는 뜻.
o 實其言(실기언)-그 말을 실행함.

楚少宰如晉師曰, 寡君少遭閔凶,하여 不能文.이라 聞,컨대 二先君之出入此行也,는 將鄭是訓定.이라 豈敢求罪于晉.가 二三子無淹久.하라 隨季對曰, 昔,에 平王命我先君文侯曰, 與鄭夾輔周室,하여 母廢王命.하라 今, 鄭不率,에 寡君使群臣問諸鄭.이라 豈敢辱候人.가 敢拜君命之辱.이라 彘子以爲諂,하고 使趙括從而更之曰, 行人失辭.라 寡君使群臣遷大國之迹於鄭,하고 曰, 無辟適.이라 群臣無所逃命.이라

楚子又使求成于晉,에 晉人許之,하고 盟有日矣.라 楚許伯御樂伯,하고 攝叔爲右,하여 以致晉師.라 許伯曰, 吾聞,하되 致師者,는 御靡旌摩壘而還.이라 樂伯曰, 吾聞,하되 致師者,는 左射以菆,하고 代御執轡,면 御下,하여 兩馬掉鞅而還.이라 攝叔曰, 吾聞,하되 致師者,는 右入壘折馘,하고 執俘而還.이라 皆行其所聞而復.이라 晉人逐之,하여 左右角之.라 樂伯左射馬,하고 而右射

人,하여 角不能進.이라 矢一而已.에 麋興於前.이라 射麋麗龜.라
晉鮑癸當其後.라 使攝叔奉麋獻焉.하니 曰, 以歲之非時.라 獻
禽之未至.로 敢膳諸從者.라 鮑癸止之曰, 其左善射.하고 其右有
辭.라 君子也.라 旣免.이라

초나라의 소재(少宰)가 진나라 군사에게로 가 말하기를, "저희 군주께서는 어려서 선대 군주가 돌아가신 흉운(凶運)을 당하시어 글을 많이 배울 수가 없었습니다. 제가 들은 바로는, 저희 나라 두 선대 군주(成王과 穆王)께서 이 정나라를 들고나고 하신 것은, 이랬다저랬다 하는 정나라의 버릇을 가르치어 꼭 매어놓기 위해서였다는 것입니다. 어찌 감히 진나라에 대해서 죄 지으려 했겠습니까? 그러니 몇몇분 장군들께서는 오래 이곳에 머물러 있지 말아 주십시오."라고 했다. 그러자, 진나라의 수계(隨季：士季)는 말했다. "옛날, 천자 평왕(平王)께서 우리나라 선대 군주이신 문후(文侯)에게 명하여 말씀하시기를, '정나라와 같이 주나라 왕실을 도와, 천자의 명령을 거역함이 없게 해라'고 하셨습니다. 그런데 이제 정나라가 따르지 않아, 우리 군주께서는 여러 신하로 하여금 정나라에게 그 사유를 묻게 하셨습니다. 어찌 감히 사자(使者)를 괴롭히려고 온 것이겠습니까? 댁의 군주 명의 고마움을 그대로 받아들이겠습니다."라고 했다. 그때 체자는 초나라에게 아첨한다 여기고 조괄을 시켜 초나라 사자의 뒤를 쫓아가 말하게 했다. "우리의 접대인(接待人)이 말을 잘못했소. 우리 군주께서는 우리 여러 신하를 시켜 큰 나라인 귀국(貴國)의 발자취를 정나라에서 옮겨 가게끔 하시고 말씀하시기를, '적을 피하지 말라'고 하셨소. 그러니 우리 여러 신하는 군주의 명을 거역할 수가 없는 것이오"

초나라 군주가 다시 사자를 보내어 화해할 것을 요구하니, 진나라

사람이 그 요구를 받아들여, 맹약(盟約)할 날이 결정되었다. 그런데 초나라의 허백(許伯)이 악백(樂伯)의 전차를 조종하고, 섭숙(攝叔)이 그 오른쪽 전사가 되어, 진나라 군사에게 도전했다. 그때 그들 세 사람은 각기 말했다.

허백—내 들었거니와, 도전자는 깃발을 나부끼게 하고, 빨리 달려 적진 앞까지 육박했다가 돌아오는 것이랍니다.

악백—내 듣기로는, 도전자는 전차의 왼쪽에 탄 사람은 좋은 화살을 쏘아붙이고, 전차 조종자 대신 말의 끈을 쥐고 있으면, 조종자가 전차에서 내려가, 전차를 끄는 말에 댄 장식물을 보기 좋게 정돈하고, 또 말의 배띠를 고쳐 채워 주어 여유있는 태도를 보이고 제자리로 돌아가는 것이랍니다.

섭숙—내 들은 바로는, 도전자는 오른쪽에 탄 전사는 적진으로 쳐들어가 적병을 죽여 귀를 끊고, 적병을 사로잡아 돌아간다는 것이오.

이렇게 말한 그들은, 각기 들은 대로 행하고 돌아갔다. 그러자 진나라 사람들이 그들을 몰아, 좌우에서 포위하여 공격했다. 이에 악백이 왼쪽으로는 말을 쏘고, 오른쪽으로는 사람을 쏘자, 좌우로 공격하던 사람들이 전진하지 못했다. 화살을 다 쏘고 단 한개만 남았을 때, 사슴이 나타나 그들의 전차 앞에 섰다. 그래서 악백은 그 사슴을 쏘아 등뼈를 관통시켰다. 그 순간, 진나라의 포계(鮑癸)가 쫓아와 바로 뒤에 있었다. 꾀를 낸 악백은 섭숙으로 하여금 쏘아 죽인 사슴을 바치게 했더니, 섭숙은 말하기를, "시기가 사냥할 때가 아니라서 드릴 짐승이 우리에게 와 있지 않기로, 감히 이걸 여러 오신 분들의 상에 올리도록 하겠습니다."라고 했다. 그랬더니, 포계는 그들의 추격을 중지하고 말하기를, "왼쪽에 탄 이는 활을 잘 쏘고, 오른쪽에 탄 이는 말을 잘한다. 그들은 훌륭한 사람들이다."라고 했다. 그래서 세 사람은 죽음을 면했다.

주해 | ○少宰(소재)—초나라의 벼슬 이름.

○二先君(이선군)-초나라의 성왕(成王)과 목왕(穆王)을 말한다.
○二三子(이삼자)-진나라의 대장들을 지칭한 것이다.
○淹久(엄구)-오래 머물러 있음.
○候人(후인)-상대에게로 가 문안드리는 사람. 즉 사자(使者).
○失辭(실사)-잘못 말함.
○遷大國之迹於鄭(천대국지적어정)-대국은 초나라를 지칭한 말이고, 적(迹)은 발자취. 즉 초나라 군사를 정나라에서 몰아낸다는 말이다.
○有日(유일)-기일이 결정되었다.
○致晉師(치진사)-진나라 군사에게 도전함.
○靡旌(미정)-깃발을 나부끼게 함.
○摩壘(마루)-적진 앞으로 육박함.
○菆(추)-좋은 화살.
○兩馬掉鞅(양마도앙)-말의 장식물을 정돈하고, 말의 배띠를 고쳐 채워줌.
○左右角之(좌우각지)-좌우로 포위하여 공격함.
○龜(귀)-등뼈.
○歲之非時(세지비시)-시절이 사냥할 때가 아님.

晉魏錡求公族,이라가 未得而怒.라 欲敗晉師,하여 請致師,나 弗許.라 請使,에 許之.라 遂往,하여 請戰而還,에 楚潘黨逐之.라 及熒澤,하여 見六麋,하여 射一麋以顧獻曰, 子有軍事.라 獸人無乃不給於鮮.아 敢獻於從者.나 叔黨命去之.라 趙旃求卿未得,하고 且怒於失楚之致師者,하여 請挑戰,이나 弗許.라 請召盟,에 許之.라 與魏錡皆命而往.이라 郤獻子曰, 二憾往矣,에 弗備必敗.라 彘子曰, 鄭人勸戰,에 弗敢從也,하고 楚人求成,에 弗能好也,하며 師無成命,이어늘 多備何爲.오 士季曰, 備之善.이라 若二子

怒楚,하여 楚人乘我,면 喪師無日矣,리니 不如備之.라 楚之無惡,
엔 除備而盟,이라도 何損於好.아 若以惡來,라도 有備不敗.라 且
雖諸侯相見,이라도 軍衛不徹,하니 警也.라 彘子不可.라 士季使
鞏朔·韓穿帥七覆于敖前,이라 故로 上軍不敗.라 趙嬰齊使其徒
先具舟于河.라 故로 敗而先濟.라

潘黨旣逐魏錡.라 趙旃夜至於楚軍,하여 席於軍門之外,하고 使
其徒入之.라 楚子爲乘廣三十乘,하여 分爲左右.라 右廣雞鳴而
駕,하여 日中而說,하고 左則受之,하여 日入而說.이라 許偃御右
廣,하고 養由基爲右,하며 彭名御左廣,하고 屈蕩爲右.라 乙卯,에
王乘左廣,하여 以逐趙旃.이라 趙旃弃車而走林,에 屈蕩搏之,하여
得其甲裳.이라 晉人懼二子之怒楚師也,에 使軘車逆之.라 潘黨
望其塵,하고 使騁而告曰, 晉師至矣.라 楚人亦懼王之入晉軍也,
에 遂出陣.이라 孫叔曰, 進之.하라 寧我薄人,이언정 無人薄我.하
라 詩云,하되 元戎十乘,하여 以先啓行,이라하니 先人也.라 軍志
曰, 先人有奪人之心,이라하니 薄之也.라 遂疾進師,하여 車馳卒
奔,하여 乘晉軍.이라

 진나라 위기(魏錡)는 공족(公族)이 되기를 요구하였다가, 그렇게
되지 못하여 화를 내고 있었다. 그는 진나라 군사를 패배하게 하고자

하여, 초나라 군사에게로 가 도전하겠다고 청했으나, 허락되지 않았다. 그러자 사자(使者)가 되어 가기를 청해서, 허락이 되었다. 그는 곧 사자로 가 초나라에게 싸울 것을 요청하고 돌아가니, 초나라의 반당(潘黨)이 그를 뒤쫓았다. 쫓기던 위기가 형택(滎澤)에 이르러 여섯 마리의 사슴을 발견하고, 그 중 한 마리를 쏘아 잡아 뒤돌아서서 쫓고 있는 반당에게 주면서 말하기를, "당신은 전쟁중에 있는 몸이라, 요리사가 신선한 고기를 공급하지 못하는 게 아닙니까? 내 감히 이걸 따르고 있는 사람 손에 드립니다."라고 했다. 그래서 숙당(叔黨 : 潘黨)은 그를 도망쳐 가게 했다. 진나라의 조전(趙旃)은 경(卿)이 되기를 원했다가 뜻을 이루지 못했고, 또 초나라 사람이 도전해 온 것을 놓친 일에 대해서 분개하여, 자신이 가 도전하겠다고 청했지만 허락되지 않았다. 그는 다시 초나라로 사자가 되어 가, 맹서하러 오도록 하겠다고 청하니, 허락되었다. 그래서 그는 위기와 함께 명을 받고 초군 측으로 갔다. 그때 극헌자(郤獻子)가 말하기를, "저 두 불평자(不平者)가 갔으니, 우리가 준비하지 않고 있다간 반드시 초군한테 패배할 것이오."라고 했다. 그러자 체자가 말하기를, "정나라 사람이 싸울 것을 권고함에, 감히 그의 말대로 싸우지 않았고, 또 초나라 사람이 화해할 것을 요구했음에, 우호(友好)를 맺지 못했으며, 거기다가 우리 군사는 이렇다저렇다 하는 결정적인 명령이 내려 있지 않은데, 많은 대비를 한들 무엇하겠소?"라고 했다. 이 말을 들은 사계(士季)는 말했다. "대비를 하는 것이 좋소. 만일 두 사람이 초군 측을 화나게 하여, 초나라 사람들이 우리에게 덤빈다면, 우리 군사가 며칠 못가 패배할 것이니, 대비하여 두는 것보다 더 좋은 일은 없소. 초나라 측에 악의(惡意)가 없다면, 그때 방비(防備)를 풀고 맹서를 다하더라도, 우호를 맺는 일에 무슨 해(害)가 될 것이오? 만약 초군이 악의를 가지고 덤벼온다 해도 준비가 있어 패하지는 않소. 그리고 제후(諸侯)들이 서로 만나는 경우라 하더라도, 각 군주를 호위하는 군대가 옆을 떠나지 않는 것이니, 그것은 만일의 일에 대한 경비(警備)인 것이오." 그러나 체자는 듣지 않았다. 이에, 사계는 공삭(鞏朔)과 한천(韓穿)을 시켜 오산(敖山) 전방(前方)의 일곱 군데에다 복병(伏兵)을 두어 인솔하게 했다. 그리하여 진나라의 상군(上軍)은 뒤에 있는 싸움에서 패배당하지 않았다. 그리고 조영제(趙嬰齊)는 그의 부하들을 시켜 황하의 언덕에, 물을 건너갈 배를 미리 준비하게 했다. 그랬으므로, 그는 싸움에 패배하고서도, 다른 군대보다 먼저 황하를 건넜다.

초나라의 반당이 이미 위기를 쫓아낸 뒤의 일이었다. 진나라의 조전은 저녁에 초나라 군진에 이르러, 그는 초나라 군진 문밖에다 돗자리를 펴고 앉아, 그가 거느리고 간 병졸들로 하여금 초군 진중으로 쳐들어가게 했다. 초나라 군주인 자작은, 30대의 전차로써 광(廣)을 편성하여, 그것을 좌광(左廣)과 우광(右廣)으로 나누었다. 우광은 닭이 우는 새벽이 되면 전차에 말을 매어 군주를 경비하기 시작하여, 정오가 되어 전차에서 말을 풀어 교대하고, 그 다음은 좌광이 그 책임을 이어받아, 해가 져서야 전차에서 말을 풀어내어 책무를 마치는 것이었다. 그때, 허언(許偃)이 우광의 군주가 타는 전차를 조종하고, 양유기(養由基)가 그 오른쪽 전사가 되었으며, 팽명(彭名)이 좌광의 군주가 타는 전차를 조종하고, 굴탕(屈蕩)이 그 오른쪽에 타는 전사가 되었다. 을묘날에, 초왕은 좌광의 전차를 타고, 조전을 몰았다. 그러자 조전은 전차를 버리고 산림 속으로 도망가니 굴탕이 잡아 그의 허리에 두른 갑옷의 한가지인 갑상(甲裳)을 벗겼다. 진나라 사람들은 위기와 조전 두 사람이 초나라 군사를 화나게 할 것을 걱정하여, 전투용이 아닌 군사가 주둔하고 있을 때 쓰는 차를 보내어 맞이하게 했다. 반당이 진나라 군사가 보낸 차가 먼지를 내며 달리는 것을 바라보자, 사람을 시켜 달려가 고하게 하기를, "진나라 군사가 공격해 왔습니다."라고 했다. 초나라 사람들은 군주가 진나라 군중으로 돌입이나 하지 않을까 걱정되어, 드디어 출진했다. 그때, 영윤인 손숙(孫

叔:孫敖叔)이 말하기를, "다들 진격하라. 우리가 적에게 육박할지언정, 적이 우리에게 육박하게는 하지 말라. 시에 이르기를, '선봉(先鋒)의 전차 10대가 달려, 군사의 나갈 길을 터주노라.'라고 하였는데, 이것은 기선(機先)을 잡음을 말한 것이다. 그리고 병법서(兵法書)에 이르기를, '기선을 잡으면, 적의 전의(戰意)를 박탈한다'라고 하였는데, 이것은 적에게 육박함을 말한 것이다."라고 했다. 초군은 바로 신속히 진격하여, 전차는 달리고 병졸들은 뛰어, 진나라 군사에게로 덤벼들었다.

주해
- ㅇ 熒澤(형택) – 습지대(濕地帶)의 이름으로, 지금의 하남성 광무현(廣武縣) 남쪽 땅.
- ㅇ 獸人(수인) – 요리사.
- ㅇ 鮮(선) – 신선한 고기.
- ㅇ 二憾(이감) – 두 사람의 불평자. 위기와 조전을 말한 것.
- ㅇ 成命(성명) – 결정적인 명령.
- ㅇ 七覆(칠복) – 7개소의 복병(伏兵).
- ㅇ 席(석) – 돗자리를 깔고 앉음.
- ㅇ 說(탈) – 말을 전차에서 풀어 쉬게 함.
- ㅇ 甲裳(갑상) – 허리에 치마처럼 두르는 갑옷의 한가지.
- ㅇ 輇車(돈차) – 전차의 한가지이나, 전투용은 아니고 주둔하였을 때 이용한 것.
- ㅇ 乙卯(을묘) – 6월 14일.
- ㅇ 詩云(시운) – 《시경》 소아 유월편(六月篇)의 구절.
- ㅇ 軍志(군지) – 병법서.
- ㅇ 奪人之心(탈인지심) – 상대의 마음을 뺏음. 적의 전의를 박탈함.

환자부지소위　　　고어군중왈　　선제자유상　　　　중군하군
桓子不知所爲,하여 鼓於軍中曰, 先濟者有賞.하리라 中軍下軍
쟁주　　　주중지지가국야　　　진사우이　　　상군미동　　　공윤제
爭舟,에 舟中之指可掬也.라 晉師右移,나 上軍未動.이라 工尹齊

將右拒卒,하여 以逐下軍.이라 楚子使唐狡與蔡鳩居告唐惠侯曰,
不穀不德而貪,하여 以遇大敵,하니 不穀之罪也.라 然이나 楚不
克,은 君之羞也.라 敢藉君靈,하여 以濟楚師.라 使潘黨率游闕四
十乘,하여 從唐侯以爲左拒,하여 以從上軍.이라 駒伯曰, 待諸乎.
아 隨季曰, 楚師方壯.이라 若萃於我,면 吾師必盡,이리니 不如收
而去之.라 分謗生民,이 不亦可乎.아 殿其卒而退,하여 不敗.라
王見右廣,하고 將從之乘,하니 屈蕩戶之曰, 君以此始,이오니 亦
必以終.하소서 自是,로 楚之乘廣先左.라
晉人或以廣隊不能進,하니 楚人惎之脫扃,에 少進,이나 馬還.
이라 又惎之拔旆投衡,에 乃出.이라 顧曰, 吾不如大國之數奔也.
라 趙旃以其良馬二濟其兄與叔父,하고 以他馬反,라가 遇敵不能
去,하고 棄車而走林.이라 逢大夫與其二子乘,하여 謂其二子無
顧,로되 顧曰, 趙傁在後.라 怒之使下,하고 指木曰, 尸女於是.하
리라 授趙旃綏以免.이라 明日以表尸之,하니 皆重獲在木下.라
楚熊負羈囚知罃,이어늘 知莊子以其族反之.라 廚武子御,하고
下軍之士多從之.라 每射抽矢菆,하여 納諸廚子之房.이라 廚子
怒曰, 非子之求,하고 而蒲之愛.라 董澤之蒲,는 可勝旣乎.아 知
季曰, 不以人子,면 吾子其可得乎.아 吾不可以苟射故也.라 射

連尹襄老獲之,하여 遂載其尸,하고 射公子穀臣囚之,하여 以二者
還.이라 及昏,하여 楚師軍於邲,이나 晉之餘師不能軍,하여 宵濟,
어늘 亦終夜有聲.이라

환자(桓子 : 荀林父)는 어찌할 바를 몰라, 군중(軍中)에 북을 쳐 말하기를, "먼저 황하를 건너가는 자에게는 상이 있을 것이니라."라고 하여 퇴각 명령을 내렸다. 진나라 군사의 중군과 하군은 서로 타고 갈 배를 가지고 다투니, 배마다 안에는 배를 잡고 흔드는 사람들 때문에 배가 전복될 것을 두려워하여, 뱃머리를 잡은 사람들의 손가락을 끊어서, 그 끊긴 병사들의 손가락이 두 손을 모아 움킬 정도나 되었다. 진나라 군사가 오른쪽으로 이동했으나, 상군(上軍)만은 움직이지 않고 있었다. 당시 초나라의 공윤(工尹) 벼슬에 있는 제(齊)는 우익군(右翼軍)을 거느리고, 진나라 하군을 몰았다. 초나라 군주인 자작은 당교(唐狡)와 채구거(蔡鳩居)를 시켜 당(唐)나라 군주 혜후(惠侯)에게 말하게 했다. "못난 나는 덕이 없으면서도 욕심을 크게 부려, 큰 적을 만나고 있으니, 이것은 못난 나의 죄입니다. 그러나 초나라가 이 싸움에서 이기지 못하는 것은 군주의 수치입니다. 그래서 나는 감히 군주의 혜택에 의지하여, 초군의 곤경을 건져내야겠습니다." 그리고 반당(潘黨)으로 하여금 예비전차 40대를 이끌고, 당나라 군주의 지휘하에 들어 좌익군이 되어서는, 진나라의 상군을 공격하게 했다. 그러자 (진나라 상군의 부장인 극극의 아들인) 구백(駒伯)이 말하기를, "초군이 육박해올 때까지 기다릴까요?"라고 했다. 이에 대해 수계(隨季 : 士會)가, "초군은 지금 한창 왕성하네. 초군이 만일 우리에게 집중 공격한다면, 우리 군사는 반드시 전멸될 것이니, 군사를 수습(收拾)하여 퇴각하는 것이 상책(上策)일세. 우리가 패전했다는 비난을 나누어 듣고, 많은 백성(병사)들을 살리는 것이, 역시 좋지 않겠는가?" 이렇게 말하고, 자기 부대의 후미(後尾)가 되어 퇴각하여 패배를 당하지 않았다. 초왕은 우광(右廣)의 자기가 타는 전차를 보고, 그 전차로 갈아타려고 하자, 굴탕(屈蕩)이 말리어 말하기를, "군주께서는 이 전차로 싸움을 시작하셨사오니, 역시 반드시 이 전차를 타시고 싸움의 끝을 맺으소서."라고 했다. 이때부터 초나라 광군(廣軍)은 좌광(左廣)이 우위(優位)를 차지했다.

진나라의 어느 전차가 구덩이에 박혀 움직일 수가 없자, 초나라 사람이 전차의 앞부분에 댄 나무를 빼어내라고 가르쳐 주어, 약간 앞으로 나갔으나 전차를 끄는 말이 제자리에서 빙빙 돌고 전진을 못하였다. 그러자, 초나라 사람이 다시 깃발을 빼어 말의 멍에에 꽂으라고 가르치니, 전차가 그곳에서 빠져나갔다. 이에 그 전차에 탔던 진나라 사람이 뒤돌아보고 말하기를, "나는 귀국(貴國)이 여러 차례 싸움에져 도망쳐 많은 경험을 한 바에는 미치지 못하겠소이다."라고 하였다. 그 싸움에서, 조전(趙旃)은 그의 좋은 말 두 마리로 그의 형과 숙부를 도망시키고, 자신은 다른 말로 돌아가다가, 적을 만나 전진을 못하고, 타고 있던 전차를 버리고 숲속으로 도망했다. 그때 대부(大夫)인 봉씨(逢氏)가 두 아들과 같이 전차를 타고 달리며 그의 두 아들에게 뒤돌아보지 말라고 일렀었지만, 두 아들은 조전을 돌아보고, "조씨 영감님이 뒤떨어지고 있습니다."라고 했다. 그러자 봉씨는 화를 내며 두 아들을 내리게 하고, 근처에 있는 나무를 가리키며 말하기를, "내 너희들의 시체를 저기서 찾으리라."고 했다. 그리고 조전에게 전차에 붙은 밧줄을 던져주어, 그걸 잡고 달려 전차에 타게 해서 죽음을 면하게 했다. 그 다음날에, 그가 가리켰던 나무를 표로 삼아 아들들의 시체를 찾았더니, 그들은 그 나무 밑에 위아래로 겹쳐 죽어 있었다.

초나라의 웅부기(熊負羈)가 지앵(知罃)을 잡았는데, 아버지인 지장자(知莊子)가 그의 씨족군(氏族軍)을 이끌고 싸워 돌려받았다. 그때, 주무자(廚武子:魏錡)가 지장자의 전차를 조종하고, 하군의 병사가 많이 그를 따랐었다. 지장자는 싸움에서 활을 쏠 때마다 좋은 화살은 골라내어 주무자의 화살통에다 넣었다. 그러자 주무자가 화를 내어 말하기를, "아들을 찾으려는 것이 아니라, 화살을 아끼는 것이구려. 동택(董澤)의 그 많은 화살 만드는 개버들을 우리가 다 써먹을 수가 있소이까?"라고 했다. 그러자 지계(知季 : 知莊子)는, "적의 아들을 잡지 못한다면, 내 아들을 데려올 수가 있는가? 내 저쪽 사람 아들을 잡기 전에는 좋은 화살을 공연히 쏠 수가 없기 때문일세."라고 말했다. 그리고 초나라 연(連) 땅을 다스리는 장관인 양로(襄老)를 쏘아 죽이어, 바로 그 시체를 전차에 싣고, 다시 초나라 공자 곡신(穀臣)을 쏘아 잡아, 그 두 사람을 싣고서 돌아갔다. 해가 지자, 초군은 필(邲)에 군진을 쳤으나, 진나라의 패잔군(敗殘軍)은 진을 치지 못하고 저녁에 황하를 건넜는데, 그때에도 역시 서로 배를 타려고 애쓰는 통에 밤새도록 시끄러웠다.

| 주해 | ○可掬也(가국야) – 두 손을 모아 움킬 수가 있다. 즉 배에 먼저 탄 사람들이, 뒤에 온 자들이 서로 타려고 배를 붙잡고 야단을 치자, 배가 전복될까 하고, 뱃전을 잡은 사람들의 손가락을 칼로 끊어, 끊어진 손가락이 배 안에 많았다는 것을 말한다.
○游闕(유궐) – 예비 전차.
○唐侯(당후) – 당시 초나라에 부속되었던 작은 나라 당(唐)의 군주 혜후(惠侯).
○駒伯(구백) – 두예는 그의 주에, 상군의 부장 극극(郤克)이었다고 말했으나, 극극의 아들이었다는 설도 있다.
○殿其卒(전기졸) – 그의 군대 후미(後尾)가 됨.
○尸(호) – 맡김.
○廣隊(광추) – 광은 선차, 선차가 패인 곳에 빠짐.
○惎(기) – 가르침.
○扃(경) – 수레의 앞부분에 댄 나무.
○還(선) – 빙빙 돎.

o 衡(형) — 멍에.
o 不如大國之數奔也(불여대국지삭분야) — 자주 져서 도망친 경험이 있는 당신네 나라 사람에게는 미칠 수가 없소.
o 趙傁(조수) — 조영감님, 조님.
o 尸(시) — 시체를 찾음.
o 綏(수) — 수레에 붙은 밧줄.
o 房(방) — 화살통.
o 董澤(동택) — 진나라 땅 이름으로, 지금의 산서성 문희현(聞喜縣) 동북쪽에 있던 습지대(濕地帶).
o 蒲(포) — 화살대를 만드는 개버들.
o 連尹(연윤) — 연 땅의 장관.

丙辰,에 楚重至於邲,하여 遂次于衡雍.이라 潘黨曰, 君盍築武
軍而收晉尸,하여 以爲京觀.인가 臣聞,하되 克敵必示子孫,하여
以無忘武功.이라 하오니다 楚子曰, 非爾所知也.라 夫文,에 止戈
爲武.라 武王克商作頌曰, 載戢干戈.하고 載櫜弓矢.라 我求懿
德,하여 肆于時夏,하여 允王保之.라 하였고 又作武,하여 其卒章曰,
耆定爾功.이라 하고 其三曰, 鋪時繹思.라 我徂惟求定.이라 하며 其
六曰, 綏萬邦,하고 慶豊年이라. 夫武,는 禁暴,하고 戢兵,하며 保
大,하고 定功,하며 安民,하고 和衆,하며 豊財者也.라 故로 使子孫
無忘其章.이라 今, 我使二國暴骨,하니 暴矣,요 觀兵以威諸侯,는
兵不戢矣.라 暴而不戢,에 安能保大.아 猶有晉在,에 焉得定功,
하고 所違民欲猶多,에 民何安焉,이며 無德而强爭諸侯,에 何以

和衆,하고 利人之幾,하고 而安人之亂,하여 以爲己榮,에 何以豊
財아 武有七德,이어늘 我無一焉,에 何以示子孫.가 其爲先君宮,
하여 告成事而已.라 武非吾功也.라 古者,에 明王伐不敬,하여 取
其鯨鯢而封之,하여 以爲大戮.이라 於是乎有京觀,하여 以懲淫
慝.이라 今, 罪無所,하고 而民皆盡忠,하여 以死君命,이어늘 又可
以爲京觀乎.아 祀于河,하고 作先君宮,하여 告成事而還.이라
　是役也,에 鄭石制實入楚師,하니 將以分鄭而立公子魚臣.이라
辛未,에 鄭殺僕叔及子服.이라 君子曰, 史佚所謂毋怙亂者,는
謂是類也.라 詩曰, 亂離瘼矣,에 爰其適歸.리오 歸於怙亂者也
夫.여

　병진날에, 초나라의 군수품(軍需品)이 필(邲)에 당도하여, 곧 형옹
(衡雍)으로 진군하여 주둔했다. 그때 반당(潘黨)은 그의 군주에게 말
하기를, "군주께서는 어찌하여 군영(軍營)을 짓고, 진나라 전사자의
시체를 모아 큰 무덤을 만들어 구경거리를 만드시지 않사옵니까? 신
(臣)이 듣기로는, '적에게 이겨서 반드시 자손에게 그 표시를 보이어,
무공(武功)을 잊지 않게 한다'라 하옵니다."라고 했다. 그러자 초나라
군주인 자작은 말했다. "그건 네가 알 바가 아니다. 글자에 창[戈] 쓰
기를 중지[止]한다는 뜻이 무(武)자인 것이다. 주나라 무왕(武王)께
서 상(商:殷)나라를 쳐 이기고 성공을 기리어, 신(神)에게 고하는 노
래를 지어 이르기를, '무기를 거두어들이고, 활과 화살을 주머니에 넣
었도다. 내 좋은 덕을 닦아, 이때의 중국(中國)에 널리 보이고, 왕자

로서 천하를 보유하게 되었네'라고 하였고, 또 무편(武篇)의 시를 지어 그 끝장(章)에 이르기를, '당신의 뜻대로 공을 세워 천하를 평정했소이다'라 했고, 그 제3장에는 이르기를, '공업(功業)을 넓히었도다. 내 군대 이끌고 출동한 것은 천하 안정을 위해서였도다'라 했으며, 그 제6장에는 이르기를, '모든 나라를 편안케 했고, 연년 풍년이로세'라고 했다. 무(武)라는 것은, 난폭(亂暴)한 자를 억누르고, 무기를 거두어 싸움을 중지하며, 큰 나라를 보유하고, 공을 세우며, 백성들을 편안하게 하고, 만민을 화락(和樂)케 하며, 물자를 풍부하게 해서 생활을 안정케 하는 것이다. 그러므로 자손에게 그 빛나는 공업을 잊지 않게 하는 것이다. 이제 내가 초·진 두 나라 사람들의 뼈를 야원(野原)에 흩어지게 하였으니, 나 자신 난폭한 것이고, 군사를 내어 보이어서 제후국을 위협한 것은, 무기를 거두어들이지 못하게 된다. 난폭하고 무기를 거두어들이지 못하고 있는데, 어떻게 큰 나라를 보유할 수가 있겠느냐? 진나라가 아직 엄연히 존재하고 있는 바에, 어떻게 천하를 평정하는 공을 세울 수가 있고, 백성들이 바라는 것을 거역하는 것이 많은 바에, 백성들이 어찌 편안할 수가 있을 것이며, 덕이 없이도 억지로 제후들과 다툼에, 어떻게 국민 대중을 화락케 하고, 다른 나라 사람의 위태로움을 이익됨이라 여기고, 다른 나라 사람들의 혼란을 보고 요행으로 여겨 안심하여서, 자신의 번영으로 생각함에, 어찌 물자가 풍부하게 되겠느냐? 무(武)에는 일곱 가지 덕이 있는데, 나는 그 한 가지도 갖추고 있지 않으니, 무엇으로써 자손에게 남겨 보일 건가? 내 선대 군주를 모시는 사당을 지어, 전쟁에 이기었음을 고할 따름이다. 무(武)에 있어 내 공이 없는 것이다. 옛날, 어진 임금이 발칙한 무리를 쳐, 그 악한 자들의 우두머리를 죽이어 묻어 큰 무덤으로 만들고는 큰 살육(殺戮)을 행했다고 했다. 이에 구경거리가 있게 되어, 그것으로 부정 불의(不正不義)의 자들을 징계한 것이었다. 지금 진나라에는 죄로 삼을 것이 없고, 그리고 그 나라의 백성들은 모두 충성을 다 바쳐, 군주의 명에 따라 죽어갔다. 그런데도 또 그들의 시체로 큰 무덤을 만들어 구경거리로 삼을 것이냐?" 이렇게 말한 초나라 군주는, 황하(黃河)의 신에게 제사를 지내고, 선대 군주의 사당을 지어 전쟁에 이겼음을 고하고서 돌아갔다.

이 싸움에서는, 정나라의 석제(石制)가 실로 초나라 군사를 불러들였던 것이니, 그는 정나라 국토를 둘로 나누어, 그 반은 초나라에 주고, 그 반만 정나라가 차지하여서는 공자 어신(魚臣)을 군주로 삼으려는 계획이었다. 그리하여 신미날에, 정나라는 복숙(僕叔 : 공자 魚臣)과 자복(子服 : 石制)을 죽였다. 군자(君子)는 이 사실을 두고 평해 말했다. "주나라 사일(史佚)이 '다른 편의 혼란을 믿고 자기의 이익을 꾀하지 말라'고 말한 것은, 이런 것을 두고 이른 말이리라. 시에 이르기를, '나라가 혼란하고 백성들은 걱정에 빠지고 기진맥진되었는데, 이 재난은 결국 그 누구에게 돌아갈 것이뇨?'라고 하였다. 결국은 다른 편의 혼란을 믿고, 자신의 이익을 꾀한 자에게 돌아가고 마는 것이니라."

|주해| ㅇ丙辰(병진) - 6월 14일.
  ㅇ衡雍(형옹) - 정나라 지명으로, 지금의 하남성 원무현(原武縣) 서북쪽 땅.
  ㅇ武軍(무군) - 군영(軍營).
  ㅇ京觀(경관) - 구경거리로 만든 전사자의 시체를 묻은 큰 무덤.
  ㅇ頌(송) - 성공을 기리어 신에게 고하는 노래.
  ㅇ載戢干戈云云(재즙간과운운) - 《시경》 송(頌) 주송(周頌) 시매편(時邁篇)의 시구.
  ㅇ武(무) - 《시경》 송 주송의 시편 이름.
  ㅇ其三曰云云(기삼왈운운) - 《시경》 송 주송 뇌편(賚篇)의 시구.
  ㅇ其六曰云云(기륙왈운운) - 《시경》 송 주송 환편(桓篇)의 시구.
  ㅇ成事(성사) - 전승(戰勝)을 말한다.
  ㅇ鯨鯢(경예) - 악한 사람들의 수령(首領). 경은 고래의 수컷이고, 예는

고래의 암컷인데, 약자의 수령에 비유했다.
o 無所(무소) — 특히 말할 것이 없음.
o 子服(자복) — 석제(石制)의 자(字).
o 詩曰(시왈) — 《시경》 소아(小雅) 사월편(四月篇)의 시구.

鄭伯·許男如楚.라
秋,에 晉師歸,하여 桓子請死,하니 晉侯欲許之.라 士貞子諫曰, 不可.이오니다 城濮之役,에 晉師三日穀,이어늘 文公猶有憂色.이었나이다 左右曰, 有喜而憂,하시니 如有憂而喜乎.인가하오니 公曰, 得臣猶在,하니 憂未歇也.라 困獸猶鬪,어늘 況國相乎.아라하셨나이다 及楚殺子玉,에 公喜而後可知也,로 曰, 莫余毒也已.라하셨나이다 是晉再克,하고 而楚再敗也.이었나이다 楚是以再世不競.이었나이다 今,天或者將大警晉也.이온저 而又殺林父,하여 以重楚勝,이오면 其無乃久不競乎.인가 林父之事君也,에 進思盡忠,하고 退思補過,하오니 社稷之衛也.이오니다 若之何殺之.리이까 夫其敗也,는 如日月之食焉,이옵거늘 何損於明.이리이까 晉侯使復其位.라
冬,에 楚子伐蕭,하니 宋華椒以蔡人救蕭.라 蕭人囚熊相宜僚及公子丙,하니 王曰, 勿殺.하라 吾退.하리라 蕭人殺之,하니 王怒,하여 遂圍蕭,에 蕭潰.라 申公巫臣曰, 師人多寒.이오니다라하니 王巡三軍,하여 拊而勉之,하니 三軍之士,가 皆如挾纊,하여 遂傅

於蕭城.이라 還無社與司馬卯言,하여 號申叔展.이라 叔展曰, 有
麥麴乎아 曰, 無.라 有山鞠窮乎아 曰, 無.라 河魚腹疾奈何乎.
아 曰, 目於眢井而拯之.라 若爲茅絰.하라 哭井則己.리라 明日
蕭潰.라 申叔視其井,하니 則茅絰存焉,에 號而出之.라
晉原穀·宋華椒·衛孔達·曹人同盟于淸丘.라 曰, 恤病討
貳.라 於是,에 卿不書,는 不實其言也.라 宋爲盟故伐陳,에 衛人
救之.라 孔達曰, 先君有約言焉.이라 若大國討,면 我則死之.리라

 정나라 군주인 백작과 허나라 군주인 남작이, 초나라를 찾아갔다.
 가을에, 진(晉)나라 군사가 본국으로 돌아가, 환자(桓子:荀林父)
가 패전의 죄로 죽겠다고 원하니, 진나라 군주가 허락하려 했다. 그러
자 사정자(士貞子)가 충간했다. "아니되옵니다. 성복(城濮)의 싸움
때, 우리 진나라 군사가 승리하여, 사흘간이나 초나라 군의 식량을 뺏
어먹기까지 했는데, 선대 군주 문공께서는 역시 근심하시는 안색을
보이셨나이다. 그러자 좌우의 신하들이 말씀드리기를, '기쁜 일이 있
는데도 근심하시오니, 걱정이 있게 된다면 기뻐하실 것이옵니까?'라
하오니, 문공께서 말씀하시기를, '초나라에 득신(得臣)이라는 사람이
여전히 있으니, 내 근심은 그치질 않는다. 짐승도 곤경에 빠지면 역시
죽을 힘을 다하여 싸우는 것인데, 하물며 한 나라의 재상임에야 다시
말할 것이 있겠느냐?'라 하셨나이다. 초나라가 자옥(子玉:得臣)을
죽이니, 문공께서 기뻐하셨음은 뒤에두 헤아려 알 수 있는 것으로 그
때 문공께서는, '나를 해칠 자가 없어졌구나!'라고 하셨사옵니다. 그
사실은 곧 우리 진나라가 두번 이긴 것이 되고, 초나라는 두 번 패배
한 것이었나이다. 초나라는 그 일로 그후의 두 군주 대 동안은, 다른

나라와 강자(强者)의 위치를 다투지 못했었나이다. 지금, 하늘이 혹 우리나라를 경계하고 있지 않나 하옵니다. 그런데 임보(林父)를 죽게 하여서, 초나라가 거듭 승리하는 일이 되게 하오면, 우리나라가 앞으로 오랫동안 강자의 지위를 다투지 못하게 되지 않으오리까? 임보는 군주를 섬김에 있어, 조정에 나와선 충성을 다할 것만을 생각하옵고, 물러나서는 자신의 잘못된 점을 바로잡고 고치기에만 마음을 쓰오니, 그야말로 국가 사직의 보호자이옵니다. 그러하온데 어찌하여 그를 죽일 것이옵니까? 그가 전쟁에서 패배한 것은, 마치 일식(日蝕)과 월식(月蝕)의 현상과 같은 것이온데, 그 일로 본래의 빛을 상하게 하겠나이까?" 이 말에, 진나라 군주는 그를 직위에 복귀시켰다.

겨울에, 초나라 군주인 자작이 소(蕭)나라를 치니, 송나라의 화초(華椒)가 채(蔡)나라 군병을 이끌고 소나라를 구원했다. 그때 소나라 사람이 초나라의 웅상의료(熊相宜僚)와 공자 병(丙)을 잡으니, 초왕이 말하기를, "그들을 죽이지 말라, 내 물러가리라."라 했다. 그러나 소나라 사람이 그들을 죽이니, 초왕이 노하여 바로 소나라를 포위하여 소나라는 멸망하고 말았다. 그 싸움에서 초나라 신공무신(申公巫臣)이 말하기를, "병사들이 추워 떨고 있사옵니다."라 하니, 초왕이 삼군(三軍)을 순찰하여, 병사들의 어깨를 두드리며 위로하고 격려하니, 삼군의 병사들이 다 솜옷을 입은 것 같은 생각을 갖게 되어, 바로 소나라 도성에 육박했다. 소나라 대부인 선무사(還無社)가, 초나라의 사마(司馬)인 묘(卯)에게 말해서 초의 대부 신숙전(申叔展)을 큰 소리로 불렀다. 불려간 신숙전과 소나라의 선무사는 다음과 같은 말을 주고받았다.

신숙전 — 내란(內亂)을 방지할 방책이 있소?

선무사 — 없소.

신숙전 — 그럼, 외국의 침공을 막아낼 방책이 있소?

선무사 — 없소.

신숙전─국가가 망하게 됨을 어찌하겠소?

선무사─물이 없는 우물을 눈여겨보았다가 건져주시오.

신숙전─그렇다면, 당신은 띠풀[茅]로 둥근 띠[絰]를 만드시오. 그곳에서 우는 소리가 나면, 나인 줄 아시오.

그 다음날에, 소나라가 망하게 되었다. 그때 신숙전이 약속한 우물 속을 들여다보니, 띠풀로 만든 띠가 있어 보니, 소리쳐 불러 끌어냈다.

진(晉)나라의 원곡(原縠 : 先縠)·송나라의 화초(華椒)·위나라의 공달(孔達)·조나라 사람이, 청구(淸丘)에서 동맹을 맺었다. 그때 그들은 맹서하여 이르기를, "고통받고 있는 나라를 도와주고, 두 마음을 품고 있는 나라는 토벌한다."라고 말했다. 이 일을 기록함에 있어, 각국 경(卿)의 이름을 쓰지 않은 것은, 그들이 언약을 그대로 실행하지 못했기 때문이다. 송나라가 맹서하였던 것을 위하는 이유로 초나라에 붙은 진(陳)나라를 치니, 위나라 사람이 진나라를 구원했다. 그때 위나라의 공달(孔達)은 말하기를, "우리의 선대 군주께서 진나라와 약속한 일이 있었기에, 진나라를 구원하는 것이다. 만약 큰 나라(晉나라)가 이 일을 추궁한다면, 내가 그 죄를 쓰고 죽으리라."라고 했다.

|주해| ○城濮之役(성복지역)─희공 28년에 있었던 싸움.

○困獸(곤수)─몰려 곤경에 빠진 짐승.

○公喜而後可知也(공희이후가지야)─이 문구를 자(字)를 따라 풀이하면, '공이 기뻐하고 나서 알 수가 있있다'고 말할 수 있다. 그러나 이 경우는, '공이 기뻐한 것은, 뒷날에서도 알 수가 있다'고 풀이하는 게 좋다고 본다.

○晉再克而楚再敗也(진재극이초재패야)─진이 싸움에 이긴 데다가, 초가 명신(名臣) 득신(得臣)을 죽여, 초가 신을 나시 괴롭히지 않게 되어, 결국은 진이 싸움에 두번 이긴 셈이 되고, 초는 두번 진 것이 되었다는 말이다.

○如日月之食云云(여일월지식운운)─일식이나 월식 때엔, 해와 달이 일

시 그 빛을 잃지만 그 시간이 지나면 본래의 빛이 나게 되는데, 순임보가 한번의 싸움에 졌다고 그의 실력이 영영 없어지지는 않고, 그것은 마치 일식·월식으로 해·달이 일시 빛을 잃은 것과 같아, 뒤에는 본래의 실력 발휘가 된다는 것을 말한 것이다. 이 말은 《논어(論語)》 자장편(子張篇)에도 쓰여 있다.

ㅇ拊(부) — 가볍게 두드리며 위로함.

ㅇ纊(광) — 솜[綿].

ㅇ申叔展(신숙전) — 초나라 대부로, 소나라 대부 선무사와 평소 잘 알고 지냈다.

ㅇ麥麴(맥국) — 엿기름. 엿기름은 소화불량을 다스리는 데 쓴다. 맥국이 있느냐는 말은, 곧 소화불량을 내란(內亂)에 비유해서, 내란 방지책이 있느냐고 물은 말이 된다.

ㅇ山鞠窮(산국궁) — 궁궁(芎藭)이라고도 하는 약초. 감기를 다스리는데, 혹은 강장제(强壯劑)로 쓰인다. 산국궁이 있느냐고 물은 것은, 감기를 외세(外勢)의 침공에 비유해서, 외세의 침공을 막아낼 방책이 있느냐고 물은 말이다.

ㅇ河魚腹疾(하어복질) — 물고기가 뱃병이 남. 나라가 큰 환란을 만나 망하게 됨을 말한 것이다.

ㅇ眢井(원정) — 물이 마른 우물.

ㅇ哭井則己(곡정즉기) — 우물에 대해서 우는 소리를 내면, 그는 곧 나다.

ㅇ先君有約言(선군유약언) — 위나라 성공(成公)이 진(陳)나라 공공(共公)과, 서로 돕기를 약속한 일이 있었다는 것.

經 ㅇ十有三年春,에 齊師伐莒.라

ㅇ夏,에 楚子伐宋.이라

ㅇ秋,에 螽.이라

ㅇ冬,에 晉殺其大夫先穀.이라

13년 봄에, 제나라 군사가 거(莒)나라를 쳤다.
여름에, 초나라 군주인 자작이 송나라를 쳤다.
가을에, 메뚜기떼가 일어났다.
겨울에, 진(晉)나라가 그 나라 대부 선곡(先穀)을 죽였다.

|傳| 十三年春,에 齊師伐莒,는 莒恃晉而不事齊故也.라
夏,에 楚子伐宋,은 以其救蕭也.라 君子曰, 淸丘之盟,은 唯宋
可以免焉.이라
秋,에 赤狄伐晉,하여 及淸,하니 先穀召之也.라
冬, 晉人討邲之敗與淸之師,하여 歸罪於先穀,하여 而殺之,하
고 盡滅其族.이라 君子曰, 惡之來也,는 己則取之.라 하거늘 其
先穀之謂乎.아
淸丘之盟,에 晉人以衛之救陳也討焉,하여 使人弗去曰, 罪無
所歸,면 將加而師.라 孔達曰, 苟利社稷,이어든 請以我說.하라 罪
我之由.라 我則爲政而亢大國之討,어늘 將以誰任.가 我則死之.
리라

13년 봄에 제나라 군사가 거나라를 친 것은, 거나라가 진(晉)나라를 믿고 제나라를 섬기지 않았기 때문이다
여름에 초나라가 송나라를 친 것은, 송나라를 소(蕭)나라가 구원한 때문이다. 군자(君子)는 평해서 말하기를, "청구(淸丘)에서의 맹약(盟約)은, 오직 송나라만이 실행하지 않았다는 비난을 면할 수가 있다."

라고 했다.

　가을에, 적적(赤狄) 오랑캐가 진(晉)나라를 쳐, 청(淸)까지 진격했는데, 그것은 선곡(先縠)이 불러들인 것이다.

　겨울에, 진나라 사람이 필(邲)의 싸움에서 패배당한 일과 청(淸)까지 침략한 적적의 군사일을 추궁하여, 그 죄를 선곡에게 돌리어 그를 죽이고, 선곡의 일족(一族)도 다 죽였다. 군자는 이 일을 두고 평하여 말하기를, "'흉악함이 닥쳐오는 것은, 그 자신이 불러 취(取)하는 것이다'라고 하는데, 이것은 선곡을 두고 이른 것일까?"라고 했다.

　청구(淸丘)에서 맹서하였는데, 진나라 사람이 위나라가 진(陳)나라를 구원한 일을 가지고 추궁하고, 그 사자(使者)는 돌아가지 않고, "죄 지은 소재가 밝혀지지 않는다면, 우리 진(晉)나라는 장차 군사를 내어 공격할 것이오."라고 말하였다. 그러자 위나라의 공달(孔達)이 말했다. "실로 우리 국가 사직의 이익이 된다면, 나를 가지고 말문이 트이도록 부탁합니다. 그 죄는 나로 말미암아 지어진 것이오. 내가 나라의 정사(政事)를 요리하여, 큰 나라(진나라)의 추궁을 당하고 있는데, 그 책임을 누구에게 지게 할 것이오? 내가 죽으리다."

주해 | ○淸(청)－청원(淸原)이라고도 했다. 지금의 산서성 직산현(稷山縣) 동남쪽 땅.

經 | ○十有四年春,에 衛殺其大夫孔達.이라
　　○夏五月壬申,에 曹伯壽卒.이라
　　○晉侯伐鄭.이라
　　○秋九月,에 楚子圍宋.이라
　　○葬曹文公.이라

○冬,에 公孫歸父會齊侯于穀.이라

14년 봄에, 위나라가 그 나라의 대부 공달(孔達)을 죽였다.
여름 5월 임신날에, 조나라 군주인 백작 수(壽)가 죽었다.
진(晉)나라 군주인 후작이 정나라를 쳤다.
가을 9월에, 초나라 군주인 자작이 송나라를 포위했다.
조나라 문공(文公)을 장사 지냈다.
겨울에 공손귀보(公孫歸父)가 제나라 군주인 후작을 곡(穀)에서 만났다.

|주해| ○五月壬申(오월임신)-5월 12일.
○穀(곡)-제나라 지명으로, 지금의 산동성 동아현(東阿縣) 땅.

|傳| 十四年春,에 孔達縊而死.라 衛人以說于晉而免.하고 遂告于諸侯曰, 寡君有不令之臣,하여 構我敝邑于大國,이었거늘 旣伏其罪矣.라 敢告.라 衛人以爲成勞,하여 復室其子,하고 使復其位.라
夏,에 晉侯伐鄭,은 爲邲故也.라 告於諸侯,하고 蒐焉而還,하니 中行桓子之謀也.라 曰, 示之以整,하여 使謀而來.라 鄭人懼,하여 使子張代子良于楚,하고 鄭伯如楚,하니 謀晉故也.라 鄭以子良爲有禮.라 故로 召之.라
楚子使申舟聘于齊曰, 無假道于宋.하라 亦使公子馮聘于晉,하고 不假道于鄭.이라 申舟以孟諸之役惡宋.이라 曰, 鄭昭宋聾,

이니 晉使不害,이오나 我則必死.이리다 王曰, 殺女,면 我伐之.니
라 見犀而行.이라 及宋,하니 宋人止之.라 華元曰, 過我而不假
道,는 鄙我也.라 鄙我亡也.라 殺其使者,면 必伐我,이어늘 伐我
亦亡也,니 亡一也.라 乃殺之.라 楚子聞之,하고 投袂而起,하여
屨及於窒皇,하고 劍及於寢門之外,하며 車及於蒲胥之市.라 秋九
月,에 楚子圍宋.이라

14년 봄에, 공달(孔達)이 목을 매어 죽었다. 위나라 사람은 그의 죽음으로 진나라를 달래어 화를 면하고, 곧 제후들에게 알렸다. "저희 나라 군주에게는 좋지 못한 신하가 있어서, 우리나라를 큰 나라(진나라)와 불화하게 일을 얽었었는데, 그는 이미 죄에 대한 벌을 받았습니다. 이에 감히 알려드립니다." 그러나 위나라 사람은 공달이 공을 이루었음을 생각하여, 가재(家財)를 몰수하지 않고 그의 아들에게 돌려주고, 그의 아들로 하여금 공달의 직위를 계승하게 했다.

여름에, 진(晉)나라 군주가 정나라를 친 것은, 필(邲)에서 싸웠을 때의 일 때문이었다. 진나라 군주는 그 사실을 제후들에게 알리고, 열병(閱兵)을 하고 난 뒤 귀환했는데, 그 일은 중행환자(中行桓子:荀林父)의 계략이었다. 그때 그는 말하기를, "정나라에게 우리의 군사가 정비되었음을 보이어, 정나라로 하여금 잘 생각하여 복종하게 할 것이다."라고 했다. 정나라 사람은 진나라의 군사를 두려워해서, 자장(子張)에게 자량(子良) 대신 초나라에 인질이 되어 가게 하고, 정나라 군주도 초나라에 갔으니, 그것은 진나라에 대해서 모의하기 위해서였다. 그리고 정나라에서는 자량이 예의를 갖추었다고 여겼다. 그래서 그를 소환했던 것이다.

초나라 군주는 신주(申舟)에게 제나라를 예방케 하고 말하기를, "송나라를 통과할 때, 송나라 사람에게 길을 빌린다는 인사를 하지 말라."고 했다. 그리고 초왕은 또 공자 풍(馮)에게 진(晉)나라를 예방케 하고, 정나라를 통과할 때 역시 길을 빌린다는 인사를 하지 않게 했다. 신주는 맹제(孟諸)에서 군사 행동을 취했을 때의 일로 송나라한테 미움을 받고 있었다. 그가 말하기를, "정나라는 사리(事理)에 밝고, 송나라는 귀머거리 나라이오니, 진나라로 가는 사자는 해를 받지 않지만, 저는 반드시 죽을 것이옵니다."라고 했다. 그러자 초왕은, "너를 죽인다면, 내 송나라를 칠 것이다."라고 하였다. 그래서 신주는 그의 아들 서(犀)를 군주에게 보이고 떠났다. 그가 송나라에 이르니, 송나라 사람이 그를 억류했다. 송나라의 화원(華元)은 "우리 땅을 지나면서도 길을 빌린다는 인사를 하지 않는 것은, 우리나라를 자기 나라 영토로 여기는 것이다. 우리나라가 초나라 땅이 되어짐은, 우리나라가 망한 것과 마찬가지다. 우리가 초의 사자를 죽인다면, 초는 반드시 우리나라를 칠 것인데, 초가 우리를 치면 우리는 역시 망하고 말 것이니, 망한다는 것은 매한가지다." 이렇게 말하고, 곧 신주를 죽였다. 초나라 군주가 이 소식을 듣고, 앉은 자리에서 옷소매를 털고 일어나 달려나가는 바람에, 신발은 궁전의 토방에서 신기고, 차는 칼은 침문(寢門) 밖에서 차게 했고, 타는 수레는 시가(市街)의 포서(蒲胥)라는 거리에서 타게 했다. 가을 9월에, 초나라 군주가 송나라를 포위했다.

주해 ○成勞(성로) – 공로를 이룸. 공달이 전에 위나라 성공(成公)을 도와 본국으로 들어가게 했던 일을 두고 말한다.
○復室(복실) – 가재를 몰수한 뒤 (그의 아들에게) 돌려줌.
○蒐(수) – 열병(閱兵).
○孟諸之役(맹제지역) – 노나라 문공(文公) 10년에, 초 장왕(莊王)이 정나라 군주와 송나라의 맹제에서 사냥했는데, 그때 송나라 군주가 초왕의 명령을 그대로 이행하지 않자, 신주가 송의 군주를 시종하는 자를 매로

때려 송의 군주에게 모욕을 준 일이 있었다. 여기에서는 이 일을 두고 말한다.
ㅇ鄙我也(비아야) - 우리나라를 자기네 영토로 여긴다. 비(鄙)는 영토의 마을.
ㅇ窒皇(질황) - 궁전 앞에 흙으로 쌓은 곳. 토방.
ㅇ蒲胥(포서) - 초나라 도읍의 거리 이름.

冬,에 公孫歸父會齊侯于穀.이라 見晏桓子,하여 與之言魯樂.이라 晏桓子告高宣子曰, 子家其亡乎.인저 懷於魯矣.라 懷必貪,이요 貪必謀人.이라 謀人,이면 人亦謀己.라 一國謀之,에 何以不亡.가
孟獻子言於公曰, 臣聞,하되 小國之免於大國也,에 聘而獻物,이어늘 於是乎有庭實旅百,이요 朝而獻功,이어늘 於是有容貌・采章・嘉淑而有加貨.라하옵거늘 謀其不免也.이오니다 誅而薦賄,면 則無及也.이오니다 今, 楚在宋,이오니 君其圖之.하소서 公說.이라

겨울에, 공손귀보(公孫歸父)가 곡(穀)에서 제나라 군주를 만났다. 그때, 그는 제나라의 안환자(晏桓子)와 면회하여, 그와 더불어 노나라에서의 즐거운 처지를 자랑하여 말했다. 그러자 안환자는 고선자(高宣子:高固)에게 말했다. "자가(子家:公孫歸父)는 몸을 망칠 것이오. 그는 그의 지위에 만족하여 집착(執着)하고 있소이다. 그 지위에 만족하여 집착하게 되면 반드시 탐내게 되고, 탐내게 되면 반드시 타인을 해치는 것이오. 타인을 해치면, 타인도 또한 그를 해치지요. 그래서 한 나라의 사람들이 그를 제거할 것을 꾀함에는, 어찌 그 몸이 망하지 않겠소?"

노나라 맹헌자(孟獻子)가 선공(宣公)에게 말했다. "신이 듣기로는, '작은 나라가 큰 나라에게서 화를 면하려면, 예방하여 예물을 바치는데, 많은 물건을 보내는 것이고, 또 군주가 찾아가 국내 사정을 보고하는데, 그 경우에는 몸에 붙이는 장식물, 수레·옷·기 등을 보기 좋게 꾸며 귀천(貴賤)을 구별짓는 것, 또는 좋고 아름다운 물건에다 재화(財貨)를 붙여 바친다'고 하옵는데 이것은 화를 당할 것을 면하지 못함을 생각해서이옵니다. 그런데 큰 나라한테 공격을 받고 있으면서, 이러한 물건을 보내준다 해도 아무런 소용에 닿지 않나이다. 지금 초나라 군주가 송나라에 와 있사오니, 군주께서는 그에 대한 일을 잘 꾀하옵소서." 이 말을 들은 선공은 좋아했다.

거북과 뱀을 그린 기〔旂〕

주해 ○懷於魯矣(회어로의)-노나라의 높은 지위에 만족하여 집착함.
○孟獻子(맹헌자)-노나라 대부 중손멸(仲孫蔑).
○庭實旅百(정실여백)-여(旅)는 늘어놓음. 뜰 안에 여러 가지를 늘어놓아 채움.
○朝而獻功(조이헌공)-작은 나라 군주 자신이 큰 나라를 찾아가, 자기 나라 사정을 보고함.
○嘉淑(가숙)-좋고 아름다운 물건.
○加貨(가화)-재화를 더 붙임.

經 ○十有五年春,에 公孫歸父會楚子于宋.이라
○夏五月,에 宋人及楚人平.이라
○六月癸卯,에 晉師滅赤狄潞氏,하여 以潞子嬰兒歸.라
○秦人伐晉.이라

○王札子殺召伯·毛伯.이라
○秋,에 螽.이라
○仲孫蔑會齊高固于無婁.라
○初稅畝.라
○冬,에 蟓生.이라
○饑.라

15년 봄에, 공손귀보가 초나라 군주인 자작을 송나라에서 만났다.
여름 5월에, 송나라 사람이 초나라 사람과 화평을 맺었다.
6월 계묘날에, 진(晉)나라 군사가 적적(赤狄) 오랑캐의 노(潞)나라를 멸망시켜, 노나라 군주인 자작 영아(嬰兒)를 데리고 돌아갔다.
진(秦)나라 사람이 진(晉)나라를 쳤다.
왕자 찰(札)이 소(召)의 군주인 백작과 모(毛)의 군주인 백작을 죽였다.
가을에, 메뚜기떼가 일어났다.
중손멸(仲孫蔑)이 제나라 고고(高固)를 무루(無婁)에서 만났다.
처음으로 백성들이 경작하는 토지의 무(畝)마다에 세금을 매겨 받았다.
겨울에, 메뚜기 새끼들이 나타났다.
기근(饑饉)이 들었다.

주해 | ○六月癸卯(유월계묘)–6월 19일.
○潞氏(노씨)–적적(赤狄)의 일종인 나라. 군주는 자작이었고, 지금의 산서성 노성현(潞城縣)에 위치했다.
○王札子(왕찰자)–왕자 찰(札)의 잘못.

제11 선공(宣公) 하(下) 15년 … 111

o 無婁(무루)-지명이나, 불명.
o 稅畝(세무)-무(畝)는 면적 단위. 주 시대에는 정전법(井田法)이 시행 되어 여덟 집이 공동으로 백무(百畝)의 공전(公田)을 공동 경작하여, 그 공전의 수확물을 세금으로 삼았다. 그런데 이 해에, 공전에서 수확 되는 것 이외에 국민들이 경작하는 사전(私田)에 대한 세를 매겨 받아, 결국은 세를 이중으로 받게 되었다.
o 螟(연)-메뚜기 새끼.

傳 _{십오년춘} _{공손귀보회초자우송}
十五年春,에 公孫歸父會楚子于宋.이라
_{송인사악영제고급우진} _{진후욕구지} _{백종왈} _{불가}
宋人使樂嬰齊告急于晉.이라 晉侯欲救之,하니 伯宗曰, 不可.
이오니다 _{고인유언} _왈 _{수편지장} _{불급마복}
古人有言,하와 曰, 雖鞭之長,이라도 不及馬腹.이라하오니
다 _{천방수초} _{미가여쟁} _{수진지강} _{능위천호}
天方授楚,에 未可與爭.이오니다 雖晉之彊,이라도 能違天乎.인
가 _{언왈} _{고하재심} _{천택납오} _{산수장질} _근
諺曰, 高下在心.이라하오니다 川澤納汚,하고 山藪藏疾,하며 瑾
_{유닉하} _{국군함구} _{천지도야} _{군기대지}
瑜匿瑕,이오니 國君含垢,는 天之道也.라소이다 君其待之.하소서
_{내지}
乃止.라
_{사해양여송} _{사무항초} _왈 _{진사실기} _{장지의}
使解揚如宋,하여 使無降楚,하고 曰, 晉師悉起,하여 將至矣.리
라 _{정인수이헌저초} _{초자후뢰지} _{사반기언} _{불허}
鄭人囚而獻諸楚.라 楚子厚賂之,하여 使反其言,이나 不許.라
_{삼이허지} _{등저루차} _{사호송인이고지} _{수치기군}
三而許之,하니 登諸樓車,하여 使呼宋人而告之,러니 遂致其君
_명 _{초자장살지} _{사여지언왈} _{이기허불곡} _{이반지}
命.이라 楚子將殺之,하여 使與之言曰, 爾旣許不穀,하고 而反之,
는 _{하고} _{비아무신} _{여즉기지} _{속즉이형} _{대왈} _신
何故.아 非我無信,이오 女則棄之.라 速卽爾刑.하라 對曰, 臣
_{문지} _{군능제명위의} _{신능승명위신} _{신재의이행지}
聞之,하되 君能制命爲義,요 臣能承命爲信.이라 信載義而行之

爲利요 謀不失利하여 以衛社稷은 民之主也라 義無二信하고 信無二命이라 하오니다 君之賂臣은 不知命也이오니다 受命以出엔 有死無賣이옵거늘 又可賂乎인가 臣之許君은 以成命也이었나이다 死而成命하니 臣之祿也이오니다 寡君有信臣이오니다 下臣獲考死에 又何求리이까 楚子舍之以歸라

15년 봄에, 공손귀보가 초나라 군주인 자작을 송나라에서 만났다.
 송나라 사람이 악영제(樂嬰齊)를 시켜 급한 사정을 진(晉)나라에게 알렸다. 진나라 군주가 송나라를 구원하려 하니, 백종(伯宗)이 말했다. "아니되옵니다. 옛사람이 한 말이 있사온데, '매[鞭]가 비록 길다 할지라도 말[馬]의 배까지는 닿지 않는다'라고 하옵니다. 하늘이 한창 초나라에 대해 복을 내리고 있사오니, 우리 진나라가 초나라와 싸워 다툴 수는 없사옵니다. 우리 진나라가 비록 강하다고는 할지라도, 하늘의 뜻을 거스릴 수가 있사오리까? 속담에 이르기를, '일을 당하여 몸가짐을 높이 하는가 낮게 하는가는 그의 마음에 달렸다'라고 하옵니다. 내[川], 못[澤]은 더러운 것을 받아들이고, 산이나 숲은 독충을 품고 있사오며, 아무리 훌륭한 옥(玉)도 흠을 지니고 있는 것이오니, 나라의 군주가 일시의 수치를 받아 참는 것은, 천도(天道)인 것이옵니다. 그러하오니 군주께서는 기다려 주소서." 이에, 송나라를 구원할 것을 그만두었다.
 진나라 군주는 해양(解揚)을 시켜 송나라로 가게 하여, 송나라가 초나라에게 항복하지 않게 하고, "진나라 군사가 총동원하여 곧 이르게 되옵니다."라고 말하라 했다. 그런데 정나라 사람이 도중에서 그를 잡아 초나라로 보냈다. 초나라 군주가 해양에게 많은 물건을 주어,

그로 하여금 반대되는 말을 하게 했으나, 해양은 듣지 않았다. 세 차례 권유하니 그렇게 하겠다고 응낙하여, 초나라 군주는 그를 높은 대(臺)가 있어 적의 사정을 망보는 데 쓰는 수레에 태워, 송나라 사람을 불러 시킨대로 말하게 했더니, 해양은 진나라 군주가 명한 대로 말하고 말았다. 그러자 초나라 군주는 그를 죽이려 하여, 사람을 시켜 그에게 말하기를, "너는 이미 내게 복종하겠다고 응낙해놓고, 약속을 위반한 것은 무엇 때문이냐? 내가 신의(信義)가 없는 게 아니라, 네가 신의를 저버린 것이다. 너는 빨리 네게 대한 처형을 받을지어다."라고 했다. 이 말을 들은 해양은 대답했다. "신(臣)이 들은 바로는, '군주가 올바른 명령을 내림을 의(義)라 하고, 신하가 군주의 명령을 잘 받듦을 신(信)이라 한다. 신하가 신을 지키고, 군주의 의를 받들어 그대로 행함에 나라의 이익이 되고, 일을 꾀하여 나라의 이익을 잃지 않게 하여 국가 사직을 지키는 사람은 백성의 주인이며, 의를 지키는 군주는 두 가지 신을 지키라고 명함이 없고, 신을 지키는 신하는 두 가지 명을 받듦이 없는 게다'라 하옵니다. 군주께서 신에게 뇌물을 주신 것은, 군주께서 올바른 명령을 내리는 일을 모르고 계시는 것이옵니다. 군주의 명령을 받고 출국하였음에는 죽음이 있어도 군명을 버림이 없을 것이온데, 신이 또한 군주의 뇌물을 받을 것이옵니까? 신이 군주께 응낙한 것은, 그렇게 함으로써 저희 군주 명대로 완수하자는 것이었나이다. 죽더라도 군주의 명을 완수했사오니, 이것은 신의 복이옵니다. 저희 군주에게는 신을 지키는 신하들이 있사옵니다. 지체 낮은 신이 할 일을 하고 죽는데, 이 이상 무엇을 바라겠나이까?" 이 말을 들은 초나라 군주는 그를 용서하여 데리고 돌아갔다.

주해 | ○雖鞭之長(수편지장), 不及馬腹(불급마복) — 진나라가 강하다 '할지라도, 힘이 미치지 않는 초나라를 칠 수는 없음을 비유해서 한 말.
○高下在心(고하재심) — 일을 당하여, 자기 몸가짐을 정함은 그의 마음에

달렸다는 것.
- ㅇ瑾瑜匿瑕(근유닉하) – 아무리 훌륭한 옥도 흠을 지니고 있다는 말.
- ㅇ樓車(누거) – 적의 사정을 망보기 위해, 높은 대가 붙은 수레.
- ㅇ不知命也(부지명야) – 올바른 명령을 내릴 줄 모름.

해설 노나라가 초나라와 접근하려고 공손귀보가 초나라 군주와 만났다는 것과, 진나라 사자 해양이 죽음을 무릅쓰고 사명을 완수한 일이 말해져 있는데, 일신의 생명보다 나라의 사명이 중하다고 여긴 해양의 충성심은, 후인들에게 감명을 준다.

夏五月,에 楚師將去宋,하니 申犀稽首於王之馬前曰, 母畏知死,나 而不敢廢王命,이어늘 王棄言焉.이오니까 王不能答.이라 申叔時僕,에 曰, 築室反耕者,면 宋必聽命.이리다 從之.라 宋人懼,하여 使華元夜入楚師.라 登子反之牀,하여 起之曰, 寡君使元以病告曰, 敝邑易子而食,하고 析骸以爨.이라 雖然,이나 城下之盟,은 有以國斃,라도 不能從也.라 去我三十里,면 唯命是聽.이라 子反懼,하여 與之盟,하고 而告王,하여 退三十里.라 宋及楚平,하고 華元爲質.이라 盟曰, 我無爾詐,하리니 爾無我虞.하라

여름 5월, 초나라 군사가 송나라에서 떠나려 하니, 신서(申犀 : 申舟의 아들)가 초왕이 타는 전차를 끄는 말 앞에 머리를 조아리고 말하기를, "신의 아비 무외(毋畏)는 죽는 걸 미리 알았으나, 감히 대왕의 명령을 저버리지 않았는데도, 대왕께서는 그때에 약속하신 말씀을 버리는 것이옵니까?"라고 했다. 이 말에, 초왕은 무어라 대답할 수가

없었다. 당시에 신숙시(申叔時)가 초왕의 시중을 들고 있어, "이 근처에 집을 짓고 그곳으로 물러나 경작하고 있으면, 송나라는 반드시 복종할 것이옵니다."라고 했다. 초왕은 그의 말을 받아들였다. 송나라 사람들이 이 소문을 듣고 놀라, 화원(華元)을 시켜 밤에 초나라 군사 진영으로 들어가게 했다. 화원은 초나라 자반(子反)의 침대 위로 올라가, 자반을 깨워 일으키고 말했다. "우리 군주께서 화원 저로 하여금 괴로운 사정을 말씀드리게 하셨습니다. 우리나라 사람들은 지금 자식을 양식과 바꾸어 먹고, 죽은 사람의 뼈를 쪼개어 밥을 짓고 있습니다. 그렇지만 우리 도성(都城) 아래에서 항복하는 맹서를 맺는다는 것은, 나라를 가지고 쓰러지는 일이 있다 하더라도 따를 수는 없습니다. 초군이 30리를 물러난다면, 그때는 하라는 대로 듣겠습니다." 자반은 돌연한 일에 놀라, 화원과 그리하기로 약속하고, 그 일을 초왕에게 고하여 30리를 물러났다. 그리하여 송나라는 초나라와 화평을 맺고, 화원은 인질이 되었다. 그때 맹서했던 내용은 다음과 같다. "우리 초나라는 당신 나라를 속이지 않을 것이니, 당신네 송나라는 우리 초나라를 속이지 말라."

┃주해┃ ㅇ毋畏(무외) – 신서(申犀)의 아버지 신주(申舟)의 이름.
ㅇ築室反耕者(축실반경자) – 집을 짓고 물러나 경작하는 것.
ㅇ子反(자반) – 초나라 공자 측(側). 반(反)은 그의 자(字)로, 당시 사마(司馬) 벼슬에 있었다.
ㅇ虞(우) – 속임.

<u>노자영아지부인</u> <u>진경공지자야</u> <u>풍서위정</u> <u>이살지</u>
潞子嬰兒之夫人,은 晉景公之姊也,라 鄷舒爲政,하여 而殺之,
<u>우상로자지목</u> <u>진후장벌지</u> <u>제대부개왈</u> <u>불가</u>
하고 又傷潞子之目,이라 晉侯將伐之,에 諸大夫皆曰, 不可,로소
<u>풍서유삼준재</u> <u>불여대후지인</u> <u>백종왈</u> <u>필벌</u>
이다 鄷舒有三儁才,이오니 不如待後之人,이오이다 伯宗曰, 必伐

之.하소서 狄有五罪,에 僑才雖多,나 何補焉.이리오 不祀一也,요 耆酒二也,이며 棄仲章而奪黎氏地,는 三也,요 虐我伯姬四也,이며 傷其君目五也.이오니다 怙其僑才,하고 而不以茂德,하여 玆益罪也.이오니다 後之人或者將敬奉德義,하여 以事神人,하고 而申固其命,이면 若之何待之.리오 不討有罪,하고 曰將待後,나 後有辭而討焉,이면 毋乃不可乎.인가 夫恃才與衆,은 亡之道也,이옵거늘 商紂由之.였나이다 故로 滅.이었나이다 天反時爲災,하고 地反物爲妖,하며 民反德爲亂,하고 亂則妖災生.이오니다 故로 文反正爲乏.이오니다 盡在狄矣.로소이다 晉侯從之.라 六月癸卯,에 晉荀林父敗赤狄于曲梁,하고 辛亥滅潞.라 酆舒奔衛,나 衛人歸諸晉,에 晉人殺之.라

적적족(赤狄族)의 노(潞)나라 군주인 자작 영아(嬰兒)의 부인은 진(晉)나라 경공(景公)의 누나였다. 그런데 풍서(酆舒)가 정치를 담당하여서는, 그의 부인을 죽이고, 또 군주인 자작의 눈을 상하게 했다. 그래서 진나라 군주가 노나라를 치려 하니, 여러 대부들이 다 말하기를, "그건 아니되옵니다. 노나라 풍서에게는 세가지 뛰어난 재주가 있사오니, 차라리 그의 후임자가 나오는 걸 기다리는 것이 좋사옵니다."라고 하였다. 그러자 백종(伯宗)이 말했다. "반드시 치시옵소서. 그 오랑캐에게는 다섯 가지 죄가 있으니, 뛰어난 재주가 있다 할지라도 그것이 어떻게 죄를 보상하오리까? 조상의 제사를 지내지 않음이 그 죄의 첫째이옵고, 술을 좋아함이 그 죄의 둘째이오며, 중장(仲章) 같은

어진 사람을 버리어 쓰지 않고 여(黎)나라 땅을 뺏은 일이 그 죄의 셋째이옵고, 우리의 백희(伯姬)를 학살한 일이 그 죄의 넷째이오며, 그 군주의 눈을 상하게 한 일이 그 죄의 다섯째이옵니다. 그는 뛰어난 재주를 믿고 덕 닦음을 힘쓰지 않고, 이에 죄를 더욱더 짓고 있사옵니다. 그의 후임자가 혹시나 덕과 도의(道義)를 공경스럽게 존중하여, 신(神)과 군주를 섬기어, 백성을 다스리는 정령(政令)을 잘 다지려고 할 것이라고 한다면, 어찌 그 후임자 나오기를 기다릴 것이옵니까? 죄가 있는 자를 치지 않고서, 그 후임자 나올 때까지 기다리자고 말하오나, 그 후임자가 덕이 있어 좋은 말로 구실삼아 말해 오는데, 그 나라를 친다면 안되지 않으오리까? 재주와 무리를 믿는 것은 나라를 망치는 길이옵는데, 상(商:殷)나라 주왕(紂王)은 그런 짓을 했었사옵니다. 그랬기에 멸망되었나이다. 하늘이 제때를 어기면 재해가 있게 하고, 대지의 만물이 본성을 어기게 되면 요망한 일이 있게 되며, 백성들이 덕을 어기면 난리가 있게 되고, 난리는 요망한 일과 재해를 낳게 하는 것이옵니다. 그러기에, 문자(文字)에 정(正)자가 반대로 되면 핍(乏)자가 되옵니다. 이러한 죄악이 다 저 오랑캐에게는 갖추어져 있사옵니다." 진나라 군주는 백종의 의견을 따랐다. 그리하여 6월 계묘날에, 진의 순임보는 적적의 군사를 곡량(曲梁)에서 패배시키고, 신해날에는 노나라를 멸망시켰다. 풍서는 위나라로 도망갔으나, 위나라 사람이 그를 진나라로 넘겨주니, 진나라 사람이 죽여버렸다.

주해 ○儁才(준재) - 뛰어난 재능.
  ○黎(여) - 나라 이름. 군주의 작은 후작이었고, 지금의 산서성 장치현(長治縣) 서방에 위치했었다.
  ○神人(신인) - 신과 군주.
  ○後有辭(후유사) - 후임자가 덕이 있어, 좋은 말로 구실 삼아 변명해 말함.
  ○反物(반물) - 만물이 본성을 어김.

○反正爲乏(반정위핍)-《설문해자(說文解字)》에 핍(乏)자 모양을 '둔(屯)'으로 하여 있다. 이것은 정(正)자와 좌우가 반대다. 주나라 때에도, 후한(後漢)의 허신(許愼)이 《설문해자》를 지었을 때와 같이, 핍자의 모양이 이러했었던 것 같다. 이 말은 모든 것이 본성에서 벗어나면, 다른 것으로 되어진다는 것을 비유해서 말한 것이다.
○曲梁(곡량)-지금의 산서성 노성현(潞城縣) 북쪽 땅.

王孫蘇與召氏·毛氏爭政,하여 使王子捷殺召戴公及毛伯衛,하고 卒立召襄.이라 秋七月,에 秦桓公伐晉,하여 次于輔氏.라 壬午,에 晉侯治兵于稷,하여 以略狄土,하고 立黎侯而還.이라 及雒,에 魏顆敗秦師于輔氏,하여 獲杜回,하니 秦之力人也.라 初,에 魏武子有嬖妾,하여 無子.라 武子疾,에 命顆曰, 必嫁是.하라 疾病則曰, 必以爲殉.이라 及卒,에 顆嫁之,하고 曰, 疾病則亂,이니 吾從其治也.라 及輔氏之役,에 顆見老人結草以亢杜回,러니 杜回躓而顚.이라 故獲之.라 夜夢之,에 曰, 余而所嫁婦人之父也.라 爾用先人之治命,에 余是以報.라 晉侯賞桓子狄臣千室,하고 亦賞士伯以瓜衍之縣曰, 吾獲狄土,는 子之功也.요 微子,면 吾喪伯氏矣.라 羊舌職說是賞也曰, 周書所謂庸庸祗祗者,는 謂此物也夫.아 士伯庸中行伯,에 君信之,하고 亦庸士伯,하니 此之謂明德矣.라 文王所以造周,도 不是

過也.라 故로 詩曰, 陳錫載周.라하니 能施也.라 率是道也,에 其
何不濟.리오
晉侯使趙同獻狄俘于周,에 不敬.이라 劉康公曰, 不及十年,에
原叔必有大咎.리라 天奪之魄矣.라
初稅畝,는 非禮也.라 穀出不過藉,하여 以豊財也.라
冬,에 蝝生.이라 饑幸之也.라

　왕손소(王孫蘇)가 소(召)의 군주, 모(毛)의 군주와 정권 잡는 일을 놓고 다투어, 왕자 첩(捷)으로 하여금 소의 대공(戴公)과 모의 군주인 백작 위(衛)를 죽이게 하고, 결국은 소 대공의 아들 양(襄)을 그 자리에 앉혔다.
　가을 7월에, 진(秦)나라 환공(桓公)이 진(晉)나라를 쳐, 보씨(輔氏)에 군사를 머무르게 했다. 임오날에, 진(晉)나라 군주는 직(稷)에서 군사를 정돈하여 적(狄) 오랑캐 땅을 쳐 빼앗고, 여(黎)나라 군주 후작을 복위시키고 돌아갔다. 낙(雒) 땅에 이르러, 위과(魏顆)가 진(秦)나라 군사를 보씨에서 쳐부수고 두회(杜回)를 잡았는데, 두회는 진(秦)나라의 역사(力士)였다.
　그 전에 위무자(魏武子 : 魏顆의 아버지)에게 애첩(愛妾)이 있었는데, 아들을 낳지 못했다. 무자가 병들자, 그는 아들 위과에게 명하기를, "내가 죽으면, 너는 반드시 이 여자를 재가(再嫁)시켜라."라고 했다. 그랬는데 그의 병이 위독하게 되자, 그는 아들에게 다시 말하기를, "내가 죽으면, 너는 반드시 이 여자가 나를 따라 죽게 하라."라고 했다. 그러나 그가 죽자, 위과는 그 여자를 재가시키고 말하기를, "병이 위독하게 되면, 정신이 혼란하게 되는 것이니, 나는 아버지가 정신이

맑았을 때에 하신 말씀을 따르는 게다."라고 했다. 보씨에서 싸우게 되었을 때, 위과는 한 노인이 풀을 잡아매어, 진(秦)나라 두회의 전진을 막아내겠다는 것을 보았는데, 두회가 과연 그것에 걸려 넘어졌다. 그래서 그를 잡은 것이었다. 그날 저녁, 위과가 그 노인의 꿈을 꾸었는데, 노인은 말하였다. "나는 그대가 재가시킨 여자의 아비다. 그대가 죽은 아버지의 정신 맑았을 때의 명을 좇아 처사하였기에, 나는 그것에 보답한 것이다."

진(晉)나라 군주는 환자(桓子 : 荀林父)에게 적(狄) 오랑캐 나라 신하가 거느렸던 천호(千戶)의 땅을 상으로 주고, 사백(士伯 : 士貞子)에게 과연(瓜衍) 고을을 상으로 주며 말하기를, "내가 적 오랑캐 땅을 입수한 것은 당신의 공이고, 당신이 없었더라면 나는 백씨(伯氏 : 荀林父)를 잃었을 것이오."라고 했다. 양설직(羊舌職)이 이 상 준 일을 좋아해서 말했다. "주서(周書)에 '써야 할 사람을 쓰고, 삼가야 할 일은 삼간다'라고 이른 것은, 이런 일을 두고 말한 것이다! 사백이 중행백(中行伯 : 荀林父)을 쓰라고 진언(進言)하니, 군주께서는 그의 말을 믿었고, 또 사백을 쓰셨으니, 이야말로 밝은 덕이라 이르는 것이다. 주나라 문왕(文王)께서 주나라를 창건하신 방법도, 이 방법에서 벗어나지 않았던 것이다. 그러므로 시에 이르기를, '천하의 이익이 될 것을 베풀어, 주나라를 건설하였다'라고 했는데, 이것은 혜택을 잘 베풀었음을 찬양한 것이다. 이 길을 따른다면, 그 무엇인들 이루지 못할 것인가?"

진(晉)나라 군주가 조동(趙同)에게 적 오랑캐의 포로를 주나라 천자에게 바치게 했는데, 그의 태도가 공손하지 못했다. 그러자 유강공(劉康公)이 말하기를, "10년이 못가서, 원숙(原叔 : 趙同)은 반드시 큰 벌이 있을 것이다. 하늘이 그의 혼백을 뺏어버린 것이다."라고 했다.

처음으로 백성들의 사전(私田)에 세를 부과한 것은, 예법에 어긋난 일이었다. 국가에 세곡(稅穀)을 내는 것은, 공전(公田)을 경작하여 얻은 것 이외는 없는 것이어서, 그리해서 백성들의 재산이 풍부하게 하는 것이다.

　겨울에 메뚜기 새끼들이 나타났다. 기근이 들었다는 것은, 큰 기근이 들지 않아 요행이었다는 것을 말한 것이다.

주해 | ○壬午(임오)-7월 29일.
○輔氏(보씨)-진(晉)나라 지명으로, 지금의 섬서성 조읍현 서북쪽 땅.
○稷(직)-진(晉)나라 지명으로, 지금의 산서성 직산현(稷山縣) 남쪽 땅.
○雒(낙)-진(晉)나라 지명. '낙(洛)'이라 적기도 한다.
○治(치)-병이 중하지 않아, 정신이 맑은 때를 말한다.
○亢(항)-막음.
○千室(천실)-천호(千戶)의 토지.
○瓜衍(과연)-지금의 산서성 효의현(孝義縣) 북쪽 지방.
○吾喪伯氏矣(오상백씨의)-필(邲)의 싸움에 지고, 순임보(荀林父)가 책임지고 죽겠다고 했을 때, 진나라 경공(景公)이 죽음을 허락하려고 했던 일을 두고 말한다.
○周書(주서)-상서(尙書) 강고편(康誥篇)을 말한다.
○詩曰(시왈)-《시경》 대아 문왕편(文王篇)의 구절.
○穀出(곡출)-세로서 곡물을 냄.
○藉(적)-백성들의 노력을 빌어 공전(公田)을 경작함.

經 | ○十有六年春王正月,에 晉人滅赤狄甲氏及留吁.라
○夏,에 成周宣榭火.라
○秋,에 郯伯姬來歸.라
○冬,에 大有年.이라

　16년 봄 천자가 쓰는 역으로 정월에, 진(晉)나라 사람이 적적(赤

狄) 갑씨(甲氏)와 유우(留吁)를 멸망시켰다.
여름에, 성주(成周)의 선무당(宣武堂)에 불이 났다.
가을에, 담(郯)나라로 시집간 백희가 돌아왔다.
겨울에, 대풍작(大豊作)이었다.

│주해│　○成周宣榭(성주선사) – 낙양(洛陽)의 선무당(宣武堂).
　　　　○郯伯姬(담백희) – 담나라로 출가한 노나라 공녀(公女).
　　　　○大有年(대유년) – 대풍작.

│傳│ 十六年春,에 晉士會帥師,하여 滅赤狄甲氏及留吁·鐸辰.이
라 三月,에 獻狄俘,하고 晉侯請于王.이라 戊申,에 以黻冕命士會
將中軍,하고 且爲大傅.라 於是,에 晉國之盜,가 逃奔于秦.이라
羊舌職曰, 吾聞之,하되 禹稱善人,하니 不善人遠.이라하니 此之
謂也夫.아 詩曰, 戰戰兢兢,하여 如臨深淵,하고 如履薄氷.이라하
니 善人在上也.라 善人在上,이면 則國無幸民.이라 諺曰, 民之
多幸,은 國之不幸也.라하니 是無善人之謂也.라
　　夏,에 成周宣榭火,는 人火之也.라 凡火,는 人火曰火,하고 天
火曰災.라
　　秋,에 郯伯姬來歸,는 出也.라
　　爲毛·召之難故,로 王室復亂.이라 王孫蘇奔晉.이나 晉人復
之.라

冬,에 晉侯使士會平王室,이라 定王享之,에 原襄公相禮,하여
殽烝,이라 季武子私問其故,라 王聞之,하시고 召武子曰, 季氏而
弗聞乎,아 王享有體薦,하고 宴有折俎,라 公當享,하고 卿當宴,하
니 王室之禮也,라 武子歸,하여 而講求典禮,하여 以脩晉國之法,
이라

16년 봄에, 진(晉)나라 사회(士會)가 군사를 이끌고, 적적족(赤狄族)의 갑씨(甲氏)·유우·탁진을 멸망시켰다. 3월에, 적의 포로를 천자에게 바치고, 진나라 군주는 천자에게 (사회를 진나라의 경으로 임명할 것을) 청원드렸다. 무신날에, 경(卿)의 정복(正服)을 사회에게 입혀 중군대장으로 삼고, 대부(大傅) 벼슬까지 겸하게 했다. 그러자 진나라의 도적들이 진(秦)나라로 도망갔다. 이에 대해서, 양설직(羊舌職)이 말했다. "내 들었거니와, '우(禹)임금이 좋은 사람을 등용하니, 좋지 못한 사람이 스스로 멀리 갔다'라고 하는데, 이 말은 이런 경우를 두고 말한 것일까? 시에 이르기를, '전전긍긍하여, 마치 깊은 못에 다다른 것같이 하고, 마치 얇은 얼음을 밟음과 같이한다'라고 했는데, 이것은 좋은 사람이 위에 있는 경우를 두고 말한 것이다. 좋은 사람이 위에 있으면, 나라 안에는 요행의 기회를 노리는 사람이 없게 된다. 속담에 이르기를, '백성 중에 요행을 바라는 사람이 많다는 것은 국가의 불행이다'라고 하는데, 이것은 윗자리에 좋은 사람이 없음을 두고 말한 것이다."

여름에, 성주의 선무당에 불이 났다는 것은, 사람이 불을 질렀음을 말한 것이다. 무릇 불에 대해서는 사람이 고의로 불을 지른 경우는 화(火 : 불이 났다)라 기록하고, 자연적으로 불이 났을 경우는 재(災 : 화재가 있었다)라고 기록한다.

가을에, 담나라로 시집간 백희가 돌아왔다는 것은, 쫓겨온 것이었다.
　모의 군주와 소의 군주를 죽이는 난동이 이유가 되어, 주나라 왕실이 또 어지럽게 되었다. 왕손소(王孫蘇)가 진(晉)나라로 도망갔으나 진나라 사람이 그를 돌려보냈다.
　겨울에, 진나라 군주가 사회로 하여금 왕실을 화평케 하였다. 천자 정왕(定王)께서 그에게 잔치를 베푸시니, 원(原)나라 양공(襄公)이 접대하는 일을 맡아, 뼈가 든 돼지고기를 그릇에 담아 대접하였다. 그러자 계무자(季武子：士會)가 조용히 그 이유를 물었다. 천자께서 그걸 들으시고는 계무자를 불러 말하였다. "계씨 그대는 아직 듣지 못했는가? 천자가 향례(享禮)의 잔치를 베풂에는 큰 돼지 고깃덩이를 상에 올리고, 연례(宴禮)의 잔치를 베풂에는 잘게 썬 고기를 상에 올리는 것이다. 그리고 제후에게는 마땅히 향례로써 대접하고, 경(卿)에게는 연례로써 대접한다는 것이 왕실의 예법이다." 계무자는 나라로 돌아가, 의식(儀式)의 예법을 연구 조사하여, 진나라의 예법을 닦아 정했다.

주해 | ○鐸辰(탁진) – 유우(留吁)에 속해 있었던 부족(部族).
○請于王(청우왕) – 주왕, 즉 천자에게 사회(士會)를 진나라 경(卿)으로 임명함을 승인할 것을 청원했다는 것.
○戊申(무신) – 3월 29일.
○黻冕(불면) – 불은 경(卿)이 입는 예복으로 '아(亞)'자 모양을 수놓은 것이었고, 면은 면류관.
○大傅(대부) – 관직 이름.
○詩曰(시왈) – 《시경》 소아 소민편(小旻篇) 구절.
○幸民(행민) – 만일의 요행을 바라는 건달의 백성.
○殽(효) – 뼈까지 같이 썬 돼지 고깃덩이.
○烝(증) – 그릇에 올림.
○體薦(체천) – 돼지 몸을 크게 나눈 고기를 드림.
○折俎(절조) – 잘게 썬 고기를 그릇에 올림.

經 ○十有七年春王正月庚子,에 許男錫我卒.이라
　　○丁未,에 蔡侯申卒.이라
　　○夏,에 葬許昭公.이라
　　○葬蔡文公.이라
　　○六月癸卯,에 日有蝕之.라
　　○己未,에 公會晉侯·衛侯·曹伯·邾子,하여 同盟于斷道.라
　　○秋,에 公至自會.라
　　○冬十有一月壬午,에 公弟叔肸卒.이라

　17년 봄 천자가 쓰는 역으로 정월 경자날에, 허나라 군주인 남작 석아(錫我)가 세상을 떠났다.
　정미날에 채나라 군주인 후작 신(申)이 세상을 떠났다.
　여름에 허나라 소공을 장사 지냈다.
　채나라 문공을 장사 지냈다.
　6월 계묘날에 일식이 있었다.
　기미날에, 공이 진(晉)나라 군주인 후작·위나라 군주인 후작·조나라 군주인 백작·주(邾)나라 군주인 자작과 회합을 갖고, 단도(斷道)에서 동맹을 맺었다.
　가을에, 공이 회합에서 돌아왔다.
　겨울 11월 임오날에, 공의 아우 숙힐(叔肸)이 세상을 떠났다.

주해 ○正月庚子(정월경자)-1월 26일.
　　　○丁未(정미)-2월 4일.

○六月癸卯(유월계묘)-6월 1일.
○己未(기미)-6월 17일.
○斷道(단도)-진(晉)나라 지명으로, 지금의 산서성 심현(沁縣) 동남쪽 땅.
○十有一月壬午(십유일월임오)-11월 13일.

|傳| 十七年春,에 晉侯使郤克徵會于齊.라 齊頃公帷婦人使觀之.라 郤子登,에 婦人笑於房.이라 獻子怒,하여 出而誓曰, 所不此報,면 無能涉河.리라 獻子先歸,하고 使欒京盧待命于齊曰, 不得齊事,면 無復命矣.라 郤子至,하여 請伐齊,나 晉侯弗許,하고 請以其私屬,이라도 又弗許.라 齊侯使高固·晏弱·蔡朝·南郭偃會,러니 及斂盂,하여 高固逃歸.라 夏,에 會于斷道,는 討貳也.라 盟于卷楚,에 辭齊人,하고 晉人執晏弱于野王,하고 執蔡朝于原,하며 執南郭偃于溫.이라

苗賁皇使,하여 見晏桓子,하고 歸言於晉侯曰, 夫晏子何罪.이오니까 昔者,에 諸侯之事吾先君,은 皆如不逮.였나이다 擧言群臣不信,하고 諸侯皆有貳志.이오니다 齊君恐不得禮.이었나이다 故로 不出,하고 而使四子來.였나이다 左右或沮之曰, 君不出,이면 必執吾使.이리이다 故로 高子及斂盂而逃.였나이다 夫三子者曰, 若絶君好,라면 寧歸死焉.이라하고 爲是犯難而來.였나이다 吾若善逆彼,라면 以懷來者.였으리이다 吾又執之,하여 以信齊沮,하오니 吾

不旣過矣乎.인가 過而不改,하고 而又久之,하여 以成其悔,면 何
利之有焉.이리오 使反者得辭,하고 而害來者,하여 以懼諸侯,이옵
거늘 將焉用之.리오 晉人緩之逸.이라
秋八月,에 晉師還.이라
范武子將老,하여 召文子曰, 燮乎,여 吾聞之,하되 喜怒以類者
鮮,하고 易者實多.라 詩曰, 君子如怒,면 亂庶遄沮.로다 君子如
祉,면 亂庶遄已.로다 君子之喜怒,는 以已亂也.라 弗已者,는 必
益之.라 郤子其或者欲已亂於齊乎.아 不然,이면 余懼其益之也.
라 餘將老.라 使郤子逞其志,면 庶有豸乎.인저 爾從二三子唯敬.
하라 乃請老.라 郤獻子爲政.이라
冬,에 公弟叔肸卒.이라 公母弟也.라 凡太子之母弟,는 公在曰
公子,하고 不在曰弟.라 凡稱弟,는 皆母弟也.라

17년 봄에, 진(晉)나라 군주가 극극(郤克)을 시켜 제나라가 회합에 참가하도록 요구했다. 그때 제나라 경공(頃公)이, 자신의 어머니로 하여금 휘장 뒤에 숨어 그의 거동을 보게 했다. 극극이 당상(堂上)에 오르자, 경공의 어머니는 (다리를 저는) 극극의 거동을 보고는 방안에서 웃었다. 그러자 극헌자(郤獻子:극극)가 노하여 나가 맹서하기를, "내 이 수치를 갚기 전에는, 다시 황하(黃河)를 건너 이 제나라에 오지 않을 것이다."라고 했다. 그리고 극헌자는 먼저 돌아가고, 난경려(欒京廬)에게 기다려 제나라의 회답을 받게 하여 말하기를, "제나라

의 확답을 받지 못하고는, 돌아가 군주께 복명(復命)하지 말게."라고 했다. 극헌자는 진나라로 돌아가, 제나라를 칠 것을 요청했지만 진나라 군주는 허락하지 않고, 그가 거느리는 씨족의 군대로 치겠다고 소원하였지만, 역시 허락받지 못했다. 제나라 군주는 고고(高固)·안약(晏弱)·채조(蔡朝)·남곽언(南郭偃)에게 회합에 참가케 했는데, 염우(斂盂)에 이르러, 고고는 도망하여 돌아가버렸다. 여름에 단도에서 회합을 가진 것은 두 마음을 가진 나라를 치자는 상의를 하기 위해서였다. 권초(卷楚)에서 제후들이 맹서를 하였는데, 제나라에서 간 사람들은 참가시키지 않고, 진나라 사람이 안약을 야왕(野王)에 잡아 가두고, 채조는 원(原)에 잡아 가두었으며, 남곽언은 온(溫)에다 잡아 가두었다.

진나라 묘분황(苗賁皇)이 사자(使者)가 되어 갔다가, 제나라 안환자(晏桓子 : 晏弱)를 만나 보고, 돌아가서 군주에게 말했다. "그 안약이 무슨 죄가 있사옵니까? 옛날에, 다른 나라 제후들이 우리나라 선대 군주[文公]를 섬기는 것은, 모두 자기들의 성의가 부족한 것처럼 여기어 두려워했나이다. 그런데 지금은, 제후들이 모두 우리나라의 뭇 신하들은 믿지 못한다는 마음을 다들 지니고 있사옵니다. 이번에, 제나라 군주는 예우(禮遇)를 받지 못할 것을 두려워했사옵니다. 그래서 그 자신이 회합에 나가지 않고, 네 신하로 하여금 오게 했던 것이옵니다. 그때, 제나라 군주의 좌우 신하들 중의 어느 사람들은, 그렇게 못하게 말리어 말하기를, '군주께서 나가시지 않으신다면, 진나라 측은 반드시 우리나라 사자들을 잡을 것이옵니다'라고 했었나이다. 그러므로 고고는 염우까지 왔다가 도망갔나이다. 그러나 다른 세 사람은 말하기를, '도망하여 돌아가 만일에 진나라 군주의 호의(好意)가 끊어지는 것이라면, 차라리 우리는 가서 죽어야겠다'라 하고, 이 때문에 환난(患難)이 있을 것을 무릅쓰고 왔었나이다. 우리나라가 만일 그들을 좋게 맞이했더라면, 그로써 그 온 사람들은 우리편이 되었을 것이옵니다. 그런데도 우리는 잘 맞이하지 않았고, 또한 그들을 잡아 제나라 사람들이 제의 군주가 그들을 보내는 일에 반대한 것을 옳게 여기게 하고 있사오니, 우리가 잘못을 저지른 것이 아니옵니까? 잘못을 하고서도 태도를 고치지 않고, 그대로 그들을 오랫동안 잡아두어, 제나라 사람들이 사자 보낸 일을 후회하게 한데서야, 우리에게 무슨 이익이 있겠사옵니까? 지금 우리는 오다가 돌아간 사람으로 하여금 정당한 구실의 말을 하게 하고, 온 자들을 해쳐서, 다른 제후들을 두렵게 하고 있사온데, 장차 무슨 소용이 닿으리까?" 이 말에, 진나라 사람은 잡아 가둔 안약에 대한 감시를 늦추어 도망가게 했다.

가을 8월에, 진나라 군사가 (단도에서) 돌아갔다.

범무자(范武子:士會)가 늙은 것을 이유로 은퇴하려 하여, 아들 문자(文子)를 불러 말했다. "섭(燮)아, 나는 들었거니와, '기뻐하고 화를 냄을, 꼭 그래야 할 경우에만 하는 사람은 적고, 그 반대로 기뻐할 경우가 아닌데 기뻐하고, 화내지 않을 경우에 화내는 사람이 실로 많다'고 한다. 시에 이르기를, '군자가 화내야 할 일에 화를 내면, 세상의 어지러움은 아마도 곧 그칠 것일세. 군자가 기뻐할 일에 기뻐하여 복받게 되면, 세상의 어지러움은 아마도 곧 그칠 것일세.'라고 했다. 군자의 올바르게 기뻐하고 화냄은, 세상의 어지러움을 그치게 하는 것이다. 만일, 어지러움을 그치게 못하는 자는 반드시 더 어지럽게 하느니라. 극헌자는 혹 제나라의 어지러움을 그치게 하려고 여기고 있을는지 모르겠다. 그렇지 못하면, 그가 제나라의 어지러움을 더하게 할까 여겨 두렵구나. 나는 은퇴하련다. 이후로 극헌자로 하여금 그의 뜻대로 정치를 하게 한다면, 아마도 그의 노여움은 풀릴 것이다. 너는 다른 대부들의 뒤를 따라, 다만 공손하여라." 그는 곧 은퇴할 것을 청원했다. 그 뒤로는 극헌자가 정치를 행했다.

겨울에, 선공의 아우 숙힐이 세상을 떠났다. 그는 선공과 같은 어머니의 형제였다. 무릇, 태자(太子)의 같은 어머니 형제는 아버지 재세

시(在世時)에는 공자(公子)라 하고, 아버지가 돌아가신 뒤에는 제(弟:아우)라 한다. 무릇 경문에 제(弟)라 말해 쓴 것은, 다 같은 어머니 형제를 두고 말한 것이다.

주해 ○無能涉河(무능섭하)-황하를 건너올 수 없다.
○不得齊事(부득제사)-제나라가 확답을 얻지 못함.
○斂盂(염우)-위나라 지명. 희공 28년조에 나왔다.
○野王(야왕)·原(원)·溫(온)-모두 진나라 지명.
○苗賁皇(묘분황)-초(楚)나라 투초(鬪椒)의 아들. 초나라가 투씨를 멸망시키자, 그는 진나라로 도망하여 묘(苗) 땅에 정착했다.
○信齊沮(신제저)-제나라 군주의 측근자가, 사자를 보내는 것은 위험하다고 반대한 의견이 옳았다고 여김.
○使反者得辭(사반자득사)-사자로 나섰다가, 염우에서 도망하여 돌아간 고고가, 가지 않은 게 좋았다는 구실의 말을 하게 함.
○范武子(범무자)-사회(士會). 그는 처음 수(隨) 땅을 영유해서 수무자라 했었는데, 뒤에 범(范) 땅을 영유하게 되어 범무자라 칭했다.
○詩曰(시왈)-《시경》 소아 교언편(巧言篇)의 구절.
○豕(치)-풀음.

經 ○十有八年春,에 晉侯·衛世子臧伐齊.라
○公伐杞.라
○夏四月.
○秋七月,에 邾人戕鄫子于鄫.이라
○甲戌,에 楚子旅卒.이라
○公孫歸父如晉.이라

　　　　동시월임술　　공훙우로침
○ 冬十月壬戌,에 公薨于路寢.이라
　　　귀보환자진　　　지생　　　수분제
○ 歸父還自晉,에 至笙,하여 遂奔齊.라

18년 봄에, 진(晉)나라 군주인 후작과 위나라 세자 장(臧)이 제나라를 쳤다.

선공이 기(杞)나라를 쳤다.

여름 4월.

가을 7월에, 주(邾)나라 사람이 증(鄫)나라 군주인 자작을 증나라에서 죽였다.

갑술날에, 초나라 군주인 자작 여(旅)가 세상을 떠났다.

공손귀보가 진(晉)나라에 갔다.

겨울 10월 임술날에, 선공이 정무(政務)를 보는 정전(正殿)에서 훙거(薨去)하였다.

공손귀보가 진나라로부터 돌아오다가, 생(笙)에 이르자, 곧 제나라로 도망갔다.

|주해| ○ 戕(장) – 죽임. 국외(國外) 사람이 다른 나라 군주를 죽임을 말한다.
　　○ 鄫(증) – 나라 이름. 하(夏)나라 우(禹)임금 자손의 나라였다 한다. 군주의 작은 자작이었고, 성은 사(姒)였다.
　　○ 甲戌(갑술) – 7월 8일.
　　○ 十月壬戌(시월임술) – 10월 28일.
　　○ 路寢(노침) – 정무를 보는 정전.
　　○ 笙(생) – 노나라 국경의 지명.

　　　　　십팔년춘　　　진후　　　위태자장벌제　　　　　　지우양곡　　　　제후
|傳| 十八年春,에 晉侯·衛太子臧伐齊,하여 至于陽穀.이라 齊侯
　　　후진후　　　　맹우증　　　이공자강위질우진　　　진사환　　　　채
　　會晉侯,하여 盟于繒,하고 以公子彊爲質于晉,에 晉師還.이라 蔡

朝・南郭偃逃歸.라

夏,에 公使如楚乞師,하여 欲以伐齊.라

秋,에 邾人戕鄫子于鄫.이라 凡自內虐其君曰弑,하고 自外曰戕.이라

楚莊王卒,하여 楚師不出.이라 旣而用晉師.라 楚於是乎有蜀之役.이라

公孫歸父以襄仲之立公也有寵.이라 欲去三桓以張公室.이라 與公謀,하여 而聘于晉,하니 欲以晉人去之.라

冬,에 公薨.이라 季文子言於朝曰, 使我殺適立庶,하여 以失大援者,는 仲也夫.아 臧宣叔怒曰, 當其時不能治也,에 後之人何罪.아 子欲去之,면 許請去之.라 遂逐東門氏.라 子家還及笙,하여 壇帷,하여 復命於介.라 旣復命,에 袒括髮,하고 卽位哭,하여 三踊而出.이라 遂奔齊.라 書曰歸父還自晉,은 善之也.라

18년 봄에, 진나라 군주와 위나라 태자 장이 제나라를 쳐, 제나라의 양곡(陽穀)에 쳐들어갔다. 그러자 제나라 군주는 진나라 군주를 만나 증(繒)에서 맹서하고, 공자 강(彊)을 진나라에 인질로 삼으니, 진나라 군사는 돌아갔다. 그 통에 진나라에 잡혀 있던 제나라의 채조(蔡朝)와 남곽언(南郭偃)이 도망쳐 돌아갔다.

여름에, 공이 사자를 시켜 초나라에 가 군사를 빌리게 하여, 그 군사로 제나라를 치려 했다.

가을에, 주나라 사람이 증(鄫)나라 군주를 증나라에서 죽였다. 무릇, 국내 사람이 그의 군주를 죽임을 시(弑)라 하고, 외국으로부터 들어간 사람이 다른 나라 군주를 죽임을 장(戕)이라 한다.

초나라 장왕이 세상을 떠나서, 초나라 군사가 출동하지 못했다. 그래서 노나라는 진(晉)나라 군사를 이용하여 제나라를 쳤다. 초나라는 이에 후일의 촉(蜀)에서의 싸움이 있게 되었다.

공손귀보는 그의 아버지 양중(襄仲)이 선공을 군주로 세운 일로, 공의 총애를 받았었다. 그는 환공(桓公)으로부터 갈라진 세 씨족(氏族), 즉 삼환(三桓)을 제거하여 공실(公室)의 세력을 넓히려고 했다. 그래서 공과 공모하여 진나라를 예방했으니, 그것은 진나라 사람의 힘으로써 삼환을 제거하려는 것이었다.

겨울에, 공이 훙거했다. 그러자 계문자(季文子)가 조정에서 말하기를, "우리들로 하여금 적자(嫡子)를 죽이고 서자를 군주로 세워 큰 나라의 원조를 잃게 한 자는 양중(襄仲)이지요?"라고 했다. 이 말에 장선숙(臧宣叔)이 화를 내고 말하기를, "그 당시에 그 사람을 처치하지 못하고서, 그의 아들이 무슨 죄가 있소? 당신이 그를 없애고자 한다면, 허(許) 내가 그를 없애게 할 것을 허락하시오."라고 했다. 그리고 바로 동문씨(東門氏)를 추방했다. 자가(子家:歸父)가 귀국길에서 생(笙)에 이르러, 땅을 쓸고 식장(式場)을 꾸미어 놓고, 복명(復命) 사항을 부사(副使)에게 말해 주었다. 복명 사항을 말하고 나자, 그는 윗옷을 벗어 왼쪽 어깨를 드러내고, 관을 벗고 머리를 잡아 맨 비녀를 빼어 머리를 삼[麻]으로 묶어 복상(服喪)의 태도로 곡(哭)을 하기 위하여 깐 자리로 가 곡하고, 세번 다리를 들었다놓았다 하는 예식을 마치고 나섰다. 그리고 바로 제나라로 도망갔다. 경문에 귀보가 진나라로부터 돌아왔다고 쓴 것은, 그의 예의를 칭찬한 것이다.

주해 ○繒(증)-제나라 지명.

o 蜀之役(촉지역)-촉은 노나라 지명. 성공(成公) 2년에 나온다.
o 三桓(삼환)-노나라 환공에서 갈린 세 씨족. 즉 중손(仲孫 : 뒤에 孟孫이라 했다)·숙손(叔孫)·계손(季孫)의 세 씨족.
o 季文子(계문자)-삼환 중의 한 사람.
o 殺適立庶(살적입서)-적자(嫡子)를 죽이고 서자를 군주로 세움. 동문양중(東門襄仲)이 적자인 악(惡 : 제나라 군주의 생질이었다)을 죽이고, 서자인 선공을 세웠던 일을 말한다.
o 大援(대원)-큰 나라(제나라를 말한 것임)의 원조.
o 臧宣叔(장선숙)-장문중(臧文仲)의 아들로, 장무중(臧武仲)의 아버지.
o 許(허)-장선숙의 이름..
o 壇帷(단유)-땅을 깨끗이 쓸고 식장을 꾸밈.
o 袒(단)-윗옷을 반 정도 벗어 왼쪽 어깨를 내놓음. 상을 당했을 때에 하는 의식.
o 括髮(괄발)-관을 벗고 머리의 장식물을 다 빼고서, 머리를 삼[麻]으로 묶는 것. 상을 당했을 때 취하는 예식.
o 卽位(즉위)-곡하는 자리로 나감.
o 三踊(삼용)-곡례(哭禮)의 법식으로, 세번 발을 들었다놓았다하며 곡하는 것.

● 선공(宣公) 시대 연표

기원전	周	燕	鄭	曹	蔡	陳	衛	宋	楚	秦	晉	齊	魯	중요 사항
608	匡王 5	桓公 10	穆公 20	文公 10	文公 4	靈公 6	成公 27	文公 3	莊王 6	共公 1	靈公 13	惠公 1	宣公 1	진(晉)이 진(陳)·송(宋)을 구원함.
607	6	11	21	11	5	7	28	4	7	2	14	2	2	송(宋)이 정군(鄭軍)을 패배시킴. 진(晉) 영공이 시해당하고 조돈(趙盾)이 악명(惡名)을 감수함.
606	定王 1	12	22	12	6	8	29	5	8	3	成公 1	3	3	초나라 군주 왕손(王孫) 만(滿)에게 구정(九鼎)의 크기와 무게를 물음. 정 목공 난(蘭)이 죽다.
605	2	13	靈公 1	13	7	9	30	6	9	4	2	4	4	정의 공자 가(家)가 영공을 죽임. 초나라에 월초(越椒)의 난리 있었음.
604	3	14	襄公 1	14	8	10	31	7	10	5	3	5	5	제나라 고고(高固)가 노나라 숙희(叔姬)를 맞이함.
603	4	15	2	15	9	11	32	8	11	桓公 1	4	6	6	적적(赤狄)이 진(晉)나라를 침.
602	5	16	3	16	10	12	33	9	12	2	5	7	7	제후들이 흑양(黑壤)에서 회합을 가짐.
601	6	宣公 1	4	17	11	13	34	10	13	3	6	8	8	초나라가 서료(舒蓼)를 멸망시킴.
600	7	2	5	18	12	14	35	11	14	4	7	9	9	진(陳) 영공이 설야(泄冶)를 죽임.
599	8	3	6	19	13	15	穆公 1	12	15	5	景公 1	10	10	제나라 최저(崔抒) 위나라로 도망함. 진(陳)의 하징서(夏徵舒) 영공을 죽임. 정나라 사람 공자 가(家)의 시체에 형을 가함.
598	9	4	7	20	14	成公 1	2	13	16	6	2	頃公 1	11	적(狄)이 진(晉)나라에게 복종하다. 초나라 군주가 진(陳)의 하징서를 죽이고, 진나라를 초의 현(縣)으로 삼았다가, 진나라를 다시 복구시키다.

기원전	周	燕	鄭	曹	蔡	陳	衛	宋	楚	秦	晉	齊	魯	중요 사항
597	10	5	8	21	15	2	3	14	17	7	3	2	12	초나라가 정나라를 정복하여, 진(晉)나라 군사가 구원하러 갔다가 패배당함.
596	11	6	9	22	16	3	4	15	18	8	4	3	13	제나라가 거(莒)나라를 치고, 초나라가 송나라를 치다. 진(晉)나라 선곡(先穀)이 죽다.
595	12	7	10	23	17	4	5	16	19	9	5	4	14	위나라 대부 공달(孔達)이 죽다. 진(晉)나라가 정나라를 쳤다.
594	13	8	11	宣公 1	18	5	6	17	20	10	6	5	15	노나라가 초나라와 접촉했다. 진(秦)이 진(晉)을 쳤다. 노나라 국민의 사전(私田)에 처음으로 과세(課稅).
593	14	9	12	2	19	6	7	18	21	11	7	6	16	진(晉)나라가 적적족(赤狄族)의 갑(甲)·유우(留吁)를 멸망시킴. 사회(士會), 진(晉)의 경(卿)이 되다.
592	15	10	13	3	20	7	8	19	22	12	8	7	17	진(晉)의 극헌자(郤獻子)가 제나라에 가 수치를 당하다. 선공이 단도(斷道)에서 제후들과 동맹을 맺다.
591	16	11	14	4	景公 1	8	9	20	23	13	9	8	18	선공이 세상을 떠나다. 공손귀보(公孫歸父) 제나라로 도망가다.

제12

성공 상
成公 上

선공(宣公)의 아들. 이름은 흑굉(黑肱)
재위 기원전 590~573년

經| ○元年春王正月_{원년춘왕정월},에 公卽位_{공즉위}.라
○二月辛酉_{이월신유},에 葬我君宣公_{장아군선공}.이라
○無冰_{무빙}.이라
○三月_{삼월},에 作丘甲_{작구갑}.이라
○夏_하,에 臧孫許及晉侯盟于赤棘_{장손허급진후맹우적극}.이라
○秋_추,에 王師敗績于茅戎_{왕사패적우모융}.이라
○冬十月_{동시월}.

원년 봄 천자가 쓰는 역으로 정월에, 성공이 즉위했다.
2월 신유날에, 우리 군주 선공을 장사 지냈다.
얼음이 얼지 않았다.
3월에 행정구역인 구(丘)마다에서 무장병을 내는 제도를 정했다.
여름에, 장손허(臧孫許)가 진(晉)나라 군주인 후작과 적극(赤棘)에서 맹서하였다.

가을에, 천자의 군사가 모융(茅戎) 오랑캐의 땅에서 패배당했다.
겨울 10월.

주해 ○二月辛酉(이월신유)-2월 29일.
  ○無冰(무빙)-주력(周曆)의 2월은, 하력(夏曆)으로 12월이어서 아주 추운 때인데도, 날씨가 이변(異變)으로 따뜻하여 얼음이 얼지 않았다는 것을 말한 것이다.
  ○丘甲(구갑)-구(丘)는 행정구역의 명칭. 두예(杜預)는 그의 주에서, 1리(里) 사방의 면적을 정(井)이라 했고, 사정(四井)을 읍(邑)이라 했으며, 사읍(四邑)을 구(丘·邱)라 했다. 갑(甲)은 갑사(甲士 : 갑옷을 갖춘 병사). 구갑은 곧 구마다 갑사 하나를 내는 제도.
  ○臧孫許(장손허)-노나라 대부로, 죽은 뒤의 이름은 선숙(宣叔).
  ○赤棘(적극)-진(晉)나라 지명.
  ○茅戎(모융)-융족(戎族)의 일종. 여기에서는 모융이 산 땅을 말했다. 그러나 현재의 어디였던가는 알 수 없다.

傳 元年春,에 晉侯使瑕嘉平戎于王.이라 單襄公如晉,하여 拜成.이라 劉康公徼戎,하여 將遂伐之,하니 叔服曰, 背盟而欺大國, 이면 此必敗.라 背盟不祥,이요 欺大國不義,이니 神人弗助.라 將何以勝.가 不聽,하고 遂伐茅戎,이라가 三月癸未,에 敗績于徐吾氏.라
爲齊難故作丘甲.이라
聞齊將出楚師,하고 夏,에 盟于赤棘.이라
秋,에야 王人來告敗.라

冬,에 臧宣叔令脩賦繕完,하여 具守備曰, 齊・楚結好,하고 我
新與晉盟.이라 晉・楚爭盟.이라 齊師必至,에 雖晉人伐齊,로되
楚必救之.리라 是齊・楚同我也.라 知難而有備,면 乃可以逞.이라

 원년 봄에, 진(晉)나라 군주는 하가(瑕嘉:詹嘉)를 보내어 융(戎)을 천자와 화목하게 했다. 그러자 주나라 경사(卿士)인 선(單)의 양공(襄公)이 진나라로 가, 화목케 해준 데 대하여 감사드렸다. 그런데 유(劉)의 강공(康公)이 융의 틈을 엿보아 곧 융 오랑캐를 치려 하니, 주나라 내사(內史)인 숙복(叔服)이 말했다. "맹서했던 것을 배반하고 큰 나라를 속이면, 반드시 패배하는 것입니다. 맹서를 배반하는 것은 불길(不吉)한 일이고, 큰 나라를 속이는 짓은 불의(不義)의 일이니 신이나 사람이 다 도와주지 않는 것입니다. 그런데 어떻게 싸움에 이기려는 것입니까?" 그러나 그는 듣지 않고, 곧 모융 오랑캐를 쳤다가, 3월 계미날에 모융의 일족인 서오(徐吾)가 살고 있는 땅에서 패배를 당했다.
 제나라가 쳐들어오는 난리를 방비하기 위하여 구(丘)에서 갑사(甲士)를 내게 하는 제도를 정했다.
 노나라에서는 제나라가 장차 초나라 군사를 출동시킬 것이라는 소문을 듣고, 여름에 적극(赤棘)에서 진나라와 동맹을 맺었다.
 가을에 천자의 사람이 와 싸움에 졌다는 것을 알렸다.
 겨울에, 장선숙(臧宣叔:臧孫許)은 백성들로부터 세를 받고 무기를 수선하며 성곽을 단단히 하게 하여, 방비(防備)를 충분히 하고 말하기를, "제나라와 초나라가 우호관계를 맺었고, 우리나라는 새로이 진나라와 동맹을 맺었다. 지금 진나라와 초나라는 제각기 패자의 지위를 놓고 다투고 있다. 앞으로 제나라 군사가 반드시 우리나라를 쳐들어올 것인데, 그때 진(晉)나라 사람들은 제나라를 칠 것이지만, 초나

라는 반드시 제나라를 구원할 것이다. 그것은 제와 초가 한가지로 우리를 노리고 있기 때문이다. 앞으로 있을 국난(國難)을 알고서 미리 방비하고 있으면, 곧 일이 있을 때에 우리 마음대로 싸울 수가 있는 것이다."라고 했다.

주해 ○瑕嘉(하가)-첨가(詹嘉)를 말한다. 그가 하(瑕) 땅을 영유했었기에 하가라 했다.
○徼戎(요융)-화목하게 되어 무방비로 안심하고 있는 틈을 엿보았음을 말한다.
○徐吾氏(서오씨)-서오족(徐吾族). 모융의 일종. 여기에서는 서오족이 산 땅을 말한다.
○繕完(선완)-무기를 수선하고, 성곽을 완전하게 함.
○爭盟(쟁맹)-맹주(盟主), 즉 패자의 지위를 놓고 다툼.
○同我也(동아야)-같이 우리를 노리고(치려 하고) 있다.
○逞(영)-마음먹은 대로 함.

經 ○二年春_{이 년 춘},에 齊侯伐我北鄙_{제 후 벌 아 북 비}.라
○夏四月丙戌_{하 사 월 병 술},에 衛孫良夫帥師_{위 손 량 부 솔 사},하여 及齊師戰于新築_{급 제 사 전 우 신 축},하여 衛_위師敗績_{사 패 적}.이라
○六月癸酉_{유 월 계 유},에 季孫行父_{계 손 행 보}·臧孫許_{장 손 허}·叔孫僑如_{숙 손 교 여}·公孫嬰齊帥師_{공 손 영 제 솔 사},하고 會晉郤克_{회 진 극 극}·衛孫良夫_{위 손 량 부}·曹公子首_{조 공 자 수},하여 及齊侯戰于鞌_{급 제 후 전 우 안},하여 齊師敗績_{제 사 패 적}.이라
○秋七月_{추 칠 월},에 齊侯使國佐如師_{제 후 사 국 좌 여 사}.라 己酉及國佐盟于袁婁_{기 유 급 국 좌 맹 우 원 루}.라
○八月壬午_{팔 월 임 오},에 宋公鮑卒_{송 공 포 졸}.이라

○ 庚寅,에 衛侯速卒.이라
 ○ 九月,에 取汶陽田.이라
 ○ 冬,에 楚師·鄭師侵衛.라
 ○ 十有一月,에 公會楚公子嬰齊于蜀.이라
 ○ 丙申,에 公及楚人·秦人·宋人·陳人·衛人·鄭人·齊人·曹人·邾人·薛人·鄫人,이 盟于蜀.이라

 2년 봄에, 제나라 군주인 후작이 우리 노나라의 북쪽 변방을 쳤다.
 여름 4월 병술날에, 위나라 손양부(孫良夫)가 군사를 이끌고, 제나라 군사와 신축(新築)에서 싸워, 위나라 군사가 대패했다.
 6월 계유날에, 계손행보(季孫行父)·장손허(臧孫許)·숙손교여(叔孫僑如)·공손영제(公孫嬰齊) 등이 군사를 이끌고, 진(晉)나라의 극극(郤克)·위나라 손양부·조나라 공자 수(首) 등과 합류하여, 제나라 군주인 후작과 안(鞍)에서 싸워, 제나라 군사가 대패했다.
 가을 7월에, 제나라 군주인 후작이 국좌(國佐)로 하여금 군진으로 가게 했다. 기유날에 국좌와 원루(袁婁)에서 맹서하였다.
 8월 임오날에, 송나라 군주인 공작 포(鮑)가 세상을 떠났다.
 경인날에, 위나라 군주인 후작 속(速)이 세상을 떠났다.
 9월에 문양(汶陽) 땅을 빼앗았다.
 겨울에, 초나라 군사와 정나라 군사가 위나라를 침공했다.
 11월에, 성공이 초나라 공자 영제(嬰齊)를 촉(蜀)에서 만났다.
 병신날에, 공이 초나라 사람·진(秦)나라 사람·송나라 사람·진(陳)나라 사람·위나라 사람·정나라 사람·제나라 사람·조나라 사람·주(邾)나라 사람·설나라 사람·증(鄫)나라 사람들과 촉에서 맹

서하였다.

▌주해▌ ○四月丙戌(사월병술) – 두예는 4월에는 병술날이 들지 않았고, 5월 1일이었다고 그의 주에서 말했다.
○新築(신축) – 위나라 지명으로, 지금의 산동성 관성현(觀城縣) 경계 땅.
○六月癸酉(유월계유) – 6월 18일.
○鞍(안) – 제나라 지명으로, 지금의 산동성 역성현(歷城縣)의 서북방에 있는 안산(鞍山)의 기슭 땅.
○己酉(기유) – 7월 25일.
○袁婁(원루) – 지금의 산동성 임치현(臨淄縣) 서쪽 땅.
○八月壬午(팔월임오) – 8월 28일.
○庚寅(경인) – 9월 7일.
○汶陽(문양) – 희공 원년조에 나왔다.
○蜀(촉) – 선공 18년조에 나왔다.
○丙申(병신) – 11월 14일.

▌傳▌ 二年春,에 齊侯伐我北鄙圍龍.이라 頃公之嬖人盧蒲就魁門焉,에 龍人囚之.라 齊侯曰, 勿殺.하라 吾與而盟,하여 無入而封.하리라 弗聽,하고 殺而膊諸城上.이라 齊侯親鼓,에 士陵城,하여 三日取龍,하고 遂南侵,하여 及巢丘.라

衛侯使孫良夫·石稷·甯相·向禽將侵齊,러니 與齊師遇.라 石子欲還,하니 孫子曰, 不可.라 以師伐人,에 遇其師而還,이면 將謂君何.아 若知不能,이면 則如無出.이라 今旣遇矣,이니 不如戰也.라 夏有.라 石成子曰, 師敗矣.라 子不少須,이면 衆懼盡.이

라 子喪師徒,면 何以復命.가 皆不對.라 又曰, 子國卿也,에 隕子
辱矣.라 子以衆退.하라 我此乃止.하리라 且告車來甚衆.이라 齊
師乃止,하고 次于鞫居.라

新築人仲叔于奚救孫桓子,하여 桓子是以免.이라 旣衛人賞之
以邑,하니 辭,하고 請曲縣繁纓以朝,에 許之.라 仲尼聞之曰, 惜
也.라 不如多與之邑.이라 唯器與名,은 不可以假人.이라 君之所
司也.라 名以出信,하고 信以守器,하며 器以藏禮,하고 禮以行義,
하며 義以生利,하고 利以平民,하니 政之大節也.라 若以假人,이면
與人政也.라 政亡,이면 則國家從之,하여 弗可止已.라

　2년 봄에, 제나라 군주가 우리 노나라의 북쪽 변방에 있는 용(龍)을 포위했다. 제나라 경공(頃公)의 총애를 받는 신하 노포취괴(盧蒲就魁)가 용의 성문(城門)을 공격하니, 용의 사람이 그를 잡았다. 그러자 제나라 군주가 말하기를, "그를 죽이지 말라. 내 그대와 맹서하여, 너의 땅에 쳐들어가지 않으리라."라고 했다. 그러나 용의 사람은 듣지 않고, 그를 죽여 성벽 위에다 늘어 놓았다. 그것을 본 제나라 군주는 손수 진격의 북을 치니, 군졸들이 성을 넘어 공격해서 사흘만에 용을 점령하고, 바로 남쪽으로 침공하여 소구(巢丘)에 다달았다.
　위나라 군주가 손양부(孫良夫)·석직(石稷)·영상(甯相)·상금장(向禽將) 등에게 제나라를 침공케 했는데, 그들은 도중에서 제나라 군사와 만났다. 그러자 석직이 돌아가려 하니, 손양부가 말했다. "아니되오. 군사를 이끌고 다른 나라를 치러 나섰는데, 상대편의 군사를 만나고서도 돌아간다면 장차 군주께 무어라 말씀을 올릴 것이오? 만

일 상대와 싸울 수가 없다는 걸 알았더라면, 애당초 싸우러 나오지 않았음이 좋았을 것이오. 이제 이미 적을 만났으니, 싸울 수밖에 없소이다." 여름에 양국 군사의 싸움이 있었다. 석성자(石成子 : 石稷)가 손양부에게 말하기를, "우리 군사가 패배하고 있습니다. 님이 잠시 기회를 기다리지 않으시면, 우리 군사의 군중은 무서워해서 전멸될 것입니다. 님이 군사를 상실한다면, 군주께 무어라고 복명(復命)하시렵니까?"라고 했다. 이 말에 대하여 아무도 대답하지 못했다. 그러자 석성자는 다시, "님은 우리나라의 정경(正卿)인데, 님을 잃는다는 것은, 국가의 수치입니다. 님은 군사를 이끌고 퇴각(退却)하십시오. 제가 여기에 남아 있겠습니다."라고 말했다. 그리고 원군(援軍)의 전차가 아주 많이 오고 있다고 소문을 퍼뜨렸다. 이에 제나라 군사는 싸울 것을 그만두고, 국거(鞠居)에 주군(駐軍)했다.

 신축(新築)을 지키고 있던 대부 중숙우해(仲叔于奚)가 손환자(孫桓子 : 孫良夫)를 구하여, 손환자가 곤경을 면했다. 뒤에 위나라 사람이 중숙우해에게 상으로 읍(邑)을 주니, 그는 사양하고, 제후(諸侯)들이 쓰는 악기와 말[馬] 장식물을 자기도 쓰며 조정에 나가 일하게 해 달라고 요청하니, 허락했다. 공자(孔子)께서 뒤에 이 말을 듣고는 말하였다. "아까운 짓을 했다. 그 처사는 여러 읍을 상으로 주는 것만 못한 처사였다. 신분에 맞지 않는 기물과 지위를 나타내는 칭호는, 사람에게 함부로 허락해 줄 수 없는 것이다. 이것에 관한 일은 군주가 주관하는 중대한 일이다. 지위를 나타내는 칭호로써 백성들의 믿음을 자아내게 하는 것이고, 믿음으로써 상하를 분별하는 기물의 권위를 지키며, 상하를 분별하는 기물로써 상하 존비(尊卑)를 구별하는 예의를 나타내고, 예의로써 의리가 행해지며, 의리로써 이익을 낳게 하고, 이익으로써 백성들을 편안케 하는 것이니, 이것이 정치상의 중대한 것이다. 만일 중대한 기물과 칭호를 사람에게 함부로 허락해 준다면, 그것은 정권을 사람에게 넘겨주는 것이 된다. 정권이 망하게 되면, 국가가 그에 따라 망하여, 그 망함을 막지 못하는 것이다."

주해 ○龍(용)-노나라 읍(邑) 이름. 지금의 산동성 태안현(泰安縣) 동남쪽의 읍.
○門(문)-성문을 공격하여 들어감.
○而(이)-너.
○封(봉)-영토.
○巢丘(소구)-노나라 지명으로, 지금의 산동성 태안현의 서남쪽 땅.
○夏有(하유)-경문에 '하사월병술(夏四月丙戌), 위손량부솔사(衛孫良夫帥師), 급제사전우신축(及齊師戰于新築), 위사패적(衛師敗績)'이라고 되어 있음을 말한 대목인데, 원래 어찌 되었던 글인지 알 수가 없다. 다만 '여름에 양국군의 싸움이 있었다'라고 번역했다.
○國卿(국경)-정경(正卿).
○隕(운)-잡힘, 잡혀 잃음.
○鞫居(국거)-위나라 지명으로, 지금의 산동성 조성현(朝城縣) 경계 땅.
○曲縣(곡현)-제후가 사당의 동·서·북쪽에다 종(鍾)·경(磬) 등의 악기를 걸어둠을 곡현 또는 헌현(軒縣)이라 했다.
○繁纓(번영)-제후가 쓰는 말의 앞에 채우는 장식물.
○器與名(기여명)-기는 기물, 즉 사당에 거는 악기와 말에 채우는 장식물을 말한다. 그리고 명은 지위를 나타내는 칭호.
○弗可止已(불가지이)-막을 수가 없음.

<u>손환자환어신축</u> <u>불입</u> <u>수여진</u> <u>걸사</u> <u>장선숙</u>
孫桓子還於新築,하여 不入,하고 遂如晉,하여 乞師.라 臧宣叔
<u>역여진</u> <u>걸사</u> <u>개주극헌자</u> <u>진후허지칠백승</u> <u>극</u>
亦如晉,하여 乞師,하니 皆主郤獻子.라 晉侯許之七百乘,하니 郤
<u>자왈</u> <u>차성복지부야</u> <u>유선군지명여선대부지숙</u>
子曰, 此城濮之賦也.이오니다 有先君之明與先大夫之肅.이었나이
<u>고</u> <u>첩</u> <u>극어선대부무능위역</u> <u>청팔백승</u>
다 故로 捷.이었나이다 克於先大夫無能爲役,이오니 請八百乘.이오

　　　　허 지　　극극장중군　　　　사섭좌상군　　　　난서장하군
니다 許之.라 郤克將中軍,하고 士燮佐上軍,하며 欒書將下軍,하고
　　한궐위사마　　　　이구로　위　　장선숙역진사　　　차도지
　韓厥爲司馬,하여 以救魯·衛.라 臧宣叔逆晉師,하고 且道之,하며
　계문자솔사　　　　회지　급위지　　한헌자장참인　　　극헌자
　季文子帥師,하여 會之.라 及衛地,하여 韓獻子將斬人,에 郤獻子
　치장구지　　　지즉기참지의　　　극자사속이순　　　고기복왈
　馳將救之.라 至則旣斬之矣.라 郤子使速以徇,하고 告其僕曰,
　오이분방야
　吾以分謗也.라

　　위나라의 손환자는 신축(新築)에서 귀환하여, 도읍으로 들어가지
않고, 그길로 바로 진(晉)나라로 가서, 군사를 내달라고 원했다. 그때
노나라의 장선숙(臧宣叔)도 진나라에 가 군사 내주기를 원하였는데,
둘 다 진나라의 극헌자(郤獻子)에게 매달렸다. 진나라 군주가 극헌자
에게 전차 7백대의 군사를 이끌고 가라고 허락하니 극헌자가 말하기
를, "이 군력(軍力)은 전에 있었던 성복(城濮)에서 싸웠던 때의 군력
이옵니다. 그때에는 선대 군주(문공)의 총명과 전의 대부들의 민첩함
이 있었나이다. 그래서, 우리 군사가 승리했사옵니다. 그러나 극극(郤
克) 저는 전의 대부들에 비하여, 그분들의 일꾼이 될 수도 없사오니,
8백대의 전차를 거느리도록 허락해 주시옵기를 원하옵니다."라고 했
다. 그러자 군주는 허락했다. 극극이 중군대장이 되고, 사섭(士燮)이
상군부장이 되며, 난서(欒書)가 하군대장이 되고, 한궐(韓厥)이 사마
(司馬)가 되어, 노나라와 위나라를 구원했다. 그때 노나라 장선숙은
진나라 군사를 맞이하고 길안내를 했으며, 계문자(季文子)는 노나라
군사를 이끌고 가 진나라 군사와 합류했다. 위나라 땅에 당도하여, 한
헌자(韓獻子 : 韓厥)가 사람(병졸)을 쳐죽이려 했을 때, 극헌자가 달
려가 구하려 했다. 그러나 그가 가보니 한헌자는 벌써 병졸을 쳐죽였
다. 그래서 극극은 급히 그 처형했음을 군중(軍中)에 돌려 알리고, 그
를 모시는 자에게 말하기를, "나는 이렇게 해서 사람들이 부당한 처

형을 했다고 비방하는 것을, 한헌자에게로만 가지 않게, 나도 그 비방을 나누어 받자는 것이다."라고 했다.

주해 ○主(주)-주인삼다. 의뢰 대상으로 삼았다. 즉 매달렸다.
○賦(부)-군세(軍勢), 군력.
○先大夫(선대부)-이미 죽어간 전의 대부들. 성복의 싸움에 공을 세웠던 원진(原軫)・호언(狐偃)・난지(欒枝) 등을 말한다.
○肅(숙)-민첩함.
○郤獻子馳將救之(극헌자치장구지)-한헌자가 병졸이 군기를 어기었다고 잘못 판정하여 죽이려 했기에, 그렇게 하지 못하게 하려고 달려갔던 것이다.

師從齊師于莘,하고 六月壬申,에 師至于靡笄之下.라 齊侯使請戰曰, 子以君師辱於敝邑,하니 不腆敝賦,이나 詰朝請見.이라 對曰, 晉與魯・衛,는 兄弟也.라소이다 來告曰, 大國朝夕釋憾於敝邑之地.라하옵기 寡君不忍,하사 使群臣請於大國,하시되 無令輿師淹於君地.라하였나이다 能進不能退,에 君無所辱命.이오니다 齊侯曰, 大夫之許,는 寡人之願也.라 若其不許,라도 亦將見也.라 齊高固入于晉師,하여 桀石以投人,하여 禽之而乘其車,하고 繫桑本焉,하여 以徇齊壘曰, 欲勇者,면 賈余餘勇.하리라 癸酉,에 師陳于鞌.이라 邴夏御齊侯,하고 逢丑父爲右,하여 晉解張御郤克,하고 鄭丘緩爲右.라 齊侯曰, 余姑翦滅此而朝食.하리라하고 不介馬而馳之.라 郤克傷於矢,하여 流血及屨,나 未絶鼓音,이라가 曰,

余病矣.라 張侯曰, 自始合而矢貫余手及肘.라 余折以御,에 左
輪朱殷,이나 豈敢言病.가 吾子忍之.하라 緩曰, 自始合苟有險,이
면 余必下推車,나 子豈識之乎.아 然이니 子病矣.라 張侯曰, 師
之耳目,은 在吾旗鼓,하여 進退從之,하니 此車一人殿之,면 可以
集事,어늘 若之何其以病敗君之大事也.아 擐甲執兵,엔 固卽死
矣.라 病未及死,하니 吾子勉之.하라 乃左幷轡,하고 右援枹而鼓,
하니 馬逸不能止,하고 師從之,하여 齊師敗績.이라 逐之,하여 三
周華不注.라

　　진(晉)·노(魯)·위(衛)의 연합군은 제나라 군사를 위나라의 신(莘)
으로 몰고, 6월 임신날에는 제나라의 미계산(靡笄山) 기슭에 도달했
다. 그러자 제나라 군주는 사람을 시켜 결전(決戰)을 청해서 말하기
를, "당신은 당신네 군주의 군사를 이끌고 내 나라에 오는 수고를 했
으니, 허약한 우리 군사이기는 하나, 내일 이른 아침에 만나 싸우기를
청하오."라고 하였다. 그래서 극극(郤克)은 대답하였다. "진나라와 노
나라·위나라는 형제 사이옵니다. 그러하온데 두 나라에서 사람이 와
고하기를, '큰 나라(제나라)가 조석(朝夕)으로 우리 땅에 침공하여 무
슨 묵은 원한이나 풀려 합니다'라 하옵기에, 저희 군주께서는 참지 못
하시고, 저희들 여러 신하로 하여금 큰 나라인 귀국(貴國)에 대해서
노·위 두 나라에서 철군케 하라 명하시되, 우리 대군이 오래 군주의
나라 안에 머물지 않도록 하여, 속히 치고 돌아오라고 하셨나이다. 저
희들은 앞으로 나갈 줄만 알지, 뒤로 물러날 줄은 모르오니, 일부러
군주께서 싸우도록 하라는 명을 받을 것까지는 없사옵니다." 이 말에

제나라 군주는 다시, "대부(大夫)가 싸우자고 말함을 우리는 기다렸던 것이오. 만약 대부가 싸울 것을 응하지 않는다 하더라도, 우리는 마주 싸우려는 것이오." 이렇게 말해 전했다.

제나라 고고(高固)는 진나라 군진으로 돌입하여, 큰 돌을 들어올려 진나라 사람에게 던져 거꾸러뜨려서, 그를 잡아 그의 전차에 태우고, 근처에 있는 뽕나무를 뿌리채 뽑아 전차 위에 매고서 제나라 군사의 보루(堡壘)를 돌아보며 말하기를, "용기가 필요하다면, 나의 남은 용기를 팔아주리라."라고 하여 자기 군사의 용기를 북돋아주었다. 계유날에, 양군은 안(鞍)에 진을 쳤다. 그때, 병하(邴夏)가 제나라 군주가 탄 전차를 조종하고, 봉축보(逢丑父)가 그 오른쪽 전사가 되었으며, 진나라의 해장(解張)이 극극이 탄 전차를 조종하고, 정구완(鄭丘緩)이 그 오른쪽 전사가 되었다. 싸움에 임하여 제나라 군주는 말하기를, "나는 잠깐 동안에 이 적을 전멸시키고서 아침 식사를 들리라."고 하고, 전차를 끄는 말에 무장을 시키지도 않고 진군을 향해 달렸다. 극극은 화살을 맞아 부상하여 흐르는 피가 신발을 적셨으나, 진격을 독촉하는 북소리가 끊이지 않게 북을 쳤다가도 말하기를, "나는 아파 괴롭다."라고 하였다. 이 말에 장후(張侯 : 解張)와 정구완이 다음과 같이 말했다.

장후─싸움이 시작했을 때 바로 적의 화살이 저희 왼손을 관통(貫通)하고, 그 끝은 팔꿈치에 닿았습니다. 저는 그 화살을 끊어내고, 전차를 조종하여 왔는데, 피가 흘러 전차의 왼쪽 바퀴가 붉고 검게 물들여져 있지만, 제가 어찌 감히 아파 괴롭다고 말할 수가 있겠습니까? 장군께서는 참아 주십시오.

정구완─저는 싸움이 시작되어서부터 조금이라도 길이 험악함이 있으면, 반드시 전차에서 내려 전차를 밀었건만, 장군께서는 그걸 어찌 아실 수 있겠습니까? 그러셨으니, 장군은 병이 들었군요.

장후─우리 군사의 이목(耳目)은, 지금 다 우리가 타고 있는 전차에 꽂힌 대장기(大將旗)와 이 전차에서 치는 북소리에 쏠리어 있어,

고삐〔轡〕

진격하고 퇴각(退却)함을 이 대장의 전차를 따라합니다. 이 전차에 타신 장군 한 분이 침착하시고 진정하시면 승리할 수가 있는데도, 어찌 한몸의 아파 괴로운 것으로써 군주의 대사(大事)를 망치겠습니까? 갑옷을 입고 무기를 손에 쥐어 출진한 바엔, 원래 죽기를 각오하는 것입니다. 괴로워도 아직 죽지 않고 있으니, 장군께서는 힘을 내십시오.

이렇게 말한 장후는, 곧 왼쪽 손으로 두 손에 갈라 쥐었던 말고삐를 한꺼번에 쥐고, 오른쪽으로 북채를 잡아 북을 치니, 말은 달려 그칠 줄을 모르고, 군사는 다 따라 진격하여, 결국 제나라 군사가 대패했다. 진나라 군사는 도망하는 제나라 군사를 쫓아, 화부주산(華不注山)의 기슭을 세 바퀴나 돌았다.

주해 ㅇ華(신)-위나라의 국경지대 지명으로, 지금의 산동성 신현(莘縣) 서북쪽 땅.
ㅇ六月壬申(유월임신)-6월 17일.
ㅇ靡笄(미계)-산 이름. 천불산(千佛山)이라고도 일러지는 이 산은, 당시 제나라에 속했고, 지금의 산동성 역성현(歷城縣) 남쪽에 있다.
ㅇ不腆敝賦(부전폐부)-많지 않은(허약한) 우리나라의 군세(군사).
ㅇ詰朝(힐조)-내일 이른 아침.
ㅇ兄弟也(형제야)-진·노·위의 세나라 군주의 성이 모두 희(姬)였기에 형제 나라라 말했다. 즉, 진(晉)의 시조는 주(周) 무왕(武王)의 아들이고 성왕(成王)의 동생인 숙우(叔虞)였고, 노의 시조는 무왕의 동생 주공(周公) 단(旦)이었으며, 위의 시조는 무왕의 막내동생 강숙(康叔)이었다.
ㅇ大國朝夕釋憾於敝邑之地(대국조석석감어폐읍지지)-대국은 제나라를 말한다. 즉 제나라가 무슨 한이라도 풀려는 듯이 조석으로(자주) 우리나라 땅을 침공함.

○ 無令興師淹於君地(무령여사엄어군지) - 여(舉)는 중(衆: 무리, 많음)과
같다. 여사(興師)는 많은 군사·대군. 진의 대군이 오래 군주의 나라
땅(제나라 땅)에 머물러 있게 하지 말라. 즉, 제나라의 땅에 오래 있지
않도록 빨리 치고 돌아오라.
○ 君無所辱命(군무소욕명) - 군주께 싸우게 하라는 명을 받을 것이 없음.
○ 桀(걸) - 높이 들어올림.
○ 桑本(상본) - 뽕나무를 뿌리째 뽑음.
○ 癸酉(계유) - 6월 18일.
○ 朱殷(주은) - 붉고 검음. 은(殷)은 검음인데, 피가 흘러 시간이 지나면
검게 되는데, 그것을 말한다.
○ 然子病矣(연자병의) - 그랬으므로, 님은 괴로운 것이구려. 이 말은, 극
극을 동정하여 싸움을 중지하자는 뜻이 들어 있다.
○ 殿(전) - 침착히 하고 진정함.
○ 華不注(화부주) - 산 이름으로, 지금의 산동성 역성현 동북쪽에 있음.

해설 진·노·위 삼국의 연합군이 제나라 군사를 대파한 경위를 말
했는데, 그때의 싸움에서 진나라 원수(元帥)인 극극의 전차를 조종한
해장(解張)이 용맹스럽고 충성스러운 행동을 취한 일은, 후세 사람들
에게 큰 감명을 주는 것이다.

韓厥夢,에 子輿謂己曰, 旦辟左右.하라 故로 中御而從齊侯.라
邴夏曰, 射其御者.하소서 君子也.로소이다 公曰, 謂之君子而射
之,는 非禮也.라 射其左,하니 越于車下,하고 射其右,하니 斃于車
中.이라 綦毋張喪車,하여 從韓厥曰, 請寓乘.이라하고 從左右,에
皆肘之使立於後,하고 韓厥俛定其右.라 逢丑父與公易位,하여
將及華泉,에 驂絓於木而止.라 丑父寢於轏中,에 蛇出於其下,하여

이굉격지   상이닉지   고   불능추차이급   한궐집칩
以肱擊之,하여 傷而匿之.라 故로 不能推車而及.이라 韓厥執縶
 마전   재배계수   봉상가벽이진왈   과군사군신위로
馬前,하여 再拜稽首,하고 奉觴加璧以進曰, 寡君使群臣爲魯·
 위청왈   무령여사함입군지   하신불행속당융행
衛請曰, 無令輿師陷入君地.하라이어늘 下臣不幸屬當戎行,하여
무소도은   차구분피이첨량군   신욕융사   감고
無所逃隱,에 且懼奔辟而忝兩君,하여 臣辱戎士.이었나이다 敢告
불민   섭관승핍   축보사공하여화천취음   정주
不敏,하고 攝官承乏.이리이다 丑父使公下如華泉取飲,러니 鄭周
보어좌차   완패위우   재제후이면
父御佐車,하고 宛茷爲右,하여 載齊侯以免.이라
     한궐헌축보   극헌자장륙지   호왈   자금무유대기군임
韓厥獻丑父,하니 郤獻子將戮之.라 呼曰, 自今無有代其君任
환자   유일어차   장위륙호   극자왈   인불난이사면기군
患者.라 有一於此,에 將爲戮乎.아 郤子曰, 人不難以死免其君,
어늘 아륙지불상   사지이권사군자   내면지
我戮之不祥.이라 赦之以勸事君者.하리라 乃免之.라
    제후면   구축보   삼입삼출   매출제사이수퇴
齊侯免,하고 求丑父,하여 三入三出.이라 每出齊師以帥退,하여
입우적졸   적졸개추과   순모지   이입우위사   위
入于狄卒.이라 狄卒皆抽戈,로되 楯冒之,하여 以入于衛師,에 衛
 사면지   수자서관입
師免之,하여 遂自徐關入.이라
       제후견보자왈   면지   제사패의   피녀자   여자왈
齊侯見保者曰, 勉之.하라 齊師敗矣.라 辟女子,하니 女子曰,
 군면호   왈   면의   왈 예사도면호   왈   면의   왈   구군
君免乎.아 曰, 免矣.라 曰, 銳司徒免乎.아 曰, 免矣.라 曰, 苟君
여오부면의   가약하   내분   제후이위유례   기이문
與吾父免矣,엔 可若何.아 乃奔.이라 齊侯以爲有禮.라 旣而問
지   벽사도지처야   여지석류
之,하니 辟司徒之妻也,에 予之石窌.라

한궐(韓厥)이 꿈을 꾸니, 죽은 아버지 자여(子輿)가 그에게 말하기를, "네가 내일 아침 싸울 때에, 전차의 왼쪽이나 오른쪽 자리는 피하

라."라고 했다. 그래서 그는 전차의 가운데 자리를 차지하여 전차 조종을 하며, 제나라 군주를 쫓았다. 제나라 군주가 탄 전차를 조종하는 병하(邴夏)가 그의 군주에게 말하기를, "몰고 있는 저 전차 조종자를 쏘소서. 그는 군자(君子)의 풍채를 하고 있사옵니다."라고 했다. 그러자 제나라 군주가 말하기를, "군자라 이르면서 그를 쏜다는 것은 예에 맞지 않다."라고 했다. 그리고 한궐이 조종하는 전차의 왼쪽 사람을 쏘니, 그는 맞아 전차 밑으로 굴러떨어지고, 오른쪽 전사를 쏘니, 맞아 전차 가운데에 쓰러졌다. 그때 진나라 대부인 기무장(綦毋張)이 자기 전차를 잃고, 한궐의 전차로 쫓아가, "같이 타게 해주시오."라고 말하고는 왼쪽 또 오른쪽에 타려고 하자, 한궐은 그때마다 팔꿈치로 밀어 그의 뒤에 세우고, 한궐 자신은 몸을 구부리어 쓰러져 있는 오른쪽 전사의 시체를 똑바로 눕혀 주었다. 그때 제나라 군주가 탄 전차의 오른쪽 전사였던 봉축보(逢丑父)가 그의 군주와 자리를 바꾸어 타고 화천(華泉)이란 우물에 당도하려 했을 때, 전차를 끄는 옆의 말이 나무에 걸려 달리지 못해서 멈추었다. 봉축보는 (전날 밤에) 잠자리가 있는 전차의 안에서 잤는데, 뱀이 잠자리 밑으로 나와, 그걸 팔로 치다가 부상하여 감추고 있었다. 그래서 그는 전차를 밀지 못하고는 결국 한궐한테 잡히게 되었다. 그때 한궐은 말고삐를 잡고 제나라 군주의 전차를 끄는 말의 앞으로 가 재배(再拜)하고, 머리를 땅 위에 조아리어 술잔을 올리고, 또 구슬을 곁들여 올리면서 말했다. "저희 군주께서는 저희들 여러 신하들로 하여금 노나라와 위나라를 위하여 군주의 군사가 물러가도록 청하게 하시고 말씀하시기를, '진나라 대군으로 하여금 제나라 군주의 국토로 들어가게 하지 말지어다'라고 하셨건만, 지체 낮은 신하인 제가 불행히도 군주의 군사가 가는 길에서 만나서 도망치거나 숨을 바가 없게 되었으니, 한편으로는 달아나 피했다가 양국 군주에게 수치가 되어짐을 두려워하여, 신(臣)은 군주의 군사와 싸운 것이옵니다. 이에 감히 저희 불민(不敏)함을 고하옵고,

군주의 측근관(側近官)의 대리가 되어, 빈자리를 메꾸어 드리겠나이다." 이 말을 들은 봉축보는, (한궐이 자기 군주를 포로로 잡으려 하는 의도를 눈치채고) 군주를 전차에서 내리어 화천으로 가, 물을 드시라고 품했더니, 정주보(鄭周父)가 군주의 전차를 따르는 전차를 조종하고 완패(宛茷)가 오른쪽 전사가 되어 와, 제나라 군주를 태우고 그 자리를 피했다.

한궐은 봉축보를 원수(元帥)인 극헌자에게 바치니, 극헌자는 그를 죽이려 했다. 그러자 봉축보는 소리쳐 말하기를, "이후로는 군주를 대신하여, 군주가 당할 화를 자신이 당할 자는 없을 것이오! 이에 그한 사람이 있는데 죽이려는 것어오?"라고 했다. 그러자 극극이 말하기를, "다른 사람이 죽음으로써 그의 군주가 화 당하는 것을 면하게 함을 어렵게 여기지 않았는데, 내가 그를 죽임은 불길한 일이다. 나는 차라리 그를 용서해서 군주를 잘 섬길 것을 장려하리라."하고 그를 죽이지 않았다.

제나라 군주는 화를 면하고, 자신을 구한 봉축보를 되찾으려고, 세 번이나 진나라 군진 내를 왔다갔다했다. 그는 진영을 나갈 때마다 싸우다가 퇴각한 군졸들을 이끌고 갔는데, 그는 진나라 군사 편인 적(狄) 오랑캐 군대 속으로 들어갔다. 그때 적 오랑캐 군대는 다 창을 빼들었으되, 방패로 제나라 군주를 가려 호위하며 위나라 군진으로 들어가니, 위나라 군사도 제나라 군사를 두려워하여서는 제나라 군주를 도망가게 해서, 제나라 군주는 바로 서관(徐關)으로부터 도읍으로 들어갔다.

제나라 군주는 귀환하는 길에, 성읍(城邑)을 수비하고 있는 자를 보고, "지키기를 힘써라. 우리 제나라는 싸움에 졌다."라 말했다. 그리고 (그가 군주인 줄 모르고 길 가운데에 서 있는) 여자를 비키게 하니, 다음과 같은 문답이 오고갔다.

여자―우리 군주께서는 화를 면하셨습니까?

군주-화를 면했소.

여자-창 같은 무기를 관리하는 관원(官員)은 화를 면했습니까?

군주-화를 면했소.

여자-우리 군주와 나의 아버지가 정말로 화를 면했다면야, 다른 사람이야 화를 당했다한들 어찌할 것이오?

이렇게 말하고 여자는 달려가버렸다. 제나라 군주는 그녀를 예의를 지닌 사람이라고 여겼다. 도읍으로 돌아간 뒤에 조사하여 보니, 그녀는 군진의 보루(堡壘)나 성벽(城壁)에 관한 일을 맡은 관원의 아내였다. 그래서 제나라 군주는 그 여자에게 석류(石窌) 땅을 상으로 주었다.

│주해│ ㅇ中御(중어)-전차의 가운데 자리에 앉아, 전차를 조종함.

ㅇ寓乘(우승)-남의 탈것에 의지하여 탐.

ㅇ從左右(종좌우)-전차의 왼쪽 자리나 오른쪽 자리에 자리 잡으려 함.

ㅇ定其右(정기우)-전차 안에 쓰러져 있는 오른쪽에 탔던 전사의 시체를 바로 눕힘.

ㅇ華泉(화천)-화부주산(華不注山) 밑에 있는 우물 이름.

ㅇ忝兩君(첨양군)-(진·제의) 두 군주를 수치스럽게 함.

ㅇ辱戎士(욕융사)-군주의 군사를 욕뵈었음. 제나라 군사와 일전(一戰)한 것을 겸손히 말한 것.

ㅇ敢告不敏(감고불민)-감히 불민함을 빌어 고함.

ㅇ攝官承乏(섭관승핍)-측근관(側近官)의 대리자가 되어, 빈자리를 채움.

ㅇ抽戈楯冒之(추과순모지)-창을 빼어들어 치는 시늉을 하면서도, 후일 제나라한테 공격받을까 염려되어, 진군(晉軍)한테 의심받지 않도록 방패로 가리고, 제나라 군주를 보호했다는 것.

ㅇ徐關(서관)-지금의 산동성 치천현(淄川縣) 서방에 있었던 관문(關門).

ㅇ保者(보자)-성읍을 수비하는 자.

ㅇ辟女子(피여자)-제나라 군주가 홀로 돌아가고 있어서, 여자가 군주인 줄 모르고, 길 가운데에 서 있었기에 피해 달라고 했다는 것.

ㅇ銳司徒(예사도)-창·칼 같은 예리한 무기를 관리하는 관원.

○可若何(가약하)—어찌할 수 있으랴. 다른 이야 어찌 되었건 할 수 없다는 말. 즉 남편이야 죽었다 하더라도, 어찌할 수가 없다는 것.

|해설| 진나라 사마(司馬)가, 싸움 전날밤의 꿈에 죽은 아버지가 나타나 한 말을 그대로 지키어 화를 면했다는 것과, 제나라의 봉축보가 군주 대신 군주의 화를 면하게 한 일, 진나라의 원수인 극극이 봉축보의 충의(忠義)에 감동하여 죽이지 않은 일, 그리고 제나라의 한 여자가 군주와 아버지를 위하는 충효심(忠孝心)을 나타낸 일이 말해져 있다. 이 일들은 다 의롭고 예의에 맞는 일이어서, 후인의 몸가짐과 마음가짐에 귀감이 되거니와, 특히 여자로서 전쟁터에 나간 남편의 생사에 대해서는 불문에 부치고, 군주와 아버지를 생각한 충효심은 우리가 마음 깊이 본받아야 할 것이다.

晉師從齊師,하여 入自丘輿,하여 擊馬陘,이라 齊侯使賓媚人賂以紀甗玉磬與地,하고 不可,면 則聽客之所爲,라 賓媚人致賂,라 晉人不可曰, 必以蕭同叔子爲質,하고 而使齊之封內盡東其畝,라 對曰, 蕭同叔子非他,요 寡君之母也,라 若以匹敵,이면 則亦晉君之母也,라 吾子布大命於諸侯,하여 而曰必質其母以爲信,이면 其若王命何,오 且是以不孝令也,라 詩曰, 孝子不匱,에 永錫爾類,라 若以不孝令於諸侯,면 其無乃非德類也乎,아 先王疆理天下,에 物土之宜,하여 而布其利,라 故로 詩曰, 我疆我理,하여 南東其畝,라 今, 吾子疆理諸侯,하여 而曰盡東其畝而已,라 唯吾子戎車是利,하고 無顧土宜,어늘 其無乃非先王之命也乎,아 反

先王則不義,이어늘 何以爲盟主.아 其晉實有闕.이라 四王之王
也.에 樹德而濟同欲焉,이요 五伯之霸也.에 勤而撫之,하여 以役
王命.이라 今, 吾子求合諸侯,하여 以逞無疆之欲.이라 詩曰, 布
政優優,하여 百祿是遒.라 子實不優,하여 而棄百祿,에 諸侯何害
焉.고 不然,이면 寡君之命使臣,에 則有辭矣.라 曰, 子以君師辱
於敝邑,에 不腆敝賦以犒從者.라 畏君之震,하여 師徒橈敗.라 吾
子惠徼齊國之福,하고 不泯其社稷,하여 使繼舊好,면 唯是先君之
敝器與土地,를 不敢愛.라 子又不許,면 請收合餘燼,하여 背城借
一.이리라 敝邑之幸,에도 亦云從也,이어늘 況其不幸,에 敢不唯命
是聽.가

魯·衛諫曰, 齊疾我矣.에 其死亡者皆親暱也.라 子若不許,면
讎我必甚.하리라 唯子則又何求.아 子得其國寶,하고 我亦得地,하
여 而紓於難,이면 其榮多矣.라 齊·晉亦唯天所授,어늘 豈必晉.
가 晉人許之,하고 對曰, 群臣帥賦輿,하여 以爲魯·衛請.이라 若
苟有以藉口而復於寡君,이면 君之惠也.라 敢不唯命是聽.가 禽
鄭自師逆公.이라

秋七月,에 晉師及齊國佐盟于爰婁,하여 使齊人歸我汶陽之
田.이라 公會晉師于上鄍,하여 賜三帥先路三命之服,하고 司馬·

司空·輿帥·候正·亞旅皆受一命之服.이라
<small>사공 여수 후정 아러개수일명지복</small>

　진나라 군사는 제나라 군사를 쫓아 구여(丘輿)로부터 제나라 국토 안으로 쳐들어가, 마형(馬陘)을 공격했다. 그러자 제나라 군주는 빈미인(賓媚人)으로 하여금 기(紀)나라에서 얻은 시루와 옥으로 만든 경(磬), 그리고 토지를 뇌물로 삼아 화해하게 하고, 진군 측이 안된다면, 진군 측이 하자는 대로 받아들여 싸우자고 했다. 그래서 빈미인은 뇌물을 주었다. 그러나 진나라 사람(극극)은 안된다고 말하기를, "반드시 소(蕭)나라 군주 동숙(同叔)의 딸을 인질로 삼고, 제나라 영토 내의 전답 두둑은 모조리 다 동쪽을 향하게 하시오."라고 조건을 내걸었다. 이 요구에 대하여 빈미인은 말했다. "소나라 군주 동숙의 딸은 다른 분이 아니라 우리나라 군주의 어머님이시오. 진·제 두 나라가 동등한 지위라는 관념으로 말할 것 같으면, 그분은 역시 진나라 군주의 어머님에 해당됩니다. 님은 제후들에게 패자(覇者)의 명(命)을 펴내고 있으면서도, 반드시 상대국 군주의 어머니를 맹약(盟約)을 지킨다는 것의 표시로 삼으라고 말한다면, 천하의 제후를 올바르게 영도(領導)하랍시는 천자의 명을 어찌하렵니까? 그리고 그것은 제후들에게 부모에게 불효를 하라는 명령인 것입니다. 시에 '효자의 효심(孝心) 두텁기에, 하늘이 감동하여 영원토록 같은 짝 될 사람들 내려주시네.'라 했습니다. 만약 불효한 짓을 하라고 제후들에게 명한다면 덕을 존중하는 사람이 못되는 것이 아니겠습니까? 옛날의 어진 임금이 천하의 토지 경계를 정함에 있어, 그 토지의 지형과 토질의 여하를 살펴서, 그 땅에 적당한 농작물을 정하여, 그 땅에서 이익이 나도록 하는 덕을 폈던 것입니다. 그래서 시에 이르기를, '내 땅의 경계를 바로 정하고, 그 땅의 성질을 따져, 전답의 두둑을 남으로 내고 혹은 동으로 냈도다'라 했습니다. 그런데 이제 님은 제후의 국토 경계를 정하고 토지 이용에 대해서 정함에, 경작지의 두둑을 다 오직 동쪽을 향하게만 하라고 말씀하

는 것은, 님의 군대가 앞으로 우리나라를 제압하는 데에 이롭게만 하자는 것이고, 토지의 지형과 토질에 따라 농사를 잘 짓는 것에 대해서는 일체 불고하는 짓인데, 이것은 옛날의 어진 임금의 명을 어기는 도(道)가 아니겠습니까? 옛날의 어진 임금의 도를 어기는 것은 불의(不義)인데, 그러고서야 어떻게 제후를 영도하는 맹주(盟主)라 하겠습니까? 진나라는 패자(覇者)의 자격이 실로 결여되어 있습니다. 우왕(禹王)·탕왕(湯王)·문왕(文王)·무왕(武王)의 네 임금이 천하를 다스림에 있어서는, 임금들 자신이 덕을 닦아 확립시키어, 천하 만민이 다 같이 바라는 것을 향유(享有)하게 했습니다. 그리고 하(夏)나라 때의 곤오(昆吾)·은(殷)나라 때의 대팽(大彭)·시위(豕韋)·주(周)시대의 제나라 환공(桓公)·진(晋)나라 문공(文公)의 다섯 패자가 제후들을 영도함에 있어서는, 자신이 노력하고 제후들을 어루만져 따르게 하여, 천자의 명을 잘 받들어 따랐던 것입니다. 그런데 지금 님은, 제후들을 손아귀에 모아 넣으려 영하면서, 한없는 욕망을 마음껏 채우려 하고 있습니다. 시에 이르기를, '정사(政事) 펌이 관대하고 관대하여, 많은 복이 쌓이고 쌓이누나'라고 했습니다. 그런데 님은 지금 실로 관대하지를 못하여, 받을 많은 복을 스스로 버리고 있으니, 다른 제후 중 누가 그 손해를 입을 것입니까? (그거야 진나라만 손해를 보게 될 것입니다) 님이 우리의 요청을 들어주지 않을 경우엔, 군주께서 사신(使臣)에게 전하라고 명하신 말씀이 있습니다. 그 경우 님에게 전하라는 저희 군주의 말씀은 다음과 같습니다. '당신이 당신 군주의 군사를 이끌고 내 나라에 수고를 하며 처음에 나는 허약한 이 나라 군사로 상대했었소이다. 그러나 당신의 군주의 위력이 두려워서, 우리 군사는 패배했소이다. 이에 당신이 혜택을 베풀어 이 제나라에 복을 안겨주고, 국가 사직이 멸망되지 않게 해서, 옛날의 우호관계를 잇게 해준다면, 나는 선대 군주가 남긴 기물(器物)과 나라의 토지를 내어놓기를 감히 아깝게 여기지 않겠소이다. 그러나 당신이 역시 우리를 용서하지 않는다면, 죽지 않고 남아있는 병사들을 모아, 성(城)을 등지고 일전(一戰)하자고 청하겠소이다. 우리나라의 처지로서야 이기는 요행을 차지함에도 나는 귀국(貴國)의 명을 받겠다 할 처지인데, 하물며 패배의 불행을 안고서야, 감히 귀국의 명을 들어 따르지 않겠소이까?'"

그때 노나라와 위나라 사람이 극극에게 충고했다. "제나라는 우리 두 나라를 미워하고 있는데, 이번 싸움에서 죽어간 사람들은, 다 제나라 군주와 친근했던 사람들입니다. 장군이 만일 제나라를 용서하지 않는다면, 우리 두 나라에 대한 복수가 반드시 심할 것입니다. 장군은 지금 또 다른 무엇을 구하고 계십니까? 장군이 제나라의 국보(國寶)를 입수하시고, 우리 두 나라는 잃었던 땅을 되찾고서, 침략의 병난(兵難) 당함에서 풀린다면, 받는 광영(光榮)이 많을 것입니다. 지금 제나라와 진나라는 다 같이 하늘이 주는 복을 받고 있는 터인데, 어찌 반드시 진나라만 천복을 받고 있다고 할 것입니까?" 이 말을 들은 진나라 사람, 즉 극극은 제나라를 용서하겠다고 말하기를, "우리 진나라의 여러 신하들은, 많은 전차를 이끌고 와, 노나라·위나라를 위하여, 제군(齊軍)이 철수할 것을 요청했던 것입니다. 만일 진실로 합당한 구실이 있어서 우리 군주에게 복명할 수 있게 된다면, 그것은 곧 제나라 군주께서 우리에게 베푸는 은혜가 되는 것입니다. 그런데 어찌 감히 말씀하시는 걸 듣지 않겠습니까?"라고 했다. 이에 노나라 대부 금정(禽鄭)은 군중(軍中)으로부터 나라로 돌아가, 군주 성공(成公)을 맞이하기로 했다.

가을 7월에 진나라 군사는, 제나라의 국좌(國佐)와 원루(爰婁)에서 맹서하여, 제나라 사람으로 하여금 우리 노나라에서 전에 뺏어간 문양(汶陽)의 땅을 돌려주게 했다. 노나라 성공은 진나라 군사와 상명(上鄍)에서 만나, 삼군의 대장에게 경(卿)이 타는 수레와 경이 입는 옷을 하사하고, 사마(司馬)·사공(司空)·여수(輿帥)·후정(候正), 그리고 다음가는 여러 관원들은 다 사(士)가 입는 옷을 받았다.

주해 ○丘輿(구여) - 제나라 읍 이름으로, 지금의 산동성 익도현(益都縣) 경계에 위치했다.
○馬陘(마형) - 제나라 읍 이름으로, 지금의 산동성 익도현 서남쪽에 위치했다.
○賓媚人(빈미인) - 두예(杜預)의 주에는 국좌(國佐)를 두고 말한 것이라 했다. 국좌를 이렇게 부른 이유는 알 수 없으나, '손님과 같이 우대하여 사랑하는 사람'이라는 뜻으로 말한 것일까?
○紀甗(기언) - 기나라의 시루. 장공(莊公) 4년에, 제나라가 기나라를 멸망시켰을 때에 입수했던 보배스러운 시루였다.
○客(객) - 진나라를 말한다.
○晉人(진인) - 진군의 원수 극극을 지칭한다.
○蕭同叔子(소동숙자) - 동숙은 소나라 군주의 자(字). 자(子)는 공녀(公女). 소나라 군주 동숙의 딸은 제나라 군주 경공(頃公)의 어머니였다.
○東其畝(동기무) - 전답의 두둑을 서쪽에서 동쪽으로 향하게 함. 당시 진(晉)은 제(齊)의 서방에 위치했었기에, 유사시에 제나라에 출군할 때에 편리하게 하기 위해서 이렇게 요구한 것이다.
○孝子不匱(효자불궤), 永錫爾類(영석이류) - 《시경》 대아 기취편(旣醉篇)의 구절.
○疆理(강리) - 강은 경계를 바로함이고, 이(理)는 지형과 토질이 어떠한가를 따져 분별하는 것을 말한다.
○物土之宜(물토지의) - 그 토지의 지형과 지질을 살펴, 그 땅에 적당한 농작물을 정함.
○我疆我理(아강아리), 南東其畝(남동기무) - 《시경》 소아 신남산편(信南山篇)의 구절.
○有闕(유궐) - 결여(缺如)가 있음.
○濟同欲焉(제동욕언) - 천하 만민이 다같이 원하는 것을 향유(享有)케 함.
○役王命(역왕명) - 천자의 명을 따라 복종힘.
○布政優優(포정우우), 百祿是遒(백록시주) - 《시경》 송(頌) 상송(商頌) 장발편(長發篇)의 구절.
○以犒從者(이고종자) - 상대했다는 말.

ㅇ橈敗(요패)-패배.
ㅇ餘燼(여진)-죽고 남은 병사.
ㅇ借一(차일)-'일전(一戰)을 합시다'의 뜻이 있음.
ㅇ敝邑之幸(폐읍지행)-우리나라가 승리하는 요행.
ㅇ賦輿(부여)-전차.
ㅇ藉口(자구)-구실에 의함.
ㅇ爰婁(원루)-제나라 지명으로, 지금의 산동성 임치현(臨淄縣) 서쪽 땅.
ㅇ上鄍(상명)-지금의 산동성 양곡현(陽穀縣) 경계 땅.
ㅇ先路(선로)-경(卿)이 타는 수레.
ㅇ三命之服(삼명지복)-삼명(三命)은 큰 제후국이나 그 다음의 큰 제후국이 경(卿)을 임명하고, 천자가 상사(上士)를 임명하는 일을 말한다. 즉 경의 옷.
ㅇ司馬(사마)-군중(軍中)의 사마로, 무장에 관한 것을 맡은 관원(官員).
ㅇ司空(사공)-군중의 사공으로, 군진(軍陣)·보루에 관한 일을 담당한 관원.
ㅇ輿帥(여수)-전차를 관리하는 관원.
ㅇ候正(후정)-척후(斥候)에 대한 일을 담당한 관원.
ㅇ亞旅(아려)-아(亞)는 버금·다음. 여(旅)는 많음. 즉 다음 지위에 있는 여러 관원.
ㅇ一命(일명)-천자가 하사(下士), 큰 제후국의 군주가 사(士), 작은 제후국의 군주가 대부를 각각 임명함을 말한다. 여기에서는 사(士)를 말한다.

　　　　팔 월　　　　송 문 공 졸　　　　시 후 장　　　　용 신 탄　　　　익 거 마　　　　시
八月,에 宋文公卒,에 始厚葬,하여 用蜃炭,하고 益車馬,하며 始
　용 순　　　　　중 기 비　　　　　곽 유 사 아　　　　　　관 유 한 회　　　　군 자 위
用殉,하고 重器備,하며 椁有四阿,하고 棺有翰檜.라 君子謂,하되
　화 원　　악 거　　　　어 시 호 불 신　　　　신 치 번 거 혹 자 야　　　　시 이　　복
華元·樂擧,는 於是乎不臣.이라 臣治煩去惑者也.라 是以로 伏
　사 이 쟁　　　　　금 이 자 자　　　　군 생 즉 종 기 혹　　　　사 우 익 기 치
死而爭,이어늘 今二子者,는 君生則縱其惑,하고 死又益其侈.라

제12 성공(成公) 상(上) 2년 … 163

是棄君於惡也,니 何臣之爲.아
九月,에 衛穆公卒.이라 晉三子自役弔焉,에 哭於大門之外.라
衛人逆之,하고 婦人哭於門內.라 送亦如之,하여 遂常以葬.이라

 8월에 송나라 군주 문공이 세상을 떠나니, 전과 달리 새삼스럽게 후장(厚葬)하여, 묘 안의 습기를 방지하기 위해서, 큰 조개껍질을 태워 만든 잿가루를 쓰고, 묘 안에 같이 묻는 수레와 말의 수를 늘리었으며, 처음으로 순사자(殉死者)를 묻는 일을 하고, 많은 기물을 매장하며, (천자를 장사 지내는 경우같이) 외관(外棺)의 사방이 위로 솟게 하고, 내관(內棺)의 옆과 위에는 장식한 것이었다. 그래서 군자(君子)는 평해 말했다. "송나라의 화원(華元)과 악거(樂擧)는 그 일에 있어서 신하 노릇을 못했도다. 신하라는 것은, 군주가 필요없이 씀을 막고, 무도한 행위를 못하게 하는 것이다. 그러므로 신하는 죽음을 무릅쓰고 군주의 잘못에 대하여 충간(忠諫)하는 것인데, 이제 이 두 사람은 군주가 살아있을 동안에는 무도한 짓을 마음대로 하게 하고, 죽자 전보다 더 사치스러운 짓을 했다. 이것은 군주를 악에 빠지게 하는 짓이니, 어찌 그들을 신하라 할 것인가?"

 9월에, 위나라 목공이 세상을 떠났다. 진나라의 세 사람, 즉 극극(郤克)·사섭(士燮)·난서(欒書)가 싸움에서 돌아가다가 도중에 들러 조문(弔問)하니 빈소가 있는 곳의 대문 밖에서 곡(哭)을 올렸다. 상사(喪事)를 주관하는 위나라 사람들이 대문 밖에서 그들을 맞이하고, 부인들은 대문 안에서 곡하였다. 그리고 그들이 위나라를 떠날 때에도 역시 그 식을 취했는데, 그 별다른 예식은 결국 위나라의 장사 지낼 때의 지키는 상례법(常禮法)이 되었다.

주해 ○蜃炭(신탄)－큰 조개껍질을 태워 만든 재.

o 車馬(거마)-죽은 사람과 같이 묻는 진흙으로 만든 수레와 풀을 묶어 가지고 만든 말[馬].
o 始用殉(시용순)-송나라에서는 처음으로 순사자(殉死者) 묻는 일을 했다는 것. 순사제(殉死制)는 《사기(史記)》진기(秦記)에 의하면, 진(秦) 무공(武公)이 죽자 66명의 순사자를 내어 같이 묻고, 목공(繆公)이 죽자 170명의 순사자를 묻었다고 했다.
o 重器備(중기비)-많은 기물을 갖춤. 죽은 사람이 생전에 썼던 기물을 많이 모작(模作)해서 묻었다는 것.
o 四阿(사아)-사방이 위로 솟아오름. 천자를 묻을 때 쓰는 외관의 사방은 위로 솟아오르게 만들었다.
o 翰檜(한회)-한은 옆면의 장식을 말하고, 회는 윗면의 장식을 말한다. 천자가 죽었을 때에 쓰는 내관의 옆면과 윗면을 아름답게 장식한 것.
o 伏死(복사)-죽음을 무릅씀.
o 縱其惑(종기혹)-무도한 짓을 마음대로 함.
o 哭於大門(곡어대문)……遂常以葬(수상이장)-진나라의 세 장군이 빈소가 있는 곳의 대문 밖에서 곡한 것은, 그들이 진나라 군주의 명을 받은 조문의 사자(使者)가 아니었기에, 정식의 예법대로 빈 관이 안치된 집채의 당하(堂下)로 가 곡하지 않았던 것이다. 그런데 위나라 사람들은, 그들을 대문 밖에서 정식 조객으로 맞이하고, 외국의 조객이 대문 밖에서 곡한다는 이유로, 당상(堂上)에서 곡을 해야 할 부인들을 대문 안에서 곡하게 했다. 그리고 그후로, 위나라 사람들은 나라에 상이 났을 경우 외국에서 조객이 오면, 진나라 세 장군이 대문 밖에서 곡한 것과 같은 예식을 지키게 하여, 결국은 그게 통상적인 예법으로 되었다.

楚之討陳夏氏也,에 莊王欲納夏姬,하니 申公巫臣曰, 不可.이오니다 君召諸侯以討罪也,이옵거늘 今納夏姬,면 貪其色也.라소이다 貪色爲淫,하고 淫爲大罰.이오니다 周書曰, 明德愼罰.이라하옵거

늘 文王所以造周也.이오니다 明德,은 務崇之之謂也,요 愼罰,은
務去之之謂也.이오니다 若興諸侯以取大罰,이면 非愼之也,이오니
君其圖之.하소서 王乃止.라 子反欲取之,하니 巫臣曰, 是不祥人
也.라 是天子蠻,하고 殺御叔,하며 殺靈侯,하고 戮夏南,하며 出
孔·儀,하고 喪陳國,이라 何不祥如是.리오 人生實難,에 其有不
獲死乎.인저 天下多美婦人,에 何必是.오 子反乃止.라 王以予連
尹襄老.라 襄老死於邲,하여 不獲其尸,에 其子黑要烝焉.이라 巫
臣使道焉曰, 歸.하라 吾聘女.하리라 又使自鄭召之曰, 尸可得也,
이니 必來逆之.하라 姬以告王.이라 王問諸屈巫,하니 對曰, 其信.
이리이다 知罃之父,는 成公之嬖也,요 而中行伯之季弟也.이오니
다 新佐中軍,하여 而善鄭皇戌,하고 甚愛此子.하오니다 其必因鄭
而歸王子與襄老之尸,하여 以求之,요 鄭人懼於邲之役,하여 而
欲求媚於晉,에 其必許之.리이다 王遣夏姬歸.라 將行,에 謂送者
曰, 不得尸,면 吾不反矣.라
　　巫臣聘諸鄭,하니 鄭伯許之.라 及共王卽位,에 將爲陽橋之役,
하여 使屈巫聘于齊,하고 且告師期.라 巫臣盡室以行.이라 申叔跪
從其父,하여 將適郢,에 遇之曰, 異哉.라 夫子有三軍之懼,하고
而又有桑中之喜,하니 宜將竊妻以逃者也.라 及鄭,하여 使介反

幣,하고 而以夏姬行.이라 將奔齊,어늘 齊師新敗.라 曰,吾不處不
勝之國.하리라 遂奔晉,하여 而因郤至,하여 以臣於晉,하니 晉人使
爲邢大夫.라 子反請以重幣錮之,에 王曰,止.하라 其自爲謀也,
는 則過矣,로되 其爲吾先君謀也,는 則忠.이라 忠社稷之固也,니
所蓋多矣.라 且彼若能利國家,면 雖重幣,라도 晉將可乎.아 若無
益於晉,이면 晉將棄之,이어늘 何勞錮焉.가

초나라가 진(陳)나라의 하씨(夏氏)를 토벌했을 때, 초나라 장왕이 (진나라 대부 夏徵舒의 어머니인) 하희(夏姬)를 차지하려 하자, 초나라 신공무신(申公巫臣)이 말했다. "아니되옵니다. 군주께서는 제후들을 불러모아 죄 있는 자를 치시었는데, 이제 하희를 차지하시면, 색(色)을 탐내심이 되옵니다. 색을 탐냄은 음(淫)이라 하옵고, 음은 대벌(大罰)이 되옵니다. 주서(周書)에 이르기를, '덕을 밝히고, 벌을 삼갔다'라 하였사온데, 이것은 주나라 문왕(文王)께서 주나라를 창건한 정신이었나이다. 덕을 밝힌다는 것은, 덕을 힘써 존중하는 것을 이른 것이옵고, 벌을 삼간다는 것은, 벌 주기를 없게 함에 힘씀을 이른 것이옵니다. 만약 제후들의 군사를 일으키게 해서 대벌을 범했다는 이름을 얻으신다면, 벌주는 일을 삼가지 않는 것이 되오니, 군주께서는 이 점을 헤아려주소서." 이 말에, 초왕은 단념했다. 그러자 자반(子反:側)이 하희를 자기 것으로 삼으려 했다. 이에 무신이 말했다. "그녀는 불길한 사람입니다. 그녀는 자만(子蠻)을 일찍 죽게 했고, 하어숙(夏御叔:夏徵舒의 아버지)을 죽였으며, 진(陳)나라 영공(靈公)을 죽였고, 하남(夏南:하징서)을 죽였으며, 진나라 대부 공녕(孔寧)과 의행보(儀行父)를 국외로 도망하게 했고, 진나라를 망쳤습니다. 어느

사람이 그녀처럼 불길하겠습니까? 인생살이는 실로 어려운데, 그녀를 차지하면 명대로 살다 죽지 못할 것이 아닐까요? 천하에는 아름다운 여자가 많이 있사온데, 하필이면 그녀를 탐내십니까?" 이 말에 자반도 단념했다. 초왕은 하희를 연(連) 고을의 장관인 양로(襄老)에게 차지하게 주었다. 그런데 양로가 필(邲)의 싸움에서 죽어 그의 시체를 거두지 못하니, 그의 아들 흑요(黑要)가 하희와 간통하였다. 그러자 무신이 사람을 시켜 전해 말하기를, "친정의 나라(정나라)로 돌아가시오. 내 당신을 아내로 맞이하리다."라고 했다. 그리고 그는 또 정나라 측이 하희를 불러, "남편 양로의 시체를 입수할 수가 있으니, 꼭 와서 그 시체를 받도록 하오." 이렇게 말하게 했다. 하희가 초왕에게 이 사실을 고했다. 그러자 초왕이 굴무(屈巫:巫臣)에게 어찌할까 물었다. 그러자 무신은 대답했다. "그것은 믿을 수 있는 일이옵니다. (필의 싸움에서 초군이 생포한 진나라) 지앵(知罃)의 아버지[荀首]는 진나라 성공(成公)의 총애를 받는 사람이옵고, 중행백(中行伯:荀林父)의 막내동생이옵니다. 그는 새로 진나라 중군(中軍)의 부장(副將)이 되었사온데, 정나라의 황술(皇戌)과 친하옵고, 그는 아들 지앵을 아주 사랑하옵니다. 그는 반드시 정나라에 의뢰하여, (필의 싸움에서 생포된) 우리의 왕자(公子 穀臣)와 (필의 싸움에서 죽은) 양로(襄老)의 시체를 우리나라에 돌려주어서, 그의 아들을 돌려줄 것을 요구할 것이옵고, 정나라 사람은 필의 싸움의 일을 두려워해서, 진나라에 대해서 아부하고자 하고 있으니, 진나라 사람은 반드시 그 일의 중개를 응할 것이옵니다." 이 말에, 초왕은 하희를 정나라로 돌아가게 했다. 그러자 하희는 가려 함에 있어 보내는 사람에게 말하기를, "내 양로의 시체를 입수하지 못하고서는, 이 초나라로 다시 오지는 않겠소."라고 했다.

굴무신이 정나라에 대해서 하희를 맞이하겠다고 청하자, 정나라 군주는 허락했다. 초나라 공왕(共王)이 즉위해서, 노나라 양교(陽橋)에 출군시켜 싸우려 하니, 굴무신으로 하여금 제나라를 예방케 하고, 출군 시기를 알리게 했다. 그러자 굴무신은 가산(家産)을 다 수습하여 가지고 갔다. 그때 초나라 대부인 신숙궤(申叔跪)가 그의 아버지를 따라 도읍 영(郢)으로 가려는 길에, 굴무신을 만나서 말했다. "이상하군요. 님은 삼군(三軍)을 출동시키는 큰 일에 관한 임무를 띠고 계시고, 또 뽕나무밭에서 아름다운 여자와 밀회하는 일의 기쁨을 가지고 계시는 것 같으니, 정녕 장차 남의 처를 훔쳐 도망치시겠군요." 굴무신은 정나라에 도착하자, 부사(副使)로 하여금 제나라 군주에게 바치려고 가지고 간 예물을 초나라로 돌려보내고, 하희를 데리고 다른 나라로 떠났다. 그는 제나라로 도망하려 했는데, 제나라 군사가 막 진(晋)나라 군사한테 패배를 당하고 있었다. 그래서 그는, "나는 싸움에 진 나라에 살지 않겠다."라고 말했다. 그리고 바로 진(晋)나라로 도망하여, 극지(郤至)에 의탁해서 진나라의 신하가 되니, 진나라는 그를 형(邢)이라는 읍을 영유(領有)하는 대부가 되게 했다. 그 소식을 들은 초나라 자반은, 많은 예물을 진나라에 보내어 그가 진나라에서 벼슬을 못하게 막자고 요청하니, 초왕은 말했다. "그만두게. 굴무신 그 자신이 꾸민 꾀는 잘못된 것이지만, 그가 우리 선대 군주를 위한 꾀는 충성스러운 것이었네. 충(忠)은 국가 사직을 단단하게 해주는 것이니, 그가 선대 군주에게 드린 충성은 이번의 죄를 많이 덮는 걸세. 그리고 그가 만약에 진나라를 이롭게 할 수 있다면, 비록 많은 예물을 보내준다 한들, 진나라가 들어줄 것인가? 만일 그가 진나라에 대해서 이익됨이 없다면, 진나라는 앞으로 그를 버릴 것인데, 어찌 벼슬하는 걸 막으려고 수고할 것인가?"

주해 ○楚之討陳夏氏(초지토진하씨) — 노나라 선공 11년의 일. 진나라 군주 영공과 공녕·의행보가 하징서(夏徵舒)의 어머니 하희(夏姬)와 간통하여 하징서는 군주를 죽였다. 그러자 초나라가 하징서를 쳤다.
○夏姬(하희) — 하어숙(夏御叔)의 아내였고, 하징서의 어머니로, 정나라 목공(穆公)의 딸이었다.

o 申公巫臣(신공무신) - 신현(申縣)의 장관이었던 굴무신(屈巫臣).
o 周書(주서) - 《서경(書經)》 강고편(康誥篇).
o 子蠻(자만) - 정나라 공자(公子) 만으로 하희의 오빠였고, 뒤에 정나라 영공(靈公)이 되었다고도 하고, 하어숙 전의 남편 이름이었다고도 한다.
o 御叔(어숙) - 하희의 남편 이름으로, 하징서의 아버지.
o 夏南(하남) - 하징서. 그의 자가 자남(子南).
o 喪陳國(상진국) - 선공 11년에, 초나라가 하징서를 토벌한다는 구실로 출군시켜 진나라를 멸망시켰다.
o 知罃(지앵) - 선공 12년 필(邲)의 싸움에서 생포된 진나라 순수(荀首)의 아들.
o 王子(왕자) - 필의 싸움에서 생포된 초나라 공자 곡신(穀臣).
o 陽橋(양교) - 노나라 지명으로, 지금의 산동성 태안현(泰安縣) 서남쪽 땅.
o 桑中之喜(상중지희) - 상중은 《시경》 풍(風) 용풍(鄘風)의 편명. 이 시는 남의 아내를 유혹, 뽕나무밭에서 밀회함을 말한 것이다. 즉 남의 아내를 유혹, 차지하는 기쁨.
o 介(개) - 부사(副使).
o 邢(형) - 진나라의 읍 이름으로, 지금의 하남성 온현(溫縣) 동쪽에 위치했다.
o 錮(고) - 벼슬길을 막음.
o 所蓋多矣(소개다의) - 죄를 많이 덮음.

晉師歸,에 范文子後入.이라 武子曰, 無爲吾望爾也乎.인저 對曰, 師有功,하여 國人喜以逆之,에 先入,이면 必屬耳目焉.이어늘 是代帥受名也.라 故로 不敢.이라 武子曰, 吾知免矣.라 郤伯見,하니 公曰, 子之力也夫.로다 對曰, 君之訓也,요 二三子之力也.이었나이다 臣何力之有焉.이리까 范叔見,하니 勞之如郤伯.이라 對曰, 庚所命也,요 克之制也.였나이다 燮何力之有焉.이리까 欒伯

見,하니 公亦如之.라 對曰, 燮之詔也,요 士用命也.였나이다 書何
力之有焉.이리까

　　진나라 군사가 돌아갔는데, 범문자(范文子 : 士燮)는 뒤늦게야 도읍 성안으로 들어갔다. 그러자 그의 아버지 범무자(范武子 : 士會)가, "내가 기다리고 있다는 걸, 너는 생각하지 않았느냐?"라고 말했다. 이에 대하여 사섭(士燮)이, "우리 군사가 전공(戰功)을 세워서 나라 사람들이 기뻐하면서 맞이하는데, 제가 남보다 먼저 입성(入城)하면, 나라 사람들의 이목(耳目)은 저에게 쏠릴 것인데, 그것은 곧 원수(元帥) 대신 제가 명성을 얻게 되는 것입니다. 그래서 감히 일찍 들어오지 못했습니다."라고 말하였다. 그러자 범무자는 말하기를, "내 이제 앞으로 우리 집안에 화가 없을 것을 알겠다."라고 했다. 극극(郤克)이 진나라 군주를 뵈니 군주가 말하기를, "이번의 승리는 그대의 힘으로써일세."라고 하니 극극은 대답하되, "그것은 군주의 교훈 때문이었삽고, 또 다른 장군들의 힘으로써였나이다. 신이 무슨 힘이 있었겠나이까?"라고 했다. 범숙(范叔 : 士燮)이 군주를 찾아뵈니, 군주는 그를 위로하여 극극에게 한 말과 같은 말을 해주었다. 그러자 사섭은 대답하여 말하기를, "신은 순경(荀庚)의 명령에 따랐을 뿐이옵고, 극극이 군사 통솔을 잘해서였나이다. 사섭 저에게 무슨 힘이 있었겠나이까?"라고 했다. 다음에는 난백(欒伯 : 欒書)이 군주를 찾아뵈니, 군주는 역시 같은 말로 위로하였다. 그러자 난서는 대답하기를, "사섭의 교도(敎導)로써였삽고, 군사들이 명령을 잘 받아 지켜서였나이다. 난서 제게 무슨 힘이 있었겠나이까?"라고 했다.

宣公使求好于楚,로되 莊王卒,하고 宣公薨,에 不克作好.라 公

　　　　즉위　　　　수맹우진　　　회진벌제　　위인불행사우초　　　이
卽位,하여 受盟于晉,하고 會晉伐齊.라 衛人不行使于楚,하고 而
　역수맹우진　　　　종어벌제　　고　　초영윤자중위양교지역
亦受盟于晉,하여 從於伐齊.라 故로 楚令尹子重爲陽橋之役,하여
　이구제　　장기사　　　자중왈　　군약　　　　군신불여선대부
以救齊.라 將起師,에 子重曰, 君弱,하시고 群臣不如先大夫,하니
　사중이후가　　　시왈　　제제다사　　　　문왕이녕　　　부문왕유용
師衆而後可.라 詩曰, 濟濟多士,하여 文王以寧.이라 夫文王猶用
　중　　　　　황오제호　　차선군장왕촉지왈　무덕이급원방　　　막
衆,이어늘 況吾儕乎.아 且先君莊王屬之曰, 無德以及遠方,엔 莫
　여혜휼기민이선용지　　　　내대호이책　　　체환구핍　　　　사죄
如惠恤其民而善用之.니라 乃大戶已責,하고 逮鰥救乏,하며 赦罪
　실사　　　왕졸진행　　　팽명어융　　　채경공위좌　　　　허령
悉師,하고 王卒盡行.이라 彭名御戎,하고 蔡景公爲左,하며 許靈
　공위우　　이군약　　　개강관지
公爲右.라 二君弱,이나 皆强冠之.라

　　　　　동　　초사침위　　　수침아사우촉　　　　사장손왕　　　사왈
　　　　冬,에 楚師侵衛,하고 遂侵我師于蜀.이라 使臧孫往,하니 辭曰,
　초원이구　　　고장퇴의　　　무공이수명　　신불감　　　　초
楚遠而久,하니 固將退矣,니 無功而受名,은 臣不敢.이오니다 楚
　침급양교　　　맹손청왕뢰지　　　이집착　　집침　　직임개백인
侵及陽橋,하니 孟孫請往賂之,하여 以執斲‧執鍼‧織紝皆百人.
　　　공형위질　　　　이청맹　　　초인허지평　　　십일월　　　공
이라 公衡爲質,하여 以請盟,하니 楚人許之平.이라 十一月,에 公
　급초공자영제　　채후　　허남　　진우대부열　　송화원　　진공손
及楚公子嬰齊‧蔡侯‧許男‧秦右大夫說‧宋華元‧陳公孫
　녕　　위손량부　　정공자거질급제국지대부맹우촉　　　경불서
寧‧衛孫良夫‧鄭公子去疾及齊國之大夫盟于蜀.이리 卿不書,
　　　궤맹야　　　어시호외진　　　　이절여초맹　　　고　　왈궤맹야
는 匱盟也.라 於是乎畏晉,하여 而竊與楚盟.이라 故로 曰匱盟也.
　　　채후　　허남불서　　　승초차야　　　위지실위　　　군자왈　　위기
라 蔡侯‧許男不書,는 乘楚車也.라 謂之失位.라 君子曰, 位其
　불가불신야호　　　채　　허지군　　　일실기위　　　부득렬어제후
不可不愼也乎.아 蔡‧許之君,이 一失其位,하여 不得列於諸侯,
　　　황기하호　　　시왈　　불해우위　　　민지유기　　　기시지위의
어늘 況其下乎.아 詩曰, 不解于位,면 民之攸墍.라 其是之謂矣.라

노나라 선공(宣公)이 사자(使者)를 보내어 초나라에게 우호관계 맺을 것을 구하려 노력했으나, 초나라 장왕(莊王)이 세상을 떠나고, 노나라 선공이 훙거(薨去)하여서, 그 우호관계 맺는 일은 결실을 맺지 못했다. 선공 뒤로 성공(成公)이 즉위하여, 진나라에게 복종하는 맹서를 하고, 진나라와 힘을 합하여 제나라를 쳤다. 위나라 사람은 초나라에 사자를 보내지 않고, 그 나라 역시 진나라에 대해서 복종하는 맹서를 하여, 제나라 치는 일에 따랐다. 그래서 초나라의 영윤(令尹)인 자중(子重)은 양교(陽橋)의 싸움을 일으키어 제나라를 구원했다. 초나라가 군사를 출동시키려 할 때, 자중은 말했다. "우리 군주는 아직 어리시고, 조정의 뭇 신하들은 전의 대부들만 못한 사람들이니, 군사수가 많아야만 싸워 이길 수가 있다. 시에 이르기를, '훌륭한 사람이 많아, 문왕(文王) 안녕하셨네'라고 했다. 문왕과 같은 어진 임금도 역시 일에 많은 사람을 썼었는데, 하물며 우리와 같은 사람들이야 다시 말할 것이 있겠는가? 그리고 전대 군주이신 장왕(莊王)께서 유언으로 당부하여 말씀하시기를, '덕이 있어서 그 덕화(德化)를 먼 곳까지 미치게 함이 없음에는, 백성들에게 혜택과 도움을 베풀어서 잘 써먹는 길밖에 좋은 수는 없느니라'라고 하셨다." 이렇게 말한 그는, 곧 대대적으로 호구조사(戶口調査)를 실시하여 밀린 세를 면해주고, 늙고 외로운 사람에게 혜택을 주고, 가난한 사람을 구원하며, 죄인을 용서하고, 군사를 모으고, 왕의 친위병까지 다 거느리고 출발했다. 그때 (초의 공왕은 어려 전쟁에 나가지 못했고, 왕의 전차를) 팽명(彭名)이 조종하고, 채나라 군주 경공(景公)이 그 전차의 왼쪽에 타고, 허나라 군주 영공(靈公)이 오른쪽에 탔다. 초·허 두 나라 군주는 아직 어렸지만, 무리하게 원복(元服)을 했다.

 겨울에, 초나라 군사가 위나라를 침공하고, 곧이어 우리 노나라 군사를 촉(蜀)에서 공격했다. 그때 장손(臧孫 : 宣叔)으로 하여금 초나라 군을 찾아가게 하니, 그는 사퇴하여 말하기를, "초군은 먼 길을 왔고, 나온 지가 오래되었사오니, 반드시 곧 퇴군할 것이오니, 아무런 공을 세움도 없이 명성을 얻는 것은, 신은 구태여 하지 않겠나이다." 라고 했다. 초군이 침공하여 양교(陽橋)에 이르니, 맹손(孟孫:孟獻子)이 초군에게 가 뇌물을 주고 교섭하겠다고 원해서, 대목・여공(女工)・베 짜는 여자를 각각 백명씩 데리고 갔다. 그는 공가(公家)의 사람인 형(衡)이 인질이 되기로 하여, 화평의 맹서하기를 청하니, 초나라 사람이 그 요청을 받아들여 화평의 맹서를 하였다. 11월에, 노나라 성공이 초나라 공자 영제(嬰齊)・채나라 군주인 후작・허나라 군주인 남작・진(秦)나라 우대부(右大夫) 열(說)・송나라 화원(華元)・진(陳)나라 공손녕(公孫寧)・위나라 손양부(孫良夫)・정나라 공자 거질(去疾) 및 제나라의 대부 등과 촉에서 맹서하였다. 경문(經文)에 각 나라의 경(卿) 이름을 적지 않은 것은, 남몰래 거짓으로 했던 맹서였기 때문이었다. 그때 제후국들은 진(晉)나라를 두려워하여, 남몰래 슬그머니 초나라와 맹서하였던 것이다. 그랬기에 남몰래 거짓으로 맺은 맹서라고 말하는 것이다. 그리고 경문에 채나라 군주인 후작과 허나라 군주인 남작을 쓰지 않은 것은, 그들이 싸우러 나가면서 초나라 군주의 전차를 탔었기 때문이었다. 그런 짓이야말로 군주가 군주의 자리를 상실한 짓이라고 이르는 것이다. 그래서 군자(君子)는 말했다. "지위라는 것은 삼가 지키지 않으면 안되지 않는가? 채나라・허나라의 군주가 일시 그들의 지위를 잃는 짓을 했다가, 제후들의 열에 끼지 못했는데, 하물며 제후보다 아랫자리에 있는 자야 다시 말할 것이 있으랴? 시에 이르기를, '위에 있는 이, 그 자리 지킴을 힘써 게을리 안하면, 백성은 편하고 즐거워'라고 했는데, 이것은 자리 지킴에 삼가야 함을 말한 것이다."

┃주해┃ ○君弱(군약) - 군주가 나이 어림. 당시에 초나라 공왕(共王)의 나이는 12, 3세였다 한다.

o濟濟多士(제제다사), 文王以寧(문왕이녕) - 《시경》 대아 문왕편(文王篇) 의 구절.
o大戶(대호) - 대대적으로 호구조사를 함.
o已責(이책) - 체납의 세를 탕감함.
o悉師(실사) - 될 수 있는 대로 군대를 모음.
o王卒(왕졸) - 왕의 친위병.
o公衡(공형) - 공가(公家)의 사람 형(衡).
o右大夫(우대부) - 진(秦)나라 관직 이름.
o匱盟(궤맹) - 남몰래 맺은 진실치 못한 맹서.
o不解于位(불해우위), 民之攸墍(민지유기) - 《시경》 대아 가락편(假樂篇) 구절.

楚師及宋,에 公衡逃歸,라 臧宣叔曰, 衡父不忍數年之不宴,하여 以棄魯國,이라 國將若之何,아 誰居後之人必有任是夫,아 國棄矣,라 是行也,에 晉避楚,하니 畏其衆也,라 君子曰, 衆之不可以已也,라 大夫爲政,하여도 猶以衆克,이어늘 況明君而善用其衆乎,아 大誓所謂商兆民離,하고 周十人同者,는 衆也,라

 초나라 군사가 돌아가는 길에 송나라에 이르자, 노나라가 인질로 보낸 공가(公家)의 형(衡)이 도망쳐 돌아왔다. 그러자 장선숙은 말하였다. "형보(衡父)는 몇 해간의 괴로움을 참지 못하고 노나라를 내던져버렸구나. 이 나라를 장차 어찌할 건고? 누군가 뒤의 사람이 반드시 나라의 곤경을 책임지고 당함이 있을 것이다. 나라는 망할 것이로구나." 이번 싸움에, 진(晉)나라는 초군을 피하여 개입하지 않았으니, 그것은 초나라의 많은 군사가 두려워서였다. 군자(君子)는 말했다. "사람이 많은 것에 대해서는 어찌할 수가 없는 것이다. 대부가 군사

에 대한 정사(政事)를 취하여서도 군중을 거느리고 승리했는데, 하물며 밝은 군주여서 그 군중을 잘 쓰는 데 있어서야 더 말할 나위가 있으랴? 태서(大誓)에 이른바, '상(商:殷)나라의 억조(億兆)나 되는 많은 백성은 다 하나씩으로 떨어졌고, 주(周)나라는 열 사람밖에 안 되지만 다 한마음이었다'는 것은 열 사람이 한마음을 가져 군중이었다는 것이다."

┃주해┃ ○不宴(불연)-즐겁지 않음. 즉 괴로움.
○誰居(수거)-누군가. 거(居)는 뜻이 없다.
○大誓(태서)-《서경(書經)》의 편 이름. 대서에는 '수유억조이인(受有億兆夷人), 이심리덕(離心離德), 예유란신십인(豫有亂臣十人), 동심동덕(同心同德).〔은나라 주왕은 억조의 무리가 있었으나 그들은 다 마음이 갈라졌고, 덕을 떠났으나 주나라 무왕은 명신(名臣) 열 사람이 있어 마음을 같이하고 덕을 같이했다〕'이라고 되어 있다.

진후사공삭헌제첩우주　　　　왕불견　　　사선양공사언왈
晉侯使鞏朔獻齊捷于周,하니 王弗見,하시고 使單襄公辭焉曰,
만이융적　　불식왕명　　　음면훼상　　　왕명벌지　　즉유헌
蠻夷戎狄,이 不式王命,하고 淫湎毀常,하여 王命伐之,면 則有獻
첩　　　왕친수이로지　　　소이징불경권유공야　　형제생구
捷.이라 王親受而勞之,는 所以懲不敬勸有功也.라 兄弟甥舅,가
침패왕략　　왕명벌지　　고사이이　　불헌기공　　　소이경
侵敗王略,하여 王命伐之,면 告事而已,요 不獻其功,하니 所以敬
친닐금음특야　　금　숙부극　　수유공우제　　이불사명경
親暱禁淫慝也.라 今, 叔父克,하여 遂有功于齊,나 而不使命卿
진무왕실　　소사래무여일인　　이공백실래　　　미유직사
鎭撫王室,하고 所使來撫余一人,하여 而鞏伯實來,로되 未有職司
어왕실　　우간선왕지례　　여수욕어공백　　기감폐구전이
於王室,하고 又奸先王之禮.라 余雖欲於鞏伯,이나 其敢廢舊典以
첨숙부　　부제생구지국야　　이태사지후야　　영불역음종
忝叔父.리오 夫齊甥舅之國也,요 而大師之後也.라 寧不亦淫從

其欲以怒叔父,랴만 抑豈不可諫誨.아 士莊伯不能對.라 王使委
於三吏,하니 禮之如侯伯克敵,하여 使大夫告慶之禮,하여 降於卿
禮一等.이라 王以鞏伯宴,하여 而私賄之,하고 使相告之曰, 非禮
也,니 勿籍.하라

진(晋)나라 군주인 후작이 공삭(鞏朔)을 시켜 전리품을 주나라에 바치게 했더니, 천자께서는 그를 만나지 않고, 경사(卿士)로 있는 선(單)의 양공(襄公)으로 하여금 사양하게 하고 말하게 했다. "만(蠻)·이(夷)·융(戎)·적(狄) 등의 사방에 있는 오랑캐들이, 천자의 명을 따르지 않고, 주색에 빠져 지켜야 할 상도(常道)를 그르치게 하여서, 천자가 치라고 명했으면, 전리품은 바침이 있는 것이다. 천자가 그 전리품을 친히 받고, 바친 자를 위로하는 일은, 천자에 대해서 불경(不敬)함을 응징하고, 공이 있는 자를 격려하는 것이다. 왕실과 동성(同姓)인 형제 나라와, 이성(異姓)의 나라로서 혼인관계가 있는 나라가, 천자가 지키라 한 법도를 범해서, 천자가 치라고 명령했으면, 그때엔 결과를 보고할 뿐, 전리품을 헌상(獻上)하지 않는 것이니, 그것은 왕실과 친한 제후를 공경하고, 나쁜 짓을 금한다는 의미인 것이다. 이제 일가인 진나라 군주와 싸워 이겨, 결국 제나라를 치는 공이 있었으나, 내가 임명해 준 경(卿)을 보내어 왕실의 안부를 묻지는 않고, 나 한 개인을 찾아와 보게끔 하여, 공씨(鞏氏)의 장남이 확실히 오기는 했으되, 그는 왕실에서 주어진 직함이 없고 (필요치 않은 전리품을 바치는 예의에 맞지 않는 행위를 하여) 선대 왕께서 제정한 예의를 범했다. 나는 비록 공씨네 장자가 가지고 온 것을 받고 싶다 할지라도, 어찌 감히 예로부터의 법도를 무시하여서, (예법을 범했다는) 수치를 일가인 진나라 군주에게 끼치랴? 제나라는 왕실과 혼인을 한 나라이고,

태사(大師 : 太公望) 자손의 나라이다. 제나라가 욕망을 함부로 부리어, 어찌 일가인 진나라 군주를 화나게 하지 않았다고 말하랴마는, 대체 어찌 잘 타일러 가르치고, 전쟁을 하지 않도록 못했단 말인가?" 이 말에 대하여, 사장백(士莊伯 : 鞏朔)은 아무 말도 올리지 못했다. 천자께서는 삼공(三公)에게 그에 대한 접대를 일임하시니, 삼공은 공작에게, 패자(覇者)가 적을 쳐 승리하고, 대부를 사자로 삼아 천자에게 그 길보(吉報)를 고했을 때에 베푸는 예의를 적용하여, 경(卿)에게 베푸는 예보다 한 단계 내려서 대했다. 그리고 천자께서는 공삭에게 주연(酒宴)을 하사하시고, 사사로이 선물을 주셨는데, 그때 천자께서는 시중든 사람으로 하여금, "이 일은 예법에 맞지 않는 일이니 기록하여 두지는 말라."고 이르게 하셨다.

│주해│ ○捷(첩)-전리품(戰利品). 포로나 얻은 기물 등을 통틀어 말한 것이다.
○淫湎(음면)-주색에 빠짐.
○毁常(훼상)-상도(常道)를 범함.
○兄弟甥舅(형제생구)-형제는 동성(同姓)의 나라를 말하고, 생구는 혼인 관계를 맺은 이성(異姓)의 나라를 말한다.
○王略(왕략)-천자가 지키라 한 법도.
○淫慝(음특)-음란한 나쁜 짓.
○叔父(숙부)-천자가 동성의 제후에 대해서 부른 칭호.
○命卿(명경)-천자가 임명한 경.
○王以鞏伯宴(왕이공백연)-천자가 공백에게 주연을 베풀어 줌. 당시에 주왕은 진(晉)나라의 보복이 있을까 두려워하여, 사사로이 술자리를 베풀었다.
○勿籍(물적)-적(籍)은 기록의 뜻. 기록하지 말라.

│經│ ○三年春王正月,에 公會晉侯·宋公·衛侯·曹伯,하여 伐

鄭.이라

○辛亥,에 葬衛穆公.이라

○二月,에 公至自伐鄭.이라

○甲子,에 新宮災,하여 三日哭.이라

○乙亥,에 葬宋文公.이라

○夏,에 公如晉.이라

○鄭公子去疾帥師,하여 伐許.라

○公至自晉.이라

○秋,에 叔孫僑如帥師,하여 圍棘.이라

○大雩.라

○晉郤克‧衛孫良夫伐廧咎如.라

○冬十有一月,에 晉侯使荀庚來聘.이라

○衛侯使孫良夫來聘.이라

○丙午及荀庚盟.이라

○丁未及孫良夫盟.이라

○鄭伐許.라

3년 봄 천자가 쓰는 역으로 정월에, 공이 진(晉)나라 군주인 후작‧송나라 군주인 공작‧위나라 군주인 후작‧조나라 군주인 백작과 합류하여, 정나라를 쳤다.

　신해날에 위나라 목공을 장사 지냈다.

　2월에 공이 정나라 치는 일에서 돌아왔다.

　갑자날에, 선공(宣公)을 모신 사당, 즉 신궁(新宮)에 화재가 나서 사흘간을 곡(哭)했다.

　을해날에, 송나라 문공을 장사 지냈다.

　여름에, 공이 진(晉)나라에 갔다.

　정나라 공자 거질(去疾)이 군사를 이끌고 허나라를 쳤다.

　공이 진나라로부터 돌아왔다.

　가을에, 숙손교여(叔孫僑如)가 군사를 이끌고, 극(棘)을 포위했다.

　성대한 기우제(祈雨祭)를 지냈다.

　진(晉)나라 극극(郤克)과 위나라 손양부(孫良夫)가 장구여(廧咎如)를 토벌했다.

　겨울 11월에, 진나라 군주인 후작이 순경(荀庚)을 시켜, 예방케 했다.

　위나라 군주인 후작이 손양부를 시켜, 예방케 했다.

　병오날에 순경과 맹서하였다.

　정미날에 손양부와 맹서하였다.

　정나라가 허나라를 쳤다.

| 주해 |　ㅇ辛亥(신해) – 정월 30일.

　ㅇ甲子(갑자) – 2월 13일.

　ㅇ新宮(신궁) – 선공(宣公)을 모신 사당. 신궁이라 말한 것은, 선공의 3년 상이 끝나, 선공의 위패(位牌)가 새로이 사당에 들어갔으므로 이렇게 말한 것이다.

　ㅇ乙亥(을해) – 2월 24일.

　ㅇ棘(극) – 노나라 땅 문양(汶陽)에 있는 성읍(城邑). 문양 땅은 전년에 제나라로부터 노가 돌려받았었다. 그런데 극의 성읍 사람이 노나라에게 복종하지 않기에 공격하여 포위한 것이다.

○ 廧咎如(장구여) - 적적(赤狄) 오랑캐의 일종.
○ 丙午(병오) - 11월 29일.
○ 丁未(정미) - 12월 30일.

傳│ 三年春,에 諸侯伐鄭,하여 次于伯牛,하니 討邲之役也,라 遂
東侵鄭,하니 鄭公子偃帥師,하여 禦之,에 使東鄙覆諸鄤,하여 敗
諸丘輿,하고 皇戌如楚,하여 獻捷.이라
夏,에 公如晉,은 拜汶陽之田.이라
許恃楚,하여 而不事鄭,하니 鄭子良伐許.라
晉人歸楚公子穀臣與連尹襄老之于楚,하여 以求知罃.이라 於
是,에 荀首佐中軍矣.라 故로 楚人許之.라 王送知罃曰, 子其怨
我乎.아 對曰, 二國治戎,에 臣不才,로 不勝其任,하여 以爲俘馘.
이었나이다 執事不以釁鼓,하고 使歸卽戮,하오니 君之惠也.라소이다
臣實不才,이옵거늘 又誰敢怨.이리까 王曰, 然則德我乎.아 對曰,
二國圖其社稷,하고 而求紓其民,하여 各懲其忿,하여 以相宥也,에
兩釋纍囚,하여 以成其好.이오니다 二國有好,요 臣不與及,이옵거늘
其誰敢德.이리까 王曰, 子歸,하여 何以報我.아 對曰, 臣不任受
怨,하고 君亦不任受德.이오니다 無怨無德,에 不知所報.이오니다
王曰, 雖然,이나 必告不穀.하라 對曰, 以君之靈,으로 纍臣得歸
骨於晉,하여 寡君之以爲戮,이오면 死且不朽.이리이다 若從君之

혜 이 면 지　　　　이 사 군 지 외 신 수　　　수 기 청 어 과 군　　　　이 이
惠而免之,하여 以賜君之外臣首,하시고 首其請於寡君,하여 而以
류 어 종　　　　역 사 차 불 후　　　약 불 획 명　　　　이 사 사 종 직
戮於宗,이라도 亦死且不朽.이리이다 若不獲命,하고 而使嗣宗職,
　　차 급 어 사　　　이 솔 편 사　　　이 수 봉 강　　　수 우 집 사
하여 次及於事,하고 而帥偏師,하여 以脩封疆,에 雖遇執事,라도
기 불 감 위　　　기 갈 력 치 사　　　무 유 이 심　　　이 진 신 례
其弗敢違,하고 其竭力致死,하여 無有二心,하여 以盡臣禮.이리이
　　소 이 보 야　　　　왕 왈　진 미 가 여 쟁　　　중 위 지 례 이 귀 지
다 所以報也.이오니다 王曰, 晉未可與爭.이로다 重爲之禮而歸之.라

　3년 봄에, 제후들이 정나라를 치게 되어, 백우(伯牛)에 주군(駐軍)하였으니, 그것은 필(邲)에서 초나라와 싸웠을 때, 정나라가 진(晉)나라를 배반하고, 초나라 편이 되었던 것을 추궁함이었다. 제후들의 군은 곧 동쪽으로 진격하여 정나라를 침공하니, 정나라 공자 언(偃)이 군사를 이끌고, 제후들의 연합군을 방어함에 있어, 정나라 동부(東部) 변방군으로 하여금 만(鄾)에서 복병이 되게 하였다가, 불의에 쳐서 연합군을 구여(丘輿)에서 패배시키고, 황술(皇戌)은 그 싸움에서 얻은 전리품을 초나라에게 바쳤다.

　여름에, 노나라 성공이 진나라에 간 것은, 진나라가 문양(汶陽)의 땅을 제나라가 돌려주게 한 일에 대해서 감사드리기 위해서였다.

　허나라가 초나라를 믿어 정나라를 섬기지 않자, 정나라 자량(子良:去疾)이 허나라를 쳤다.

　진(晉)나라 사람이 초나라 공자 곡신(穀臣)과 연(連) 고을 장관이었던 양로(襄老)의 시체를 초나라에게 돌려주기로 하고, 지앵(知罃)을 돌려달라고 요구했다. 그때 지앵의 아버지 순수(荀首)가 진나라의 중군부장(中軍副將)으로 있었다. 그래서 초나라 사람이 그 요구를 받아들였다. 그리하여 초왕이 지앵을 돌려보내며, 지앵과 다음과 같이 말했다.

초왕―그대는 나를 원망하고 있는가?

지앵―두 나라가 싸움을 했었음에, 신(臣)이 못난 사람으로, 임무를 다하지 못하고 포로가 되었나이다. 그랬는데도 초나라의 담당관은 신을 죽이어 저의 피로 북을 물들이지 않고, 저희 나라로 돌아가 처형을 당하게 하시오니, 이는 군주의 은혜이옵니다. 신은 실로 못난 사람이온데, 누구를 감히 원망하오리까?

초왕―그렇다면, 나한테 은덕(恩德)을 입었다고 여기는가?

지앵―두 나라가 국가 사직의 안녕을 도모하고, 국민을 평안(平安)하게 하려 하여, 각기 분함을 억누르고, 상호 허용하여, 쌍방이 잡은 포로에 대한 속박을 풀어서, 우호관계를 맺으려 하옵니다. 이 일은 두 나라간이 우호관계를 향유하는 일이옵고, 신과는 상관 없는 일이온데, 제가 누구를 은덕 베푼 분이라고 여길 것이옵니까?

초왕―그대가 본국으로 돌아가면, 무얼로 내게 보답할 것인가?

지앵―신이 원망 받을 일이 없삽고, 군주도 은덕을 베풀었다고 감사받을 일이 없사옵니다. 원망할 일이 없고, 은덕도 없사온데, 무엇이 보답할 바인지 알지 못하겠나이다.

초왕―그렇다고는 하지만, 그대는 꼭 어찌하겠는가를 내게 고해 주게.

지앵―군주의 은혜로, 잡혀 있는 신이 온전한 몸을 이끌고 진나라로 돌아갈 수가 있어, 저희 군주가 처형하신다면, 신의 이름은 죽더라도 남게 되옵니다. 그리고 저희 나라 군주께서 군주의 은혜 베푸심을 따라 죽이지 않고, 저를 군주의 외국 신하인 저희 아비 순수(荀首)에게 내리시고, 아비 순수가 저희 군주께 청을 드려, 저를 저희 본가(本家) 조상의 사당에서 죽인다 하더라도, 또한 죽은 뒤의 이름은 없어지지 않을 것이옵니다. 만일, 저희 군주께서 저의 죽임을 허락하시지 않고, 아비의 관직을 이어받게 하시어, 그 뒤에 국사(國事)에 관여하고, 일부 부대를 이끌고, 진나라의 변방을 지켜, 비록 군주의 장수를 만난다 하더라도, 감히 피하지 않고, 모든 힘을 다하여 죽음으로써 싸워, 군주에 대한 두 마음을 품지 않고서, 신하로서 지켜야 할 도리를 하겠사옵니다. 저로서는 이것이 군주께 보답하는 것이 된다고 여기옵니다.

초왕-진나라는 아직 우리나라가 다툴 수 없는 강국(强國)이로구나. 이렇게 말한 초왕은, 지앵을 예우(禮遇)로써 돌려보냈다.

┃주해┃ ○伯牛(백우)-정나라 지명.
  ○鄪(만)-구여 부근의 정나라 지명.
  ○丘輿(구여)-정나라 지명.
  ○外臣(외신)-신하인 사람이 다른 나라 군주에 대해서 칭하는 말.
  ○宗(종)-조상의 사당.
  ○不獲命(불획명)-진나라 군주가 지앵을 죽일 것을 허락지 않음.
  ○宗職(종직)-아버지의 관직.
  ○偏師(편사)-일부의 군대.
  ○遇執事(우집사)-초나라 장수를 만남.
  ○違(위)-피함.
  ○所以報也(소이보야)-보답하는 것(일).

秋_추,에 叔孫僑如圍棘_{숙손교여위극}.이라 取汶陽之田_{취문양지전},에 棘不服_{극불복}.이라 故_고로 圍_위之_지.라
 晉郤克_{진극극}·衛孫良夫伐廧咎如_{위손량부벌장구여},는 討赤狄之餘焉_{토적적지여언}.이라 廧咎如潰_{장구여궤},하니 上失民也_{상실민야}.라
 冬十一月_{동십일월},에 晉侯使荀庚來聘_{진후사순경래빙},하여 且尋盟_{차심맹},하고 衛侯使孫良夫_{위후사손량부}來聘_{래빙},하여 且尋盟_{차심맹}.이라 公問諸臧宣叔曰_{공문저장선숙왈}, 中行伯之於晉也_{중행백지어진야},에 其_기

位在三,하고 孫子之於衛也,에 位爲上卿.이라 將誰先,가 對曰,
次國之上卿,은 當大國之中,이옵고 中當其下,이오며 下當其上大
夫.이오니다 小國之上卿,은 當大國之下卿,이옵고 中當其上大夫.
이오며 下當其下大夫.이오니다 上下如是,는 古之制也.이오니다 衛
在晉不得爲次國,이옵고 晉爲盟主,이오니 其將先之.하소서 丙午
盟于晉,하고 丁未盟于衛,하니 禮也.라

十二月甲戌,에 晉作六軍,하고 韓厥·趙括·鞏朔·韓穿·荀
騅·趙旃皆爲卿,하니 賞鞌之功也.라

齊侯朝于晉,하여 將授玉,에 郤克趨進曰, 此行也,는 君爲婦人
之笑辱也,이오니 寡君未之敢任.이오니다 晉侯享齊侯,에 齊侯視
韓厥.이라 韓厥曰, 君知厥也乎.인가 齊侯曰, 服改矣.라 韓厥登
擧爵曰, 臣之不敢愛死,는 爲兩君之在此堂也.라소이다
荀罃之在楚也,에 鄭賈人有將寘諸褚中以出.이라 旣謀之未行,
하여 而楚人歸之.라 賈人如晉,하니 荀罃善視之,하여 如實出己.
라 賈人曰, 吾無其功,이어늘 敢有其實乎.아 吾小人不可以厚誣
君子.라 遂適齊.라

 가을에, 숙손교여(叔孫僑如)가 극(棘)을 포위했다. 문양(汶陽) 땅을 제나라로부터 돌려받았는데, 극의 성읍(城邑)이 노나라에 대해서 복종하지 않았다. 그래서 극을 포위했던 것이다.
　진(晉)나라의 극극(郤克)·위나라의 손양부(孫良夫)가 장구여(廧咎如)를 친 것은, 적적(赤狄) 오랑캐의 남은 패가 장구여의 거주 구역으로 들어가 있음을 치려고 한 것이었다. 이 토벌에 장구여 족 나라가 멸망했는데, 그것은 그 통치자가 민심을 잃었기 때문이었다.
　겨울 11월에, 진(晉)나라 군주가 순경(荀庚)에게 예방하게 하고, 전의 맹약(盟約)을 굳히게 하고, 위나라 군주는 손양부에게 예방하게 하고, 전의 맹약을 굳히게 했다. 그래서 성공은 장선숙(臧宣叔)에게 물어 말하기를, "중행씨(中行氏)의 큰아들[荀庚]은 진나라에 있어서 그의 위치가 신하 중 셋째 자리를 차지하고, 손씨는 위나라에 있어서 그의 관위(官位)가 상경(上卿)이오. 우리는 앞으로 그들 중 누구를 먼저 대하여야 하오?"라고 했다. 이에 대하여 장선숙은 말했다. "큰 나라 다음가는 나라의 상경은, 큰 나라의 중경(中卿)에 해당되옵고, 그 중경은 큰 나라의 하경(下卿)에 해당하오며, 그 하경은 큰 나라의 상대부(上大夫)에 해당되옵니다. 그리고 작은 나라의 상경은 큰 나라의 하경에 해당되옵고, 그 중경은 큰 나라의 상대부에 해당되오며, 그 하경은 큰 나라의 하대부에 해당되옵니다. 큰 나라 그 다음가는 나라와 작은 나라간의 상하 구별이 이와 같음은, 옛날부터의 법도이옵니다. 위나라는 진나라에 대해서 그 다음가는 나라로 칠 수 없사오며, 진나라는 맹주(盟主), 즉 패자(覇者)의 나라이오니 진나라를 먼저 대하시도록 하옵소서." 그래서 병오일에는 진나라와 맹서하고, 징미일에 위나라와 맹서하였으니, 그것은 예에 맞는 처사였다.
　12월 갑술날에, 진(晉)나라는 6군을 두기로 하여 편성하고, 한궐(韓厥)·조괄(趙括)·공삭(鞏朔)·한천(韓穿)·순추(荀騅)·조전(趙旃)이 다 경(卿)으로 승진되었으니, 그것은 안(鞍)의 싸움에서 세운 공에 대한 포상이었다.
　제나라 군주가 진나라로 찾아가, 옥(玉)을 진나라 군주에게 주려

백옥(白玉)**으로 만든 벽**(璧)

하니 극극(郤克)이 군주 앞으로 달려나가 말하기를, "이번에 오신 것은, 제나라 군주께서 전에 부인이 웃어대며 신을 모욕했던 일을 위해서이니, 제나라 군주께서 올리는 사과(謝過)의 예는, 군주께서 받으실 것이 아니옵니다."라고 하여, 제나라 군주가 수치스럽게 여기게 했다. 진나라 군주가 제나라 군주에게 향연(享宴)을 베풀었는데, 제나라 군주는 그 자리에서 한궐을 뚫어지게 쳐다 보았다. 그래서 한궐이, "군주께서는 한궐 저를 알고 계시옵니까?"라고 말하니, 제나라 군주는 말하기를, "복장이 다르니 잘 알아보지 못하겠구려!"라고 하였다. 그러자 한궐은 군주들의 자리로 올라가 술잔을 올리고 말했다. "신이 전에 죽는 걸 감히 아깝게 여기지 않고 싸운 것은, 두 군주께서 이 전당(殿堂)에 마주 앉으시게 하기 위해서였나이다."

순앵(荀罃 : 荀知罃)이 초나라에 잡혀 있었을 때, 정나라의 장사꾼이 그를 짐을 담는 큰 전대에 넣어 초나라를 빠져나가려고 했다. 그가 그런 꾀를 도모하고 아직 실행을 못하고 있었는데, 초나라 사람이 순앵을 진나라로 돌려보냈다. 그후 그 장사꾼이 진나라에 가니, 순앵은 잘도 그를 알아보아, 자기를 초나라에서 빼내어 준 사람같이 여겨 대했다. 그러자 그 장사꾼은, "저는 그 꾀대로 공을 세운 일이 없었는데, 감히 그 실적이 있었던 것처럼 대접을 받겠습니까? 저 같은 못난 소인이, 군자(君子)인 님을 거듭 속일 수는 없습니다."라고 말했다. 그리고는 바로 제나라로 가버렸다.

│주해│ ○赤狄之餘(적적지여) – 선공 15년에, 진(晉)이 적적을 쳐 멸망시

켰는데, 그후 적적의 남은 무리가 장구여의 지역에 들어가 있었음을 말한다.

o 其位在三(기위재삼)-당시 진나라에서는 극극이 중군대장, 즉 원수로서 제1위였고, 순수(荀首)가 중군부장으로서 제2위, 순경(荀庚)이 상군대장으로서 제3위여서, 하경(下卿)이었다.

o 丙午(병오)-11월 29일.

o 丁未(정미)-병오 다음날.

o 十二月甲戌(십이월갑술)-12월 27일.

o 六軍(육군)-전에 진나라는 3군만 있었다가, 신삼군(新三軍)을 창설하였다. 신중군(新中軍)의 원수(대장)로는 한궐이 임명되었고, 조괄은 중군부장·공삭은 신상군대장·한천은 신상군부장·순추는 신하군대장·조전은 신하군부장으로 각각 임명되었다.

o 褚中(저중)-옷 등의 짐을 담는 큰 자루.

o 厚(후)-거듭, 다시.

經| o 四年春,에 宋公使華元來聘.이라
_{사년춘} _{송공사화원래빙}

o 三月壬申,에 鄭伯堅卒.이라
_{삼월임신} _{정백견졸}

o 杞伯來朝.라
_{기백래조}

o 夏四月甲寅,에 臧孫許卒.이라
_{하사월갑인} _{장손허졸}

o 公如晉.이라
_{공여진}

o 葬鄭襄公.이라
_{장정양공}

o 秋,에 公至自晉.이라
_추 _{공지자진}

o 冬城鄆.이라
_{동성운}

o 鄭伯伐許.라
_{정백벌허}

4년 봄에, 송나라 군주인 공작이 화원(華元)에게 노나라를 예방케 했다.

3월 임신날에, 정나라 군주인 백작 견(堅)이 세상을 떠났다.

기(杞)나라 군주인 백작이 찾아왔다.

여름 4월 갑인날에, 장손허(臧孫許)가 세상을 떠났다.

공이 진나라에 갔다.

정나라 양공을 장사 지냈다.

가을에 공이 진나라로부터 돌아왔다.

겨울에 운(鄆)에 성을 쌓았다.

정나라 군주인 백작이 허나라를 쳤다.

주해 ○三月壬申(삼월임신) - 두예(杜預)는 그의 주에서 말하기를, '3월에는 임신날이 없었으니 2월 28일이었고, 경문의 기재는 정나라에서 그렇게 알렸기에, 그대로 적은 것이었다'라 했다.

○四月甲寅(사월갑인) - 4월 9일.

○鄆(운) - 노나라 지명. 운에는 동운(東鄆)과 서운(西鄆)이 있었다. 동운은 문공 12년조에 나왔다. 서운은 지금의 산동성 운성현(鄆城縣) 동쪽 땅.

傳 四年春,에 宋華元來聘,은 通嗣君也.라
杞伯來朝,는 歸叔姬故也.라
夏,에 公如晉,하니 晉侯見公不敬.이라 季文子曰, 晉侯必不免.하리라 詩曰, ·敬之敬之.하라 天惟顯思.하여 命不易哉.여 夫晉侯之命,이 在諸侯矣,어늘 可不敬乎.아
秋,에 公至自晉,하여 欲求成于楚而叛晉.이라 季文子曰, 不可.

이오니다 晉雖無道_{진수무도},나 未可叛也_{미가반야}.라소이다 國大臣睦_{국대신목},하고 而邇於_{이이어}
我_아,하오며 諸侯聽焉_{제후청언},이오니 未可以貳_{미가이이}.이오이다 史佚之志有之_{사일지지유지},하되
曰_왈, 非我族類_{비아족류},면 其心必異_{기심필이}.라하였나이다 楚雖大_{초수대},나 非吾族也_{비오족야},이옵
거늘 其肯字我乎_{기긍자아호}.인가 公乃止_{공내지}.라

  4년 봄에 송나라 화원이 와 예방한 것은, 군주의 대를 이어 새 군주〔共公〕가 즉위했기에, 인사차 온 것이었다.
  기나라 군주가 찾아온 것은, 노나라 공녀 숙희(叔姬)와 이혼하고, 노나라로 돌려보내려는 이유 때문이었다.
  여름에 공이 진나라에 가니, 진나라 군주가 공을 상대함이 공손하지 못했다. 그래서 계문자(季文子 : 季孫行父)는 말했다. "진나라 군주는 반드시 화를 면하지 못하리라. 시에 이르기를, '공경스럽고 공경스러워하라. 천도(天道)는 밝아, 천명(天命) 지키기 어렵느니'라고 했다. 진나라 군주에 대한 천명은 제후들을 잘 다스림에 있거늘, 제후들에게 공손하지 않아도 좋을 건가?"
  가을에, 공이 진나라로부터 돌아와, 초나라와 우호관계를 맺고, 진나라에 대하여 배반하려 했다. 그러자 계문자가 말했다. "아니되옵니다. 진나라 군주가 비록 무도(無道)하기는 하오나, 아직 배반할 수는 없사옵니다. 진나라는 큰 데다가 신하들이 친복하옵고, 우리나라와 가까우며, 다른 제후들이 진나라 군의 명에 복종하고 있사오니 배반의 마음을 가져 대할 수가 없사옵니다. 주나라 문왕(文王) 때의 태사(大史)였던 사일(史佚)의 기록이 있사온데, 거기에는 '같은 혈통의 사람이 아니면, 그의 마음은 반드시 다르다'라고 했나이다. 초나라는 비록 크나, 우리나라와 동성(同姓)이 아니온데, 그 나라가 우리나라를 사랑하려 하겠나이까?" 이 말에 공은 그렇게 하기를 그만두었다.

주해 ㅇ通嗣君也(통사군야)－송의 문공이 노나라 성공 2년 8월에 죽어 3년 2월에 장사를 지내고, 공공(共公)이 즉위하였기에, 그 일을 알리는 인사를 한 것이다.
ㅇ詩曰(시왈)－《시경》송(頌)의 주송(周頌) 경지편(敬之篇)의 구절.
ㅇ族類(족류)－같은 혈통의 사람.

冬十一月,에 鄭公孫申帥師,하여 疆許田,에 許人敗諸展陂.라 鄭伯伐許,하여 取鉏任・泠敦之田.이라 晉欒書將中軍,하고 荀首佐之,하며 士燮佐上軍,하여 以救許,하여 伐鄭,하여 取氾・祭.라 楚子反救鄭,에 鄭伯與許男訟焉.이라 皇戌攝鄭伯之辭,에 子反不能決也,하고 曰, 君若辱在寡君,이면 寡君與其二三臣,이 共聽兩君之所欲,이리니 成其可知也.라 不然,이면 側不足以知二國之成.이라
晉趙嬰通于趙莊姬.라

겨울 11월에, 정나라 공손신(公孫申)이 군사를 이끌고, 전년에 점령했던 허나라 땅을 자기 나라 영토에 편입시켜 국경선을 바로잡으니, 허나라 사람이 그 군사를 전피(展陂)에서 쳐부수었다. 그러자, 정나라 군주는 허나라를 쳐 서임(鉏任)과 영돈(泠敦)의 땅을 점령했다.
진(晉)나라 난서(欒書)가 중군대장이 되고, 순수(荀首)가 그 부장이 되며, 사섭(士燮)이 상군부장이 되어 허나라를 구원해서 정나라를 쳐, 범(氾)과 제(祭)를 점령했다. 이에 초나라 자반(子反:側)이 정나라를 구원하러 가자, 정나라 군주와 허나라 군주가 시비(是非)를 가려 달라고 소송을 제기하였다. 당시 황술(皇戌)이 정나라 군주

의 말을 대변하니, 자반은 이렇다저렇다 결정을 내릴 수가 없어 말하였다. "두 나라의 군주께서 우리나라 군주의 앞으로 가셔서 말씀하신다면, 우리나라 군주와 몇몇 신하들이 같이 두 군주의 뜻하시는 바를 들어주실 것이니, 화해될 것은 가히 알 수 있습니다. 그렇지 않으신다면, 측(側 : 자반) 저는 두 나라가 화해될 것인지를 알 수가 없습니다."

진(晉)나라 조돈(趙盾)의 동생인 조영(趙嬰)이 조돈의 아들 조삭(趙朔)의 아내이고, 진나라 성공(成公)의 딸인 조장희(趙莊姬)와 간통했다.

▌주해▐ ○展陂(전피)-허나라 지명으로, 지금의 하남성 허창현(許昌縣) 서북쪽 땅.

○鉏任(서임)·泠敦(영돈)-둘 다 허나라 지명으로, 지금의 하남성 허창현 경계 땅.

○氾(범)·祭(제)-둘 다 정나라 지명.

▌經▐ ○五年春王正月에 杞叔姬來歸라

○仲孫蔑如宋이라

○夏에 叔孫僑如會晉荀首于穀이라

○梁山崩이라

○秋에 大水라

○冬十有一月己酉에 天王崩이라

○十有二月己丑에 公會晉侯·齊侯·宋公·衛侯·鄭伯·曹伯·邾子·杞伯하여 同盟于蟲牢라

5년 봄 천자가 쓰는 역으로 정월에, 기나라로 시집간 공녀 숙희가 돌아왔다.

중손멸이 송나라에 갔다.

여름에, 숙손교여가 진나라 순수(荀首)를 곡(穀)에서 만났다.

진(晉)나라의 양산(梁山)이 크게 무너졌다.

가을에 큰물이 났다.

겨울 11월 기유날에, 천자이신 정왕(定王)이 붕어(崩御)하셨다.

12월 기축날에, 공이 진나라 군주인 후작·제나라 군주인 후작·송나라 군주인 공작·위나라 군주인 후작·정나라 군주인 백작·조나라 군주인 백작·주나라 군주인 자작·기나라 군주인 백작 등과 회합을 가져, 충뢰(蟲牢)에서 동맹을 맺었다.

| 주해 | ○杞叔姬來歸(기숙희래귀) – 기나라로 시집갔던 노나라 공녀가 이혼을 당하고 돌아옴.

○穀(곡) – 노나라 지명으로, 지금의 산동성 동아현(東阿縣) 땅.

○梁山(양산) – 진나라의 산으로, 지금의 섬서성 한북현(韓北縣) 동남쪽에 있음.

○十有一月己酉(십유일월기유) – 11월 14일.

○天王(천왕) – 당시 천자인 주나라 왕은 정왕(定王)이었다.

○十有二月己丑(십유이월기축) – 12월 24일.

○蟲牢(충뢰) – 정나라 지명으로, 지금의 하남성 봉구현(封丘縣) 북쪽 땅.

傳| 五年春,에 原·屛放諸齊.라 趙嬰曰, 我在故,로 欒氏不作.이라 我亡,이면 吾二昆其憂哉.인저 且人各有能有不能,이어늘 舍我何害.오 弗聽.이라 嬰夢,에 天使謂己,한대 祭余,면 余福女.하리라 使問士貞伯,하니 貞伯曰, 不識也.라 旣而告其人曰, 神福仁,

하고 而禍淫.이라 淫而無罰,은 福也.라 祭,면 其得亡乎.인저 祭之
之,하고 明日而亡.이라
孟獻子如宋,은 報華元也.라
夏,에 晉荀首如齊,하여 逆女.라 故로 宣伯賄諸穀.이라

5년 봄에, 조영(趙嬰)의 형인 조원(趙原)과 조병(趙屛)은 동생 조영을 제나라로 가라고 쫓았다. 그러자 조영은 말하기를, "내가 나라에 있기 때문에, 난씨(欒氏)가 난리를 꾸미지 않는 거요. 내가 없어지고 나면, 두 형은 난씨의 박해를 받을 것이 걱정이구려. 그리고 사람에게는 각기 할 수 있는 것과 할 수 없는 것이 있는데, 나를 가만둔다고 해서 무슨 손해가 있소?"라고 했다. 그러나 두 형은 듣지 않았다. 조영이 꿈을 꾸니, 하늘이 사자를 시켜 자기에게 이르기를, "네가 나에게 제사를 올리면, 네게 복을 주리라."고 하였다. 조영은 곧 그 꿈을 사람을 시켜 사정백(士貞伯)에게 물어보게 했더니, 정백은 모르겠다고 하였다. 그리고 나서, 정백은 자기에게 딸린 사람에게 말하기를, "신은 어진 사람에게는 복을 주고, 음탕한 사람에게는 화를 준다. 음탕한 짓을 하고서도 벌을 받지 않음은, 그것은 복이다. 그가 천신에게 제사를 지내면, 외국으로 무사히 도망갈 수 있을 것이다."라고 했다. 조영은 천신에게 제사를 지내고, 다음날이 되자 도망갔다.

맹헌자(孟獻子:仲孫蔑)가 송나라에 간 것은, 화원(華元)이 찾아온 데 대하여 답례차 간 것이다.

여름에, 진나라 순수가 제나라에 가, 진나라 군주의 부인이 될 제나라 공녀를 맞이했다. 그래서 노나라 선백(宣伯:叔孫僑如)은 제나라 땅 곡(穀)까지 식량을 가져다 선물로 주어, 진나라에 대한 경의(敬意)를 표했다.

주해 ○ 二昆(이곤)－두 형.
○ 有能有不能(유능유불능)－난씨를 눌러 조씨 집안을 지킴은 자기가 잘 할 수 있는 것이 되고, 예의를 잘 지키어 집안을 잘 다스리는 것은, 자기로서는 할 수 없다는 뜻으로 말한 것이다.
○ 餫(운)－식량을 가져다 주는 말.

梁山崩,에 晉侯以傳召伯宗.이라 伯宗辟重曰, 辟傳.하라 重人曰, 待我不如捷之速也.라 問其所,하니 曰, 絳人也.이니이다 問絳事焉,에 曰, 梁山崩,하여 將召伯宗謀之.라 問將若之何.아 曰, 山有朽壞而崩,이어늘 可若何.오 國主山川.이라 故로 山崩川竭,이면 君爲之不擧,하고 降服,하며 乘縵,하고 徹樂,하며 出次,하고 祝幣,하며 史辭,하여 以禮焉.이라 其如此而已,이어늘 雖伯宗,이라도 其若之何.오 伯宗請見之.나 不可.라 遂以告,하여 而從之.라

許靈公愬鄭伯于楚.라 六月,에 鄭悼公如楚訟,이나 不勝.이라 楚人執皇戌及子國.이라 故로 鄭伯歸,하여 使公子偃請成于晉.이라 秋八月,에 鄭伯與晉趙同盟于垂棘.이라

宋公子圍龜爲質于楚而歸,에 華元享之.라 請鼓譟以出,하고 鼓譟以復入.이라 曰, 習攻華氏.라 宋公殺之.라

冬,에 同盟于蟲牢,는 鄭服也.라 諸侯謀復會,에 宋公使向爲人辭以子靈之難.이라

_{동십일월기유} _{정왕붕}
冬十一月己酉,에 **定王崩.**이라

 양산(梁山)이 무너져, 진나라 군주는 역마차(驛馬車)를 달려 보내게 하여 백종(伯宗)을 불렀다. 백종이 부름을 받고 가는 도중, 무거운 짐을 실은 수레가 전복되어 길을 가로막고 있기에, 백종이 말을 걸어 무거운 짐차 주인과 말이 오고갔다.
 백종─그 무거운 짐차를 비키게 하시오.
 짐차 주인─내가 비키기를 기다리는 것보다는 옆길로 가시는 것이 빠를 것입니다.
 백종─어디에 사시오?
 짐차 주인─도읍 강(絳)에 사는 사람입니다.
 백종─도읍 강에는 무슨 일이 났소?
 짐차 주인─양산이 무너져서 백종을 부르셔서, 그 일에 대한 상의를 하시려 한답니다.
 백종─그렇다면, 그 일에 대해서 장차 어찌하면 될까요?
 짐차 주인─산에 썩은 흙이 있어서 무너졌는데, 그걸 어찌할 수 있습니까? 국가는 산천(山川)에 제사를 지내고 잘 보존하는 일을 주관합니다. 그러니 산이 무너지고 흐르는 물이 마르게 되면, 군주는 고량진미를 들지 않고, 화려한 옷을 입지 말며, 잘 꾸미지 않은 수레를 타고, 음악을 폐하며, 궁전에서 나가 지내고, 제관(祭官)은 산천의 신(神)에게 폐백을 드리며, 사관(史官)은 제문(祭文)을 지어 제사를 올리는 것입니다. 이렇게 할 따름인데, 백종이라 하더라도 그분이 어찌하겠습니까?
 백종은 그에게 같이 가 군주를 만나자고 요청했지만, 그는 듣지 않았다. 그래서 백종은 바로 가 군주에게 무거운 짐차 주인이 한 말을 고하여, 그 말대로 했다.
 허나라의 영공(靈公)이 정나라 군주가 자기를 괴롭힌다고 초나라에 호소했다. 그리고 6월에, 정나라의 도공(悼公)이 초나라로 가 허나라 군주를 상대로 소송을 제기했다가 이기지 못했다. 그때 초나라 사람은 정나라의 황술(皇戌)과 자국(子國)을 체포했다. 그랬으므로 정나라 군주는 초나라로부터 돌아가, 공자 언(偃)을 시켜 진(晉)나라와 화평 맺을 것을 요청케 했다. 그리하여 가을 8월에, 정나라 군주와 진나라의 조동(趙同)이 수극(垂棘)에서 맹서하였다.

송나라 공자 위구(圍龜)가 초나라에서 인질로 지내다가 돌아오니, 화원(華元)은 그를 위로하는 주연을 베풀어 대접했다. 그런데 공자 위구는 군주에게 집을 나갈 때에 북을 치고 소리를 치고, 돌아가 들어갈 때에도 북을 울리고 고함을 올리게 해달라고 청원했다. 그는 말하기를, "그것은 화씨(華氏)를 칠 연습을 하기 위해서이옵니다."라고 하였다. 그래서 송나라 군주는 공자를 죽이고 말았다.

겨울에 충뢰(蟲牢)에서 동맹을 맺은 것은, 정나라가 진나라에 복종해서였다. 제후들이 다시 회합 가질 것을 꾀하니, 송나라 군주는 상위인(向爲人)을 시켜, 자령(子靈 : 圍龜)의 소란을 구실삼아 물러나게 했다.

겨울 11월 기유날에, 주나라 천자 정왕이 붕어하였다.

▎주해▎ ㅇ伯宗(백종)—진나라 대부로, 손백규(孫伯糾)의 아들.
ㅇ重(중)—무거운 짐을 실은 수레. 《국어(國語)》진어편(晉語篇)에, 무거운 짐을 실은 수레가 길에 전복되어 길을 막았다고 말해 있기에 그 뜻을 취하여 번역했다.
ㅇ捷(첩)—옆길, 지름길.
ㅇ垂棘(수극)—진나라 지명으로, 지금의 산서성 노성현(潞城縣) 땅.

▎經▎ ㅇ六年春王正月_{육년춘왕정월},에 公至自會_{공지자회}.라
ㅇ二月辛巳_{이월신사},에 立武宮_{입무궁}.이라

○ 取鄟.이라
　취 전

○ 衛孫良夫帥師,하여 侵宋.이라
　위 손 량 부 솔 사　　침 송

○ 夏六月,에 邾子來朝.라
　하 유 월　　주 자 래 조

○ 公孫嬰齊如晉.이라
　공 손 영 제 여 진

○ 壬申,에 鄭伯費卒.이라
　임 신　　정 백 비 졸

○ 秋,에 仲孫蔑·叔孫僑如帥師,하여 侵宋.이라
　추　　중 손 멸　숙 손 교 여 솔 사　　　침 송

○ 楚公子嬰齊帥師,하여 伐鄭.이라
　초 공 자 영 제 솔 사　　　벌 정

○ 冬,에 季孫行父如晉.이라
　동　　계 손 행 보 여 진

○ 晉欒書帥師,하여 救鄭.이라
　진 란 서 솔 사　　　구 정

　6년 봄 천자가 쓰는 역으로 정월에, 공이 회합에서 돌아왔다.
　2월 신사날에, 무궁(武宮)을 세웠다.
　전(鄟)의 땅을 쳐서 차지했다.
　위나라 손양부(孫良夫)가 군사를 이끌고, 송나라를 침공했다.
　여름 6월에, 주(邾)나라 군주인 자작이 찾아왔다.
　공손영제가 진(晉)나라에 갔다.
　임신날에, 정나라 군주인 백작 비(費)가 세상을 떠났다.
　가을에, 중손멸(仲孫蔑)과 숙손교여(叔孫僑如)가 군사를 이끌고 송나라를 침공했다.
　초나라 공자 영제(嬰齊)가 군사를 이끌고 정나라를 쳤다.
　겨울에, 계손행보(季孫行父)가 진나라에 갔다.
　진(晉)나라 난서(欒書)가 군사를 이끌고 정나라를 구했다.

주해 ○二月辛巳(이월신사)-2월 17일.

○武宮(무궁)-여기에 대해서는 여러 설이 있다. 즉 성공 2년의 안(鞍)의 싸움에 노나라에서는 선대 군주 무공(武公)에게 빌어 승리했다 하여 무공을 모시는 특별한 사당으로 지은 것이라는 설과, 무공의 사당을 지어 전승(戰勝)을 보고하고, 후세에 그 무공(武功)을 전하자는 것이었다 하며, 또는 무공을 기념하기 위한 궁전이었다고도 한다.

○鄟(전)-노나라의 부속국이었다 한다.

○壬申(임신)-6월 10일.

傳| 六年春,에 鄭伯如晉,하여 拜成.이라 子游相,에 授玉于東楹
之東.이라 士貞伯曰, 鄭伯其死乎.인저 自弃也已.라 視流而行
速,하고 不安其位,하니 宜不能久.리라
二月,에 季文子以鞍之功立武宮,은 非禮也.라 聽於人以救其
難,하니 不可以立武.라 立武由己,요 非由人也.라
取鄟,은 言易也.라
三月,에 晉伯宗·夏陽說·衛孫良夫·寗相·鄭人·伊雒之
戎·陸渾蠻氏侵宋,은 以其辭會也.라 師于鍼,에 衛人不保.라
說欲襲衛曰, 雖不可入,이나 多俘而歸,면 有罪不及死.라 伯宗
曰, 不可.라 衛唯信晉.이라 故로 師在其郊,하여 而不設備.라 若
襲之,면 是弃信也.라 雖多衛俘,나 而晉無信,이면 何以求諸侯.아
乃止.라 師還,에 衛人登陴.라

진인모거고강   제대부개왈   필거순하씨지지   옥
晉人謀去故絳.이라 諸大夫皆曰, 必居郇瑕氏之地.이오니다 沃
요이근고   국리군락   불가실야   한헌자장신
饒而近鹽,하여 國利君樂,이리니 不可失也.라소이다 韓獻子將新
중군   차위복대부   공읍이입   헌자종공   입어침정
中軍,하고 且爲僕大夫.라 公揖而入,에 獻子從公,하여 立於寢庭.
       위헌자왈   하여   대왈 불가   순하씨   토박수
이라 謂獻子曰, 何如.아 對曰, 不可.이오니다 郇瑕氏,는 土薄水
천   기악이구   이구   즉민수   민수   즉점애
淺,하고 其惡易覯.이오니다 易覯,면 則民愁,하고 民愁,면 則墊隘.
         어시호유침닉중추지질   불여신전   토후
이오니다 於是乎有沈溺重膇之疾,이리니 不如新田.이오니다 土厚
수심   거지부질   유분 회   이류기악   차민종
水深,에 居之不疾,하옵고 有汾·澮,하여 以流其惡,하오며 且民從
교   심세지리야   부산택림고   국지보야
敎,하여 十世之利也.라소이다 夫山澤林鹽,는 國之寶也.로소이다
국요   즉민교일   근보   공실내빈   불가위락
國饒,면 則民驕佚,하고 近寶,면 公室乃貧,이니 不可謂樂.이오니다
공열종지   하사월정축   진천우신전
公說從之.라 夏四月丁丑,에 晉遷于新田.이라
    유월   정도공졸
六月,에 鄭悼公卒.이라
     자숙성백여진   명벌송   추   맹헌자   숙손선백침
子叔聲伯如晉,하니 命伐宋.이라 秋,에 孟獻子·叔孫宣伯侵
송   진명야
宋,하니 晉命也.라
    초자중벌정   정종진고야
楚子重伐鄭,하니 鄭從晉故也.라

6년 봄에, 정나라 군주가 진(晉)나라에 가, 화평관계를 맺은 일에 대하여 감사드렸다. 당시 자유(子游:공자 偃)가 군주를 따라 부축했는데, 정나라 군주는 진나라 군주에게 옥(玉)을 드릴 정해진 위치를 지나, 당(堂)의 동쪽 기둥의 동편 가에서 드렸다. 그것을 본 사정백(士貞伯)은 말했다. "정나라 군주는 죽으려나 보다. 그분은 자기 지위의

체통을 내던져버렸다. 눈동자가 안정되어 있지 않고, 걸음걸이가 빠르며, 자신의 자리에서 좌불안석하니, 아마도 오래가지 못할 것이다."

2월에, 계문자(季文子 : 季孫行父)가 안(鞍)의 싸움에서 무공(武功)을 세웠다는 이유로 무궁(武宮)을 세운 것은, 예의에서 벗어난 일이었다. 다른 나라 사람에게 위임해서 국난을 구했으니, 무궁을 세울 수는 없는 것이다. 무궁은 자기 나라 힘으로 무공을 세웠어야 세우는 일이 마땅하고, 다른 나라 사람의 힘으로 말미암은 무공으로 세우는 것은 아니다.

전(鄟)을 쳐 차지했다는 것은, 쉽게 쳐 차지했음을 말한 것이다.

3월에, 진(晉)나라 백종(伯宗)·하양열(夏陽說)·위나라의 손양부(孫良夫)·영상(甯相)·정나라 사람·이수(伊水)와 낙수(雒水) 사이 지방에 사는 융(戎) 오랑캐·육혼(陸渾)의 만(蠻) 오랑캐가 송나라를 침공한 것은, 송나라가 회합을 사절해서였다. 그 군사가 겸(鍼)에 당도하였을 때, 위나라 사람들은 아무런 수비를 하지 않고 있었다. 그러자 진나라의 하양열이 위나라를 급습하고자 하여 말하기를, "위나라 도읍으로 쳐들어갈 수는 없지만, 많은 포로를 데리고 나라로 돌아간다면, 위나라를 급습했다는 죄가 되더라도 죽게 되지는 않을 것이오."라고 했다. 그러자 백종은 말했다. "그것은 안되오. 위나라는 지금 우리 진나라를 믿고만 있소. 그러기에 군사를 교외(郊外)로 내어보내 놓고, 아무런 대비를 하고 있지 않는 거요. 우리가 만일 위나라를 급습한다면, 그것은 신의를 버리는 것이오. 비록 포로를 많이 잡는다 하더라도, 진나라는 신의가 없게 되니, 어떻게 제후들이 따라오기를 구할 것이오?" 이에 그만두었다. 그리고 군사가 떠나게 되자, 위나라 사람은 성벽 위의 담에 올라 바라보았다.

진(晉)나라 사람들이 지금까지의 도읍인 강(絳)에서 다른 곳으로 옮길 것을 상의했다. 그래서 여러 대부들은 모두, "반드시 옛 순하(郇瑕)나라의 도읍지를 도읍으로 삼아야 하옵니다. 그곳은 땅이 기름져

산물이 풍부한데다가, 소금밭이 있는 고(鹽) 땅이 가까워, 나라는 이
롭고, 군주께서는 안락할 것이오니, 그곳을 잃으면 아니되옵니다."라
고 말하였다. 그때 한헌자(韓獻子 : 韓厥)는 신삼군(新三軍)의 중군대
장이 되었고, 군주의 시종대부(侍從大夫)를 겸하고 있었다. 군주가
회의 자리에서 일어나 경(卿) 대부들에게 인사의 읍(揖)을 하고 안으
로 들어가니, 한헌자는 군주의 뒤를 따라가, 정전(正殿)의 뜰에 섰다.
그러자 군주가 한헌자에게, "순하나라의 도읍지로 가는 것을 어찌 생
각하는가?"라고 물었다. 한헌자는 대답했다. "그것은 아니되옵니다.
옛 순하나라 도읍지였던 땅은, 저지대(低地帶)여서 흐르는 물도 얕고,
더러운 물건이 눈에 띄기 쉽사옵니다. 더러운 물건이 눈에 띄기 쉬우
면, 백성들의 마음이 좋지 못하옵고, 백성들의 마음이 좋지 못하오면,
몸이 불편하옵니다. 그러면 습기 때문에 병과 각기병이 일어날 것이
오니, 신전(新田)으로 도읍을 옮기는 것만 못하옵니다. 신전은 지대가
높은 데다가 흐르는 물이 깊어, 그곳에 살면 병에 걸리지 않을 것입
니다. 또 분수(汾水)와 회수(澮水)의 두 강이 흘러 더러운 것들을 흘
려보내오며, 백성들이 말을 잘 들어, 10대까지 복리(福利)를 누릴 것
이옵니다. 산·습지대·삼림·소금밭은, 나라의 보배이옵니다. 그러나
국도(國都)가 부요(富饒)하면, 백성들이 교만하게 되옵고, 보물이 되
는 것이 가까이 있으면, 백성들이 농잠(農蠶)을 소홀히 하여, 결국은
공실(公室)에는 들어오는 세가 적어서 빈곤하게 되오니, 군주께서 즐
겁다고는 말할 수 없을 것이옵니다." 군수는 이 말에 기뻐하고, 그의
말을 따랐다. 여름 4월 정축날에 진나라는 도읍을 신전(新田)으로 옮
겼다.

 6월에, 정나라의 도공이 세상을 떠났다.

 노나라의 자숙성백(子叔聲伯 : 公孫嬰齊)이 진나라로 가니, 진나라
가 송나라를 치라고 명했다. 가을에, 노나라의 맹헌자(孟獻子 : 仲孫
蔑)와 숙손선백(叔孫宣伯 : 叔孫僑如)이 송나라를 침공했으니, 그것은

진나라의 명으로서였다.

　초나라 자중(子重 : 嬰齊)이 정나라를 친 것은, 정나라가 진나라에 복종했기 때문이었다.

│주해│ ○授玉于東楹之東(수옥우동영지동)-제후가 다른 나라를 찾아가 선물의 옥을 그 나라 군주에게 드릴 때에는, 당(堂)의 동·서 기둥 사이에서 주고받는 예를 행하였다. 그런데 정나라 군주는 진나라 군주에게 압도되어, 동쪽 기둥의 동편까지 나가 옥을 드렸다.
○視流而行速(시류이행속)-눈동자가 불안정하고, 걸음걸이가 빠름.
○鍼(겸)-위나라 지명.
○陴(비)-성벽 위의 담.
○郇瑕氏(순하씨)-순하는 옛 나라의 이름으로, 그 나라의 도읍은 산서성 해현(解縣) 서북쪽에 있었다.
○沃饒(옥요)-토지가 기름지고, 산물이 풍부함.
○鹽(고)-지명인데 소금밭으로 유명함. 소금의 산지인 고는, 지금의 산서성 안읍현(安邑縣)과 해현(解縣)에 걸쳐 있다.
○僕大夫(복대부)-시종대부(侍從大夫)로, 즉 시종장(侍從長).
○寢庭(침정)-군주가 정무(政務)를 보는 정전(正殿)의 뜰.
○土薄水淺(토박수천)-저지대로 땅이 낮고, 흐르는 강물이 얕음.
○其惡易覯(기오이구)-더러운 것이 눈에 띄기 쉬움.
○墊隘(점애)-피로하여 괴로워함.
○沈溺重腿之疾(침닉중추지질)-습기로 일어나는 병과 각기병.
○新田(신전)-지금의 산서성 곡옥현(曲沃縣) 남쪽 땅.
○從敎(종교)-군주의 말을 잘 들음.
○公室乃貧(공실내빈)-백성들이 공(工)·상(商)에 주력하는 한편, 농업과 잠업을 소홀히 하므로, 공실로 들어오는 세가 적어 빈곤하게 된다는 말.
○四月丁丑(사월정축)-4월 14일.

冬_동에 季文子如晉_{계문자여진}하여 賀遷也_{하천야}라.

晉欒書救鄭,하여 與楚師遇於繞角,이어늘 楚師還,이라 晉師遂
侵蔡,하니 楚公子申·公子成以申·息之師救蔡,하여 禦諸桑隧.
라 趙同·趙括欲戰,하여 請武子,하니 武子將許之.라 知莊子·
范文子·韓獻子諫曰, 不可.라 吾來救鄭,에 楚師去我.라 吾遂
至於此,는 是遷戮也.라 戮而不已,하고 又怒楚師,이면 戰必不克,
이요 雖克不令.이라 成師以出,하여 而敗楚之二縣,이 何榮之有
焉.가 若不能敗,면 爲辱已甚,하니 不如還也.라 乃遂還.이라 於
是,에 軍帥之欲戰者衆.이라 或謂欒武子曰, 聖人與衆同欲,이요
是以濟事,이어늘 子盍從衆.가 子爲大政,하여 將酌於民者也.라
子之佐十一人.이라 其不欲戰者,는 三人而已,니 欲戰者可謂衆
矣.라 商書曰, 三人占,이면 從二人.이라 衆故也.라 武子曰, 善
鈞從衆.이라 夫善,은 衆之主也.라 三卿爲主也,니 可謂衆矣.라
從之,는 不亦可乎.아

  겨울에, 계문자(季文子:季孫行父)가 진(晉)나라에 가서, 진나라가 도읍을 옮긴 것을 축하했다.
  진(晉)나라의 난서(欒書)가 정나라를 구원하러 가, 초나라 군사와 요각(繞角)에서 만났는데, 초나라 군사가 진나라 군사를 피하여 귀환했다. 그때 진나라 군사는 바로 채나라를 침공하니, 초나라 공자 신(申)과 공자 성(成)이, 신(申) 고을과 식(息) 고을의 군사를 이끌고 채나라를 구원하여, 진나라의 군사를 상수(桑隧)에서 방어했다. 당시

진나라의 하군부장인 조동(趙同)과 신중군부장(新中軍副將)인 조괄(趙括)이 초군과 결전을 하고자 하여, 무자(武子 : 欒書)에게 싸우자 청하니, 무자가 허락하려 했다. 그러자 지장자(知莊子 : 中軍副將인 荀首)·범문자(范文子 : 上軍副將인 士燮)·한헌자(韓獻子 : 新中軍의 元帥인 韓厥)가 충고하였다. "아니됩니다. 우리가 와 정나라를 구원하니, 초나라 군사가 우리를 피하여 떠났습니다. 그런데 우리가 여기 채나라 땅에 이른 것은, 죽일 상대를 다른 편으로 바꾼 격입니다. 다른 사람을 죽이는 것을 그치지 않고, 초나라 군사를 성나게 했다가는 싸워 반드시 이기지 못하고, 비록 이긴다 하더라도 좋은 일이 못됩니다. 군사를 편성하여 나와서, 초나라의 두 고을[縣]의 군사를 패배시키는 것이 무슨 영광이 있는 일입니까? 우리가 만약에 패배시킬 수가 없다면, 수치됨이 아주 심하니, 돌아가는 것만 못합니다." 그리하여 결국 귀환하기로 했다. 그때 장수 중에는 싸우고자 하는 사람이 많았다. 어느 사람이 난무자(欒武子)에게 말했다. "성인(聖人)은 많은 사람의 욕망 가짐을 한가지로 하고, 그리하여서 일을 성취하는 것인데, 장군께서는 어찌 많은 사람의 욕망을 따르지 않습니까? 장군은 총대장으로 나라의 대정(大政)을 잡아, 백성들의 욕망을 받아들여야 할 분입니다. 장군의 보좌관은 열한 사람이 있습니다. 그 중에서 싸우지 않겠다는 분은 세 사람뿐이니, 싸우고자 하는 사람이 많다고 말할 수 있습니다. 상서(商書)에 이르기를, '세 사람이 점쳐서는, 두 사람의 뜻을 따른다'고 했습니다. 이것은 같은 뜻을 가진 사람이 많아서인 것입니다." 이 말에 대하여, 난무자가 말했다. "좋은 바가 다 같을 경우에는 많은 편을 따르는 거요. 선(善), 즉 좋다는 것은 무리가 따라야 할 주체인 것이오. 그런데 싸우지 말자고 주장하는 세 경(卿)은, 군중(群衆)이 따를 주인공이니, 그분들 세 분은 곧 많은 사람 편이라고 말할 수 있습니다. 그분들의 뜻을 따르는 것 또한 좋지 않겠소이까?"

주해┃ ○繞角(요각)-정나라 지명으로, 지금의 하남성 노산현(魯山縣) 동남쪽 땅.
○桑隧(상수)-채나라의 지명으로, 지금의 하남성 확산현(確山縣) 동쪽 땅.
○子之佐十一人(자지좌십일인)-당시 진나라는 육군(六軍)이 있어, 중군대장은 난무자·중군부장 순수·상군대장 순경(荀庚)·상군부장 사섭(士燮)·하군대장 극기(郤錡)·하군부장 조동·신중군대장 한궐·신중군부장 조괄·신상군대장 공삭(鞏朔)·신상군부장 한천(韓穿)·신하군대장 순추(荀騅)·신하군부장 조전(趙旃)이었다. 중군부장 이하 11장군은 다 보좌 장군이었기에, 이렇게 말한 것이다.
○商書(상서)-《서경(書經)》홍범편(洪範篇)을 말한다.

經┃ ○七年春王正月,에 鼷鼠食郊牛角.이라 改卜牛,에 鼷鼠又食其角,하니 乃免牛.라
○吳伐郯.이라
○夏五月,에 曹伯來朝.라
○不郊,나 猶三望.이라
○秋,에 楚公子嬰齊帥師,하여 伐鄭.이라
○公會晉侯·齊侯·宋公·衛侯·曹伯·莒子·邾子·杞伯,하여 救鄭.이라
○八月戊辰,에 同盟于馬陵.이라
○公至自會.라
○吳入州來.라

○冬ᵈᵒⁿᵍ에 大雩ᵈᵃᵉᵘ라.

○衛孫林父出奔晉ʷⁱ ˢᵒⁿ ʳⁱᵐ ᵇᵒ ᶜʰᵘˡ ᵇᵘⁿ ʲⁱⁿ이라.

7년 봄 천자가 쓰는 역으로 정월에, 새앙쥐가 교제(郊祭)에 희생으로 바칠 소의 뿔을 갉아먹었다. 다른 소를 점쳐 정했는데, 새앙쥐가 또 그 소의 뿔을 갉아먹었다. 그래서 그 소를 희생물로 삼지 않고 놓아주었다.

오(吳)나라가 담(郯)나라를 쳤다.

여름 5월에, 조나라 군주인 백작이 찾아왔다.

교제(郊祭)를 지내지 않았으나, 삼망(三望)의 제사는 전대로 지냈다.

가을에, 초나라 공자 영제(嬰齊)가 군사를 이끌고, 정나라를 쳤다.

공이 진(晉)나라 군주인 후작·제나라 군주인 후작·송나라 군주인 공작·위나라 군주인 후작·조나라 군주인 백작·거나라 군주인 자작·주나라 군주인 자작·기나라 군주인 백작들과 회합을 갖고, 정나라를 구원했다.

8월 무진날에 마릉(馬陵)에서 동맹을 맺었다.

공이 회합의 일에서 돌아왔다.

오나라가 주래(州來)로 쳐들어갔다.

겨울에 성대한 기우제를 지냈다.

위나라의 손임보(孫林父)가 진(晉)나라로 도망갔다.

주해 | ○鼸鼠(혜서) - 새앙쥐.

○吳(오) - 오나라에 대한 일이 《춘추》에 나오는 것은, 이 기사가 처음이다.

○八月戊辰(팔월무진) - 8월 13일.

○馬陵(마릉) - 위나라의 지명으로 지금의 하북성 대명현(大名縣) 동남쪽 땅.

傳│ 七年春,에 吳伐郯,하니 郯成.이라 季文子曰, 中國不振旅,하여 蠻夷入伐,이나 而莫之或恤.이라 無弔者也夫.아 詩曰, 不弔昊天,에 亂靡有定.이라 其此之謂乎.아 有上不弔,에 其誰不受亂.가 吾亡無日矣.라 君子曰, 知懼如是,면 斯不亡矣.라
鄭子良相成公以如晉,하여 見且拜師.라
夏,에 曹宣公來朝.라
秋,에 楚子重伐鄭師于氾,하니 諸侯救鄭.이라 鄭共仲·侯羽軍楚師,하여 囚鄖公·鍾儀,하여 獻諸晉.이라 八月,에 同盟于馬陵,은 尋蟲牢之盟,하고 且莒服故也.라
晉人以鍾儀歸,하여 囚諸軍府.라

7년 봄에 오나라가 담나라를 치니, 담나라가 오나라와 화해했다. 계문자(季文子)는 이 일을 두고 말했다. "중국 본토의 제후들이 군대를 정비하지 않고서, 오랑캐 나라가 중국 본토의 나라로 들어와 치나, 침공 당하는 중국 본토의 나라를 돕자는 나라가 어느 나라도 없도다. 아아, 불쌍히 여기는 나라가 없단 말인가? 시에 이르기를, '하늘한테 불쌍히 여겨지지 않으니, 난리는 평정되지 못할 것이로다'라고 했는데, 이 시는 이런 경우를 말한 것일까? 윗사람이 있음에도 불쌍히 여기지 않고 있으니, 그 누구라 난리를 맞지 않을 건가? 우리 노나라가 망할 날이 얼마 남지 않았을 것이다." 그런데 군자는, "이와 같이 두려움을 안다면 망하지는 않을 게다."라고 평했다.

정나라 자량(子良)이 정나라 군주 성공(成公)을 도와 진나라에 가,

진나라 군주를 찾아보고, 전해에 군사를 내어 도와준 데 대해서 감사를 드렸다.

여름에, 조나라 선공이 찾아왔다.

가을에, 초나라 자중(子重 : 嬰齊)이, 정나라 군사를 범(氾)에서 치니, 제후들이 정나라를 구원했다. 정나라 공중(共仲)과 후우(侯羽)가 초나라 군사와 싸워, 초나라 운(鄖) 고을을 차지하고 다스리는 사람과 종의(鍾儀)를 사로잡아 진나라에 넘겼다. 8월에 마릉(馬陵)에서 동맹을 맺은 것은, 충뢰(蟲牢)에서 맺었던 맹서를 공고히 다지기 위해서고, 또 거나라가 진나라에 복종했기 때문이었다.

진나라 사람이 종의를 데리고 돌아가, 병기고(兵器庫)에 가두었다.

주해 ㅇ振旅(진려) – 군대를 정비함.
ㅇ詩曰(시왈) – 《시경》 소아 절남산편(節南山篇) 구절.
ㅇ氾(범) – 정나라 지명으로 지금의 하남성 양성현(襄城縣) 남쪽 땅.
ㅇ軍府(군부) – 병기고.

楚圍宋之役,에 師還,하여 子重請取於申·呂以爲賞田,하니 王許之.라 申公巫臣曰, 不可.이오니다 此申·呂所以邑也.라소이다 是以,로 爲賦以御北方,이옵거늘 若取之,면 是無申·呂也,에 晉·鄭必至于漢.이리이다 王乃止.라 子重是以怨巫臣.이라 子反欲取夏姬,에 巫臣止之,하고 遂取以行,하니 子反亦怨之.라 及共王卽位,하여 子重·子反殺巫臣之族子閻·子蕩及淸尹弗忌及襄老之子黑要,하고 而分其室.이라 子重取子閻之室,하고 使沈尹與王子罷分子蕩之室,하며 子反取黑要與淸尹之室.이라 巫臣自

晉遺二子書曰, 爾以讒慝貪惏事君,하여 而多殺不辜.라 余必使
爾罷於奔命以死.하리라
　巫臣請使於吳,에 晉侯許之.라 吳子壽夢說之,에 乃通吳于晉.
이라 以兩之一卒適吳,하여 舍偏兩之一焉.이라 與其射御敎吳乘
車,하고 敎之戰陳,하여 敎之叛楚.라 實其子狐庸焉,하여 使爲行
人於吳.라 吳始伐楚,하고 伐巢,하며 伐徐,하니 子重奔命.이라 馬
陵之會,에 吳入州來,하니 子重自鄭奔命.이라 子重·子反於是乎
一歲七奔命.이라 蠻夷屬於楚者,를 吳盡取之.라 是以始大,하여
通吳於上國.이라
　衛定公惡孫林父,하니 冬,에 孫林父出奔晉.이라 衛侯如晉,하니
晉反戚焉.이라

　초나라가 송나라를 포위한 싸움에서, 군사가 그냥 돌아가서 자중(子重)이 신(申)과 여(呂) 두 고을의 땅을 떼어 자기에게 상으로 줄 것을 요청하니, 초왕이 그 요청을 들어주었다. 그러자 신공무신(申公巫臣)이 말하기를, "그래서는 아니되옵니다. 그 땅이 있어서 신·여 두 읍이 존재하여 제구실을 하옵니다. 그래서 두 고을에서 병력을 징발하여 북방(北方)을 방어하고 있사온데, 만일 그 땅을 공자께서 차지하게 된다면, 그것은 신·여 두 읍을 없애는 것이 되어, 진(晉)나라·정나라가 반드시 한수(漢水)까지 밀려올 것이옵니다."라고 하니, 왕은 그 땅을 나누어 줄 것을 중지했다. 그래서 자중은 무신을 원망하게 되었다. 그리고 자반(子反)이 하희(夏姬)를 차지하려 했을 때

무신이 못하게 하고, 곧 자신이 하희를 차지해서는 외국으로 가버리니, 자반 또한 무신을 원망하게 되었다. 초의 공왕(共王)이 즉위하자, 자중과 자반은 무신의 일족인 자염(子閻)·자탕(子蕩), 그리고 청(淸)고을 장관인 불기(弗忌) 및 양로(襄老)의 아들 흑요(黑要)를 죽이고, 그들의 가산을 나누어 가졌다. 즉 자중은 자염의 가산을 차지하고 심(沈) 고을 장관과 왕자 피(罷)로 하여금 자탕의 가산을 나누어 갖게 했으며, 자반은 흑요와 청 고을 장관의 가산을 차지했다. 그러자 무신은 진(晉)나라에 있으면서 두 공자에게 편지를 보내어 말했다. "너희들은 타인을 모함하고 나쁜 짓을 하며 탐욕하는 마음으로 군주를 섬기어, 죄 없는 사람을 많이도 죽였다. 나는 반드시 너희들이 군주의 명을 받고 이리저리 돌아다니다가 기진맥진하여 죽게 하리라."

　무신이 진(晉)나라 군주에게 오(吳)나라에 사신이 되어 가기를 원하니 진나라 군주가 허락했다. 오나라 군주인 자작 수몽(壽夢)이 기뻐하니, 그는 오나라가 진나라와 접근하여 통하게 했다. 그는 그때 30대의 한 전차부대를 이끌고 오나라로 가, 그 절반을 오나라에 머물게 하였다. 그래서 그는 전차부대의 사수(射手)와 조종사들과 같이 오나라 군대에 전차 타는 방법을 가르치고, 전쟁터에서의 진법(陣法)을 가르치어, 초나라에 대해서 반기를 들게 지도했다. 그리고 아들인 호용(狐庸)을 남겨두어, 오나라에서 연락을 취하는 일을 맡게 했다. 오나라가 처음으로 초나라를 치고, 그리고 소(巢)나라를 치며, 서(徐)나라를 치니, 초의 자중은 군주의 명을 받고 이리 내닫고 저리 내닫고 했다. 마릉(馬陵)에서 제후들이 회합을 가졌을 때 오나라가 초의 주래(州來)로 쳐들어가니, 자중은 정나라로 구원갔다가, 왕명을 받고 주래 구출을 위해 내달았다. 자중과 자반은 이 한 해에 일곱번이나 군명으로 이리 갔다 저리 갔다 하였다. 남방 오랑캐 나라로서 초나라에 복종했던 나라를 오나라가 다 차지하게 되었다. 그래서 오나라는 비로소 큰 나라가 되어, 오나라는 중국 본토의 제후국들과 통하게 되었다.

　위나라 정공(定公)이 손임보(孫林父)를 미워하자, 겨울에 손임보는 진(晉)나라로 도망했다. (후일을 위하여) 위나라 군주가 진나라에 가니, 진나라는 (손임보가 바친) 척(戚)을 돌려주었다.

주해 | ㅇ楚圍宋之役(초위송지역)-노 선공 14년의 일.
ㅇ申(신)·呂(여)-지금의 하남성 남양현(南陽縣) 땅.
ㅇ爲賦(위부)-병력을 징발함.
ㅇ遂取以行(수취이행)-무신이 하희를 차지하고 진나라로 간 일은, 성공 2년조에 나왔다.
ㅇ共王卽位(공왕즉위)-초나라 공왕이 즉위한 것은, 노나라 성공 원년의 일이다.
ㅇ兩之一卒(양지일졸)-양편(兩偏)은 전차 30대. 즉 전차 30대로 편성된 한 부대.
ㅇ偏兩之一(편량지일)-전차 15대. 양편의 2분의 1.
ㅇ巢(소)·徐(서)-초나라의 속국.
ㅇ上國(상국)-중국 본토[中華]의 제후국.
ㅇ戚(척)-위나라의 읍 이름. 지금의 하북성 복양현(濮陽縣) 북쪽. 당시 순임보의 영유지였다.

　　　　　　　팔년춘　　　진후사한천래언문양지전귀지우제
經 | ㅇ八年春,에 晉侯使韓穿來言汶陽之田歸之于齊.라
　　　　　진란서솔사　　　침채
ㅇ晉欒書師師,하여 侵蔡.라
　　　　공손영제여거
ㅇ公孫嬰齊如莒.라
　　　　송공사화원래빙
ㅇ宋公使華元來聘.이라
　　하　　송공사공손수래납폐
ㅇ夏,에 宋公使公孫壽來納幣.라
　　　　진살기대부조동　　조괄
ㅇ晉殺其大夫趙同·趙括.이라

○秋七月에 天子使召伯來賜公命이라
○冬十月癸卯에 杞叔姬卒이라
○晉侯使士燮來聘이라
○叔孫僑如會晉士燮·齊人·邾人하여 伐郯이라
○衛人來媵이라

8년 봄에, 진(晉)나라 군주인 후작이 한천(韓穿)으로 하여금 노나라에 와 문양(汶陽)의 땅에 대하여 말하여, 제나라에게 돌려주게 했다.
　진나라의 난서(欒書)가 군사를 이끌고, 채나라를 침공했다.
　공손영제(公孫嬰齊)가 거(莒)나라에 갔다.
　송나라 군주인 공작이 화원(華元)에게 예방(禮訪)케 했다.
　여름에, 송나라 군주인 공작이 공손수(公孫壽)에게 결혼 절차의 하나인 납폐(納幣)를 하게 했다.
　진나라가 그 나라의 대부인 조동(趙同)과 조괄(趙括)을 죽였다.
　가을 7월에, 천자께서 소(召)의 군주인 백작으로 하여금 와 노나라 성공에게 사령(辭令)을 주게 하셨다.
　겨울 10월 계묘날에, 기나라로 시집갔던 숙희(叔姬)가 세상을 떠났다.
　진나라 군주인 후작이 사섭(士燮)에게 예방케 했다.
　숙손교여(叔孫僑如)가 진나라의 사섭·제나라 사람·주나라 사람들과 만나서, 담(郯)나라를 쳤다.
　위나라 사람이 와 잉첩(媵妾)이 되었다.

|주해| ○納幣(납폐)-결혼 절차의 하나. 당시 송나라에서는 노나라 공녀인 백희(伯姬)를 맞이하기 위하여 납폐했다.
　　○賜公命(사공명)-노나라 성공에게 즉위에 대한 책명(策命)을 내린 것

인데, 즉위한 지 8년 만에 책명(사령)을 내린 것은 때늦은 일이었다.
o 十月癸卯(시월계묘) - 10월 25일.
o 衛人來媵(위인래잉) - 위나라의 공녀가 와 송나라로 시집가는 노나라 공녀 백희의 잉첩이 되었다는 것. 제후가 정부인(正夫人)을 취할 때에는 좌잉(左媵)과 우잉(右媵)이 따르고, 그밖에 정부인과 좌·우잉에는 각각 조카딸과 동생이 하나씩 따라갔다. 그래서 제후는 한꺼번에 아홉 명의 여자를 취하였다. 그런데 제후가 공녀를 다른 나라의 정부인으로 시집보낼 때에는 동성(同姓)의 나라에서는 그 잉첩으로 공녀를 보낸 것이다.

傳| 八年春,에 晉侯使韓穿來言汶陽之田歸之于齊.라 季文子餞之,하고 私焉曰, 大國制義,하여 以爲盟主.라 是以로 諸侯懷德畏討,하여 無有貳心.이라 謂汶陽之田,이면 敝邑之舊也.라 而用師於齊,하여 使歸諸敝邑.이라 今有二命,하여 曰歸諸齊.라 信以行義,하고 義以成命,하여 小國所望而懷也.라 信不可知,하고 義無所立,이면 四方諸侯,가 其誰不解體.오 詩曰, 女也不爽,이어늘 士貳其行.이라 士也罔極,하여 二三其德.이라 七年之中,에 而一與一奪,은 二三孰甚焉.가 士之二三,에노 猶喪妃耦.라 而況霸主오 霸主將德是以,어늘 而二三之,면 其何以長有諸侯乎.아 詩曰, 猶之未遠.이라 是用大簡.이라 行父懼晉之不遠猶而失諸侯也.라 是以로 敢私言之.라

8년 봄에, 진나라 군주가 한천에게 말하여 문양(汶陽) 땅을 제나라

에게 돌려주게 했다. 계문자(季文子)는 한천에게 송별연을 베풀고, 가만히 말했다. "대국(大國), 즉 진나라는 옳은 길을 걸어 제후국을 통제하는 패자가 되었습니다. 그래서 제후들이 그 덕에 따르고 토벌 당할 것을 두려워하여, 두 마음을 갖지 않고 있습니다. 문양 땅으로 말할 것 같으면, 우리나라의 옛 땅입니다. 그랬던 것을, 제나라가 점령하여 차지했고, 진나라가 군사를 제나라에 출동시켜, 우리나라에게 돌려주도록 했었습니다. 그랬는데 이제는 다른 명을 내려, 제나라에게 돌려주라고 했습니다. 신의로 옳은 의리를 행하고, 의리로 옳은 명령이 되는 것으로, 작은 나라들은 그러기를 바라고, 그러함에 따라 복종하는 것입니다. 신의를 몰라보고, 의리가 존재하지 않으면, 사방의 제후들이 그 누가 떨어져나가지 않겠습니까? 시에 이르기를, '아내인 여자야 도를 벗어나지 않고 있건만, 남편인 남자는 그 행동이 두 가지로세. 남자의 하는 짓 끝이 없이, 마음을 두 가지 세 가지로 가졌네.'라 했습니다. 일곱 해 동안에 한 번 주었다가 한 번은 뺏는다는 것은, 마음을 두셋으로 씀이 이보다 더함이 있겠습니까? 남자가 두세 마음을 가진다면, 그 짝을 잃고 마는 것입니다. 그런데 하물며 제후들을 통솔하는 패자에 있어서야 다시 말할 것이 있겠습니까? 패자는 덕을 가지고 써야 하거늘, 두세 가지 마음을 써서야, 어떻게 제후들을 길이 거느릴 수가 있겠습니까? 시에 이르기를, '꾀함이 먼 데 미치지 못하는도다. 그래서 크게 충고하는 거지요.'라고 했습니다. 행보(行父), 나는 진나라가 먼 앞날을 헤아리지 못하여 제후들을 잃을 것을 걱정하고 있습니다. 그래서 감히 개인적인 의견을 말하는 것입니다."

| 주해 | ○用師於齊(용사어제) – 제나라에서 군사 행동을 가함. 성공 2년에 안(鞍)에서 싸웠던 일을 말한다.
　　　○解體(해체) – 떨어져나감.
　　　○女也不爽(여야불상) – 《시경》 풍(風) 위풍(衛風) 맹편(氓篇)의 구절.

○妃耦(비우)-아내, 짝.
○猶之未遠(유지미원), 是用大簡(시용대간)-《시경》대아 판편(板篇) 구절.

晉欒書侵蔡,하고 遂侵楚,하여 獲申驪.라 楚師之還也,에 晉侵沈,하여 獲沈子揖初,하니 從知·范·韓也.라 君子曰, 從善如流.라하니 宜哉.라 詩曰, 愷悌君子,가 遐不作人.가 求善也夫.여 作人斯有功績矣.라 是行也,에 鄭伯將會晉師,하여 門于許東門,하여 大獲焉.이라

聲伯如莒,는 逆也.라

宋華元來聘,은 聘共姬也.라

夏,에 宋公孫壽來納幣,는 禮也.라

晉趙莊姬爲趙嬰之亡故,로 譖之于晉侯曰, 原·屛將爲亂,이오 欒·郤爲徵.이라 六月,에 晉討趙同·趙括,하고 趙武從姬氏畜于公宮,하여 以其田與祁奚.라 韓厥言於晉侯曰, 成季之勳,하고 宣孟之忠,이나 而無後,하오니 爲善者其懼矣.리이다 三代之令王,이 皆數百年保天之祿,이옵거늘 夫豈無辟王,이리오마는 賴前哲以免也.라소이다 周書曰, 不敢侮鰥寡,라함은 所以明德也.이오니다 乃立武,하고 而反其田焉.이라

秋,에 召桓公來賜公命.이라

진나라 난서(欒書)가 채나라를 침공하고, 곧이어 초나라를 침공하여 신려(申驪)를 잡았다. 이 일에 앞서, 초나라 군사가 퇴군하여 돌아가니, 진나라는 심(沈)나라를 침공하여, 심나라의 군주인 자작 읍초(揖初)를 잡았으니, 그것은 지장자(知莊子)·범문자(范文子)·한헌자(韓獻子)의 의견을 따라서였다. 군자는 이 일을 평하여 말하기를, "'선(善)함에 따르면, 물이 흘러감과도 같이 빨리 공을 이룬다.'라고 말함은 옳은 일이다. 시에 이르기를, '마음 즐거운 잘난 이가, 그 어찌 선한 사람을 일으키지 않을손가?'라고 했다. 이는 선한 사람을 구했음을 말한 것이다. 선한 사람을 일으키어 쓰면, 공적이 있게 되는 것이다."라고 했다. 진이 채를 침공한 이 출군에, 정나라 군주가 진나라 군사와 합류하려고 가는 도중, 허나라의 동문(東門)을 공격해서, 큰 전과를 거두었다.

성백(聲伯 : 公孫嬰齊)이 거나라에 간 것은, 자기의 아내를 맞이하기 위해서였다.

송나라 화원이 와 예방한 것은, 노나라 공녀를 송나라 군주 공공(共公)의 부인으로 맞이하기 위해서였다.

여름에, 송나라 공손수가 와 납폐한 것은, 예에 맞는 일이었다.

진(晉)나라 조장희(趙莊姬)는 조영(趙嬰)이 망명한 일을 가지고 진나라 군주에게 모함해서 말하기를, "조원동(趙原同)과 조병계(趙屛季)가 장차 난리를 일으키려 하옵는데, 난씨(欒氏)와 극씨(郤氏)가 그 일을 입증하옵니다."라고 했다. 그래서 6월에, 진나라는 조동(趙同 : 趙原同)과 조괄(趙括 : 趙屛季)을 토벌하고, 어린 조무(趙武)는 조장희를 따라 군주의 궁 안에서 기르기로 하여, 조씨 집안의 영유지를 기해(祁奚)에게 주었다. 그러자 한궐(韓厥)이 진나라 군주에게 말했다. "성계(成季 : 趙衰)의 훈공이 있고, 선맹(宣孟 : 趙盾)의 충(忠)이 있었으나, 그 조씨 집안은 후계자가 없게 되었사오니, 선한 일을 행하는 자가 이렇게 될까 두려워할 것이옵니다. 하(夏)·은(殷)·주

(周) 세 왕조의 훌륭한 천자가 다 수백년 천하를 보유하는 복을 간직했사온데, 그간에 어찌 도에서 빗나간 천자가 나오지 않았을 것이오마는, 전의 어진 천자의 밝은 덕으로 화를 면했사옵니다. 《주서(周書)》에 이르기를, '늙어 홀아비가 되고 홀어미가 된 사람을 감히 업신여기지 않는다.'라고 했음은, 덕을 밝혀 말한 것이옵니다." 이에 진나라 군주는 조무를 조씨 집안의 후계자로 삼고, 그 영유지를 돌려주었다.

가을에, 소(召)의 군주 환공(桓公)이 와 성공의 즉위를 인정하는 천자의 사령을 주었다.

주해 ○楚師之還也(초사지환야) - 성공 6년에 초나라 군사가 요각(繞角)에서 퇴군한 일을 말한다.
○愷悌君子(개제군자), 遐不作人(하부작인) - 《시경》 대아 한록편(旱麓篇)의 구절.
○共姬(공희) - 노나라 성공의 자매로 송나라 공공(共公)의 부인.
○爲徵(위징) - 입증을 함.
○周書(주서) - 《서경(書經)》 강고편(康誥篇).

晉侯使申公巫臣如吳.라 假道于莒,에 與渠丘公立於池上曰, 城已惡.이오니다 莒子曰, 辟陋在夷,니 其孰以我爲虞.오 對曰, 夫狡焉思啓封疆以利社稷者,가 何國蔑有.리오 唯然.이오니다 故로 多大國矣.이오니다 唯或思.하고 或縱也.라소이다 勇夫重閉,이어는 況國乎.인가

冬,에 杞叔姬卒.이라 來歸自杞.라 故로 書.라

晉士燮來聘,은 言伐郯也.니 以其事吳故.라 公賂之,하여 請緩

師．라 文子不可．라하고 曰, 君命無貳요 失信不立이오며 禮無加
貨이옵고 事無二成이오이다 君後諸侯이오면 是寡君不得事君
也．라소이다 變將復之에 季孫懼하여 使宣伯帥師會伐鄭이라
衛人來媵共姬는 禮也라 凡諸侯嫁女엔 同姓媵之하고 異姓
則否라

　진나라 군주가 초나라에 망명한 신공 무신을 오나라에 사자로 보냈다. 그가 오나라로 감에 있어 거나라를 거치는 길을 빌어, 거나라의 군주와 성하(城下)의 못가에 서서 말하기를, "도성(都城)이 이미 낡아졌사옵니다."라고 했다. 그러자 거나라 군주인 자작은 말하기를, "우리나라는 궁벽한 곳이고, 오랑캐들이 사는 구역에 끼어 있는데, 누가 나를 치려고 할 것이오?"라고 하였다. 그래서 무신은 이 말에 대해서 말했다. "교활하게도 영토를 늘려 자기 나라의 이익을 꾀하는 사람이 어느 나라인들 없겠사옵니까? 사실 있사옵니다. 그러기에, 큰 나라가 많이 생기는 것이옵니다. 이 결과는 어느 나라는 그런 생각을 가지고 있는가 하면, 어느 나라는 한가롭게 생각하고 있는 결과로 생기는 일이옵니다. 용맹한 남자도 집의 문을 엄중히 닫사온데, 하물며 나라에 있어서야 다시 말할 것이 있사오리까?"
　겨울에, 기나라로 시집간 공녀 숙희가 세상을 떠났다. 기나라로부터 돌아와 있었기에, 경문에 이 사실을 기록했다.
　진나라의 사섭(士燮)이 예방한 것은, 담나라 치는 일을 말하는 것이었으니, 담나라가 진나라를 배반하고, 오나라를 섬기고 있었기 때문이었다. 노의 성공은 사섭에게 뇌물을 주어, 군사 내는 일을 서둘지 않게 해달라고 요청했다. 그랬더니 문자(文子：士燮)는 안된다며 말했다. "군주의 명령은 둘이 있을 수 없고, 신의를 잃으면 존립하지 못하며, 예의로써 대함에는 재화(財貨)를 분수에 넘게 주는 일이 없사 옵고, 일을 함에 있어 공적(公的)인 데다가 사적(私的)인 사정을 곁 들여 이루게 함이 없사옵니다. 군주께서 다른 제후들보다 늦게 되시 오면, 저희 나라 군주는 모시지 못하게 될 것이옵니다." 사섭의 태도 는 그 사실을 진나라 군주에게 보고할 것 같아, 계손(季孫)은 걱정되 어, 선백(宣伯:叔孫僑如)에게 군사를 이끌고 가 담나라 치는 군사에 합류케 했다.

위나라 사람이 노나라로 와 송나라 공공(共公)의 부인으로 시집가 는 공녀를 잉첩으로서 따라가게 된 것은, 예의에 맞는 일이었다. 무릇 제후가 딸을 시집보냄에 있어 같은 성(姓)의 군주 딸이 잉첩이 되며, 다른 성의 나라라면 그렇게 하지 않는다.

주해 ｜ ○渠丘公(거구공) — 거구(渠丘)는 거나라의 읍 이름이었는데, 읍 이 름으로 거나라를 칭했다. 즉 거나라 군주. 당시 거나라 군주의 이름은 주(朱).
○唯或思(유혹사), 或縱也(혹종야) — 어느 사람은 다른 나라를 쳐 영토를 넓히려 생각하고, 어느 사람은 한가롭게 생각함.
○重閉(중폐) — 집의 안팎 문을 단단히 닫음.
○緩師(완사) — 군사 내는 것을 늦춤.
○君命無貳(군명무이) — 군주의 명령은 두 가지가 없다.
○失信不立(실신불립) — 신의를 잃으면, 존립하지 못함.
○禮無加貨(예무가화) — 예의에 맞게 대함에 있어서는 반드시 선사로 물 건을 주나, 특별하게 더 붙여 주는 일은 없음.
○事無二成(사무이성) — 공적인 일을 함에 있어, 남의 사정을 들어 곁들여 이루어지게 하는 일이 없음.

經 ｜ ○九年春王正月,에 杞伯來逆叔姬之喪,하여 以歸.라
　　　　　　　　　　구 년 춘 왕 정 월　　　기 백 래 역 숙 희 지 상　　　이 귀
○公會晉侯·齊侯·宋公·衛侯·鄭伯·曹伯·莒子·杞伯,
　공 회 진 후　제 후　송 공　위 후　정 백　조 백　거 자　기 백

하여 同盟于蒲.라
　　　　동맹우포

○ 公至自會.라
　　공지자회

○ 二月,에 伯姬歸于宋.이라
　이월　　백희귀우송

○ 夏,에 季孫行父如宋,하여 致女.라
　하　　계손행보여송　　　치녀

○ 晉人來媵.이라
　진인래잉

○ 秋七月丙子,에 齊侯無野卒.이라
　추칠월병자　　제후무야졸

○ 晉人執鄭伯.이라
　진인집정백

○ 晉欒書帥師,하여 伐鄭.이라
　진란서솔사　　　벌정

○ 冬十有一月,에 葬齊頃公.이라
　동십유일월　　　장제경공

○ 楚公子嬰齊帥師,하여 伐莒,하여 庚申,에 莒潰.라
　초공자영제솔사　　　벌거　　　경신　　거궤

○ 楚人入鄆.이라
　초인입운

○ 秦人·白狄伐晉.이라
　진인　백적벌진

○ 鄭人圍許.라
　정인위허

○ 城中城.이라
　성중성

9년 봄 천자가 쓰는 역으로 정월에, 기나라 군주인 백작이 와 숙희의 시신(屍身)을 맞이하여 돌아갔다.

공이 진(晉)나라 군주인 후작·제나라 군주인 후작·송나라 군주인 공작·위나라 군주인 후작·정나라 군주인 백작·조나라 군주인 백작·거나라 군주인 자작·기나라 군주인 백작들과 회합을 갖고, 포

(蒲)에서 동맹을 맺었다.

공이 회합한 곳으로부터 돌아왔다.

2월에, 백희(伯姬)가 송나라로 시집갔다.

여름에, 계손행보(季孫行父)가 송나라로 가, 공녀를 들여보냈다.

진나라 사람이 와 잉첩(媵妾)으로 따라갔다.

가을 7월 병자날에, 제나라 군주인 후작 무야(無野)가 세상을 떠났다.

진나라 사람이 정나라 군주인 백작을 잡았다.

진나라의 난서(欒書)가 군사를 이끌고, 정나라를 쳤다.

겨울 11월에, 제나라 경공(頃公)을 장사 지냈다.

초나라의 공자 영제(嬰齊)가 군사를 이끌고 거나라를 쳐, 경신날에 거나라가 망했다.

초나라 사람이 운(鄆)으로 쳐들어갔다.

진(秦)나라 사람과 백적(白狄)이 진(晉)나라를 쳤다.

정나라 사람이 허나라를 포위했다.

중성(中城)을 쌓았다.

주해 ○蒲(포) - 위나라의 지명으로, 지금의 하북성 장원현(長垣縣) 서남쪽 땅.

○致女(치녀) - 노나라 선공(宣公)의 딸 백희(伯姬)를 데리고 송나라에 가, 그 공녀를 송나라 공가(公家)에 들어보냄.

○七月丙子(칠월병자) - 두예는 7월에는 병자일이 없고 6월 1일이었는데, 부고문(訃告文)에 그렇게 썼기에 그대로 적은 것이라고 말했다.

○庚申(경신) - 11월 18일.

○潰(궤) - 궤멸(潰滅)함.

○鄆(운) - 거나라의 읍 이름으로, 지금의 산동성 기수현(沂水縣) 동북쪽.

○白狄(백적) - 오랑캐의 일종으로, 지금의 섬서성 연안현(延安縣) 일대에 살았다.

o 城中城(성중성) – 중성(中城)을 쌓다. 두예는 중성은 노나라 읍 이름이라 했다. 그러나 노나라 도읍의 외성(外城)과 내성(內城) 사이에 다시 성벽을 쌓고, 그것을 중성이라 했다고 보는 게 옳다고 여겨진다.

傳| 九年春,에 杞桓公來逆叔姬之喪,은 請之也.라 杞叔姬卒,은 爲杞故也,요 逆叔姬,는 爲我也.라
爲歸汶陽之田故,로 諸侯貳於晉,하니 晉人懼,하여 會於蒲,하여 以尋馬陵之盟也.라 季文子謂范文子曰, 德則不競,하고 尋盟何爲.아 范文子曰, 勤以撫之,하고 寬以待之,하며 堅疆以御之,하고 明神以要之,하며 柔服而伐貳,는 德之次也.라 是行也,에 將始會吳,나 吳人不至.라
二月,에 伯姬歸于宋.이라
楚人以重賂求鄭,에 鄭伯會楚公子成于鄧.이라
夏,에 季文子如宋,하여 致女,하고 復命.이라 公享之,하니 賦韓奕之五章.이라 穆姜出于房,하여 再拜曰, 大夫勤辱.이라 不忘先君,하여 以及嗣君,하고 施及未亡人,하니 先君猶有望也.라 敢拜大夫之重勤.이라 又賦綠衣之卒章,하고 而入.이라
晉人來媵,은 禮也.라

9년 봄에, 기나라 환공(桓公)이 와 숙희의 시신을 맞이한 것은, 노나라에서 요청했던 것이다. 기나라 숙희가 세상을 떴다고 경문에(8년

조의 경문에) 쓴 것은, (기나라로 시신이 돌아가 장사 지내졌기에) 기나라를 높이기 위한 때문이었고, 숙희의 시신을 맞이했다고 경문에 쓴 것은 (일시 노나라로 돌아와 있다가 죽었기에) 우리 노나라를 높이기 위해서였다.

(진나라가) 문양 땅을 제나라로 돌려주라고 한 것 때문에 제후들이 진나라에 대해서 의심을 품으니, 진나라 사람은 놀라, 포(蒲)에서 회합을 갖고, 마릉(馬陵)에서 맺었던 맹서를 확고히 다졌다. 그때, 노나라의 계문자(季文子：季孫行父)가 진나라의 범문자(范文子：士燮)에게 말하기를, "덕 베푸는 일은 힘쓰지 않고, 맹서했던 일을 굳히기만 해서 무엇할 것이오?"라고 하니, 범문자가 말했다. "힘써 제후들을 달래고, 너그럽게 대하며, 엄하게 통제하고, 신명(神明) 앞에 맹서하여 결속케 하며, 복종하는 편은 부드럽게 대하나 배반하는 편을 치는 것은, 덕으로 다스리는 다음가는 방법이지요." 이번 일에는, 오나라를 처음으로 회의에 참석케 하였는데, 오나라 사람은 오지 않았다.

2월에, 백희가 송나라로 시집갔다.

초나라 사람이 많은 뇌물로 정나라에게 자기 편이 되어 달라고 요구하니, 정나라 군주가 초나라의 공자 성(成)과 등(鄧)에서 만났다.

여름에, 계문자가 송나라에 가, 공녀 백희를 송나라 공가(公家)로 들여보내고, 돌아가 공에게 결과 보고를 했다. 그러자 공은 그에게 위로의 연회를 베푸니, 그는 그 자리에서 한혁편(韓奕篇)의 시 제5장을 노래불러 좋은 데로 시집갔다고 칭송의 뜻을 나타냈다. 그러고 나자 (공과 백희의 어머니) 목강(穆姜)이 방에서 나와 계문자에게 재배하고 말하기를, "대부께서는 애를 쓰셨습니다. 대부께서는 돌아가신 전의 군주를 잊지 않으셔서, 충성을 뒤이은 군주에게 바치고, 미망인인 내게까지 덕을 베푸시었으니, 돌아가신 전의 군주는 앞으로도 기대하실 것입니다. 나는 대부의 큰 수고에 대해서 감사드립니다."라고 말하고, 녹의편(綠衣篇)의 끝장 시를 노래부르고 방으로 들어갔다.

진(晉)나라 사람이 와 잉첩으로서 백희를 따라간 것은, 예의에 맞는 일이었다.

주해
  ο 不競(불경) - 힘쓰지 않음.
  ο 堅疆以御之(견강이어지) - '강한 인내로 제후들을 이끌어 다스린다'로 해석하기도 하지만, 역자는 '강하게 (엄하게) 제후들을 통제함'으로 풀이했다.
  ο 德之次也(덕지차야) - 덕으로 다스리는 일의 다음가는 좋은 방법임.
  ο 鄧(등) - 환공 2년조에 나왔다.
  ο 復命(복명) - 명을 받고 나가 일을 마치고, 그 결과를 보고함.
  ο 韓奕之五章(한혁지오장) - 한혁은 《시경》 대아의 편명. 한혁편의 시는 6장으로 되어 있다. 그 제5장 시는 궐보(厥父)가 딸을 한(韓)나라 제후에게 시집보내어, 좋은 짝이 되어 안락하다는 것을 말한 것인데, 이 시를 노래불러, 백희가 훌륭한 상대에게 시집갔다는 뜻을 나타낸 것이다.
  ο 穆姜(목강) - 선공(宣公)의 부인이며, 백희의 어머니.
  ο 綠衣之卒章(녹의지졸장) - 녹의는 《시경》 풍 패풍(邶風)의 편명이다. 이 편의 시는 4장으로 되어 있다. 그 끝장은 곧 제4장의 시다. 제4장은 미망인(未亡人)이 죽은 남편을 생각하는 심정을 읊은 것이다. 여기에서는 그 시를 노래불러, 죽은 이도 나와 같이 기뻐할 것이라는 뜻을 나타냈다.

秋,에 鄭伯如晉,하니 晉人討其貳於楚也,하고 執諸銅鞮.라 欒書伐鄭,에 鄭人使伯蠲行成,하니 晉人殺之.라 非禮也.라 兵交,에 使在其閒可也.라 楚子重侵陳,하여 以救鄭.이라 晉侯觀于軍府,하여 見鍾儀,하고 問之曰, 南冠而繫者誰也.아 有司對曰, 鄭人所獻楚囚也.이오니다 使稅之,하고 召而吊之,하니 再拜稽首.라 問其族,하니 對曰, 泠人也.라소이다 公曰, 能樂乎.

아 對曰, 先父之職官也,이옵거늘 敢有二事.이리인가 使與之琴,하
니 操南音.이라 公曰, 君王何如.아 對曰, 非小人所得知也.라소이
다 固問之,하니 對曰, 其爲太子也,에 師保奉之,하여 以朝于嬰
齊,하고 而夕于側也.였나이다 不知其他.이오니다 公語范文子,하니
文子曰, 楚囚君子也.라소이다 言稱先職,은 不背本也,이옵고 樂
操土風,은 不忘舊也,이오며 稱太子,는 抑無私也,이옵고 名其二
卿,은 尊君也.이오니다 不背本,은 仁也,이옵고 不忘舊,는 信也,이
오며 無私,는 忠也,이옵고 尊君,은 敏也.이오니다 仁以接事,하고
信以守之,하며 忠以成之,하고 敏以行之,이오면 事雖大必濟.이리
이다 君盍歸之使合晉·楚之成.이오니까 公從之,하여 重爲之禮,
하여 使歸求成.이라

가을에 정나라 군주가 진나라에 가니, 진나라 사람이 정나라 군주가 초나라에 붙어 두 마음을 가졌음을 문책하고, 그를 진나라의 별궁이 있는 동제(銅鞮)에다 잡아 유폐(幽閉)했다. 그리고 난서가 정나라를 치니, 정나라 사람이 백견(伯蠲)을 시켜 화해하게 했더니, 진나라 사람이 그를 죽여버렸다. 그것은 예의에서 벗어난 처사였다. 두 나라가 싸우는 터에, 사자(使者)가 두 나라 군사 사이를 내왕할 수가 있는 법이다 그때, 초나라 자중(子重)은 진(晉)나라 편인 진(陳)나라를 침공하여, 정나라를 구원했다.

진(晉)나라 군주가 병기고(兵器庫)를 돌아보다가, 초나라의 종의(鍾儀)를 발견하고 그에 대해서 묻기를, "저 남쪽 나라의 관(冠)을 쓰

고 잡혀 있는 자는 누구냐?"라고 하니, 병기고를 맡고 있는 관리가 대답하기를, "정나라 사람이 보내어 온 초나라의 포로이옵니다."라고 했다. 그러자 군주는 그를 풀어주게 하고, 그를 불러 위로하니, 종의는 재배하고 머리를 땅에 대어 깊이 조아렸다. 진나라 군주가 그의 가문(家門)을 물으니, 종의가 대답하기를, "악관(樂官)이옵니다."라고 했다. 그래서 진나라 군주가 "그럼, 음악을 할 수 있는가?"라고 말하니 그는, "선대(先代)부터 맡은 벼슬의 일이옵는데, 어찌 다른 일을 할 것이옵니까?"라고 대답하였다. 그에게 금(琴)을 내어주게 했더니, 종의는 남방의 음악을 탔다. 진나라 군주가 이번에는, "그대의 군주는 어떠한 사람인가?"라고 물으니 그는, "지체 낮은 제가 알 수 있는 것이 아니옵니다."라고 대답했다. 그래도 굳이 물으니 대답하기를, "저희 군주께서 태자로 계셨을 때, 태자의 스승인 사보(師保)가 태자를 받들어 모시고서, 아침에는 공자 영제(嬰齊 : 重)에게로 가 찾아보고, 저녁때에는 공자 측(側 : 反)에게로 가 찾는 것이었나이다. 그밖의 일은 알지 못하옵니다."라고 했다. 진나라 군주가 그에 대해서 범문자(范文子 : 士燮)에게 말하니, 범문자는 말했다. "그 초나라 포로는 군자(君子)이옵니다. 선대의 직업을 말해 내세운 것은, 그의 가문 가업의 근본을 어기지 않은 것이옵고, 자기 고장의 음악을 탄 것은, 자신의 고국을 잊지 않고 있는 것이오며, 군주에 대해서 말하되 태자 시절에 대한 일을 말한 것은, 도대체가 그에겐 자기의 이익을 구하는 사심(私心)이 없는 것이옵고, 자기 나라 두 경(卿)의 이름을 직접 불러 말한 것은, 우리 군주를 높인 것이옵니다. 가업의 근본을 배반하지 않음은 어짊이옵고, 고국을 잊지 않는 것은 신의가 있음이오며, 사심이 없는 것은 충성스러움이옵고, 우리 군주를 높임은 기민(機敏)함이옵니다. 어짊으로 일을 대하고, 신의로 어느 일을 지키며, 충성으로 일을 이룩하고, 기

창(矛)

민으로 행한다면, 일이 아무리 크다 할지라도 그 일은 반드시 잘 되어질 것이옵니다. 군주께서는 어찌 그를 초나라로 돌려보내어 우리 진과 초가 화목하게 결합시키지 않으시옵니까?" 진나라 군주는 이 말에 따라, 그에게 예우(禮遇)함을 두텁게 하여, 돌아가 두 나라가 화목하게 하도록 시켰다.

| 주해 | ㅇ銅鞮(동제) – 진나라의 별궁이 있는 곳으로, 지금의 산서성 심현(沁縣) 남쪽 땅.
ㅇ南冠(남관) – 남방의 관. 즉 초나라 관.
ㅇ稅(탈) – 풀다.
ㅇ伶人(영인) – 음악인, 악관(樂官).
ㅇ敢有二事(감유이사) – 어찌 두 가지 일을 함이 있을까? 즉 음악 이외는 아무것도 못한다는 말.
ㅇ南音(남음) – 남방의 음악. 즉 초나라 음악.
ㅇ師保(사보) – 태자의 교육을 담당하는 벼슬 이름.
ㅇ土風(토풍) – 본국의 음악.

冬十一月에, 楚子重自陳伐莒하여, 圍渠丘라. 渠丘城惡에, 衆潰奔莒라. 戊申에, 楚入渠丘라. 莒人囚楚公子平에, 楚人曰, 勿殺하라 吾歸而浮하리라. 莒人殺之라. 楚師圍莒라. 莒城亦惡하여 庚申에, 莒潰라. 楚遂入鄆하니, 莒無備故也라. 君子曰, 恃陋而不備는, 罪之大者也요, 備豫不虞는, 善之大者也라. 莒恃其陋하여, 而不脩城郭하여, 浹辰之間而楚克其三都라. 無備也夫아. 詩曰, 雖有絲麻나, 無棄菅蒯하라. 雖有姬姜이나, 無棄蕉萃

하라 凡百君子,는 莫不代匱.로다 言備之不可以已也.라

秦人·白狄伐晉,은 諸侯貳故也.라

鄭人圍許,하여 示晉不急君也,하니 是則公孫申謀之.라 曰, 我出師以圍許,하여 僞將改立君者,하여 而紓晉使,면 晉必歸君.하리라

城中城,은 書時也.라

十二月,에 楚子使公子辰如晉.하여 報鍾儀之使,하고 請脩好結成.이라

겨울 11월에, 초나라 자중(子重)이 진(陳)나라로부터 거나라를 쳐, 거구(渠丘)를 포위했다. 거구는 성이 낡아 좋지 못하여, 성내의 군중이 궤멸되어 거나라 도읍으로 도망했다. 그래서 무신날에는, 초나라 군사가 거구로 들어갔다. 그때 거나라 사람이 초나라 공자 평(平)을 잡았는데, 초나라 사람이 말하기를, "그를 죽이지 말라. 내 포로가 된 너희 나라 사람을 돌려보내마."라고 했다. 그러나 거나라 사람은 그를 죽였다. 초나라 군사가 거나라 도읍을 포위했다. 거나라 도읍의 성 또한 낡아 좋지 못하여, 경신날에 거나라는 궤멸되고 말았다. 초나라 군사는 바로 운(鄆)으로 쳐들어갔으니, 거나라가 방비(防備)가 없었기 때문이었다. 군자가 평해서 말하였다. "편벽한 지방임을 믿고 방비하지 않은 것은 허물로써 큰 것이고, 뜻밖의 일에 대해서 방비를 미리 하는 것은, 좋은 일로서 큰 것이다. 거나라는 편벽한 지방에 있음을 믿어, 성곽을 잘 손질하지 않아, 12일 사이에 초나라가 그 세 도읍을 함락시켰다. 방비가 없을손가? 시에 이르기를, '비록 삼[麻]끈이 있다 할지라도, 띠를 버리지 말지어다. 비록 큰 나라 미녀가 있다 할지라

도, 여윈 못난이를 버리지 말라. 무릇 모든 군자는 인재 부족시에 대신 쓰여지지 못함이 없느니.'라고 했다. 이것은 예비함을 그만두어서는 안된다는 것을 말한 것이다."

진(秦)나라 사람과 백적(白狄)이 진(晉)나라를 친 것은, 제후들이 진(晉)나라에 대해서 의아심을 품고 있었기 때문이었다.

정나라 사람이 허나라를 포위하여, 진(晉)나라에 대해서 군주가 잡힌 일을 조급하게 여기지 않는다는 것을 보였으니, 이것은 정나라 공손신(公孫申)이 꾀한 것이었다. 그때, 공손신이 말했다. "우리가 군사를 내어 허나라를 포위하여, 새로 군주를 내세우려는 것을 거짓으로 보이어 진나라로 사자 보내는 것을 늦춘다면, 진나라는 반드시 우리 군주를 돌려줄 것이다."

중성(中城)을 쌓았다는 것은, 성 쌓는 일이 제때였다는 것을 말해 기록한 것이다.

12월에, 초나라 군주인 자작이 공자 진(辰)을 진(晉)나라에 보내어, 종의를 돌려보내어 사자(使者)로 삼은 데 대하여 인사하고, 우호관계를 닦아 화평을 맺자고 청했다.

┃주해┃ ㅇ浹辰(협진) — 12일간을 말한다. 협(浹)은 한 바퀴 도는 것이고, 진(辰)은 자(子)에서 해(亥)까지의 십이진(十二辰), 즉 십이지(十二支)다.
ㅇ詩(시) — 《시경》에 들어 있지 않은 일시(逸詩)다.
ㅇ菅蒯(관괴) — 띠〔茅〕.
ㅇ姬姜(희강) — 희와 강은 성(姓)인데, 이것으로 큰 나라의 미녀의 뜻을 나타냈다.
ㅇ凡百君子(범백군자) — 모든 많은 군자. 여기에서의 군자는, 평범한 관리를 밀한다.
ㅇ莫不代匱(막부대궤) — 인물이 부족할 때에, 인재 대신 쓰여지지 못하는 이가 없다.
ㅇ紓晉使(서진사) — 진나라로 잘못했다고 비는 사자 보냄을 늦춤.

經| ○十年春,에 衛侯之弟黑背帥師,하여 侵鄭.이라

○夏四月,에 五卜郊,나 不從,에 乃不郊.라

○五月,에 公會晉侯·齊侯·宋公·衛侯·曹伯,하여 伐鄭.이라

○齊人來媵.이라

○丙午,에 晉侯獳卒.이라

○秋七月,에 公如晉.이라

○冬十月.

10년 봄에, 위나라 군주인 후작의 아우 흑배(黑背)가 군사를 이끌고, 정나라를 침공했다.

여름 4월에, 교제(郊祭) 지낼 날을 다섯 번 점쳤으나, 다 불길하기에 교제를 지내지 않았다.

5월에, 공이 진나라 군주인 후작·제나라 군주인 후작·송나라 군주인 공작·위나라 군주인 후작·조나라 군주인 백작과 회합을 갖고, 정나라를 쳤다.

제나라 사람이 와 잉첩(媵妾)이 되었다.

병오날에, 진나라 군주인 후작 누(獳)가 세상을 떠났다.

가을 7월에, 공이 진나라에 갔다.

겨울 10월.

주해| ○齊人來媵(제인래잉)-노나라 군주와 성이 다른 강씨(姜氏)인 제나라 공가(公家)의 여자가 와, 송나라로 시집간 백희를 따라 잉첩이 되었다는 것이다.

○丙午(병오)-6월 7일.

                                           제12 성공(成公) 상(上) 10년 … 231

|傳| 十年春,에 晉侯使糴茷如楚,하여 報大宰子商之使也.라
衛子叔黑背侵鄭,은 晉命也.라
鄭公子班聞叔申之謀,하여 三月,에 子如立公子繻.라 夏四月,
에 鄭人殺繻,하고 立髡頑,하니 子如奔許.라 欒武子曰, 鄭人立
君,이어늘 我執一人焉,에 何益.가 不如伐鄭而歸其君,하여 以求
成焉.이라 晉侯有疾,하여 五月,에 晉立太子州蒲,하여 以爲君,하
고 而會諸侯,하여 伐鄭.이라 鄭子罕賂以襄鐘,하여 子然盟于脩
澤,하고 子駟爲質.이라 辛巳,에 鄭伯歸.라

 10년 봄에 진나라 군주가 대부인 적패(糴茷)로 하여금 초나라에 가게 하여, 초나라 태재(大宰) 벼슬에 있는 자상(子商 : 공자 辰)이 사자로 갔던 일에 대한 답례를 했다.
 위나라 자숙흑배(子叔黑背)가 정나라를 침공한 것은, 진나라의 명으로서였다.
 정나라 공자 반(班)은 숙신(叔申 : 公孫申)의 계략을 듣고는, 3월에 자여(子如 : 班)는 공자 수(繻)를 군주로 삼았다. 그런데 여름 4월에, 정나라 사람이 수를 죽이고, 곤완(髡頑)을 군주로 세우니, 자여는 허나라로 도망갔다. 진나라의 난무자(欒武子)가 말하기를, "정나라 사람이 새 군주를 세웠는데, 우리가 한 사람을 잡아놓고 있음은 무슨 이익이 되는가? 정나라를 치고, 우리가 잡아둔 정나라 군주를 돌려보내어 화평을 맺는 것보다 좋은 수는 없다."라고 했다. 이때 진나라 군주가 병이 나, 5월에 진나라는 태자 주포(州蒲)를 내세워서 군주 대신으로 삼고, 제후들과 회합을 가져, 정나라를 쳤다. 정나라 자한(子罕)이 양

공(襄公)을 모신 사당의 종(鐘)을 뇌물로 주어, 정나라 자연(子然)이 수택(脩澤)에서 진나라와 맹약(盟約)을 맺고, 자사(子駟)가 인질이 되었다. 신사날에, 진나라에 잡혔던 정나라 군주가 돌아갔다.

주해　○襄鐘(양종)－정나라 양공을 모신 사당의 종.
　　○脩澤(수택)－정나라 지명으로, 지금의 하남성 원무현(原武縣) 동북쪽 땅.

　　　　　진후몽　　　대려피발급지　　　　　박응이용왈　　　살여손　　　불의
　　　　　晉侯夢,에 大厲被髮及地,하고 搏膺而踊曰, 殺余孫,은 不義.
　　여득청어제의　　　괴대문급침문이입　　　　공구입우실
　　라 余得請於帝矣.라 壞大門及寢門而入.이라 公懼入于室,하니
　　우괴호　　　공각　　　　소상전무　　　　무언여몽　　　공왈　　하여
　　又壞戶.라 公覺,하여 召桑田巫,하니 巫言如夢.이라 公曰, 何如.
　아 曰, 不食新矣.리이다 公疾病,하여 求醫于秦,하니 秦伯使醫緩
　　위지　　미지　　공몽　　질위이수자왈　　피량의야　　　　구상아
　　爲之.라 未至,에 公夢,에 疾爲二豎子曰, 彼良醫也,니 懼傷我.라
　　언도지　　　기일왈　　거황지상　　　고지하　　약아하　　　의지
　　焉逃之.아 其一曰, 居肓之上, 膏之下,면 若我何.아 醫至,하여
　　왈　질불가위야　　　　　　재황지상　　　고지하　　　공지불가
　　曰, 疾不可爲也.라소이다 在肓之上, 膏之下,하여 攻之不可.이오
　　　　달지불급　　　약부지언　　　　불가위야　　　　　공왈　　양
　　니다 達之不及,하고 藥不至焉,하오니 不可爲也.이오니다 公曰, 良
　　의야　　　　　후위지례　　　이귀지　　　유월병오　　　진후욕맥
　　醫也.라하고 厚爲之禮,하여 而歸之.라 六月丙午,에 晉侯欲麥,하
　　여　　사전인헌맥　　　궤인위지　　　소상전무　　　　시이살지
　　여 使甸人獻麥,하여 饋人爲之.라 召桑田巫,하여 示而殺之,하고
　　장식　　장　　여측　　　함이졸　　　소신유신몽　　　부공이등
　　將食,에 張.이라 如廁,하여 陷而卒.이라 小臣有晨夢,에 負公以登
　　천　　　급일중　　　부진후출저측　　　수이위순
　　天.이라 及日中,하여 負晉侯出諸廁,에 遂以爲殉.이라

　진나라 군주가 꿈을 꾸니, 키가 큰 유령(幽靈)이 머리를 늘어뜨려 땅에 닿게 하고, 가슴을 치고 뛰며 말하기를, "나의 자손을 죽인 일은

불의의 짓이다. 나는 천제(天帝)에게 청하여 그대에게 벌 줄 것을 허락받았다."라고는, 대문과 침전(寢殿)의 문을 부수고 들어왔다. 군주는 무서워 거실로 들어갔더니, 그 유령은 또 방문을 부수는 것이었다. 꿈에서 깬 군주는 상전(桑田)에 사는 무당을 불렀더니, 그 무당은 꿈 내용과 같은 말을 하였다. 군주가, "내 어찌 되겠느냐?"라고 물으니 그 무당은, "새로 나는 보리 곡식을 잡숫지 못할 것이옵니다."라고 했다. 군주의 병이 중태가 되자, 의사를 진(秦)나라에게 부탁했다. 그랬더니 진(秦)나라 군주는 의사 완(緩)을 보내어 진(晉)나라 군주의 병을 다스리게 했다. 그 진나라 의사가 아직 진(晉)나라에 도착하지 않았을 때 진나라 군주가 꿈을 꾸니, 병이 두 더벅머리 총각으로 변해서 말하기를, "그 사람은 용한 의사이니 우리를 괴롭힐 거라고 걱정된다. 우리는 어디로 도망갈 거냐?"라고 하니, 다른 한 더벅머리 총각이, "흉부의 횡격막(橫隔膜) 위와 심장 아래로 가 있으면, 우리를 어찌하겠는가?"라고 말하였다. 진나라에서 보낸 의사가 와 보고 말하기를, "이 병은 다스릴 수가 없사옵니다. 병의 근원이 흉부의 횡격막 위와 심장 아래에 있어서, 손을 쓰지 못하옵니다. 침을 찔러도 닿지 못하옵고, 약을 써도 약기운이 그곳에는 가지 않사오니, 다스릴 수가 없사옵니다."라고 했다. 진나라 군주는, "용한 의사로구나."라 하고, 그 의사를 후히 예우(禮遇)하여서 돌려보냈다. 그리고 6월 병오날에, 진나라 군수는 새 보리가 먹고 싶다하여, 국가의 전답을 경작하는 일을 남당하는 관리를 시켜 새 보리를 올리게 하여, 요리사가 먹을 것을 만들었다. 그리고서 상전의 무당을 불러다가, 새 보리로 만든 먹을 것을 보이고 그를 죽였다. 군주가 막 그것을 먹으려 할 때였다. 군주의 배가 뒤틀렸다. 그래서 변소에 갔는데, 그만 변소에 빠져 세상을 떠났다. 진나라 군주의 신변에서 시중을 들던 지체 낮은 한 신하가, 그날 새벽에 군주를 업고 하늘로 올라가는 꿈을 꾸었다. 그랬는데, 그는 정오가 되어 군주를 변소에서 업고 나오게 되어, 결국 군주를 따라 순사(殉死)하게 되었다.

▌주해▐　○大厲(대려)-키가 큰 유령.
　　○桑田(상전)-진나라 지명으로, 지금의 하남성 영보현(靈寶縣) 땅.
　　○不食新矣(불식신의)-새 곡식을 먹지 못함. 여기에서 새 곡식은 새로 나는 보리.
　　○豎子(수자)-더벅머리 총각.
　　○肓(황)·膏(고)-황은 흉부의 횡격막이고, 고는 심장. 흔히 불치의 병을 '황고(肓膏)'라 한다.
　　○攻之不可(공지불가)-이 병은 손댐이 되지 않음. 즉 손댈 수가 없음.
　　○達之不及(달지불급)-침을 놓아도(찔러도) 닿지 않음.
　　○甸人(전인)-공전(公田)의 경작을 주관하는 관리.
　　○饋人(궤인)-요리사.
　　○示而殺之(시이살지)-전에 무당이 새 보리를 먹지 못하고 죽을 것이라 했기에, 새 보리로 만든 먹을 것을 보이며, 이렇게 먹게 되지 않았느냐 며 거짓말을 했다고 죽인 것이다.

鄭伯討立君者,하여 戊申殺叔申·叔禽,이라 君子曰, 忠爲令德,이나 非其人猶不可,이어늘 況不令乎,아
秋,에 公如晉,하니 晉人止公,하여 使送葬,이라 於是,에 糶茷未反,이라
冬葬晉景公,하여 公送葬,이라 諸侯莫在,에 魯人辱之,라 故로 不書,하니 諱之也,라

(진나라로부터 돌아간) 정나라 군주인 백작이, 자기 부재중에 새 군주를 세운 자들을 토벌하여, 무신날에 숙신(叔申)과 숙금(叔禽)을

죽였다. 군자는 이를 두고 말했다. "충성은 훌륭한 덕이지만, 충성을 바칠 상대가 아니면, 오히려 좋지 못한 것이어서 해를 받는다. 그런데 원래 좋지 못한 덕이 없는 사람에게 있어서야 다시 말할 것이 있겠는가?"

가을에 노나라의 성공이, (진나라 군주의 죽음에 대한 조문차) 진나라에 갔더니, 진나라 사람이 공을 머물게 해서, 장례식에 참가케 했다. 그때 (화평 교섭을 하러 간) 적패(糴茂)가 아직 진나라로 돌아오지 않고 있었다. (그래서 진나라는 노나라가 초나라와 밀통하고 있는가를 확인하기 위하여, 노의 성공을 붙들어두고 있었던 것이다.)

겨울에 진나라 경공을 장사 지내어, 노나라 성공은 장례식에 참가했다. 그때 다른 제후는 참가한 이가 없었으니, 노나라 사람들은 그 사실을 수치로 여겼다. 그래서 경에 그 일을 적지 않았는데, 그것은 그 일을 꺼려서였다.

| 주해 |　ㅇ戊申(무신) – 6월 9일.
　　ㅇ非其人(비기인) – 충성을 받을 사람이 아님.
　　ㅇ糴茂未反(적패미반) – 당시 진나라 적패가 초나라와 화평하도록 하기 위하여 교섭차 초나라에 갔는데, 노나라 성공이 진나라에 갔을 때, 아직 돌아오지 않고 있었다. 그러자 진나라는 노나라가 초나라와 밀통하고 있다고 의심하고 있었던 차라, 적패가 돌아와 그 사실을 확인한 연후에 돌려보내자고, 노나라 성공을 장례식을 구실로 잡아두었다.
　　ㅇ辱之(욕지) – 원래 다른 나라의 군주 장례식에는 대부(大夫)를 보낸다. 그런데 다른 나라의 제후는 한 사람도 참가하지 않은 장례식에, 노나라 성공이 억지로 참가한 것을 수치로 여겼다.

제13

성공 하
成公 下

선공(宣公)의 아들. 이름은 흑굉(黑肱)
재위 기원전 590~573년

▎經▎ ○十有一年春王三月,에 公至自晉.이라
　　　　　　　십유일년춘왕삼월　　　공지자진
　○晉侯使郤犨來聘.이라 己丑及郤犨盟.이라
　　　진후사극주래빙　　　　기축급극주맹
　○夏,에 季孫行父如晉.이라
　　　하　　계손행보여진
　○秋,에 叔孫僑如如齊.라
　　　추　　숙손교여여제
　○冬十月.
　　　동시월

　11년 봄 천자가 쓰는 역으로 3월에, 공이 진(晉)나라로부터 돌아왔다.
　진나라 군주인 후작이 극주(郤犨)로 하여금 예방케 했다. 기축날에는 진의 극주와 맹서하였다.
　여름에 계손행보가 진나라에 갔다.
　가을에, 숙손교여가 제나라에 갔다.
　겨울 10월.

▎주해▎ ○郤犨(극주)-진나라 극극(郤棘)과 6촌간이었다. 그 계보는 다음

과 같다.

```
                    ┌─ 기예(冀芮) ─ 결(缺) ─ 극(克)
    극표(郤豹) ─┤
                    └─ 의(義) ─ 보양(步揚) ─ 주(犨)
```

|傳| 十一年春王三月,에 公至自晉.이라 晉人以公爲貳於楚.라 故로 止公,하고 公請受盟而後使歸.라
郤犨來聘,하고 且涖盟.이라
聲伯之母不聘.이라 穆姜曰, 吾不以妾爲姒,라하고 生聲伯而出之.라 嫁於齊管于奚,하여 生二子而寡,하여 以歸聲伯.이라 聲伯以其外弟爲大夫,하고 而嫁其外妹於施孝叔.이라 郤犨來聘,하여 求婦於聲伯,하니 聲伯奪施氏婦以與之.라 婦人曰, 鳥獸猶不失儷,어늘 子將若何.오 曰, 吾不能死亡.이라 婦人遂行,하여 生二子於郤氏.라 郤氏亡,에 晉人歸之施氏,하니 施氏逆諸河,하여 沈其二子.라 婦人怒曰, 己不能庇其伉儷,하여 而亡之,러니 又不能字人之孤,하여 而殺之.라 將何以終.가 遂誓施氏.라
夏,에 季文子如晉,은 報聘,하고 且涖盟也.라
周公楚惡惠·襄之偪也,하고 且與伯輿爭政不勝,하여 怒而出.이라 及陽樊,에 王使劉子復之,하니 盟于鄭而入,이나 三日復出奔晉.이라

秋,에 宣伯聘于齊,하여 以脩前好.라
　　추　　선백빙우제　　　　이수전호

11봄 천자가 쓰는 역으로 3월에, 공이 진나라로부터 돌아왔다. 진나라 사람이, 공이 초나라에 통하는 두 마음을 지녔다고 여겼다. 그래서 공을 진나라에 머물게 하고 공이 그런 일이 없었다는 것을 맹서하게 하고 그것을 원하고 나서야 돌아오게 했다.

진나라의 극주가 예방하고, 맹서하는 데 입회했다.

성백(聲伯 : 宣公의 동생 叔肹의 아들인 公孫嬰齊)의 어머니는 정식 결혼을 하지 않았다. 그래서 선공(宣公)의 부인 목강(穆姜)은, "나는 그대를 동서로 여기지 않는다."라고 말하고는, 성백을 낳고 나자 쫓아냈다. 그러자 그녀는 제나라의 관우해(管于奚)에게로 시집가, 두 아이를 낳고 과부가 되어, 아들 성백에게로 돌아갔다. 성백은 그 아버지가 다른 동생을 대부(大夫)로 삼고, 아버지가 다른 누이동생은 시효숙(施孝叔)에게로 시집을 보냈다. 그런데 진나라의 극주가 와 우리나라를 예방하여서, 성백에게 부인 될 사람을 요구하자, 성백은 시씨(施氏)의 아내, 즉 자기의 아버지가 다른 누이동생을 뺏어서 극주에게 주었다. 그때 시씨의 아내가 시씨에게 말하기를, "조수(鳥獸)도 제 짝을 잃지 않는데, 당신은 어찌하려 하오?"라고 하니 그녀의 남편은, "나는 죽을 수가 없소."라고 말하였다. 시씨의 아내는 결국 극주를 따라가 두 아이를 극씨와 낳았다. 뒤에 극씨의 가문이 망하자, 진나라 사람은 그녀를 시씨에게로 돌려보냈다. 시씨는 그녀를 황하(黃河) 가까지 마중나가 그녀가 데리고 온 극씨 사이에 낳은 두 아이를 물속에 빠뜨려 죽였다. 그러자 그녀는 화를 내어 말하기를, "자신의 배필을 보호하지 못하고 아내인 나를 빼앗기더니, 이제는 또 남의 고아를 기르지 못하여 죽여버리는군요. 그런데 내 장차 어찌 생애를 같이하겠소?"라 하고는, 바로 시씨와 살지 않을 것을 맹서했다.

여름에, 계문자(季文子 : 季孫行父)가 진나라에 간 것은, 사자(使

者)를 보내어 예방케 한 데 대한 답례를 하고, 또 맹서 맺음에 입회하기 위해서였다.

　주공(周公)인 초(楚)가, 주나라 혜왕(惠王)과 양왕(襄王)에서 갈려 나간 사람들이 권세 부림을 미워하고, 또 백여(伯輿)와 정권 다툼을 하여 지자, 화를 내고는 주나라를 등지고 나갔다. 그리하여 양번(陽樊) 땅에 이르렀을 때, 주나라 천자가 유(劉)나라 군주인 자작을 시켜 조정으로 복귀케 하니, 그는 견(鄄)에서 맹서하고 들어갔지만, 사흘 뒤에 다시 진(晉)나라로 도망쳤다.

　가을에, 선백(宣伯: 叔孫僑如)이 제나라를 예방하여, 전부터의 우호관계를 두텁게 했다.

|주해| ○不聘(불빙) — 정식 혼례(婚禮)를 지내지 않음.
○姒(사) — 형제간의 아내끼리의 칭호로 동서.
○生二子而寡(생이자이과) — 두 아이를 낳고 과부가 됨. 여기에서 이자(二子)는 아들 하나와 딸 하나이다.
○外弟(외제) — 아버지가 다른 동생.
○郤氏亡(극씨망) — 극씨가 망한 것은 성공 17년의 일이다.
○伉儷(항려) — 부부·배필(配匹).
○陽樊(양번) — 진의 지명으로, 지금의 하남성 제원현(濟源縣) 땅.
○鄄(견) — 주나라 직할 구역의 지명으로, 지금의 하남성 맹진현(孟津縣) 서쪽 땅.

晉郤至與周爭鄇田,하니 王命劉康公·單襄公,하여 訟諸晉.이라 郤至曰, 溫吾故也.라 故로 不敢失.이오니다 劉子·單子曰, 昔에 周克商,하여 使諸侯撫封,에 蘇忿生以溫爲司寇,하고 與檀伯達封于河.라 蘇氏卽狄,이라가 又不能於狄,하여 而奔衛.라 襄

王勞文公,하사 而賜之溫.이라 狐氏·陽氏先處之,하고 而後及
子.라 若治其故,면 則王官之邑也.라 子安得之.아 晉侯使郤至
勿敢爭.이라
　　宋華元善於令尹子重,하고 又善於欒武子.라 聞楚人旣許晉糴
茇成,하여 而使歸復命矣.라 冬,에 華元如楚,하고 遂如晉,하여 合
晉·楚之成.이라
　　秦·晉爲成,하여 將會于令狐.라 晉侯先至焉,이나 秦伯不肯
涉河,하고 次于王城,하여 使史顆盟晉侯于河東,하니 晉郤犨盟秦
伯于河西.라 范文子曰, 是盟也何益.고 齊盟,은 所以質信也,요
會所,는 信之始也.라 始之不從,에 其可質乎.아 秦伯歸而背晉
成.이라

　　진(晉)나라의 극지(郤至)가 후(鄇) 땅을 가지고 천자의 주나라와
다투니, 천자께서는 유나라 강공과 선나라 양공에게 명하시어, 진(晉)
나라에게 소송을 내었다. 그러자 극지가 말하기를, "후 땅이 있는 온
(溫) 고을은 전부터 저의 영토이옵니다. 그러니 그 땅을 잃을 수는 없
사옵니다."라고 했다. 그러자 유나라 군주인 자작과 선나라 군주인 자
작은 말했다. "옛날에 주나라가 상(商:殷)나라를 쳐 이기어, 제후들
로 하여금 각기 봉토(封土)를 지키게 하여, 소분생(蘇忿生)은 온 땅
의 소유자로서 사구(司寇)의 관(官)이 되었고, 단백달(檀伯達)과 같
이 하내(河內) 지방에 봉(封)되었소. 그런데 소씨가 적(狄) 오랑캐에
게 붙었다가도, 또한 적 오랑캐와 사이가 좋지 못하여서는 위나라로

도망갔소. 그뒤 양왕께서는 진나라 문공(文公)의 공로에 대한 위로를 하시어, 문공에게 온 땅을 하사하셨소. 그리하여 호씨(狐氏)와 양씨(陽氏)가 온 땅의 영주(領主)가 되었고, 그들 뒤에 그대가 영유(領有)하게 되었소. 만일 그 근본을 따질 것 같으면, 그것은 천자의 조정에서 벼슬했던 사람의 읍이오. 그런데 그대가 어찌 차지한단 말이오?" 이에 진나라 군주는 극지에게 구태여 다투지 않도록 했다.

송나라 화원(華元)은 초나라 영윤(令尹)인 자중(子重)과 사이가 좋고, 또 진(晉)나라 난무자(欒武子)와도 사이가 좋았다. 그는 초나라 사람이 진나라 적패(糴茷)에게 양국이 화목하도록 할 것을 들어주어, 적패가 본국으로 돌아가 군주에게 보고했다는 소식을 들었다. 겨울에 화원은 초나라에 가고, 곧이어 진나라로 가 진·초 두 나라의 화목을 이루게 했다.

진(秦)나라와 진(晉)나라가 화평하게 되어, 영호(令狐)에서 회합을 갖기로 했다. 그리하여 진(晉)나라 군주는 먼저 회합지로 갔으나, 진(秦)나라 군주는 황하를 건너가려 하지 않고, 왕성(王城)에 머물러 있으며, 사과(史顆)를 보내어 진나라 군주와 하동(河東)에서 맹서하게 하니, 진(晉)나라 극주(郤犨)는 진(秦)나라 군주와 하서(河西)에서 맹서하였다. 진(晉)나라 범문자(范文子 : 士燮)는 이 일을 두고 말했다. "이번의 맹서가 무슨 이익이 되겠는가? 두 편이 마음을 한가지로 해서 하는 맹서는, 상호간 신의를 실행함이고, 회합하는 장소는 신의를 나타내는 시발점이 되는 것이다. 그런데 신의를 나타내는 시발점을 정한 장소를 그대로 지키지 않았으니, 그 신의가 이루어질 것인가?" 진(秦)나라 군주는 돌아가 진(晉)나라와의 화평의 맹서를 파기하고 말았다.

▎주해▎ ○郲(후)-온(溫) 고을에 속하는 읍 이름으로, 지금의 하남성 무척현(武陟縣) 서남쪽에 있었다. 온 땅은 주 양왕(襄王)이 진(晉)나라 문

공에게 노나라 희공 25년에 주었는데, 후까지는 주지 않았던 것 같다.
o 蘇忿生(소분생) - 주나라 무왕(武王) 때에, 사법대신(司法大臣)인 사구(司寇)가 되었다.
o 狐氏(호씨) - 호주(狐湊).
o 陽氏(양씨) - 양처보(陽處父).
o 令狐(영호) - 진(晉)나라 지명으로, 산서성 의씨현(猗氏縣) 서쪽 땅.
o 王城(왕성) - 진(秦)나라 지명으로, 지금의 섬서성 조읍현(朝邑縣) 동쪽 땅.
o 齊盟(제맹) - 양편이 한마음으로 맹서를 함.
o 質(질) - 실행함.

經| o 十有二年春,에 周公出奔晉.이라
o 夏,에 公會晉侯·衛侯于瑣澤.이라
o 秋,에 晉人敗狄于交剛.이라
o 冬十月.

12년 봄에, 주공(周公)이 주의 조정을 나가 진(晉)나라로 도망갔다.
여름에, 공이 진(晉)나라 군주인 후작·위나라 군주인 후작과 쇄택(瑣澤)에서 회합을 가졌다.
가을에, 진(晉)나라 사람이 적(狄) 오랑캐를 교강(交剛)에서 쳐부수었다.
겨울 10월.

주해| o 瑣澤(쇄택) - 진(晉)나라나 위나라의 땅이었다. 지금의 하북성 대명현(大名縣) 북쪽 땅이었다 한다.
o 交剛(교강) - 어느 나라에 속한 땅인지 불명. 지금의 산서성 습현(隰縣) 경계 땅이었다 한다.

傳| 十二年春,에 王使以周公之難來告.라 書曰周公出奔晉.이라
凡自周無出,이나 周公自出故也.라
宋華元克合晉·楚之成.이라 夏五月,에 晉士燮會楚公子罷·
許偃,하고 癸亥盟于宋西門之外.라 曰, 凡晉·楚無相加戎,하고
好惡同之,하며 同恤菑厄,하고 備救凶患.이라 若有害楚,면 則晉
伐之,하고 在晉,엔 楚亦如之.라 交贄往來,하고 道路無壅.이라 謀
其不協,하고 而討不庭.이라 有渝此盟,이면 明神殛之,하고 俾隊
其師,하여 無克胙國.하리라 鄭伯如晉,하여 聽成.이라 會于瑣澤,은
成故也.라
狄人間宋之盟,하여 以侵晉,이나 而不設備.라 秋,에 晉人敗狄
于交剛.이라

12년 봄에, 천자께서 사자(使者)로 하여금 주공(周公)의 소동을 와 알리게 하셨다. 그 알리는 글에는, "주공이 나가 진나라로 도망했다." 라고 써 있었다. 무릇 천하가 다 주나라 천자에게 속하기에, 주나라에서 다른 나라로 나간다는 일은 없지만, 주공 자신이 도망해 다른 곳으로 나갔기에 그렇게 말한 것이다.

송나라 화원이 힘써 진나라와 초나라와의 화평을 이루게 했다. 여름 5월에, 진나라 사섭(士燮)이 초나라 공자 피(罷)와 허언(許偃)을 만나고, 계해날에는 송나라의 서문(西門) 밖에서 맹서하였다. 그 맹약 (盟約)은 다음과 같았다. "무릇 진(晉)과 초는 서로 전쟁하지 말고, 좋고 나쁜 일을 같이 겪으며, 같이 재액(災厄)을 돕고, 흉악한 일에서

구하도록 예비한다. 만일 초나라를 침해하는 자가 있을 것 같으면 진나라가 그를 정벌하고, 그런 일이 진나라에게 있으면 초나라 역시 그렇게 한다. 서로 예물을 주고받으며 왕래하고, 서로 내왕하는 길을 막는 일이 없게 한다. 두 나라에 대해서 협조하지 않는 나라에 대해서 상의하고, 따르지 않는 나라는 토벌한다. 이 맹서를 어김이 있으면 사리에 밝은 신(神)이 어기는 자를 벌로 죽이고, 그 군사를 잃게 하여, 나라를 보유하지 못하리라." 정나라 군주가 진나라로 가서, 진·초 두 나라가 화평을 맺었다는 것을 설명하였다. 쇄택(瑣澤)에서 회합을 가진 것은, 진·초의 화평을 맺은 일 때문이었다.

적(狄) 오랑캐가 송나라에서의 진·초의 맹서하는 일을 틈타 진나라를 침공했으나, 아무런 방비를 하지 않고 있었다. 그래서 가을에, 진나라 사람이 적 오랑캐를 교강(交剛)에서 쳐부쉈다.

주해 ○自周無出(자주무출) — 주나라 천자는 중국의 전토를 통치하였기에, 주나라에서 다른 나라로 나간다는 일이란 있을 수 없다는 말.
○癸亥(계해) — 5월 5일.
○不庭(부정) — 섬기지 않고 따르지 않음.

晉郤至如楚聘하고 且涖盟이라 楚子享之에 子反相하여 爲地室而縣焉이라 郤至將登에 金奏作於下하여 驚而走出이라 子反曰 日云莫矣요 寡君須矣니 吾子其入也라 賓曰 君不忘先君之好하여 施及下臣하여 貺之以大禮하고 重之以備樂이라 如天之福하여 兩君相見이면 何以代此리오 下臣不敢이라 子反曰 如天之福하여 兩君相見이면 無亦唯是一矢以相加遺리

아 寓用樂.이리오 寡君須矣,니 吾子其入也.라 賓曰, 若讓之以
一矢,면 禍之大者,이어늘 其何福之爲.아 世之治也,엔 諸侯間於
天子之事,면 則相朝也.라 於是乎有享宴之禮,이어늘 享以訓共
儉,하고 宴以示慈惠.라 共儉以行禮,하고 而慈惠以布政,하며 政
以禮成.이라 民是以息,하고 百官承事,하여 朝而不夕.이라 此公
侯之所以扞城其民也.라 故로 詩曰, 赳赳武夫,여 公侯干城.이라
及其亂也,엔 諸侯貪冒,하여 侵欲不忌,하여 爭尋常以盡其民,하고
略其武夫,하여 以爲己腹心股肱爪牙.라 故로 詩曰, 赳赳武夫,여
公侯腹心.이라 天下有道,면 則公侯能爲民干城,하여 而制其腹
心,하고 亂則反之.라 今, 吾子之言,은 亂之道也,로 不可以爲法.
이라 然而,나 吾子主也,니 至敢不從.가 遂入卒事.라 歸以語范文
子,하니 文子曰, 無禮必食言,하리니 吾死亡無日矣夫.아 冬,에 楚
公子罷如晉聘,하고 且涖盟.이라 十二月,에 晉侯與楚公子罷盟于
赤棘.이라

진나라 극지(郤至)가 초나라로 가 예방하고, 맹서하는 데 입회했다. 초나라 군주인 자작이 극지에게 연회를 베풀어 대접하니, 자반(子反)이 접대하여, 지하실을 만들어 그곳에 악기들을 걸어놓았다. 극지가 연회 자리로 나가려고 궁전의 당상(堂上)으로 오르려는데, 갑자기 집 밑에서 쇠로 만든 악기를 치는 소리가 우렁차게 나자, 깜짝 놀라 집

밖으로 달려나갔다. 그러자 자반이 나타나, 그들 두 사람 사이에서는 다음과 같은 말이 오고갔다.

　자반—날이 이제 저물었고, 우리 군주께서 기다리고 계시니, 어서 들어가십시오.

　극지—군주께서는 선대부터의 우호관계를 잊지 않으시어 저 같은 지체 낮은 신하에게까지도 은혜를 베푸시어, 큰 예우(禮遇)로써 대하시고, 거기다가 음악까지 갖추셨습니다. 만약 하늘의 복을 받아, 두 나라 군주들이 만나신다면, 이보다 더한 어떠한 대우로 대할 것입니까? 지체 낮은 신하인 저로서는 이 성대한 예우를 감히 받을 수가 없습니다.

　자반—만일 하늘의 복을 받아 두 군주가 만나시게 된다면, (그것은 전쟁터에서나 만나시게 될테니) 그때엔 다만 하나의 화살을 쏘아 서로 주고받고 할 것이 아니겠습니까? 그런데 어찌 음악을 주(奏)할 것입니까? 우리 군주께서 기다리시니 들어가십시오.

　극지—만일 서로 만나 상대를 책(責)함에 화살을 쏜다면, 그것은 큰 화(禍)일 텐데, 어찌 복이 되겠습니까? 세상이 잘 다스려짐에는, 제후들은 천자께서 명하신 일에 힘쓰다가 틈이 나면, 서로 찾아보는 것입니다. 그때에는 향연(享宴)이 있게 되는데, (예의 지킴을 주로 삼는) 향(享)으로는 겸손하고 검소함을 따름을 나타내고, (배불리 먹음을 주로 삼는) 연(宴)으로는 인자하고 사랑하는 은혜를 베푼다는 뜻을 보이는 것입니다. 겸손하고 검소한 마음으로는 예의가 행해지고, 인자하고 사랑하는 은혜로써는 좋은 정치가 베풀어지며, 좋은 정치는 예의로 달성되어집니다. 그러면 백성들은 안식(安息)을 누리고, 백관(百官)들은 책무를 받아 힘써, 아침에 관청에 나가 일을 하고는, 저녁에는 편안히 쉬어 일보러 나가지 않는 것입니다. 이것이야말로 제후가 백성을 위하여 지키는 방패가 되고 성(城)이 되는 길입니다. 그러기에 시에 이르기를, '용감한 저 무사(武士)여, 제후의 방패요 성이로

세.'라고 했습니다. 그렇지만 세상이 어지럽게 되면 제후들은 욕심을
부리어, 침략의 욕망을 참지 않고서, 아주 작은 땅을 가지고 다투어
백성들을 죽이고, 용맹한 무사들을 손아귀에 넣어 자기 자신만을 위
하는 배·가슴·팔·다리·손톱으로 삼는 것입니다. 그러므로 시에
이르기를, '저 용맹한 무사여, 제후의 배가 되고 가슴이 되는구나.'라
고 했습니다. 천하에 도(道)가 행해져 있으면, 제후들은 백성을 지키
는 방패와 성이 될 수 있어 그의 용맹을 억제하고, 세상이 어지러워
지면 그 반대가 됩니다. 이제 님의 말씀은 난세(亂世)에 하는 말씀이
며, 새 나라를 다스리는 법도의 말씀이 될 수는 없습니다. 그러나 님
은 손님 대접하는 주인공이시니, 극지 제가 말씀을 따르지 않을 수
있겠습니까?

 이렇게 말하고는 곧 자리로 들어가, 잔칫자리를 마쳤다. 그리고 그
는 진나라로 돌아가 그 사실을 범문자(范文子:士燮)에게 말하니,
범문자는 말하기를, "무례한 그 자는 반드시 맹약(盟約)을 지키지 않
을 것이니, 내가 죽어갈 날도 얼마 남지 않았구려!"라고 했다. 겨울
에, 초나라 공자 피(罷)가 진나라에 가 예방하고, 맹서하는 일에 입
회했다. 12월에, 진나라 군주와 초나라 공자 피는, 적극(赤棘)에서 맹서
하였다.

│주해│ ○縣(현) - 악기를 걸음.
　○金奏(금주) - 쇠로 만든 악기로 음악을 연주함.
　○共儉(공검) - 공검(恭儉)과 같은 말로, 공손하고 검소함.
　○扞城(간성) - 방패와 성.
　○詩曰(시왈) - 둘 다 《시경》 풍(風) 주남(周南)의 토저편(兎罝篇) 구절이다.
　○尋常(심상) - 극히 작은 땅.
　○制其腹心(제기복심) - 욕망을 억제함.
　○食言(식언) - 한 말을 실행하지 않음.
　○赤棘(적극) - 진나라 지명으로, 성공 원년조에 나왔다.

經│ ○十有三年春,에 晉侯使郤錡來乞師.라
○三月,에 公如京師.라
○夏五月,에 公自京師遂會晉侯·齊侯·宋公·衛侯·鄭伯·曹伯·邾人·滕人,하여 伐秦.이라
○曹伯盧卒于師.라
○秋七月,에 公至自伐秦.이라
○冬,에 葬曹宣公.이라

13년 봄에, 진(晉)나라 군주인 후작이 극기(郤錡)에게 와서 군사 내기를 청하게 했다.

3월에, 공이 천자가 계시는 서울에 갔다.

여름 5월에, 공이 천자가 계시는 서울에서 바로 가 진(晉)나라 군주인 후작·제나라 군주인 후작·송나라 군주인 공작·위나라 군주인 후작·정나라 군주인 백작·조나라 군주인 백작·주나라 사람·등나라 사람들과 회합을 갖고, 진(秦)나라를 쳤다.

조나라 군주인 백작 노(盧)가 군중(軍中)에서 세상을 떠났다.

가을 7월에, 공이 진나라 치는 일로부터 돌아왔다.

겨울에 조나라 선공을 장사 지냈다.

傳│ 十三年春,에 晉侯使郤錡來乞師,어늘 將事不敬.이라 孟獻子曰, 郤子其亡乎.인저 禮身之幹也,요 敬身之基也,어늘 郤氏無基.라 且先君之嗣卿也,로 受命以求師,에 將社稷是衛而惰,하니

棄君命也.라 不亡何爲.아

三月,에 公如京師.라 宣伯欲賜,하여 請先使,에 王以行人之禮
禮焉,하고 孟獻子從,하니 王以爲介而重賄之.라 公及諸侯朝王,
하고 遂從劉康公・成肅公,하여 會晉侯,하여 伐秦.이라 成子受脤
于社,에 不敬.이라 劉子曰, 吾聞之,하되 民受天地之中以生,하여
所謂命也.라 是以로 有動作・禮義・威儀之則,하여 以定命也.
라 能者養以之福,하고 不能者敗以取禍.라 是故로 君子勤禮,하
고 小人盡力.이라 勤禮莫如致敬,하고 盡力莫如敦篤.이라 敬在
養神,하고 篤在守業.이라 國之大事,는 在祀與戎.이라 祀有執膰,
하고 戎有受脤,하여 神之大節也.라 今, 成子惰,하니 棄其命矣.라
其不反乎.인저

13년 봄에, 진나라 군주가 극기(郤錡)에게 와서 군사 내기를 요청하게 했는데, 그 임무를 수행함이 공경스럽지 못했다. 그래서 맹헌자(孟獻子)는 말했다. "극씨는 곧 망하게 될 것이다. 예의는 몸을 지키는 근간(根幹)이고, 공경은 몸을 지키는 기본인데도, 극씨에게는 그 기본이 갖추어져 있지 않다. 그는 그의 선대 군주 때의 경(卿)이었던 그의 아버지 뒤를 잇고 있는 몸으로, 군주의 명을 받고 와서 군사 내기를 요청하니, 국가 사직을 지키는 일을 수행함을 게을리하니, 그것은 군주의 명을 버린 것이 된다. 그런데 망하지 않고 어찌하랴?"

3월에, 공이 천자가 계시는 서울에 갔다. 그때 선백(宣伯:叔孫僑如)은 (자기가 성공을 서울로 가게 했다고 공을 내세워) 천자의 하사

품을 받으려는 욕심으로, 공에게 청하여 먼저 사자(使者)가 되어 갔는데, 천자는 단지 일개 사자에 대한 예로써 대우하였고, 맹헌자(孟獻子)가 공을 따라가니, 천자께서는 공의 보좌자로 인정하여 많은 것을 주셨다. 공은 다른 제후들과 천자를 찾아뵙고, 곧이어 유(劉)나라 강공(康公)과 성(成)나라 숙공(肅公)을 따라서, 진나라 군주와 회합을 갖고 진(秦)나라를 쳤다. 출군(出軍)에 임하여 사직(社稷)에 제사를 지낸 고기를 받는데, 하는 짓이 공경스럽지 못했다. 그러자 유나라 군주인 자작이 말했다. "내 들었거니와 백성된 사람은 하늘과 땅의 중간 성품을 받고 나, 그것은 하늘이 준 본성이라는 것이다. 그래서 사람에게는 동작·예의·위엄있는 거동의 법도가 정해져 있어, 그 법도에 의해서 그 본성이 흔들리지 않게 되어 있다. 그래서 유능한 사람은 본성을 잘 길러 복을 누리고, 유능치 못한 사람은 그 본성을 잃어 화를 초래하는 것이다. 그러므로 높은 자리에 있는 사람은 예의에 힘쓰고, 아랫사람은 자기의 할 일에 진력(盡力)을 한다. 예의에 힘을 씀에는 공경스러움이 지극한 데 이르게 함보다 더 좋은 것이 없고, 자기의 할 일에 진력함에는 돈독하게 하는 것보다 더 좋은 것이 없다. 그리고 공경은 신(神)을 위함에 나타나고, 독실함은 자기의 가업(家業)을 지킴에 나타난다. 나라의 큰 일은 제사와 전쟁의 일이다. 늘 지내는 제사 때에는 번(膰)을 받고, 출군할 때에 지내는 제사에서는 신(脤)을 받아, 이것은 신을 위하는 데 있어서의 큰 예절인 것이다. 그런데 성나라 군주는 그 예절 행함을 게을리했으니, 그것은 자기의 본성을 버린 것이 된다. 그는 살아 돌아오지 못하지 않을까?"

주해 ㅇ脤(신) ― 출군할 때에 지내는 제삿상에 올린 날고기.
  ㅇ命(명) ― 하늘이 준 본성.
  ㅇ膰(번) ― 통상 제사에 올리는 고기.

夏四月戊午,에 晉侯使呂相絶秦.이라 曰, 昔逮我獻公及穆公
相好,하여 勠力同心,하여 申之以盟誓,하고 重之以婚姻.이라 天
禍晉國,하여 文公如齊,하고 惠公如秦.이라 無祿獻公卽世,하니 穆
公不忘舊德,하여 俾我惠公用能奉祀于晉,이러니 又不能成大勳,
하여 而爲韓之師.라 亦悔于厥心,하여 用集我文公,하니 是穆之成
也.라 文公躬擐甲冑,하고 跋履山川,하며 踰越險阻,하여 征東之
諸侯,에 虞夏商周之胤而朝諸秦,이니 則亦旣報舊德矣.라 鄭人
怒君之疆場,에 我文公帥諸侯,하여 及秦圍鄭,이었거늘 秦大夫不
詢于我寡君,하고 擅及鄭盟.이라 諸侯疾之,하여 將致命于秦,하니
文公恐懼,하여 綏靜諸侯,에 秦師克還無害,하니 則是我有大造
于西也.라 無祿文公卽世,에 穆爲不弔,하여 蔑死我君,하고 寡我
襄公,하여 迭我殽地,하고 奸絶我好,하여 伐我保城,하고 殄滅我
費滑,하여 散離我兄弟,하고 撓亂我同盟,하여 傾覆我國家.라 我
襄公未忘君之舊勳,이나 而懼社稷之隕.이라 是以로 有殽之師.나
猶願赦罪于穆公,에 穆公弗聽,하고 而卽楚謀我,이나 天誘其衷,
하여 成王隕命,하니 穆公是以不克逞志于我.라 穆·襄卽世,에
康·靈卽位.라 康公我之自出,이어늘 又欲闕翦我公室,하고 傾覆
我社稷,하여 帥我蝥賊以來,하여 蕩搖我邊疆.이라 我是以有令狐

之役.이라 康猶不悛,하여 入我河曲,하고 伐我涑川,하며 俘我王
官,하고 翦我羈馬.라 我是以有河曲之戰.이라 東道之不通,은 則
是康公絶我好也.라 及君之嗣也,에 我君景公引領西望曰, 庶撫
我乎.인저 君亦不惠稱盟,하고 利吾有狄難,하여 入我河縣,하여
焚我箕·郜,하고 芟夷我農功,하며 虔劉我邊垂.라 我是以有輔氏
之聚.라 君亦悔禍之延,하여 而欲徼福于先君獻·穆,하고 使伯
車來命我景公曰, 吾與女同好棄惡,하고 復脩舊德,하여 以追念
前勳.이라 言誓未就,에 景公卽世,나 我寡君是以有令狐之會.라
君又不祥,하여 背棄盟誓.라 白狄及君同州,하여 君之仇讎,나 而
我婚姻也.라 君來賜命曰, 吾與女伐狄.이라 寡君不敢顧婚姻,하
고 畏君之威,하여 而受命于吏,어늘 君有二心於狄,하여 曰, 晉將
伐女.라 狄應且憎,하여 是用告我.라 楚人惡君之二三其德也,에
亦來告我曰, 秦背令狐之盟,하여 而來求盟于我,에 昭告昊天上
帝·秦三公·楚三王,하고 曰, 余雖與晉出入,이나 余唯利是視.
라 不穀惡其無成德,하여 是用宣之,하여 以懲不壹.이라 諸侯備
聞此言,하고 斯是用痛心疾首,하여 暱就寡人.이라 寡人帥以聽命,
하여 唯好是求.라 君若惠顧諸侯,하고 矜哀寡人,하여 而賜之盟,
이면 則寡人之願也,니 其承寧諸侯以退.이리라 豈敢徼亂.가 君

若不施大惠,면 寡人不佞,이나 其不能以諸侯退矣.라 敢盡布之
執事,하니 俾執事實圖利之.하라
秦桓公旣與晉厲公爲令狐之盟,이나 而又召狄與楚,하여 欲道
以伐晉.이라 諸侯是以睦於晉.이라 晉欒書將中軍,하고 荀庚佐之,
하며 士燮將上軍,하고 郤錡佐之,하며 韓厥將下軍,하고 荀罃佐
之,하며 趙旃將新軍,하고 郤至佐之,하며 郤毅御戎,하고 欒鍼爲
右.라 孟獻子曰, 晉帥乘和,하니 師必有大功.하리라 五月丁亥,에
晉師以諸侯之師,하여 及秦師戰于麻隧.라 秦師敗績,하고 獲秦成
差及不更女父.라 曹宣公卒于師.라 師遂濟涇,하여 及侯麗而還,
하여 迓晉侯于新楚.라 成肅公卒于瑕.라

여름 4월 무오날에, 진(晉)나라 군주는 여상(呂相)을 보내어 진(秦)나라와 절교케 했는데, 그때 전한 말은 다음과 같았다. "옛날 우리나라 헌공(獻公)과 귀국의 목공(穆公) 시대에 있어서, 상호 사이가 좋아 힘을 다하여 한마음이 되었고, 또한 다 동맹을 맺고, 또 혼인을 했습니다. 그런데 하늘이 우리 진(晉)나라에 화를 내려, 우리의 문공(文公)께서는 제나라로 피해 가시고, 혜공(惠公)께서는 진(秦)나라로 피해 가셨습니다. 그리고 복이 없었던 우리 헌공(獻公)께서 세상을 하직하시니, 귀국의 목공께서는 전의 좋았던 사이를 잊지 않으시고, 우리의 혜공을 우리나라로 들여보내시어, 우리나라 선조의 제사 지냄을 계속케 하셨는데, 그 일이 좋은 결과를 낳게 하지는 못하고, 한(韓)의 싸움이 있게 되었습니다. 그뒤 목공께서는 마음에 후회를 하

시어, 우리 문공을 도우시어 진(晉)나라로 들게 하셨으니, 그것은 목공의 훌륭한 일이었습니다. 그래서 우리 문공께서는 몸소 무장(武裝)을 하시고, 많은 산천을 넘고 건너며, 험악한 곳을 밟고 지나, 귀국의 동방(東方)에 위치한 제후들을 정벌하시어, 순(舜:虞)임금, 하(夏)나라·상(商)나라·주(周)나라의 후손 나라의 제후들이 귀국 진(秦)나라 군주를 찾아뵙게 하셨으니, 그 일로 전에 입은 은덕을 갚은 것이 되었습니다. 그뒤 정나라 사람이 귀국의 변경을 침공하였을 때, 우리 문공께서는 제후들을 거느리시고 귀국의 군사와 함께 정나라를 포위하셨는데, 귀국의 대부는 우리의 군주에게 상의도 하지 않고 마음대로 정나라와 화목하는 맹서를 맺었던 것입니다. 그러자 제후들이 그 일을 미워해서 귀국을 치기에 목숨을 바치려 하니, 문공께서는 그 사태를 두려워하셔서 제후들을 타이르시니, 귀국의 군사는 제대로 돌아가 아무 해가 없었으니, 그것은 곧 우리나라가 서방(西方)의 귀국에 대해서 큰 공헌을 한 일이었습니다. 복이 없었던 문공께서 세상을 하직하시니, 귀국의 목공께서는 조문도 안하시어, 우리나라 군주의 돌아가신 일을 멸시하셨고, 또 우리의 양공(襄公)께서 어리심을 깔보아, 우리의 효(殽) 땅에 쳐들어와, 우리나라의 귀국에 대한 우호심을 모질게도 짓밟아, 우리의 읍성(邑城)을 치고, 우리 편으로 비(費)를 도움으로 했던 활(滑)나라를 쳐 멸망시켜, 우리의 형제 국가 사람들을 흩어지게 하고, 우리나라와 동맹을 맺은 나라들을 요란케 하여서, 우리 국가를 위태롭게 했습니다. 그래서 우리의 양공께서는 귀국의 군주가 전에 베푼 은혜를 잊지 않고 있었지만, 국가 사직이 망할 것을 조심하셨습니다. 그래서 효에서의 싸움이 있었던 것입니다. 그랬으나, 귀국의 목공에게 전쟁을 한 죄를 용서해 달라고 소원드렸지만, 목공께서는 들어주시지 않고, 초나라와 한 패가 되어 우리나라를 치자고 계략을 꾸몄으나, 하늘이 우리 군주의 진심을 짐작하여, 초나라의 성왕(成王)이 운명하게 되니, 목공께서는 그 때문에 우리나라에 대해서 마음먹은 대로 하시지 못했습니다. 귀국의 목공과 우리나라의 양공이 세상을 떠나시고, 귀국의 강공(康公)과 우리나라의 영공(靈公)이 즉위하셨습니다. 귀국의 강공은 우리나라에서 시집가신 분이 낳으신 분이었는데도, 역시 우리나라의 공실(公室)을 괴롭히시고, 우리나라 사직을 뒤엎으시려 하여, 우리나라에서 도망간 악한 무리들을 끌고 쳐들어오셔서, 우리나라 변경을 소란케 하셨습니다. 우리는 그래서 영호(令狐)의 싸움을 했던 것입니다. 그뒤 강공께서는 마음을 고치지 않으시고, 우리의 하곡(河曲) 땅으로 들어와, 우리의 속천(涑川)을 치고, 왕관(王官)에서 약탈을 감행했으며, 기마(羈馬)를 침략했습니다. 우리는 그 일로 하곡의 싸움을 했던 것입니다. 그리고 귀국이 동방의 국가들과 통하는 길을 막아 통하지 못하고 있는 것은, 강공이 우리와의 우호관계를 끊으셨기 때문입니다. 군주께서 대를 이으시게 되자, 우리의 경공(景公)께서는 고개를 쳐드시고 귀국이 있는 서방(西方)을 바라보며 말씀하시기를, '부디 우리와 친하게 하시오.'라고 하셨습니다. 그러나 군주께서도 역시 우리가 원하는 데 대한 선심을 써 화평의 맹서 맺는 일을 하지 않으시고, 오랑캐와의 난리를 치르고 있음을 이점(利點)으로 삼으셔서, 우리의 하현(河縣)으로 쳐들어와, 기(箕)·고(郜)의 두 읍을 불태워버리고, 우리나라 사람들이 농사지어 놓은 곡물을 베어 버렸으며, 국경 지대의 백성들을 학살하셨습니다. 우리는 그 일로 보씨(輔氏)에다 군사를 모아 싸웠던 것입니다. 그러자 군주께서는 병화(兵禍)가 길어짐을 후회하시어, 전의 우리 헌공과 귀국의 목공 시대와 같은 우호관계를 회복시키려 하시고, 백거(伯車)로 하여금 우리 경공(景公)에게 말씀을 전하게 하시기를, '나와 그대는 서로 사이좋게 지내어 이제까지 미워했던 것을 다 버리고, 옛날의 우호관계를 회복시켜, 선대 군주께서 이룩하신 공을 미루어 생각하여 잊지 않도록 하자'고 하셨습니다. 그러나 그 약속이 맺어지기 전에, 우리의 경공께서는 세상을 하직하셨습니다마는, 이 나라 군주는 그 일로 영호에서 회합을 가졌습니다. 그랬는데도 군주께서는 부실하셔서, 그 맹서 맺은 것을 폐기(廢棄)하셨습니다. 백적(白狄)은 군주와는 같은 지방에서 지내고 있어, 군주에게 원수이지만, 우리나라와는 혼인관계가 있습니다. 군주께서 명령을 하시어 말씀하시기를, '나와 그대는 적(狄)을 치자'고 하셨습니다. 그래서 이 나라 군주는 감히 혼인관계를 돌아보지 못하고, 군주의 위력을 두려워 하여, 그 명령을 보내신 관리로부터 받았는데, 군주께서는 적에 대하여 다른 마음을 가지고, 적에게 말씀하시기를, '진(晉)나라가 너희 나라를 치려 한다'고 하셨습니다. 그러나 오랑캐는 그 말을 받아들이면서도 군주를 미워하여, 그 내용을 나에게 다 고해 주었습니다. 그리고 초나라 사람이 군주의 마음을 여러 가지로 미워해서, 그 또한 다음과 같이 고해 주었습니다. '진(秦)나라는 영호에서 맺은 맹서를 배반하고, 우리 초나라로 사람을 보내어, 옥황상제(玉皇上帝)와 진나라의 전대 세 군주, 그리고 초나라 전의 세 왕의 영전(靈前)에 고하고서 말하기를, 내가 비록 진(晉)나라와 왕래를 하기는 하나, 나는 다만 내가 취할 이익만 노리고 있다고 했소. 못난 나는 진(秦)나라 군주의 부덕을 미워하기에, 당신에게 전하여 그의 마음이 하나가 아닌 것을 책합니다.' 다른 제후들도 이 말을 다 듣고는, 이 사실로 마음이 아프고 골치가 아파서, 나를 따라 친히 하고 있는 것입니다. 나는 군사를 이끌고, 군주가 어떻게 하자는 말씀하시는 것을 들으려 하는데, 오직 우호관계 맺기를 원하고 있습니다. 군주께서 제후들을 살펴보시고 나를 불쌍히 여기시어, 화평의 맹약을 맺자고 하신다면, 그것이 나의 소원이니, 그 뜻을 받들고 제후들을 안심시켜서 물러나게 할 것입니다. 내 어찌 감히 병란(兵亂) 있기를 구하겠습니까? 그러나 군주께서 만일 우리에게 큰 은혜를 베푸시지 않으신다면, 나는 어리석으나 제후들을 데리고 물러나지 않을 것입니다. 내 감히 군주를 모시고 있는 담당관에게 이상과 같이 내 마음을 다 털어놓았으니, 군주께서는 담당관으로 하여금 진실하게 이로운 점을 헤아리게 하십시오."

　진(秦)나라 환공은 전에 진(晉)나라 여공(厲公)과 영호의 맹약을 맺었었지만, 한편으로는 적(狄)나라와 초나라를 자기 편으로 끌어들여서, 그들을 유도하여 진(晉)나라를 치려고 했다. 그러자 제후들은 그 때문에 진(晉)나라와 화목하게 되었다. 그때 진(晉)의 난서(欒書)는 중군대장이 되고, 순경(荀庚)이 그 부장(副將)이 되었으며, 사섭(士燮)이 상군대장이 되고, 극기(郤錡)가 그 부장이 되었으며, 한궐(韓厥)이 하군대장이 되고, 순앵(荀罃)이 그 부장이 되었으며, 조전(趙旃)이 신군대장(新軍大將)이 되고, 극지(郤至)가 그 부장이 되었다. 그리고 극의(郤毅)는 군주가 타는 전차를 조종하고, 난겸(欒鍼)은 그 오른쪽 전사가 되었다. 노나라 맹헌자(孟獻子 : 仲孫蔑)는 이때, "진나라 장수들과 전차에 탄 병사들이 화합하고 있으니, 이 군사는 반드시 큰 공을 세울 것이다."라고 말했다. 5월 정해날에, 진나라 군사는 제후들의 군사를 이끌고 가, 마수(麻隧)에서 진(秦)나라 군사와 싸웠다. 그 싸움에서 진군(秦軍)은 대패하고, 진군(晉軍)은 진(秦)나라의 성차(成差)와 불경(不更)이라는 작위(爵位)를 지닌 여보(女父)를 잡았다. 조(曹)나라 선공이 군중(軍中)에서 세상을 떠났다. 진나라 군사는 바로 경수(涇水)를 건너 진(秦)나라 후려(侯麗)까지 쳐들어갔다가 환군(還軍)하여, 신초(新楚)에서 진(晉)나라 군주를 맞이했다. 성(成)나라 숙공(肅公)은 진(晉)나라 하(瑕)에서 세상을 떠났다.

주해 |　ㅇ四月戊午(사월무오)－4월 5일.
　ㅇ以婚姻(이혼인)－진(晉)나라 헌공(獻公)의 딸이 진(秦)나라 목공(穆公)의 부인이 된 것을 두고 말한다.
　ㅇ文公如齊(문공여제)－노나라 희공 5년의 일.
　ㅇ惠公如秦(혜공여진)－희공 6년의 일.
　ㅇ俾我惠公用能奉祀于晉(비아혜공용능봉사우진)－진(秦)나라 혜공을 진(晉)나라로 들여보내어 군주가 되게 한 것은, 희공 9년의 일이었다.

o 韓之師(한지사) - 한의 싸움은 희공 15년에 있었다. 이 싸움에서 진(秦)나라는 진(晉)나라 혜공을 잡았다.
o 用集我文公(용집아문공) - 진(秦)나라가 진(晉)나라 문공을 도와 군주가 되게 한 것은, 희공 24년의 일이었다.
o 疆場(강장) - 변경, 국경.
o 及秦圍鄭(급진위정) - 희공 30년의 일.
o 蔑死(멸사) - 타인의 사망을 멸시하여 모르는 척함.
o 保城(보성) - 작은 성읍(城邑).
o 費滑(비활) - 활나라는 비(費)를 도읍으로 했기에 비활이라 불렀다. 활나라는 지금의 하남성 언사현(偃師縣)에 위치했다.
o 兄弟(형제) - 활나라는 진(晉)과 같은 성(姓)의 나라였기에 형제라 말했다. 진(秦)이 활나라를 멸망시킨 것은, 희공 33년의 일이었다. 이해에 진(秦)·진(晉)이 효(殽)에서 싸웠다.
o 成王隕命(성왕운명) - 초의 성왕이 죽은 것은, 문공(文公) 원년의 일이었다.
o 我之自出(아지자출) - 우리나라에서 시집간 분한테서 출생함. 진(秦)나라 강공(康公)은 진(晉)나라 헌공의 딸 소생이었다.
o 令狐之役(영호지역) - 영호의 싸움은 문공 7년에 있었다.
o 涑川(속천) - 진(晉)나라 지명으로, 지금의 산서성 영제현(永濟縣) 동북쪽 땅.
o 王官(왕관)·羈馬(기마) - 문공 12년조에 나왔다.
o 河曲之戰(하곡지전) - 이 싸움은 문공 12년에 있었다.
o 箕(기)·郜(고) - 기는 지금의 산서성 포현(蒲縣) 동북쪽 땅이고, 고는 불명.
o 虔劉(건류) - 살해함, 학살함.
o 輔氏之聚(보씨지취) - 보씨에 군사를 모아 싸움. 선공 15년의 일.
o 景公卽世(경공즉세) - 경공은 성공 10년에 죽었다.
o 令狐之會(영호지회) - 영호에서 화평의 회합을 가진 것은, 성공 11년의 일.
o 秦三公(진삼공) - 목공·강공·공공(共公)을 말한다.
o 楚三王(초삼왕) - 초나라 세 왕은, 성왕(成王)·목왕(穆王)·장왕(莊王)

을 말한다.
o 帥乘(수승) - 장수들과 전차에 탄 병사.
o 五月丁亥(오월정해) - 5월 5일.
o 麻隧(마수) - 진(秦)나라 지명으로, 지금의 섬서성 경양현(涇陽縣) 동남쪽 땅.
o 不更(불경) - 진(秦)나라 벼슬 이름.
o 侯麗(후려) - 진(秦)나라 지명으로, 지금의 섬서성 경양현 경계.
o 新楚(신초) - 진(秦)나라 지명으로, 지금의 섬서성 조읍현(朝邑縣) 경계.
o 瑕(하) - 진(晉)나라 지명으로, 지금의 산서성 임진현(臨晉縣) 경계.

六月丁卯夜,에 鄭公子班自訾求入于大宮,이라가 不能,하여 殺子印・子羽,하고 反軍于市.라 己巳,에 子駟帥國人,하여 盟于大宮,하고 遂從師,하여 而盡焚之,하고 殺子如・子駹・孫叔・孫知.라

曹人使公子負芻守,하고 使公子欣時逆曹伯之喪.이라 秋,에 負芻殺其太子,하여 而自立也.라 諸侯乃請討之,하니 晉人以其役之勞,로 請俟他年.이라 冬,에 葬曹宣公.이라 旣葬,에 子臧將亡,하니 國人皆將從之.라 成公乃懼,하여 告罪,하고 且請焉,하니 乃反,이나 而致其邑.이라

6월 정묘날 저녁에, (허나라로 도망가 있었던) 정나라 공자 반(班)이 정나라 땅인 자(訾)로부터 태궁(大宮), 즉 선조의 사당으로 들어가려 했다가도 그렇게 하지 못하여, 자인(子印)・자우(子羽)를 죽이고, 인솔한 군대를 돌려 시가(市街)에 진을 쳤다. 그러자 기사날에 자사

(子駟)가 나라 사람들을 이끌고 태궁에서 맹서하고, 바로 자반의 군대를 상대로 하여, 그 진지를 다 불태우고, 자여(子如:班)·자방(子駹:班의 동생)·손숙(孫叔:班의 아들)·손지(孫知:駹의 아들)를 죽였다.

조나라 사람이 공자 부추(負芻)에게 도읍을 지키게 하고, 공자 흔시(欣時)에게 군중에서 세상을 떠난 조나라 군주인 백작의 시신(屍身)을 맞이하게 했다. 그런데 가을에, 부추는 그 나라 태자를 죽이고, 자신이 군주가 되었다. 그러자 제후들이 그를 칠 것을 요청하니, 진(晉)나라 사람이 진(秦)과의 싸움에서 피로한 것을 이유로 후년으로 미루자고 청하였다. 겨울에 조나라 선공을 장사 지냈다. 장사를 지내고 나서, 자장(子臧:欣時)이 다른 나라로 망명하려 하니, 나랏일을 보는 사람들도 다 같이 떠나려 했다. 그러자 새로 된 군주 성공은 사태를 두려워하여, 자신의 죄를 고백하고 떠나지 말라고 요청하니, 자장은 돌아서 외국으로 가지 않았으나 자신의 영유지를 반환했다.

| 주해 | ○公子班(공자반) – 그는 성공 10년에 허(許)나라로 도망갔었다.
○大宮(태궁) – 선조의 사당. 정나라의 도읍에 있었다.

| 經 | ○十有四年春王正月,에 莒子朱卒.이라
○夏,에 衛孫林父自晉歸于衛.라
○秋,에 叔孫僑如如齊,하여 逆女.라
○鄭公子喜帥師,하여 伐許.라
○九月,에 僑如以夫人婦姜氏至自齊.라
○冬十月庚寅,에 衛侯臧卒.이라

○ $秦伯卒_{\text{진백졸}}$.이라

14년 봄 천자가 쓰는 역으로 정월에, 거나라 군주인 자작 주(朱)가 세상을 떠났다.

여름에, 위나라 손임보(孫林父)가 진(晉)나라로부터 위나라로 돌아갔다.

가을에, 숙손교여가 제나라에 가, 제나라 공녀를 맞이했다.

정나라 공자 희(喜)가 군사를 이끌고 허나라를 쳤다.

9월에, 교여(僑如)가 군주의 부인 강씨(姜氏)를 모시고 제나라로부터 돌아왔다.

겨울 10월 경인날에, 위나라 군주인 후작 장(臧)이 세상을 떠났다.

진(秦)나라 군주인 백작이 세상을 떠났다.

| 주해 | ○ 逆女(역녀) — 노나라 성공의 부인으로, 제나라 공녀를 맞이함.
　　○ 婦姜氏(부강씨) — 부인 강씨. 제나라 군주의 성은 강씨였다.
　　○ 十月庚寅(시월경인) — 10월 16일.

| 傳 | $十四年春_{\text{십사년춘}}$,에 $衛侯如晉_{\text{위후여진}}$,하니 $晉侯强見孫林父焉_{\text{진후강현손림보언}}$,이나 $定公不可_{\text{정공불가}}$.라 $夏_{\text{하}}$,에 $衛侯旣歸_{\text{위후기귀}}$.라 $晉侯使郤犨送孫林父而見之_{\text{진후사극주송손림보이현지}}$,에 $衛侯欲辭_{\text{위후욕사}}$.라 $定姜曰_{\text{정강왈}}$, $不可_{\text{불가}}$.로소이다 $是先君宗卿之嗣也_{\text{시선군종경지사야}}$.요 $大國又以爲請_{\text{대국우이위청}}$,에 $不許_{\text{불허}}$,면 $將亡_{\text{장망}}$.이리이다 $雖惡之_{\text{수오지}}$,라도 $不猶愈於亡乎_{\text{불유유어망호}}$.인가 $君其忍之_{\text{군기인지}}$.하소서 $安民而宥宗卿_{\text{안민이유종경}}$,은 $不亦可乎_{\text{불역가호}}$.인가 $衛侯見而復之_{\text{위후현이복지}}$.라

$衛侯饗苦成叔_{\text{위후향고성숙}}$,하여 $甯惠子相_{\text{영혜자상}}$,에 $苦成叔傲_{\text{고성숙오}}$.라 $甯子曰_{\text{영자왈}}$, $苦成叔_{\text{고성숙}}$

家其亡乎.인저 古之爲享食也,에 以觀威儀,하여 省禍福也.라 故로 詩曰, 兕觥其觩,하고 旨酒思柔.로다 彼交匪傲,에 萬福來求.로다 今, 夫子傲,는 取禍之道也.라

14년 봄에 위나라 군주가 진(晉)나라에 가니, 진나라 군주가 손임보를 억지로 만나보게 했지만, 위나라 정공은 안된다고 사절했다. 여름에, 위나라 군주는 돌아갔다. 그뒤 진나라 군주는 극주(郤犨)에게 손임보를 위나라로 데리고 가 위나라 군주를 찾아뵙게 했으나, 위나라 군주는 거절하려 했다. 그러자 위나라 정공의 부인 강씨(姜氏)는 말했다. "사절해서는 아니되옵니다. 손임보는 전의 군주를 모신 종친(宗親)의 경(卿)의 아들이옵고, 큰 나라도 또한 청을 하는데, 허락하시지 않으신다면, 장차 나라가 망할 것이옵니다. 비록 그를 미워하신다 하더라도, 나라가 망하게 되는 것보다는 낫지 않사옵니까? 군주께서는 꾹 참으소서. 백성들을 편안하게 하시고, 종친의 경을 용서하심은 좋은 일이 아니옵니까?" 이에 위나라 군주는 그를 만나보고, 본래의 지위에 복귀시켰다.

위나라 군주가 진나라 고성숙(苦成叔 : 극주)에게 연회를 베풀어 영혜자(甯惠子)가 접대하였는데, 고성숙이 거만을 떨었다. 그러자 영혜자는 말했다. "고성숙의 가문은 망하게 될 것이다. 옛날의 연회를 열어 대접함에는, 대접받는 사람의 거동을 보아서 그의 화와 복을 살폈다. 그러므로 시에 이르기를, '외뿔소 뿔로 만든 큰 술잔 구부러져 있고, 맛좋은 술 마셔 유순한 사람 얻기를 생각하는도다. 저 어진이 사귐에 거만치 않으니, 만복 저절로 찾아오리라.'라고 했다. 이제 저이가 거만부림은, 화를 받는 길이다."

쇠뿔 술잔[兕觥]

제13 성공(成公) 하(下) 14년 … 263

주해   ㅇ宗卿(종경) – 종친으로서의 경. 손임보는 위나라 무공(武公)의 8세손이었다.
　　ㅇ苦成叔(고성숙) – 고는 극주의 영유지 이름으로, 지금의 산서성 안읍현(安邑縣) 동북쪽 땅.
　　ㅇ詩(시) – 《시경》 소아 상호(桑扈) 제4장 시의 전문(全文)이다.

秋,에 宣伯如齊,하여 逆女.라 稱族尊君命也.라
八月,에 鄭子罕伐許,라가 敗焉.이라 戊戌,에 鄭伯復伐許,하여
庚子入其郛,하니 許人平以叔申之封.이라
九月,에 僑如以夫人婦姜氏至自齊.라 舍族尊夫人也.라 故로
君子曰, 春秋之稱,은 微而顯,하고 志而晦,하며 婉而成章,하고
盡而不汙,하며 懲惡,하고 而勸善.이라 非聖人,이면 誰能脩之.리오
衛侯有疾,에 使孔成子·甯惠子立敬姒之子衎,하여 以爲太子.
라 冬十月,에 衛定公卒,하여 夫人姜氏旣哭而息,이라가 見太子之
不哀也,하곤 不內酌飲,하고 歎曰, 是夫也,는 將不唯衛國之敗,
하고 其必始於未亡人.하리라 嗚呼,라 天禍衛國也夫.아 吾不獲
鱄也使主社稷.이라 大夫聞之,하고 無不聳懼.라 孫文子自是不
敢舍其重器於衛,하고 盡寘諸戚,하여 而甚善晉大夫.라

　가을에, 선백(宣伯 : 叔孫僑如)이 제나라에 가, 제나라 공녀를 맞이했다. 경문에 숙손(叔孫)의 족명(族名)을 쓴 것은, 군주의 명을 높여서였다.

8월에, 정나라 자한(子罕)이 허나라를 쳤다가 패배했다. 무술날에, 정나라 군주는 다시 허나라를 쳐, 경자날에는 허나라 도읍의 외성(外城)까지 육박하니, 허나라 사람은 전에 정나라의 숙신(叔申 : 公孫申)이 정나라 영토로 하려 했던 허나라 땅을, 정나라 영토로 인정한다는 조건으로 화평을 맺었다.

9월에, 교여(僑如)가 공의 부인인 강씨를 모시고 제나라로부터 돌아왔다. 경문에 숙손이라는 족명을 쓰지 않은 것은, 부인을 높이기 위해서였다. 그러므로 군자는 말했다. "춘추의 경(經)에 말해 있는 것은, 뜻을 감춘 것 같으면서도 명백하고, 밝게 기록한 것 같으면서도 본뜻이 똑바로 나타나지 않으며, 에둘러 말했으되 글의 조리는 이루어졌고, 자세하면서도 사실을 그릇되게 하지 않았으며, 악을 징계하고 선을 권장했다. 성인(聖人)이 아니고서는, 누가 이같이 지을 수가 있겠는가?"

위나라 군주가 병이 나자, 공성자(孔成子)와 영혜자(甯惠子)로 하여금 경사(敬姒)가 낳은 아들 간(衎)을 세워서, 태자로 삼게 했다. 겨울 10월에, 위나라 정공이 세상을 떠나, 부인 강씨가 곡(哭)하고 쉬다가 태자가 슬퍼하지 않는 것을 보고는, 상중에 드는 음식도 들지 않고서 탄식하여 말하기를, "이는 장차 위나라를 망칠 뿐만 아니라, 반드시 먼저 내게 해를 끼칠 것이다. 아아, 하늘이 위나라에 화를 내렸구나! 이 나라는 전(鱄)이 맡아야 할 것인데, 나는 전이 국가 사직을 못 맡게 하고 말았다!"라고 했다. 대부들이 이 말을 듣고, 두려워 떨지 않는 자가 없었다. 손문자(孫文子 : 孫林父)는 그후로 귀중한 물건을 위나라 도읍 안에 두지 않고, 다 자기 영유지인 척(戚)에 가져다 두고, 진(晉)나라 대부들과 사이좋게 지냈다.

주해 ㅣ ○戊戌(무술)-8월 23일.

○庚子(경자)-8월 25일.

○以叔申之封(이숙신지봉)-정나라 공손신이 점령한 허나라 땅을 정나라

영토로 편입시키려 했던 일은, 성공 4년조에 나왔다.
○內酌飲(내작음)−내는 들음, 작음은 죽을 먹고 물을 마심.《예기(禮記)》상대기(喪大記)에 이르기를, '군주의 상에는 태자·대부·공자·여러 사(士)는 다 사흘간 식사를 들지 않고, 태자·대부·공자·여러 사는 죽을 먹는다. ……부인·세부(世婦)·제처(諸妻)는 다 소식(疏食)을 하고 물을 마신다.'라고 하였다.
○重器(중기)−귀중한 기물.

|經| ○十有五年春王二月_{십유오년춘왕이월},에 葬衛定公_{장위정공}.이라
○三月乙巳_{삼월을사},에 仲嬰齊卒_{중영제졸}.이라
○癸丑_{계축},에 公會晉侯_{공회진후}·衛侯_{위후}·鄭伯_{정백}·曹伯_{조백}·宋世子成_{송세자성}·齊國佐_{제국좌}·邾人_{주인},하여 同盟于戚_{동맹우척}.이라
○晉侯執曹伯_{진후집조백},하여 歸于京師_{귀우경사}.라
○公至自會_{공지자회}.라
○夏六月_{하유월},에 宋公固卒_{송공고졸}.이라
○楚子伐鄭_{초자벌정}.이라
○秋八月庚辰_{추팔월경진},에 葬宋共公_{장송공공}.이라
○宋華元出奔晉_{송화원출분진}.이라
○宋華元自晉歸于宋_{송화원자진귀우송}.이라
○宋殺其大夫山_{송살기대부산}.이라
○宋魚石出奔楚_{송어석출분초}.라

○冬十有一月,에 叔孫僑如會晉士燮・齊高無咎・宋華元・衛
孫林父・鄭公子鰌・邾人,하고 會吳于鍾離.라

○許遷于葉.이라

15년 봄 천자가 쓰는 역으로 2월에, 위나라 정공(定公)을 장사 지
냈다.

3월 을사날에, 중영제(仲嬰齊)가 세상을 떠났다.

계축날에, 공이 진(晉)나라 군주인 후작・위나라 군주인 후작・정
나라 군주인 백작・조나라 군주인 백작・송나라 세자 성(成)・제나라
국좌(國佐)・주나라 사람 등과 회합을 갖고, 척(戚)에서 동맹을 맺
었다.

진(晉)나라 군주인 후작이 조나라 군주인 백작을 잡아, 천자가 계
시는 서울로 보냈다.

공이 회합으로부터 돌아왔다.

여름 6월에, 송나라 군주인 공작 고(固)가 세상을 떠났다.

초나라 군주인 자작이 정나라를 쳤다.

가을 8월 경진날에, 송나라 공공(共公)을 장사 지냈다.

송나라 화원(華元)이 진(晉)나라로 도망갔다.

송나라 화원이 진나라로부터 송나라로 돌아갔다.

송나라가 그 나라의 대부 산(山)을 죽였다.

송나라의 어석(魚石)이 초나라로 도망갔다.

겨울 11월에, 노나라 숙손교여가 진(晉)나라의 사섭(士燮)・제나라
의 고무구(高無咎)・송나라의 화원・위나라의 손임보・정나라의 공자
추(鰌)・주나라 사람들과 회합을 갖고, 오나라와 종리(鍾離)에서 회
합을 가졌다.

허나라가 도읍을 섭(葉)으로 옮겼다.

주해 ○ 三月乙巳(삼월을사) - 3월 4일.
○ 仲嬰齊(중영제) - 노나라 장공(莊公)의 아들인 중수(仲遂)의 아들.
○ 癸丑(계축) - 3월 12일.
○ 八月庚辰(팔월경진) - 8월 11일.
○ 鍾離(종리) - 초나라 읍 이름으로, 지금의 안휘성 봉양현(鳳陽縣) 동북쪽에 위치한다.
○ 葉(섭) - 지금의 하남성 섭현(葉縣)에 있었던 초나라의 읍이었다.

傳 十五年春^{십오년춘},에 會于戚^{회우척},은 討曹成公也^{토조성공야}.라 執而歸諸京師^{집이귀저경사}.라 書^서曰^왈, 晉侯執曹伯^{진후집조백},은 不及其民也^{불급기민야}.라 凡君不道於其民^{범군부도어기민},하여 諸侯討^{제후토}而執之^{이집지},면 則曰^{즉왈}, 某人執某侯^{모인집모후},라하고 不然則否^{불연즉부}.라 諸侯將見子臧於王而立之^{제후장현자장어왕이립지},하니 子臧辭曰^{자장사왈}, 前志有之^{전지유지},하되 曰^왈, 聖達節^{성달절},하고 次守節^{차수절},하며 下失節^{하실절}.이라 爲君非吾節也^{위군비오절야}.라 雖不能^{수불능}聖^성,이라도 敢失守乎^{감실수호}.아 遂逃奔宋^{수도분송}.이라

夏六月^{하유월},에 宋共公卒^{송공공졸}.이라

楚將北師^{초장북사},에 子囊曰^{자낭왈}, 新與晉盟^{신여진맹},하고 而背之^{이배지},면 無乃不可乎^{무내불가호}.아 子反曰^{자반왈}, 敵利則進^{적리즉진}.이라 何盟之有^{하맹지유}.아 申叔時老矣^{신숙시로의}.라 在申^{재신},하여 聞之曰^{문지왈}, 子反必不免^{자반필불면}.하리라 信以守禮^{신이수례},하고 禮以庇身^{예이비신},이어늘 信^신禮之亡^{례지망},에 欲免得乎^{욕면득호}.아

楚子侵鄭^{초자침정},하여 及暴隧^{급포수},하고 遂侵衛^{수침위},하여 及首止^{급수지},하니 鄭子罕^{정자한}侵楚^{침초},하여 取新石^{취신석}.이라 欒武子欲報楚^{난무자욕보초},하니 韓獻子曰^{한헌자왈}, 無庸^{무용}.하라

사 중 기 죄   민 장 반 지   무 민   숙 전
使重其罪,면 **民將叛之**.리라 **無民**,이면 **孰戰**.가

　15년 봄에 척(戚)에서 회합을 가진 것은, 조나라 성공을 응징하기 위함이었다. 조나라 성공을 잡아 천자가 계시는 서울로 보냈다. 경문에 말하기를, '진나라 군주인 후작이 조나라 군주인 백작을 잡았다.'고 한 것은, 조나라 성공이 해를 그의 백성들에게는 끼치지 않았기 때문이다. 무릇 군주가 백성들에게 무도한 짓을 하여 제후들이 쳐서 잡으면, '어느 사람이 어느 군주를 잡았다.'라 하고, 그렇지 않을 경우는 이렇게 써 말하지 않는 것이다.
　제후들이 조나라의 자장(子臧)을 천자에게 보이고 그를 조나라 군주로 세우려 하니, 자장은 사퇴하여 말하기를, "옛날 책에 쓰여져 있어 이르기를, '성인(聖人)은 하늘에서 받은 자신의 분수를 남김 없이 발휘하여 행하고, 그 다음가는 사람(즉 賢人)은 자기 분수를 잘 지키며, 밑에 가는 사람(즉 어리석은 사람)은 자기의 분수를 잃는다.'라고 했다. 군주가 된다는 것은 나의 분수가 아니다. 내 비록 성인이야 될 수 없을망정, 어찌 분수 지키지 못하는 사람이 될 것이랴?"하고 곧 송나라로 도망갔다.
　여름 6월에, 송나라 공공(共公)이 세상을 떠났다.
　초나라 군사를 북진시키려고 하자, 자낭(子囊)이 말하기를, "진(晉)나라와 얼마 전에 맹약을 맺고 나서, 그것을 어긴다면 안되지 않습니까?"라고 했다. 그러자 자반(子反)은, "적의 나라를 치는 데 있어 이점이 있으면 나가 칠 일이오. 무슨 놈의 맹약 지킬 필요가 있단 말이오?"라고 말하였다. 당시 신숙시(申叔時)는 은퇴하여 신(申) 고을에 있었는데, 자반의 말을 전해 듣고 말했다. "자반은 반드시 화를 면하지 못할 것이다. 신의를 지키어 예를 지키고, 예를 지키어서 몸을 보호하는 것인데, 신의와 예의가 없는데 화를 면하려 한들 면하게 될 것인가?"

제13 성공(成公) 하(下) 15년 … 269

　초나라 군주인 자작이 정나라를 침공하여, 포수(暴隧)까지 쳐들어 가고, 곧이어 위나라를 침공하여 수지(首止)에 쳐들어가니, 정나라 자한(子罕)이 초나라를 침공하여, 신석(新石)을 점령했다. 그때 진(晉) 나라의 난무자(欒武子)도 초나라에 대해서 보복하려 하니, 한헌자(韓獻子)는 말했다. "군사를 쓰지 마십시오. 초나라로 하여금 무거운 죄를 짓게 놓아두면, 백성들이 장차 배반할 것입니다. 백성들이 없으면, 그 누가 싸울 것입니까?"

주해　○前志(전지)-옛날 책.
　　○聖達節(성달절)-성인은 하늘이 준 천분(天分)을 제대로 다 행함.
　　○子囊(자낭)-초나라 자낭은 장왕(莊王)의 아들로, 정(貞)이라고도 했다.
　　○暴隧(포수)-정나라의 읍 이름으로, 지금의 하남성 원무현(原武縣) 경계에 있었다.
　　○新石(신석)-초나라 읍 이름으로, 지금의 하남성 섭현(葉縣) 경계에 있었다.

<u>추팔월</u>　<u>장송공공</u>　<u>어시</u>　<u>화원위우사</u>　<u>어석위좌</u>
秋八月,에 葬宋共公.이라 於是,에 華元爲右師,하고 魚石爲左
<u>사</u>　<u>탕택위사마</u>　<u>화희위사도</u>　<u>공손사위사성</u>
師,하며 蕩澤爲司馬,하고 華喜爲司徒,하며 公孫師爲司城,하고
<u>상위인위대사구</u>　<u>인주위소사구</u>　<u>상대위태재</u>　<u>어부</u>
向爲人爲大司寇,하며 鱗朱爲少司寇,하고 向帶爲大宰,하며 魚府
<u>위소재</u>　<u>탕택약공실</u>　<u>살공자비</u>　<u>화원왈</u>　<u>아위우사</u>
爲少宰.라 蕩澤弱公室,하여 殺公子肥.라 華元曰, 我爲右師,에
<u>군신지훈</u>　<u>사소사야</u>　<u>금공실비</u>　<u>이불능정</u>　<u>오죄</u>
君臣之訓,은 師所司也.라 今, 公室卑,하여 而不能正,하니 吾罪
<u>대의</u>　<u>불능치관</u>　<u>감뢰총호</u>　<u>내출분진</u>
大矣.라 不能治官,하고 敢賴寵乎.아 乃出奔晉.이라
　　　　<u>이화대족야</u>　<u>사성장족야</u>　<u>육관자</u>　<u>개환족야</u>　<u>어석</u>
二華戴族也.요 司城莊族也.며 六官者,는 皆桓族也.라 魚石
<u>장지화원</u>　<u>어부왈</u>　<u>우사반</u>　<u>필토</u>　<u>시무환씨야</u>　<u>어</u>
將止華元,에 魚府曰, 右師反,이면 必討,리니 是無桓氏也.라 魚

石曰, 右師苟獲反,이면 雖許之討,라도 必不敢.이리라 且多大功,하고 國人與之.라 不反,이면 懼桓氏之無祀於宋也.라 右師討,라도 猶有戍在,리니 桓氏雖亡,이라도 必偏.이리라 魚石自止華元于河上,하니 請討.라 許之,하니 乃反.이라 使華喜·公孫師帥國人攻蕩氏,하여 殺子山.이라 書曰, 宋殺其大夫山,은 言背其族也.라 魚石·向爲人·鱗朱·向帶·魚府出舍於睢上.이라 華元使止之,에 不可.라 冬十月,에 華元自止之,나 不可,에 乃反.이라 魚府曰, 今不從,이면 不得入矣.라 右師視速而言疾,이니 必有異志焉.이라 若不我納,이면 今將馳矣.리라 登丘而望之則馳.라 騁而從之,하니 則決睢澨,하고 閉門,하여 登陴矣.라 左師·二司寇·二宰遂出奔楚.라 華元使向戌爲左師,하고 老佐爲司馬,하며 樂裔爲司寇,하여 以靖國人.이라

晉三郤害伯宗,하여 譖而殺之,하고 及欒弗忌,하니 伯州犁奔楚.라 韓獻子曰, 郤子其不免乎.인저 善人天地之紀也.라 而驟絶之.라 不亡何待.아

初,에 伯宗每朝,에 其妻必戒之曰, 盜憎主人,하고 民惡其上,이어늘 子好直言,하니 必及於難.이라

十一月,에 會吳于鍾離,는 始通吳也.라

許^허靈^령公^공畏^외偪^핍于^우鄭^정,하여 請^청遷^천于^우楚^초,하니 辛^신丑^축,에 楚^초公^공子^자申^신遷^천許^허于^우
葉^섭.이라

가을 8월에 송나라 공공을 장사 지냈다. 그리고 화원(華元)이 우사(右師)가 되고, 어석(魚石)은 좌사(左師)가 되며, 탕택(蕩澤)은 사마(司馬)가 되고, 화희(華喜)가 사도(司徒)가 되며, 공손사(公孫師)는 사성(司城)이 되고, 상위인(向爲人)이 대사구(大司寇)가 되며, 인주(鱗朱)가 소사구(少司寇)가 되고, 상대(向帶)가 태재(大宰)가 되며, 어부(魚府)가 소재(少宰)가 되었다. 그런데 탕택이 공실(公室)이 약하다 여겨, 공자 비(肥)를 죽였다. 그러자 화원은, "나는 우사로서, 군신(君臣)이 법을 순하게 따르게 하는 일은, 우사가 관장하는 것이다. 이제 공실의 세력이 약해서, 악한 것을 바르게 할 수가 없으니, 내 죄가 크다. 맡은 관직을 지킬 수 없으면서, 감히 군주의 총애에 의지하여 있을 건가?"라고 말하고는, 곧 진(晉)나라를 향하여 갔다.

송나라의 대신 가운데, 두 화씨(華氏)는 대공(戴公)의 자손이고, 사성인 공손사는 장공(莊公)의 자손이며, 다른 여섯 벼슬에 있는 이들은 다 환공(桓公)의 자손들이었다. 어석이 떠나려는 화원을 붙잡으려 하자, 어부가 말하기를, "우사가 되돌아온다면, 그는 반드시 탕택을 칠 것이니, 그러면 환공의 자손은 전멸하게 됩니다."라고 했다. 이에 어석은 말하기를, "우사가 실로 돌아오게 된다면, 우리가 비록 탕택 치는 것을 허락한다 하더라도, 그는 반드시 치지 않을 것이오. 그리고 그는 많은 큰 공을 세웠고, 나라 사람들이 그의 편이 되어 있소. 그가 돌아오지 않는다면, (국민이 우리를 공격하여) 환공의 자손이 송나라 안에서 조상의 제사를 지낼 사람이 없게 될까 걱정되오. 가령 우사가 환공의 자손들인 우리 일족을 친들, 술(戌)만은 남아 있게 될 것이니, 다른 환공의 자손이 망하더라도, 반드시 한 가닥은 있게 될 것이오."라고 했다. 그리고는 어석 자신이 가 황하(黃河) 가에서 잡고 가지 말라고 권하니, 화원은 탕택을 치게 해달라고 요구하였다. 어석이 허락하자 화원은 돌아갔다. 그래서 화희와 공손사로 하여금 나라 사람들을 이끌고 탕씨(蕩氏)를 공격하여 자산(子山)을 죽이게 했다. 경문에 말하기를, '송나라가 그 나라 대부 산을 죽였다'고 하여 족명(族名)을 쓰지 않은 것은, 그가 그의 공족(公族)을 배반해서였다.

어석·상위인·인주·상대·어부 등이 도읍을 떠나 수수(睢水) 가에 머물고 있었다. 화원이 사람을 시켜 그러지 말라고 했지만, 그들은 듣지 않았다. 겨울 10월에, 화원 자신이 가 그러지 말라고 했지만, 듣지 않기에 화원은 그냥 돌아섰다. 그때 어부는 말하기를, "지금 듣지 않으면, 앞으로 도읍 안으로는 들어갈 수가 없을 것이오. 우사가 눈 움직이는 것이 빠르고, 말하는 것이 빨랐으니, 반드시 딴 마음을 가지고 있을 것입니다. 만약 우리를 받아들이지 않을 것이라면, 지금쯤은 말을 달려 빨리 가려고 할 것입니다."라고 했다. 그리고는 언덕에 올라 바라보니, 화원은 말을 달려 가고 있었다. 그래서 그들이 말을 몰아 뒤따라갔더니, 화원은 수수의 제방(堤防)을 터 그들의 앞길을 막고, 도읍의 성문을 닫고, 성벽 위의 담에 올라 수비하였다. 그러므로 좌사·두 사구·두 재(宰)는 바로 초나라를 향하여 떠나갔다. 그러자 화원은 상술(向戌)을 좌사가 되게 하고, 노좌(老佐)를 사마가 되게 하며, 악예(樂裔)를 사구가 되게 하여, 나라 사람들을 안정시켰다.

방죽·제방〔防〕

진(晉)나라의 삼극(三郤), 즉 극기(郤錡)·극지(郤至)·극주(郤犨)는 백종(伯宗)이 걸리적거린다 하여 모함하여 죽이고, 그 화를 난불기(欒弗忌)에게까지 입혔다. 그러자 백종의 아들인 백주리(伯州犂)는 초나라로 도망갔다. 그 일을 두고 한헌자는 말하기를, "극씨네는 화를 면치 못할 것이다. 선인(善人)은 천지의 도리를 지키는 벼리

[紀]다. 그런데 자주 그 벼리를 끊었다. 그랬는데도 망하지 않고, 무엇을 기다릴 것인가?"라고 했다.
 전에, 백종이 조정에 들어갈 때마다, 그의 아내는 반드시 경계해서 말하기를, "도적은 집주인을 미워하고, 백성은 그 윗사람을 미워하는 법인데, 당신은 곧은말 하기를 좋아하니, 반드시 환란을 당할 것입니다."라고 했다.
 11월에, 오나라와 종리(鍾離)에서 회합을 가진 것은, 비로소 오나라와 교제한 때문이었다.
 허나라 군주 영공(靈公)이 정나라한테 핍박당함이 두려워, 도읍을 초나라 땅으로 옮기게 해달라고 요청하니, 신축날에 초나라 공자 신(申)이 허나라를 섭(葉)으로 옮겼다.

▌주해▐　ㅇ賴寵(뇌총)-군주의 총애에 의지함.
　　　ㅇ猶有戌在(유유술재)-술(戌)은 뒤에 나온 상술(向戌). 다 죽인다 하더라도, 어진 상술만은 죽이지 않아, 남게 될 것이라는 말.
　　　ㅇ偏(편)-한 가닥은 있다는 뜻.
　　　ㅇ漵(서)-제방.
　　　ㅇ天地之紀(천지지기)-천지의 도리를 지키는 벼리(중요한 존재).
　　　ㅇ驟絶之(취절지)-어진 백종을 죽이고, 난불기까지 죽게 한 일을 두고, 자주 끊었다고 말한 것이다.

▌經▐　　ㅇ十有六年春王正月,에 雨木冰.이라
　　　　　　　　　　　　　십유륙년춘왕정월　　　우목빙
　　　ㅇ夏四月辛未,에 滕子卒.이라
　　　　　　　하사월신미　　　등자졸
　　　ㅇ鄭公子喜帥師,하여 侵宋.이라
　　　　　　　정공자희솔사　　　침송
　　　ㅇ六月丙寅朔,에 日有食之.라
　　　　　　　유월병인삭　　　일유식지
　　　ㅇ晉侯使欒黶來乞師.라
　　　　　　　진후사란염래걸사

○甲午晦,에 晉侯及楚子·鄭伯戰于鄢陵,하여 楚子·鄭師敗
績.이라

○楚殺其大夫公子側.이라

○秋,에 公會晉侯·齊侯·衛侯·宋華元·邾人于沙隨,나 不
見公.이라

○公至自會.라

○公會尹子·晉侯·齊國佐·邾人,하여 伐鄭.이라

○曹伯歸自京師.라

○九月,에 晉人執季孫行父,하여 舍之于苕丘.라

○冬十月乙亥,에 叔孫僑如出奔齊.라

○十有二月乙丑,에 季孫行父及晉郤犨盟于扈.라

○公至自會.라

○乙酉,에 刺公子偃.이라

16년 봄 천자가 쓰는 역으로 정월에, 비가 내려 나무가 얼었다.
여름 4월 신미날에, 등나라 군주인 자작이 세상을 떠났다.
정나라 공자 희(喜)가 군사를 이끌고, 송나라를 침공했다.
6월 병인날인 초하루에, 일식이 있었다.
진(晉)나라 군주인 후작이 난염(欒黶)에게 와서 군사 내기를 청하
게 했다.
갑오날인 그믐날에, 진나라 군주인 후작이, 초나라 군주인 자작 및

정나라 군사인 백작과 언릉(鄢陵)에서 싸워, 초나라 군주인 자작과 정나라 군사가 대패했다.

초나라가 그 나라의 대부인 공자 측(側)을 죽였다.

가을에, 공이 진나라 군주인 후작·제나라 군주인 후작·위나라 군주인 후작·송나라의 화원·주나라 사람들과, 사수(沙隨)에서 회합을 가졌으나, 진나라 군주가 공을 만나지 않았다.

공이 회합의 일로부터 돌아왔다.

공이 윤나라 군주인 자작·진나라 군주인 후작·제나라의 국좌(國佐)·주나라 사람들과 정나라를 쳤다.

조나라 군주인 백작이 천자가 계시는 서울로부터 돌아갔다.

9월에, 진나라 사람이 계손행보(季孫行父)를 잡아, 초구(苕丘)에 가두었다.

겨울 10월 을해날에, 숙손교여가 제나라로 달아났다.

12월 을축날에, 계손행보가 진나라의 극주(郤犨)와 호(扈)에서 맹서하였다.

공이 회합의 일로부터 돌아왔다.

을유날에 공자 언(偃)을 죽였다.

주해 ○四月辛未(사월신미)-4월 6일.
○六月丙寅朔(유월병인삭)-6월 1일.
○欒黶(난염)-난서(欒書)의 아들.
○甲午晦(갑오회)-6월 29일.
○鄢陵(언릉)-정나라 지명으로, 지금의 하남성 언릉현(鄢陵縣) 서북쪽 땅.
○沙隨(사수)-송나라 지명으로, 지금의 하남성 영릉현(寧陵縣) 서북쪽 땅.
○不見公(불견공)-진(晉)나라 군주가 노나라 성공을 만나지 않았나. 노나라가 언릉의 싸움에 참가하지 않았다고 하여 진나라 군주가 만나주지 않았던 것이다.
○苕丘(초구)-진나라 지명으로, 산서성 원곡현(垣曲縣) 동쪽 땅.

o 十月乙亥(시월을해)-10월 12일.

o 十有二月乙丑(십유이월을축)-12월 3일.

o 乙酉(을유)-12월 23일.

o 剌(자)-죽임. 노나라 사람이 다른 나라의 대부와 구별하여, 자기 나라 대부를 죽인 경우, 자(剌)라 했다.

傳| 十六年春,에 楚子自武城使公子成以汝陰之田求成于鄭,하니 鄭叛晉,하고 子駟從楚子,하여 盟于武城.이라

夏四月,에 滕文公卒.이라

鄭子罕伐宋.이라 宋將鉏・樂懼敗諸汋陂,하고 退舍於夫渠,에 不儆.이라 鄭人覆之,하여 敗諸汋陵,하여 獲將鉏・樂懼.라 宋恃勝也.라

衛侯伐鄭,하여 至于鳴雁,하니 爲晉故也.라

16년 봄에, 초나라 군주인 자작이, 무성(武城)에서 공자 성(成)에게 여수(汝水) 남쪽 땅을 주는 조건으로, 정나라에 대해서 화평을 맺도록 하게 하니, 정나라가 진(晉)나라를 배반하고, 자사(子駟)가 초나라 공자를 따라가, 무성에서 맹서하였다.

여름 4월에, 등나라 군주 문공이 세상을 떠났다.

정나라 자한(子罕)이 송나라를 쳤다. 송나라의 장서(將鉏)와 악구(樂懼)가 정나라 군사를 작피(汋陂)에서 쳐부수고 부거(夫渠)로 물러나 머물고 있었으나, 경계를 게을리했다. 그러자 정나라 사람이 습격하여 작릉(汋陵)에서 패배시켜, 장서와 악구를 잡았다. 그것은 송나라가 이길 것을 믿고 있었기 때문이었다.

위나라 군주가 정나라를 쳐 명안(鳴雁)까지 공격해 갔는데, 그것은 진(晉)나라를 위해서였다.

주해 ○武城(무성)-초나라 지명으로, 지금의 하남성 남양현(南陽縣) 북쪽 땅. 당시에 초나라 공왕(共王)이 무성에 머물고 있었다.
○汝陰(여음)-여수(汝水) 남쪽 땅.
○汋陂(작피)·夫渠(부거)·汋陵(작릉)-다 송나라의 지명.
○覆(복)-적의 경계가 허술함을 틈타 습격함.
○鳴雁(명안)-정나라 지명으로, 지금의 하남성 기현(杞縣) 서북쪽 땅.

晉侯將伐鄭,하니 范文子曰, 若逞吾願,하여 諸侯皆叛,이면 晉
可以逞,이나 若唯鄭叛,이면 晉國之憂,가 可立俟也.이오니다 欒武
子曰, 不可以當吾世而失諸侯,이오니 必伐鄭,하소서 乃興師.라
欒書將中軍,하고 士燮佐之,하며 郤錡將上軍,하고 荀偃佐之,하며
韓厥將下軍,하고 郤至佐新軍.이라 荀罃居守.라 郤犨如衛,하고
遂如齊,하니 皆乞師焉.이라 欒黶來乞師,에 孟獻子曰, 晉有勝矣.
리라

戊寅,에 晉師起.라 鄭人聞有晉師,하고 使告于楚,에 姚句耳與
往.이라 楚子救鄭,에 司馬將中軍,하고 令尹將左,하며 右尹子辛
將右.라 過申,에 子反入見申叔時曰, 師其何如.오 對曰, 德·
刑·詳·義·禮·信,은 戰之器也.라 德以施惠,하고 刑以正邪,
하며 詳以事神,하고 義以建利,하며 禮以順時,하고 信以守物.이라

民生厚而德正,하고 用利而事節,하며 時順而物成,하여 上下和
睦,하고 周旋不逆,하며 求無不具,하고 各知其極.이라 故로 詩曰,
立我蒸民,에 莫匪爾極.이라 是以,로 神降之福,하고 時無災害,하
며 民生敦厖,하고 和同以聽,하여 莫不盡力以從上命,하고 致死
以補其闕.이라 此戰之所由克也.라 今, 楚內棄其民,하고 而外絶
其好,하며 瀆齊盟,하여 而食話言,하고 奸時以動,하여 而疲民以
逞,하니 民不知信,하고 進退罪也.라 人恤所底,에 其誰致死.오
子其勉之.하라 吾不復見子矣.리라

 진나라 군주가 정나라를 치려 하자, 범문자(范文子：士燮)가 말하기를, "만일 우리가 원하는 바를 마음대로 하였다가, 제후들이 다 배반한다면, 그때는 우리 진나라 마음대로 할 수 있사오나, 다만 정나라만 배반한다면 진나라의 걱정이 곧 닥쳐올 것이옵니다."라고 하자, 난무자(欒武子)가 말하기를, "우리들의 세상에서 우리 편의 제후를 잃어서는 아니되오니, 반드시 정나라를 치옵소서."라고 했다. 이에 군사를 내기로 했다. 그때 난서가 중군대장이 되고, 사섭이 부장이 되었으며, 극기가 상군대장이 되고, 순언이 부장이 되었으며, 한궐이 하군대장이 되고, 극지가 신군의 부장이 되었다. 순앵은 나라 안을 지켰다. 그리고 극주는 위나라에 갔고, 곧이어 제나라에 갔는데, 그것은 다 군사를 내어 달라고 요청하는 일로써였다. 난염이 노나라에 가 군사 내어 주기를 요청하니, 맹헌자(孟獻子：孟孫蔑)는 (그의 겸손한 태도를 보고) 말하기를, "진나라는 승리할 것이다."라고 했다.
 무인날에, 진나라 군사가 출동했다. 정나라 사람이 진나라 군사의

공격이 있다는 것을 듣고는, 사람을 시켜 초나라에 알렸는데, 그때 요구이(姚句耳)도 같이 갔다. 초나라 군주가 정나라를 구원함에, 사마(司馬) 벼슬에 있는 이가 중군대장이 되고, 영윤(令尹)이 좌군대장(左軍大將)이 되며, 우윤(右尹) 벼슬에 있는 자신(子辛)이 우군대장이 되었다. 신(申)을 지나다가, 자반(子反)이 성안으로 들어가 신숙시(申叔時)를 만나보고 말하기를, "이번 군사일은 어떻게 될까요?"라고 했다. 그러자 신숙시는 대답하였다. "덕(德)·형(刑)·제사 지냄에 용의주도한 상(詳)·의(義)·예(禮)·신(信)은, 싸움에 필요한 중요한 것입니다. 덕으로 백성들에게 혜택을 베풀고, 형으로 나쁜 것을 바르게 하며, 용의주도함으로써 신(神)을 섬기고, 의로 이로움을 일으키며, 예로 때에 맞도록 행동하고, 신으로 모든 것을 지키는 것입니다. 백성들의 생활이 풍부해지면 덕이 바르게 닦아지고, 백성들이 쓰는 것이 편리해지면 모든 일의 절도(節度)가 잡혀지며, 사시절의 순서가 잘 운행되어서 모든 것이 제대로 이룩되어져, 위아래는 화목하고, 하는 일이 이치에 맞지 않음이 없으며, 원하는 것이 갖추어지지 않음이 없고, 사람마다 다 분수를 분별할 줄 압니다. 그러므로 시에 이르기를, '우리 백성 잘삶에, 각기 분수 지니지 않음이 없도다.'라고 했습니다. 그러면 신이 복을 내리고, 사시절에 재해(災害)가 없으며, 백성들의 생활은 풍부하고, 서로 화락해서 명령을 잘 들어 전력을 다하여 위의 명을 따르지 않는 자가 없고, 죽음으로써 국력의 부족한 바를 채우게 되는 것입니다. 이것이 싸움에서 이기는 길입니다. 이제, 초나라는 안으로는 백성을 돌보지 않고, 밖으로는 다른 나라와 우호를 끊었으며, 신성한 맹서를 더럽혀, 약속한 말을 이행하지 않았고, 농경 때를 돌보지 않고 출병(出兵)하여, 백성들을 피로케 하면서 마음먹은 대로만 하니, 백성들이 군주의 신의를 모르고, 앞으로 나가나 뒤로 물러나나 죄가 되는가 하고 두려워하고 있습니다. 사람들이 끝장을 걱정하니, 그 누가 목숨을 바칠 것입니까? 공자는 부디 노력하십시오. 나는 다시 공자를 만나지 못할 것입니다."

▎주해│ ㅇ諸侯皆叛(제후개반), 晉可以逞(진가이영) - 제후가 다 진나라를 배반한다면, 진나라 사람들은 위아래가 다 일치단결하여 싸워 진나라가 마음먹은 대로 할 수 있다는 것.
ㅇ晉國之憂(진국지우), 可立俟也(가립사야) - 다만 정나라만이 배반할 것 같으면, 한 나라 치기는 용이하다 여겨 위아래가 단결하지 않기에, 진나라의 걱정 닥침이 바로 기다려진다는 것.
ㅇ戊寅(무인) - 4월 13일.
ㅇ司馬(사마) - 당시 초나라 사마는 자반(子反)이었다.
ㅇ令尹(영윤) - 당시의 영윤은 자중(子重).
ㅇ詳(상) - 용의주도. 즉 제사 지냄에 있어, 제삿날·제물·제기(祭器) 등에 대해서 자세히 살핌을 말한다.
ㅇ周旋(주선) - 거동.
ㅇ詩曰(시왈) - 《시경》 송(頌) 주송(周頌) 사문편(思文篇)의 구절.
ㅇ闕(궐) - 전사자가 나 국력(병력)이 부족한 것.
ㅇ齊盟(제맹) - 신성한 맹서.
ㅇ底(저) - 끝장.
ㅇ吾不復見子矣(오불부견자의) - 자반이 전쟁에서 죽을 것을 미리 알고 이렇게 말한 것이다.

姚句耳先歸.라 子駟問焉.에 對曰, 其行速.하고 過險而不整.이라 速則失志.하고 不整喪列.이라 志失列喪,이면 將何以戰.가 楚懼不可用也.라

五月.에 晉師濟河.하여 聞楚師將至.라 范文子欲反曰, 我偽逃楚,면 可以紓憂.리라 夫合諸侯,는 非吾所能也,니 以遺能者.하라

我若退,하고 群臣輯睦以事君,이면 多矣.라 武子曰, 不可.라
六月,에 晉·楚遇於鄢陵.이라 范文子不欲戰,하니 郤至曰, 韓
之戰,에 惠公不振旅,하고 箕之役,에 先軫不反命,하며 邲之師,에
荀伯不復從,하니 皆晉之恥也.라 子亦見先君之事矣.라 今, 我
辟楚,면 又益恥也.라 文子曰, 吾先君之亟戰也有故.라 秦·
狄·齊·楚皆彊,에 不盡力,이면 子孫將弱.이라 今, 三彊服矣,요
敵楚而已.라 唯聖人能外內無患,이요 自非聖人,엔 外寧必有內憂.
라 盍釋楚以爲外懼乎.아
甲午晦,에 楚晨壓晉軍而陳,에 軍吏患之.라 范匄趨進曰, 塞
井夷竈,하고 陳於軍中,하여 而疏行首.하라 晉·楚唯天所授,어늘
何患焉.고 文子執戈逐之曰, 國之存亡,이 天也.라 童子何知焉.
가 欒書曰, 楚師輕窕,하니 固壘而待之.하라 三日必退.리라 退而
擊之,면 必獲勝焉.이라 郤至曰, 楚有六閒,하니 不可失也.라 其
二卿相惡,하고 王卒以舊,하고 鄭陳而不整,하고 蠻軍而不陳,하며
陳不違晦,하고 在陳而囂,하고 合而加囂.이라 各顧其後,하여 莫
有鬪心,이요 舊不必良,하며 以犯天忌,하니 我必克之.라

요구이(姚句耳)가 먼저 초나라에서 정나라로 돌아갔다. 정나라 자사(子駟)가 초나라 군사 사정에 대해서 물으니, 요구이는 대답하기를,

"초나라 군사의 진군(進軍)함은 너무 빠르고, 험한 곳을 지날 때에는 대열이 가지런하지 못합니다. 너무 빠르면 마음의 침착함을 잃고, 대열이 가지런하지 못하면 군사 편성 대열이 없어지게 됩니다. 침착성을 잃고 편성 대열이 없어진다면, 장차 어떻게 싸울 것입니까? 초나라 군사는 아마도 쓸모가 없을 것입니다."라고 했다.

5월에 진나라 군사가 황하를 건너, 초나라 군사가 곧 당도할 것이라는 소식을 들었다. 그때 진나라 범문자가 돌아가고 싶어서, "우리가 거짓으로 초나라 군사를 피한다면, 우리는 근심을 해소(解消)시킬 수가 있을 것입니다. 제후들을 모아 통합한다는 것은, 우리로서는 할 수 있는 것이 못되니, 후일의 유능한 이에게 맡기기로 하십시오. 내가 물러나고, 여러 신하된 분들이 화목하여 군주를 모신다면, 그것은 다행한 일입니다."라고 말하니 난무자는, "안될 일이오."라고 했다.

6월에, 진나라 군사와 초나라 군사가 언릉에서 만나게 되었다. 범문자가 싸우려 하지 않자, 극지가 말하였다. "한(韓) 싸움에서 혜공(惠公)께서 참패를 당하여 개선(凱旋)하시지 못했고, 기(箕) 싸움에서는 선진(先軫)이 전사하여 전쟁의 결과 보고를 올리지 못했으며, 필(邲)의 싸움에서는 순백(荀伯: 荀林父)은 한번 싸워 패전하고는 다시 상대하여 싸우지 못했는데, 그 일들은 다 우리 진나라의 수치였습니다. 장군도 전대 군주 때의 일을 잘 보셨습니다. 이제 우리가 초군을 피한다면, 그것은 우리의 수치를 더하게 하는 일입니다." 이에 대해서, 범문자가 말했다. "우리의 선대 군주께서 자주 싸우셨던 것은 그 이유가 있었습니다. 당시는 진(秦)나라·오랑캐나라·제나라·초나라가 모두 강해서, 우리가 있는힘을 다해서 싸우지 않으면 자손은 앞으로 약하게 변해갈 때문입니다. 그런데 이제 진(秦)·오랑캐나라·제나라의 힘센 세 나라가 다 우리나라에 대하여 복종하고 있고, 대적(對敵)되는 나라로서는, 단지 초나라뿐입니다. 이 세상에서, 오직 성인(聖人)만이 밖이나 안으로 근심이 없게 할 수 있는 것이고, 성인이 아닌 경우엔 밖으로 편안하면 반드시 안의 근심이 있는 것입니다. 그런데 어찌 초나라를 그대로 두어 밖의 더러운 존재 삼아 늘 경계하는 마음을 갖도록 하지 않으려는 것입니까?"

갑오날인 그믐날에, 초나라 군사는 새벽에 진나라 군사에 접근하여 진을 치니, 진군의 일을 맡은 관리가 걱정하였다. 그때, 범개(范匃: 士燮의 아들)가 군영(軍營)으로 달려들어와 말하기를, "군영 안의 우물을 묻고 가마솥을 다 없애고서, 군영 안에다 진을 쳐, 진격할 길을 트도록 하십시오. 우리 진나라나 초나라가 다만 하늘이 주는 승패의 운을 받을 따름인데, 무엇을 걱정하십니까?"라고 했다. 그러자, 아버지인 범문자가 창을 들고 그를 몰며 말하기를, "나라의 존망(存亡)이 하늘에 달렸다. 어린애가 무엇을 안다고 그러는 거냐?"라고 했다. 그때 난서는 말했다. "초나라 군사는 경솔하니, 우리는 보루(保壘)를 단단히 하고 기다리게 하시오. 사흘이 지나면 초군은 반드시 물러갈 것이오. 저들이 물러날 때에 공격하면, 우리는 꼭 승리를 거둘 것이오." 이 말에 이어, 극지는 말했다. "초나라 군사에게는 여섯 가지 흠이 있으니, 그 흠을 놓쳐서는 안됩니다. 군사를 인솔하고 있는 두 경(卿)은 서로 미워하고, 초왕의 친위대는 늙은 병사들이며, 정나라 군대는 진열이 가지런하지 못하고, 오랑캐 군대는 진을 치지 않고 있으며, 초군 측은 진(陣)을 침에 재수가 없는 그믐날을 피하지 않았고, 진중(陣中)에서 떠들어, 진과 진이 서로 합치면 더욱 떠들썩합니다. 그리고 초·정·오랑캐 군대들은 각기 자기들의 뒤편의 힘을 믿어, 스스로 싸우겠다는 전의(戰意)가 없고, 늙은 병사들은 반드시 선전(善戰)하는 전사가 못되며, 하늘이 싫어하는 그믐날에 진을 쳤으니, 우리는 꼭 초군을 이깁니다."

주해 | ㅇ紓憂(서우) - 걱정이 해소됨.
ㅇ韓之戰(한지전) - 한에서의 싸움은, 노나라 희공 15년에 있었다.

o 箕之役(기지역) - 기의 싸움은, 희공 33년에 있었다.
o 邲之師(필지사) - 필의 싸움은, 선공 12년에 있었다.
o 二卿(이경) - 초나라 자반(子反)과 자중(子重)을 말한다.
o 顧其後(고기후) - 정나라 군대는 뒤에 있는 초나라 군대를 돌아다보고, 초나라 군대는 뒤에 있는 오랑캐나라 군대를 돌아다보아, 서로 다른 군대의 힘을 믿음.

　　　　　초자등소차　　　　　　이망진군　　　　자중사태재백주리시우왕후
楚子登巢車,하여 以望晉軍,이라 子重使大宰伯州犂侍于王後.
　　왕왈　빙이좌우하야　　왈　소군리야　　　　　개취어중군
라 王曰, 騁而左右何也.아 曰, 召軍吏也.이오니다 皆聚於中軍
의　　왈　합모야　　　　　장막의　　왈　건복어선군야
矣.라 曰, 合謀也.이오니다 張幕矣.라 曰, 虔卜於先君也.이오니다
철막의　　왈　장발명야　　　　　심효　　　차진상의　　　왈　장
徹幕矣.라 曰, 將發命也.이오니다 甚囂,하고 且塵上矣.라 曰, 將
색정이조이위항야　　　　개승의　　　좌우집병이하의　　　왈
塞井夷竈而爲行也.이오니다 皆乘矣,러니 左右執兵而下矣.라 曰,
청서야　　　　　전호　　왈　미가지야　　　　　승이좌우개하
聽誓也.이오니다 戰乎.아 曰, 未可知也.이오니다 乘而左右皆下
의　　왈　전도야　　　　　백주리이공졸고왕　　　　묘분황재진
矣.라 曰, 戰禱也.이오니다 伯州犂以公卒告王.이라 苗賁皇在晉
후지측　　　역이왕졸고　개왈　국사재　　차후　　불가당
侯之側,하여 亦以王卒告.라 皆曰, 國士在,하고 且厚,하니 不可當
야　　　　묘분황언어진후왈　　초지량재기중군왕족이이
也.라소이다 苗賁皇言於晉侯曰, 楚之良在其中軍王族而已.이오
　　　청분량이격기좌우　　　　이삼군췌어왕졸　　　필대패
니다 請分良以擊其左右.이오니다 而三軍萃於王卒,이면 必大敗
지　　　　공서지　　　사왈　길　　　　　기괘우복
之.하리이다 公筮之,하니 史曰, 吉.이오니다 其卦遇復☲☷.이오니다
왈　남국축　　　사기원왕　　　중궐목　　　국축왕상　　불패하
曰, 南國蹙,하고 射其元王,하여 中厥目.이라 國蹙王傷,에 不敗何
대　　　공종지
待.리오 公從之.라
　　　　　유뇨어전　　　내개좌우상위어뇨　　　보의어진려공　　　　난겸
有淖於前,에 乃皆左右相違於淖.라 步毅御晉厲公,하고 欒鍼

爲右.라 彭名御楚共王,하고 潘黨爲右.라 石首御鄭成公,하고 唐
苟爲右.라 欒‧范以其族夾公行,에 陷於淖.라 欒書將載晉侯,하
니 鍼曰, 書退.하라 國有大任,이어늘 焉得專之.아 且侵官,은 冒
也,요 失官,은 慢也,며 離局,은 姦也.라 有三罪焉,하니 不可犯
也.라 乃掀公以出於淖.라
　癸巳,에 潘尩之黨,이 與養由基蹲甲,하여 而射之,하여 徹七札
焉,하여 以示王曰, 君有二臣如此,이어늘 何憂於戰.이오니까 王怒
曰, 大辱國.이라 詰朝爾射,면 死藝.라.리라

　초나라 군주인 자작이 적정(敵情)을 살피기 위해, 높은 전차에 올라 진나라 군사를 바라보고 있었다. 그때 자중(子重)은 진나라에서 도망온 태재(大宰)였던 백주리(伯州犁)를 왕의 뒤에서 모시고 있게 했다. 그래서 초왕과 백주리 사이에 이야기가 있었다.
　초왕―진나라 군인이 좌우로 내닫고 있는데 왜 그러는 거냐?
　백주리―군사일을 맡고 있는 관리를 소집하고 있는 것이옵니다.
　초왕―사람들이 중군(中軍)으로 모였다.
　백주리―모의(謀議)하는 것이옵니다.
　초왕―장막(帳幕)을 쳤다.
　백주리―공경스러운 태도로 선대 군주의 신령(神靈)에게 승패를 점쳐 묻고 있는 것이옵니다.
　초왕―장막을 거두었다.
　백주리―명령을 내리려는 것이옵니다.
　초왕―아주 떠들썩하고, 먼지가 일고 있다.

백주리 — 우물을 묻고 가마솥을 다 걸고 군진의 대열을 정렬하는 것이옵니다.

초왕 — 다들 전차에 탔는데, 전차의 좌우에 탔던 사람들이 무기를 들고 내렸다.

백주리 — 지켜야 할 주의사항을 듣고 있는 것이옵니다.

초왕 — 진나라 군사는 우리와 싸울 것인가?

백주리 — 아직 알 수 없사옵니다.

초왕 — 사람들이 전차를 탔다가, 그 좌우의 전사들이 다 내렸다.

백주리 — 싸우기 전에 기도를 드리는 것이옵니다.

이때, 백주리는 진나라 군주의 친위병(親衛兵)에 대해서 초왕에게 말해 주었다. 그리고 초나라에서 진나라로 도망갔던 묘분황(苗賁皇)이 진나라 군주의 측근에 있어, 그 또한 초왕의 친위병에 대해서 말해 주었다. 당시에 진나라 군주를 모시고 있던 사람들이 다, "우리나라의 뛰어난 인사가 초나라에 붙어 있고, 또 군사가 많으니, 우리는 초군을 당해 낼 수가 없사옵니다."라고 말했다. 그러자 묘분황이 진나라 군주에게 말하기를, "초나라의 정예부대(精銳部隊)는, 중군에 속해 있는 초왕의 친위병뿐이옵니다. 그러하오니 정예부대를 나누어서 초군의 좌우군을 치시옵기를 바라옵니다. 그리고서 삼군의 병력을 초왕의 친위부대 공격에 집중시키시오면, 초군은 반드시 대패할 것이옵니다."라고 했다. 진나라 군주는 산가지점을 쳐서 알아보게 했다. 그랬더니 복사관(卜史官)이 말하였다. "길하옵니다. 복(復)의 점괘가 나왔나이다. 괘의 풀이에는, '남쪽 나라가 쭈그러지고, 활을 그 나라 왕에게 쏘아, 그의 눈을 맞힌다.'라고 말하고 있사옵니다. 나라가 쭈그러지고 왕이 부상을 당함에, 패하지 않고 무엇을 기다리겠나이까?" 이에, 진나라 군주는 묘분황의 말대로 했다.

진나라 군사가 가는 길에는 진흙 수렁이 있어서, 다들 좌우로 그 진흙 수렁을 비켜 갔다. 그때 보의(步毅)가 진나라 군주 여공(厲公)

이 탄 전차를 조종하고, 난겸(欒鍼)이 오른쪽 전사가 되었다. 그리고, 팽명(彭名)이 초나라 공왕(共王)이 탄 전차를 조종하고, 반당(潘黨)이 오른쪽 전사가 되었다. 그리고 또, 석수(石首)가 정나라 성공(成公)이 탄 전차를 조종하고, 당구(唐苟)가 오른쪽 전사가 되었다. 진의 난서와 범문자는 그들의 군대로 군주를 좌우로 호위하며 진군하였는데, 군주의 전차가 진흙 수렁에 빠졌다. 난서가 군주를 자기 전차에 태우려 하니 난겸이 말하였다. "물러나시오. 나라는 각자에게 큰 임무를 맡기었는데, 어찌 혼자 멋대로 할 수가 있소? 그리고 다른 관원의 할 일을 침범하는 것은 모독(冒:侵害)이고, 자기 할 일을 하지 않는 것은 태만이며, 자기 자리를 떠나는 것은 나쁜 행위, 즉 간(姦)인 것이오. 이 세 가지 죄를 짓는 것이 되니, 손대지 마시오." 그리고 나서, 자신이 군주를 안아 내리고, 전차는 진흙 수렁에서 빠져나가게 했다.

계사날에, 초나라 반왕(潘尪)의 아들인 반당이 양유기(養由基)와 함께 갑옷을 겹쳐 놓고, 활을 쏘아 그 일곱 벌을 꿰뚫어서, 그것을 초왕에게 보이며 말하기를, "군주께서는 이같이 활을 잘 쏘는 두 신하가 있는데, 싸우는 데에 무엇이 걱정되리까?"라고 했다. 그러자 초왕은 노하여, "너희들은 국가를 크게 모욕했다. 내일 아침에 너희들이 마음대로 활을 쏘았다가는, 그 활쏘는 재주 때문에 죽으리라."라고 말했다.

| 주해 | ○巢車(소차) – 적정을 살피기 위한 키가 높은 전차.
   ○聽誓(청서) – 지켜야 할 주의를 들음.
   ○國士(국사) – 나라 안에서 뛰어난 인사. 여기에서는 초나라로 도망가 있던 백수리(伯州犂)를 말한다.
   ○苗賁皇(묘분황) – 초나라 투초(鬪椒)의 아들로, 선공 4년에 진나라로 망명했었다.
   ○王族(왕족) – 왕이 이끄는 친위대.

o 癸巳(계사)-6월 28일.
o 詰朝(힐조)-다음날 아침. 난겸(欒鍼)은 난서(欒書)의 아들이다. 그런데 그는 자기 아버지 난서가 진흙 수렁에 빠져 있는 군주를 자신의 전차에 태우려 하자, 엄숙한 태도로 꾸짖어, 신하로서 지켜야 할 기강을 잘 지킨 일은 가상한 일이다.

　　　　여기몽　　　사월중지　　　　퇴입어니　　점지　　　왈　　희성일
　　呂錡夢,에 射月中之,하고 退入於泥.라 占之,하니 曰, 姬姓日
　야　　이성월야　　　　필초왕야　　　사이중지　　　퇴입어니
也,요 異姓月也,이니 必楚王也.라 射而中之,하고 退入於泥,는
　역필사의　　　급전　　　사공왕중목　　　왕소양유기　　　여지량
亦必死矣.라 及戰,에 射共王中目.이라 王召養由基,하여 與之兩
　시　　　사사여기　　　중항복도　　　이일시복명
矢,하고 使射呂錡,하니 中項伏弢.라 以一矢復命.이라
　　　　극지삼우초자지졸　　　견초자필하　　　면주이추풍　　　초자
　　郤至三遇楚子之卒,에 見楚子必下,하여 免胄而趨風.이라 楚子
　사공윤양문지이궁　　　왈　　방사지은야　　　유매위지부주
使工尹襄問之以弓,하고 曰, 方事之殷也,에 有韎韋之跗注,하여
　군자야　　식견불곡이추　　　무내상호　　　극지견객　　　면주승
君子也.라 識見不穀而趨.라 無乃傷乎.아 郤至見客,하고 免胄承
　명왈　　군지외신지　　　종과군지융사　　　이군지령　　　간몽갑
命曰, 君之外臣至,는 從寡君之戎事,하여 以君之靈,으로 間蒙甲
　주　　　불감배명　　　감고불녕　　　군명지욕　　　위집사지
胄,하니 不敢拜命.이라 敢告不寧.이리오 君命之辱,은 爲執事之
　고　　감숙사자　　　삼숙사자이퇴
故,로 敢肅使者.라 三肅使者而退.라
　　　　진한궐종정백　　　기어두혼라왈　　　속종지　　　기어루고
　　晉韓厥從鄭伯.이라 其御杜溷羅曰, 速從之.하라 其御屢顧,하
　여　부재마　　　가급야　　　한궐왈　　불가이재욕국군　　　내지
여 不在馬,하니 可及也.라 韓厥曰, 不可以再辱國君.이라 乃止.
　　　　극지종정백　　　기우불한호왈　　　첩로지　　　여종지승이부이
라 郤至從鄭伯,에 其右茀翰胡曰, 諜輅之.하라 余從之乘而俘以
　하　　　극지왈　　상국군　　　유형　　　역지　　　석수왈　　　위의공
下.리라 郤至曰, 傷國君,이면 有刑.이라 亦止.라 石首曰, 衛懿公

唯不去其旗.라 是以,로 敗於熒.이라 乃內旌於弢中.이라 唐苟謂
石首曰, 子在君側.하라 敗者壹大.라 我不如子,하니 子以君免.하
라 請我止.라 乃死.라
　楚師薄於險,에 叔山冉謂養由基曰, 雖君有命,이나 爲國之故,
니 子必射.하라 乃射,하여 再發盡殪.라 叔山冉搏人以投,하니 中
車折軾.이라 晉師乃止,나 囚楚公子茷.라
　欒鍼見子重之旌,하고 請曰, 楚人謂,하되 夫旌子重之麾也,이
오니 彼其子重也.라소이다 日,에 臣之使於楚也,에 子重問晉國之
勇,이기로 臣對曰, 好以衆整.이었나이다 曰, 又何如,이기로 臣對
曰, 好以暇.이었나이다 今, 兩國治戎,에 行人不使,면 不可謂整,
이옵고 臨事而食言,이면 不可謂暇,이오니 請攝飲焉.이오이다 公許
之.라 使行人執榼承飲造于子重曰, 寡君乏使,에 使鍼御持矛.라
是以不得犒從者,하고 使某攝飲.이라 子重曰, 夫子嘗與吾言於
楚,러니 必是故也.라 不亦識乎.아 受而飲之.하고 免使者,하여 而
復鼓.라 旦而戰,하여 見星未已.라

　진나라 대부인 여기(呂錡)가 꿈을 꾸니, 달[月]을 쏘아 맞히고, 물러나 진흙 속에 빠졌다. 그 꿈의 길흉을 점쳤더니 하는 말이, "희(姬)성은 지체가 높아 해[日]에 해당되고, 희성과 다른 성은 달에 해당되니, 달은 반드시 초나라 왕일 것이오. 그리고 쏘아 맞히고, 물러나 진

흙 속에 빠졌다는 것은, 님도 또한 반드시 죽는다는 것입니다."라는 것이었다. 싸움을 하게 되어, 그는 초나라 공왕을 쏘아 눈을 맞혔다. 그러자 초왕은 양유기(養由基)를 불러, 화살 두 개를 주고 여기를 쏘게 하니, 목에 맞아 활을 넣는 전대에 엎어져 죽었다. 양유기는 남은 한 개의 화살을 가지고 가 초왕에게 결과를 보고했다.

진나라 극지는 세 번이나 초나라 군주의 친위대와 상대가 되었는데, 그는 초나라 군주를 보면 반드시 전차에서 내려, 투구를 벗고 바람같이 빨리 달려 도망쳤다. 그것을 본 초나라 군주는, 공윤(工尹) 양(襄)에게 활을 선물로 가지고 가게 하고, 말을 전하게 했다. "격전중(激戰中)에 붉은색 가죽 바지를 입은 분이 있어, 군자의 풍모(風貌)였소이다. 나를 알아보고는 달려 피해 갔었소. 부상은 없었소?" 극지는 자기를 찾아온 초나라 손님을 만나, 투구를 벗고 초나라 군주의 말을 전해 듣고는 말했다. "초나라 군주의 외신(外臣)인 극지 저는, 우리 군주의 군사(軍事)에 종사하여, 초나라 군주의 덕택으로 갑옷과 투구를 몸에 붙이고 있는 몸이니, 감히 초나라 군주께서 내리신 말씀에 대하여 감사드리는 절을 하지 못합니다. 내 몸은 이렇게 완전하니, 어찌 편안치 않다고 할 수 있겠습니까? 초나라 군주의 고마운 말씀을, 귀관(貴官) 덕분에 받게 된 이유로, 나는 사자인 귀관에게 공손한 예를 하겠습니다." 그리고는 그 사자에게 세 번 공손한 예를 하고 그 자리를 떠났다.

진나라 한궐이 정나라 군주를 몰았다. 그때 그의 전차를 조종하는 두혼라(杜溷羅)가 말하기를, "속히 따르도록 하시지요. 정나라 군주의 전차를 조종하는 자가 자주 뒤를 돌아보아, 전차를 끄는 말에 대해서는 소홀하니, 따라잡을 수가 있습니다."라고 하니 한궐은, "두 번이나 나라의 군주를 욕보일 수는 없다."라고 했다. 그리고는 몰기를 중지했다. 극지가 정나라 군주를 모니, 그가 탄 전차의 오른쪽 전사인 불한호(茀翰胡)가 말하기를, "날쌘 병사를 시켜 전방에서 치게 하십시오. 그러면 저는 여기서 저 전차로 올라타, 정나라 군주를 잡아 가지고 내리겠습니다."라고 하자 극지는, "나라의 군주를 상하게 하면 형벌이 있게 된다."라 말하고, 그도 역시 몰기를 그만두었다. 그때 (정나라 군주의 전차를 조종하던) 석수(石首)가 말하기를, "전에 위나라 의공(懿公)께서 싸움중에 군주임을 나타내는 깃발을 거두어 치우지 않았나이다. 그 때문에, 형(熒)에서 패했나이다."라고 했다. 그래서 깃발을 거두어 전대 속에 넣었다. 당구(唐苟)가 석수에게 말하기를, "당신은 꼼짝 말고 군주 옆에 있으시오. 우리는 대패를 당하고 있소. 나는 당신만 못한 사람이니, 당신이 군주를 모시고 화를 면하시오. 나는 여기서 멈추어 있겠소이다."라고 했다. 그리고는 그 자리에 멈추어 있다가 전사했다.

초나라 군사가 험한 곳에 몰리고 있자, 숙산염(叔山冉)이 양유기에게 말하기를, "비록 마음대로 활을 쏘지 말라는 군주의 명령이 있었기는 하나, 나라를 위하는 일이니 당신은 꼭 활을 쏘시오."라고 했다. 그래서 양유기는 활을 두 발 쏘아 다 맞히어 적을 넘어뜨렸다. 그리고 숙산염은 사람을 잡아 던지니, 진나라 군사의 전차 앞에 댄 나무가 부러졌다. 진나라 군사는 몰기를 중지했으나, 초나라 공자 패(茷)를 잡았다.

난겸(欒鍼)이 초나라 자중(子重)의 깃발을 보고서는, 진나라 군주에게 원하여 말했다. "초나라 사람들이 이르기를, 저 깃발은 자중의 기라 했사오니, 저 사람은 자중이옵니다. 전에, 신이 초나라에 사자가 되어 가오니, 자중이 진나라의 용맹한 자는 어떤 거냐고 묻기에 신은 대답하기를, '언제나 군대를 정돈하기를 좋아합니다.'라고 했사옵니다. 그가 또 묻기를, '그밖에 또 어떠하느냐?'라 하기에 신은, '여유(餘裕) 갖기를 좋아합니다.'라고 대답했사옵니다. 이제 두 나라가 싸움을 하고 있는 중에, 사자를 보내지 않으면, 잘 정돈되어 있다고 말할 수는 없게 되옵고, 급한 사태에 다달아서 전의 말을 어긴다면, 여유를 가졌다고는 말할 수 없게 되오니, 사람을 시켜 술을 주어 마시게 해주시옵기를 원합니다." 이 말을 들은 진나라 군주는 그리하라고 허락했다. 그러자 난겸은 사자에게 술통을 들고 술잔을 가지고 자중에게로 가게 하고, "저희 군주께서는 부릴 사람이 부족하여, 난겸 저에게 창을 들고 측근에서 모시게 하셨습니다. 그래서 제가 친히 가 초나라에게 군주를 따르고 계시는 님을 위로하지 못하고, 이 사람으로 하여금 대신 술을 권하게 합니다."라고 전하게 했다. 그러자 자중은, "님이 언젠가 나와 같이 초나라에서 말씀하시더니, 그 말은 반드시 이런 일을 두고서였구려. 낸들 기억하지 않고 있겠소이까?"라고 말하고, 술을 받아 마시고, 사자를 돌려보내고서, 다시 싸우라는 북을 울렸다. 그리하여, 새벽에 싸우기 시작하여 해가 져 별이 나타날 때까지도 그치지 않았다.

│주해│ ○不敢拜命(불감배명) – 무장하면 배례(拜禮)를 하지 않기에, 이렇게 말한 것이다.
○肅(숙) – 서서 공손히 예함.
○日(일) – 지난날.
○攝飮(섭음) – 대리로 술을 권함.
○承飮(승음) – 술잔을 받듦.
○必是故也(필시고야) – (그때의 그 말은) 반드시 이런 일을 두고서였구려.
○不亦識乎(불역식호) – (내) 또한 (기억하고 있지) 모르겠소?

子反命軍吏,하여 察夷傷,하고 補卒乘,하며 繕甲兵,하고 展車馬,하며 鷄鳴而食,하여 唯命是聽,이라 晉人患之,라 苗賁皇徇曰,蒐乘補卒,하고 秣馬利兵,하며 脩陳固列,하고 蓐食申禱,하라 明日復戰,이라하고 乃逸楚囚,라 王聞之,하고 召子反謀,라 穀陽豎獻

飲^{음어자반}於子反,하여 子反醉而不能見^{자반취이불능현}.이라 王曰^{왕왈}, 天敗楚也夫^{천패초야부}.아 余不^{여불}
可以待^{가이대},라하고 乃宵遁^{내소둔}.이라

晉入楚軍^{진입초군},하여 三日館穀^{삼일관곡}.이라 范文子立於戎馬之前曰^{범문자립어융마지전왈}, 君幼^{군유}
弱^약,하고 諸臣不佞^{제신불녕},에 何以及此^{하이급차}.인가 君其戒之^{군기계지}.하소서 周書曰^{주서왈}, 惟^유
命不于常^{명불우상},이라하였삽거늘 有德之謂^{유덕지위}.이오니다

楚師還及瑕^{초사환급하},하여 王使謂子反曰^{왕사위자반왈}, 先大夫之覆師徒者^{선대부지복사도자},에 君不^{군부}
在^재.라 子無以爲過^{자무이위과}.하라 不穀之罪也^{불곡지죄야}.라 子反再拜稽首曰^{자반재배계수왈}, 君賜^{군사}
臣死^{신사},면 死且不朽^{사차불후}.이리이다 臣之卒實奔^{신지졸실분},하니 臣之罪也^{신지죄야}.라소이다
子重使謂子反曰^{자중사위자반왈}, 初^초,에 隕師徒者^{운사도자},는 而亦聞之矣^{이역문지의}.리라 子盍圖^{자합도}
之^지.아 對曰^{대왈}, 雖微先大夫有之^{수미선대부유지},라도 大夫命側^{대부명측}.이리라 側敢不義^{측감불의}.아
側亡君師^{측망군사},에 敢忘其死^{감망기사}.리오 王使止之^{왕사지지},나 弗及而卒^{불급이졸}.이라

 자반(子反)이 군사일을 담당관에게 명해서, 부상자를 조사하고 보병과 전차 부대의 전사자를 보충하며, 무기를 수선하고, 전차와 말〔馬〕을 정비하며, 닭이 울면 식사를 취하고서 명령 내리기를 기다리게 하라 했다. 진나라 사람은 이것을 듣고 걱정이 되었다. 그러자 묘분황이 군진의 군사들에게 일러 돌리기를, "전차를 검사하고, 보병을 보충하며, 말에 먹이를 먹이고, 무기 손질을 하며, 군진을 바르게 하고, 대열을 단단히 하며, 내일 아침의 식사를 잠자리에서 들고, 승리의 기도를 드려라. 내일 다시 싸운다."라고 했다. 그리고는 잡은 초나라 사람을 일부러 도망치게 했다. 초나라 왕이 이 소식을 듣고는, 자반을 불러 상의하려 했다. 그런데 곡양수(穀陽竪)가 자반에게 술을

권하여 자반이 취했기에, 군주에게 가 만날 수가 없다고 했다. 이에 초왕은, "하늘이 초나라를 지게 하는가 보다. 나는 여기서 싸워 지기를 기다릴 수가 없다."라고 말하고는 밤중에 도망갔다.

　진나라 군사는 초나라 군사의 군진으로 쳐들어가, 사흘간이나 그 군진 안의 양식을 먹으며 지냈다. 그때 범문자는 군주의 전차를 끄는 말 앞에 서서 말했다. "군주는 어리시고, 모든 신하들은 못났사온데, 어떻게 이같은 경우가 되었겠나이까? 군주께서는 이 사실을 가지고 경계하옵소서. 〈주서(周書)〉에 이르기를, '하늘이 내리는 명(命)은 한 사람에게만 일정하지 않다.'라고 하였사온데, 이것은 덕 있는 사람에게 내린다는 것을 말한 것이옵니다."

　초나라 군사가 하(瑕)로 돌아가, 초왕은 사람을 시켜 다음과 같은 말을 자반에게 전했다. "전의 대부[子玉]가 성복(城濮)의 싸움에 져 군사를 잃었을 때, 군주가 그 싸움에 참가하지 않았다. 그러나 이번 싸움에는 군주인 내가 직접 나섰다. 그러니 공자는 자신의 잘못으로 싸움에 졌다고 여기지 말라. 그것은 나의 죄니라." 이 말을 전해 들은 자반은 재배하고 머리를 땅에 조아리고 초왕에게 말을 올렸다. "군주께서 신에게 죽음을 내리시면, 신은 죽어도 그 죽음이 헛되지 않으오리다. 신이 거느린 군사가 실로 패주(敗走)했던 것이오니, 이번 싸움의 패배는 신의 죄이옵니다." 그때, 자중(子重)이 사람을 시켜 자반에게 이르기를, "전에 싸워 군사를 잃었던 이의 일은 그대 또한 들었으리라. 그대는 어찌 이번 일에 대해서 책임을 지지 않는가?"라고 했다. 그러자 자반은, "전의 대부의 일이 없었다 하더라도, 대부인 당신은 이런 말을 측(側 : 子反의 이름)에게 했을 것이오. 내 어찌 당신의 말이 옳지 않다 하리오? 나는 군주의 군사를 망쳤는데, 내 어찌 죽을 일을 잊겠소이까?" 이렇게 대답했다. 초왕은 사람을 시켜 죽지 말도록 하였지만, 그 사람이 당도하기 전에 자반은 자살했다.

주해 | ○蒐(수) - 검사.
　　○利兵(이병) - 무기를 손질함.
　　○蓐食(욕식) - 아침 일찍 잠자리에서 식사를 함.
　　○周書(주서) - 《상서》 강고편(康誥篇).
　　○先大夫(선대부) - 초나라 자옥(子玉)을 말한다. 자옥은 희공 28년에 싸움에 져 자살했다.
　　○君不在(군부재) - 여기에서의 군주는 초나라 성왕(成王)을 말한다.

　　　　　　　　전지명일　　　　제국좌　　고무구지우사　　　　위후출우위　　　공
　　　　　　　戰之明日,에 齊國佐・高無咎至于師,하고 衛侯出于衛,하며 公
　출우괴퇴
　出于壞隤.라
　　　　　　　선백통어목강　　　욕거계・맹이취기실　　　장행　　목강송
　　　　　　　宣伯通於穆姜,하여 欲去季・孟而取其室.이라 將行,에 穆姜送
　공이사축이자　　공이진난고왈　청반이청명　　　　　강노　　공
　公而使逐二子.라 公以晉難告曰, 請反而聽命.하리라 姜怒.라 公
　자언・공자서추이과　　지지왈　여불가　　시개군야　　　공
　子偃・公子鉏趨而過,하니 指之曰, 女不可,면 是皆君也.라 公
　　　　　　　대어괴퇴　　신궁경비　　　설수이후행　　　시이후　　사맹헌
　　　　　　　待於壞隤,에 申宮儆備,하고 設守而後行.이라 是以後.라 使孟獻
　자수우공궁
　子守于公宮.이라
　　　　　　　　추　　회우사수　　모벌정야
　　　　　　　秋,에 會于沙隨,는 謀伐鄭也.라
　　　　　　　선백사고극주왈　　노후대우괴퇴　　　이대승자　　극주장신
　　　　　　　宣伯使告郤犨曰, 魯侯待于壞隤,하여 以待勝者.라 郤犨將新
　군　　　차위공족대부　　　　이주동제후　　　취화우선백　　　　이
　軍,하고 且爲公族大夫,하여 以主東諸侯.라 取貨于宣伯,하여 而
　소공우진후　　　진후불견공　　　조인청우진왈　자아선군선
　訴公于晉侯,하니 晉侯不見公.이라 曹人請于晉曰, 自我先君宣
　공즉세　　국인왈　약지하　　　　　우유미미　　　　　이우토
　公卽世,로 國人曰, 若之何.이라하옵고 憂猶未弭.이오니다 而又討
　아과군　　　이망조국사직지진공자　　　　시대민조야
　我寡君,하사 而亡曹國社稷之鎮公子.였나이다 是大泯曹也.라소이

다 先君無乃有罪乎.인가 若有罪.라도 則君列諸會矣.였나이다 君
唯不遺德刑.하사 以伯諸侯.이오니다 豈獨遺諸敝邑.이오니까 敢私
布之.이오니다

七月.에 公會尹武公及諸侯.하여 伐鄭.이라 將行.에 姜又命公
如初.라 公又申守而行.이라 諸侯之師.가 次于鄭西.에 我師次于
督揚.하여 不敢過鄭.하고 子叔聲伯使叔孫豹請逆于晉師.라 爲食
於鄭郊.어늘 師逆以至.토록 聲伯四日不食以待之.하고 食使者而
後食.이라

諸侯遷于制田.하고 知武子佐下軍.하여 以諸侯之師侵陳.하여
至于鳴鹿.하고 遂侵蔡.러니 未反.에 諸侯遷于潁上.이라 戊午.에
鄭子罕宵軍之.하여 宋·齊·衛皆失軍.이라

曹人復請于晉.에 晉侯謂子臧.하되 反.하라 吾歸而君.하리라
子臧反.하고 曹伯歸.라 子臧盡致其邑與卿.하고 而不出.이라

싸움이 있던 다음날, 제나라의 국좌(國佐)와 고무구(高無咎)가 진나라 군사 진지로 찾아갔고, 위나라 군주는 위나라 도읍을 출발하여 갔으며, 노나라의 군주도 괴퇴(壞隤)에서 출발하여 진나라 군을 위로하러 갔다.

노나라 선백(宣伯 : 叔孫僑如)은 성공의 생모(生母)인 목강(穆姜)과 밀통하여, 계문자(季文子)와 맹헌자(孟獻子)를 제거하고, 그들의 가산을 차지하려 했다. 공이 진나라 군사가 있는 곳으로 떠나려 하자, 목강

은 공을 보내며 계문자·맹헌자 두 사람을 추방하게 했다. 그러나 공은 진나라 군이 있는 데로 군사일로 가는 것을 구실 삼아 고하기를, "돌아와서 말씀을 듣게 해주십시오."라고 했다. 그러자 목강은 화를 냈다. 그리고는 공자 언(偃)과 공자 서(鉏)가 달려서 그 앞을 지나가는 것을 보고, 그들을 손가락질하며 말하기를, "네가 안된다고 한다면, 저것들이 다 군주가 될 것이다."라고 했다. 공이 괴퇴에서 기다리기로 하고 공궁(公宮)을 잘 경비하여, 지키는 일을 단단히 해놓고서 떠났다. 그러므로 늦었다. 그때 맹헌자로 하여금 공궁을 지키게 했다.

　가을에 사수(沙隨)에서 회합을 가진 것은, 정나라를 칠 것을 도모함이었다.

　노나라 선백이 사람을 시켜 진(晉)나라 극주(郤犨)에게 고하게 하기를, "노나라 군주는 괴퇴에서 기다리고 있어, 진·초의 어느 나라가 이기는가를 엿보고 있습니다."라고 했다. 당시 극주는 진나라 신군대장(新軍大將)이고, 또 진나라의 공족대부(公族大夫)가 되어 있어, 동방의 제후들에 관한 일을 관장했다. 그는 선백한테 재화를 뇌물로 받아, 그 말대로 진나라 군주에게 고하니, 진나라 군주가 노나라의 성공을 만나주지 않았다. 그때 조나라 사람이 진나라에 호소했다. "우리의 전대 군주께서 세상을 떠나신 뒤로, 나라 사람들은 '나랏일을 어찌할 것인가?'라 했사옵고, 그 근심은 아직도 고쳐지지 않고 있나이다. 그런데다가 진나라는 저희 나라 군주를 치시어, 조나라의 사직을 보존케 할 인재인 공사(公子)까지 다른 나라로 망녕게 하셨나이다. 이것은 곧 조나라를 멸망케 할 일이옵니다. 대체 저희 나라 전의 군주에게 아무런 죄가 없었던 것 아니옵니까? 죄가 있었다 하더라도, 군주께서는 회합에 열석시키셨사옵니다. 군주께서는 덕을 베푸실 데에 덕을 베푸시고, 형벌을 가할 데에 형을 가하셔서, 패자로서 제후들에게 군림하고 계시옵니다. 그러하온데, 어찌하여 다만 저희 나라에만 더 베푸심을 잊고 계시옵니까? 이에 감히 사견(私見)을 펴 올리나이다."

7월에, 공은 윤(尹)의 무공과 다른 제후들과 회합하여, 정나라를 쳤다. 공이 떠나려 하자, 목강이 다시 전과 같은 말로 그렇게 하라고 명했다. 그러나 공은 역시 공궁을 잘 지키게 하고서 떠났다. 제후들의 군사가 정나라의 서쪽에 진을 치고 있었는데, 우리 노나라 군사는 독양(督揚)에 머물러 있어, 정나라를 통과하여 가지 못하고, 자숙성백(子叔聲伯：公孫嬰齊)은, 숙손표(叔孫豹：叔孫僑如의 동생)로 하여금 진나라 군사에게 가 맞이하도록 하게 했다. 노나라 군사는 정나라 도읍의 교외에서 식사를 지어먹고 기다리고 있었는데, 진나라 군사가 맞이하러 가도록, 성백(聲伯)은 나흘 동안이나 식사를 들지 않고 기다리고, 심부름 갔던 사람이 식사를 들고 나서야, 자기도 식사를 들었다.

제후들의 군사가 제전(制田)으로 옮겨가고, 진의 지무자(知武子：荀罃)는 하군부장(下軍副將)으로 제후들의 군사를 이끌고 진(陳)나라를 침공하여 명록(鳴鹿)까지 쳐들어갔고, 곧이어 채나라를 침공했는데, 돌아가지 않고 있던 중, 제후들의 군사를 영수(潁水) 가로 이동했다. 그런데 무오날에 정나라 자한(子罕)이 저녁에 습격하여 싸워, 송나라·제나라·위나라의 군이 다 패배했다.

조나라 사람이 다시 군주를 돌려보내 달라고 진나라 측에 요청하니, 진나라 군주가 조나라의 자장(子臧)에게 이르기를, "돌아가게. 그러면, 내 그대의 군주를 돌아가게 함세."라고 했다. 이에 자장은 조나라로 돌아가고, 조나라 군주도 돌아가게 되었다. 자장은 영유하던 읍과 경(卿)의 관직을 다 나라에 돌려주고, 조정에 나가지 않았다.

주해ㅣ ○壞隤(괴퇴)-노나라의 읍 이름.
　　○公族大夫(공족대부)-공족(公族)과 경(卿)의 자제들에 대한 사무를 관장한 관직 이름.
　　○列諸會矣(열제회의)-우리 군주를 전해의 제후의 회합에 열석시켰다. 제후가 나쁜 짓을 했어도, 패자인 제후가 그와 만나 같이 회의를 했다

면, 그 죄를 사한 것이 되었던 당시의 법도를 내세워 이렇게 말한 것이다.
o 督揚(독양) - 정나라 동쪽의 지명으로, 지금의 하남성 장갈현(長葛縣) 북쪽 땅.
o 制田(제전) - 정나라 지명으로, 지금의 하남성 신정현(新鄭縣) 동북쪽 땅.
o 鳴鹿(명록) - 진(陳)나라의 읍 이름으로, 지금의 하남성 녹읍현(鹿邑縣) 서쪽에 위치했다.
o 戊午(무오) - 7월 24일.

^{선백사고극주왈} ^{노지유계} ^맹 ^{유진지유란} ^{범야} ^정
宣伯使告郤犨曰, 魯之有季·孟,은 猶晉之有欒·范也,로 政
^{령어시호성} ^{금기모왈} ^{진정다문} ^{불가종야} ^{영사}
令於是乎成.이라 今其謀曰, 晉政多門,하니 不可從也.라 寧事
^{제 초} ^{유망이이} ^{멸종진의} ^{약욕득지어로} ^{청지행}
齊·楚,하여 有亡而已,요 蔑從晉矣.라 若欲得志於魯,면 請止行
^{보이살지} ^{아폐멸야} ^{이사진멸유이의} ^{노불이} ^소
父而殺之.라 我斃蔑也,하고 而事晉蔑有貳矣.리라 魯不貳,면 小
^{국필목} ^{불연} ^{귀필반의} ^{구월} ^{진인집계문자}
國必睦.하리라 不然,이면 歸必叛矣.리라 九月,에 晉人執季文子
^{우초구} ^{공환대우운} ^{사자숙성백청계손우진} ^{극주}
于苕丘.라 公還待于鄆,라가 使子叔聲伯請季孫于晉.이라 郤犨
^왈 ^{구거중손멸이지계손행보} ^{오여자국친어공실} ^대
曰, 苟去仲孫蔑而止季孫行父,면 吾與子國親於公室.하리라 對
^왈 ^{교여지정} ^{자필문지의} ^{약거멸여행보} ^{시대기로}
曰, 僑如之情,은 子必聞之矣.리라 若去蔑與行父,면 是大棄魯
^국 ^{이죄과군야} ^{약유불기이혜요주공지복} ^{사과군}
國,하고 而罪寡君也.라 若猶不棄而惠徼周公之福,하여 使寡君
^{득사진군} ^{즉부이인자} ^{노국사직지신야} ^{약조망지}
得事晉君,이면 則夫二人者,는 魯國社稷之臣也.라 若朝亡之,면
^{노필석망} ^{이노지밀이구수} ^{망이위수} ^{치지하급} ^극
魯必夕亡.이라 以魯之密邇仇讎,로 亡而爲讎,면 治之何及.가 郤
^{주왈} ^{오위자청읍} ^{대왈} ^{영제로지상례야} ^{감개대}
犨曰, 吾爲子請邑.하리라 對曰, 嬰齊魯之常隷也,이어늘 敢介大
^{국이구후언} ^{승과군지명이청} ^{약득소청} ^{오자지사다}
國以求厚焉.가 承寡君之命以請,에 若得所請,이면 吾子之賜多

矣.라 又何求.리오
范文子謂欒武子曰, 季孫於魯,에 相二君矣.라 妾不衣帛,하고
馬不食粟,하니 可不謂忠乎.아 信讒慝,하여 而棄忠良,하고 若諸
侯何.오 子叔嬰齊,는 奉君命無私,하여 謀國家不貳.라 圖其身,하
고 不忘其君.이라 若虛其請,이면 是棄善人也.라 子其圖之.하라
乃許魯平,하고 赦季孫.이라
冬十月,에 出叔孫僑如,하여 而盟之.라 僑如奔齊.라
十二月,에 季孫及郤犫盟于扈.라 歸刺公子偃,하고 召叔孫豹
于齊,하여 而立之.라
齊聲孟子通僑如,하여 使立於高・國之間.이라 僑如曰, 不可
以再罪.라하고 奔衛,에 亦間於卿.이라
晉侯使郤至獻楚捷于周,러니 與單襄公語,하여 驟稱其伐.이라
單子語諸大夫曰, 溫季其亡乎.인저 位於七人之下,하여 而求掩
其上.이라 怨之所聚,는 亂之本也.라 多怨而階亂,이어늘 何以在
位.아 夏書曰, 怨豈在明.가 不見是圖.하라 將愼其細也.라 今而
明之.라 其可乎.아

노나라 선백이 사람을 보내어 진나라 극주에게 말하게 했다. "노나
라 계문자와 맹헌자의 존재는 진나라 난서(欒書)와 범문자의 존재와

도 같습니다. 노나라의 정치상 명령은, 이 두 사람한테서 마련되어집니다. 그런데 지금 그들은 서로 상의하여 말하기를, '진나라 정치에는 권세부리는 사람들이 많으니, 따를 수가 없다. 차라리 제나라나 초나라를 섬겼다가 망하면 망했지, 진나라를 따르지는 말아야 한다'고 합니다. 노나라를 뜻대로 하려고 생각할 것 같으면, 행보(行父 : 季文子)를 잡아서 죽이십시오. 그러면 나는 국내에서 멸(蔑 : 孟獻子)을 죽이고, 진나라를 섬기어 두 마음을 갖지 않겠습니다. 노나라가 진나라에 대해서 두 마음을 갖지 않는다면, 다른 작은 나라들이 다 반드시 진나라와 화목할 것입니다. 그렇게 하지 않는다면, 그는 노나라로 돌아와서 반드시 진나라에 배반할 것입니다." 9월에, 진나라 사람이 계문자를 초구(苕丘)에서 잡았다. 그때 공은 정나라를 치는 일에서 귀환하여 운(鄆)에서 기다리다가, 자숙성백(子叔聲伯)으로 하여금 진나라에게 계손씨(季孫氏 : 季文子)를 놓아달라고 요청케 했다. 그랬더니 극주가 말하기를, "만일 중손멸(仲孫蔑 : 孟獻子)을 제거하고 계손행보(季孫行父)를 체포한다면, 나는 당신의 나라와 우리 공실(公室)에 대해서 보다 더 친하게 대하겠소이다."라고 했다. 그러자 성백은 대답했다. "숙손교여(叔孫僑如 : 宣伯)가 못된 짓 하는 사정은 당신도 듣고 있을 것입니다. 만약 중손멸과 계손행보를 제거한다면, 그것은 노나라를 아주 버리고 우리 군주를 죄인으로 하는 일이 됩니다. 만일 우리나라를 여전히 버리지 않고, 군주의 시조 주공(周公)의 복을 받게 해서 우리 군주가 진나라 군주를 모실 수 있다면, 그 두 사람은 노나라의 사직을 지탱케 하는 신하 노릇을 할 것입니다. 만약 아침에 그들을 없앤다면, 노나라는 반드시 그날 저녁에 망하게 됩니다. 노나라가 진나라의 원수인 나라와 접근하고 있는데, 망하고 나서 진나라를 원수로 삼는다면, 진나라가 어떻게 노나라를 다스릴 것입니까?" 이 말을 들은 극주가, "내 당신을 위해서 차지할 읍을 주도록 요청해 드리리다."라고 말하자 성백은 말했다. "영제(嬰齊) 나야 노나라의 하관(下官)인데, 감히 큰 나라에 의지해서 많은 국록(國祿)을 구하겠습니까? 나는 우리 군주의 명을 받들고 청을 드리고 있는 마당에, 청한 대로 결과를 얻게만 된다면, 당신께서 내게 주는 은혜는 많은 것이 됩니다. 그런데 내가 또 무엇을 구할 것입니까?"

그때, 범문자(范文子 : 士燮)가 난무자(欒武子 : 欒書)에게 말했다. "계손행보는 노나라에서 두 군주를 섬겨 재상으로 있었소이다. 그는 첩에게 비단옷을 입히지 않고, 말에게 좁쌀을 먹이는 일이 없으니, 충성스럽다고 이르지 않을 수가 있습니까? 그런데도 모함함을 믿어, 충성스럽고 훌륭한 그 사람을 버리면, 제후들의 비난을 어찌할 것이오? 그리고 노나라의 자숙영제는 군주의 명을 받들고 와서는 사심(私心)이 없어, 국가를 위하여 다른 마음을 갖지 않고 있습니다. 그는 자신의 분수를 생각하고, 그의 군주를 잊지 않고 있습니다. 만일 그의 요청을 헛되이 할 것 같으면, 그것은 착한 사람을 버리는 것이 됩니다. 그러니 이 일을 잘 헤아리십시오." 이에, 노나라에 대해서 요구대로 평화스럽게 해결함을 허락하고, 계손행보를 놓아주었다.

겨울 10월에, 노나라에서는 숙손교여(叔孫僑如)를 내쫓고, 대부들이 앞으로 그런 일이 없게 한다는 것을 맹서하였고, 숙손교여는 제나라로 도망갔다.

12월에, 계손행보가 진나라의 극주와 호(扈)에서 맹약하였다. 그리고 나라로 돌아와 (숙손교여와 한편인) 공자 언(偃)을 죽이고, (선백의 동생인) 숙손표(叔孫豹)를 제나라로부터 불러들여, 숙손씨 가문의 후계자로 삼았다.

제나라 영공(靈公)의 어머니인 성맹자(聲孟子)는 숙손교여와 밀통하여 그를 제나라 경인 고씨(高氏)와 국씨(國氏)의 중간 지위에 있게 했다. 그러나 숙손교여는, "다시 죄를 질 수가 없다."라고 말했다. 그리고는 위나라로 도망했는데, 위나라에서도 역시 그에게 경의 지위를 주었다.

진나라 군주가 극지에게 주나라 왕에게 초나라와 싸워 얻은 전리품을 올리게 했는데, 극지는 선(單)의 양공(襄公)과 말하는 자리에서 자꾸만 자신의 공을 자랑하였다. 그러자 선의 군주인 자작이 주왕실의 대부들에게 말했다. "온계(溫季 : 郤至)는 망하게 될 것이오. 그는 일곱 장군 중에서 제일 아래 위치에 있으면서, 그의 윗사람들의 존재를 가리어 희미하게 하려 하고 있소. 다른 사람들의 원망을 한몸에 받는다는 것은, 소란을 일으키는 근본이 되오. 남한테 많은 원망을 받아서 소란이 난다면, 그가 어떻게 그 자리에 있을 것이오? 〈하서(夏書)〉에 이르기를, '타인의 원망이 어찌 사람 눈에 뜨이는 명백한 데서 일어나는 것일까? 눈에 보이지 않는 일을 생각하라.'라고 하였습니다. 이것은 작은 일에 대해서 삼가라는 것을 말한 것이오. 그런데 극지는 이제 명백히 원망 받을 일을 나타냈소. 그게 옳은 일이오?"

주해 ㅇ鄆(운) — 노나라 읍 이름.
ㅇ僑如之情(교여지정) — 숙손교여가 목강과 밀통하여 계(季) · 맹(孟)을 제거하려는 음모의 사정.
ㅇ密邇(밀니) — 접근함.
ㅇ常隸(상례) — 늘 남의 밑에 붙어 있는 몸. 즉 하관(下官).
ㅇ介(개) — 의지함.
ㅇ厚(후) — 많은 녹(祿).
ㅇ盟之(맹지) — 노나라 대부들이 숙손교여와 같이 나쁜 짓을 하지 않겠다고 맹서했다는 것.
ㅇ通僑如(통교여) — 숙손교여는 자기 딸을 제나라 영공(靈公)에게 시집보내어, 경공(景公)을 낳게 했다. 이런 관계로 송나라의 공녀이고 영공의 어머니인 성맹자와 쉽게 통하게 되었다고 여겨진다.
ㅇ溫季(온계) — 극지(郤至). 온은 그의 영유지 이름이고, 계는 그의 자(字)이다.
ㅇ夏書(하서) — 《상서(尙書)》의 오자지가(五子之歌)를 말한다.

經│ ○十有七年春,에 衛北宮括帥師,하여 侵鄭.이라

○夏,에 公會尹子·單子·晉侯·齊侯·宋公·衛侯·曹伯·邾人,하여 伐鄭.이라

○六月乙酉,에 同盟于柯陵.이라

○秋八月,에 公至自會.라

○齊高無咎出奔莒.라

○九月辛丑,에 用郊.라

○晉侯使荀罃來乞師.라

○冬,에 公會單子·晉侯·宋公·衛侯·曹伯·齊人·邾人,하여 伐鄭.이라

○十有一月,에 公至自伐鄭.이라

○壬申,에 公孫嬰齊卒于貍脤.이라

○十有二月丁巳朔,에 日有食之.라

○邾子貜且卒.이라

○晉殺其大夫郤錡·郤犨·郤至.라

○楚人滅舒庸.이라

17년 봄에, 위나라 북궁괄(北宮括)이 군사를 이끌고, 정나라를 침공했다.

여름에, 공이 윤나라 군주인 자작·선나라 군주인 자작·진나라 군주인 후작·제나라 군주인 후작·송나라 군주인 공작·위나라 군주인 후작·조나라 군주인 백작·주나라 사람 등과 회합을 갖고, 정나라를 쳤다.
　6월 을유날에, 가릉(柯陵)에서 동맹을 맺었다.
　가을 8월에, 공이 회합에서 돌아왔다.
　제나라 고무구가 거나라로 도망갔다.
　9월 신축날에, 교제(郊祭)를 지냈다.
　진나라 군주인 후작이 순앵(荀罃)에게 노나라에 와 군사 내기를 요청케 했다.
　겨울에, 공이 선나라 군주인 자작·진나라 군주인 후작·송나라 군주인 공작·위나라 군주인 후작·조나라 군주인 백작·제나라 사람·주나라 사람 등과 회합을 갖고, 정나라를 쳤다.
　11월에, 공이 정나라 치는 일에서 돌아왔다.
　임신날에, 공손영제(公孫嬰齊)가 이신(貍脤)에서 세상을 떠났다.
　12월 정사날인 초하루에, 일식이 있었다.
　주나라 군주인 자작 확저(貜且)가 세상을 떠났다.
　진나라가 그 나라의 대부 극기(郤錡)·극주(郤犨)·극지(郤至)를 죽였다.
　초나라 사람이 서용(舒庸)나라를 멸망시켰다.

| 주해 |　○六月乙酉(유월을유)-6월 26일.
　　○柯陵(가릉)-정나라 서쪽 지명으로, 지금의 하남성 임영현(臨潁縣) 동쪽 땅.
　　○九月辛丑(구월신축)-9월 14일.
　　○壬申(임신)-10월 15일. 그런데 11월조에 넣어 썼다. 이것은 성공이 돌아온 기사를 먼저 들기 위해서 순서를 바꾼 것이라고 이해된다.
　　○貍脤(이신)-불명.

o 舒庸(서용) — 지금의 안휘성 서성현(舒城縣)에 위치했던 나라로, 군주의 성은 언(偃)이었다.

|傳| 十七年春王正月_{십칠년춘왕정월},에 鄭子駟侵晉虛_{정자사침진허}·滑_활,하고 衛北宮括救晉_{위북궁괄구진},하여 侵鄭_{침정},하여 至于高氏_{지우고씨}.라 夏五月_{하오월},에 鄭太子髠頑_{정태자곤완}·侯獳爲質_{후누위질} 於楚_{어초},하고 楚公子成_{초공자성}·公子寅戍鄭_{공자인수정}.이라
 公會尹武公_{공회윤무공}·單襄公及諸侯_{선양공급제후},하고 伐鄭_{벌정},하여 自戱童至于曲洧_{자희동지우곡유}.라 晉范文子反自鄢陵_{진범문자반자언릉},하여 使其祝宗祈死曰_{사기축종기사왈}, 君驕侈而克敵_{군교치이극적},하니 是天益其疾也_{시천익기질야}.라 難將作矣_{난장작의},리니 愛我者唯祝我_{애아자유축아},하여 使我速死_{사아속사} 無及於難_{무급어난},하라 范氏之福也_{범씨지복야}.라 六月戊辰_{유월무진},에 士燮卒_{사섭졸}.이라 乙酉_{을유},에 同盟于柯陵_{동맹우가릉},은 尋戚之盟也_{심척지맹야}.라
 楚子重救鄭_{초자중구정},하여 師于首止_{사우수지},로되 諸侯還_{제후환}.이라
 齊慶克通于聲孟子_{제경극통우성맹자}.라 與婦人蒙衣_{여부인몽의},하여 乘輦而入于閎_{승련이입우굉}.이라 鮑牽見之_{포견견지},하여 以告國武子_{이고국무자},하니 武子召慶克_{무자소경극},하여 而謂之_{이위지}.라 慶克久不出_{경극구불출},하여 而告夫人曰_{이고부인왈}, 國子謫我_{국자적아}.라 夫人怒_{부인노}.라 國子相靈公_{국자상령공} 以會_{이회},에 高_고·鮑處守_{포처수}.라 及還將至_{급환장지},에 閉門而索客_{폐문이색객}.이라 孟子訴之_{맹자소지} 曰_왈, 高_고·鮑將不納君而立公子角_{포장불납군이립공자각},이어늘 國子知之_{국자지지}.라 秋七月壬寅_{추칠월임인},에 刖鮑牽_{월포견},하고 而逐高無咎_{이축고무구}.라 無咎奔莒_{무구분거},하고 高弱以盧叛_{고약이로반}.이라 齊人來召鮑國_{제인래소포국},하여 而立之_{이립지}.라 初_초,에 鮑國去鮑氏而來_{포국거포씨이래},하여 爲_위

施孝叔臣.이라 施氏卜宰,하니 匡句須吉.이라 施氏之宰有百室之
邑,에 與匡句須,하여 邑使爲宰,러니 以讓鮑國而致邑焉.이라 施
孝叔曰, 子實吉.이라 對曰, 能與忠良,이면 吉孰大焉.가 鮑國相
施氏忠.이라 故로 齊人取,하여 以爲鮑氏後.라 仲尼曰, 鮑莊子
之知,는 不如葵.라 葵猶能衛其足.이라

 17년 봄 천자가 쓰는 역으로 정월에, 정나라 자사(子駟)는 진(晉)나라의 허(虛)와 활(滑)을 침공했고, 위나라 북궁괄(北宮括)은 진나라를 구원하여, 정나라를 침공하여 고씨(高氏)까지 쳐들어갔다. 여름 5월에, 정나라 태자 곤완(髡頑)과 후누(侯獳)가 초나라에 인질이 되어 가고, 초나라 공자 성(成)과 공자 인(寅)이 정나라를 수비하게 되었다.
 공이 윤나라의 무공·선나라의 양공 및 제후들과 회합을 갖고, 정나라를 쳐, 희동(戲童)으로부터 곡유(曲洧)까지 진격했다.
 진나라 범문자(范文子:士燮)는 언릉(鄢陵)으로부터 돌아와서, 제사와 기도(祈禱) 드리는 일을 맡고 있는 관리에게 자신이 빨리 죽게 기도해 달라고 부탁하며 말하기를, "우리 군주께서는 교만하고 사치를 하시는데도, 이번 싸움에서 적에게 이기었으니, 이것은 하늘이 군주의 나쁜 짓을 더하게 시키는 일이오. 난리가 곧 일어날 것이니, 나를 사랑하는 이는 다만 나를 위해 빌어, 내가 빨리 죽어 난리에 휩쓸려들지 않게 해주시오. 그렇게 되면 내 범씨 가문의 복이 되는 게요."라고 했다. 6월 무진날에, 사섭(士燮)이 세상을 떠났다.
 을유날에 가릉(柯陵)에서 동맹을 맺은 것은, 척(戚)에서 맺은 맹약을 단단히 굳히기 위해서였다.
 초나라 자중(子重)이 정나라를 구원하여, 수지(首止)에 포진했지만,

그때 제후들의 군사는 돌아갔다.
 제나라의 경극(慶克)은 영공의 어머니인 성맹자(聲孟子)와 밀통하고 있었다. 어느 날, 경극이 궁안의 여인과 함께 여장(女裝)을 하고, 가마를 타고 후궁(後宮)의 문으로 들어갔다. 그런데 그것을 포견(鮑牽)이 보고 국무자(國武子)에게 알렸더니, 국무자는 경극을 불러, 그 사실을 들은대로 말하고 나무랐다. 그러자 경극은 오랫동안 자기 집에서 나가지 않고, 군주의 어머니에게 고하기를, "국무자가 저를 책망했사옵니다."라고 했다. 그러자 군주의 어머니는 화를 냈다. 국무자가 군주 영공(靈公)을 도와 제후들의 회합에 나가게 되니, 고(高)·포(鮑)의 양씨(兩氏)가 나라를 지키고 있게 되었다. 군주가 귀환하여 도읍에 가려 할 때, 그들은 도읍 성문을 단단히 닫고, 나그네인 체 하고 들어온 이적(利敵) 행위자를 색출하고 있었다. 군주가 돌아오자, 어머니인 성맹자는 군주에게 호소하기를, "고씨와 포씨가 군주를 못들어오게 하고, 공자 각(角)을 군주로 세우려 했는데, 그 일은 국무자가 미리 알고 있었다."라고 했다. 이 일로, 가을 7월 임인날에, 포견은 다리를 끊는 형을 받고, 고무구(高無咎)는 쫓겨났다. 그래서 고무구는 거나라로 도망가고, 고약(高弱 : 고무구의 아들)은 노(盧)의 군세(軍勢)로 반란을 일으켰다. 제나라 사람이 노나라로 와 포국(鮑國 : 포견의 동생)을 불러다가, 포씨 가문의 후계자로 삼았다. 전에, 포국은 자기 집안인 포씨 가문을 떠나 노나라로 와서, 시효숙(施孝叔)의 가신(家臣)으로 있었다. 애당초 시씨는 가문을 다스리는 가신장(家臣長)으로 누가 좋은가를 점치니, 광구수(匡句須)가 좋다는 결과가 나왔다. 시씨 가문의 가신장은 민가(民家) 백호(百戶)의 땅을 영유지로 갖게 되므로, 그 차지할 땅을 주고 가재(家宰 : 가신장)가 되게 했더니, 광구수는 포국에게 양보하고, 준 영토를 반납하였다. 그래서 시효숙이, "그대가 실로 좋다는 것일세."라고 말하자 광구수는 말하기를, "충성스럽고 어진 사람에게 자리를 줄 수 있다면, 무엇이 이보다 더 좋은 일이겠습니까?"라고 했다. 포국은 시씨를 도와 충성스러웠다. 그러므로, 제나라 사람이 그를 데려다가 포씨 가문의 후계자로 삼은 것이다. 뒤에 공자(孔子)께서 말씀하시기를, "포장자(鮑莊子 : 鮑牽)의 지혜는 해바라기만도 못했다. 해바라기 같은 것도 제 다리(뿌리)를 지킬 수가 있는데 말이다."라고 하셨다.

주해| ○廬(허)・滑(활) – 진나라 읍 이름으로, 허는 지금의 하남성 언사현(偃師縣) 동남쪽 땅이고, 활은 언사현 동쪽 땅.
○高氏(고씨) – 정나라 지명으로, 지금의 하남성 우현(禹縣) 서남쪽 땅.
○戲童(희동)・曲洧(곡유) – 다 정나라 지명으로, 희동은 희(戲) 또는 부희(浮戲)라고도 했고, 지금의 하남성 사수현(氾水縣) 남쪽 땅이고, 곡유는 지금의 하남성 유천현(洧川縣) 땅.
○祝宗(축종) – 제사와 기도를 맡은 벼슬.
○六月戊辰(유월무진) – 6월 9일.
○乙酉(을유) – 6월 29일.
○戚之盟(척지맹) – 성공 15년에 척에서 맺었다.
○蒙衣(몽의) – 여장(女裝)을 함.
○閎(굉) – 후궁의 문.
○索客(색객) – 나그네 차림을 한 이적 행위자를 조사하여 냄.
○七月壬寅(칠월임인) – 7월 14일.
○廬(노) – 당시 고씨(高氏)가 영유했던 읍으로, 지금의 산동성 장청현(長淸縣) 동남쪽.
○葵(규) – 해바라기의 잎과 꽃은 해를 향하여, 햇빛이 뿌리에 닿지 않게 한다.

冬,에 諸侯伐鄭,하여 十月庚午圍鄭,하고 楚公子申救鄭,하여 師于汝上.이라 十一月,에 諸侯還.이라

初_에 聲伯夢_{하니} 涉洹_에 或與己瓊瑰食之_라 泣而爲瓊瑰_하
_여 盈其懷_라 從而歌之曰, 濟洹之水_{하니} 贈我以瓊瑰_라 歸乎
歸乎_{인저} 瓊瑰盈吾懷乎_{인저} 懼不敢占也_라 還自鄭_에 壬申至
于狸脤_{하여} 而占之曰, 余恐死_라 故_로 不敢占也_라 今, 衆繁,
_{하고} 而從余三年矣_니 無傷也_{리라} 言之之莫而卒_{이라}
齊侯使崔杼爲大夫_{하고} 使慶克佐之_{하여} 帥師圍盧_라 國佐
從諸侯圍鄭_{이어늘} 以難請而歸_라 遂如盧師_{하여} 殺慶克_{하고}
以穀叛_{이라} 齊侯與之盟于徐關_{하여} 而復之_라 十二月_에 盧降_,
_{하니} 使國勝告難于晉_{하여} 待命于淸_{이라}

겨울에 제후들이 정나라를 쳐, 10월 경오날에 정나라를 포위했고, 초나라 공자 신(申)은 정나라를 구원하려, 여수(汝水) 가에 포진하고 있었다. 그런데 11월에 제후들의 군이 귀환했다.

전에 성백(聲伯:公孫嬰齊)이 꿈을 꾸니, 원수(洹水)를 건너는데, 어느 사람이 그에게 구슬을 주어 입에 넣어 먹였다. 그래서 그는 울었는데, 눈물 방울이 구슬이 되어 가슴속에 가득 차는 것이었다. 그래서 그는 그 사람 옆에서 노래부르기를, "원수를 건너려니까, 어느 분이 나에게 구슬을 주었네. 돌아가세, 어서 돌아가세. 구슬이 내 가슴속에 가득하네."라고 했다. 꿈에서 깨어난 그는, 꿈 내용에 대하여 두렵게 여겨, 길흉을 점치지 않았다. 그랬다가 정나라를 치는 일에서 돌아오는 길에, 임신날에 이신(貍脤)에 이르러서 점을 치게 하고 말하기를, "나는 죽을 것을 두려워했다. 그래서 이제까지 감히 점치지 못했다. 그러나 지금에야 내가 거느린 사람들이 많고, 그들은 3년 간이나 나를 따를 사람들이니, 나를 해칠 사람은 없을 것이다."라고 했다. 그런데 이 말을 한 날 저녁때 세상을 떠났다.

　제나라 군주는 최저(崔杼)로 하여금 대부가 되게 하고, 경극(慶克)에게 최저를 돕게 하여, 군사를 이끌고 노(盧)를 포위케 했다. 그때, 국좌(國佐)는 제후들을 따라 정나라를 포위하고 있었는데, 나라에 난리가 났음을 이유로 돌아가게 해달라고 요청해서 귀국했다. 그리고 바로 노를 포위하고 있는 군사가 있는 데로 가서, 경극을 죽이고 곡(穀)을 근거로 하여 반란을 일으켰다. 그러자 제나라 군주는 그와 서관(徐關)에서 맹약을 맺고, 국좌를 원래 직위로 복직시켰다. 12월에, 노의 반란군이 항복하니, 제나라 군주는 (국좌를 없앨 마음으로) 국좌의 아들인 국승(國勝)에게 진나라에 가서 난리가 있었다는 것을 보고케 하여, 청(淸)에서 출발의 명을 기다리게 했다.

주해 ○ 十月庚午(시월경오) - 10월 13일.
○ 洹(원) - 황하의 한 지류(支流)인 강 이름.
○ 瓊瑰食之(경괴사지) - 구슬을 그에게 먹임. 죽은 사람의 입에 구슬을 넣어 먹게 했다. 이것은 곧 죽어 염할 때에 구슬을 입에 넣는 것을 의미한다.
○ 淸(청) - 제나라의 지명으로, 지금의 산동성 당읍현(堂邑縣) 동북쪽 땅.

晉厲公侈,하고 多外嬖.이라 反自鄢陵,하여 欲盡去群大夫而立其左右.라 胥童以胥克之廢也怨郤氏,나 而嬖於厲公.이라 郤錡奪夷陽五田,이었거늘 五亦嬖於厲公.이라 郤犨與長魚矯爭田,하여 執而梏之,하고 與其父母妻子同一轅,이었거늘 旣矯亦嬖於厲公.이라 欒書怨郤至,이어늘 以其不從己而敗楚師也,로 欲廢之.라

使楚公子筏告公曰, 此戰也,에 郤至實召寡君,이옵거늘 以東師之
未至也,와 與軍帥之不具也.였나이다 曰, 此必敗.이오니다 吾因奉
孫周以事君.이리이다 公告欒書,하니 書曰, 其有焉.이리이다 不然,
이면 豈其死之不恤而受敵使乎.인가 君盍嘗使諸周而察之.인가
郤至聘于周,에 欒書使孫周見之.라 公使覘之,하니 信.이라 遂怨
郤至.라
厲公田,하여 與婦人先殺而飲酒,하고 後使大夫殺.이라 郤至奉
豕,에 寺人孟張奪之.라 郤至射而殺之,하니 公曰, 季子欺余.라
厲公將作亂,에 胥童曰, 必先三郤.하소서 族大多怨.이오니다 去
大族,이면 不偪,이옵고 敵多怨有庸.이오니다 公曰, 然.이라 郤氏
聞之,하고 郤錡欲攻公曰, 雖死,라도 君必危.이라 郤至曰, 人所
以立,은 信·知·勇也.라 信不叛君,하고 知不害民,하며 勇不作
亂.이라 失玆三者,면 其誰與我.리오 死而多怨,이면 將安用之.리
오 君實有臣而殺之,에 其謂君何.오 我之有罪,라면 吾死後矣.라
若殺不辜,면 將失其民,이리니 欲安得乎.아 待命而已.라 受君之
祿,하여 是以聚黨,이어늘 有黨而爭命,이면 罪孰大焉.가
壬午,에 胥童·夷羊五帥甲八百,하여 將攻郤氏,에 長魚矯請
無用衆.이라 公使清沸魋助之,하니 抽戈結衽,하여 而偽訟者.라

三郤將謀於樹.라 矯以戈殺駒伯‧苦成叔於其位.라 溫季曰, 逃
威也.라 遂趨,하니 矯及諸其車,하여 以戈殺之,하고 皆尸諸朝.라
胥童以甲劫欒書‧中行偃於朝.라 矯曰, 不殺二子,면 憂必及君.
이리이다 公曰, 一朝而尸三卿,하여 余不忍益也.라 對曰, 人將忍
君.이오니다 臣聞,하되 亂在外爲姦,이오 在內爲軌.라 御姦以德,하
고 御軌以刑.이라하오니다 不施而殺,은 不可謂德,이옵고 臣偪而
不討,는 不可謂刑,이옵거늘 德刑不立,이면 姦軌並至.리이다 臣請
行.이오니다 遂出奔狄.이라
　　　　公使辭於二子曰, 寡人有討於郤氏,에 郤氏旣伏其辜矣.라 大
夫無辱,하고 其復職位.하라 皆再拜稽首曰, 君討有罪,하사 而免
臣於死,하시니 君之惠也.이오니다 二臣雖死,라도 敢忘君德.이리오
乃皆歸.라 公使胥童爲卿.이라
　　　　公游于匠麗氏,에 欒書‧中行偃遂執公焉.이라 召士匄,에 士
匄辭.리 召韓厥,에 韓厥辭曰, 昔,에 吾畜於趙氏,하여 孟姬之讒,
에 吾能違兵.이라 古人有言,하니 曰, 殺老牛,엔 莫之敢尸.라 而
況君乎.아 二三子不能事君,에 焉用厥也.아
　　　　舒庸人以楚師之敗也,로 道吳人,하여 圍巢,하고 伐駕,하며 圍
釐‧虺.라 遂恃吳而不設備,에 楚公子槖師,가 襲舒庸,하여 滅

之.라

閏月乙卯晦,에 欒書·中行偃殺胥童.이라 民不與郤氏,하고 胥
童道君爲亂.이라 故로 皆書曰晉殺其大夫.라

　진나라 여공(厲公)이 사치했고, 또 총애하는 신하가 많았다. 언릉의 싸움에서 돌아가서는, 전의 대부들을 다 제거하고, 자기 주위에 있는 총신(寵臣)들을 대부로 삼으려 했다. 당시 서동(胥童)은 아버지 서극(胥克)이 극결(郤缺) 때문에 하군부장(下軍副將)에서 떨어졌던 일로 극씨를 원망하고 있었으나, 여공한테는 총애를 받았다. 극기(郤錡)가 이양오(夷陽五)의 토지를 뺏은 일이 있었는데, 이양오 또한 여공의 총애를 받고 있었다. 그리고 또 극주(郤犨)는 장어교(長魚矯)와 토지를 가지고 다투었는데, 그때 극주는 장어교를 잡아다가 손에 수갑을 채우고, 그의 부모와 처자들도 함께 수레의 멍에를 씌웠다. 그뒤로 장어교 또한 여공의 총애를 받았다. 난서는 극지(郤至)를 미워했다. 그는 극지가 자기 명령에 복종하지 않고 제멋대로 싸워 초나라 군사를 쳐부수었던 일로, 기회가 있는 대로 극지를 실각(失脚)시키려 했다. 그래서 포로가 되어 있는 초나라 공자 패(茷)로 하여금 군주에게, "이번의 싸움은 극지가 초왕과 내통하여, 저희 초왕을 불러낸 것이옵는데, 그는 동방 제후국의 군사가 아직 도착하지 않았다는 것과, 진나라 장수가 제대로 갖추어지지 못했다는 이유로 초왕을 불러낸 것이었나이다. 그리고 그가 초왕에게 이르기를, '이번 싸움은 진나라가 반드시 질 것이옵니다. 저는 곧 손주(孫周 : 晉 襄公의 증손)를 받들어 모시고 군주(초왕)를 섬기겠나이다.'라고 말했었나이다." 이렇게 고하게 했다. 진나라 군주가 이 말을 난서에게 말하니 난서는, "그런 일이 있었을 법도 하옵니다. 그런 일이 없었다면, 어찌 죽음을 두려워하지 않고 초왕 앞으로 뛰어들어갔다가 달아났고, 또 적의 사자가 전해 준 물건을 받았을 것이옵니까? 군주께서는 어찌 시험삼아 그를 주나라로 심부름 보내시어 살피시지 않으시옵니까?"라고 말했다. 그래서 극지는 주나라를 예방하게 되었는데, 난서는 주나라 천자가 있는 서울로 가 있는 손주(孫周)에게 사람을 보내어, 극지를 만나게 했다. 한편, 군주는 그의 행동을 엿보게 했더니, 과연 들은대로 손주를 만나는 것이었다. 그러므로 이윽고 극지를 미워하게 되었다.

여공이 사냥을 나가, 부인들과 먼저 잡은 것을 죽여 술을 마시고, 그뒤에 대부들을 보고 잡은 것을 죽여 먹으라 했다. 그때, 극지가 잡은 돼지를 군주에게 올리니, 군주를 모시는 내시관이 그것을 빼앗았다. 그러자 극지는 활을 쏘아 그 내시관을 죽이니, 군주는 말하기를, "계자(季子 : 극지)는 나를 업신여기고 있군."라고 하였다. 여공이 대부들을 제거하는 소란을 일으키려 하니, 서동은 말했다. "반드시 세 사람의 극씨를 먼저 제거하옵소서. 그들 문중은 대족(大族)인 데다가 사람들한테 원망 받음이 많사옵니다. 대족을 제거하면, 공실(公室)이 핍박당하지 않사옵고, 많은 원망을 받고 있는 자를 대적하면 공을 세우기 쉽사옵니다." 이 말을 들은 군주는, "그렇다."라고 말했다. 극씨 측이 이 소문을 듣고, 극기(郤錡)는 군주를 공격하려고 말하기를, "우리가 비록 죽는다 하더라도 군주는 반드시 위태롭게 될 것이다."라고 했다. 그러자 극지는 말했다. "사람들이 세상에 살아있는 것은, 신의·지혜·용기 때문입니다. 신의를 지켜서는 군주를 배반하지 않고, 시혜가 있어서는 백성들을 해지지 않으며, 용기가 있는 자는 난리를 일으키지 않는 것입니다. 신의·지혜·용기 이 세 가지를 잃는다면, 그 누가 우리 편이 되어 줄 것입니까? 죽어서 많은 사람들한테 원망을 받는다면, 어찌 그런 일을 하겠습니까? 군주가 실지로 신하들을 장악하고 있어 신하를 죽이는 마당에야 군주에게 무어라고 말할 것입니까? 내게 죄가 있었다면, 나의 죽음은 늦게 된 것입니다. 만일 죄 없는 자를 죽인다면, 장차 백성들을 잃어, 편안하려 한들 편안할 수가

갑옷[甲]

있겠습니까? 우리는 군주의 명령을 기다리고 있어야 할 따름입니다. 군주의 녹(祿)을 받아, 우리는 사람들을 모아 거느리고 있는데, 거느리는 사람들이 있다고 군주의 명을 거역한다면, 죄에 있어 무엇이 이보다 더 클 것입니까?"

임오날에, 서동과 이양오가 무장병 8백명을 이끌고, 극씨를 공격하려 하니, 장어교가 수많은 사람을 쓰지 말기를 원했다. 그래서 군주는 청불퇴(淸沸魋)에게 장어교를 돕게 했더니, 그들은 창을 들어 끌고, 옷섶을 꼭꼭 매고서, 서로 싸우다가 시비를 가려 달라고 하러 가는 척하며 극씨 가문으로 갔다. 그때 극씨 세 사람은 사정에서 상의하려 하고 있었다. 장어교는 창으로 구백(駒伯 : 郤錡)과 고성숙(苦成叔 : 郤犨)을 그 자리에서 죽였다. 그러자 온계(溫季 : 郤至)는, "너 같은 놈한테 몸이 상할까 하여 도망가야겠다."라고 했다. 그리고는 곧 달려 달아났다. 장어교는 극지가 타려는 수레로 쫓아가, 창으로 죽이고, 세 사람의 시체를 다 조정에 늘어놓았다. 서동이 무장병을 이끌고 난서와 중행언(中行偃)을 조정에서 위협했다. 장어교가 말하기를, "저 두 사람을 죽이지 않으시면 화가 반드시 군주께 미칠 것이옵니다."라고 하니 여공이 말하기를, "일시에 세 사람의 경(卿)을 죽이고 나니, 나는 죽이는 걸 더 보고 있을 수가 없다."라고 했다. 그러자 장어교는 대답했다. "저 사람들은 군주 해치는 것을 아무렇지 않게 여길 것이옵니다. 신은 들었사온데, '국외(國外)에서 도모한 난리는 간(姦)이라 하고, 국내에서 도모한 난리는 궤(軌)라 한다. 간(姦)을 막는 데는 덕으로써 하고, 궤를 막음에는 형벌로 한다.'라 하옵니다. 국외에서 난리를 꾀한 자에게 은혜를 베풀지 않고 죽이는 것은, 덕스럽다고 이를 수가 없삽고, 국내에서 신하가 군주를 핍박하는데도 토벌하지 않는 것은, 형벌을 제대로 쓴다고 이를 수가 없사온데, 덕과 형벌이 잘 행해지지 않는다면 국외에서 도모되는 난리인 간(姦)과, 국내에서 도모되는 난리인 궤(軌)가 한꺼번에 있게 될 것이옵니다. 신은 다른 나라로 가게 해주실 것을 원하옵니다." 이렇게 말하고는, 곧 오랑캐 나라로 도망갔다.

여공은 사람을 시켜 난서와 중행언에게 해명케 했다. "내 극씨를 토벌하였는데, 극씨들이 그들의 죄 앞에 죽었소. 대부들은 모욕당했다고 여기지 말고, 전의 직위(職位)로 돌아가오." 이 말에, 난서와 중행언은 같이 재배하고 머리를 땅 위에 조아리며 말했다. "군주께서는 죄있는 자들을 토벌하였으면서도, 신들을 죽음에서 면하게 하시오니, 이것은 오직 군주의 은혜이옵니다. 저희들 두 신(臣)은 비록 죽는다 하더라도, 어찌 군주의 덕을 잊으오리까?" 이렇게 감사드리는 말을 한 그들은 돌아갔다. 여공은 서동을 경(卿)으로 삼았다.

여공이 장려씨(匠麗氏) 집으로 놀러갔는데, 난서와 중행언이 바로 여공을 잡았다. 그리고는, 사개(士匃)를 오라고 불렀지만, 사개는 사절했다. 그래서 한궐(韓厥)을 불렀더니, 한궐도 사절하고 말했다. "전에 나는 조씨(趙氏)한테 길러졌는데, 맹희(孟姬)가 모함하여 조씨가 토벌 당했을 때 나는 그 병난(兵難)을 피할 수가 있어 살고 있습니다. 옛사람이 한 말이 있는데, '늙은 소를 죽임에는, 자신이 손을 대지 말라.'고 합니다. 그런데 하물며 군주를 죽인단 말입니까? 당신들께서는 군주를 섬길 수가 없으면서도, 한궐을 어찌 써먹으려 하십니까?"

서용(舒庸)나라 사람은 초나라 군사가 패배한 것을 교훈삼아, 오나라 사람을 인도하여 초나라의 소(巢)를 포위하고, 가(駕)를 치며, 이(釐)·훼(虺)를 포위했다. 그리고는, 오나라를 믿고는 아무런 방비를 하지 않고 있어, 초나라 공자 탁사(槖師)가 서용나라를 습격하여 멸망시켰다.

윤달 을묘날인 그믐날에, 난서와 중행언은 서동(胥童)을 죽였다. 진나라의 민중이 극씨에게 동정하지 않았고, 서동은 군주를 유인하여 난동을 부렸다. 그러므로, 그들에 대해서 다 진나라가 그 나라의 대부들을 죽였다고 써 말했다.

주해 ○外嬖(외폐)-총애하는 신하.

○夷陽五(이양오)-이양오(夷羊五)와 같음.

○孫周(손주)-진나라 양공(襄公)의 증손인 도공(悼公). 그는 헌공(獻公)의 부인 여희(驪姬)의 모함으로, 여러 공족(公族)이 사방으로 흩어져 나갔을 때, 천자가 있는 주나라 서울로 가, 주의 경사(卿士)였던 선(單)의 양공(襄公)을 섬겼다.

○欺(기)-무시함.

○榭(사)-사정. 활쏘기 연습장.

○位(위)-좌석·자리.

○逃威(도위)-위는 무기에 의해서 상함. 여기에서는 너 같은 놈의 무기에 상해질까 하고 피해 도망한다는 뜻이 있다.

○人將忍君(인장인군)-저 사람들은 군주께서 일 당함을 참고 볼 것입니다의 뜻.

○孟姬(맹희)-성공 8년조에 나왔다. 맹희는 곧 장희(莊姬).

○吾能違兵(오능위병)-나는 병난을 피할 수가 있었다. 맹희의 모함을 이용했을 때, 난서 당신이 조씨를 토벌했으니, 그랬던 당신에게 따를 수가 없다는 뜻이 들어 있다.

○巢(소)·駕(가)·釐(이)·虺(훼)-모두 초나라의 읍 이름.

○閏月(윤월)-당시 윤달을 12월에 두었다.

經 ○十有八年春王正月﹐에 晉殺其大夫胥童﹒이라
  (십유팔년춘왕정월)   (진살기대부서동)

○庚申﹐에 晉弑其君州蒲﹒라
 (경신)   (진시기군주포)

○齊殺其大夫國佐﹒라
 (제살기대부국좌)

○公如晉﹒이라
 (공여진)

○夏,에 楚子·鄭伯伐宋,하고 宋魚石復入于彭城.이라
○公至自晉.이라
○晉侯使士匃來聘.이라
○秋,에 杞伯來朝.라
○八月,에 邾子來朝.라
○築鹿囿.라
○己丑,에 公薨于路寢.이라
○冬,에 楚人·鄭人侵宋.이라
○晉侯使士魴來乞師.라
○十有二月,에 仲孫蔑會晉侯·宋公·衛侯·邾子·齊崔杼,하여 同盟于虛朾.이라
○丁未,에 葬我君成公.이라

18년 봄 천자가 쓰는 역으로 정월에, 진(晉)나라가 그 나라의 대부 서농(胥童)을 죽였다.

경신날에, 진나라가 그 나라 군주 주포(州蒲)를 죽였다.

제나라가 그 나라의 대부 국좌(國佐)를 죽였다.

공이 진나라에 갔다.

여름에, 초나라 군주인 자작과 정나라 군주인 백작이 송나라를 쳤고, 송나라의 어석(魚石)이 다시 팽성(彭城)으로 들어갔다.

공이 진나라로부터 돌아왔다.

진나라 군주인 후작이 사개(士匄)에게 노나라를 예방케 했다.

가을에, 기나라 군주인 백작이 찾아왔다.

8월에 주나라 군주인 자작이 찾아왔다.

사슴을 기르는 원(苑)을 구축했다.

기축날에, 성공이 정사를 보는 정전(正殿)에서 훙거(薨去)했다.

겨울에, 초나라 사람과 정나라 사람이 송나라를 침공했다.

진(晉)나라 군주인 후작이 사방(士魴)에게 노나라에 와 군사 내기를 청하게 했다.

12월에, 중손멸(仲孫蔑)이 진나라 군주인 후작·송나라 군주인 공작·위나라 군주인 후작·주나라 군주인 자작·제나라의 최저 등과 회합을 가져, 허정(虛打)에서 동맹을 맺었다.

정미날에 우리 노나라 군주 성공을 장사 지냈다.

주해 ○庚申(경신)―정월 5일.
　○彭城(팽성)―송나라의 읍으로, 지금의 강소성(江蘇省) 동산현(銅山縣)에 속하는 서주시(徐州市)가 옛날의 팽성이었다.
　○鹿囿(녹유)―사슴을 기르는 원(苑).
　○己丑(기축)―8월 7일.
　○虛打(허정)―송나라 지명으로, 지금의 하남성 자성현(柘城縣) 경계 땅.
　○丁未(정미)―12월 27일.

傳 十八年春王正月庚申,에 晉欒書·中行偃使程滑弑厲公,하여 葬之于翼東門之外,에 以車一乘.이라 使荀罃·士魴逆周子于京師,하여 而立之,하니 生十四年矣.라 大夫逆于淸原,에 周子曰, 孤始願不及此.라 雖及此,나 豈非天乎.아 抑人之求君,은 使出

命也라 立而不從,이면 將安用君가 二三子用我今日,이요 否亦
今日이라 共而從君은 神之所福也라 對曰, 群臣之願也라소이
다 敢不唯命是聽이리오 庚午盟而入이라 館于伯子同氏하고 辛
巳朝于武宮하여 逐不臣者七人이라 周子有兄이나 而無慧하여
不能辨菽麥이라 故로 不可立이라
齊爲慶氏之難故로 甲申晦에 齊侯使士華免以戈殺國佐于
內宮之朝하니 師逃于夫人之宮이라 書曰, 齊殺其大夫國佐,는
棄命專殺하고 以穀叛故也라 使淸人殺國勝하니 國弱來奔하
고 王湫奔萊라 慶封爲大夫하고 慶佐爲司寇라 旣齊侯反國弱,
하여 使嗣國氏라 禮也라

18년 봄 천자가 쓰는 역으로 정월 경신날에, 진나라의 난서와 중행언은, 정활(程滑)로 하여금 여공을 죽이게 해서, 익(翼)의 동문 밖에 묻었는데, 다만 한 대의 수레를 같이 묻었다. 그리고 순앵(荀罃)과 사방(士魴)에게 천자가 계시는 서울로부터 주자(周子:孫周)를 맞이하게 하여 군주로 세우니, 당시에 열네 살이었다. 그때, 대부들이 청원(淸原)으로 가 맞이했는데, 주자는 말했다. "나는 애당초 이런 일이 없도록 원했었소. 비록 이 지경이 되었다 하더라도 어찌 천명(天命)이 아니겠소? 대체, 사람들의 군주 있기를 요구함은, 그로 하여금 명령을 내어 나라를 다스리게 하자는 것이오. 그런데 군주를 세우고서도 그 명에 복종하지 않는다면, 무슨 군주가 필요할 것이오? 몇몇 분이 나를 군주로 모시는 것은 오늘의 결정에 달렸고, 그렇지 않은 것

도 오늘의 결정에 달렸소. 공손히 군주에게 복종하는 것은, 신의 복을 받을 바탕이 되는 것이오." 이 말에 대하여 대부들은, "그것은 저희들 뭇 신하의 원하는 바이옵니다. 어찌 감히 명을 따르지 않으오리까?"라고 했다. 경오날에, 군주와 신하들이 서로 맹약하고 도읍으로 들어갔다. 그리하여, 백자동(伯子同)의 집에서 숙박하고, 신사날에는 시조 무공(武公)의 사당에 참배하고서, 군주에게 무도한 짓을 한 신하 일곱 사람을 추방했다. 주자에게는 형이 있었으나 어리석어, 콩과 보리를 분별하지 못하였다. 그래서 군주로 삼을 수는 없었다.

제나라는 경씨(慶氏)를 죽인 소동 때문이라는 이유로, 갑신날인 그믐날에, 제나라 군주는 형벌을 주관하는 관원 화면(華免)을 시켜 국좌(國佐)를 창으로, 궁전의 신하 만나는 당(堂)에서 죽이게 하니, 놀란 뭇 사람들이 군주 부인이 거처하는 궁으로 도망하였다. 경문에 제나라가 그 나라의 대부 국좌를 죽였다고 써 말한 것은, 국좌가 정나라를 치라는 군주의 명을 버리고 돌아가, 제멋대로 경극(慶克)을 죽이고 곡(穀)을 근거로 하여 반란을 일으킨 때문이었다. 청(淸) 사람으로 하여금 국승(國勝)을 죽이게 하니, 동생인 국약(國弱)은 노나라로 도망해 오고, 같은 무리였던 왕추(王湫)는 내(萊)로 도망갔다. 경극의 아들인 경봉(慶封)은 대부가 되고, 봉의 동생인 경좌(慶佐)는 사구(司寇)가 되었다. 그리고 난 뒤에, 제나라 군주는 국약을 귀환시키어, 국씨 가문의 후계자가 되게 했다. 그것은 예에 맞는 일이었다.

주해
- ○翼(익) – 진나라의 옛 도읍.
- ○以車一乘(이거일승) – 제후 중 패자(覇者)인 제후를 장사 지냄에는 같이 묻을 것을 두 대의 수레에 쌓아 함께 묻었다. 그런데 이 경우는 예법을 지키지 않고, 한 수레만을 묻었다.
- ○庚午(경오) – 정월 15일.
- ○辛巳(신사) – 정월 26일. 이에 대해서는 신미(辛未)날이었다고 주장도 했다. 신미날은 경오의 다음날인 정월 16일이다. 신미가 옳다고 본다.

ㅇ無惠(무혜) - 지혜가 없음. 즉 어리석음.
ㅇ甲申(갑신) - 정월 29일.
ㅇ士(사) - 형벌을 관장하는 관리.

二月乙酉朔_{이월을유삭}에 晉悼公卽位于朝_{진도공즉위우조}라 始命百官_{시명백관}하되 施舍已責_{시사이책}하고 逮鰥寡_{체환과}하며 振廢滯_{진폐체}하고 匡乏困_{광핍곤}하며 救災患_{구재환}하고 禁淫慝_{금음특}하며 薄賦斂_{박부렴}하고 宥罪戾_{유죄려}하며 節器用_{절기용}하고 時用民_{시용민}하며 欲無犯時_{욕무범시}라 使魏相·士魴·魏頡·趙武爲卿_{사위상·사방·위힐·조무위경}하고 荀家·荀會·欒黶·韓無忌爲公族大夫_{순가·순회·난염·한무기위공족대부}하여 使訓卿之子弟共儉孝弟_{사훈경지자제공검효제}하며 使士渥濁爲太傅_{사사악탁위태부}하여 使脩范武子之法_{사수범무자지법}하고 右行辛爲司空_{우행신위사공}하여 使脩士蔿之法_{사수사위지법}이라 弁糾御戎_{변규어융}하고 校正屬焉_{교정속언}하여 使訓諸御知義_{사훈제어지의}하고 荀賓爲右_{순빈위우}하고 司士屬焉_{사사속언}하여 使訓勇力之士時使_{사훈용력지사시사}라 卿無共御_{경무공어}하고 立軍尉以攝之_{입군위이섭지}라 祁奚爲中軍尉_{기해위중군위}하고 羊舌職佐之_{양설직좌지}하며 魏絳爲司馬_{위강위사마}하고 張老爲候奄_{장로위후엄}하며 鐸遏寇爲上軍尉_{탁알구위상군위}하고 籍偃爲之司馬_{적언위지사마}하여 使訓卒乘親以聽命_{사훈졸승친이청명}이라 程鄭爲乘馬御_{정정위승마어}하고 六騶屬焉_{육추속언}하여 使訓群騶知禮_{사훈군추지례}라 凡六官之長_{범륙관지장}은 皆民譽也_{개민예야}로 擧不失職_{거불실직}하고 官不易方_{관불역방}하며 爵不踰德_{작불유덕}하고 師不陵正_{사불릉정}하고 旅不偪師_{여불핍사}하니 民無謗言_{민무방언}하여 所以復霸也_{소이부패야}라
公如晉_{공여진}은 朝嗣君也_{조사군야}라

2월 을유날인 초하루에, 진나라 도공(悼公)이 조정에서 즉위했다.

그는 즉위하고서 백관에게 처음 명령을 내리기를, 부역을 면하고 이미 진 빚 갚기를 그만두게 하고, 홀아비와 홀어미에게 은혜를 베풀게 하며, 묻혀 있는 인재를 등용하고, 가난한 자를 도우며, 재난에 시달리는 자를 구원하고, 무도한 짓을 금하며, 부세(賦稅)를 가볍게 하고, 죄인 취급을 관대히 하며, 기구와 재용(財用)은 아끼고, 농사 때가 아닌 때에 백성을 부리며, 개인의 욕망을 채우기 위하여 농사 짓는 때에 사람들을 쓰는 일이 없도록 하라고 했다. 위상(魏相:魏錡의 아들)·사방(士魴:士會의 아들)·위힐(魏頡:魏顆의 아들)·조무(趙武:趙朔의 아들)를 경(卿)으로 삼고, 순가(荀家)·순회(荀會)·난염(欒黶:欒書의 아들)·한무기(韓無忌:韓厥의 아들)를 공족대부(公族大夫)로 삼아, 경들의 자제들에게 공손하고 검약하며 효도하고 우애하는 길을 가르치게 하며, 사악탁(士渥濁:士貞子)을 태부(太傅)가 되게 하여, 범무자(范武子:士會)가 제정했던 법을 익히게 하고, 우행신(右行辛)을 사공(司空)으로 삼아, 사위(士蔿)가 제정했던 법을 익히게 했다. 그리고 변규(弁糾:欒糾)가 군주가 타는 전차를 조종하고, 말[馬]에 대한 일을 장악하는 벼슬인 교정(校正)을 이에 속하게 해, 모든 전차 조종자가 의리를 알도록 가르치게 하고, 순빈(荀賓)을 군주가 타는 전차의 오른쪽 전사로 삼고, 모든 전차의 오른쪽 전사를 장악하는 벼슬인 사사(司士)를 이에 속하게 해서, 용기 있는 전사를 훈련하여 전시(戰時)에 쓰게끔 했다. 경(卿)들이 타는 전차를 조종하던 자들을 다 없애고, 새로 군위(軍尉)의 관(官)을 두어, 군위가 그 일을 겸하게 했다. 그리하여, 기해(祁奚)를 중군위(中軍尉)로 삼고, 양설직(羊舌職)을 그의 보좌관으로 하며, 위강(魏絳:魏犨의 아들)을 사마(司馬)로 삼고, 장로(張老)를 후엄(候奄)으로 삼으며, 탁알구(鐸遏寇)를 상군위(上軍尉)로 삼고, 적언(籍偃)을 그 사마로 삼아 보병과 전차병을 훈련하여 친목하여 상관의 명령을 잘 듣게끔 했다. 그리고 또 정정(程鄭)을 군주가 평상시에 타는 수레의 조종자로 삼고, 여섯 군데의 말을 간수하는 곳의 관리장(管理長)을 이에 속하게 하여, 많은 말 다루는 사람들을 훈련하여 예의를 알게끔 했다. 무릇 새로 임명된 여섯 관장(官長)은 다 백성들이 존중하는 사람들로서, 인재를 등용하여 적소에 배치하고, 일을 맡은 관리가 할 직분에 이탈하지 않으며, 관작(官爵) 줌은 그 사람의 덕에 넘지 않게 하고, 군대의 큰 부대의 장(長)인 사(師)는 군단장(軍團長)인 대장, 즉 정(正)을 업신여기지 못하게 하고, 작은 부대의 장인 여(旅)가 사(師)를 압박하지 못하게 하니, 백성들이 비방하는 말이 없게 되고, 진나라가 패자(覇者)의 지위를 다시 차지하는 바탕이 되었다.

공이 진나라에 간 것은, 진나라의 대를 이은 새 군주를 찾기 위해서였다.

| 주해 | ㅇ二月乙酉(이월을유)-2월 1일.
  ㅇ施舍(시사)-은혜를 베풀어 부역을 그만두게 함.
  ㅇ已責(이책)-이미 진 빚을 갚지 않게 함.
  ㅇ匡(광)-구함, 도움.
  ㅇ犯時(범시)-농사 짓는 때에 일을 시키어 농사를 못하게 함.
  ㅇ范武子之法(범무자지법)-사회(士會)가 진나라 경공(景公)의 태부(太傅)가 되어 관작에 대해서 제정했던 법.
  ㅇ士蔿之法(사위지법)-사위가 진나라 헌공(獻公) 때에 사공(司空)이 되어, 토목공사(土木工事)에 관해서 정한 법.
  ㅇ弁糾(변구) 변은 맡아 다스리는 땅 이름.
  ㅇ校正(교정)-말[馬]에 관한 일을 장악한 관리.
  ㅇ司士(사사)-전군의 전차의 오른쪽 전사를 통솔하는 관리.
  ㅇ候奄(후엄)-척후장(斥候長).
  ㅇ卒乘(졸승)-보병과 진차병.
  ㅇ乘馬御(승마어)-평상시에 타는 수레의 조종자.
  ㅇ六騶(육추)-제후국에는 말을 간수하는 곳을 여섯씩 가지고 있어, 그것을 육한(六閑)이라 했고, 그 여섯 군데의 관리장(管理長)을 육추라 했다.

o 騶(추)-말 다루는 사람.
o 六官之長(육관지장)-당시에 진나라에는 육경(六卿)이 있어, 그 여섯 사람을 말한다.
o 擧不失職(거불실직)-인재를 등용하여, 직책을 완수 못함이 없게 함. 즉 적재적소에 씀.
o 官不易方(관불역방)-방(方)은 항상, 항상 할 일. 각 관리가 항상 지켜야 할 일에서 이탈하지 못함.
o 正(정)·師(사)·旅(여)-군대의 직책. 정(正)은 중군·상군·하군 등의 대장을 말한다. 사(師)는 2천5백 명으로 된 부대의 장을 말하고, 여(旅)는 5백 명으로 된 부대의 장을 말한다.

夏六月,에 鄭伯侵宋,하여 及曹門外.라 遂會楚子,하여 伐宋,하여 取朝郟.이라 楚子辛·鄭皇辰侵城郜,하여 取幽丘,하고 同伐彭城,하여 納宋魚石·向爲人·鱗朱·向帶·魚府焉,하고 以三百乘戍之而還.이라 書曰復入.이라 凡去其國,하여 國逆而立之曰入,하고 復其位曰復歸,하며 諸侯納之曰歸,하고 以惡入曰復入.이라

宋人患之,하니 西鉏吾曰, 何也.오 若楚人與吾同惡,하여 以德於我,면 吾固事之也,에 不敢貳矣.리라 大國無厭,하여 鄙我猶憾.이리라 不烈而收吾憎,하여 使贊其政,하여 以間吾釁,이면 亦吾患也.라 今將崇諸侯之姦,하여 而披其地以塞夷庚.이라 逞姦而攜服,하여 毒諸侯而懼吳·晉.이라 吾庸多矣,니 非吾憂也.라 且事晉何爲.아 晉必恤之.리라

公至自晉.이라 晉范宣子來聘.하고 且拜朝也.라 君子謂.하되
晉於是乎有禮.라
　秋,에 杞桓公來朝.라 勞公.하고 且問晉故.에 公以晉君語之.하
니 杞伯於是驟朝于晉.하여 而請爲婚.이라
　七月,에 宋老佐·華喜圍彭城.이나 老佐卒焉.이라
　八月,에 邾宣公來朝,는 卽位而來見也.라
　築鹿囿,는 書不時也.라
　己丑,에 公薨于路寢,은 言道也.라
　冬十一月,에 楚子重救彭城伐宋.하니 宋華元如晉告急.이라
韓獻子爲政.하여 曰, 欲求得人,에는 必先勤之.이오니다 成霸安
疆,은 自宋始矣.라소이다 晉侯師于台谷.하여 以救宋.에 遇楚師
於靡角之谷.이어늘 楚師還.이라
　晉士魴來乞師.라 季文子問師數於臧武仲.하니 對曰, 伐鄭之
役,에 知伯實來.어늘 下軍之佐也.라 今, 鱻季亦佐下軍,이니 如
伐鄭可也.라 事大國,에 無失班爵而加敬焉,이 禮也.라 從之.라
　十二月,에 孟獻子會于虛朾,은 謀救宋也.라 宋人辭諸侯,하고
而請師以圍彭城.이라 孟獻子請于諸侯.하여 而先歸會葬.이라
　丁未,에 葬我君成公,은 書順也.라

여름 6월에, 정나라 군주가 송나라를 침공하여, 송나라 도읍의 조문(曹門) 밖까지 쳐들어갔다. 그리고는 바로 초나라 군주와 회동(會同)하여, 송나라를 쳐 조겹(朝郟)을 빼앗았다. 초나라 자신(子辛)과 정나라의 황진(皇辰)은 송의 성고(城郜)를 공격하여 유구(幽丘)를 빼앗고, 양국 군세(軍勢)가 한꺼번에 팽성(彭城)을 쳐서는, 전에 초나라로 도망갔던 송나라의 어석(魚石)·상위인(向爲人)·인주(鱗朱)·상대(向帶)·어부(魚府) 등을 팽성에 들여보내고, 3백대의 전차로 수비시키고서 돌아갔다. 경문에 '다시 들어갔다[復入]'고 써 말했다. 무릇 자기 나라를 떠났다가, 본국에서 맞이하여 다시 전의 자리에 들어앉을 때에는 '입(入 : 들어갔다)'이라 하고, 전의 자리로 되돌아갔을 때에는 '복귀'라 하며, 다른 제후가 도와 본국으로 들어가게 했을 때에는 '귀(歸 : 돌아갔다)'라 하고, 악명을 지니고서 본국으로 들어갔을 때에는 '부입(復入 : 다시 들어갔다)'이라고 한다.

송나라 사람이 당시의 사정을 걱정하니, 서서오(西鉏吾)가 말했다. "무엇을 걱정하시오? 만일 초나라 사람이 그들을 우리와 같이 미워하여 우리에게 덕을 베푼다면, 우리는 물론 초나라를 섬김에 있어 두가지 마음을 감히 갖지 않을 것이오. 그러나 큰 나라, 즉 초나라는 욕심부림이 한이 없어서, 우리나라를 속국(屬國)으로 삼고도 역시 불만스럽게 여길 것이오. 그런데 우리에게 덕을 베풀지 않고서, 우리가 미워하는 사람들을 포섭하여, 초나라의 정치를 돕게 해서, 우리나라에 대한 기회를 노리게 한다면, 그것은 역시 우리나라의 근심거리요. 초나라는 현재 제후들을 해치려는 간사한 자들을 존중하여, 우리 송나라의 땅을 나누어 주어, 제후국들이 내왕하는 길목을 막으려 하오. 이 일은 간사한 무리를 만족케 하고, 초나라에 대해서 복종하고 있는 제후들을 이간시키고, 다른 제후들을 괴롭히며, 오나라와 진(晉)나라가 두려워하는 결과를 가져올 것이오. 우리나라는 진나라에 대해서 공헌한 것이 많으니, 우리가 걱정할 것이 못되오. 우리가 이제까지 진나라를 섬긴 것은 무엇 때문이오? 진나라는 반드시 도울 것이오."

 성공이 진나라로부터 돌아왔다. 진나라 범선자(范宣子)가 우리 노나라를 예방하고, 성공이 진나라를 찾아간 일에 대해서 감사의 인사를 올렸다. 이 일을 두고 군자는 말하기를, "진나라는 이에 예의를 갖추게 되었도다."라고 했다.

 가을에, 기나라 환공이 노나라로 찾아왔다. 기나라 군주는 성공에게 진나라에 다녀온 일을 위로하고, 진나라 사정을 물으니, 성공이 진나라 새 군주의 훌륭함을 말했다. 그러자 기나라 군주인 백작은 급히 진나라를 찾아가서, 혼인할 것을 요청했다.

 7월에, 송나라 노좌(老佐)와 화희(華喜)가 팽성을 포위했으나, 노좌가 진중(陣中)에서 세상을 떠났다. (그래서 싸움에 이기지 못했다)

 8월에, 주(邾)나라 선공이 찾아온 것은, 군주 자리에 오르고서 와 성공을 만난 것이다.

 사슴을 기르는 원(苑)을 구축했다는 것은, 제 때가 아니었음을 말해 기록한 것이다.

 기축날에, 성공이 정사를 보는 정전에서 훙거했다고 써 말한 것은, 군주로서 올바른 죽음을 했다는 것을 말한 것이다.

 겨울 11월에, 초나라 자중(子重)이 팽성을 구원하여 송나라를 치니, 송나라 화원(華元)이 진나라로 가 급한 사정을 고했다. 그때, 한헌자(韓獻子 : 韓厥)가 진나라의 정사(政事)를 쥐고 있었는데, 그는 (군주에게) 말하기를, "제후를 우리편으로 삼으려 함에는, 반드시 먼저 상대를 포위해서 힘써 주어야 하옵니다. 패자가 되고, 국가를 안정케 하는 일은, 송나라를 구출하는 일부터 해야 하옵니다."라고 했다. 그래서 진나라 군주는 군사를 태곡(台谷)에 진주시켜 송나라를 구원하니, 초나라 군사를 미각(靡角) 땅 골짜기에서 만났다. 그래서 초나라 군사가 (진나라 군사를 두려워하여) 귀환하고 말았다.

 진나라 사방(士魴)이 군사를 내어 달라고 노나라에 와 청했다. 그러자 노나라 계문자(季文子)는 어느 정도의 군사를 출동시켜야 하는 가를 장무중(臧武仲)에게 물으니, 대답하였다. "정나라를 치는 싸움 때에, 진나라의 지백(知伯 : 荀罃)이 실제 사자로서 왔었는데, 당시 그는 진나라의 하군부장(下軍副將)이었습니다. 그런데, 이제 온 체계(彘季 : 士魴) 또한 하군부장이니, 정나라를 쳤을 때에 낸 군사수와 같이 내면 좋습니다. 큰 나라를 섬김에는, 사자(使者)의 관위(官位)에 알맞게 대함에서 벗어나지 않게 하고 공경스럽게 대하는 것이 예의입니다." 노나라 측에서는 이 말을 따라 행했다.

12월에, 맹헌자가 송나라의 허정(虛朾)에서 회합을 가진 것은, 송나라를 구원할 것을 상의함이었다. 송나라 사람이, 제후들이 직접 군사를 이끌고 구원하러 가는 일을 사양하고, 다만 군대만을 내어달라고 요청해서 팽성을 포위했다. 그때, 맹헌자는 다른 나라 제후들에게 청을 드려, 먼저 귀국하여 군주의 장례식에 참여했다.

정미날에 우리나라 군주 성공을 장사 지냈다고 경문에 말해 있는 것은, 그 장례식이 옳게 행해졌음을 써 말한 것이다.

| 주해 | ㅇ 曹門(조문) — 송나라 도읍의 서북쪽 이름.
  ㅇ朝郟(조겹) — 송나라 읍 이름으로, 지금의 하남성 하읍현(夏邑縣)의 경계에 있음.
  ㅇ城郜(성고) — 송나라 읍 이름으로, 지금의 강소성(江蘇省) 소현(蕭縣) 서남쪽 경계에 있음.
  ㅇ幽丘(유구) — 송나라 읍 이름으로, 성고 부근.
  ㅇ崇(숭) — 존중함.
  ㅇ夷庚(이경) — 이는 평평함이고 경은 길. 차마가 왕래하는 데 평평한 길의 뜻. 팽성은 오나라와 진나라가 서로 왕래하는 요로(要路)였다.
  ㅇ逞姦(영간) — 악한 사람을 만족케 함.
  ㅇ攜服(휴복) — 초나라에 복종하는 제후들이 초에서 떨어지게 함.
  ㅇ路寢(노침) — 천자나 제후가 정사를 보는 정전(正殿).

ㅇ台谷(태곡)-송나라의 지명으로, 팽성 부근.
ㅇ班爵(반작)-관위(官位).

● 성공(成公) 시대 연표

기원전	周	燕	鄭	曹	蔡	陳	衛	宋	楚	秦	晉	齊	魯	중요 사항
590	定王 17	宣公 12	襄公 15	宣公 5	景公 2	成公 9	穆公 10	文公 21	共王 1	桓公 14	景公 10	頃公 9	1	노나라 성공 즉위하다 노나라 구갑제도(丘甲制度)를 창설하다
589	18	13	16	6	3	10	11	22	2	15	11	10	2	진(晉)·노·위와 제나라가 싸워 제군이 패배했는데, 여러 가지 충효(忠孝)의 일이 있었다
588	19	14	17	7	4	11	定公 1	共公 1	3	16	12	11	3	12월에, 진(晉)이 육군(六軍)을 두다
587	20	15	18	8	5	12	2	2	4	17	13	12	4	3월에, 정나라 양공이 세상을 떠났다 겨울에, 정나라가 허나라를 쳤다
586	21	昭公 1	悼公 1	9	6	13	3	3	5	18	14	13	5	11월에, 주의 정왕이 붕어했다 12월에, 제후들이 충뢰에서 맹세하였다
585	簡王 1	2	2	10	7	14	4	4	6	19	15	14	6	4월에, 진(晉)나라가 도읍을 신전(新田)으로 옮기다
584	2	3	成公 1	11	8	15	5	5	7	20	16	15	7	봄에 오(吳)가 담나라를 쳤다 제후군이 정나라를 구원하고, 8월에는 마릉(馬陵)에서 맹세하였다
583	3	4	2	12	9	16	6	6	8	21	17	16	8	봄에 진(晉)이 채나라를 침공했다 진(晉)의 대부 조동과 조괄이 죽었다
582	4	5	3	13	10	17	7	7	9	22	18	17	9	가을에, 진(晉)나라가 정나라 성공을 잡아가두었다 11월, 초나라가 거나라를 망하게 했다
581	5	6	4	14	11	18	8	8	10	23	19	靈公 1	10	5월, 진(晉)·조·위·제·송이 정나라를 쳤다 진나라가 정나라 군주를 돌려보냈다
580	6	7	5	15	12	19	9	9	11	24	厲公 1	2	11	겨울에, 진(晉)·초 두 나라가 화평의 맹약을 짓기로 합의하다
579	7	8	6	16	13	20	10	10	12	25	2	3	12	5월에, 진·초 두 나라가 화평의 맹약을 하였다

제13 성공(成公) 하(下) 18년

기원전	周	燕	鄭	曹	蔡	陳	衛	宋	楚	秦	晉	齊	魯	중요 사항
578	8	9	7	17	14	21	11	11	13	26	3	4	13	진(晉)의 경공이 여상을 시켜 진(秦)나라에 대하여 단교적(斷交的)인 통고를 하였다
577	9	10	8	成公 1	15	22	12	12	14	27	4	5	14	위나라 정공이 세상을 떠났다
576	10	11	9	2	16	23	獻公 1	13	15	景公 1	5	6	15	송의 화원이 탕택을 죽이다 진(晉)의 극씨가 백종(伯宗)을 죽이다
575	11	12	10	3	17	24	2	平公 1	16	2	6	7	16	초·정이 진(晉)과 언릉(鄢陵)에서 싸워 패하다 노의 숙손교여가 음모를 꾸몄다가 쫓겨나다
574	12	13	11	4	18	25	3	2	17	3	7	8	17	노나라 공손영제(公孫嬰齊)가 세상을 떠났다 진(晉)의 세 극씨(郤氏)가 피살되다 초나라가 서용(舒庸)나라를 멸망시키다
573	13	武公 1	12	5	19	26	4	3	18	4	8	9	18	진나라 난서 등이 여공을 죽이다. 새 군주가 나와 국정을 쇄신하였다 노나라 성공이 훙거하다

제14

양공 상
襄公 上

성공(成公)의 아들. 어머니는 정사(定姒)
재위 기원전 572~542년

經│ ○元年春王正月,에 公卽位.라
○仲孫蔑會晉欒黶·宋華元·衛甯殖·曹人·莒人·邾人·
　滕人·薛人,하여 圍宋彭城.이라
○夏,에 晉韓厥帥師,하여 伐鄭.이라
○仲孫蔑會齊崔杼·曹人·邾人·杞人,하여 次于鄫.이라
○秋,에 楚公子壬夫帥師,하여 侵宋.이라
○九月辛酉,에 天王崩.이라
○邾子來朝.라
○冬,에 衛侯使公孫剽來聘.이라
○晉侯使荀罃來聘.이라

원년 봄 천자가 쓰는 역으로 정월에, 양공이 즉위했다.

제14 양공(襄公) 상(上) 원년 … 335

중손멸(仲孫蔑)이 진(晉)나라의 난염·송나라의 화원·위나라의 영식·조나라 사람·거나라 사람·주나라 사람·등나라 사람·설나라 사람 등과 회합을 갖고, 송나라의 팽성(彭城)을 포위했다.

여름에, 진나라의 한궐(韓厥)이 군사를 이끌고, 정나라를 쳤다.

중손멸이 제나라의 최저·조나라 사람·주나라 사람·기나라 사람 등과 회합을 갖고서, 증(鄫)에 주군(駐軍)했다.

가을에, 초나라의 공자 임부(壬夫)가 군사를 이끌고, 송나라를 침공했다.

9월 신유날에, 천자인 왕께서 붕거(崩去)하셨다.

주나라의 군주인 자작이 찾아왔다.

겨울에, 위나라의 군주인 후작이, 공손표(公孫剽)에게 예방케 했다.

진나라 군주인 후작이 순앵(荀罃)에게 예방케 했다.

주해 ｜ ㅇ公卽位(공즉위) – 양공이 즉위했다.
ㅇ鄫(증) – 정나라의 지명으로, 지금의 하남성 수현(睢縣) 동남쪽 땅.
ㅇ九月辛酉(구월신유) – 9월 15일.
ㅇ天王(천왕) – 당시 주나라 왕은 간왕(簡王).

傳｜ 元年春己亥,에 圍宋彭城.이라 非宋地,로되 追書也.라 於是,에 爲宋討魚石.이라 故로 稱宋,하고 且不登叛人也,니 謂之宋志.라 彭城降晉,에 晉人以宋五大夫在彭城者歸,하여 寘諸瓠丘.라 齊人不會彭城,하여 晉人以爲討.라 二月,에 齊太子光爲質於晉.이라

夏五月,에 晉韓厥·荀偃帥諸侯之師,하여 伐鄭,하여 入其郛,하

고 敗其徒兵於洧上.이라 於是에 東諸侯之師次于鄭하여 以待
晉師라 晉師自鄭以鄭之師하여 侵楚焦夷及陳이라 晉侯·衛侯
次于戚하여 以爲之援이라
　　秋에 楚子辛救鄭하여 侵宋呂·留하고 鄭子然侵宋하여 取
犬丘라
　　九月에 邾子來朝라 禮也라
　　冬에 衛子叔·晉知武子來聘이라 禮也라 凡諸侯卽位엔 小
國朝之하고 大國聘焉하여 以繼好結信하고 謀事補闕은 禮之
大者也라

　원년 봄 기해날에, 송나라의 팽성(彭城)을 포위했다. 팽성은 당시 송나라 땅은 아니었지만, (孔子가) 송나라 땅이라고 추기(追記)하였다. 당시 송나라를 위해서 팽성을 차지하고 있던 어석(魚石)을 쳤다. 그래서 송나라 땅이라 칭하고, 어석을 반역자로 삼지도 않았으니, 이것은 송나라의 여론을 따른 것이었다고 이른다. 팽성이 진나라에게 항복하니, 진나라 사람이 팽성에 있었던 송나라의 다섯 대부를 데리고 돌아가, 그들을 진나라의 호구(瓠丘)에 호송했다. 제나라 사람이 팽성 싸움에 참가하지 않아, 진나라 사람이 문책했다. (그러자 제나라는 사죄하여) 2월에, 제나라 태자 광(光)이 진나라에 대한 인질이 되었다.
　여름 5월에, 진나라의 한궐과 순언(荀偃)이 제후들의 군대를 이끌고 정나라를 쳐, 정나라 도읍의 외성(外城)으로 공격해 들어갔고, 정나라의 보병 부대를 유수(洧水) 가에서 패배시켰다. 이때, 동방(東方)

제후국들의 군사가 정나라의 증(鄫)에 주군하고 있어, 진나라 군사가 도착하기를 기다리고 있었다. 그래서 진나라 군사는 정나라로부터 증에 머물고 있는 군사까지를 거느리어, 초나라 초이(焦夷)를 침공하고 그 여세로 진(陳)나라까지 공격했다. 그때, 진나라 군주와 위나라 군주는 위나라 땅 척(戚)에서 군대와 머물고 있어, 원조에 대비하고 있었다.

가을에, 초나라 자신(子辛)이 정나라를 구원하기 위하여, 송나라의 여(呂)와 유(留)로 침입하고, 정나라 자연(子然)은 송나라로 침입하여 견구(犬丘)를 빼앗았다.

9월에, 주나라 군자인 자작이 노나라로 찾아왔다. 그 일은 예에 맞는 일이었다.

겨울에, 위나라의 자숙(子叔)과 진(晉)나라의 지무자(知武子)가 예방했다. 그 일은 예에 맞는 일이었다. 무릇 제후가 즉위하면, 작은 나라는 군주가 직접 찾아가고, 큰 나라의 경우는 군주를 대리하는 사자(使者)가 예방하여, 전부터의 우호관계를 계속시켜 신의를 맺고, 또 서로 국사를 의논하고, 잘못된 것을 고치는 것은 제후국 간에 지켜야 할 예의 중의 중대한 것이다.

주해 ○元年春己亥(원년춘기해) - 월(月)이 생략되었는데, 정월(正月)이었다. 그런데 두예(杜預)는 그의 주에서, 이해 정월에는 기해날이 들지 않았으니, 기해라 한 것은 오기라 했다. 그리고 어느 사람은, 기해는 을해(乙亥)의 오기였고, 을해날은 정월 26일이었다고 말했다.

○追書(추서) - 후일에 기록해 넣음. 즉 원래의 기록에는, 전해에 초나라가 송나라의 팽성을 공략하여 어석(魚石)에게 주었으므로, 이미 송나라 땅이 아니었으며, 다만 팽성이라고 해 있던 것을, 공사가 《춘추》를 지으면서, 송나라 땅이라는 주장 아래 송(宋)자를 추서했다는 것이다. 그것은 원래 송나라 땅인 팽성을 초나라가 쳐 빼앗지만, 초나라가 직접 차지하여 다스리지 않고, 그 땅을 송나라 사람인 어석에게 주어 다스

리게 했으니, 사실상으로는 초나라 영토가 아니라고 여기고 또 송나라 사람들이 그렇게 주장해서였다.

ㅇ不登叛人也(부등반인야)-반역자로 삼지 않음. 어석이 직접 반란을 일으켜 땅을 점령해서 사유(私有)하지 않았기에, 반역자로 취급하지 않았던 것이다.

ㅇ瓠丘(호구)-진나라 지명으로, 양호(陽壺)라고도 했다. 지금의 산서성 원곡현(垣曲縣) 동남쪽 땅.

ㅇ洧(유)-강 이름. 하남성 밀현(密縣)에 있는 마령산(馬嶺山)을 근원으로 하여 흐른다.

ㅇ焦夷(초이)-원래 진(陳)나라 땅이었지만, 뒤에 초나라가 점유했다. 지금의 안휘성 과양현(渦陽縣) 서북쪽 땅.

ㅇ呂(여)·留(유)-모두 송나라 읍 이름. 여는 지금의 강소성(江蘇省) 동산현(銅山縣) 동쪽 땅이고, 유는 강소성 패현(沛縣) 동남쪽 땅.

ㅇ犬丘(견구)-송나라 지명으로, 지금의 하남성 영성현(永城縣) 서북쪽 땅.

|經| ㅇ二年春王正月,에 葬簡王.이라
　　이년춘왕정월　　　장간왕

ㅇ鄭師伐宋.이라
　정사벌송

ㅇ夏五月庚寅,에 夫人姜氏薨.이라
　하오월경인　　부인강씨훙

ㅇ六月庚辰,에 鄭伯睔卒.이라
　유월경진　　정백곤졸

ㅇ晉師·宋師·衛甯殖侵鄭.이라
　진사　송사　위녕식침정

ㅇ秋七月,에 仲孫蔑會晉荀罃·宋華元·衛孫林父·曹人·邾
　추칠월　　중손멸회진순앵　송화원　위손림보　조인　주
人于戚.이라
인우척

ㅇ己丑葬我小君齊姜.이라
　기축장아소군제강

ㅇ叔孫豹如宋.이라
　숙손표여송

○冬,에 仲孫蔑會晉荀罃·齊崔杼·宋華元·衛孫林父·曹人·
邾人·滕人·薛人·小邾人于戚,하고 遂城虎牢.라
○楚殺其大夫公子申.이라

2년 봄 천자가 쓰는 역으로 정월에, 주나라 간왕(簡王)을 장사 지냈다.

정나라 군사가 송나라를 쳤다.

여름 5월 경인날에, 부인 강씨가 훙거했다.

6월 경진날에, 정나라 군주인 백작 곤(睔)이 세상을 떠났다.

진(晉)나라 군사·송나라 군사와 위나라 영식(甯殖)이 정나라를 침범했다.

가을 7월에, 중손멸(仲孫蔑)이 진나라 순앵(荀罃)·송나라 화원(華元)·위나라 손임보(孫林父)·조나라 사람·주나라 사람 등과 척(戚)에서 회합을 가졌다.

기축날에, 우리나라 군주 부인, 즉 소군(小君) 제강(齊姜)을 장사 지냈다.

숙손표(叔孫豹)가 송나라에 갔다.

겨울에, 중손멸이 진나라 순앵·제나라 최저(崔杼)·송나라 화원·위나라 손임보·조나라 사람·주나라 사람·등나라 사람·설나라 사람·소주(小邾) 사람 등과 척에서 회합을 갖고, 곧이어 호뢰(虎牢)에 성을 쌓았다.

초나라가 그 나라의 대부인 공자 신(申)을 죽였다.

주해 | ○五月庚寅(오월경인)−5월 19일.
○夫人姜氏(부인강씨)−노나라 성공(成公)의 정부인(正夫人)인 강씨.
○六月庚辰(유월경진)−7월 9일. 전문에는 '칠월경진(七月庚辰)'으로 되

어 있다. 두예(杜預)도 '유월'은 잘못된 것이라고 지적했다.
○己丑(기축)-7월 18일.
○虎牢(호뢰)-원래 정나라의 읍이었지만, 당시는 진(晉)나라 소유였다.

|傳| 二年春,에 鄭師侵宋,은 楚令也.라
齊侯伐萊,에 萊人使正輿子賂夙沙衛以索馬牛皆百匹,하니 齊
師乃還.이라 君子是以知齊靈公之爲靈也.라
夏,에 齊姜薨.이라 初,에 穆姜使擇美檟,하여 以自爲櫬與頌琴,
이러니 季文子取以葬.이라 君子曰, 非禮也.라 禮無所逆.이라 婦
養姑者也,어늘 虧姑以成婦,니 逆莫大焉.이라 詩曰, 其惟哲人,은
告之話言,이면 順德之行.이라 季孫於是爲不哲矣.라 且姜氏君之
妣也.라 詩曰, 爲酒爲醴,하여 烝畀祖妣,하여 以洽百禮,면 降福
孔偕.로다
齊侯使諸姜·宗婦來送葬,에 召萊子,어늘 萊子不會.라 故로
晏弱城東陽,하여 以偪之.라

2년 봄, 정나라 군사가 송나라를 친 것은, 초나라의 명령에 의해서 였다.

제나라 군주가 내(萊)나라를 치니, 내나라 사람이 정여자(正輿子) 로 하여금 제나라의 숙사위(夙沙衛)에게 좋은 걸로 고른 말과 소, 각 기 백마리씩 뇌물로 바치게 했더니, 제나라 군사가 곧 돌아갔다. 군자 는 이 일을 두고 말하기를, "이 일로써 제나라 영공이 세상을 뜬 뒤에

이름지어 영(靈)이라 한 것을 깨닫겠도다."라 했다.
　여름에, 제강(齊姜)이 훙거(薨去)했다. 전에 (성공의 어머니인) 목강(穆姜)이 관재(棺材)로 쓰는 좋은 가(檟)나무를 골라 구해서, 그것으로 자기의 관과 장사 지낼 때에 같이 묻는 금(琴), 즉 송금(頌琴)을 만들도록 했는데, 계문자(季文子：季孫行父)가 그 재목을 가지고 제강의 장사를 지냈다. 군자는 다음과 같이 평했다. "예에 어긋났다. 예에는 거꾸로 행하는 것이 없는 것이다. 며느리는 시어머니를 받들어 모시는 사람인데, 시어머니에게 쓸 것을 쓰지 않고서, 그것을 며느리에게 썼으니, 거꾸로 행하는 짓이 이보다 더 큰 것은 없다. 시에 이르기를, '지혜로운 사람은 좋은 말을 하고, 그 말에 따라 덕스러운 일 행하는도다.'라 하여 있다. 계손(季孫)은 이 일에서 지혜롭지 못한 짓을 했다. 더군다나 강씨(姜氏) 부인은 재위중인 군주의 어머니였다. (그런데도 예의에 맞지 않은 행위로써 장사를 지냈단 말인가?) 시에 이르기를, '술을 만들고 단술을 만들어 조상 내외분들께 올리어 모든 예를 다 갖추면, 복 내리심이 퍽이나 많을세라.'라고 하여 있다."
　제나라 군주가 모든 동족의 여자와 종씨(宗氏) 부인들에게 우리 노나라로 와 강씨 부인의 장례식에 참가케 하니, 내나라 군주인 자작을 보고 같이 가라고 불렀지만, 내나라 군주는 부름에 응하여 따르지 않았다. 그래서 제나라 대부 안약(晏弱)은 동양(東陽)에 성을 쌓아 내나라를 위압했다.

▎주해▎　o索(색) – 좋은 것으로 고름.
　o靈(영) – 무도(無道)했던 군주가 죽으면, 영(靈)자를 가지고 시호로 삼있다 한다.
　o櫬(츤) – 관(棺).
　o頌琴(송금) – 명기(明器)라 해서, 장사 지낼 때에 묘 속에 묻는 금(琴).
　o其惟哲人(기유철인) – 《시경》 대아 억편(抑篇)의 구절.

○話言(화언) - 좋은 말. 좋은 말을 구실로 삼다.
○且姜氏君之妣也(차강씨군지비야) - 그리고(더군다나), 부인 강씨는 재위 중인 군주(양공)의 어머니였다. 이 구절에는 재위중인 군주의 어머니인데, 이렇게 예의에 맞지 않는 짓으로 장사를 지냈단 말인가의 뜻이 들어 있는 걸로 이해된다.
○爲酒爲醴(위주위례) - 《시경》 송(頌) 주송(周頌) 풍년편(豊年篇) 구절.
○祖妣(조비) - 고조모(高祖母) 이하의 선조.
○諸姜宗婦(제강종부) - 제나라 군주의 성은 강씨였으니, 제강은 모든 군주와 동족의 여자를 말한다. 그리고 종부는 종씨, 즉 강씨의 부인들을 말한다.
○東陽(동양) - 제나라 국경의 읍 이름으로, 지금의 산동성 임구현(臨朐縣) 동쪽에 있음.

鄭成公疾.이라 子駟請息肩於晉,하니 公曰, 楚君以鄭故,로 親集矢於其目.이라 非異人任,이오 寡人也.라 若背之,면 是棄力與言,이니 其誰曘我.아 免寡人,은 唯二三子.라 秋七月庚辰,에 鄭伯睔卒.이라 於是,에 子罕當國,하고 子駟爲政,하며 子國爲司馬.라 晉師侵鄭,하니 諸大夫欲從晉.이라 子駟曰, 官命未改.라

會于戚,은 謀鄭故也.라 孟獻子曰, 請城虎牢以偪鄭.이라 知武子曰, 善.이라 鄫之會,에 吾子聞崔子之言,이어니와 今不來矣.라 滕·薛·小邾之不至,도 皆齊故也.라 寡君之憂,는 不唯鄭.이라 嬰將復於寡君而請於齊,어늘 得請而告,면 吾子之功也.라 若

不得請^{부득청},이면 事將在齊^{사장재제}라 吾子之請^{오자지청}은 諸侯之福也^{제후지복야}라 豈唯寡君^{기유과군} 賴之^{뢰지}리오

穆叔聘于宋^{목숙빙우송}은 通嗣君也^{통사군야}라

冬^동에 復會于戚^{부회우척}이라 齊崔武子及滕·薛·小邾之大夫皆會^{제최무자급등·설·소주지대부개회}하니 知武子之言故也^{지무자지언고야}라 遂城虎牢^{수성호뢰}하니 鄭人乃成^{정인내성}이라

楚公子申爲右司馬^{초공자신위우사마}하여 多受小國之賂^{다수소국지뢰}하여 以偪子重·子辛^{이핍자중·자신}하니 楚人殺之^{초인살지}라 故^고로 書曰楚殺其大夫公子申^{서왈초살기대부공자신}이라

정나라의 성공이 병이 났다. 그러자 자사(子駟)가 초나라한테서 떨어지고 진(晉)나라에 붙어 진나라와 싸우는 부담을 없애자고 청원하니, 성공은 말했다. "초나라 군주는 우리 정나라 일로, 친히 전쟁터에 나가 자기 눈에 화살을 맞았다. 그것은 다른 사람을 위해서가 아니고, 곧 나를 위해서였다. 그런데 초나라를 배반할 것 같으면, 그것은 곧 우리를 돕는 힘과 언약(言約)을 내버리는 것이 되니, 그 누가 우리와 친하게 지낼 것인가? 내가 그렇게 하지 않게 할 사람은, 오직 그대들 몇 사람뿐이다."

가을 7월 경진날에, 정나라 군주 곤(睔)이 세상을 떠났다. 그래서 자한(子罕)이 나라를 맡고, 자사가 정치를 하고, 자국(子國)이 사마(司馬)가 되었다. 진나라 군사가 정나라를 침공하니, 정나라의 대부들이 진나라에 따르려 했다. 그러자 자사가 말하기를, "군주의 명령이 아직 고쳐지지 않고 있소."라고 했다.

척(戚)에서 회합을 가진 것은, 정나라에 대해서 상의하기 위해서였다. 그때 노나라의 맹헌자(孟獻子:仲孫蔑)가 말하기를, "호뢰(虎牢)에다 성을 쌓아 정나라를 위압하기 원합니다."라고 했다. 그러자 진나

라의 지무자(知武子 : 荀罃)는 말했다. "좋습니다. 증(鄫)의 회합 때에, 맹헌자께서는 제나라의 최씨(崔氏 : 崔杼)가 진나라에 복종하는 것을 불평하며 한 말을 들으셨겠지만, 제나라의 대표는 이번에 나오지 않았습니다. 등나라·설나라·소주나라의 사람이 오지 않은 것도, 다 제나라 때문입니다. 저희 나라 군주의 근심은, 다만 정나라에 대해서만이 아닙니다. 순앵 저는 저희 군주께 보고드리어 제나라에게 성을 쌓는 일에 참가하도록 요청하겠는데, 요청해서 수락하여 저희 군주께 그 수락한 결과를 보고할 수가 있게 된다면, 그것은 이 문제를 제안하신 님의 공이 됩니다. 만일 청해서 허락을 받지 못할 것 같으면, 우리가 해야 할 일은 장차 제나라를 치는 데 있습니다. 님의 제청(提請)은 제후들의 복이 됩니다. 어찌 저희 군주만이, 쌓는 그 성에 의지할 것입니까?"

목숙(穆叔 : 叔孫豹)이 송나라를 예방한 것은 양공이 군주의 대를 이었다는 것을 알리기 위해서였다.

겨울에, 다시 척에서 회합을 가졌다. 그리고 그때 제나라 최무자(崔武子 : 崔杼) 및 등나라·설나라·소주나라의 대부가 가서, 참가했으니, 그것은 지무자가 제나라를 친다고 말한 때문이었다. 바로 호뢰에 성을 구축하니, 정나라 사람이 화목하자고 했다.

초나라의 공자 신(申)이 우사마(右司馬)가 되어, 작은 나라들한테 뇌물을 많이 받아, 영윤(令尹)인 자중(子重)과 사마(司馬)인 자신(子辛)을 핍박하자, 초나라 사람이 죽였다. 그래서 경에 초나라가 그 나라의 대부인 공자 신을 죽였다고 써서 말한 것이다.

주해 | ○息肩於晉(식견어진) — 진나라에 복종하여, 이제까지 초나라에 복종하여 진나라와 싸워온 부담을 없앰. 견(肩)은 무거운 짐, 부담.
○集矢於目(집시어목) — 화살을 눈에 모이게 함. 즉 화살이 눈에 맞음. 성공 16년에 언릉(鄢陵)의 싸움에서, 초나라 공왕(共王)이 진(晉)나라 여기(呂錡)가 쏜 화살에 눈이 상한 일을 말한다.

○非異人任(비이인임)-타인을 위해서가 아님.
○當國(당국)-나라를 맡음.
○崔子之言(최자지언)-양공 원년에 있었던 증(鄫)에서의 회합에서, 제나라의 최저가, 진나라에게 굴복함을 불만스럽게 여겨 말했던 것을 가리킨다.
○得請而告(득청이고)-호뢰에 성 쌓는 일에 참가하라고 요청해서, 제나라의 수락을 받아, 그 결과를 진나라 군주에게 보고하게 됨.
○事將在齊(사장재제)-당장 해야 할 일은 앞으로 제나라를 친다는 데 있음.

|經| ○三年春,에 楚公子嬰齊帥師,하여 伐吳.라
○公如晉.이라
○夏四月壬戌,에 公及晉侯盟于長樗.라
○公至自晉.이라
○六月,에 公會單子·晉侯·宋公·衛侯·鄭伯·莒子·邾子·齊世子光,하고 己未,에 同盟于雞澤.이라
○陳侯使袁僑如會.라
○戊寅,에 叔孫豹及諸侯之大夫及陳袁僑盟.이라
○秋,에 公至自會.라
○冬,에 晉荀罃帥師,하여 伐許.라

3년 봄에, 초나라 공자 영제가 군사를 이끌고, 오나라를 쳤다.
공이 진나라에 갔다.
여름 4월 임술날에, 공이 진나라 군주인 후작과 장저(長樗)에서 맹

서하였다.

공이 진나라로부터 돌아왔다.

6월에, 공이 선나라 군자인 자작·진나라 군주인 후작·송나라 군주인 공작·위나라 군주인 후작·정나라 군주인 백작·거나라 군주인 자작·주나라 군주인 자작·제나라 세자 광(光) 등과 회합을 갖고, 기미날에 계택(雞澤)에서 동맹을 맺었다.

진(陳)나라 군주인 후작이 원교(袁僑)에게 회합에 가도록 했다.

무인날에, 노나라 숙손표(叔孫豹) 및 제후들의 대부들이, 진나라의 원교와 맹서하였다.

가을에, 공이 회합으로부터 돌아왔다.

겨울에, 진나라의 순앵이 군사를 이끌고, 허나라를 쳤다.

주해 ○四月壬戌(사월임술)-4월 26일.
○長樗(장저)-진(晉)나라 도읍 근처의 땅으로, 지금의 산서성 분성현(汾城縣)과 신강현(新絳縣) 중간 땅이었다 한다.
○己未(기미)-6월 23일.
○雞澤(계택)-진나라의 지명으로 지금의 하북성 영년현(永年縣) 서남쪽 땅.
○戊寅(무인)-두예(杜預)는 그의 주에서, 7월 13일로 추정하였다. 그리고 전문(傳文)에는 가을에 맹서하였다고 말하고 있으니, 경문에 여름 기사로 되어 있음은, 잘못된 것이라고 말했다.

傳 三年春에, 楚子重伐吳라 爲簡之師하여 克鳩玆하고 至于衡山이라 使鄧廖帥組甲三百·被練三千하여 以侵吳라 吳人要而擊之하여 獲鄧廖라 其能免者는 組甲八十·被練三百而已라 子重歸하여 旣飮至三日에 吳人伐楚하여 取駕라 駕良邑也,

요 등료역초지량야   군자위   자중어시역야   소획불여
鄧廖亦楚之良也.라 君子謂,하되 子重於是役也,에 所獲不如
소망   초인이시구자중   자중병지   수우심질이졸
所亡.이라 楚人以是咎子重,하니 子重病之,하여 遂遇心疾而卒.이라
공여진 시조야
公如晉,은 始朝也.라
하 맹어장저   맹헌자상공계수   지무자왈 천자재
夏,에 盟於長樗,에 孟獻子相公稽首.라 知武子曰, 天子在,하시
거늘 이군욕계수   과군구의   맹헌자왈 이폐읍개
而君辱稽首,하시니 寡君懼矣.이오이다 孟獻子曰, 以敝邑介
재동표   밀이구수   과군장군시망   감불계수
在東表,로 密邇仇讎,하여 寡君將君是望.이라 敢不稽首.리오
진위정복고   차욕수오호   장합제후   사사개고우제왈
晉爲鄭服故,로 且欲脩吳好.라 將合諸侯,에 使士匄告于齊曰,
과군사개   이세지불이   불우지불계   과군원여일이형
寡君使匄.라 以歲之不易,하여 不虞之不戒,로 寡君願與一二兄
제상견이모불협   청군임지   사개걸맹   제후욕물허
弟相見以謀不協.이라 請君臨之.라 使匄乞盟.이라 齊侯欲勿許,
이난위불협   내맹어이외
나 而難爲不協,하여 乃盟於耏外.라
기해청로   진후문사언   청해호   기수야   장립지이
祁奚請老.라 晉侯問嗣焉,에 稱解狐.라 其讎也.라 將立之而
졸   우문언   대왈 오야가   어시 양설직사의
卒.이라 又問焉.이라 對曰, 午也可.이오이다 於是,에 羊舌職死矣.
진후왈 숙가이대지   대왈 적야가야   어시   사
라 晉侯曰, 孰可以代之.아 對曰, 赤也可也.이오이다 於是,에 使
기오위중군위   양설적좌지   군자위   기해어시능거선
祁午爲中軍尉,하고 羊舌赤佐之.라 君子謂,하되 祁奚於是能擧善
의   칭기수   불위첨   입기자   불위비   거기편
矣.라 稱其讎,나 不爲諂,하고 立其子,나 不爲比,하며 擧其偏,이나
불위당   상서왈 무편무당   왕도탕탕   기기해지위
不爲黨.이라 商書曰, 無偏無黨,하여 王道蕩蕩.이라 其祁奚之謂
의   해호득거   기오득위   백화득관   건일관
矣.라 解狐得擧,하고 祁午得位,하며 伯華得官,하니 建一官,하여
이삼물성   능거선야부   유선고능거기류   시운   유
而三物成.이라 能擧善也夫.여 唯善故能擧其類.라 詩云,하되 惟

<ruby>其有之<rt>기 유 지</rt></ruby>.라 <ruby>是以似之<rt>시 이 사 지</rt></ruby>.라 <ruby>祁奚有焉<rt>기 해 유 언</rt></ruby>.이라

 3년 봄에, 초나라 자중(子重)이 오나라를 쳤다. 이 일을 위하여 정예군을 골라, 오나라 구자(鳩玆)에서의 싸움에서 이겼고, 형산(衡山)까지 진격했다. 그리고 등료(鄧廖)에게 실끈으로 짠 베로 만든 갑옷을 입은 전차 부대 3백명과, 꼰 명주실로 짠 베로 만든 갑옷을 입은 보병 3천명을 이끌고 오나라를 침공케 했다. 그런데 오나라 사람이 도중에서 기다렸다가 공격하여 등료를 죽였다. 그때, 죽음을 면할 수 있었던 사람은 전차 부대의 80명과 보병부대의 3백명뿐이었다. 자중은 먼저 도읍으로 돌아가 축하의 술을 마시고 사흘이 되었을 때, 오나라 사람이 초나라를 쳐, 가(駕)를 점령했다. 가는 초나라의 훌륭한 읍(邑)이고, 등료는 초나라에서 훌륭한 인물이었다. 군자는 말하기를, "자중이 이 싸움에서 얻은 것은 잃은 것만 못했다."라고 했다. 초나라 사람이 이 일을 가지고 자중을 꾸짖으니, 자중은 마음이 아파, 결국은 화병이 나 세상을 떠났다.
 공이 진나라에 간 것은, 군주가 되어 처음으로 인사차 간 것이다.
 여름에 장저(長樗)에서 맹서하였는데 그때, 노나라의 맹헌자가 양공을 따라 도와 진나라 군주에게 땅에 머리를 대어 조아리어 예를 올리게 했다. 진나라의 지무자(知武子)가 말하기를, "천자께서 서울에 계시옵는데, 군주께서 천자께나 드리는 땅에 머리를 대고 조아리는 예를 하시오니, 저희 군주는 황송히 여기시옵니다."라고 했다. 그러자 맹헌자는 말했다. "저희 나라는 동방(東方) 변두리 나라 중에 끼어 있는 입장으로, 진나라의 원수인 나라와 접근하고 있어, 저희 나라 군주께서는 군주의 도움만을 바라고 계십니다. 그런데 감히 머리를 땅에 대어 조아리지 않겠습니까?"
 진나라는 정나라가 복종한 때문에, 오나라와 우호관계를 맺으려 했다. 그래서 제후들의 힘을 합치려 하여, 사개(士匃)를 제나라에 보내어 전하게 했다. "저희 군주가 저를 보내셨습니다. 근년은 다사다난하여, 뜻밖의 일이 일어남을 헤아릴 수가 없으므로, 저희 군주께서는 한두 형제지간의 나라 군주와 만나시어, 협조하지 않는 나라에 대해서 상의하시기를 원하십니다. 그러니 귀국의 군주께서도 그 자리에 나가시기를 바랍니다. 그리고 저에게 맹서하는 일을 요청케 하셨습니다." 그때, 제나라 군주는 그 요청을 허락하지 않으려 하였지만, 후일 사이가 좋지 못하게 될 것을 걱정하여, 곧 이수(耏水) 밖에서 맹서하였다.

진나라 중군(中軍)의 위(尉)인 기해(祁奚)가 퇴관(退官)시켜 달라고 원했다. 군주는 그 후임자로 누가 적당한가를 물으니, 기해는 해호(解狐)가 좋다고 대답했다. 당시 해호는 기해와 원수지간이었다. 군주가 해호를 그 자리에 임명하려 했는데, 해호가 죽었다. 그래서 또 누가 좋은가를 물었다. 기해는 자기의 아들 기오(祁午)를 두고, "오(午)가 좋사옵니다."라고 대답했다. 그때, 중군위(中軍尉)의 보좌관인 양설직(羊舌職)이 죽었다. 진나라 군주가 기해에게, "누가 양설직의 대신이 될 수 있는가?"라고 물으니, 기해는 양설직의 아들 양설적(羊舌赤)을 생각하고, "적(赤)이 좋사옵니다."라고 대답했다. 그래서 기오(祁午)를 중군위로 삼고, 양설적이 그 보좌관이 되었다. 군자(君子)는 이 일을 두고 말했다. "기해는 그때에 잘도 좋은 사람을 천거했다. 그는 원수인 사람을 칭찬하여 천거했으되 아첨한 일이 아니었고, 그의 아들을 내세웠으나 두둔한 것이 아니었으며, 자기 부하의 아들을 천거했으나 불공평한 일이 아니었다.《상서(商書)》에 이르기를, '한편으로 기울어짐도 없고 불공평한 일도 없어서, 왕자의 도(道)는 공평무사(公平無私)하다.'라고 했는데, 이 말은 기해가 취한 일과 같은 경우를 두고 말한 것일 게다. 해호가 천거되어지고, 기오가 자리를 얻었으며, 백화(伯華:羊舌赤)가 벼슬을 얻었으니, 하나의 관직에 대해 논의하여, 세 가지 일이 이루어졌다. 잘도 좋은 사람들을 천거했도다. 기해 그가 좋은 사람이었기에 그와 같은 좋은 사람들을 천거할 수가 있었던 것이다. 시에 이르기를, '그 사람 자신에 덕이 있었도다. 그래서 천거한 이도 그와 같을세라.'라고 했는데, 기해에게는 덕이 있었다."

주해   ○鳩玆(구자) - 오나라의 읍 이름으로, 안휘성 무호현(蕪湖縣) 동쪽에 있다.
○衡山(형산) - 오나라 영토 내의 산 이름으로, 지금의 안휘성 당도현(當塗縣) 동북쪽에 있다.
○爲簡之師(위간지사) - 오나라를 치기 위해 정예병을 골랐다.
○組甲(조갑) - 실끈으로 짠 베로 만든 갑옷으로 전차부대의 병사가 입었다 한다.
○被練(피련) - 명주실을 꼬아 짠 베로 만든 갑옷으로, 보병이 입는 것이었다 한다.
○駕(가) - 초나라 지명. 성공 17년조에 나왔다.
○歲之不易(세지불이) - 근년에는 다사다난하다라는 말.
○不虞之不戒(불우지불계) - 미연에 방지 못할 뜻밖에 일어나는 일.
○兄弟(형제) - 형제간 나라의 군주.
○不協(불협) - 협조하지 않는 제후.
○洧外(이외) - 제나라 도읍의 남쪽을 흐르는 이수(洧水) 가의 밖.
○比(비) - 두둔함.
○擧其偏(거기편) - 자기의 부하된 사람의 아들을 추천함.
○黨(당) - 불공평(不公平).
○商書(상서) - 《서경(書經)》홍범편(洪範篇).
○一官(일관) - 하나의 벼슬. 위(尉)와 좌(佐)는 다 중군(中軍)의 관직이었기에 하나의 벼슬이라 말했다.
○三物成(삼물성) - 해호가 천거되고, 기오가 자리를 얻었으며, 백화가 벼슬을 얻어, 세 가지 일이 이루어졌다는 것을 말한다.
○詩云(시운) - 《시경》소아 당당자화편(棠棠者華篇)의 구절.

유월   공회선경공급제후   기미동맹우계택   진후사
六月,에 公會單頃公及諸侯,하고 己未同盟于雞澤.이라 晉侯使

荀會逆吳子于淮上,이나 吳子不至.라
楚子辛爲令尹,하여 侵欲於小國,하니 陳成公使袁僑如會求成.
이라 晉侯使和組父告于諸侯.라 秋에, 叔孫豹及諸侯之大夫及陳
袁僑盟,은 陳請服也.라
晉侯之弟楊干,이 亂行於曲梁,에 魏絳戮其僕.이라 晉侯怒,하
여 謂羊舌赤曰, 合諸侯以爲榮也.라 楊干爲戮,은 何辱如之.아
必殺魏絳,하여 無失也.니라 對曰, 絳無貳志,하여 事君不辟難,하
고 有罪不逃刑,이오니 其將來辭.리이다 何辱命焉.이리오 言終,
에 魏絳至,하여 授僕人書,하고 將伏劍,에 士魴·張老止之.라 公
讀其書,曰, 日,에 君乏使,하여 使臣斯司馬.이었나이다 臣聞,하되
師衆以順爲武,하고 軍事有死無犯爲敬.이라하오니 君合諸侯,에
臣敢不敬.이리오 君師不武,하고 執事不敬.이오면 罪莫大焉.이오
니다 臣懼其死,하여 以及楊干,이오니 無所逃罪.라소이다 不能致
訓,하여 至於用鉞,이오니 臣之罪重.이오니다 敢有不從以怒君心.
이리오 請歸死於司寇.이오니다 公跣而出曰, 寡人之言,은 親愛
也,요 吾子之討,는 軍禮也.라 寡人有弟,에 弗能敎訓,하여 使干
大命,하니 寡人之過也.라 子無重寡人之過.하라 敢以爲請.이라
晉侯以魏絳爲能以刑佐民矣.라 反役,하여 與之禮食,하고 使

_{좌 신 군} _{장 로 위 중 군 사 마} _{사 부 위 후 엄}
佐新軍.이라 **張老爲中軍司馬,**하고 **士富爲候奄.**이라
_{초 사 마 공 자 하 기 침 진} _{진 반 고 야}
楚司馬公子何忌侵陳,은 **陳叛故也.**라
_{허 령 공 사 초} _{불 회 우 계 택} _동 _{진 지 무 자 솔 사}
許靈公事楚,하여 **不會于雞澤,**하니 **冬,**에 **晉知武子帥師,**하여
_{벌 허}
伐許.라

6월에, 공이 선나라 경공 및 제후들과 회합을 갖고, 기미날에 계택(雞澤)에서 동맹을 맺었다. 그때, 진나라 군주는 순회(荀會)를 시켜 오나라 군주인 자작을 회수(淮水) 가에서 맞이하게 했지만, 오나라 군주는 그 회합에 오지 않았다.

초나라의 자신(子辛)이 영윤(令尹)이 되어, 주변의 작은 나라들을 침략하려 하자, 진(陳)나라 성공은 원교(袁僑)에게 제후들의 회합에 나가 화목할 것을 요청케 했다. 그러자 진나라 군주는 화조보(和組父)에게 그 사실을 제후들에게 알리게 했다. 가을에 노나라의 숙손표(叔孫豹) 및 제후들의 대부들이, 진(陳)나라의 원교와 맹서하는 것은 진나라가 복종할 것을 원해서였다.

진(晉)나라 군주의 동생인 양간(楊干)이 곡량(曲梁)에서 군대의 대열을 어지럽히는 짓을 하니, 위강(魏絳)이 양간의 시종(侍從)을 처형했다. 그러자 진나라 군자가 노하여 양설적(羊舌赤)에게 말하기를, "제후들을 회합시킴은 우리나라의 명예를 위함이다. 그런데 나의 동생 양간이 처벌당한다는 것은 어느 모욕이 이같은 게 있을 것인가? 반드시 위강을 죽이어 놓치지 말지어다."라고 했다. 이 명령이 떨어지자, 양설적은 대답했다. "위강은 다른 마음을 가지고 있지 않아, 군주를 섬김에는 난관(難關)을 피하지 않고, 죄가 있으면 형 받을 것을 피하지 않사오니, 그는 장차 무슨 말씀을 올릴 것이옵니다. 그런데 어찌 명을 받을 필요가 있사오리까?" 이 말을 막 하고 나자, 위강이 와

군주의 시종에게 서면(書面)을 주고, 칼날 위에 엎드려 죽으려 하니, 사방(士魴)과 장로(張老)가 말렸다. 군주가 위강의 글을 읽어보니, 다음과 같이 써 있었다. "전날에, 군주께서는 부릴 사람이 부족하여 신으로 하여금 사마(司馬)의 관직을 맡게 하셨나이다. 신은 들었사옵건대, '군대의 무리는 상부의 명령을 순종해야만 씩씩함이 되고, 군대의 일에 있어서 목숨을 버리고 자기의 할 일을 다하여 남한테 침범당하지 않아야 충실함이 된다.'라고 하옵니다. 군주께서 제후들을 회합케 하시는 마당에, 신이 감히 충실하지 않으오리까? 군주의 군대가 씩씩하지 못하고, 군무(軍務)의 담당관이 충실하지 못하오면, 그 죄는 막대한 것이옵니다. 그러하온데, 신은 죽을 것을 두려워 동생인 양간에게까지 누를 끼치었사오니, 죄에서 벗어날 도리가 없사옵니다. 신은 평소 군인들을 잘 가르칠 수가 없으면서 도끼를 들어 사람을 처형함에 이르렀사오니, 신의 죄는 크옵니다. 그러하온데, 신이 어찌 감히 벌을 받지 않고 군주의 마음을 상하게 하오리까? 부디 신 자신이 죽은 뒤에 시체를 사구(司寇)에게 넘기옵소서." 글을 읽고 난 군주는 맨발로 달려나가 위강에게 이르기를, "내가 (양설적에게) 한 말은, 동생을 친애(親愛)한 마음에서였고, 그대의 처벌은 군법에 의해서였다. 과인이 동생을 두고 있으나, 가르칠 수가 없어서 오늘날 군령을 어기게 했으니, 그것은 나의 허물이다. 그러니 그대는 자살하여 나의 허물을 이중이 되게 하지 말라. 내 그대에게 간곡히 부탁하노라."라고 했다.

  진나라 군주는 위강이 형벌을 옳게 시행하여서 백성들을 잘 다스린다고 여겼다. 그래서 회합의 일에서 돌아가서는, 위강에게 예를 갖추어 잔치를 베풀고, 그를 신군부장(新軍副將)으로 삼았다. 그리고 장로를 그 대신 중군의 사마로 삼고, 사부를 후엄으로 삼았다.

  초나라의 사마인 공자 하기(何忌)가 진(陳)나라를 침공한 것은, 진나라가 초나라를 배반했기 때문이었다.

  허나라 영공이 초나라를 섬기어, 계택(雞澤)의 회합에 참가하지 않으니, 겨울에, 진나라의 지무자(知武子 : 荀罃)가 군사를 이끌고, 허나라를 쳤다.

주해
- ㅇ侵欲(침욕) – 침공하는 욕심을 부림.
- ㅇ曲梁(곡량) – 진나라의 지명으로, 지금의 하남성 영년현(永年縣) 동북쪽 땅.
- ㅇ日(일) – 지난날.
- ㅇ無犯(무범) – 자기가 지켜야 할 직책을 타인한테 침범당하지 않음.
- ㅇ用鉞(용월) – 도끼를 씀. 도끼를 휘둘러 처형했다는 것인데, 양간의 시종을 처형한 것을 말한다.
- ㅇ請歸死於司寇(청귀사어사구) – 자살한 자기의 시체를 사구에게 넘겨 마음대로 처리해 달라는 말.

經
　　　　사년춘왕삼월기유　　진후오졸
ㅇ四年春王三月己酉,에 陳侯午卒.이라
　하　　숙손표여진
ㅇ夏,에 叔孫豹如晉.이라
　추칠월무자　　부인사씨훙
ㅇ秋七月戊子,에 夫人姒氏薨.이라
　장진성공
ㅇ葬陳成公.이라
　팔월신해　　장아소군정사
ㅇ八月辛亥,에 葬我小君定姒.라
　동　공여진
ㅇ冬,에 公如晉.이라
　진인위돈
ㅇ陳人圍頓.이라

4년 봄 천자가 쓰는 역으로 3월 기유날에, 진(陳)나라 군주인 후작 오(午)가 세상을 떠났다.

여름에, 숙손표가 진(晉)나라에 갔다.

가을 7월 무자날에, 부인 사씨(姒氏)가 훙거했다.

진(陳)나라 성공을 장사 지냈다.
8월 신해날에, 우리나라의 군주 부인 정사(定姒)를 장사 지냈다.
겨울에, 공이 진나라에 갔다.
진(陳)나라 사람이 돈(頓)을 포위했다.

주해 | ○三月己酉(삼월기유)-두예(杜預)는 그의 주에, 3월에는 기유날이 들지 않았으니, 을유(乙酉)날이었을 것이라고 말했다.
○七月戊子(칠월무자)-7월 28일.
○夫人姒氏(부인사씨)-노나라 성공의 부인이고 양공의 어머니. 사(姒)는 기(杞)나라 군주의 성.
○八月辛亥(팔월신해)-8월 23일.
○定姒(정사)-부인 사씨.

傳 | 四年春,에 楚師爲陳叛故,로 猶在繁陽.이라 韓獻子患之,하여 言於朝曰, 文王帥殷之叛國,하여 以事紂,는 唯知時也.라 今我易之,는 難哉.라 三月,에 陳成公卒.이라 楚人將伐陳,이라가 聞喪乃止,어늘 陳人不聽命.이라 臧武仲聞之曰, 陳不服於楚,면 必亡.하리라 大國行禮焉而不服,엔 在大猶有咎,이어늘 而況小乎.아 夏,에 楚彭名侵陳.이라 陳無禮故也.라 穆叔如晉,은 報知武子之聘也.라 晉侯享之,에 金奏肆夏之三,이나 不拜,하고 工歌文王之三,이나 又不拜,러니 歌鹿鳴之三,하니 三拜.라 韓獻子使行人子員問之.라 曰, 子以君命辱於敝邑,하여

先君之禮,에 藉之以樂,하여 以辱吾子.라 吾子舍其大,하고 而重拜其細.라 敢問何禮也.오 對曰, 三夏,는 天子所以享元侯也,로 使臣弗敢與聞,이오 文王,은 兩君相見之樂也,로 臣不敢及.이오니 다 鹿鳴,은 君所以嘉寡君也,어늘 敢不拜嘉,하고 四牡,는 君所以勞使臣也,이어늘 敢不重拜.리오 皇皇者華,는 君敎使臣,으로 曰, 必諮於周.이오니다 臣聞之,하니 訪問於善爲諮,요 諮親爲詢,이며 諮禮爲度,요 諮事爲諏,며 諮難爲謀.이오니다 臣獲五善,에 敢不重拜.리오

秋,에 定姒薨.이라 不殯于廟,하고 無櫬,하며 不虞.라 匠慶謂季文子曰, 子爲正卿,하여 而小君之喪不成,이면 不終君也.라 君長,에 誰受其咎.리오

初,에 季孫爲己樹六檟於蒲圃東門之外.라 匠慶請木,하니 季孫曰, 略.하라 匠慶用蒲圃之檟,나 季孫不御.라 君子曰, 志所謂多行無禮,면 必自及也,라는 其是之謂乎.아

4년 봄에 초나라 군사가, 진(陳)나라가 초나라를 배반한 까닭으로 여전히 번양(繁陽)에 주둔하고 있었다. 진(晉)나라 한헌자(韓獻子: 韓厥)는 그 사정을 걱정하여 조정에서 말하기를, "주(周)나라 문왕(文王)이 은(殷)나라를 배반한 나라를 거느리고서, 은나라 주왕(紂王)을 섬겼던 것은 아직 은나라와 대적할 수가 없다는 당시의 대세를 분간

하여 아셨기 때문이었다. 그런데 지금, 우리 진나라는 문왕의 경우와 달리, 초나라를 배반하는 진(陳)나라를 이끌고 초나라와 다투고 있는 것은 어려운 일이다."라고 했다.

　3월에, 진(陳)나라의 성공이 세상을 떠났다. 초나라 사람이 진나라를 치려고 했다가도, 진나라가 상을 당했다는 것을 듣고 중지했지만, 진나라 사람은 여전히 초나라 말을 들어주지 않았다. 그때, 노나라의 장무중(臧武仲)이 이 사정을 듣고 말했다. "진(陳)나라가 초나라에 복종하지 않으면, 반드시 망할 것이다. 큰 나라가 예의를 지키는 데 대해서 복종하지 않는다면, 큰 나라라 하더라도 문책이 있게 될 것인데, 하물며 작은 나라의 경우에 있어서야 다시 말할 것이 있는가?" 여름에, 초나라의 팽명(彭名)이 진(陳)나라를 침공했다. 그것은 진나라가 무례했던 때문이었다.

　노나라의 목숙(穆叔:叔孫豹)이 진(晉)나라에 간 것은, 지무자(知武子)가 예방한 일에 대해서 답례하기 위해서였다. 진나라 군주가 그에게 연회를 베풀어, 금속 악기로 사하(肆夏) 이하의 세 곡을 연주했으나, 그는 감사드리는 절을 올리지 않고, 악관(樂官)이 문왕편(文王篇) 이하의 세 편의 시를 노래불렀지만, 역시 감사드리는 절을 하지 않더니, 녹명편(鹿鳴篇) 이하의 세 편의 시를 노래부르자, 한 편의 시를 노래부를 때마다 감사드리는 절을 하였다. 한헌자(韓獻子)가 외국 손님을 접대하는 관원인 자원(子員)에게 그 이유를 물어보게 했다. 그래서 자원이, "님께서 군주의 명을 받들고 저희 나라에 오시어, 선대 군주로부터의 예의로써 대접함에, 음악을 연주하여 흥을 돕고 있습니다. 그런데 님께서는 큰 뜻을 지니고 있는 음악은 불고하시고, 작은 뜻을 지니는 음악을 들으시고는 거듭 절을 하셨습니다. 감히 그것은 무슨 예의의 방식인지를 알고자 묻습니다."라고 하였다. 목숙이 대답했다. "사하(肆夏)·소하(韶夏)·납

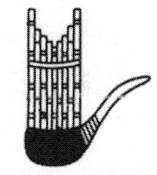

생(笙)

하(納夏)의 삼하(三夏) 곡은, 천자께서 제후들을 거느리는 패자(覇者)에게 연회를 베푸실 때에 연주하는 것이어서, 제후국의 사신으로서는 감히 들을 수 있는 것이 아니옵고, 〈문왕편〉의 시는 두 나라의 군주께서 서로 만나실 때에 노래부르는 것으로, 신하로서는 감히 들을 수가 없사옵니다. 〈녹명편〉의 시는, 군주께서 저희 나라 군주를 좋아하시는 뜻을 나타낸 것이었는데, 감히 좋아하시는 마음에 대하는 감사의 절을 하지 않고, 〈사모편(四牡篇)〉의 시는 군주께서 사신인 저를 위로하시는 뜻을 나타냈는데, 감히 감사의 절을 하지 않으오리까? 그리고 〈황황자화편(皇皇者華篇)〉의 시는, 군주께서 사신을 가르치시는 뜻을 나타낸 것으로, 반드시 두루 사람들에게 물어보라는 뜻이 깃들어 있사옵니다. 신은 들었사옵는데, ‘선인(善人)에게 묻는 것을 자(諮)라 하고, 친척에게 묻는 것을 순(詢)이라 하며, 예법을 묻는 것을 도(度)라 하고, 정사(政事)에 대해서 묻는 것을 취(諏)라 하며, 어려운 일을 묻는 것을 모(謀)라 한다.’라 하옵니다. 이제, 신은 다섯 가지 좋은 일을 알았사온데, 어찌 감히 거듭거듭 절하지 않으오리까?”

　가을에, 정사(定姒)가 훙거했다. (정사가 정부인이 아니었다고) 입관(入棺)한 뒤에 조상의 사당에 안치하지 않고, 내관(內棺)을 쓰지 않으며, 장사를 지낸 뒤에 우제(虞祭)를 지내지 않으려 했다. 그러자 목수 일을 맡은 관원의 장(長)인 장경(匠慶)이 계문자(季文子)에게 말했다. “님은 이 나라의 정경(正卿)이 되어서, 전대 군주 부인의 장례식이 제대로 되지 못하게 한다면, 그것은 지금의 군주께 도리를 완수하지 못하게 하는 것이 됩니다. 그랬다가 군주께서 성장하신 뒤에 추궁하시게 된다면 누가 그 재앙을 받게 될 것입니까?”

　전에, 계손(季孫:季文子)은 자기를 위하여 관재(棺材)로 쓰는 가(檟)나무 여섯 그루를 포포(蒲圃)가 있는 동문 밖에 심었다. 그래서 장경이 계손에게 그 나무를 정사의 관재로 쓰게 해달라고 요청했다. 그러자 계손은, “간략하게 하게나.”라고 말했다. 장경이 포포에 있는

가나무를 베어 썼으나, 계손은 그렇게 하지 못하게 제지하지는 않았다. 군자는 이 일을 두고 말했다. "옛날 책에 타인에 대해서 무례한 짓을 많이 하면, 반드시 자신도 무례한 일을 받는다고 말해 있는 것은, 계손과 같은 경우를 두고 말한 것일까?"

주해 ㅇ繁陽(번양) – 초나라 지명으로, 지금의 하남성 신채현(新蔡縣) 북쪽 땅.
ㅇ聞喪乃止(문상내지) – 당시의 군례(軍禮)로는, 상대국에 국상(國喪)이 났을 때는, 싸움을 하지 않았다.
ㅇ金奏(금주) – 종(鐘) 등의 금속으로 만든 악기로 음악을 연주함.
ㅇ肆夏之三(사하지삼) – 구하(九夏)라는 아홉 곡의 음악이 있었는데, 사하(肆夏)는 그 둘째 곡이었다. 이 말은 사하의 곡 이하 세 곡을 말한다. 사하 다음의 셋째 곡은 소하(韶夏)이고, 넷째 곡은 납하(納夏)이다. 여기에서는 이 세 곡을 말한다.
ㅇ工(공) – 악공(樂工)으로, 즉 악인(樂人), 악관(樂官).
ㅇ文王之三(문왕지삼) – 《시경》아(雅) 주송(周頌)은 대개 10편의 시를 한 묶음으로 해서 권(卷)을 나누어, 그 묶음의 맨 위의 시편(詩篇) 이름을 가지고, '○○지십(之什)' 이런 이름을 붙였다. 대아(大雅)의 '문왕지십(文王之什)'도 문왕편(文王篇) 이하 열 편의 시가 들었다. 문왕지삼이라는 말은 문왕지십의 문왕편 시 이하 세 편의 시를 말한 것인데, 그 순서는 문왕편·대명편(大明篇)·면편(緜篇)이다.
ㅇ鹿鳴之三(녹명지삼) – 《시경》소아의 녹명지십(鹿鳴之什)은, 열세 편의 시가 묶어져 있고, 녹명편이 맨 앞에 붙었다. 그 다음에는 사모편(四牡篇), 그 다음에는 황황자화편(皇皇者華篇)이 들었다. 녹명지삼은, 곧 녹명편 이하의 이 세 편의 시를 말한다.
ㅇ行人(행인) – 외국의 사신을 접대하는 벼슬.
ㅇ元侯(원후) – 제후 중의 패자.
ㅇ拜嘉(배가) – 좋아하는 시는 마음에 대하여 감사드려 절함.
ㅇ不殯于廟(불빈우묘) – 빈은 입관하여 안치함. 즉, 입관하여 조상의 사당

에 안치하지 않음.
○櫬(친)-내관(內棺).
○虞(우)-장사를 지내고 집으로 돌아가, 죽은 이의 영혼의 안정을 위하여 지내는 제사.
○不終君(부종군)-군주가 지켜야 할 도리를 마치지 못함.
○蒲圃(포포)-노나라 채소원(菜蔬園)의 이름. 지금의 산동성 곡부(曲阜) 교외에 있었다 한다.
○略(약)-간단히 하라는 말.
○御(어)-제지함.

冬에, 公如晉하여, 聽政이라. 晉侯享公에, 公請屬鄫하니, 晉侯不許라. 孟獻子曰, 以寡君之密邇於仇讎로, 而願固事君하여, 無失官命이오니다. 鄫無賦於司馬로되, 爲執事朝夕之命敝邑에, 敝邑褊小하여, 闕而爲罪로, 寡君是以願借助焉이오니다. 晉侯許之라.

楚人使頓間陳而侵伐之라. 故로 陳人圍頓이라. 無終子嘉父使孟樂如晉하여, 因魏莊子納虎豹之皮하여, 以請和諸戎이라. 晉侯曰, 戎狄無親而貪하니, 不如伐之라. 魏絳曰, 諸侯新服하고, 陳新來和하여, 將觀於我하오니다. 我德則睦하고, 否則攜貳이리이다. 勞師於戎하여, 而楚伐陳이면, 必弗能救이리이다. 是棄陳也로, 諸華必叛이리이다. 戎禽獸也이옵거늘, 獲戎失華는, 無乃不可乎인가. 夏訓有之하되, 曰, 有窮后羿이오니다. 公

曰, 后羿何如.아 對曰, 昔有夏之方衰也.에 后羿自鉏遷于窮石,
하여 因夏民以代夏政.이었나이다 恃其射也,에 不脩民事,하고 而
淫于原獸.이었나이다 棄武羅·伯困·熊髡·尨圉,하여 而用寒
浞.이었나이다 寒浞伯明氏之讒子弟也,로 伯明后寒,에 棄之,이었
거늘 夷羿收之,하여 信而使之,하여 以爲己相.이었나이다 浞行媚
于內,하고 而施賂于外,하며 愚弄其民,하고 而虞羿于田.이었나이다
樹之詐慝,하여 以取其國家,에 外內咸服.이었나이다 羿猶不悛,하
니 將歸自田,에 家衆殺而亨之,하여 以食其子,하니 其子不忍食
諸,하고 死于窮門.이었나이다 靡奔有鬲氏.하고 浞因羿室,하여 生
澆及豷.이었나이다 恃其讒慝詐偽,하여 而不德于民,하고 使澆用
師滅斟灌及斟尋氏,하여 處澆于過,하고 處豷于戈.였나이다 靡自
有鬲氏收二國之燼,하여 以滅浞,하고 而立少康.이었나이다 少康
滅澆于過,하고 后杼滅豷于戈,하니 有窮由是遂亡,이었거늘 失人
故也.이었나이다 昔, 周辛甲之爲大史也,에 命百官,하여 官箴王
闕,에 於虞人之箴曰, 芒芒禹迹,을 畫爲九州.였나이다 經啓九道,
에 民有寢廟,하고 獸有茂草.였나이다 各有攸處,하고 德用不擾.였
나이다 在帝夷羿,에 冒于原獸,하고 忘其國恤,하여 而思其麀牡.였
나이다 武不可重,이옵거늘 用不恢于夏家.였나이다 獸臣司原,에 敢

告僕夫.이오니다 虞箴如是.었거늘 可不懲乎.인가
　　　於是.에 晉侯好田.이라 故로 魏絳及之.라 公曰, 然則莫如和
戎乎.아 對曰, 和戎有五利焉.이오니다 戎狄荐居.하여 貴貨易土.
하여 土可賈焉.이리니 一也.이오니다 邊鄙不聳.에 民狎其野.하고
穡人成功.이리니 二也.이오니다 戎狄事晉.이면 四鄰振動.하고 諸
侯威懷.리니 三也.이오니다 以德綏戎.이면 師徒不勤.하고 甲兵不
頓.이리니 四也.이오니다 鑒于后羿而用德度.이면 遠至邇安.이리니
五也.이오니다 君其圖之.하소서 公說.하여 使魏絳盟諸戎.하고 脩
民事.하며 田以時.라
　　　冬十月.에 邾人·莒人伐鄫.이라 臧紇救鄫.하여 侵邾.라가 敗於
狐駘.라 國人逆喪者皆髽.라 魯於是乎始髽.라 國人誦之曰, 臧
之狐裘.는 敗我於狐駘.라 我君小子.는 朱儒是使.라 朱儒朱儒.
여 使我敗於邾.라

　　겨울에, 공이 진나라에 가 진나라 군주의 지시를 받았다. 진나라
군주가 공에게 연회를 열어 대접했는데, 공이 그 자리에서 증(鄫)나
라를 속국(屬國)으로 삼게 해달라고 요청하니, 진나라 군주는 들어주
지 않았다. 그러자 노나라 맹헌자(孟獻子)가 말했다. "저희 나라 군
주는 원수의 나라와 밀접해 있어서, 굳게 진나라 군주를 섬길 것을
원하사, 지시하는 명을 어기지 않사옵니다. 그러하온데 증(鄫)나라는
현재 진나라의 사마(司馬) 앞으로 아무것도 바치는 바 없사오나, 제

후들이 바치는 공물(貢物)에 관한 일을 담당하고 있는 관(官)이 아침 저녁으로 저희 노나라에 대해서는 여러 가지를 바치라고 명령을 내리는데, 저희 나라는 작아서, 명령대로 다 바치지 못하여 죄가 되기 때문에, 저희 나라 군주께서는 증나라를 속국으로 삼음으로써 도움 받을 것을 원하시는 것이옵니다." 그러자, 진나라 군주는 허락했다.

초나라 사람이 돈(頓)나라로 하여금 진(陳)나라의 틈을 보았다가 침략하여 치게 했다. 그러므로 진나라 사람이 돈나라를 포위했다.

무종(無終)나라의 군주인 자작 가보(嘉父)가 맹악(孟樂)에게 진(晉)나라에 가 위장자(魏莊子 : 魏絳)를 의지해서 호랑이와 표범 가죽을 올리고, 모든 융족(戎族) 나라와 친밀히 대해 줄 것을 요망했다. 그러자 진나라 군주가 말하기를, "융(戎)과 적(狄) 오랑캐는 친밀한 정이 없고 욕심만 내니, 군사를 내어 치는 것이 좋다."라고 했다. 위강(魏絳)은 말했다. "제후들이 새삼스럽게 복종하고, 진(陳)나라가 새로이 우리나라에 복종해 화목을 취하여, 우리나라가 어찌 하는가를 두고 보려고 하옵니다. 우리가 덕스럽게 대하면 화목할 것이고, 그렇지 않으면 두 마음을 가질 것이옵니다. (융과 화목책을 취하지 않고) 융(戎) 오랑캐를 치는 일로 군사를 피로케 했을 때에, 초나라가 진(陳)나라를 친다면, 우리는 반드시 진나라를 구출할 수가 없을 것이옵니다. 그러면 그것은 결국 진(陳)나라를 버리는 일이옵는데, 그때는 여러 중원(中原)의 제후들이 반드시 우리나라를 배반할 것이옵니다. 융 오랑캐는 금수(禽獸)와 같은 것들이옵는데, 융 오랑캐를 손아귀에 넣고 중원의 제후들을 잃는다는 것은, 좋지 못한 일이 아니옵니까? 〈하서(夏書)〉에 써 있되, 유궁(有窮)의 후예(后羿) 얘기가 말해져 있사옵니다." 군주가, "유궁의 후예는 어떠한 사람이었던가?"라고 물으니, 위강은 대답했다. "옛날 하(夏)나라의 국력이 막 쇠퇴했을 무렵에, 후예는 서(鉏)나라로부터 궁석(窮石)으로 옮겨가, 하나라의 백성을 이끌고서 하나라의 정권을 잡아 대신 군림했사옵니다. 그는 자기가 잘

쏘는 궁술(弓術)을 믿고서, 백성들의 농사짓는 일에 대해서 힘쓰지
않고, 산야의 짐승을 잡으려고 돌아다니는 일에만 힘썼나이다. 그리
고 그는 무라(武羅)·백곤(伯困)·웅곤(熊髡)·방어(尨圉)와 같은 어
진 신하는 멀리 물리쳐 쓰지 않고, 한착(寒浞)을 등용했나이다. 한착
이라는 자는 한나라 군주 백명(伯明)의 악한 아들로, 백명이 한나라
군주가 되어서 그를 추방했는데, 예(羿)가 그를 받아들여, 그를 신용
하고 등용하여 재상으로 삼았나이다. 그런데 착은 안으로는 궁중 사
람들에게 아첨하고, 밖의 여러 신하들에게는 뇌물을 주어 매수하여,
백성들을 우롱하고, 군주 예가 사냥에만 빠져 재미보게 했나이다. 그
리하여 사기(詐欺)와 간악한 짓을 해서 나라를 뺏으니, 안팎이 다 그
를 따랐나이다. 그랬는데도 예는 여전하여 개심(改心)하지 않으니, 사
냥하고 돌아가려 했을 때, 신하들이 그를 죽여 삶아서, 그의 몸을 그
의 아들에게 먹으라 하니, 그의 아들은 차마 먹지를 못하고, 궁(窮)나
라 도읍의 성문까지 가 자살했나이다. 당시에 (한나라 신하였고, 예를
모시고 있던) 미(靡)는 유격씨(有鬲氏)에게로 달아났고, 착(浞)은 예
의 아내를 차지하여 요(澆)와 희(豷)를 낳았나이다. 그는 자신의 간악
하고 사기적인 수완을 믿어서는, 백성들에게 덕을 베풀지 않고, 아들
요로 하여금 군사를 이끌고 짐관(斟灌)나라와 짐심(斟尋)나라를 멸망
시키게 하고, 요는 과(過)나라에 거처하게 하고, 희는 과(戈)나라에
거처하게 했사옵니다. 한편, 도망갔던 미는 격나라에서 멸망한 짐관과
짐심의 두 나라 남은 백성들을 수습하여 착을 쳐 망하게 하고, 하(夏)
나라의 소강(少康)을 군주로 세웠나이다. 소강은 요를 과나라에서 망
하게 하고, 후저(后杼)는 희를 과나라에 망하게 하니, 유궁은 이로써
드디어 완전히 멸망했는데, 그것은 백성들을 잃었기 때문이었나이다.
옛날, 주(周)나라 무왕(武王) 때의 신갑(辛甲)은 태사(大史) 벼슬에
있어 백관들에게 명해서, 관원마다 다 천자의 잘못을 경계하는 말을
하게 하오니, 사냥 일을 맡은 관원은 다음과 같이 경계의 말을 하였

나이다. '넓고 넓은 우(禹)임금이 다스렸던 땅을 구주(九州)로 나누었나이다. 그래서 구주로 통하는 길을 개설함에, 백성들은 일정한 살 집을 갖고, 짐승들은 무성한 초원을 차지하였었나이다. 그래서 사람들은 제각기 안주처(安住處)를 보유하고, 인간의 덕은 안정되어 흔들리지 않았나이다. 그러하온데, 하나라의 정권을 빼앗아 천자 자리에 앉은 예(羿) 때에는, 산야의 짐승을 탐내고, 국가의 걱정거리를 잊고서 사슴의 암컷이나 수컷을 잡을 일만 생각했나이다. 무력을 동원하여 사냥하는 것은 자주 할 것이 아니옵거늘, 예는 자주 하여, 하나라의 국세(國勢)를 왕성하게 못했나이다. 사냥 일을 맡고 있는 신은 짐승이 사는 산야를 관리하고 있사온데, 이제 감히 측근의 사람에게 위의 말씀을 고하옵니다.' 사냥 일을 맡은 관원이 천자를 경계한 말이 이와 같았사온데, 이 말대로 경계하지 않을 것이옵니까?"

그때, 진나라의 군주는 사냥을 좋아하였다. 그래서 위강은 예(羿)에 대한 얘기까지 말했던 것이다. 그때 군주가, "그렇다면 융(戎)과 화목할 수 있는 좋은 수는 없단 말인가?"라고 말하자 위강은 대답했다. "융과 화목하는 것에는 다섯 가지의 이로운 점이 있사옵니다. 융과 적(狄) 오랑캐는 수초(水草)를 따라 전전하며 생활하여, 재화를 귀중히 여기고, 토지를 소홀히 하여, 그들의 땅을 재화로 살 수가 있사오니, 이점(利點)의 첫째이옵니다. 융 나라와 접해 있는 변경에 걱정이 없어져 변경의 백성들이 그들의 전야(田野)에 안착하고, 농사짓는 사람들이 많은 수확을 거둘 것이오니, 이것이 이점의 둘째이옵니다. 융과 적이 우리 진(晉)나라에 복종하여 섬기게 된다면, 사방의 이웃 나라들이 떨고, 제후들이 우리나라를 두려워하여 따를 것이오니, 이것은 이점의 셋째이옵니다. 우리나라가 덕으로 융을 평온하게 다스린다면, 군사가 수고하지 않고, 무장(武裝)과 무기의 손상이 없을 것이오니, 이것이 이점의 넷째이옵니다. 옛날의 후예(后羿)를 거울삼아 덕과 바른 법도를 베푼다면, 먼 나라는 따라오고, 가까운 나라는 편안하게 될 것이오니, 이것이 이점의 다섯째이옵니다. 군주께서는 부디 잘 헤아려 주옵소서." 이 말에 군주는 좋아하고, 위강으로 하여금 여러 융족(戎族) 나라들과 화평관계를 맺는 맹서를 하게 하고, 백성들의 농사일을 존중하며, 사냥은 적시(適時)에 하기로 했다.

겨울 10월에, 주(邾)나라 사람·거(莒)나라 사람이 증(鄫)나라를 쳤다. 당시 노나라의 장흘(臧紇:臧武仲)이 증나라를 구원하여 주나라를 침공했다가, 주나라의 호태(狐駘)에서 패했다. 그리하여 노나라 여자들이 전사자의 시체를 맞이하러 나감에, 다 머리를 삼[麻]끈으로 묶었다. 노나라에서는 이때 상(喪)을 당하여 여자가 머리를 삼끈으로 매기 시작했던 것이다. 그때, 노나라 사람은 노래를 지어 불렀다. "장(臧)이라는 여우 가죽옷 입은 사나이, 우리 군사 끌고 가 호태에서 패전시켰네. 우리 군주 어린 분은 식견(識見) 없는 사람을 대장으로 쓰셨네. 식견 없는 사람, 식견 없는 사람이여, 우리 군사가 주나라에게 지게 했네."

주해 ㅇ屬鄫(속증) — 증나라를 속국으로 삼음.
ㅇ官命(관명) — 관의 명령. 여기에서는 귀국(貴國)의 명령.
ㅇ司馬(사마) — 진(晉)나라 조정의 사마 벼슬은, 제후국이 드리는 공물(貢物)에 관한 일을 맡았다 한다.
ㅇ頓(돈) — 당시에 초나라에 속해 있던 나라.
ㅇ無終子(무종자) — 무종나라 군주인 자작. 무종나라는 산융(山戎:北戎) 나라로, 지금의 하북성에 위치했고, 군주의 작은 자작.
ㅇ攜貳(휴이) — 두 마음을 가짐, 배반함.
ㅇ諸華(제화) — 모든 중화(中華), 즉 중원(中原)의 나라.
ㅇ夏訓(하훈) — 하서(夏書)를 말한 것으로, 《서경(書經)》 오자지가(五子之歌)편을 지칭한 것.
ㅇ有窮后羿(유궁후예) — 궁(窮)나라 군주 예. 여기에서 유(有)는 나라 이름 위에 '큰'이란 뜻으로 붙인 자다. 다음에 '하(夏)'나라도 '유하(有夏)'라 하였다.

o 鉏(서) - 본래 예(羿)가 있던 나라로, 지금의 하남성 활현(滑縣) 동쪽 땅에 위치했다 한다.
o 窮石(궁석) - 궁(窮)나라.
o 代夏政(대하정) - 하나라 왕조를 대신하여 정권을 행사함.
o 淫于原獸(음우원수) - 산야의 짐승을 쫓는 데만 빠짐.
o 寒(한) - 나라 이름으로, 지금의 산동성 유현(濰縣)에 위치했다 한다.
o 伯明(백명) - 한나라 군주 이름.
o 讒子弟也(참자제야) - 좋지 못한 아들.
o 夷羿(이예) - 두예(杜預)의 주에는 이(夷)는 예의 성이라 했고, 혹은 조사(助詞)여서 뜻이 없다고 말했다.
o 窮門(궁문) - 궁나라 도읍의 성문.
o 有鬲(유격) - 격나라. 지금의 산동성 덕현(德縣) 동남쪽에 있었다 한다.
o 斟灌(짐관)·斟尋(짐심) - 둘 다 나라 이름으로, 짐관은 지금의 산동성 수광현(壽光縣) 동북쪽에 있었고, 짐심은 산동성 유현(濰縣) 동남쪽에 있었다 한다.
o 過(과)·戈(과) - 나라 이름으로, 과(過)나라는 지금의 산동성 액현(掖縣) 북쪽에 위치했었고, 과(戈)나라는 하남성 기현(杞縣) 근방에 위치했었다 한다.
o 后杼(후저) - 임금 저(杼). 저는 소강(少康)의 아들.
o 箴王闕(잠왕궐) - 경계의 말을 지어 임금의 잘못을 경계함.
o 虞人(우인) - 사냥에 관한 일을 맡은 관원(官員).
o 寢廟(침묘) - 여기에서는 사람의 거처소.
o 武不可重(무불가중) - 무력을 동원한 사냥은 자주 힐 것이 아님.
o 獸臣(수신) - 짐승에 관한 것을 맡는 신하. 여기에서는 우인(虞人)이 자칭한 말이다.
o 僕夫(복부) - 수레와 말을 부리는 사람. 여기에서는 측근의 사람이라고 번역했으나, 임금을 직접 지칭함을 꺼리어 측근사에게 밀해 올린다쪽 뜻으로 말한 것이다.
o 狐駘(호태) - 주(邾)나라의 지명으로, 지금의 산동성 등현(滕縣)에 있음.
o 髽(좌) - 머리를 삼끈으로 매다.

ㅇ小子(소자) – 어린 사람(분).

ㅇ朱儒(주유) – 난쟁이, 식견이 없는 사람.

經 ㅇ五年春,에 公至自晉.이라
_{오년춘} _{공지자진}

ㅇ夏,에 鄭伯使公子發來聘.이라
_하 _{정백사공자발래빙}

ㅇ叔孫豹·鄫世子巫如晉.이라
_{숙손표} _{증세자무여진}

ㅇ仲孫蔑·衛孫林父會吳于善道.라
_{중손멸} _{위손림보회오우선도}

ㅇ秋,에 大雩.라
_추 _{대우}

ㅇ楚殺其大夫公子壬夫.라
_{초살기대부공자임부}

ㅇ公會晉侯·宋公·陳侯·衛侯·鄭伯·曹伯·莒子·邾子·
_{공회진후} _{송공} _{진후} _{위후} _{정백} _{조백} _{거자} _{주자}
滕子·薛伯·齊世子光·吳人·鄫人于戚.이라
_{등자} _{설백} _{제세자광} _{오인} _{증인우척}

ㅇ公至自會.라
_{공지자회}

ㅇ冬,에 戍陳.이라
_동 _{수진}

ㅇ楚公子貞帥師,하여 伐陳.이라
_{초공자정솔사} _{벌진}

ㅇ公會晉侯·宋公·衛侯·鄭伯·曹伯·莒子·邾子·滕子·
_{공회진후} _{송공} _{위후} _{정백} _{조백} _{거자} _{주자} _{등자}
薛伯·齊世子光,하여 救陳.이라
_{설백} _{제세자광} _{구진}

ㅇ十有二月,에 公至自救陳.이라
_{십유이월} _{공지자구진}

ㅇ辛未,에 季孫行父卒.이라
_{신미} _{계손행보졸}

5년 봄에, 공이 진나라로부터 돌아왔다.

여름에, 정나라 군주인 백작이 공자 발(發)에게 예방케 했다.

숙손표와 증나라 세자 무(巫)가 진나라에 갔다.

중손멸과 위나라 손임보(孫林父)가 선도(善道)에서 오나라와 회합을 가졌다.

가을에 큰 기우제를 지냈다.

초나라가 그 나라의 대부인 공자 임부(壬夫)를 죽였다.

공이 진(晉)나라 군주 후작·송나라 군주 공작·진(陳)나라 군주 후작·위나라 군주 후작·정나라 군주 백작·조나라 군주 백작·거나라 군주 자작·주나라 군주 자작·등나라 군주 자작·설나라 군주 백작·제나라 세자 광(光)·오나라 사람·증나라 사람 등과 위나라의 척(戚)에서 회합을 가졌다.

공이 회합에서 돌아왔다.

겨울에 진(陳)나라를 수비했다.

초나라 공자 정(貞)이 군사를 이끌고, 진(陳)나라를 쳤다.

공이 진(晉)나라 군주 후작·송나라 군주 공작·위나라 군주 후작·정나라 군주 백작·조나라 군주 백작·거나라 군주 자작·주나라 군주 자작·등나라 군주 자작·설나라 군주 백작·제나라 세자 광(光) 등과 회합을 갖고, 진(陳)나라를 구원했다.

12월에, 공이 진나라를 구원하는 일에서 돌아왔다.

신미날에, 계손행보가 세상을 떠났다.

주해 ○善道(선도) – 오나라 지명으로, 지금의 안휘성 우이현(盱眙縣)에 있음.
○辛未(신미) – 12월 20일.

傳 五年春,에 公至自晉.이라
王使王叔陳生愬戎于晉,에 晉人執之.라 士魴如京師,하여 言

王叔之貳於戎也.라
夏,에 鄭子國來聘,은 通嗣君也.라
穆叔覿鄫太子于晉,하여 以成屬鄫.이라 書曰叔孫豹·鄫太子
巫如晉,은 言比諸魯大夫也.라
吳子使壽越如晉,하여 辭不會于雞澤之故,하고 且請聽諸侯之
好.라 晉人將爲之合諸侯,하여 使魯·衛先會吳,하고 且告會期.
라 故로 孟獻子·孫文子會吳于善道.라
秋大雩,는 旱也.라
楚人討陳叛故曰, 由令尹子辛實侵欲焉.이라하고 乃殺之.라 書
曰楚殺其大夫公子壬夫,는 貪也.라 君子謂,하되 楚共王於是不
刑.이라 詩曰, 周道挺挺,에 我心扃扃.이라 講事不令,이면 集人來
定.이라 己則無信,하고 而殺人以逞,이면 不亦難乎.아 夏書曰, 成
允成功.이라

5년 봄에, 공이 진나라로부터 돌아왔다.

　주나라 천자께서 왕숙진생(王叔陳生)에게 융(戎) 오랑캐가 주나라를 침범한다고 진(晉)나라에 호소하게 했는데, 진나라 사람이 왕숙진생을 잡았다. 그리고 사방(士魴)이 천자가 계시는 서울로 가, 왕숙이 융에 대해서 다른 마음을 가지고 있다고 말씀을 올렸다.

　여름에, 정나라 자국(子國：子發)이 예방한 것은, 정나라의 대를 잇는 새 군주가 즉위했음을 알리기 위해서였다.

목숙(穆叔 : 叔孫豹)이 증나라 태자를 데리고 가 진나라 군주를 뵙게 하여, 노나라가 증나라를 속국으로 삼은 것을 정식으로 인식시켰다. 경문에 숙손표와 증나라 태자 무(巫)가 진나라에 갔다고 써 말한 것은, 증나라 태자를 노나라 대부와 동등하게 취급했음을 말한 것이다.
　오나라 군주인 자작이 수월(壽越)을 진나라에 보내어, 계택(雞澤)에서 있었던 회합에 참가하지 못했던 이유를 설명하고, 제후들과의 우호관계 맺음에 참가할 것을 제의했다. 진나라 사람은 장차 제후들을 회합시키려 하여, 노·위나라에게 먼저 오나라와 회합을 갖게 하고, 또 제후들과 회합할 날짜를 알리게 했다. 그래서 맹헌자(孟獻子)와 위나라의 손문자(孫文子)가 오나라와 선도(善道)에서 회합을 가졌다.
　가을에 큰 기우제를 지낸 것은, 가뭄이 들어서였다.
　초나라 사람이 진(陳)나라가 배반한 이유를 밝히어 말하기를, "영윤(令尹)인 자신(子辛)이 실로 지나치게 진나라에 대해서 욕심을 부려서였다."라 하고는, 곧 자신을 죽였다. 경문에 초나라가 그 나라의 대부인 공자 임부(壬夫 : 子辛)를 죽였다고 써 말한 것은, 그가 탐내서였다. 군자는 이 일을 두고 말했다. "초나라 공왕(共王)은 이때 부당한 처형을 한 것이다. 시에 이르기를, '주(周)나라의 도(道)가 엄정하게도 발라, 나의 마음 훤하게 밝을세라. 일에 대해 꾀하여 잘 되지 않으면, 좋은 사람 모아 상의해서 정해야지.'라고 하였다. 자신이 불성실하고 다른 사람이 좋지 못하다고 함부로 죽인다면, 여러 나라를 통솔하기는 어려울 것이 아닌가? 〈하서(夏書)〉에 이르기를, '성심(誠心)을 다 써야만 성공한다.'라고 했다."

주해 | ○詩曰(시왈)-《시경》에 있지 않은 일시(逸詩)다.
　　　　○夏書(하서)-《서경》 대우모편(大禹謨篇)을 지칭한 것이다.

九月丙午,에 盟于戚,은 會吳且命戍陳也.라 穆叔以屬鄫爲不

利,하여 使鄫大夫聽命于會.라

楚子囊爲令尹,에 范宣子曰, 我喪陳矣.리라 楚人討貳,하여 而立子囊,하니 必改行,하여 而疾討陳.하리라 陳近於楚,하여 民朝夕急,에 能無往乎.아 有陳,은 非吾事也.라 無之而後可.라 冬,에 諸侯戍陳.하고 子囊伐陳.이다 十一月甲午,에 會于城棣以救之.라

季文子卒,에 大夫入斂,하고 公在位.라 宰庀家器爲葬備,어늘 無衣帛之妾,하고 無食粟之馬,하며 無藏金玉,하고 無重器備.라 君子是以知季文子之忠於公室也.라 相三君矣,하여 而無私積,하니 可不謂忠乎.아

9월 병오날에 척(戚)에서 맹서했던 것은, 오나라와 회합을 갖고, 또 진(晉)나라가 제후들에게 진(陳)나라 지킬 것을 명령하기 위해서였다. 그때, 노나라의 목숙(穆叔)은 증나라를 속국이라 해서 독자성을 잃게 하는 것은 이롭지 못하다고 여겨, 증나라 대부로 하여금 회합에 참가하여 명령을 받게 했다.

초나라의 자낭(子囊 : 공자 貞)이 영윤이 되자, 진나라 범선자(范宣子)가 말했다. "우리는 진(陳)나라를 우리 쪽에서 잃게 될 것이다. 초나라 사람이 진(陳)이 배반한 이유를 밝혀, (영윤 자신을 죽이고) 새로 자낭을 영윤으로 삼았으니, 그는 반드시 방법을 달리하여 서둘러 진나라를 칠 것이다. 진나라는 초나라에 가까워 진나라 백성들이 조석으로 위급하게 되어짐에는, 초나라를 따라가지 않을 수 있겠는가? 우리가 진나라를 우리 쪽으로 보유한다는 것은, 우리가 할 일이 아니다. 우리에게는 진나라가 없어야 편할 것이다." 겨울에 제후들은 진

(陳)나라를 수비하고, 초나라 자낭은 진을 쳤다. 11월 갑오날에, 성체(城棣)에서 회합하여 진을 구원했다.

노나라 계문자(季文子 : 季孫行父)가 세상을 떠나니, 대부들이 그의 집으로 가 염(斂)을 했고, 그때 군주도 가서 자리잡고 있었다. 계문자의 가신장(家臣長)이 기물을 갖추어 장례식 준비를 하였는데, 집안에 명주 베옷을 입은 첩이 없고, 곡식을 먹는 말이 있지 않으며, 금옥(金玉)의 보배가 없고, 같은 기물이 둘 이상 있는 것이 없었다. 그것을 본 군자는 그 일들로써 계문자가 공실(公室)에 대해서 충성을 바쳤다고 여겼다. 그리고는, "세 군주 밑에서 재상 노릇을 해도, 사사로이 쌓아둔 재화가 없었으니, 충성스러웠다고 말하지 않을 수 있으랴?"라고 했다.

┃**주해**┃ ○城棣(성체) – 정나라의 지명으로, 지금의 하남성 무현(武縣) 북쪽 땅.
○三君(삼군) – 노나라의 선공·성공·양공.

┃**해설**┃ 초나라의 영윤이 바뀐 일과, 초나라가 진(陳)나라를 치니, 제후들이 진을 구원한 일, 그리고 노나라 계문자가 죽었다는 것을 말했다. 그런데 이 글에서 주목되는 것이 있다. 노나라의 계문자(계손행보)가 세 군주 밑에서 정치의 실권을 쥐고 있었음에도, 추호의 사리(私利)도 취하지 않았다는 일이다. 나랏일을 맡은 자가 무사공평해야 나랏일이 잘되고, 국민이 순종하게 된다는 것을 느끼게 한다.

┃經┃ ○六年春王三月壬午,에 杞伯姑容卒.이라
　　　　육 년 춘 왕 삼 월 임 오　　기 백 고 용 졸

○夏,에 宋華弱來奔.이라
　하　　송 화 약 래 분

○秋葬杞桓公.이라
　추 장 기 환 공

　　　　등자래조
○滕子來朝.라
　　　　거인멸증
○莒人滅鄫.이라
　　　　동　　숙손표여주
○冬,에 叔孫豹如邾.라
　　　　계손숙여진
○季孫宿如晉.이라
　　　　십유이월　　제후멸래
○十有二月,에 齊侯滅萊.라

　6년 봄 천자가 쓰는 역으로 3월 임오날에, 기나라 군주인 백작 고용(姑容)이 세상을 떠났다.
　여름에, 송나라 화약(華弱)이 도망쳐 왔다.
　가을에, 기나라 환공을 장사 지냈다.
　등나라 군주인 자작이 찾아왔다.
　거나라 사람이 증나라를 멸망시켰다.
　겨울에, 숙손표가 주나라에 갔다.
　계손숙이 진나라에 갔다.
　12월에, 제나라 군주인 후작이 내나라를 멸망시켰다.

| 주해 | ○三月壬午(삼월임오)-3월 2일.
　　　○季孫宿(계손숙)-계손행보의 아들.
　　　○十有二月(십유이월)-전문에는 11월로 되어 있어, 경과 전에 착오가 있다. 두예는 그의 주에다, 알려온 편의 통고문에 12월로 되어 있는 것을 그대로 적었던 것이라고 말했다.

　　　　　　육년춘　　　기환공졸　　　　시부이명　　동맹고야
| 傳 | 六年春,에 杞桓公卒.이라 始赴以名,은 同盟故也.라
　　　　송화약여악비소상압　　　　　　장상우　　　　우상방야　　　자탕노
　　　　宋華弱與樂轡少相狎,하여 長相優,하고 又相謗也.라 子蕩怒,

하여 　　이궁곡화약우조　　　평공견지왈　　사무이곡어조　　난이승
　　以弓梏華弱于朝.라 平公見之曰, 司武而梏於朝,론 難以勝
　의　　　　　수축지　　　하　　송화약래분　　　　　사성자한왈　　동죄
矣.라하고 遂逐之.라 夏,에 宋華弱來奔.이라 司城子罕曰, 同罪
　이벌　　　비형야　　　　　전륙어조　　　죄숙대언　　　역축자탕
異罰,은 非刑也.이오니다 專戮於朝,에 罪孰大焉.인가 亦逐子蕩.
　　　　자탕사자한지문왈　　기일이불아종　　자한선지여초
이라 子蕩射子罕之門曰, 幾日而不我從.가 子罕善之如初.라
　　　　추　　등성공래조　　시조공야
　　　秋,에 滕成公來朝,는 始朝公也.라
　　　　거인멸증　　증시뢰야
　　　莒人滅鄫,은 鄫恃賂也.라
　　　　동　　목숙여주　　빙차수평
　　　冬,에 穆叔如邾,하여 聘且脩平.이라
　　　진인이증고래토왈　　하고망증　　　계무자여진　　　　현차청명
　　　晉人以鄫故來討曰, 何故亡鄫.가 季武子如晉,하여 見且聽命.
이라
　　　　십일월　　제후멸래　　내시모야
　　　十一月,에 齊侯滅萊,는 萊恃謀也.라
　　　어정자국지래빙야사월　　안약성동양　　　이수위래　　갑
　　　於鄭子國之來聘也四月,에 晏弱城東陽,하고 而遂圍萊.라 甲
　인　　인지환성부　　어첩　　급기환공졸지월을미　　왕추
寅,에 堙之環城傳,하여 於堞.이라 及杞桓公卒之月乙未,에 王湫
　솔사　　　급정여자　　당인군제사　　　제사대패지　　　정미입
帥師,하여 及正輿子·棠人軍齊師,에 齊師大敗之,하고 丁未入
　래　　내공공부유분당　　　정여자　　왕추분거　　거인살지
萊.라 萊共公浮柔奔棠,하고 正輿子·王湫奔莒,나 莒人殺之.라
　　사월　　진무우헌래종기우양궁　　　안약위당　　　십일월병진
四月,에 陳無宇獻萊宗器于襄宮.이라 晏弱圍棠,하여 十一月丙辰
　이멸지　　천래우예　　고후　최저정기전
而滅之.라 遷萊于郳,하고 高厚·崔杼定其田.이라

　　6년 봄에, 기나라 군주 환공이 세상을 떠났다. 비로소 이름을 밝히
어 부고를 보내어 온 것은, 동맹을 맺고 있었기 때문이었다.
　　송나라의 화약(華弱)과 악비(樂轡)는 어려서부터 친하여, 장성해서

도 서로 장난을 쳤고, 또 서로 욕하고 했다. 그런데 (어느 날 욕을 얻어먹고) 자탕(子蕩 : 樂轡)이 노하여, 조정에서 활을 화약의 목에 걸어 씌웠다. 평공(平公)이 그 모습을 보고는 말하기를, "군부장관(軍部長官)의 자리에 있으면서 조정에서 머리에 수갑이 씌워진대서야, 싸움에 이기기 어려울 것이다."하고, 곧 그를 추방했다. 그래서 여름에 송나라 화약이 노나라로 도망쳐 왔다. 그때, 사성(司城) 관직에 있는 자한(子罕)이 말하기를, "같은 죄인데도 벌을 주는 것이 다름은, 올바른 형벌이 아니옵니다. 조정에서 함부로 상대에게 모욕을 주었는데, 죄 치고는 어느 죄가 이보다 더 크오리까?"라고 했다. 그래서 또한 자탕도 추방했다. 추방당한 자탕은 자한의 집 대문에다 활을 쏘고 말하기를, "너는 며칠 뒤에 나와 같이 되지 않을 줄 아는가?"라고 했다. 그러나 자한은 자탕을 전과 같이 잘 대했다.

가을에, 등나라의 성공이 노나라 군주를 찾아보러 온 것은, 처음으로 양공을 찾아본 일이었다.

거나라 사람이 증나라를 멸망시킨 것은, 증나라가 거나라에게 재물을 보내주었던 일을 믿고 태평스럽게 지내고 있었기 때문이었다.

겨울에, 노나라의 목숙(穆叔 : 叔孫豹)이 주나라를 예방하고, 화평 맺기를 의논했다.

진나라 사람이 증나라 일을 가지고 노나라에 와 추궁해서 말하기를, "어찌하여 증나라를 돕지 않고 망하게 했는가?"라고 했다. 그래서 계무자(季武子 : 季孫宿)가 진나라에 가, 진나라 군주를 찾아뵈어 인사드리고, 노나라에 대한 지시를 받았다.

11월에 제나라 군주가 내(萊)나라를 멸망시킨 것은, 내나라가 전에 제나라에게 뇌물을 주어 화를 모면한 꾀를 믿고 태평스럽게 있었기 때문이었다.

정나라 자국(子國)이 노나라로 와 예방했던 (전년) 4월에, 제나라의 안약(晏弱)이 동양(東陽)에 성을 쌓고는, 바로 내나라를 쳐 포위했다. 갑인날에 성벽 주위에 쌓아올린 흙이 성벽 위의 담에까지 닿았다. 기나라 환공이 세상을 떠난 달 을미날에, (제나라에서 내나라로 도망가 있던) 왕추(王湫)가 내나라 군사를 이끌고, 내나라의 정여자(正輿子) 및 당(棠) 사람과 제나라 군사를 크게 패배시키고, 정미날에는 내나라 도읍 성안으로 쳐들어갔다. 그때, 내나라 군주 공공(共公) 부유(浮柔)는 당으로 도망하고, 정여자와 왕추는 거나라로 도망갔으나, 거나라 사람이 그들을 죽였다. 4월에, 제나라 진무우(陳無宇)는 내나라의 종묘(宗廟)에 있었던 기물을 가지고 가 제나라 양공의 사당에 바쳤다. 그리고 안약은 당의 성을 포위하여, 11월 병진날에 이르러서 내나라를 완전히 멸망시켰다. 그리고 내나라 사람들을 예(郳)로 옮기고, 제나라의 고후(高厚)와 최저(崔杼)가 뺏은 내나라 땅을 영토로 편입시켜, 그 경계선을 바로잡았다.

주해 ｜ ○優(우)−장난침.
○謗(방)−욕을 함.
○梏(곡)−죄인에게 씌우는 수갑. 여기에서는 활을 목에 씌우고 눌렀음을 말한다.
○司武(사무)−사마(司馬)로 군부장관.
○戮(육)−죽임, 모욕을 줌.
○堙(인)−흙을 쌓아올림.
○棠(당)−내나라 읍 이름으로, 지금의 산동성 즉묵현(卽墨縣) 서남쪽에 있음.
○陳無宇(진무우)−제나라 진완(陳完)의 현손(玄孫).

　　　　　　　칠년춘　　　담자래조
經 ｜ ○七年春에 郯子來朝라
　　　　하사월　　삼복교　　부종　　　내면생
　○夏四月에 三卜郊나 不從하여 乃免牲이라
　　　　소주자래조
　○小邾子來朝라

성 비
○城費.라
　　추　　계손숙여위
○秋,에 季孫宿如衛.라
　　팔 월　 종
○八月,에 螽.이라
　　동 시 월　　위후사손림보래빙
○冬十月,에 衛侯使孫林父來聘.이라
　　임 술　급손림보맹
○壬戌,에 及孫林父盟.이라
　　초공자정솔사　　위진
○楚公子貞帥師,하여 圍陳.이라
　　십 유 이 월　공회진후　송공　진후　위후　조백　거자
○十有二月,에 公會晉侯·宋公·陳侯·衛侯·曹伯·莒子·
　　주자우위
邾子于鄬.라
　　정백곤완여회　　미견제후·　　병술졸우조
○鄭伯髡頑如會,나 未見諸侯,하고 丙戌卒于鄬.라
　　진 후 도 귀
○陳侯逃歸.라

7년 봄에, 담나라 군주인 자작이 노나라에 찾아왔다.

여름 4월에, 교제(郊祭) 지낼 날을 세 번이나 점쳤지만, 다 불길하여, 제물로 바치기로 한 소를 놓아주었다.

소주(小邾)나라 군주인 자작이 노나라에 찾아왔다.

비(費)에 성을 쌓았다.

가을에, 계손숙이 위나라에 갔다.

8월에 메뚜기 떼가 일어났다.

겨울 10월에, 위나라 군주인 후작이 손임보에게 예방케 했다.

임술날에, 손임보와 맹서하였다.

초나라 공자 정(貞)이 군사를 이끌고 진(陳)나라를 포위했다.

12월에, 공이 진나라 군주인 후작·송나라 군주인 공작·진(陳)나라 군주인 후작·위나라 군주인 후작·조나라 군주인 백작·거나라 군주인 자작·주나라 군주인 자작 등과 위(鄬)에서 회합을 가졌다.

정나라 군주인 백작 곤완(髡頑)은 회합에 갔으나, 제후들을 만나지 못하고, 병술날에 조(鄵)에서 세상을 떠났다.

진(陳)나라 군주인 후작이 도망쳐 돌아갔다.

주해 | ㅇ壬戌(임술)-10월 21일.

ㅇ鄬(위)·鄵(조)-둘 다 정나라의 지명으로, 위는 지금의 하남성 언사현(偃師縣) 땅이고, 조는 하남성 밀현(密縣) 남쪽 땅.

ㅇ丙戌(병술)-12월 16일.

傳 | 七年春,에 郯子來朝,는 始朝公也.라

夏四月,에 三卜郊,나 不從,하여 乃免牲.이라 孟獻子曰, 吾乃今而後知有卜筮.라 夫郊祀后稷,은 以祈農事也.라 是故로 啓蟄而郊,하고 郊而後耕.이라 今旣耕而後卜郊,라면 宜其不從也.라

南遺爲費宰,에 叔仲昭伯爲隧正,하여 欲善季氏,하여 而求媚於南遺.라 謂遺,하되 請城費.라 吾多與而役.하리라 故로 季氏城費.라

小邾穆公來朝,는 亦始朝公也.라

秋,에 季武子如衛,하여 報子叔之聘,하고 且辭緩報非貳也.라

冬十月,에 晉韓獻子告老.라 公族穆子有廢疾,이나 將立之,하니 辭曰, 詩曰, 豈不夙夜,이오마는 謂行多露.라 又曰, 弗躬弗親,

이면 庶民弗信.이라 無忌不才.이니 讓其可乎.이온저 請立起也.라 與田蘇游.하여 而日好仁.이라 詩日, 靖共爾位.하고 好是正直.이면 神之聽之.하여 介爾景福.이라 恤民爲德.하고 正直爲正.하며 正曲爲直.하고 參和爲仁.이라 如是則神聽之.하여 介福降之.라 立之不亦可乎.아 庚戌使宣子朝.하고 遂老.라 晉侯謂韓無忌仁.하고 使掌公族大夫.라

7년 봄에 담나라 군주인 자작이 노나라에 와 처음으로 노나라 공자를 만났다.

여름 4월에, 교제(郊祭) 지낼 날짜를 세 번이나 점쳤지만 번번이 불길하여, 희생의 제물로 정했던 소를 놓아주었다. 그러자 맹헌자(孟獻子 : 仲孫蔑)가 말하였다. "나는 이제야 거북 등을 불에 구워 치는 점이나, 산가지로 치는 점이 맞는다는 것을 깨달았다. 후직(后稷)에게 교제를 지내는 것은, 농사가 잘되게 해달라고 비는 것이다. 그러므로 벌레가 땅속에서 비로소 움직이기 시작하는 시기에 교제를 지내고, 교제를 지내고 나서 경작하는 것이다. 그런데 이제 경작을 시작하고 나서 교제 지낼 날을 점친다면, 불길하다는 것은 당연한 일이다."

남유(南遺)가 (계씨의 영유 읍인) 비(費)를 다스리는 관장(官長)이 되었는데, 숙중소백(叔仲昭伯)이 노나라의 수정(隧正)이라는 벼슬이 되어, 계씨(季氏)와 친하고자 하여, 남유에게 추파를 던졌다. 그래서 남유에게 이르기를, "비에 성을 쌓기를 바라오. 성을 쌓는다면, 내 인부를 많이 대어 주리다."라고 했다. 그래서 계씨는 비에 성을 쌓았다.

소주나라의 군주 목공이 노나라에 찾아온 것은, 그 또한 양공을 처음 찾아본 것이다.

가을에, 계무자(季武子:季孫宿)가 위나라에 간 것은, 위나라의 자숙(子叔:公孫剽)이 노나라를 예방했던 일에 대해 답례하고, 또 답례차 예방함이 늦은 것이 다른 마음이 있어서가 아니었음을 변명했다.
　겨울 10월에, 진나라의 한헌자(韓獻子:韓厥)가 은퇴하겠다고 청원드렸다. 그의 아들 공족목자(公族穆子)가 불치병에 걸려 있었지만, 그를 후계자로 삼으려 하니, 그는 사양하여 말하였다. "시(詩)에 이르기를, '어찌 새벽으로 저녁으로 가지 않으리오마는, 길에 이슬이 (좋지 못한 사람이) 많다고 하네.'라 하여 있습니다. 또 이르기를, '몸소 하지 않고 친히 하지 않으면, 모든 사람들이 믿지 않는도다.'라고 하여 있습니다. 무기(無忌) 저는 재능이 없으니, 후계자가 될 수 있는 사람에게 양보하지요. 기(起)를 후계자로 세우시기를 바랍니다. 기는 어진 전소(田蘇)와 사귀고 있는데, 전소는 기가 인(仁:어짊)을 즐겨한다고 평하고 있습니다. 시에 이르기를, '너의 분수 자리에서 삼가고, 바르고 곧음을 즐겨한다면, 신(神)은 그것을 알아주어, 너에게 큰 복을 주리라.'고 했습니다. 백성을 불쌍히 여김을 덕(德)이라 하고, 자신의 몸을 바르고 곧게 가짐을 정(正)이라 하며, 타인의 비뚤어진 것을 바르게 해줌을 직(直)이라 하고, 덕(德)·정(正)·직(直) 이 세 가지를 다 고르게 갖춤을 인(仁)이라 합니다. 사람이 인(仁)을 갖추게 되면 신이 그것을 알아주어, 큰 복을 내리는 것입니다. 그러니 기를 후계자로 삼음이 좋지 않겠습니까?" 경술날에 한궐은 선자(宣子:韓起)를 후계자로서 조정에 나가게 하고, 바로 은퇴했다. 진나라 군주는 한무기(韓無忌:公族穆子)를 어질다 여겨, 그를 공족대부장(公族大夫長)이 되게 했다.

| 주해 | ○后稷(후직) - 주(周)나라 왕실의 시조로 이름은 기(棄)라 했다. 그는 순(舜)임금 시대에 농사일을 장악한 벼슬 후직(后稷)으로 있었으므로 후세에 그를 후직이라 했고, 농사의 신(神)으로 숭상을 받아, 교

제(郊祭)에 천신과 함께 제사를 받았다.
○ 隧正(수정) − 노나라의 부역에 관한 일을 장악한 벼슬.
○ 公族穆子(공족목자) − 한궐(韓厥)의 아들 한무기(韓無忌)를 두고 이렇게 불렀다. 공족은 공족대부(公族大夫)가 되었기에 붙인 것이고, 목자는 그가 죽은 뒤에 주어진 이름.
○ 豈不夙夜(기불숙야), 謂行多露(위행다로) − 《시경》 풍(風) 소남(召南) 행로편(行露篇)의 구절. 여기에서는 '내 어찌 새벽, 저녁으로 아버지의 뒤를 이어 관직에 나갈 것을 생각하지 않으리오마는, 아버지 병이 있어서 아니됩니다.'의 뜻으로 인용한 것이다.
○ 弗躬弗親(불궁불친), 庶民弗信(서민불신) − 《시경》 소아 절남산(節南山)편의 구절. 여기에서는 자신의 불치병으로 조정에 나가 직접 일을 못보면, 사람들이 자기를 믿어주지 않을 것이라는 뜻으로 인용한 것이다.
○ 靖共爾位(정공이위), 好是正直(호시정직), 神之聽之(신지청지), 介爾景福(개이경복) − 《시경》 소아 소명(小明)편의 구절.
○ 參和(삼화) − 세 가지가 고르게 갖추어짐.
○ 掌公族大夫(장공족대부) − 공족대부들을 장악함. 곧 공족대부의 장(長).

衛孫文子來聘,하고 且拜武子之言,하여 而尋孫桓子之盟.이라 公登亦登,하니 叔孫穆子相,하여 趨進曰, 諸侯之會,에 寡君未嘗後衛君.이라 今, 吾子不後寡君,하니 寡君未知所過.라 吾子其少安.이라 孫子無辭,하고 亦無悛容.이라 穆叔曰, 孫子必亡.하리라 爲臣而君,하고 過而不悛,하니 亡之本也.라 詩曰, 退食自公,에 委蛇委蛇.라 謂從者也.라 衡而委蛇,면 必折.이라
楚子囊圍陳,하니 會于鄬,하여 以救之.라
鄭僖公之爲太子也,에 於成之十六年與子罕適晉,하여 不禮焉,

제14 양공(襄公) 상(上) 7년 … 383

하고 又與子豐適楚,하여 亦不禮焉.이라 及其元年朝于晉,하여 子
豐欲愬諸晉而廢之,나 子罕止之.라 及將會于鄬,에 子駟相,이어
늘 又不禮焉.이라 侍者諫,이로되 不聽.이라 又諫,하니 殺之.라 及
鄬,하여 子駟使賊夜殺僖公,하여 而以瘧疾赴于諸侯.라 簡公生五
年,에 奉而立之.라

陳人患楚,하여 慶虎・慶寅謂楚人曰, 吾使公子黃往,이리니 而
執之.라 楚人從之.라 二慶使告陳侯于會曰, 楚人執公子黃矣.이
오니다 君若不來,면 群臣不忍社稷宗廟,하여 懼有二圖.이리이다
陳侯逃歸.라

위나라의 손문자(孫文子 : 孫林父)가 노나라에 와 예방하고, 계무자(季武子)가 위나라에 가 한(예방한 것이 늦게 된 것은 다른 마음이 아니었다고 말한) 말에 대한 답례를 하고(성공 3년에), 손환자(孫桓子 : 孫良夫)와 맹서하였던 것을 굳혔다. 그때, 노나라 양공이 (그를 위해 연회를 열고, 연회 자리에 가기 위해서) 계단을 올라가는데, 그도 바로 따라 올라가니, 숙손목자(叔孫穆子 : 公孫豹)가 양공 옆에 붙어 부죽하고 있어, 그의 옆으로 달려가 말하기를, "제후늘이 회합을 가질 때에, 우리나라 군주께서 위나라 군주의 뒷자리를 차지한 일이 없었소이다. 그런데 지금 님이 우리 군주 뒤를 따르지 않고 있으니, 우리 군주께서 무슨 잘못이라도 있어서 그러는지 모르겠습니다. 님은 잠깐 쉬었다가 뒤따르십시오."라고 했다. 그러나 손문자는 아무 말도 하지 않고, 또 행동을 고치지도 않았다. 그러자 목숙(穆叔 : 叔孫穆子)은 말했다. "손무자는 반드시 망하고 말 것이다. 군주를 모시는 신

하로서 군주의 태도를 취하고, 잘못을 하고도 태도를 고치지 않았으니, 그것은 망하게 될 근본이다. 시에 이르기를, '군주의 앞에서 물러나 밥을 먹으러 감에는 발걸음 느리게 하네.'라고 했는데, 이것은 예의를 잘 따르는 자를 두고 말한 것이다. 예의를 따르지 않고서 늠름하다면 반드시 꺾이고 만다."

초나라 자낭(子囊)이 진(陳)나라를 쳐 포위하니, 제후들이 위(鄬)에서 회합을 가져 진나라를 구원하기로 했다.

정나라의 희공이 태자였을 때, 노나라 성공 16년에 자한(子罕)과 같이 진(晉)나라에 가, 자한을 예로써 대하지 않았고, 또 자풍(子豊)과 같이 초나라에 가, 역시 자풍을 무례하게 대했었다. 그가 정나라 군주 희공이 된 원년(元年 : 노나라 양공 3년)에 진(晉)나라 군주를 찾아뵈러 가게 되자, 자풍이 그의 무례함을 진나라에 고해서 폐위시키려 했으나, 자한이 못하게 했다. 위(鄬)에서의 제후들의 회합에 희공이 참가하려 하자, 자사(子駟)가 군주의 보좌역으로 따랐는데, 희공은 자사를 또 무례하게 대했다. 그러자 희공을 측근에서 모시는 자가 충간(忠諫)했지만, 듣지를 않았다. 그래서 다시 충간하니, 희공은 그 측근자를 죽이고 말았다. 조(鄵) 땅에 이르러서 자사는 하수인을 시켜 희공을 죽이고는 급병(急病)으로 죽었다고 제후들에게 알렸다. 간공은 당시 다섯 살이었는데, 그를 받들어 군주로 삼았다.

진(陳)나라 사람이 초나라를 두려워해서, 경호(慶虎)와 경인(慶寅)이 초나라 사람에게 일러 말하기를, "우리가 공자 황(黃)을 초나라에 가게 할 것이니, 당신은 그를 잡으시오."라고 했다. 그래서 초나라 사람이 그대로 했다. 그리고 나서, 경호・경인 두 사람은 제후들의 회합 장소에 가 있는 진나라 군주에게로 사람을 보내어 이르기를, "초나라 사람이 공자 황을 잡았사옵니다. 군주께서 돌아오시지 않을 것 같으면, 조정의 뭇 신하들은 사직이나 종묘가 없어지는 것을 견딜 수 없기 때문에 아마도 다른 짓을 꾸밀 것이옵니다."라고 했다. 그래서 진나라 군주가 제후들의 회합에서 빠져 도망쳐 돌아갔던 것이다.

| 주해 |　○公登亦登(공등역등) - 노나라 양공이 계단을 오르자, 위나라 손문자도 바로 올랐다. 예법상, 군주와 같이 위로 올라갈 때에는, 군주가 두 단을 올라가면 신하는 한 단을 올라가는 것이었다 한다.
　○衡(형) - 예의를 따르지 않음.
　○詩曰(시왈) - 《시경》 풍 소남(召南) 고양(羔羊)편의 구절.
　○瘧疾(학질) - 급병.
　○二圖(이도) - 다른 짓.

| 經 |　　　　팔년춘왕정월　　공여진
　　○八年春王正月,에 公如晉.이라
　　　　　하　　장정희공
　　○夏,에 葬鄭僖公.이라
　　　　정인침채　　　획채공자섭
　　○鄭人侵蔡,하여 獲蔡公子燮.이라
　　　　계손숙회진후　　정백　제인　송인　위인　주인우형구
　　○季孫宿會晉侯·鄭伯·齊人·宋人·衛人·邾人于邢丘.라
　　　　공지자진
　　○公至自晉.이라
　　　　거인벌아동비
　　○莒人伐我東鄙.라
　　　　추구월　　대우
　　○秋九月,에 大雩.라
　　　　동　　초공자정솔사　　　벌정
　　○冬,에 楚公子貞帥師,하여 伐鄭.이라
　　　　진후사사개래빙
　　○晉侯使士匄來聘.이라

8년 봄 천자가 쓰는 역으로 정월에, 공이 진나라에 갔다.
여름에, 정나라 희공을 장사 지냈다.
정나라 사람이 채나라를 침공하여, 채나라 공자 섭(燮)을 잡았다.

계손숙이 진나라 군주인 후작・정나라 군주인 백작・제나라 사람・송나라 사람・위나라 사람・주나라 사람 등과 형구(邢丘)에서 회합을 가졌다.

공이 진나라로부터 돌아왔다.

거나라 사람이 우리 노나라의 동쪽 변경(邊境)을 쳤다.

가을 9월에 큰 기우제를 지냈다.

겨울에, 초나라 공자 정(貞)이 군사를 이끌고, 정나라를 쳤다.

진나라 군주인 후작이 사개(士匃)를 보내어 예방케 했다.

▐주해▎ ○邢丘(형구)-진나라의 지명으로, 선공 6년조에 나왔다.

▐傳▎ 八年春,에 公如晉,하여 朝且聽朝聘之數.라 鄭群公子以僖公之死也謀子駟.라 子駟先之,하여 夏四月庚辰,에 辟殺子狐・子熙・子侯・子丁,하니 孫擊・孫惡出奔衛.라 庚寅,에 鄭子國・子耳侵蔡,하여 獲蔡司馬公子爕.이라 鄭人皆喜,나 唯子產不順,하고 曰, 小國無文德,하여 而有武功,하니 禍莫大焉.이라 楚人來討,면 能勿從乎.아 從之,면 晉師必至.리라 晉・楚伐鄭,이면 自今鄭國不四五年弗得寧矣.라 子國怒之曰, 爾何知.아 國有大命,하여 而有正卿.이라 童子言焉,엔 將爲戮矣.리라

五月甲辰,에 會于邢丘,하여 以命朝聘之數,어늘 使諸侯之大夫聽命.이라 季孫宿・齊高厚・宋向戌・衛甯殖・邾大夫會之,

나 鄭伯獻捷于會.라 故로 親聽命.이라 大夫不書,는 尊晉侯也.라
莒人伐我東鄙,하여 以疆鄫田.이라
秋九月,에 大雩,는 旱也.라

  8년 봄에 공이 진나라에 가, 진나라 군주를 찾아보고, 패자(覇者)인 진(晉)나라 군주를 찾아볼 때에 드리는 예물의 수량에 대한 지시를 받았다.
  정나라의 여러 공자가 군주 희공이 죽은 일을 가지고서 자사에 대하여 상의했다. 그런데 자사가 그들보다 선수를 쳐, 여름 4월 경진날에, 자호(子狐)·자희(子熙)·자후(子侯)·자정(子丁)에게 죄를 뒤집어씌워 죽이니, 손격(孫擊)과 손악(孫惡)이 위나라로 달아났다.
  경인날에, 정나라 자국(子國)과 자이(子耳)가 채나라를 침공하여, 채나라의 사마(司馬)인 공자 섭(燮)을 잡았다. 그때 정나라 사람들이 다 기뻐했지만, 오직 자산(子産 : 子國의 아들)만은 따라 기뻐하지 않고 말했다. "작은 나라로서, 학문이나 예로써 닦은 덕은 없으면서 무력의 공을 세웠으니 닥쳐올 화가 아주 클 것입니다. 초나라 사람이 와 추궁한다면, 우리 정나라가 초나라를 따르지 않을 수 있겠습니까? 그리고 초나라를 따른다면, 진나라 군사가 반드시 쳐들어올 것입니다. 진나라와 초나라가 번갈아 정나라를 치게 된다면, 이제부터 정나라는 4,5년이 아니면 안정될 수가 없을 것입니다." 이 말에, 아버지인 자국이 화를 내고 말하기를, "네가 무엇을 안단 말이냐? 군주의 대명(大命)이 있어서, 정경(正卿)에게 싸우라는 명령이 떨어졌던 것이다. 어린것이 또 그런 말을 하면, 장차 죽게 될 것이다."라고 했다.
  5월 갑진날에 형구(邢丘)에서 회합을 가져, 진나라 군주를 찾아볼 때에 올리는 예물의 수량을 지시했는데, 그 회합에는 제후들의 대부로 하여금 그 지시를 받게끔 했다. 그래서 노나라의 계손숙은 제나라

의 고후(高厚)·송나라의 상술(向戌)·위나라의 영식(甯殖)·주나라 대부 등과 회합을 가졌으나, 정나라 군주는 이 회합에서 채나라를 침공하여 얻은 전리품을 바쳤다. 그래서 그가 친히 지시를 받았다. 경문에 각국의 대부 이름을 쓰지 않은 것은, 진나라 군주를 높여서였다.

거나라 사람이 우리 노나라 동쪽 변경을 쳐, 전에 쳐 빼앗은 증(鄫)나라 땅과의 경계선을 정확히 했다.

가을 9월에 큰 기우제를 지낸 것은, 가뭄이 들어서였다.

주해 ○辟殺(벽살) — 죄명을 씌워 죽임.
○文德(문덕) — 학문이나 예의 등으로 닦은 덕.
○大命(대명) — 전쟁을 하라는 군주의 명령.
○正卿(정경) — 정권을 쥔 경. 여기에서는 자사(子駟)를 지칭한다.

冬_동,에 楚子囊伐鄭_{초자낭벌정}하여 討其侵蔡也_{토기침채야}라 子駟_{자사}·子國_{자국}·子耳欲_{자이욕}
從楚_{종초},에 子孔_{자공}·子蟜_{자교}·子展欲待晉_{자전욕대진}이라 子駟曰_{자사왈}, 周詩有之_{주시유지},하니
曰_왈, 俟河之淸_{사하지청},엔 人壽幾何_{인수기하}오 兆云詢多_{조운순다},면 職競作羅_{직경작라}라 謀之多_{모지다}
族_족,하고 民之多違_{민지다위},면 事滋無成_{사자무성},이라 民急矣_{민급의},니 姑從楚以紓吾_{고종초이서오}
民_민,하고 晉師至_{진사지},면 吾又從之_{오우종지}라 敬共幣帛_{경공폐백},하여 以待來者_{이대래자},는 小_소
國之道也_{국지도야}라 犧牲玉帛_{희생옥백},으로 待於二竟_{대어이경},하여 以待彊者_{이대강자},하여 而庇_{이비}
民焉_{민언}.할지라 寇不爲害_{구불위해},하고 民不罷病_{민불피병},이면 不亦可乎_{불역가호}아 子展曰_{자전왈},
小所以事大_{소소이사대},는 信也_{신야}라 小國無信_{소국무신},이면 兵亂日至_{병란일지},하고 亡無日矣_{망무일의}
라 五會之信_{오회지신},을 今將背之_{금장배지}라 雖楚救我_{수초구아},라도 將安用之_{장안용지}아 親我_{친아}
無成_{무성},이면 鄙我是欲_{비아시욕},이리니 不可從也_{불가종야},요 不如待晉_{불여대진}.이라 晉君方_{진군방}

明,하고 四軍無闕,하며 八卿和睦,하니 必不棄鄭.이리라 楚師遼
遠,에 糧食將盡,하니 必將速歸.리라 何患焉.고 舍之聞之,하되 杖
莫如信.이라 完守以老楚,하고 杖信以待晉,이면 不亦可乎.아 子
駟曰, 詩云,하되 謀夫孔多,하여 是用不集.이라 發言盈庭,이나 誰
敢執其咎.아 如匪行邁謀,하여 是用不得于道.라 請從楚.라 騑也
受其咎.리라 乃及楚平.이라

使王子伯騈告于晉曰, 君命敝邑,하되 脩而車賦,하고 儆而師
徒,하여 以討亂略.하라 蔡人不從,에 敝邑之人,이 不敢寧處.라
悉索敝賦,하여 以討于蔡,하여 獲司馬燮,하여 獻于邢丘.라 今,
楚人來討曰, 女何故稱兵于蔡.아 焚我郊保,하고 馮陵我城郭,에
敝邑之衆,은 夫婦男女, 不皇啓處,하여 以相救也.라 翦焉傾覆,이
나 無所控告.라 民死亡者,는 非其父兄,이면 卽其子弟.라 夫人愁
痛,은 不知所庇.라 民知窮困,하여 而受盟于楚,에 孤也與其二三
臣,은 不能禁止.라 不敢不告.라 知武子使行人子員對之曰, 君
有楚命,이나 亦不使一个行李告于寡君,하여 而卽安于楚.이었나이
다 君之所欲也,에 誰敢違君.인가 寡君將帥諸侯以見于城下,리니
唯君圖之.하소서

겨울에, 초나라 자낭이 정나라를 쳐, 정나라가 채나라를 친 일을 응

징했다. 정나라의 자사(子駟)·자국(子國)·자이(子耳)가 초나라에 복종하려 했는데, 자공(子孔)·자교(子蟜)·자전(子展)은 진나라가 구원하기를 기다리려 했다. 그러자 자사가 말했다. "주(周)나라의 시에 말한 것이 있는데, 그 시에 이르기를, '황하(黃河)의 물이 맑아지기를 기다리기로 한다면 사람의 목숨이 그 얼마나 된단 말인가? 일에 대해 점쳐 말함에, 말하는 자 많으면 자기 주장으로 다투어 중구난방(重口難防)되네. 꾀 부리는 자 많고 다른 의견 많으면, 일은 되어지지 않네.'라고 했소. 지금 국민들이 위급하니, 잠시 초나라에게 복종해서 우리 국민의 곤경을 늦추어 주고, 뒤에 진나라 군사가 오면 그때는 다시 진나라를 따릅시다. 공손히 예물을 갖추어 쳐들어오는 자를 기다리는 것이, 작은 나라가 취할 길이오. 맹서하는 데 쓰는 희생과 예물로 바칠 옥백(玉帛)을 가지고서, 두 군데의 국경에서 대비하여, 강한 나라가 쳐들어옴을 기다려서, 국민을 수호할 일이오. 쳐들어오는 적이 우리에게 해를 끼치지 않고, 국민이 피로하게 되지 않으면, 역시 좋지 않겠소이까?" 이 말에 대하여, 자전은 말했다. "작은 나라가 큰 나라를 섬긴다는 것은, 신의로써인 것이오. 작은 나라에 신의가 없으면, 병란(兵亂)이 날로 닥치고, 나라가 언제 망할는지 모르는 것이오. 우리는 다섯 차례 제후들과 회합하여 맹서를 맺은 신의를 이제 배반하려 하고 있소. 이후에, 초나라가 비록 우리를 구원한다 하더라도, (신의를 지키지 않는다면) 무슨 소용이 있겠소? 초나라가 우리나라를 친하게 대했다가도, 일이 잘 되지 않으면, 우리나라를 멸망시켜 우리 땅을 자기네 변방 땅으로 삼으려 할 것이니, 초나라에 복종할 수가 없는 것이고, 진나라가 구원하러 오는 것을 기다리는 것뿐, 더 좋은 수는 없소이다. 진나라 군주는 현재 모든 일에 밝고, 4군의 군력(軍力)이 완전무결하며, 4군을 인솔하는 여덟 경(卿 : 장수)이 화목하고 있으니, 진나라는 반드시 정나라를 버리지 않을 것이오. 초나라 군사는 멀리서 와, 양식도 떨어져 가려 하니, 반드시 곧 빨리 돌아갈 것이오. 그런데 무슨 걱정이란 말이오? 사지(舍之) 내가 듣기로는, '의지함에는 신의가 제일이다.'라 하오. 우리가 완강히 지키어 초나라 군사를 피로하게 하고, 신의에 의지하여 진나라의 구원을 기다리면 좋지 않겠소이까?" 이 말에 대하여, 자사는 말했다. "시에 이르기를, '꾀 부리는 자 하도 많아서 일이 제대로 되지 않도다. 말하는 자는 뜰에 가득하나, 그 누가 결과의 꾸지람도 맡을 건가? 길 앞으로 나가며 계책 세우지 않아, 갈 길을 얻지 못하는도다.'라 했소. 이렇게 말만 할 것이 아니라, 초나라에 복종합시다. 비(騑) 내가 책임을 지리다." 이렇게 말하고서는 초나라와 화해했다.

정나라는 왕자 백변(伯騈)을 시켜 진나라 측에게 다음과 같이 고하게 했다. "진나라 군주께서는 우리나라에 명하시기를, 전차와 무기를 잘 손질하고, 군사를 잘 다스려, 국경을 범하는 나라를 치라고 하셨습니다. 채나라 사람이 진나라에 대해서 복종하지 않아, 저희 나라의 사람들이 안심하고 살 수가 없었습니다. 그래서 저희 나라의 군비를 다 동원하여, 채나라를 쳐, 사마(司馬)인 공자 섭(燮)을 잡아 형구(邢丘)에서 바쳤던 것입니다. 그런데 이제 초나라 사람이 와 추궁하여 말하기를, '너희 나라는 어찌하여 채나라에 대해서 군대를 동원했느냐?'라 했습니다. 그리고는 도읍 밖 땅의 작은 성을 불태우고 도읍의 외성(外城)으로 진격하여 오니, 저희 나라의 국민 대중은, 부부 남녀가 다 안심하고 있을 틈을 갖지 못하고서, 서로 붙들고만 있습니다. 지금 저희 나라는 이리서리 찢어시고 뒤엎어시고 있시만, 어디에 호소할 데도 없습니다. 국민들이 죽어간 상태는, 부형(父兄)이 안 죽었으면 자제(子弟)가 죽어 죽은 사람이 없는 집이 없습니다. 그리고 나라 사람들이 근심하고 슬퍼하여 어떻게 그들을 보호해야 될지를 모르겠습니다. 백성들은 궁하고 곤란한 처지를 깨닫고는, 초나라에 대해서 복종한다는 맹약을 받아들여, 군주인 나나, 몇몇 경(卿)들은 못하게 하지 못했습니다. 그랬으나 감히 고하지 않을 수가 없어 이에 고합니다."

이 말을 들은 진나라 지무자(知武子 : 荀罃)는 외교사절에 관한 일을 담당하는 관원인 행인(行人) 자원에게 대답하게 했다. "군주께서는 초나라의 문책을 받으신 일이 있었다 하오나 그 일을, 한 사람의 사자를 보내어 저희 나라 군주에게 고하신 일도 없었으며, 바로 초나라에 복종하였습니다. 군주께서 그렇게 하고자 하셨는데, 누가 감히 군주를 어기겠나이까? 저희 나라 군주께서는 장차 제후들을 거느리고 귀족의 도읍 성 밑으로 가 군주를 만나실 것이니, 군주께서는 좋도록 계략을 세우소서."

주해
○ 周詩(주시) — 주나라 시대에 들어서 지어진 시라는 뜻이다. 이 시는 《시경》에 있지 않은 일시(逸詩)다.
○ 職競作羅(직경작라) — 서로 오직 자기의 꾀가 좋다고 다투어 중구난방이 됨.
○ 二竟(이경) — 두 국경. 진나라와 초나라의 국경.
○ 五會之信(오회지신) — 다섯 번의 회합에서 맺은 신의. 다섯 번의 회합은 양공 3년의 계택(鷄澤)의 회합, 5년의 척(戚)의 회합과 성체(城棣)의 회합, 7년의 위(鄬)의 회합, 8년의 형구(邢丘)의 회합을 말한다.
○ 詩云(시운) — 《시경》 소아 소민편(小旻篇)의 구절.
○ 馮陵(빙릉) — 진격하여 들어감.
○ 啓處(계처) — 집에 안심하고 있음.
○ 控告(공고) — 호소함.
○ 夫人(부인) — 사람들.
○ 一个行李(일개행리) — 단 한 사람의 사자(使者).

晉范宣子來聘,하여 且拜公之辱,하고 告將用師于鄭.이라 公享之,에 宣子賦,標有梅.라 季武子曰, 誰敢哉.아 今譬於草木,이면 寡君在君,에 君之臭味也.라 歡以承命,하여 何時之有.라 武子賦,

角弓_{각궁}이라 賓將出_{빈장출},에 武子賦_{무자부}, 彤弓_{동궁}이라 宣子曰_{선자왈}, 城濮之役_{성복지역},에 我_아
先君文公獻功于衡雍_{선군문공헌공우형옹},하고 受彤弓于襄王_{수동궁우양왕},하여 以爲子孫藏_{이위자손장},이라
匄也先君守官之嗣也_{개야선군수관지사야},어늘 敢不承命_{감불승명},가 君子以爲知禮_{군자이위지례}.라

진나라의 범선자(范宣子)가 노나라에 예방하여서는, 공이 진나라를 방문한 수고에 대해 감사를 드리고, 또 장차 진나라가 군사를 내어 정나라를 친다는 것을 고했다. 양공이 그에게 연회를 베풀었는데, 범선자는 그 자리에서 《시경》의 표유매(標有梅)편의 시를 노래불러, 노나라가 군대 내기를 늦게 하지 말라는 뜻을 나타냈다. 그러자 노나라의 계무자(季武子)가 말하기를, "누가 감히 늦게 갈 것입니까? 이제 두 나라 사이를 초목에 비유할 것 같으면, 우리나라 군주의 진나라 군주에 대한 처지는, 진나라 군주의 냄새이고 맛인 관계입니다. 기꺼이 귀국의 명령을 받아, 언제라도 군사를 낼 것입니다."라고 했다. 그리고 계무자는 《시경》의 각궁(角弓)편의 시를 노래불렀다. 손님인 범선자가 연회 자리에서 물러나려 하자, 계무자가 다시 《시경》의 동궁편(彤弓篇)의 시를 노래불러 진나라의 공업(功業)을 찬양하는 뜻을 나타냈다. 그랬더니 범선자가 말하기를, "성복(城濮)의 싸움에서 우리나라 선대 군주(문공)께서는, 그 승리를 형옹에서 천자께 고하시고, 붉은 칠을 한 활을 천자인 양왕으로부터 하사받으시어, 그것을 자손들을 위하여 보물로 삼았습니다. 사개 저는 선대 군주를 모신 벼슬아치의 후계자인데, 어찌 감히 그 고마운 마음을 감사히 받아들이지 않겠습니까?"라고 했다. 군자는 그가 예의를 아는 사람이라고 했다.

주해   ㅇ標有梅(표유매) - 《시경》 풍 소남의 시편 이름. 여자가 혼기(婚期)를 놓치는 것을 노래한 시인데, 여기에서는 출병 시기에 늦지 않도록 하라는 뜻으로 노래불렀다고 이해된다.

o 角弓(각궁)-《시경》 소아의 시편 이름. 이 시는 원래 구족(九族)을 친하게 대하지 않고, 쓸데없는 사람들과만 친하게 대한다고 원망하는 마음을 담은 것이지만, 여기에서는 노나라가 진나라를 좋아하여, 그 명에 복종한다는 뜻으로 노래부른 것이라고 이해된다.
o 彤弓(동궁)-《시경》 소아의 시편 이름. 이 시는 원래 천자가 공이 있는 제후에게 상을 주었음을 찬양한 것인데, 여기에서는 진나라 군주가 패자로서 공이 크다고 찬양하는 뜻으로 노래부른 것이다.
o 爲子孫藏(위자손장)-자손을 위하여 보물로 삼음.
o 守官(수관)-벼슬을 지킴. 사개의 가문은 대대로 진나라의 중신으로 있었다.

| 經 | o 九年春,에 宋災.라
o 夏,에 季孫宿如晉.이라
o 五月辛酉,에 夫人姜氏薨.이라
o 秋八月癸未,에 葬我小君穆姜.이라
o 冬,에 公會晉侯·宋公·衛侯·曹伯·莒子·邾子·滕子·薛伯·杞伯·小邾子·齊世子光,하여 伐鄭.이라
o 十有二月己亥,에 同盟于戲.라
o 楚子伐鄭.이라

9년 봄에 송나라에 화재가 있었다.
여름에, 계손숙이 진나라에 갔다.
5월 신유날에, 부인 강씨가 훙거했다.
가을 8월 계미날에, 우리나라의 군주 부인 목강(穆姜)을 장사 지

냈다.

　겨울에, 공이 진나라 군주인 후작·송나라 군주인 공작·위나라 군주인 후작·조나라 군주인 백작·거나라 군주인 자작·주나라 군주인 자작·등나라 군주인 자작·설나라 군주인 백작·기나라 군주인 백작·소주나라 군주인 자작·제나라 세자인 광(光) 등과 회합을 갖고, 정나라를 쳤다.

　12월 기해날에, 희(戱)에서 동맹을 맺었다.

　초나라 군주인 자작이 정나라를 쳤다.

| 주해 | ○五月辛酉(오월신유)−5월 29일.
○八月癸未(팔월계미)−8월 23일.
○十有二月己亥(십유이월기해)−전문에는 '십일월기해(十一月己亥)'로 되어 있다. 전사(傳寫)의 착오라고 본다. 11월 기해는 11월 10일.
○戱(희)−정나라의 지명으로, 일명 희동(戱童)이라 했다. 성공 17년조에 나왔다.

| 傳 | 九年春,에 宋災,라 樂喜爲司城以爲政,하여 使伯氏司里,하여 火所未至,는 徹小屋,하고 塗大屋,하며 陳畚挶,하고 具綆缶,하며 備水器,하고 量輕重,하며 蓄水潦,하고 積土塗,하며 巡丈城,하고 繕守備,하며 表火道,라 使華臣具正徒,하고 令隧正納郊保奔火所,라 使華閱討右官,하여 官庀其司,하고 向戌討左,하여 亦如之,하고 使樂遄庀刑器,하여 亦如之,라 使皇鄖命校正出馬,하고 工正出車,하며 備甲兵,하여 庀武守,라 使西鉏吾庀府守,하고 令司宮·巷伯儆宮,이라 二師令四鄕正敬享,하고 祝宗用馬于四墉,

하며 祀盤庚于西門之外.라

晉侯問於士弱曰, 吾聞之,하되 宋災.라 於是乎知有天道.라하
거늘 何故.아 對曰, 古之火正,은 或食於心,하고 或食於咮,하여
以出內火.였나이다 是故,로 咮爲鶉火,하고 心爲大火.였나이다 陶
唐氏之火正閼伯居商丘,하여 祀大火而火紀時焉,하고 相土因之.
였나이다 故로 商主大火.였나이다 商人閱其禍敗之釁,에 必始於
火.였나이다 是以日知其有天道也.이리이다 公曰, 可必乎.아 對
曰, 在道.이오니다 國亂,이면 無象,이오니 不可知也.라소이다

9년 봄에 송나라에 화재가 있었다. 당시에 악희(樂喜 : 子罕)는 사성(司城)이 되어 정치를 하고 있었으며, 그는 백씨(伯氏)에게 도읍의 시가(市街)를 장악하게 하여, 불이 퍼지지 않은 곳은 작은 집은 헐고, 큰 집에는 흙을 바르게 했으며, 흙 나르는 삼태기를 준비하고, 물 뜨는 두레박을 구비시키며, 물 담는 그릇을 갖추고, 그 기구의 경중(輕重)을 따져 운반할 사람 수를 정하며, 물을 비축하고, 흙을 쌓아두며, 성벽을 순찰하여 수비를 단단히 하고, 불길이 가는 방향을 잘 표시하게 했다. 그리고 사도(司徒)인 화신(華臣 : 華元의 아들)에게 정규적으로 부리는 인부를 준비하게 하고, 수정(隧正) 벼슬에 있는 자에게 명하여 교외(郊外)의 작은 성안에 사는 사람들을 불 끄는 일에 종사토록 불러들이게 했다. 그리고 또 화열(華閱 : 華元의 아들)에게 우사(右師)가 다스리는 관원들을 지휘케 하고, 동시에 그에게 소속된 관원들도 실수가 없도록 했다. 한편 상술(向戌)로 하여금 좌사(左師)가 다스리는 관원들을 지휘케 하고, 동시에 그에게 소속된 관원들도 실

수가 없게 하며, 악천(樂遄)에게는 형구(刑具)를 준비하여 대기하고, 그에게 소속된 관원들이 실수가 없도록 했다. 그리고 황운(皇鄖)에게 군부의 말[馬]을 장악하는 교정(校正)은 말을, 전차를 장악하는 공정(工正)은 전차를 각각 준비케 하고, 또 무기를 갖추어 수비하게 했다. 한편, 서서오(西鉏吾)에게 부고(府庫)를 잘 지키게 하고, 내시관의 장(長)인 사궁(司宮)과 궁전의 문 등을 맡는 관원의 장인 항백(巷伯)에게 궁전을 잘 지키게 했다. 좌사(左師)와 우사(右師)는 네 향대부(鄕大夫)에게 공경스럽게 사방의 신에게 제사 지내도록 하게 하고, 대축(大祝)과 종인(宗人)에게는 사방의 성벽에 말을 제물로 올리게 하며, 또 송나라 조상인 반경(盤庚)에 대한 제사를 서문 밖에서 지내게 했다.

그때, 진나라 군주가 사약(士弱:士渥濁의 아들)에게 말하였다.

군주—내 듣기에, '송나라에 화재가 났다. 이 일로 하늘이 화와 복을 내릴 것이라고 안다.'라고 말하는데, 그것은 무엇 때문일까?

사약—옛날 불에 대한 행정을 맡았던 벼슬 화정(火正)은, 혹은 심성(心星) 자리의 지방에 봉(封)된다든가, 혹은 주성(咮星) 자리의 지방에 봉되어 있어 (火星을 관측해서) 백성들에게 불을 내고 드리도록 명령했던 것이옵니다. 그랬기에, 주성을 순화(鶉火)라 했사옵고, 심성을 대화(大火)라 했사옵니다. 도당씨(陶唐氏), 즉 요(堯)임금 때의 화정관(火正官)이었던 알백(閼伯)은 상구(商丘)에 있으면서 대화에게 제사를 지내고, 화성의 출몰을 관측하여 불을 내고 드릴 시기를 기록했사옵고, 그후 상(商)나라의 선조였던 상토(相土)도 알백의 뒤를 이어 상구에서 화성을 관측했사옵니다. 그랬던 일로, 상나라는 대화에게 제사 지내는 일을 중요시했사옵니다. 상나라 사람이 자기 나라에서 일어나는 재화(災禍)의 원인을 조사한 결과, 그것은 반드시 화재에서 시작되었던 것이옵니다. 그래서 미리 하늘이 내리는 화복이 있을 것이라고 알고 있는 것 같사옵니다.

군주―그럼, 꼭 화가 있을 것인가?

사약―그것은 그 나라의 도(道)가 행해져 있는가 없는가에 따르옵니다. 나라가 어지러우면, 여러 가지 화가 일어나 일정하지 않사오니, 무슨 화가 있을 것인지 알 수가 없나이다.

주해

○司城(사성)―당시 송나라에는 여섯 경(卿)이 있어, 그 순서는 우사(右師)・좌사(左師)・사마(司馬)・사도(司徒)・사성(司城)・사구(司寇) 순이었다. 악희는 다섯째 자리를 차지하고 있었으면서도, 어진 사람이었기에 국정을 쥐고 있었다.

○鄕正(향정)―향대부.

○祝宗(축종)―신관(神官)인 대축(大祝)과 제례를 맡은 종인(宗人).

○心(심)―동방칠성(東方七星)의 하나로, 칠성 중에서 가장 밝고, 대화(大火)라고도 했다.

○咮(주)―남방칠성(南方七星)의 하나로, 순화(鶉火) 또는 유성(柳星)이라고도 한다.

○商丘(상구)―송나라 도읍으로, 지금의 하남성 상구현(商丘縣)에 있음.

夏,에 季武子如晉,은 報宣子之聘也.라
穆姜薨於東宮.이라 始往而筮之,하니 遇艮之八≡≡.이라 史曰,
是謂艮之隨≡≡.이오니다 隨其出也,이니 君必速出.하소서 姜曰,
亡.라 是於周易曰, 隨元亨利貞,으로 無咎.라 元體之長也,요 亨
嘉之會也,며 利義之和也,요 貞事之幹也.라 體仁足以長人,하고
嘉德足以合禮,하며 利物足以和義,하고 貞固足以幹事.라 然故로
不可誣也.라 是以雖隨無咎.라 今, 我婦人而與於亂,하고 固在

下位_{하위},하여 而有不仁_{이유불인},하니 不可謂元_{불가위원},하고 不靖國家_{부정국가}에 不可謂亨_{불가위형},
이며 作而害身_{작이해신}에 不可謂利_{불가위리}하고 棄位而姣_{기위이교}에 不可謂貞_{불가위정}.이라 有_유
四德者_{사덕자},라야 雖隨而無咎_{수수이무구},이어늘 我皆無之_{아개무지},에 豈隨也哉_{기수야재}아 我則_{아즉}
取惡_{취악},에 能無咎乎_{능무구호}아 必死於此_{필사어차}.하리라 弗得出矣_{부득출의}.라
　　　　　　秦景公使士雃乞師于楚_{진경공사사견걸사우초}.라 將以伐晉_{장이벌진}.이라 楚子許之_{초자허지}.라 子囊_{자낭}
曰_왈, 不可_{불가}.라소이다 當今_{당금},에 吾不能與晉爭_{오불능여진쟁}.이오이다 晉君類能而使_{진군류능이사}
之_지,하옵고 擧不失選_{거불실선},하오며 官不易方_{관불역방}.이오이다 其卿讓於善_{기경양어선},하옵고
其大夫不失守_{기대부불실수},하오며 其士競於敎_{기사경어교},하옵고 其庶人力於農穡_{기서인력어농색},하오며
商工皁隸不知遷業_{상공조례부지천업},이오이다 韓厥老矣_{한궐로의},이오나 知罃稟焉以爲政_{지앵품언이위정},
하옵고 范匃少於中行偃_{범개소어중행언},이오나 而上之使佐中軍_{이상지사좌중군},하오며 韓起少欒_{한기소란}
饜_염,이오나 而欒饜·范鮁上之使佐上軍_{이란염범방상지사좌상군},하옵고 魏絳多功_{위강다공},이오나
以趙武爲賢_{이조무위현},하여 而爲之佐_{이위지좌}.이오이다 君明臣忠_{군명신충},하고 上讓下競_{상양하경},이
오니 當是時也_{당시시야},에 晉不可敵_{진불가적}.이오이다 事之而後可_{사지이후가},하오니 君其圖_{군기도}
之_지.하소서 王曰_{왕왈}, 吾旣許之矣_{오기허지의},니 雖不及晉_{수불급진},이라도 必將出師_{필장출사}.하리라
秋_추,에 楚子師于武城_{초자사우무성},하여 以爲秦援_{이위진원}.이라 秦人侵晉_{진인침진},이나 晉饑_{진기},하
여 弗能報也_{불능보야}.라

여름에, 노나라 계무자가 진나라에 간 것은, 범선자(范宣子)가 예방한 일에 대해 답례차 간 것이었다.

(선공의 부인이고, 성공의 어머니이며, 양공의 할머니가 되는) 목강(穆姜)이 동궁에서 훙거했다. 목강이 동궁으로 자리를 옮기어 산가지 점을 치니, 간괘(艮卦)가 팔괘(八卦)로 변한다는 결과가 나왔다. 점을 친 사관(史官)이 말하기를, "이것은 간괘가 수괘(隨卦)로 변한다는 것이옵니다. 수(隨)는 밖으로 나간다는 것이오니, 소군(小君)께서는 속히 이 동궁을 빠져나가소서."라고 했다. 그랬더니 목강은 말하였다. "그럴 수 없소. 수괘는 주역(周易)에 풀이하여 이르기를, '수괘는 원형리정으로, 잘못과 죄를 책망받음이 없다.'라 했소. 원(元)은 본체의 맨 위이고, 형(亨)은 좋은 덕의 모임이며, 이(利)는 의리를 정당히 행함이고, 정(貞)은 일을 처리함의 근본인 것이오. 인(仁)을 몸에 갖추면 사람들의 우두머리가 되고, 훌륭한 덕은 예의에 알맞게 할 수 있으며, 모든 것이 이로우면 의리를 고르게 할 수 있고, 정절(貞節)이 굳으면 일을 성취할 수가 있는 것이오. 이런 고로, 이것들을 갖추고 있는 사람은 속일 수가 없소. 그래서 이 네 가지를 갖춘 사람은 점을 쳐, 수괘가 나오더라도 책망받음이 없소이다. 그런데 지금 나는 여자이면서 난리에 가담했고, 원래 아래 위치에 있었던 데다가 어질지를 못하니, 원(元)이라 이를 수 없고, 국가를 편안하게 못했으므로 형(亨)이라 이를 수가 없으며, 나쁜 짓을 하여 내 몸을 해쳤으니 이(利)라 이를 수가 없고, 군주 부인의 자리를 생각하지 않고 몸단장에 힘써 음란한 행동을 하였으니 정(貞)이라 이를 수가 없소이다. 원래 네 가지 덕을 갖추어야 수괘가 나왔다 하더라도 책망받는 일이 없는 것인데, 나야 네가지 덕이 다 없는데 어찌 수괘가 내 운수가 되겠소? 나는 악한 짓을 했는데, 내게 책망이 없겠소이까? 나는 반드시 여기서 죽으리다. 떠나갈 수가 없소이다."

　진(秦)나라 경공(景公)이 사견(士雃)을 보내어 초나라에 대해서 군사를 내어 달라고 요청했다. 그 군력을 빌어 진(晉)나라를 치자는 것이었다. 초나라 군주가 그 요청을 받아들였다. 그러자 자낭(子囊)이 말했다. "아니되옵니다. 현재 우리는 진(晉)나라와 다툴 수가 없사옵니다. 진나라 군주는 인재를 적재적소에 쓰옵고, 사람을 등용함에 차질이 없사오며, 국가의 관원들은 지킬 직책을 다 잘 지키고 있사옵니다. 그리고 경(卿)들은 착한 사람에게 권익을 양보하옵고, 대부들은 직분을 지키오며, 사(士)들은 군주의 명령 따르기를 다투옵고, 서민들은 농사일에 힘쓰오며, 상공인이나 벼슬이 천한 사람들은 가업을 바꿀 것을 알지 못하고 있사옵니다. 한궐(韓厥)은 이미 정계에서 은퇴했사오나, 국정을 보는 지앵(知罃 : 荀罃)이 한궐에게 여쭈어 그의 지시를 받아 정치를 하옵고, 범개(范匃)는 중행언(中行偃 : 荀偃)보다 어리오나, 중행언은 범개를 자기 위에 올려 중군부장이 되게 했사오며, 한기(韓起)는 난염(欒黶)보다 어리오나 난염과 범방(范鮁)은 한기를 자기들보다 높여 상군부장이 되게 하였삽고, 위강(魏絳)은 공이 많사오나, 조무(趙武)를 어진 사람이라 하여, 신군대장으로 하고 자신은 그의 부장이 되었나이다. 군주는 밝고, 신하들은 충성스럽고, 윗사람들은 양보하고, 아랫사람들은 명령에 순종하기를 다투오니, 지금 당장에는 진나라를 대적할 수가 없사옵니다. 오히려 진나라를 섬기는 것이 좋사오니, 군주께서는 헤아리소서." 이 말을 들은 초왕은 말하기를, "내 이미 진(秦)나라의 요청에 대해서 허락했으니, 우리나라의 국력이 비록 진(晉)나라의 국력에 미치지 못한다 하더라도, 반드시 군사를 내야겠다."라고 했다. 그리고 가을에, 초나라 군주는 무성(武城)으로 군대를 내어, 진(秦)나라의 원군(援軍)으로 삼았다. 진(秦)나라 사람이 진(晉)나라를 침공했으나, 진(晉)나라는 흉년이 들어, 상대할 수가 없었다.

┃주해┃ ○隨其出也(수기출야)─수괘는 아래가 진(震☳)이고, 윗부분은 태(兌☱)로, 진은 발로 움직이는 것, 동방(東方)을 뜻하고, 태는 기뻐한다는 뜻을 지닌다. 그래서 수괘는 발을 움직여 밖으로 나가 기뻐한다는

뜻으로 풀이되니, 동궁에서 빠져나가라고 권한 것이다.
ㅇ隨元亨利貞(수원형리정), 無咎(무구)-《주역》 수괘의 괘사(卦辭).
ㅇ類能而使之(유능이사지)-재능에 의해 씀. 적재적소에 씀.
ㅇ皁隸(조례)-천관(賤官).
ㅇ稟(품)-여쭈어 지시를 받음.

　　　　　　　동시월　　　　제후벌정　　　　　경오　　　　계무자　　제최저　　송황운
　　　　　　冬十月,에　諸侯伐鄭.이라　庚午,에　季武子·齊崔杼·宋皇鄖
　　　　　종순영　　사개　　　　문우전문　　　　　위북궁괄　　조인　　주인종순
　　　　從荀罃·士匄,하여　門于鄟門,하고　衛北宮括·曹人·邾人從荀
　　　　언　　한기　　　　문우사지량　　　　등인　　설인종란염　　사방
　　　　偃·韓起,하여　門于師之梁,하며　滕人·薛人從欒黶·士魴,하여
　　　　문우북문　　　　기인　　예인종조무　　위강　　　　참행률　　　　갑
　　　　門于北門,하고　杞人·郳人從趙武·魏絳,하여　斬行栗.이라　甲
　　　　술　　사우범　　　　영어제후왈　　수기비　　　　성후량　　　　귀로
　　　　戌,에　師于氾.이라　令於諸侯曰, 脩器備,하고　盛餱糧,하며　歸老
　　　　유　　　거질우호뢰　　　　　사생　　　위정　　　정인공　　　　내행
　　　　幼,하고　居疾于虎牢,하며　肆眚,하여　圍鄭.하라　鄭人恐,하여　乃行
　　　　성　　　중행헌자왈　수위지　　　이대초인지구야　　　　이여지
　　　　成.이라　中行獻子曰, 遂圍之,하여　以待楚人之救也,하여　而與之
　　　　전　　　불연　　　무성　　　지무자왈　　허지맹이환사　　　　이폐
　　　　戰.이라　不然,이면　無成.이라　知武子曰, 許之盟而還師,하여　以敝
　　　　초인　　　오삼분사군　　　　여제후지예이역래자　　　어아미병
　　　　楚人.이라　吾三分四軍,하여　與諸侯之銳以逆來者,면　於我未病,
　　　　　　　초불능의　　　유유어전　　　　폭골이령　　　불가이쟁　　대
　　　　하고　楚不能矣.라　猶愈於戰.이라　暴骨以逞,은　不可以爭.이라　大
　　　　　　　　로미애　　　군자로심　　　　소인로력　　　　선왕지제야　　　제
　　　　勞未艾.라　君子勞心,하고　小人勞力,이라함은　先王之制也.라　諸
　　　　　후개불욕전　　　내허정성　　　　십일월기해　　　동맹우희　　　정복
　　　　侯皆不欲戰,에　乃許鄭成.이라　十一月己亥,에　同盟于戲,는　鄭服
　　　　야　　　장맹　　　정륙경공자비　　공자발　　　공자가　　　공손첩　　공
　　　　也.라　將盟,에　鄭六卿公子騑·公子發·公子嘉·公孫輒·公
　　　　손채　　공손사지급기대부문자개종정백
　　　　孫蠆·公孫舍之及其大夫門子皆從鄭伯.이라

晉士莊子爲載書,하니 曰, 自今日旣盟之後,로 鄭國而不唯晉
命是聽,하여 而或有異志者,면 有如此盟.하리라 公子騑趨進曰,
天禍鄭國,하여 使介居二大國之間.이라 大國不加德音,하여 而亂
以要之,하여 使其鬼神不獲歆其禋祀,하고 其民人不獲享其土利,
하며 夫婦辛苦墊隘,라도 無所厎告.라 自今日卽盟之後,로 鄭國
而不唯有禮與彊可以庇民者是從,하여 而敢有異志者,면 亦如
之.라 荀偃曰, 改載書.하라 公孫舍之曰, 昭大神要言焉,이어늘
若可改也,면 大國亦可叛也.라 知武子謂獻子曰, 我實不德,하여
而要人以盟.이라 豈禮也哉.아 非禮何以主盟.가 姑盟而退,하여
脩德息師而來,면 終必獲鄭.이라 何必今日.가 我之不德,엔 民將
棄我,어늘 豈唯鄭.가 若能休和,면 遠人將至.라 何恃於鄭.가 乃
盟而還.이라
晉人不得志於鄭,하여 以諸侯復伐之.라 十二月癸亥,에 門其
三門,하고 閏月戊寅,에 濟于陰阪侵鄭,하여 次于陰口而還.이라
子孔曰, 晉師可擊也.라 師老而勞,하고 且有歸志,니 必大克之.
리라 子展曰, 不可.라

 겨울 10월에, 제후들이 정나라를 쳤다. 경오날에 노나라 계무자(季
武子:季孫宿)·제나라 최저(崔杼)·송나라 황운(皇鄖) 등은 진나라

순앵(荀罃)과 사개(士匄)를 따라 정나라의 전문(鄟門)을 공격하고, 위나라 북궁괄(北宮括)·조나라 사람·주나라 사람 등은 진나라 순언(荀偃)과 한기(韓起)를 따라 정나라의 사지량문(師之梁門)을 공격했으며, 등나라 사람·설나라 사람은 진나라 난염(欒黶)과 사방(士魴)을 따라 정나라의 북문을 공격하고, 기나라 사람·예나라 사람은 진나라 조무(趙武)와 위강(魏絳)을 따라 길가에 있는 밤나무를 베었다. 갑술날에, 제후들의 연합군은 범(氾)에 집합하여 주군(駐軍)했다. 당시에 진나라 군주는 제후들에게 영을 내려 말하기를, "무기를 손질하고, 군량을 모아 쌓으며, 늙은이와 어린 사람은 돌려보내고, 병든 사람은 호뢰(虎牢)로 가 있게 하며, 군율(軍律)을 범한 죄인을 용서하여 정나라 도읍을 포위하게 하시오."라고 했다. 이에 정나라 사람은 두려워하여, 곧 화평을 맺으려 했다. 그때, 중행헌자(中行獻子 : 荀偃)가 말하기를, "바로 정나라 도읍을 포위하여, 초나라 사람이 정나라를 구원하러 옴을 기다려, 그 초군과 싸웁시다. 그러지 않으면, 정나라가 진심으로 굴복하여 화평을 맺는 일은 없을 것이오."라고 했다. 그러자 지무자(知武子 : 荀罃)가 말하였다. "정나라의 요청을 들어 맹약하여 제후들의 군사를 돌려보내고, 초나라 사람들을 피로하게 합시다. 우리는 우리의 사군(四軍)을 세 군단으로 나누어, 제후들의 정예부대들과 쳐들어오는 초군을 맞이하면, 우리는 피로하지 않았는데도 초군은 피로하여 싸우지 못할 것이오. 이 전법이 지금 싸우는 것보다 좋소이다. 많은 전사들의 시체가 야원(野原)에 흩어져 있게 하여 만족한데서야, 초나라와 우열을 다툴 수는 없습니다. 정나라를 굴복케 할 큰 수고로운 일이 아직 끝나지 않았습니다. '윗사람은 마음을 수고롭게 하고, 아랫사람은 힘을 내어 몸을 수고롭게 한다.'는 것은, 옛날의 어진 임금께서 마련한 법도입니다." 제후들이 다 싸우려 하지 않아서, 결국 정나라에 대해서 화평 맺기를 허락했다. 11월 기해날에, 희(戱)에서 동맹을 맺었다고 경문에 말해 있는 것은, 정나라가 항복해서였다. 양측이 맹약을 맺으려 하여 정나라의 육경(六卿)인 공자 비(騑)·공자 발(發)·공자 가(嘉)·공손첩(公孫輒)·공손채(公孫蠆)·공손사지(公孫舍之) 및 그들의 부하인 대부들과 그들의 아들들이 다 정나라 군주를 따라나섰다.

 진나라 사장자(士莊子: 士弱)가 맹서문을 지어 읽어 말하기를, "오늘 맹약을 맺은 뒤로부터, 정나라가 진나라의 명령을 듣지 않고서, 혹시 다른 뜻을 갖는다면, 이 맹약에서 규정한대로 벌을 받을 것이다."라고 말했다. 그러자 정나라의 공자 비(騑)가 달려나가, "하늘이 정나라에 화를 내리어, 진·초의 두 큰 나라 사이에 있게 했습니다. 큰 나라가 우리 정나라에 대해서 덕을 베풀지 않고, 무력으로 복종을 강요하여, 우리나라 조상의 신으로 하여금 제사를 받지 못하게 하고, 우리 정나라 국민들로 하여금 토지에서 얻는 이익을 제대로 얻지 못하여, 백성들의 부부들이 고생하여 피로하더라도, 호소할 곳이 없게 했습니다. 오늘 맹약을 맺은 뒤로부터, 정나라는 예의와 강함에 있어서, 정나라의 백성을 보호할 수가 있는데도 따르지 않고서, 감히 다른 마음을 갖는다면, 또한 이 맹약에 정한 바와 같은 벌을 받을 것이오."라고 정나라 측의 맹서문을 읽었다. 그것을 들은 진나라 순언은, "그 맹서문을 고치시오."라고 말하였다. 그러자 정나라의 공손사지가 말하기를, "우리는 명백히 큰 신(神)에게 맹서했는데, 이 맹서문을 고칠 수가 있다면, 큰 나라인 귀국도 또한 배반할 수가 있다는 것이 됩니다."라고 했다. 이에, 신나라 시무사(知武子·荀罃)가 헌자(獻子: 荀偃)에게 말했다. "우리는 실로 덕이 없으면서도 억지로 맹서하게 했소이다. 이 어찌 예에 맞는 일일 것이오? 예에 맞지 않는 짓을 하고 어떻게 맹주(盟主)가 되리오? 맹약을 하고 잠시 물러나, 덕을 닦고 군사를 휴식시켰다가 다시 온다면, 결국 정나라는 우리 손아귀에 넣을 수 있소. 어찌 하필 오늘에야만 정나라를 굴복시켜야 한단 말이오? 우리가 덕이 없으면 우리의 국민들도 우리를 버릴 것인데, 어찌 정나라만 우리를 배신할 것이오? 만약 덕으로써 백성들을 편안게 하고 화평케 할 것 같으면, 먼 나라의 사람들도 따를 것이오. 그런데 어찌 정나라만 따른다 생각할 것이오?" 진나라는 정나라와 맹약하고 귀환했다.

진나라 사람은 정나라에 대해서 뜻대로 되어지지 않자, 제후들을 거느리고 다시 정나라를 쳤다. 12월 계해날에, 정나라의 삼문(三門)을 치고, 윤달 무인날에는 음판(陰阪)을 건너 정나라를 침공하고, 음구(陰口)에 주군했다가 귀환했다. 그때, 정나라 자공(子孔 : 공자 嘉)이 말하기를, "진나라 군사를 지금 공격하는 게 좋소. 진나라 군사는 지금 나온 지 오래되어 피로해 있고, 자기 나라로 돌아가고자 하는 마음을 가지고 있으니, 치면 반드시 대승(大勝)하리다."라고 했다. 그러나 자전(子展 : 公孫舍之)은, "안됩니다."라고 했다.

주해
- ㅇ庚午(경오) — 11월 11일.
- ㅇ鄟門(전문) — 정나라의 도읍인 동문(東門) 이름.
- ㅇ師之梁(사지량) — 정나라의 도읍인 서문 이름.
- ㅇ行栗(행률) — 길가의 밤나무. 당시에 군기를 만들기 위하여, 길가의 밤나무를 베었다.
- ㅇ郳(예) — 경문의 소주(小邾)를 말한다.
- ㅇ甲戌(갑술) — 10월 15일.
- ㅇ載書(재서) — 맹서문.
- ㅇ德音(덕음) — 훌륭한 덕.
- ㅇ要言(요언) — 맹약함.
- ㅇ癸亥(계해) — 12월 5일.
- ㅇ三門(삼문) — 정나라 도읍의 세 문. 즉 전문(鄟門)·사지량·북문.
- ㅇ閏月戊寅(윤월무인) — 12월이 윤달이었는지 알 수 없다. 일설에 '윤월(閏月)'은 '문오일(門五日)'을 잘못 쓴 것이라고도 한다. 그렇다면 삼문의 한 문을 5일씩 공격하고 난 뒤의 문인, 즉 12월 20일이 된다.
- ㅇ陰阪(음판) — 유수(洧水)를 건너는 나루로, 지금의 하남성 신정현(新鄭縣) 서쪽.

○陰口(음구)-유수의 남쪽 해안.

　　　　　공송진후　　　진후이공연우하상　　　　문공년　　계무자대왈
　　　　公送晉侯,에 晉侯以公宴于河上.이라 問公年,에 季武子對曰,
　회우사수지세　　과군이생　　　　진후왈 십이년의　　　시위
　會于沙隨之歲,에 寡君以生.이오니다 晉侯曰, 十二年矣.라 是謂
　일종　　 일성종야　　　국군십오세이생자　　　관이생자　　　　예
　一終,이니 一星終也.라 國君十五歲而生子,어늘 冠而生子,가 禮
　야　　 군가이관의　　　　대부합위관구　　　무자대왈　　군관필이관
　也.라 君可以冠矣.라 大夫盍爲冠具.아 武子對曰, 君冠必以裸
　향지례행지　　　 이금석지악절지　　　　이선군지조처지
　享之禮行之,하고 以金石之樂節之,하여 以先君之祧處之.이오니
　다 금　　 과군재행　　　 미가구야　　　　청급형제지국이가비
　다 今, 寡君在行,이오니 未可具也.라소이다 請及兄弟之國而假備
　언　　　　 진후왈　 낙　　 공환급위　　　관우성공지묘　　 가
　焉.이오니다 晉侯曰, 諾.이라 公還及衛,하여 冠于成公之廟.라 假
　종경언　　 예야
　鐘磬焉,은 禮也.라
　　　　초자벌정　　　자사장급초평　　　 자공　자교왈　여대국맹
　　　　楚子伐鄭,에 子駟將及楚平.이라 子孔·子蟜曰, 與大國盟.하
　여 구혈미건이배지　　　 가호　 자사　자전왈　오맹고운유강
　여 口血未乾而背之,하고 可乎.아 子駟·子展曰, 吾盟固云唯彊
　시종　　 금　 초사지　　진불아구　　 즉초강의　　 맹서지언
　是從.이라 今, 楚師至,에 晉不我救,이니 則楚疆矣.라 盟誓之言,
　을 기감배지　　 차요맹무질　　　 신불림야　　소림유신　　　 신
　을 豈敢背之.아 且要盟無質,이니 神弗臨也.라 所臨唯信.이라 信
　자　 언지서야　　선지주야　　 시고　 임지　　명신불렬요맹
　者,는 言之瑞也,요 善之主也.라 是故로 臨之.라 明神不蠲要盟,
　하니 배지가야　　내급초평　　 공자피융입맹　　　 동맹우중
　하니 背之可也.라 乃及楚平.이라 公子罷戎入盟,하고 同盟于中
　분　　 초장부인졸　　　왕미능정정이귀
　分.이라 楚莊夫人卒,하여 王未能定鄭而歸.라
　　　　　진후귀　　 모소이식민　　　위강청시사　　 수적취이대
　　　　　晉侯歸,하여 謀所以息民,에 魏絳請施舍.라 輸積聚以貸,하되
　자공이하구유적자　　　 진출지　　국무체적　　　 역무곤인
　自公以下苟有積者,가 盡出之.라 國無滯積,하고 亦無困人.이라

公無禁利,하고 亦無貪民.이라 祈以幣更,하고 賓以特牲,하며 器
用不作,하고 車服從給.이라 行之期年,에 國乃有節.이라 三駕而
楚不能與爭.이라

노나라 양공이 진나라 군주가 나라로 돌아감을 전송했는데, 진나라
군주는 공과 같이 황하(黃河) 가에서 주연(酒宴)을 베풀었다. 그곳에
서 진나라 군주가 공의 나이를 물으니, 노나라 계무자(季武子)가 대
답하기를, "(성공 16년의) 사수(沙隨)에서 제후들께서 회합을 가지셨
던 해에 저희 군주께서 탄생하셨사옵니다."라고 했다. 그랬더니 진나
라 군주는, "열두 살이시군. 12년을 일종(一終)이라 이르니, 이것은
세성(歲星), 즉 목성(木星)이 천체를 한 번 돈다는 것이오. 나라의 군
주는 열다섯 살이면 아들을 낳는 법인데, 원복(元服)을 하고 난 뒤에
아들을 낳는 것이 예법이오. 그러니 군주는 원복을 하셔야 하오. 대
부는 어찌 원복함에 필요한 것을 갖추지 않는가?"라고 말하였다. 계
무자는 이 말에 대하여 말했다. "군주가 원복을 하실 때에는 반드시
술을 선조의 신에게 올려 제사를 지내고, 금석(金石)으로 된 악기로
음악을 연주하면서 선대 군주의 사당에서 하는 것이옵니다. 그러하온
데, 현재 저희 군주께서는 외지에 와 계시오니, 그 준비를 할 수 없사
옵니다. 그러하오니 친척의 나라, 즉 동성(同姓)의 나라에 도착하여
필요한 것들을 하도록 하게 해주옵소서." 이 말에, 진나라 군주는 응
낙했다. 그래서 공은 돌아오다가 위나라에 당도하여, 위나라 성공(成
公)의 사당에서 원복했다. 위나라에서 종(鐘)·경(磬)을 빌려 쓴 일은
예의에 맞는 처사였다.

초나라 군주인 자작이 정나라를 쳤다. 그때, 정나라 자사(子駟)가
초나라와 화평을 맺으려 했다. 그러자 자공(子孔)과 자교(子蟜)가,
"큰 나라(진나라)와 맹서하고서, 맹서할 때에 입에 바른 피가 아직

마르지도 않았는데 배반해도 좋을까요?"라고 했다. 그러자 자사와 자전(子展)이 말하였다. "우리가 (진나라와) 맹서한 것은, 실로 다만 강한 편에 대해서 복종하겠다고 말한 것이오. 이제 초나라 군사가 쳐들어왔는데, 진나라가 우리의 구원자가 되지 못하고 있으니, 당장은 초나라가 강자요. 맹서한 말을, 우리가 어찌 감히 배반하는 게 된단 말이오? 그리고 억지로 맹서 맺은 것은 진실성이 없는 것이며, 그 맹서 맺은 곳에는 신(神)이 들여다보지 않는 것이오. 신이 임(臨)하는 바는, 오직 신의가 있는 데 대해서만인 것이오. 신의라는 것은 한 말을 실행한다는 표시이고, 선(善)의 기본인 것이오. 그러므로 신의가 있는 곳에 신은 임하는 것이오. 밝은 신은 억지로 맺는 맹서를 결백하다고 여기지 않으니, 그런 맹서야 배반해도 좋은 것이오." 그리고는 곧 초나라와 화평을 맺었다. 그때, 초나라 공자 피융(罷戎)이 정나라 도읍으로 들어가 맹서를 맺고, 중분(中分)에서 두 나라가 동맹을 맺었다. 그런데 때마침, 초나라 장왕(莊王)의 부인(공왕의 어머니)이 세상을 떠나게 되어, 초왕은 정나라를 완전히 평정하지 못한 채 돌아갔다.

　진나라 군주가 본국으로 돌아가, 어떻게 하면 국민을 안식시킬 것인가를 의논했는데, 그때 위강(魏絳)이 은혜를 베풀고 국민 부리기를 중지해 주기를 청원드렸다. 그래서 진나라 군주는, 비축해 두었던 양곡을 내어 백성들에게 빌려주되, 군주 이하 조금이라도 저축해 두었던 사람들이 다 비축한 양곡을 내놓았다. 그래서 나라 안에는 남아 있는 비축 양곡이 없게 되었고, 양곡이 없어 곤란한 사람이 또한 없게 되었다. 또한 군주가 국민에게 부당한 이익을 취하는 것을 허용하는 일도 없었고, 이익을 탐내는 백성 또한 없었다. 제사 지내는 데는 종전에 소나 양을 제물의 희생으로 바쳤던 것을 폐백(幣帛)으로 바꾸어 대용하고, 나라의 손님을 대접하는 데는, 소가 되었건 양이 되었건 한가지만으로 대접하며, 기구(器具)는 낡은 것을 써 새것을 만들어 쓰지 않고, 수레나 의복은 소용닿는 대로 쓰고 입고 했다. 그리하여

만 1년을 행하고 나니, 국중 사람들은 절도(節度)를 지키게 되었다. 그래서 세 차례나 군사를 출동시켰으며(정나라를 쳤으나), 초나라는 진나라를 상대로 싸우지 못하였다.

주해 ㅇ以公(이공)-양공을 데리고, 양공과 같이.
　ㅇ一終(일종)-한바퀴 돌다.
　ㅇ祼享(관향)-술을 땅에 부어 신을 강림케 하고, 제물을 갖추어 제사를 지냄.
　ㅇ要盟無質(요맹무질)-억지로 맺은 맹서는 진실성이 없음.
　ㅇ臨(임)-들여다봄. 강림(降臨)함.
　ㅇ言之瑞也(언지서야)-서(瑞)는 부절(符節). 말을 실행한다는 부절(표시).
　ㅇ中分(중분)-정나라 도읍, 성 중의 마을 이름.
　ㅇ施舍(시사)-은혜를 베풀고, 부림을 중지함.
　ㅇ特牲(특생)-소나 양의 한가지.
　ㅇ從給(종급)-소용되는 대로 있는 것은 그대로 쓰고, 없는 것은 준비해서 씀.
　ㅇ三駕(삼가)-세 차례 출군시킴. 양공 10년에 우수(牛首)로, 11년에 상(向)으로 출군시키고, 11년 가을에 정나라의 동문(東門)에서 군사의 위력을 과시했던 일을 두고 말한다.

經 ㅇ十年春,에 公會晉侯·宋公·衛侯·曹伯·莒子·邾子·滕子·薛伯·杞伯·小邾子·齊世子光,하여 會吳于柤.라
　ㅇ夏五月甲午,에 遂滅偪陽.이라
　ㅇ公至自會.라
　ㅇ楚公子貞·鄭公孫輒帥師,하여 伐宋.이라

○ 晉師伐秦.이라
  진 사 벌 진

○ 秋,에 莒人伐我東鄙.라
  추   거인벌아동비

○ 公會晉侯·宋公·衛侯·曹伯·莒子·邾子·齊世子光·
  공회진후 송공 위후 조백 거자 주자 제세자광
  滕子·薛伯·杞伯·小邾子,하여 伐鄭.이라
  등자 설백 기백 소주자   벌정

○ 冬,에 盜殺鄭公子騑·公子發·公孫輒.이라
  동   도살정공자비 공자발 공손첩

○ 戍鄭虎牢.라
  수정호뢰

○ 楚公子貞帥師,하여 救鄭.이라
  초공자정솔사   구정

○ 公至自伐鄭.이라
  공지자벌정

10년 봄에, 공이 진(晉)나라 군주인 후작·송나라 군주인 공작·위나라 군주인 후작·조나라 군주인 백작·거나라 군주인 자작·주나라 군주인 자작·등나라 군주인 자작·설나라 군주인 백작·기나라 군주인 백작·소주나라 군주인 자작·제나라 세자인 광(光) 등과 회합을 갖고, 오나라와 사(柤)에서 회합을 가졌다.

여름 5월 갑오날에, 바로 핍양(偪陽)나라를 멸망시켰다.

공이 회합에서 돌아왔다.

조나라 공자 정(貞)과 성나라의 공손첩(公孫輒)이 군사를 이끌고, 송나라를 쳤다.

진(晉)나라 군사가 진(秦)나라를 쳤다.

가을에, 거나라 사람이 우리 노나라의 동쪽 변경(邊境)을 쳤다.

공이 진나라 군주인 후작·송나라 군주인 공작·위나라 군주인 후작·조나라 군주인 백작·거나라 군주인 자작·주나라 군주인 자작·제나라 세자인 광(光)·등나라 군주인 자작·설나라 군주인 백작·

기나라 군주인 백작·소주나라 군주인 자작 등과 회합을 갖고, 정나라를 쳤다.

겨울에, 도적이 정나라 공자 비(騑)·공자 발(發)·공손첩을 죽였다.

정나라의 호뢰(虎牢)를 수비했다.

초나라 공자 정이 군사를 이끌고, 정나라를 구원했다.

공이 정나라 치는 일에서 돌아왔다.

주해| ㅇ柤(사)―송나라 지명으로, 지금의 강소성 비현(邳縣)에 있다.
ㅇ偪陽(픱양)―작은 나라의 이름. 동이(東夷)족의 나라로, 군주의 성은 운(妘)이었고, 지금의 산동성 역현(嶧縣)에 있었다.

傳| 十年春,에 會于柤,는 會吳子壽夢也.라 三月癸丑,에 齊高厚 相太子光,하여 以先會諸侯于鍾離,이어늘 不敬.이라 士莊子曰, 高子相太子,하여 以會諸侯,는 將社稷是衛,이어늘 而皆不敬,하니 棄社稷也.라 其將不免乎.인저

夏四月戊午,에 會于柤.라

10년 봄에 사(柤)에서 회합을 가진 것은, 오나라 군주인 자작 수몽(壽夢)과 회합한 것이었다. 3월 계축날에, 제나라 고후(高厚)가 태자 광을 따라 도와서, (오나라 군주와 회합을 갖기 전에) 먼저 제후들과 종리(鍾離)에서 회합을 가졌는데, 고후의 태도가 공경스럽지 못했다. 그래서 진(晉)나라 사장자(士莊子 : 士弱)가 말하였다. "고씨(高氏)가 태자를 따라 도와서 제후들과 회합을 가진 것은, 자기 나라의 사직을 지키자는 것인데, 하는 짓이 다 공손하지 못하니, 그것은 곧 국가 사

직을 버리는 짓이다. 그는 장차 화를 면하지 못할 게 아닌가?"
　여름 4월 무오날, 제후들이 오나라 군주와 사에서 회합을 가졌다.

■주해 | ○鍾離(종리) – 초나라 지명으로, 지금의 안휘성 봉양현(鳳陽縣) 땅.
○其將不免乎(기장불면호) – 고후는 양공 19년에 일어난 난리에 죽게 된다.

　　　　진순언　　　사개　　　　청벌핍양이봉송상술언　　　　순앵왈　　성소이
　　　晉荀偃・士匃,가 請伐偪陽而封宋向戌焉,에 荀罃曰, 城小而
　　고　　　승지불무　　　　불승위소　　　고청　　병인위지　　　불극
　　固.라 勝之不武,하고 弗勝爲笑.라 固請,에 丙寅圍之,나 弗克.이
　　　　맹씨지신진근보　　　연중여역　　　핍양인계문　　　　제후지
　　라 孟氏之臣秦堇父,가 輦重如役.이라 偪陽人啓門,하여 諸侯之
　　사문언　　　현문발　　　　추인흘결지이출문자　　　적사미건대거
　　士門焉,에 縣門發.이라 郰人紇抉之以出門者,하고 狄虒彌建大車
　　지륜　　　이몽지이갑이위로　　　좌집지　　　　우발극　　　　이
　　之輪,하여 而蒙之以甲以爲櫓,하여 左執之,하고 右拔戟,하여 以
　　성일대　　　맹헌자왈　시소위유력여호자야　　　　주인현포　　　　근
　　成一隊.라 孟獻子曰, 詩所謂有力如虎者也.라 主人縣布,에 菫
　　보등지　　　　급첩이절지　　　추즉우현지　　　소이부상자삼
　　父登之,하여 及堞而絶之.라 隊則又縣之.라 蘇而復上者三,에
　　주인사언　　　　내퇴　　　대기단이순어군삼일
　　主人辭焉,하여 乃退.라 帶其斷以徇於軍三日.이라
　　　제후지사　　　구어핍양　　　　순언　　사개청어순앵왈　　　수료장
　　　諸侯之師,가 久於偪陽.이라 荀偃・士匃請於荀罃曰, 水潦將
　　강　　　구불능귀　　　청반사　　　지백노　　　투지이궤　　　출
　　降,이어늘 懼不能歸.라 請班師.라 知伯怒,하여 投之以机,하니 出
　　어기간　　　왈　여성이사　　　이후고여　　　여공란명　　　이불
　　於其間.이라 曰, 女成二事,하여 而後告余.라 余恐亂命,하여 以不
　　여위　　　여기근군　　　이흥제후　　　견수로부　　　이지우차
　　女違.라 女旣勤君,하여 而興諸侯,하고 牽帥老夫,하여 以至于此.
　　　　기무무수　　　　이우욕역여죄　　　왈시실반사　　　불연
　　라 旣無武守,하여 而又欲易余罪.라 曰是實班師.라 不然,이면
　　극의　　　여영로야　　　가중임호　　　칠일불극　　　필이호취
　　克矣.리라 余贏老也.라 可重任乎.아 七日不克,이면 必爾乎取

$\overset{지}{之}$.리라

　진나라 순언과 사개가, 핍양을 쳐서 그곳을 송나라의 상술(向戌)에게 통치하도록 해줄 것을 청하니, 순앵이 말하기를, "핍양 성은 작지만 단단하오. 그것을 쳐 이긴들 무공(武功)을 세웠다 할 수 없고, 쳐 승리하지 못하면, 웃음거리가 되오."라고 했다. 그러나 두 사람이 굳이 청하니, 병인날에 포위했으나 바로 함락시키지 못했다. 그때, 노나라 맹씨(孟氏)의 가신(家臣)인 진근보(秦堇父)가, (부하를 거느리고) 손수레를 끌고 군수물자 나르는 일에 종사했다. 그런데 핍양 사람이 성문을 열어, 제후의 군인들이 문안으로 쳐들어가니, 성문을 꽉 닫았다. 그러자 (진근보의 부하인) 추읍(郰邑) 사람으로 흘(紇)이라는 사람이 성문을 당겨올려, 쳐들어갔던 제후들의 군인들을 나가게 했고, 적사미(狄虒彌)는 큰 수레의 바퀴 하나를 세워 가죽을 씌워 큰 방패로 삼아 그것을 왼손으로 들고, 오른손에는 창을 빼들고, 사람들을 거느리어 한 부대를 이루어 싸웠다. 그것을 본 노나라 맹헌자(孟獻子 : 仲孫蔑)는 이르기를, "시에 '힘 있기가 범과 같다.'라고 말한 그런 사람이로구나."라고 했다. 당시에 성안 사람이 성벽 위에서 베[布]를 길게 늘어뜨리니, 진근보가 그 베줄을 잡아타고 성벽을 올라가 성벽 위의 담에 닿으니, 성안에서 그 베를 잘라버렸다. 그래서 그는 땅 위로 떨어지고 말았는데, 또 긴 베를 늘어뜨리는 것이었다. 땅에 떨어져 정신을 잃었던 진근보가 정신을 되찾고는 다시 올라갔으나, 역시 다 올라갔을 때에 그 베줄을 끊었다. 세 차례나 그렇게 반복하고 성안 사람이 그만두자고 하기에, 진근보도 물러나고 말았다. 그뒤 그는 끊어진 베줄을 몸에 두르고서 군중(軍中)을 돌아다니며 보이기를 사흘 간이나 계속하였다.

　제후의 군사가 핍양 치는 일에서 여러 날을 보냈다. 순언과 사개가 순앵에게 청하여 말하기를, "장맛비가 장차 내릴 것인데, 그러면 돌아갈 수 없을까 걱정됩니다. 그러니 지금 회군(回軍)시키기를 바랍니다."라고 했다. 그러자 지백(知伯 : 荀罃)이 화를 내어 안석[几]을 집어던지니, 안석은 그들 두 사람 사이로 날아 나갔다. 그리고 순앵은 말하였다. "그대들은 핍양을 치고 쳐 빼앗아 송나라의 상술에게 준다는 두 가지 일을 작정하고 내게 말했었다. 나는 그때 군령(軍令)이 어지러워질 것을 걱정하여 그대들의 주장을 반대하지 않았던 것이다. 그대들은 군주에게 권하여 제후들의 군사를 출동케 하고, 이 늙은 나를 끌고서 여기에 왔다. 그랬는데도 목적을 달성하겠다는 무인(武人)의 의지를 지킴이 없이, 싸움에 이기지 못한 죄를 나에게 뒤집어씌우려 하고 있구나. 돌아가서는, '순앵이 회군시켰다. 그러지 않았더라면 이겼을 것이다'라고 말하리라. 나는 이제 늙었다. 그런데 그런 책임까지 질 것인가? 7일 안에 싸워 이기지 못하면, 죄는 반드시 그대들이 지게 될 것이니라."

|주해| ○封宋向戌焉(봉송상술언) – 핍양은 진과 오(吳) 두 나라의 교통상의 요지였다. 그래서 그 땅을 송나라의 상술에게 주어 통치케 하여서, 진나라 및 제후국에게 편의를 도모케 하려 했던 것이다.
○孟氏之臣(맹씨지신) – 맹씨 가문의 가신. 맹씨는 맹헌자를 말한다.
○郰人紇(추인흘) – 추는 노나라의 읍 이름. 흘(紇)은 공자(孔子)의 아버지였다고 하나, 확실한 근거가 없다.
○有力如虎(유력여호) – 《시경》 풍 패풍(邶風) 간혜(簡兮)편의 구절.
○水潦(수료) – 큰비의 물. 여기에서는 장맛비를 말한다.
○班師(반사) – 회군(回軍).
○易余罪(역여죄) – 죄를 내게 뒤집어씌움.

五月庚寅,에 荀偃·士匄帥卒,하여 攻偪陽,하여 親受矢石,하고 甲午滅之.라 書曰遂滅偪陽,은 言自會也.라

以與向戌,하니 向戌辭曰, 君若猶辱鎭撫宋國,하사 而以偪陽
光啓寡君,이시오면 群臣安矣,리옵거늘 其何貺如之.리이까 若
專賜臣,이오면 是臣興諸侯,하여 以自封也.이오니다 其何罪大焉.
이리이까 敢以死請.하오니다 乃予宋公.이라
宋公享晉侯於楚丘,에 請以桑林,하니 荀罃辭.라 荀偃·士匄
曰, 諸侯宋·魯,니 於是觀禮.라 魯有禘樂,하여 賓祭用之.라 宋
以桑林享君,은 不亦可乎.아 舞師題以旌夏,하니 晉侯懼而退入
于房.이라 去旌,하고 卒享而還.이라 及著雍,하여 疾.이라 卜,하니
桑林見.이라 荀偃·士匄欲奔請禱焉,에 荀罃不可,라하고 曰, 我
辭禮矣,어늘 彼則以之.라 猶有鬼神,이면 於彼加之.라 晉侯有閒.
이라 以偪陽子歸,하여 獻于武宮,하되 謂之夷俘.라 偪陽妘姓也.
라 使周内史選其族嗣,하여 納諸霍人.이라 禮也.라 師歸,에 孟獻
子以秦堇父爲右.라 生秦丕茲,하니 事仲尼.라

    5월 경인날에, 순언과 사개가 군사를 이끌고 핍양나라 도읍을 공격
하여, 그들이 적이 쏘는 화살과 돌을 무릅쓰고 싸워, 갑오날에 멸망시
켰다. 경문에 바로 핍양을 멸망시켰다고 써 말한 것은, 회합에 이어
바로 쳤다는 것을 말한 것이다.
    쳐 빼앗은 핍양 땅을 송나라 상술에게 봉(封)하니, 상술은 사양하
며 말했다. "군주께서 황송하옵게도 저희 송나라를 진정시키고 편안
케 하려 하시사, 핍양 땅으로 저희 군주에게 영광을 차지하게 해주실

것 같으면, 송나라 조정의 뭇 신하가 다 안정될 것이온데, 그 어느 것을 주심이 이보다 더 좋으리까? 만약 이 땅을 신에게만 주신다면, 그것은 신이 제후들의 군사를 일으키어, 제 자신이 이 땅을 차지한 것이 되옵니다. 무슨 죄가 그보다 더 크오리까? 신은 감히 죽음으로써 받지 않고, 저희 군주에게 주실 것을 청원드리옵니다." 이에 핍양 땅을 송나라 군주에게 주었다.

송나라 군주가 초구(楚丘)에서 진나라 군주에게 잔치를 베풀었는데, 당시에 상림(桑林)의 무악(舞樂)을 연주하게 해달라고 청하니, 순앵이 사절했다. 그랬더니 순언과 사개가 말하기를, "제후국 중에서는 송나라와 노나라만이 옛날의 예악(禮樂)을 전해 지니고 있으니, 여기에서 그 예악을 볼 수 있습니다. 노나라에는 체악(禘樂)이라는 것이 있어, 외국에서 간 국빈을 대접할 때나, 조상에게 제사 지낼 때에 연주합니다. 그런데 상림의 무악을 연주하여 우리 군주를 대접한다는 것 또한 좋은 일이 아닙니까?"라고 했다. 그래서 상림의 무악을 연주하게 되었는데, 송나라의 악사장(樂師長)이 큰 깃발을 들고 선두에 서서 무인(舞人)들을 데리고 나타나니, 진나라 군주는 그 큰 깃발은 천자를 모시는 자리에서나 드는 것이라고, 두려워하며 방으로 피해 들어갔다. 그래서 큰 깃발은 치우고, 상림의 무악을 연주하고, 그 자리를 마치고서 돌아갔다. 그랬는데 저옹(著雍)에 이르러, 진나라 군주가 병이 났다. 거북등을 불에 구워 점을 치니, 상림신(桑林神)이 붙었다는 것이었다. 그래서 순언과 사개는 송나라로 달려가, 상림신에게 기도를 드리려 하니, 순앵은 안된다며 말하기를, "우리가 상림 무악을 사절했는데도, 저편에서 그 무악을 연주했었소. 귀신이 붙는 일이 있다면, 송나라 사람에게 붙을 것이오."라고 했다. 그럭저럭 하는 동안에 진나라 군주의 병은 낫게 되었다. 진나라 군주는 핍양나라 군주인 자작을 데리고 본국으로 돌아가, 진나라 무공(武公)의 사당에 드리되, 오랑캐 포로라고 칭했다. 핍양나라 군주의 성은 운(妘)이었다.

그래서 진나라 군주는 주나라 내사(內史)에게 의뢰하여, 핍양나라 군주의 종문(宗門) 중에서 사람을 골라, 그를 곽인(霍人) 땅으로 맞이하여 그곳을 차지하게 했다. 그 일은 예에 맞는 처사였다. 제후들의 군사도 다 돌아갔는데, 맹헌자는 진근보를 자기가 탄 전차의 오른쪽 전사로 삼았다. 진근보는 아들 진비자(秦丕玆)를 낳았으며, 진비자는 공자(孔子)를 스승으로 모셨다.

주해 | ㅇ自受矢石(자수시석)-자신들이 앞잡이가 되어 적이 쏘는 화살과 돌을 무릅쓰고 싸움.
ㅇ光啓(광계)-영광에 싸임.
ㅇ楚丘(초구)-지금의 산동성 조현(曹縣) 땅. 두예는 당시 위나라 땅이었다고 말했다.
ㅇ桑林(상림)-옛날 은(殷)나라 조정에서 연주한 무악으로, 신(神)의 이름이기도 했다.
ㅇ題以旌夏(제이정하)-제(題)는 선두에 서는 것, 정하(旌夏)는 큰 깃발인데, 이것은 고대에 천자를 상징하는 꿩의 날개로 만든 것이다. 상림의 무악은 은나라 궁중 무악이었으며, 송나라는 은나라 왕의 후예 나라였기에, 그 무악을 전해 보존하고 있었다.
ㅇ著雍(저옹)-진(晉)나라 지명으로, 지금의 하남성 심양현(沁陽縣) 땅.
ㅇ霍人(곽인)-지금의 산서성 번치현(繁峙縣) 땅.

六月,에 楚子囊·鄭子耳伐宋師于訾母,하고 庚午,에 圍宋,하여 門于桐門.이라

晉荀罃伐秦,하니 報其侵也.라

衛侯救宋,하여 師于襄牛.라 鄭子展曰, 必伐衛.라 不然,이면 是不與楚也.라 得罪於晉,하고 又得罪於楚,면 國將若之何.오 子

駟曰, 國病矣.라 子展曰, 得罪於二大國,이면 必亡.이라 病不猶
愈於亡乎.아 諸大夫皆以爲然.이라 故로 鄭皇耳帥師,하여 侵衛,
하니 楚令也.라
孫文子卜追之,하여 獻兆於定姜.이라 姜氏問繇,하니 曰, 兆如
山陵.이라 有夫出征,하여 而喪其雄.이라 姜氏曰, 征者喪雄,이면
禦寇之利也.라 大夫圖之.하라 衛人追之,하여 孫蒯獲鄭皇耳于
犬丘.라

　6월에, 초나라 자낭과 정나라 자이가, 송나라 군사를 자무(訾毋)에서 치고, 경오날에 송나라 도읍을 포위하여, 동문(桐門)을 공격했다.
　진(晉)나라 순앵은 진(秦)나라를 쳤는데, 그것은 진(秦)이 (전년에) 진(晉)나라를 침공한 일에 대한 보복이었다.
　위나라 제후가 송나라를 구원하여 양우(襄牛)에 주군했다. 이에, 정나라 자전(子展)과 자사(子駟) 사이에 말이 오고갔다.
　자전─반드시 위나라를 쳐야 합니다. 그렇지 않으면, 초나라 편은 아닌 것입니다. 우리나라는 진(晉)나라에게 죄를 지었는데, 또 초나라에게 죄를 짓는다면, 장차 어찌 될 것입니까?
　자사─나라가 피폐(罷弊)되오.
　자전─두 큰 나라에 죄를 짓는다면 나라는 반드시 망합니다. 피폐되는 것이, 망하는 것보다 낫지 않습니까?
　이 말에, 다른 대부들이 모두 다 옳다고 했다. 그래서 정나라 황이(皇耳)가 군사를 이끌고 위나라를 침공했으니, 그것은 초나라의 명령으로서였다.
　당시에 위나라 손문자(孫文子 : 孫林父)는 정나라 군사를 추격할

것을 두고, 거북등을 불에 구워 점을 쳐, 그 결과를 정공(定公)의 부인, 즉 정강(定姜)에게 알렸다. 그러자 강씨(姜氏)가 그 점의 풀이에 대해서 물으니, 복관(卜官)이 말하기를, "점의 징조는 산릉(山陵) 모양과 같사옵니다. 이 징조로는 전사(戰士), 싸우러 나가 그 장수를 잃을 것이옵니다."라고 했다. 이 말에 강씨는, "싸우러 나간 자가 장수를 잃는다면, 적을 막아내는 편이 유리하오. 그러니 대부가 잘 도모하시오."라고 말했다. 그래서 위나라 사람이 정나라 군을 추격하여, 손괴(孫蒯)가 정나라의 황이를 견구(犬丘)에서 잡았다.

|주해| ○訾毋(자무)−송나라 지명으로, 지금의 하남성 녹읍(鹿邑) 부근.
○襄牛(양우)−위나라 지명으로, 지금의 산동성 포현(蒲縣) 땅.
○繇(주)−거북등으로 친 점 풀이.
○孫蒯(손괴)−손임보의 아들.
○犬丘(견구)−위나라 지명으로, 지금의 산동성 하택(荷澤) 부근.

秋七月,에 楚子囊・鄭子耳侵我西鄙,하고 還圍蕭,하여 八月丙寅克之.라 九月,에 子耳侵宋北鄙.라 孟獻子曰, 鄭其有災乎.인저 師競已甚.이라 周猶不堪競,이어늘 況鄭乎.아 有災,면 其執政之三士乎.인저

莒人間諸侯之有事也.라 故로 伐我東鄙.라

諸侯伐鄭,에 齊崔杼使太子光先至于師.라 故로 長於滕.이라 己酉,에 師于牛首.라

初,에 鄭子駟與尉止有爭.이라 將禦諸侯之師,하니 而黜其車,하고 尉止獲,에도 又與之爭,하여 子駟抑尉止曰, 爾車非禮也.라 遂

弗使獻.이라
初,에 子駟爲田洫,하니 司氏・堵氏・侯氏・子師氏,가 皆喪
田焉.이라 故로 五族聚群不逞之人,하여 因公子之徒以作亂.이라
於是,에 子駟當國,하고 子國爲司馬,하며 子耳爲司空,하고 子孔
爲司徒.라 冬十月戊辰,에 尉止・司臣・侯晉・堵女父・子師
僕帥賊以入,하여 晨攻執政于西宮之朝,하여 殺子駟・子國・子
耳,하고 劫鄭伯以如北宮.이라 子孔知之.라 故로 不死.라 書曰
盜,는 言無大夫焉.이라

가을 7월에, 초나라 자낭과 정나라 자이가 우리 노나라의 서쪽 변경을 침공하고, 돌아가다가 소(蕭)나라 도읍을 포위하여, 8월 병인날에 함락시켰다. 9월에는 자이가 송나라의 북쪽 변경을 침공하였다. 노나라 맹헌자(孟獻子 : 仲孫蔑)는 말하기를, "정나라에는 재난이 있을 것이다. 군사 출동 잦음이 심하다. 천자의 나라 주(周)도 그리해서는 견뎌내지 못할 것인데, 하물며 정나라의 처지로 그럴 수가 있으랴? 그 나라에 재난이 있다면, 나라의 정권을 쥐고 있는 세 인사(人士)가 당할 것이다."라고 했다.

거나라 사람이, 제후들이 군사를 내어 싸우는 일이 있는 사정을 노리고 있었다. 그랬으므로, 거나라는 우리 노나라의 동쪽 변경에 쳐들어온 것이다.

제후들이 정나라를 치니, 제나라의 최저는 태자 광(光)에게 제후군 집합 장소에 맨 먼저 가게 했다. 그랬으므로 경문에 제나라 태자를 등나라 군주보다 앞에 써 내세웠다. 기유날에, 제후들의 군사가 우수

(牛首)에 주군했다.

　전에, 정나라 자사와 위지(尉止)가 다툰 일이 있었다. 그래서 정나라가 제후들의 연합군을 막아 싸우려 함에 있어, 자사는 위지가 지휘할 전차의 대수를 줄이고, 위지가 적의 포로를 잡았음에도 또한 그와 다투어, 자사가 위지를 눌러 말하기를, "그대가 타는 전차는 예의에 어긋나게도 화려하게 꾸몄다."라 하고, 결국 위지가 잡은 포로를 군주 앞에 내놓지 못하게 했다.

　그 전에, 자사가 사람들이 소유하고 있는 토지의 경계선을 확정지어 주는 일을 맡은 일이 있었는데, 그때 사씨(司氏)·도씨(堵氏)·후씨(侯氏)·자사씨(子師氏)의 네 가문이 다 토지의 일부를 상실했다. 그래서 이 네 씨족에 위지를 더한 다섯 씨족이 불평불만을 품고 제멋대로 날뛰는 무리를 모아 (전에 자사한테 죽은) 공자들의 원한에 의탁해서 난리를 일으켰다. 이때, 자사는 국정을 쥐고, 자국(子國)은 사마가 되었으며, 자이(子耳)는 사공이 되었고, 자공(子孔)은 사도가 되었다. 겨울 10월 무진날에, 위지·사신(司臣)·후진(侯晉)·도여보(堵女父)·자사복(子師僕) 등이 악한을 이끌고 궁중으로 들어가, 이른 아침에 집정대신(執政大臣)들을 서궁(西宮)의 조정에서 몰아 쳐, 자사·자국·자이를 죽이고, 정나라 군주를 위협하여 북궁으로 데리고 갔다. 그때, 자공은 그 일을 사전에 알고 있었다. 그래서 죽지 않았다. 경문에 도적이라 써 말한 것은, 난리를 일으킨 무리 중에 대부가 끼어 있지 않았음을 말한 것이다.

▌주해│ ○黜其車(출기차) — 그가 거느릴 전차를 줄임.
　○公子之徒(공자지도) — 양공 8년 4월 경진날(12일)에, 자사한테 죽은 자호(子狐)·자희(子熙)·자후(子侯)·자정(子丁) 등의 무리를 말한다.

　　　자서문도　　　불경이출　　　시이추도　　　　도입어북궁　　　내
　　子西聞盜,에　不儆而出,하여　尸而追逃,라　盜入於北宮,하니　乃

歸授甲,이라 臣妾多逃,하고 器用多喪,이라 子産聞盜,에 爲門者,하고 尼群司,하며 閉府庫,하여 愼閉藏,하고 完守備,하여 成列而後出.이라 兵車十七乘,에 尸而攻盜於北宮.이라 子蟜帥國人助之,하여 殺尉止·子師僕.이라 盜衆盡死,에 侯晉奔晉,하고 堵女父·司臣·尉翩·司齊奔宋.이라

子孔當國,하고 爲載書,어늘 以位序聽政辟.이라 大夫諸司門子弗順,하니 將誅之.라 子産止之,하여 請爲之焚書.라 子孔不可曰, 爲書以定國,에 衆怒而焚之,면 是衆爲政也.라 國不亦難乎.아 子産曰, 衆怒難犯,하고 專欲難成.이라 合二難以安國,은 危之道也.라 不如焚書以安衆.이라 子得所欲,하고 衆亦得安,이면 不亦可乎.아 專欲無成,하고 犯衆起禍.라 子必從之.하라 乃焚書於倉門之外,하니 衆而後定.이라

자서(子西 : 자사의 아들)가 악한의 일을 듣고, 자신의 몸을 보호할 사람도 거느리지 않고 바로 집을 뛰어 나가, 아버지의 시체를 거두고 악한이 도망가는 것을 쫓았다. 악한이 북궁으로 들어가니, 그는 집으로 돌아가, 집사람들을 무장시켰다. 그때 그의 집 가신(家臣)과 여자들이 많이 도망쳤고, 가구와 가재가 많이 없어졌다. 자산(子産 : 자국의 아들)은 악한의 일을 듣고는, 집의 문을 단단히 걸어 잠그고 가신들을 모아 일을 분담시켰으며, 창고를 꽉 닫아 그 안의 물건들을 잘 지키게 하고, 집을 완전히 수비케 하고는, 싸울 사람들의 대열을 지어

서 나섰다. 그가 거느린 전차는 열일곱 대였는데, 그는 먼저 아버지의 시체를 거두고, 악한을 북궁으로 공격했다. 자교(子蟜 : 자이의 아들)는 나라 사람들을 이끌고 도와서, 위지와 자사복을 죽였다. 악한의 무리가 죽자, 후진은 진(晉)나라로 도망가고, 도여보·사신·위편(尉翩 : 위지의 아들)·사제(司齊 : 사신의 아들) 등은 송나라로 도망갔다.

자공(子孔)이 정치의 실권을 쥐고는, 국중의 대부들과 맹서를 맺는 맹서문을 지었는데, 그것에 의하면, 지위와 서열에 따라 정치나 재판하는 일에 대해서 정해진 대로 복무할 따름이었다. (즉 국사에 대해서 같이 의논하는 자격이 부여되지 않았다.) 그래서 대부들이나 여러 부서의 관들, 그리고 대부의 자제들이 복종하지 않았다. 그러자 자공은 그들을 죽이려들었다. 이에 자산(子産)이 못하게 하고, 그 사태를 위하여 맹서문을 불에 태우라고 청했다. 자공은 안된다며 말하기를, "맹서문을 지어 나라를 안정케 하려는 것인데, 여러 사람들이 노했다 하여 이것을 불에 태운다면, 그것은 뭇 사람들이 정권을 쥐고 정치를 하는 것이 되오. 그렇게 되면 나라꼴이 역시 어렵게 되지 않겠는가?"라고 했다. 그러자 자산은 말했다. "여러 사람들이 화를 낸 것은 거슬리기 어렵고, 개인만을 위하는 욕심도 성취하기 어렵습니다. 두 가지 어려움을 같이 안고서 나라를 다스린다는 것은 위험한 일입니다. 그러니 그 맹서문을 불에 태워서 뭇 사람들을 안정케 하는 방법보다 더 좋은 수가 없습니다. 님이 하고자 하는 바를 달성하고, 뭇 사람 또한 안정되어진다면, 좋지 않겠습니까? 개인만을 위하는 욕심은 성취되어짐이 없고, 여러 사람들을 거슬리면 화가 일어납니다. 그러니, 님은 꼭 뭇 사람들의 뜻을 따르십시오." 이에 자공은 그 문서를 창문(倉門) 밖에서 불태우니 뭇 사람들이 안정되었다.

주해 ㅇ尸(시) - 시체, 시체를 처리함.
ㅇ爲門者(위문자) - 문지기를 정함.

o庀群司(비군사)-여러 가지 일을 맡은 사람을 정해 갖춤. 일을 분담시킴.
o聽政辟(청정벽)-정치나 재판의 일을 주관함.
o專欲(선욕)-개인을 위하는 욕심.
o倉門(창문)-궁중의 문 이름.

諸侯之師_{제후지사}가 城虎牢而戍之_{성호뢰이수지}하고 晉師城梧及制_{진사성오급제}하여 士魴_{사방}·
魏絳戍之_{위강수지}라 書曰戍鄭虎牢_{서왈수정호뢰}는 非鄭地也_{비정지야}로되 言將歸焉_{언장귀언}이라 鄭_정
及晉平_{급진평}이라
楚子囊救鄭_{초자낭구정}이라 十一月_{십일월}에 諸侯之師_{제후지사}가 還鄭而南_{환정이남}하여 至於_{지어}
陽陵_{양릉}이로되 楚師不退_{초사불퇴}라 知武子欲退_{지무자욕퇴}하여 曰_왈 今我逃楚_{금아도초}면 楚_초
必驕_{필교}리라 驕則可與戰矣_{교즉가여전의}라 欒黶曰_{난염왈} 逃楚晉之恥也_{도초진지치야}라 合諸侯_{합제후}
以益恥_{이익치}니 不如死_{불여사}라 我將獨進_{아장독진}하리라 師遂進_{사수진}이라 己亥與楚師_{기해여초사}
夾潁而軍_{협영이군}이라 子蟜曰_{자교왈} 諸侯旣有成行_{제후기유성행}이니 必不戰矣_{필부전의}라 從之_{종지}
將退_{장퇴}하고 不從亦退_{부종역퇴}하리라 退_퇴하면 楚必圍我_{초필위아}로되 猶將退也_{유장퇴야}니
不如從楚_{불여종초}라 亦以退之_{역이퇴지}라 宵涉潁_{소섭영}하여 與楚人盟_{여초인맹}이라 欒黶欲伐_{난염욕벌}
鄭師_{정사}에 荀罃不可曰_{순앵불가왈} 我實不能禦楚_{아실불능어초}하고 又不能庇鄭_{우불능비정}이라 鄭何_{정하}
罪_죄아 不如致怨焉而還_{불여치원언이환}이라 今伐其師_{금벌기사}면 楚必救之_{초필구지}리라 戰而不_{전이불}
克_극이면 爲諸侯笑_{위제후소}라 克不可命_{극불가명}이니 不如還也_{불여환야}라 丁未_{정미}에 諸侯_{제후}
之師還_{지사환}하니 侵鄭北鄙而歸_{침정북비이귀}라 楚人亦還_{초인역환}이라

제후의 군사는 호뢰(虎牢)에 성을 쌓아 수비하고, 진나라 군사는

정나라의 오(梧)와 제(制)읍에 각기 성을 쌓아, 사방(士魴)과 위강(魏絳)이 수비했다. 경문에 정나라가 호뢰를 수비했다고 써 말한 것은, 당시에는 아마 정나라 소유는 아니었지만, 장차 정나라에게 돌려주려고 했음을 말한 것이다. 정나라는 진나라와 화평을 맺었다.

초나라 자낭이 정나라를 구원하러 나섰다. 11월에, 제후들의 군사가 정나라 땅을 돌아 남진(南進)하여 양릉(陽陵)에 이르렀으되, 초나라 군사는 퇴각하지 않고 있었다. 그때, 진나라 지무자(知武子 : 荀罃)는 퇴군하려고 하며 말하기를, "이제 우리가 초나라 군사에 대하여 도망을 친다면, 초나라는 반드시 교만해질 것이오. 교만하게 된다면, 그때엔 초군과 싸워볼 만하오."라고 했다. 그러자 난염이 말하기를, "초군에 대해서 도망친다는 것은, 진나라의 수치입니다. 제후들이 군을 합치고 있는 마당에는 더욱 수치가 되니, 그것은 차라리 죽는 게 낫습니다. 나는 혼자서라도 진격할 것입니다."라고 하였다. 그래서 진나라 군사는 결국 진군했다. 그리하여 기해날에는 초나라 군사와 영수(潁水)를 사이에 두고 주군(駐軍)하게 되었다. 그때, 정나라 자교(子蟜)는 백성들에게 말했다. "제후들의 연합군에는 이미 돌아갈 준비를 한 사람도 있으니, 반드시 싸우지 않을 것이오. 우리가 이제 진나라에 복종해도 곧 돌아가고, 복종하지 않더라도 역시 퇴군할 것이오. 제후들의 군사가 물러가면 초군은 반드시 우리를 포위할 것이지만, 그래도 제후들의 군사는 물러갈 것이니, 우리는 초나라에 대해서 복종하는 것이 좋소. 그리하여 그들 또한 물러가게 합시다." 그리고는 밤에 영수를 건너가, 초나라 사람과 맹약을 하였다. 진나라 난염이 정나라 군사를 치려고 하자, 순앵은 안된다며 말하기를, "우리는 실로 초나라 군을 막아내지 못하고, 또 정나라를 비호하지도 못했소. 그런데 정나라가 무슨 죄요? 저 초군을 치지 못하는 것을 원한으로 삼아 돌아가는 것만 못한 일이오. 이제 정나라 군을 치면, 초군이 반드시 정나라를 구원할 것이오. 싸웠다가 승리하지 못하면, 제후들의 웃음

거리가 되오. 승리라는 것을 꼭 차지한다고 장담할 수가 없는 것이니, 돌아감보다 좋은 수는 없소."라고 했다. 그리하여 정미날에 제후들의 연합군이 돌아가, 정나라의 북쪽 변경을 침공하고 귀환했다. 초나라 사람도 또한 돌아갔다.

| 주해 | ○非鄭地(비정지) – 전에는 정나라 소유지였지만, 제후들의 연합군에게 점령당하여, 이미 정나라 소유지는 아니었다는 말.
○還鄭(환정) – 정나라 땅을 돎.
○陽陵(양릉) – 지금의 하남성 허창(許昌) 부근.
○潁(영) – 강 이름. 허창의 서쪽을 서북으로부터 동남으로 흐른다.
○成行(성행) – 떠날(여행할) 준비를 함.

王叔陳生與伯輿爭政,에 王右伯輿,하시니 王叔陳生怒而出奔,하여 及河.라 王復之,에 殺史狡以說焉,이로되 不入,하고 遂處之.라 晉侯使士匃平王室,에 王叔與伯輿訟焉.이라 王叔之宰與伯輿之大夫瑕禽,이 坐獄於王庭,하고 士匃聽之.라 王叔之宰曰, 筆門閨竇之人而皆陵其上,하니 其難爲上矣.라 瑕禽曰, 昔,에 平王東遷,하심에 吾七姓從王,하여 牲用備具.라 王賴之,하사 而賜之騂旄之盟曰, 世世無失職.이리라 若筆門閨竇,라면 其能來東底乎.아 且王何賴焉.가 今自王叔之相也,로 政以賄成,하고 而刑放於寵,하여 官之師旅,가 不勝其富,어늘 吾能無筆門閨竇乎.아 唯大國圖之.하라 下而無直,이라면 則何謂正矣.리오 范宣子曰, 天子所右,시면 寡君亦右之,하고 所左亦左之.라 使王叔氏與伯輿

合要,에 王叔氏不能擧其契.라 王叔奔晉.이라 不書,는 不告也.라
單靖公爲卿士,하여 以相王室.이라

왕숙진생(王叔陳生)이 백여(伯輿)와 주나라 정권을 가지고 다투어 천자가 백여 편에 서니, 왕숙진생이 화를 내고 달아나 황하(黃河) 가에 이르렀다. 천자께서 복귀시키려고, 사교(史狡)를 죽여 설득하셨지만, 그는 주나라로 들어가지 않고, 그저 그곳에 거처하고 있었다. 그래서 진나라 군주는 사개(士匄)를 보내어 왕실이 화평하도록 하게 했는데, 그때 왕숙과 백여가 그에게 시비를 가려 달라고 소송을 했다. 왕숙 가문의 가신장(家臣長)과 백여 측의 대부인 하금(瑕禽)이, 대리로 왕궁의 뜰에 앉아 재판을 받고, 사개가 재판했다. 왕숙의 가신장이 말하기를, "사립문 집에서 사는 천한 사람이면서 상류(上流) 분을 능멸하니, 상류의 신분을 유지하기가 어렵습니다."라고 했다. 그러자 하금이 말하였다. "옛날, 평왕(平王)께서 서울을 동방 땅인 낙읍(洛邑)으로 옮기셨을 때, 우리들 일곱 성(姓)의 사람들이 천자를 따라와, 제사 지내는 희생이나 쓰시는 물건들을 다 구비하여 왕이 우리들을 의지했습니다. 그래서 붉은 털의 소를 맹약하는 데 쓰는 희생물로 잡으시어 맹약지어 말씀을 내리시기를, '세세(世世)로 관직을 잃지 않게 하리라.'라고 하셨습니다. 그때 사립문 집에서 사는 천한 사람이었더라면, 어떻게 천자를 따라 이 동방의 서울로 와 이르렀겠습니까? 그리고 천자께서 백여의 조상을 어찌 의지하셨겠습니까? 지금 왕가의 숙부 되시는 분이 재상이 되어, 이후로는 정치가 뇌물에 의해서 이루어지고, 재판은 자기 마음에 드는 사람에게 마음대로 유리하게 하여 조정에서 벼슬하는 수많은 사람들이 뇌물을 받아 치부하여, 그 재화 풍부함을 어찌할 줄 모르고 있습니다. 그러나 뇌물을 받지 않는 우리로서야, 사립문 집에서 천한 사람같이 살지 않을 수가 있겠습니까?

오직 큰 나라는 이 사정을 잘 헤아려 주십시오. 아랫사람은 정직함이 없다고만 해버린다면, 그 재판이 어찌 바르다고 이를 것입니까?" 이에, 범선자(范宣子)는, "천자께서 이렇다 하시면, 내 나라 군주께서도 이렇다 하시고, 천자께서 저렇다 하시면, 내 나라 군주께서도 역시 저렇다 하시오."라고 말하고는, 왕가의 숙부 편과 백여 편에게, 각기 천자께서 정치를 담당하라는 명령서를 내렸던 증거 서류를 내어 맞춰 보게 하니, 왕숙 편은 그 증거물을 내놓지 못하였다. 왕숙은 그길로 진(晉)나라로 달아났다. 경문에 이 일을 쓰지 않은 것은, 천자의 조정에서 노나라에 그 일을 알리지 않았기 때문이었다. 선(單)나라 정공(靖公)이 주나라 조정의 경사(卿士)가 되어 왕실을 도왔다.

주해   ○爭政(쟁정) – 둘 다 경사로서 정치상의 권세를 다툼.
　○蓽門閨竇(필문규두) – 가난한 집의 사립문. 여기에서는 사립문 집에서 가난하고 천하게 사는 사람이란 뜻이다.
　○騂旄(성모) – 붉은 털이 난 소. 주왕실(周王室)은 적색(赤色:火)을 존중했기에, 중요한 맹약을 지을 때에는 붉은 털의 소를 잡아 희생물로 썼다.
　○合要(합요) – 약속한다든가 또는 명령을 내릴 때에 준 패나 문서를 맞추어 봄.
　○契(계) – 약속이나 명령을 표시하는 물건의 조각.

제15

양공 중
襄公 中

성공(成公)의 아들. 어머니는 정사(定姒)
재위 기원전 572~542년

經| ○十有一年春王正月,에 作三軍.이라
_{십유일년춘왕정월   작삼군}

○夏四月,에 四卜郊,나 不從,하여 乃不郊.라
_{하사월   사복교   부종   내불교}

○鄭公孫舍之帥師,하여 侵宋.이라
_{정공손사지솔사   침송}

○公會晉侯・宋公・衛侯・曹伯・齊世子光・莒子・邾子・
_{공회진후 송공 위후 조백 제세자광 거자 주자}
滕子・薛伯・杞伯・小邾子,하여 伐鄭.이라
_{등자 설백 기백 소주자   벌정}

○秋七月己未,에 同盟于亳城北.이라
_{추칠월기미   동맹우박성북}

○公至自伐鄭.이라
_{공지자벌정}

○楚子・鄭伯伐宋.이라
_{초자 정백벌송}

○公會晉侯・宋公・衛侯・曹伯・齊世子光・莒子・邾子・
_{공회진후 송공 위후 조백 제세자광 거자 주자}
滕子・薛伯・杞伯・小邾子,하여 伐鄭,하고 會于蕭魚.라
_{등자 설백 기백 소주자   벌정   회우소어}

○公至自會.라
_{공지자회}

○ 楚人執鄭行人良霄.라
  _{초인집정행인량소}

○ 冬,에 秦人伐晉.이라
  _동   _{진인벌진}

11년 봄 천자가 쓰는 역으로 정월에, 노나라가 삼군(三軍)을 편성했다.

여름 4월에, 네 번이나 교제(郊祭) 지낼 날짜를 점쳤으나 불길하기에, 교제를 지내지 않았다.

정나라 공손사지(公孫舍之)가 군사를 이끌고, 송나라를 침공했다.

공이 진나라 군주인 후작·송나라 군주인 공작·위나라 군주인 후작·조나라 군주인 백작·제나라 세자 광(光)·거나라 군주인 자작·주나라 군주인 자작·등나라 군주인 자작·설나라 군주인 백작·기나라 군주인 백작·소주나라 군주인 자작 등과 회합을 갖고, 정나라를 쳤다.

가을 7월 기미날에, 박성(毫城)의 북쪽에서 동맹을 맺었다.

공이 정나라 치는 일에서 돌아왔다.

초나라 군주인 자작과 정나라 군주인 백작이 송나라를 쳤다.

공이 진나라 군주인 후작·송나라 군주인 공작·위나라 군주인 후작·조나라 군주인 백작·제나라 세자 광·거나라 군주인 자작·주나라 군주인 자작·등나라 군주인 자작·설나라 군주인 백작·기나라 군주인 백작·소주나라 군주인 자작 등과 회합을 갖고, 정나라를 정벌하고, 소어(蕭魚)에서 회합을 가졌다.

공이 회합에서 돌아왔다.

초나라 사람이 정나라의 행인(行人)인 양소(良霄)를 잡았다.

겨울에, 진(秦)나라 사람이 진(晉)나라를 쳤다.

┃주해┃ ○三軍(삼군)−노나라는 본시 상·하군의 2군만 있었는데, 이해에

상군·중군·하군의 3군을 두었다.
- 亳(박)-정나라 지명.
- 蕭魚(소어)-정나라 지명으로, 지금의 하남성 허창(許昌) 부근.
- 行人(행인)-외교를 담당하는 관. 관례적으로 다른 나라의 행인은 함부로 잡는 것이 아니었다.

傳| 十一年春,에 季武子將作三軍,하여 告叔孫穆子曰, 請爲三軍,하여 各征其軍.이라 穆子曰, 政將及子,어늘 子必不能.이리라 武子固請之,하니 穆子曰, 然則盟諸.라 乃盟諸僖閎,하고 詛諸五父之衢.라 正月作三軍,하여 三分公室,하여 而各有其一,하고 三子各毀其乘.이라 季氏使其乘之人,으로 以其役邑入者無征,하고 不入者倍征.이라 孟氏使半爲臣,하되 若子若弟.라 叔孫氏使盡爲臣.이라 不然不舍.라

11년 봄에, 계무자(季武子:季孫宿)가 노나라 군사를 3군으로 편성하여 그 뜻을 숙손목자(叔孫穆子:叔孫豹)에게 고해서 말하기를, "3군을 편성하여, 우리가 각기 한 군씩을 거느리도록 하자고 요청합니다."라고 했다. 이에 대하여 목자(穆子)는, "그러면, 진(晉)나라의 군대를 동원하라는 정령(政令)이 자네에게 자주 있을 텐데, 그렇다면 자네는 반드시 이겨낼 수가 없을 걸세.(또는 노나라의 정권이 장차 자네에게 넘어갈 텐데, 그러면 3군에 대한 처사를 잘 해낼 수가 없을 걸세.)"라고 말했다. 그러나 계무자가 굳이 요청하니 목자는, "그렇다면 우리는 그 일을 맹약 짓세."라고 말하고는, 희공(僖公)의 사당 대문에서 맹약하고, 다시 오보(五父) 거리에서 맹서하였다. 그리고 정월

에 삼군을 편성하여, 공실(公室)이 통치하는 전토, 즉 군주가 통치하는 전 영토를 세 구역으로 갈라, 그 구역의 사람들로 한 군을 편성해서, 세 씨족이 각각 한 군씩을 거느리고, 삼씨(三氏)는 각기 전의 군대를 해산시켰다. 그리하여 계씨(季氏:季孫氏)는 자기가 관할하는 구역에서 사는 사람으로서의 의무인 병역과 노역(勞役)을 완수하기 위해 군대에 들어간 자는 면세해주고, 군대에 들어가지 않은 자한테서는 두 배의 세를 받았다. 그리고 맹씨(孟氏:孟孫氏)는 자기 관할 구역 내에 있는 젊은이들 반을 자기의 가신(家臣)으로 삼았다. 숙손씨(叔孫氏)는 자기 관할 구역의 사람을 다 가신으로 삼았다. 그리하여 그들은 자기들의 방침대로 되지 않으면, 그대로 놓아두지 않았다.

| 주해 | ○政將及子(정장급자) — 이 말은 두 가지 해석이 가능하다. 두예(杜預)는 그 주에서 '정(政)을 패자로, 즉 제후들의 우두머리였던 진(晉)나라 군주의 정령(政令)이라 풀이하여, 만일 노나라가 삼군을 둔다면, 진나라가 요구하는 정령이 그대에게 더 많아진다.'로 해석했다. 그리고 이것은 '정권이 장차 그대에게로 돌아간다.'로도 풀이가 된다.
○五父之衢(오보지구) — 오보 거리. 이 거리는 노나라 도읍 곡부(曲阜)의 동남쪽에 있었고, 사람들이 가장 많이 다닌 거리였다 한다.
○毁其乘(훼기승) — 종전의 각기의 군대를 해산함. 당시의 군대는 전차 부대가 중추를 이루었기에, 승(乘)으로써 군대의 뜻을 나타냈다.
○役邑(역읍) — 어느 읍에 사는 민간인이 영주(領主)에게 짓는 의무적인 병역과 노역(勞役).
○不然不舍(불연불사) — 방침대로 하지 않으면, 내버려두지 않음.

鄭人患晉・楚之故,라 諸大夫曰, 不從晉國,이면 幾亡,이라 楚
弱於晉,이나 晉不吾疾也,라 晉疾,이면 楚將辟之,리어늘 何爲而
使晉師致死於我,리오 楚弗敢敵,이라야 而後可固與也,라 子展

曰, 與宋爲惡,이면 諸侯必至.라 吾從之盟,이면 楚師至.리라 吾又從之,면 則晉怒甚矣.리라 晉能驟來,나 楚將不能,이리니 吾乃固與晉.이라 大夫說之,하고 使疆場之司惡於宋.이라 宋向戌侵鄭,하여 大獲.이라 子展曰, 師而伐宋可矣.라 若我伐宋,이면 諸侯之師伐我必疾.하리라 吾乃聽命焉,하고 且告於楚.하라 楚師至,면 吾又與之盟,하여 而重賂晉師,면 乃免矣.라 夏,에 鄭子展侵宋.이라

정나라 사람은 진나라와 초나라의 등쌀을 걱정했다. 여러 대부들은 말하기를, "진나라에 복종하지 않으면, 아마 우리나라는 망할 것이오. 초나라는 진나라보다 약하나, 진나라는 우리를 도우러 빨리 오지 않을 것이오. 진나라 군이 빨리만 와 준다면, 초나라 군은 피해 갈 것인데, 어찌하면 진나라 군사로 하여금 우리를 위해서 필사적이 되게 할까요? 초나라가 진나라에 대해서 감히 대적할 수가 없어야만, 우리는 진나라와 굳게 맺어질 수가 있소이다."라고 했다. 그러자 자전(子展)이 말했다. "우리가 송나라를 상대로 해서 해를 끼친다면, 진나라 편인 제후들의 연합군이 반드시 쳐들어올 것이오. 그때 우리가 진나라에 복종하는 맹약을 맺으면, 초나라 군사가 쳐들어올 것이오. 그래서 우리가 또 초나라에 복종한다 하면, 진나라의 노함은 심할 것이오. 그리하여 진나라 군사가 자주 오게 될 것이나, 초나라는 그때마다 올 수는 없을 것이니, 그때는 우리가 진나라와 굳은 관계를 맺을 수가 있소이다." 이 말에 대부들은 좋아하여, 곧 국경을 지키고 있는 관리로 하여금 송나라에게 해를 끼치게 했다. 그러자 송나라의 상술(向戌)

이 정나라를 침공하여, 많은 전리품을 획득했다. 이때, 정나라의 자전이 말했다. "군사를 내어 송나라를 치는 것이 좋소이다. 만약 우리가 송나라를 칠 것 같으면, 제후들의 연합군이 반드시 빨리 우리를 칠 것이오. 그 경우 우리는 바로 진나라에게 복종하고, 초나라에 그 사연을 고해야 하오. 그리고 초나라 군사가 오면, 우리는 다시 초나라에 복종한다는 맹약을 맺고서, 많은 재화(財貨)를 진나라 군사에게 보내면, 우리는 화를 면할 것이오." 여름에, 정나라 자전이 송나라를 침공했다.

주해 | ○與宋爲惡(여송위악)-송나라를 상대로, 해 되는 일을 함.
○疆場(강역)-국경.

四月,에 諸侯伐鄭,이라 己亥,에 齊太子光·宋向戌,이 先至于鄭,하여 門于東門,하고 其暮,에 晉荀罃至于西郊,하여 東侵舊許,라 衛孫林父侵其北鄙,라 六月,에 諸侯會于北林,하여 師于向,하고 右還,하여 次于瑣,라가 圍鄭,하여 觀兵于南門,하고 西濟于濟隧,라 鄭人懼,하여 乃行成,이라 秋七月,에 同盟于亳,이라 范宣子曰, 不愼,이면 必失諸侯,리라 諸侯道敝,나 而無成,이라 能無貳乎,아 乃盟,이라 載書曰, 凡我同盟,은 毋蘊年,하고 毋雍利,하며 毋保姦,하고 毋留慝,하며 救災患,하고 恤禍亂,하며 同好惡,하고 獎王室,할지라 或閒玆命,이면 司愼司盟, 名山名川, 群神群祀, 先王先公, 七姓十二國之祖明神殛之,하여 俾失其民隊命亡氏,

하여 踖其國家.리라
楚子囊乞旅于秦.이라 秦右大夫詹帥師,하여 從楚子,하여 將以
伐鄭,에 鄭伯逆之,하여 丙子伐宋.이라
九月,에 諸侯悉師,하여 以復伐鄭.이라 鄭人使良霄·太宰石㚟
如楚,하여 告將服于晉曰, 孤以社稷之故,로 不能懷君.이라 君若
能以玉帛綏晉.가 不然,이면 則武震以攝威之.하라 孤之願也.라
楚人執之.라 書曰行人,은 言使人也.라

4월에 제후들이 정나라를 쳤다. 기해날에, 제나라 태자 광과 송나라의 상술(向戌)이, 먼저 정나라 도읍에 당도하여 그 동문을 공격했고, 저녁때 진나라의 순앵(荀罃)이 서쪽 교외에 당도하여 동쪽으로 진격하여, 전의 허(許)나라 도읍 땅을 침공했다. 그리고 위나라 손임보는 정나라의 북쪽 변경을 침공했다. 6월에는, 제후들이 북림(北林)에서 회합하여 연합군을 상(向)에 집합시키고, 오른쪽으로 돌아 쇄(瑣)에서 주군(駐軍)했다가, 정나라 도읍을 포위하여 남문에서 열병(閱兵)하고, 서쪽으로 가 제수(濟隧)의 강물을 건넜다. 정나라 사람이 그 군세에 겁을 내어, 곧 진나라에 화평을 요구했다. 그래서 가을 7월에 박(亳)에서 동맹을 맺었다. 그때, 진나라의 범선자(范宣子)가 말했다. "이번의 맹약을 단단히 하지 않으면, 우리나라는 반드시 제후들을 잃게 될 것이다. 제후들 군사는 먼 길을 오기에 피로했으나, 성과는 없었다. 그런데 두 마음을 품지 않을 것인가?" 두 편은 맹약을 맺었다. 그 맹약의 내용은 다음과 같았다. "무릇 우리 동맹국은, 곡물을 자기 나라만 저축하지 말고, 산천의 이익을 독점하지 말 것이며, 간악한 자를 보호하지 말고, 악의를 품지 말 것이며, 상호간에 재해와 환난(患

難)을 구해야 하고, 화란(禍亂)당했음을 도와야 하며, 좋은 일 나쁜 일을 같이 당하고, 왕실을 도와야 한다. 혹 이 맹서를 어긴다면, 맹약의 일을 맡고 있는 신과 명산 명천을 주관하는 여러 신(神)이나, 여러 나라에서 제사 지내는 신, 선대 천자·선대 군주·일곱 성(姓)의 열두 나라 선조의 밝으신 신이 죽이고, 그 나라의 백성을 잃게 하고, 군주 자리를 잃게 하며, 씨족을 망하게 하여, 그 나라를 전복시킬 것이다."

초나라 자낭이 진(秦)나라에 가 군사 내어 주기를 요청했다. 그래서 진나라 우대부(右大夫)인 첨(詹)이 군사를 이끌고, 초나라 군주인 자작을 따라서 정나라를 치려 하자, 정나라 군주가 그들을 맞이하여, 병자날에 송나라를 쳤다.

9월에, 제후들은 보유하는 군사를 다 내어, 다시 정나라를 쳤다. 그러자 정나라 사람은 양소(良霄)와 태재(太宰) 벼슬에 있는 석착(石㚟)을 초나라에 보내어, 정나라가 진나라에게 항복하려 한다고 다음과 같이 군주의 말을 고하게 했다. "나는 국가 사직을 보존해야 하기 때문에, 군주를 생각할 수가 없는 처지입니다. 군주께서는 옥과 폐백(幣帛)으로 진나라 군사를 퇴군시킬 수가 있을 것 같습니까? 그렇지 않다면, 무력을 떨치어 진나라를 반드시 억누르십시오. 이것을 나는 원하고 있습니다." 이에, 초나라 사람이 심부름 간 그들을 잡았다. 경문에 행인이라 써 말한 것은, 사자(使者)인 것을 말한 것이다.

주해 ○舊許(구허) – 당시는 정나라 읍이었지만, 전에는 허(許)나라의 도읍이었던 곳으로, 지금의 하남성 허주(許州).

○北林(북림) – 지금의 하남성 신진(新鎭) 부근.

○向(상) – 지금의 하남성 위씨현(尉氏縣) 땅.

○濟隧(제수) – 강 이름.

○亳(박) – 이미 나왔다. 지금의 형양(滎陽) 부근.

○蘊年(온년) – 곡물을 자기 나라에만 쌓아둠.

○司愼(사신)·司盟(사맹) – 맹약을 주관하는 신.

o 七姓十二國(칠성십이국) - 진(晉)·노(魯)·위(衛)·정(鄭)·조(曹)·등(滕) 육국의 군주는 성이 희(姬)였고, 주(邾)와 소주(小邾)나라 군주의 성은 조(曹)였으며, 송(宋)나라 군주는 자(子)성이었고, 제(齊)나라 군주의 성은 강(姜)이었으며, 거(莒)나라 군주의 성은 기(己)였고, 기(杞)나라 군주의 성은 사(姒)였고, 설(薛)나라 군주의 성은 임(任)이었다. 칠성은 곧 '희·조·자·강·기·사·임'의 일곱 성을 말했고, 열두 나라는 앞에 든 13국에서, 패자국인 진을 제외한 열두 나라를 말한다.
o 太宰(태재) - 관직 이름.

諸侯之師觀兵于鄭東門,하니 鄭人使王子伯騈行成,하여 甲戌에 晉趙武入盟鄭伯,하고 冬十月丁亥,에 鄭子展出盟晉侯.라 十二月戊寅,에 會于蕭魚,하여 庚辰赦鄭囚,하되 皆禮而歸之,하고 納斥候,하며 禁侵掠.이라 晉侯使叔肸告于諸侯,하니 公使臧孫紇對曰, 凡我同盟,은 小國有罪,하여 大國致討,에 苟有以藉手,면 鮮不赦宥.이오니다 寡君聞命矣.오니다 鄭人賂晉侯,하되 以師悝·師觸·師蠲, 廣車·軘車淳十五乘·甲兵備凡兵車百乘·歌鐘二肆及其鎛·磬·女樂二八.이라 晉侯以樂之半賜魏絳曰, 子敎寡人,하여 和諸戎狄,하고 以正諸華.라 八年之中,에 九合諸侯,로되 如樂之和,하여 無所不諧.라 請與子樂之.라 辭曰, 夫和戎狄,은 國之福也,요 八年之中,에 九合諸侯,하여 諸侯無慝,은 君之靈也,이오며 二三子之勞也.라소이

다 臣何力之有焉.이리오 抑臣願君安其樂而思其終也.라소이다
詩曰, 樂旨君子,여 殿天子之邦.이로다 樂之君子,여 福祿攸同.이
로다 便蕃左右,에 亦是帥從.이라하였나이다 夫樂以安德,하고 義以
處之,하며 禮以行之,하고 信以守之,하며 仁以厲之,하여 而後可
以殿邦國,하고 同福祿來遠人,함이 所謂樂也.이오니다 書曰, 居
安思危.라하였나이다 思則有備,이옵고 有備無患.이오니다 敢以此
規.하나이다 公曰, 子之敎敢不承命.가 抑微子,이면 寡人無以待
戎,하고 不能濟河.라 夫賞國之典也.라 藏在盟府,이니 不可廢也.
라 子其受之.하라 魏絳於是乎始有金石之樂.이라 禮也.라
秦庶長鮑·庶長武帥師,하여 伐晉,하여 以救鄭.이라 鮑先入晉
地.라 士魴禦之,에 少秦師而弗設備.라 壬午,에 武濟自輔氏,하여
與鮑交伐晉師.라 己丑,에 秦·晉戰于櫟,하여 晉師敗績,하니 易
秦故也.라

제후들의 연합군이 정나라 도읍의 동문 밖에서 열병식을 거행하니, (그 위세에 겁먹은) 정나라 사람이 초나라 왕자로서 정나라로 가 신하가 되어 있는 백변(伯騈)에게 진나라와 화평을 맺게 해서, 갑술날에 진나라 조무(趙武)는 정나라 도읍으로 들어가 정나라 군주와 맹서하고, 겨울 10월 정해날에는, 정나라 자전(子展)이 나가 진나라 군주와 맹서하였다. 12월 무인날에, 제후들이 소어(蕭魚)에서 회합을 가져 경진날에 정나라 포로를 석방하되, 그들에게 다 예우(禮遇)하여

돌려보내고, 정나라에 낸 척후(斥候)들을 불러들이며, 정나라 영토에 침입하여 약탈하는 행위를 금했다. 그리고 진나라 군주는 숙힐(叔肹：叔向)을 시켜 제후들에게 고하게 하니, 노나라 공은 장손흘에게 대답케 했다. "대체 우리 동맹국은 작은 나라에 죄가 있어 큰 나라가 치는 마당에, 조금이라도 핑계 댈 일이 생겨 손을 쓸 경우, 용서해 주는 경우가 많더군요. 우리 군주께서는 진나라 군주의 말씀을 받아들이셨습니다."

정나라 사람이 진나라 군주에게 선사하되, 악사(樂師)인 사회(師悝)·사촉(師觸)·사견(師蠲) 등과, 폭이 넓은 수레와 싸움에 쓰는 수레 각각 15대, 그리고 그 수레에 붙은 무장병, 거기다가 전차 100대, 악기로 걸어 치는 종 두벌에다, 그것에 부속되어지는 박(鎛)과 경(磬), 여자 악공(樂工) 16명을 보냈다. 그러자 진나라 군주는 악기와 악공의 반절씩을 나누어 위강(魏絳)에게 주면서 말하기를, "그대는 나를 가르치어, 모든 융(戎)과 적(狄)들을 평화스럽게 했고, 중원(中原)의 제후들을 바로잡았소. 그리하여 8년 간에 아홉 차례나 제후들을 회합시켰으며, 화목하기가 마치 음악 소리처럼 잘 어울리는 것과 같아, 화합되어지지 않은 적이 없었소. 이에 나는 그대와 이 악기·악공들로 즐기려 하오."라고 했다. 그러자 위강은 사양하면서 말했다. "융·적들과 화평하게 된 것은 우리 국가의 복이옵고, 8년 간에 제후들을 아홉 차례나 회합시키어, 제후들이 잘못을 저지름이 없었던 것은 군주의 덕택이며, 다른 몇몇 신하들의 공로였나이다. 신에게 무슨 힘이 있었겠나이까? 신은 군주께서 현재의 그 즐거움 속에 편안하시고, 그 유종의 미를 거두시도록 생각하시옵기를 원하옵니다. 시에 이르기를, '즐거워하는 군자여, 천자의 나라를 편안케 하는도다. 즐거워하는 군자여, 복과 녹(祿)이 한꺼번에 모이네. 좌우에 모인 사람들 많은데, 역시 그들을 거느리고 천자를 따르는구나.'라고 하였나이다. 음악으로 덕을 몸에 붙이고, 정의를 지키어 처사하며, 예의를 지키어 행동하고, 신의를 지키어 몸을 수호하며, 인(仁)의 마음으로 몸을 닦고 나서야 나라를 안정케 할 수 있고, 복과 녹을 한꺼번에 누리고, 먼 곳의 사람들이 따라옴이 곧 이르는 바 즐거움인 것이옵니다.《서경(書經)》에 이르기를, '편안히 있으며 위태로움을 생각하라.'고 하였나이다. 잘 생각하면 대비가 있게 되옵고, 대비가 있으면 걱정이 없사옵니다. 신은 이것으로 규범 삼으시도록 아뢰옵니다." 이 말을 듣고 난 군주는 말했다. "그대의 가르치는 말을, 내 어찌 받아들이지 않겠소? 대체 그대가 없었다면, 나는 융(戎) 오랑캐를 그렇게 대할 힘이 없었을 것이고, 황하(黃河)를 건너가 (정나라를) 칠 수도 없었을 것이오. 군주가 신하에게 상을 주는 일은 국가의 예전(禮典)이오. 상을 준다는 기록이 이미 맹부(盟府)에 넣어져 있으니, 이제 취소할 수가 없소. 그러니 그대는 내가 주는 것을 받으시오." 위강은 이에 비로소 금석(金石)의 악기를 보유하게 되었다. 상을 주고받은 일은 예에 맞았다.

　진(秦)나라 서장(庶長)이라는 작(爵)을 지닌 포(鮑)와, 역시 서장의 작을 지닌 무(武)가 군사를 이끌고 진(晉)나라를 쳐, 정나라를 구원했다. 그때, 포(鮑)가 먼저 진(晉)나라 땅으로 쳐들어갔다. 그러자 진나라 사방(士魴)이 방어했는데, 그는 진군(秦軍)이 적다 하여 단단히 경비하지 않았다. 그런데 임오날에 무(武)가 보씨(輔氏)로부터 강물을 건너가 포와 서로 번갈아가며 진(晉)나라를 쳤다. 그리하여 기축날에, 진(秦)·진(晉) 양군이 역(櫟)에서 싸워, 진군(晉軍)이 대패했으니, 그것은 신군(秦軍)을 낮추어본 때문이었다.

주해 | ○王子伯騈(왕자백변) — 양공 8년조에 나왔다.
　○苟有以藉手(구유이자수) — 조금이라도 핑계 댈 일로 손을 씀. 선물을 받고 정나라를 용서해 주는 것을 비꼰 말이다.
　○淳(순) — 쌍(雙). 여기에서는 광거(廣車)와 돈거(軘車)의 짝을 말한다.
　○肆(사) — 기물의 한 벌, 두 벌의 벌. 악기 종의 한 벌은, 열여섯 개의 종으로 이루어졌다.

o 詩曰(시왈)-《시경》 소아 채숙편(采菽篇)의 구절. 현존하는 《시경》과는 자(字)에 다른 점이 있다.

o 書曰(서왈)-여기에 인용한 《서경》의 말은, 오늘날 전하는 《서경》에는 들어 있지 않다.

o 庶長(서장)-진(秦)나라 작(爵) 이름.

o 輔氏(보씨)-진(晉)나라 지명으로, 지금의 섬서성 동부의 조읍(朝邑) 부근.

o 櫟(역)-섬서성 중부의 임동(臨潼) 부근.

經| o 十有二年春王三月,에 莒人伐我東鄙,하여 圍台.라
　　　　십유이년춘왕삼월　　　거인벌아동비　　　위태

o 季孫宿帥師,하여 救台,하고 遂入鄆.이라
　계손숙솔사　　　　구태　　　수입운

o 夏,에 晉侯使士魴來聘.이라
　하　　진후사사방래빙

o 秋九月,에 吳子乘卒.이라
　추구월　　　오자승졸

o 冬,에 楚公子貞帥師,하여 侵宋.이라
　동　　초공자정솔사　　　침송

o 公如晉.이라
　공여진

12년 봄 천자가 쓰는 역으로 3월에, 거나라 사람이 우리 노나라 동쪽 변경을 쳐 태읍(台邑)을 포위했다.

계손숙이 군사를 이끌고 태읍을 구원하고, 바로 운(鄆)으로 쳐들어갔다.

여름에, 진(晉)나라 군주인 후작이 사방(士魴)에게 예방케 했다.

가을 9월에, 오나라 군주인 자작 승(乘)이 세상을 떠났다.

겨울에, 초나라 공자 정(貞)이 군사를 이끌고 송나라를 침공했다.

공이 진(晉)나라에 갔다.

주해| o 台(태)-노나라의 읍으로, 지금의 산동성 비현(費縣)에 있음.

○鄆(운)-거나라의 읍으로, 지금의 산동성 기수현(沂水縣)에 있음.

傳 十二年春,에 莒人伐我東鄙,하여 圍台.라 季武子救台,하고 遂入鄆,하여 取其鐘,하여 以爲公盤.이라

夏,에 晉士魴來聘,하고 且拜師.라

秋,에 吳子壽夢卒,하여 臨於周廟.라 禮也.라 凡諸侯之喪,엔 異姓臨於外,하고 同姓臨於宗廟,하며 同宗於祖廟,하고 同族於禰廟.라 是故로 魯爲諸姬臨於周廟,하고 爲邢·凡·蔣·茅·胙·祭,하여 臨於周公之廟.라

冬,에 楚子囊·秦庶長無地伐宋,하여 師于楊梁,하여 以報晉之取鄭也.라

靈王求后于齊.라 齊侯問對於晏桓子,하니 桓子對曰, 先王之禮辭有之,하되 天子求后於諸侯,엔 諸侯對曰, 夫婦所生若而人,하옵고 妾婦之子若而人,하오며 無女而有姉妹及姑姉妹,이오면 則曰先守某公之遺女若而人.이오니다 齊侯許婚,하여 王使陰里結之.라

公如晉,하여 朝,하고 且拜士魴之辱.이라 禮也.라

秦嬴歸于楚.라 楚司馬子庚聘于秦,하여 爲夫人寧.이라 禮也.라

12년 봄에, 거나라 사람이 우리 노나라 동쪽 변경을 쳐 태읍(台邑)

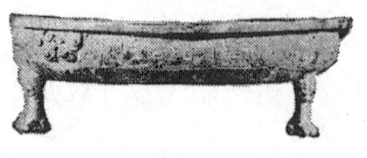

반(盤)

을 포위했다. 그래서 계무자(季武子 : 季孫宿)가 태읍을 구원하고, 그 길로 바로 거나라의 운읍(鄆邑)으로 쳐들어가, 그곳의 큰 종을 가져다가 양공의 목욕통으로 삼았다.

여름에, 진(晉)나라 사방(士魴)이 와 예방하고, 군사를 내었던 일에 대하여 우리 군주에게 감사드렸다.

가을에, 오나라 군주 수몽(壽夢)이 세상을 떠나, 공이 주묘(周廟), 즉 주(周)나라 문왕(文王)을 모신 사당에서 곡례(哭禮)를 올렸다. 그것은 예의에 맞는 일이었다. 무릇 다른 제후가 세상을 떠남에는, 다른 성의 제후라면 종묘(宗廟) 밖에서 곡례를 올리고, 동성(同姓)의 경우는 종묘에서 곡례를 올리며, 동종(同宗)일 경우에는 종조(宗祖)의 사당에서 곡례를 올리고, 동족인 경우에는 아버지의 사당에서 곡례를 올리는 것이다. 그러므로 노나라 군주는, 모든 희성(姬姓)의 제후가 세상을 떠났을 때에는 종묘(주묘)에서 곡례를 올리고, 형(邢)·범(凡)·장(蔣)·모(茅)·조(胙)·제(祭) 등의 군주가 세상을 떠났을 때에는 주공(周公)의 사당에서 곡례를 올린다.

겨울에, 초나라 자낭과 진(秦)나라 서장(庶長)의 작(爵)을 지닌 무지(無地)가 송나라를 쳐, 양량(楊梁)에 주군하여, 진(晉)나라가 정나라를 손아귀에 넣은 일에 대한 보복을 했다.

주나라 천자이신 영왕께서 제나라에 대하여 왕후(王后)감을 요구하셨다. 그래서 제나라 군주가 안환자(晏桓子)에게 대응하는 방법을 물으니, 안환자는 대답하였다. "옛날에 어진 임금이 제정한 예법의 말씀이 있사온데, 천자께서 제후에게 왕후감을 요구하실 때에는 제후는 대답하기를, '저희들 부부가 낳은 딸이 이러이러하옵니다.'든가 '아내가 낳은 딸이 이러이러하옵니다.'라 하오며, 딸은 없고 군주의 자매나 선대 군주의 자매가 있으면, '선대 군주인 아무 공(公)이 낳아 남긴 딸이 이러이러하옵니다.' 이렇게 대답해 올리는 것이옵니다." 이에, 제나라 군주는 천자와 혼인할 것을 승낙하여, 천자이신 영왕께서는 음리(陰里)를 보내시어 혼약을 맺게 하셨다.

공이 진나라에 가, 진나라 군주를 찾아보고, 사방이 예방하는 수고를 한 일에 대해서 감사드렸다. 예의에 맞는 행위였다.

진(秦)나라 (景公의 여동생인) 진영(秦嬴)이 초나라(공왕에게)로 시집갔다. 초나라 사마(司馬)인 자경(子庚)이 진(秦)나라를 예방하여, 초왕의 부인을 대신하여 안녕을 묻는 예를 올렸다. 예의에 맞는 일이었다.

▌주해 ┃ ○臨於周廟(임어주묘)-주묘는 주나라 문왕묘(文王廟)를 말하고, 임은 임곡(臨哭), 즉 곡례를 올리는 것.
　○同宗(동종)-갈라진 맨 위 조상의 자손들. 노나라로서는 형·범·장·모·조·제 등의 나라가 동종의 나라로, 다 주공(周公)이 종조(宗祖)였다.
　○同族(동족)-고조(高祖 : 四世祖)가 같은 친족.
　○禰廟(이묘)-아버지의 사당.
　○楊梁(양량)-송나라 지명으로, 지금의 하남성 상구(商邱) 부근.
　○晏桓子(안환자)-당시에 제나라에서 어진 사람으로 유명했다.
　○若而人(약이인)-이러이러한 사람. 이러이러하다.
　○爲夫人寧(위부인녕)-부인을 위하여 안녕을 묻다. 즉 부인 대신 안녕을 묻다.

▌經 ┃ ○十有三年春,에 公至自晉.이라
　　　　　　십유삼년춘　　　공지자진
　○夏,에 取邿.라
　　　　하　　취시
　○秋九月庚辰,에 楚子審卒.이라
　　　　추구월경진　　　초자심졸
　○冬,에 城防.이라
　　　　동　　성방

13년 봄에, 공이 진나라로부터 돌아왔다.

여름에 시(郱)나라를 차지했다.

가을 9월 경진날에, 초나라 군주인 자작 심(審)이 세상을 떠났다.

겨울에 방(防)에 성을 쌓았다.

주해 ○郱(시) — 작은 나라로, 지금의 산동성 제녕(濟寧) 부근에 자리잡 았었다.

○防(방) — 노나라에는 방이라는 곳이 셋 있었다. 여기에서는 동방읍(東防 邑)을 말한다. 지금의 산동성 화현(華縣) 부근.

傳 十三年春,에 公至自晉.이라 孟獻子書勞于廟.라 禮也.라 夏,에 郱亂,하여 分爲三.이라 師救郱,하고 遂取之.라 凡書取,는 言易也.라 用大師焉曰滅,하고 弗地曰入.이라 荀罃·士魴卒.이라 晉侯蒐于緜上,하여 以治兵.이라 使士匄將 中軍,하니 辭曰, 伯游長.이오니다 昔,에 臣習於知伯.하였나이다 是 以,로 佐之.였나이다 非能賢也.라소이다 請從伯游.이오니다 荀偃 將中軍,하고 士匄佐之.라 使韓起將上軍,하니 辭以趙武.라 又使 欒黶,하니 辭曰, 臣不如韓起.이옵거늘 韓起願上趙武.이오니다 君 其聽之.하소서 使趙武將上軍,하고 韓起佐之,하며 欒黶將下軍,하 고 魏絳佐之.라 新軍無帥,에 晉侯難其人,하여 使其什吏率其卒 乘官屬,하여 以從於下軍.이라 禮也.라 晉國之民,에 是以大和,하 고 諸侯遂睦.이라

君子曰, 讓禮之主也.라 范宣子讓,하니 其下皆讓.이라 欒黶爲汰,나 弗敢違也.라 晉國以平,하고 數世賴之,하니 刑善也夫.여 一人刑善,에 百姓休和.라 可不務乎.아 書曰, 一人有慶,이면 兆民賴之,하고 其寧惟永.이라 其是之謂乎.아 周之興也,에 其詩曰, 儀刑文王,하여 萬邦作孚.라 言刑善也.라 及其衰也,에 其詩曰, 大夫不均,이나 我從事獨賢.이라 言不讓也.라 世之治也,엔 君子尚能,하여 而讓其下,하고 小人農力,하여 以事其上.이라 是以,로 上下有禮,하여 而讒慝黜遠.이라 由不爭也,니 謂之懿德.이라 及其亂也,엔 君子稱其功,하여 以加小人,하고 小人伐其技,하여 以馮君子.라 是以,로 上下無禮,하여 亂虐竝生.이라 由爭善也,니 謂之昏德.이라 國家之敝,는 恒必由之.라

13년 봄에, 공이 진나라로부터 돌아왔다. 맹헌자(孟獻子 : 仲孫蔑)가, 군주를 따라가 공로를 세운 사람들을 종묘에서 기록하였다. 그것은 예에 맞는 일이었다.

여름에, 시(邿)나라가 문란해져 삼분(三分)되었다. 그래서, 노나라 군사가 시나라를 구하고, 바로 이어 시나라를 차지하였다. 무릇 경에 차지했다고 쓴 것은, 쉽게 손에 넣었다는 것을 말한다. 큰 군사를 썼을 때에는, '멸(滅 : 멸망시켰다)'이라 써 말하고, 점령하여 그 땅을 차지하지 않은 경우는 '입(入 : 쳐들어갔다)'이라 써 말한다.

진(晉)나라 순앵(荀罃)과 사방(士魴)이 세상을 떠났다. 진나라 군주가 면(緜) 땅에서 봄철 사냥을 하여 군사 연습을 행한 일이 있었다.

그때, 군주가 사개(士匄)에게 중군대장이 되게 하니 그는 사양하여 말하기를, "백유(伯游 : 荀偃)가 연상(年上)이옵니다. 지난날 신은 지백(知伯 : 荀罃)한테서 병술을 습득했나이다. 그래서 부장(副將)이 되었나이다. 신이 능하고 현명하다고 할 수 있는 것이 아니었나이다. 신은 백유의 아래에 있고자 원하옵니다."라고 했다. 그래서 순언(荀偃)이 중군대장이 되고, 사개는 그 부장이 되었다. 그리고 한기(韓起)에게 상군대장이 되게 하니, 그는 조무(趙武)를 내세움으로써 사양했다. 군주는 다시 난염(欒黶)에게 상군대장이 되라 하니, 그는 사양해서 말하기를, "신은 한기보다 못한 사람이옵는데, 이제 한기가 조무를 윗자리에 놓기를 원했사옵니다. 군주께서는 그의 원을 들어주옵소서."라고 했다. 그래서 조무를 상군대장이 되게 하고, 한기가 그 부장이 되었으며, 난염이 하군대장이 되고, 위강(魏絳)이 그 부장이 되었다. 신군(新軍)을 이끌 장수가 없어, 진나라 군주는 맡길 사람을 곧 결정짓기가 어려워, 신군의 각 부대장에게 각기의 군졸·전차·관속(官屬)들을 이끌고, 하군(下軍)에 종속케 했다. 그 일은 예에 맞는 일이었다. 진나라 국민이 이러므로 크게 화합되었고, 제후들도 결국 화목했다.

군자(君子)는 이 일을 두고 말했다. "사양은 예의의 근본이다. 범선자(范宣子)가 사양하니, 그의 아랫사람들이 다 사양했다. 난염이라는 사람은 본시 거만했지만, 감히 다른 사람들이 사양함을 어기지 못했다. 진나라가 화평하고, 여러 대(代) 동안 그 힘을 입었으니, 그것은 선(善)을 본받아서였도다. 한 사람이 선을 본받음에, 백성들이 안락하게 되었다. 그런데 선을 본받음에 힘쓰지 않을 수 있으랴?《서경》에 이르기를, '위의 한 사람이 경하(慶賀)할 덕이 있으면, 모든 백성이 그 힘을 입으며 국가의 안녕은 영원하다.'라고 했는데, 이때의 진나라 사정 같은 일을 두고 말한 것일까? 주(周)나라가 흥성했을 때 시에 이르기를, '문왕(文王)을 본받아 모든 나라 성실하도다.'라고 했다. 이는 선을 본받음을 말한 것이다. 그리고 주나라 세력이 쇠퇴해졌을 때, 시에 이르기를, '대부(大夫)들이 고르게 나랏일에 종사하지 못하나, 나는 늘 나랏일 보아 홀로 어진가 보다.'라고 했다. 이것은 남에게 사양하지 않은 것을 말한다. 세상이 잘 다스려지고 있으면, 윗사람이 능력을 존중하여, 아랫사람에게 사양하고, 아랫사람은 힘을 다하여 윗사람을 섬긴다. 그러므로 상하에 예의가 있게 되어, 남을 모함한다든가 남에게 악한 짓을 함은 멀리 사라지게 된다. 이것은 사람들이 서로 다투지 않음으로 말미암아서이니, 이것을 미덕(美德)의 세상이라 이른다. 그러나 세상이 어지럽게 되면, 윗사람이 자기의 공을 앞세워 자랑하여 아랫사람에게 압력을 가하고, 아랫사람은 자기 재주를 과장(誇張)하여 윗사람을 능멸하게 된다. 그러므로 상하간에는 예의가 없어, 혼란과 포학(暴虐)이 한꺼번에 일어난다. 이것은 상하가 서로 잘한다고 다툼으로 말미암아서이니, 이런 세상을 악덕의 세상이라고 이르는 것이다. 국가가 쇠퇴하여짐은, 언제나 반드시 이 때문인 것이다."

│주해│ ㅇ蒐(수) - 봄에 행하는 수렵(狩獵).
ㅇ緜(면) - 진나라 지명으로, 지금의 산서성 서남부의 익성(翼城) 부근.
ㅇ伯游(백유) - 순언(荀偃)의 자(字). 순언은 순앵(荀罃)의 사촌인 순경(荀庚)의 아들.
ㅇ什吏(십리) - 십(什)은 열 사람의 한 반(班)을 말한다. 십리는 열 사람 반을 인솔하는 장이라고 풀이할 것이니, 여기에서는 각급 부대장을 두고 말한다.
ㅇ爲汰(위태) - 거만하다.
ㅇ休和(휴화) - 안락.
ㅇ書曰(시왈) - 《시경》 주시(周書) 여형편(呂刑篇) 구절.
ㅇ其詩曰(기시왈) - 《시경》 대아 문왕편(文王篇) 구절.
ㅇ儀刑(의형) - 본받음.
ㅇ及其衰也(급기쇠야), 其詩曰(기시왈) - 《시경》 소아 북산편(北山篇) 구절.

楚子疾,에 告大夫曰, 不穀不德,이어늘 少主社稷.이라 生十年
而喪先君,하고 未及習師保之敎訓,하여 而應受多福.이라 是以로
不德而亡師于鄢,하여 以辱社稷,하고 爲大夫憂,가 其弘多矣.라
若以大夫之靈獲保首領以沒於地,면 唯是春秋窀穸之事,나 所
以從先君於禰廟者,는 請爲靈若厲,하되 大夫擇焉.하라 莫對.라
及五命,에 乃許.라 秋,에 楚共王卒.이라 子囊謀諡.라 大夫曰,
君有命矣.라 子囊曰, 君命以共.이라 若之何毁之.아 赫赫楚國,하
사 而君臨之,하시고 撫有蠻夷,하시고 奄征南海,하시며 以屬諸夏.
라 而知其過,하시니 可不謂共乎.아 請諡之共.이라 大夫從之.라
吳侵楚.라 養由基奔命,하고 子庚以師,하여 繼之.라 養叔曰,
吳乘我喪,하여 謂我不能師也.리라 必易我,하여 而不戒,리니 子
爲三覆,하여 以待我.하라 我請誘之.하리라 子庚從之.라 戰于庸
浦,하여 大敗吳師,하고 獲公子黨.이라 君子以吳爲不弔.라 詩曰,
不弔昊天,이면 亂靡有定.이라

초나라 군주는 병이 나자, 대부들에게 일렀다. "못난 나는 덕이 없었는데도, 어려서 국가 사직을 맡았소. 나는 이 세상에 나 10년 만에 선대 군주를 여의고, 스승이 가르치는 글을 배우지 못하고서도, 많은 복을 받는 군주가 되었소. 그래서 덕이 없어 언(鄢)에서 싸워 군사를 잃어 국가 사직을 욕되게 하고, 대부들을 근심하게 하였음이, 크고도

많았소. 만약 대부들의 덕택으로 내 죽어 온몸이 완전하게 땅속에 묻혀질 것 같으면, 춘추에 제사 지내는 일을 맡는 자나 선대 군주의 사당에서 선군(先君)을 모시는 자는, 내가 죽은 뒤의 이름을 영(靈)이나 여(厲)로 지어 부르기를 부탁하되, 대부들이 둘 중에서 하나를 택하시오." 이 말에 대부들은 응답하지 않았다. 군주가 그렇게 하라고 다섯 번을 이르자, 대부들은 할 수 없이 그리하겠다고 대답했다. 가을에, 초나라의 공왕이 세상을 떠났다. 그러자 자낭이 시호(諡號) 짓는 일을 가지고 의논했다. 그러자 다른 대부들은, "군주께서 명하신 일이 있소."라고 말하였다. 그러나 자낭은 말했다. "군주께서 전에 명하신 것은 공손한 마음으로써 하신 것이었소. 어찌 그리 낮게 헐어서 시호를 드린단 말이오? 군주께서는 우리 초나라를 빛나게 하사 군림하셨고, 남방의 오랑캐 나라와 동방의 오랑캐 나라에게 덕을 베풀어 복종시키시고, 남해(南海)까지 정벌하셨으며, 중원(中原)의 제후국들도 복속(服屬)시키시었소. 그렇게 하셨음에도 스스로의 과실을 알고 계셨으니, 공손스러웠다고 이르지 않을 수가 있단 말이오? 공(共)이라 시호를 드리기를 원하오." 이 말을 들은 대부들은 다 자낭의 의견을 따랐다.

  오나라가 초나라를 침공했다. 그래서 양유기(養由基)가 명을 받고 막으러 달려갔고, 자경(子庚)이 군사를 이끌고 그의 뒤를 따라갔다. 양숙(養叔 : 養由基)이 말하기를, "오나라는 우리의 국상(國喪)을 틈타 침공하여, 우리가 군사를 낼 수 없을 거라고 여기고 있을 것입니다. 오군(吳軍)은 반드시 우리를 깔보고서 경비를 하지 않고 있을 것이니, 공자께서는 세 단계로 복병을 두시고서 저를 기다려 주십시오. 제가 가 적에게 싸우기를 청해서 유인하겠습니다."라고 하니, 자경은 그 말대로 했다. 양국 군은 용포(庸浦)에서 싸워 초군은 오군을 대파하고, 오나라 공자 당(黨)을 생포했다. 군자는 오나라를 타국의 국상을 조문하지 않는 나라라고 했다. 시에 이르기를, '하늘한테 불쌍히 여겨지지 않으면, 나라의 어지러움 안정되어질 새 없으리.'라고 하였다.

주해 ㅇ應受多福(응수다복) — 의당 많은 복을 받음. 군주가 되었음을 말한다.
ㅇ窆窆之事(둔석지사) — 둔석은 광중(壙中)에 관을 내림. 여기에서의 둔석지사는, 고인의 영혼에게 제사 지냄을 말한다.
ㅇ靈(영)·厲(여) — 이 두자는 무능했던 군주나 포악스러웠던 군주의 시호로 사용된다.
ㅇ南海(남해) — 남중국해(南中國海).
ㅇ子庚(자경) — 자경은 초나라 장왕(莊王)의 아들. 그는 자를 경(庚)이라 했고, 이름은 오(午)라 했다. 당시에 그는 초나라 사마(司馬)였다.
ㅇ詩曰(시왈) — 《시경》소아 절피남산편(節彼南山篇) 구절.

冬,에 城防,은 書事時也.라 於是將早城,이나 臧武仲請俟畢農事.라 禮也.라
鄭良霄·太宰石㚟猶在楚.라 石㚟言於子囊曰, 先王卜征五年,하여 而歲習其詳,하여 祥習則行,하고 不習則增脩德而改卜.이라 今, 楚實不競,에 行人何罪.오 止鄭一卿,하여 以除其偪,하고 使睦而疾楚,하여 以固於晉,어늘 焉用之.오 使歸而廢其使,하여 怨其君以疾其大夫,하여 而相牽引也,가 不猶愈乎.아 楚人歸之.라

겨울에 방(防)에 성을 쌓았다는 것은, 제때에 했다는 것을 쓴 것이다. 그때보다 더 빨리 성을 쌓으려 했으나, 장무중(臧武仲)이 농번기가 지난 뒤에 쌓자고 요청했다. 그것은 예의에 맞는 일이었다.
정나라의 양소(良霄)와 태재인 석착(石㚟)은 아직 초나라에 잡혀

있었다. 석착이 초나라 자낭에게 말했다. "옛날의 어진 임금은 전쟁을 하려면 5년간을 두고 길흉의 복점(卜占)을 쳤는데, 해마다 길조(吉兆)가 나와 거듭되어, 그 길조가 5년간 거듭 겹쳐지면 전쟁을 하고, 길조가 5년간 거듭되지 않으면 덕을 더 닦아 다시 복점을 쳤습니다. 지금 초나라의 국세는 떨치지 못하고 있는 형편에, 행인(行人 : 외교관·使者)인 우리가 무슨 죄가 있어 잡아두고 있습니까? 초나라는 정나라의 한 경(卿)을 잡아두어, 그 사람이 본국에서 윗사람에게 덤벼드는 짓을 없게 하고, 정나라 사람들과 화목하여 초나라를 미워하게 하고, 진(晉)나라와 굳게 맺게 하고 있는데, 어찌 이런 짓을 하는 것입니까? 그를 돌려보내어 사절(使節) 노릇을 그만두고, 그의 군주를 원망하고 정나라 대부들을 미워하여서, 대부들이 세력을 다투어 서로 자기 편을 끌어들이는 일을 하게끔 행동하게 하는 것이, 잡아두는 것보다 더 나은 일이 아닙니까?" 이 말을 들은 초나라 사람은 그렇다고 여기어, 그들을 돌려보냈다.

주해 ○鄭一卿(정일경) – 양소(良霄)를 두고 한 말이다.
  ○疾楚(질초) – 초나라를 미워함.

經│ ○十有四年春王正月(십유사년춘왕정월)에 季孫宿(계손숙)·叔老會晉士匄(숙로회진사개)·齊人(제인)·宋人(송인)·衛人(위인)·鄭公孫蠆(정공손채)·曹人(조인)·莒人(거인)·邾人(주인)·滕人(등인)·薛人(설인)·杞人(기인)·小邾人(소주인)하여 會吳于向(회오우상)이라.

○二月乙未朔(이월을미삭)에 日有食之(일유식지)라.

○夏四月(하사월)에 叔孫豹會晉荀偃(숙손표회진순언)·齊人(제인)·宋人(송인)·衛北宮括(위북궁괄)·鄭公孫蠆(정공손채)·曹人(조인)·莒人(거인)·邾人(주인)·滕人(등인)·薛人(설인)·杞人(기인)·小邾人(소주인)하여

벌 진
伐秦.이라
기 미   위 후 출 분 제
○己未,에 衛侯出奔齊.라
거 인 침 아 동 비
○莒人侵我東鄙.라
추   초 공 자 정 솔 사   벌 오
○秋,에 楚公子貞帥師,하여 伐吳.라
동   계손숙회진사개   송화열   위손림보   정공손채   거
○冬,에 季孫宿會晉士匄·宋華閱·衛孫林父·鄭公孫蠆·莒
인   주인우척
人·邾人于戚.이라

  14년 봄 천자가 쓰는 역으로 정월에, 노나라의 계손숙과 숙로(叔老)가 진나라 사개·제나라 사람·송나라 사람·위나라 사람·정나라 공손채(公孫蠆)·조나라 사람·거나라 사람·주나라 사람·등나라 사람·설나라 사람·기나라 사람·소주나라 사람 등과 회합을 갖고, 오나라와는 상(向)에서 회합을 가졌다.
  2월 을미날인 초하루에, 일식이 있었다.
  여름 4월에, 노나라 숙손표가 진나라의 순언·제나라 사람·송나라 사람·위나라 북궁괄(北宮括)·정나라 공손채·조나라 사람·거나라 사람·주나라 사람·등나라 사람·설나라 사람·기나라 사람·소주나라 사람 등과 회합을 갖고는, 진(秦)나라를 쳤다.
  기미날에, 위나라 군주인 후작이 제나라로 달아났다.
  거나라 사람이 우리 노나라의 동쪽 변경을 침공했다.
  가을에, 초나라 공자 정이 군사를 이끌고 오나라를 쳤다.
  겨울에, 노나라의 계손숙이 진나라 사개·송나라 화열(華閱)·위나라 손임보·정나라 공손채·거나라 사람·주나라 사람 등과 척(戚)에서 회합을 가졌다.

傳| 十四年春,에 吳告敗于晉.이라 會于向,은 爲吳謀楚故也.라 范宣子數吳之不德也,하여 以退吳人.이라 執莒公子務婁,하니 以其通楚使故也.라 將執戎子駒支,하여 范宣子親數諸朝曰, 來姜戎氏.여 昔,에 秦人迫逐乃祖吾離于瓜州,하니 乃祖吾離被苫蓋,하여 蒙荊棘,하여 以來歸我先君.이라 我先君惠公有不腆之田,이나 與女剖分而食之.라 今, 諸侯之事我寡君,이 不如昔者,는 蓋言語漏洩,이니 則職女之由.라 詰朝之事,는 爾無與焉.하라 與,면 將執女.하리라 對曰, 昔,에 秦人負恃其衆,하고 貪于土地,하여 逐我諸戎.이라 惠公蠲其大德,하사 謂我諸戎是四嶽之裔冑也,하시고 曰, 毋是翦棄.라 賜我南鄙之田,하시었거늘 狐狸所居,요 豺狼所嗥.라 我諸戎除翦其荊棘,하고 驅其狐狸豺狼,하여 以爲先君不侵不叛之臣,하여 至于今不貳.라 昔,에 文公與秦伐鄭,에 秦人竊與鄭盟,하여 而舍戍焉.이라 於是乎有殽之師.라 晉禦其上,하고 戎亢其下.라 秦師不復,이있거늘 我諸戎實然.이라 譬如捕鹿,이면 晉人角之,하고 諸戎掎之,하여 與晉踣之.라 戎何以不免.가 自是以來,로 晉之百役,에 與我諸戎相繼于時,하여 以從執政.이 猶殽志也.라 豈敢離逷.가 今官之師旅,에 無乃實有所闕,하여 以攜諸侯.아 而罪我諸戎.이라 我諸戎飮食衣服,이 不與華同,하고

贄幣不通,하며 言語不達.이라 何惡之能爲.아 不與於會,라도 亦
無瞢焉.이라 賦靑蠅而退.라 宣子辭焉,하고 使卽事於會,하여 成
愷悌也.라
於是,에 子叔齊子爲季武子介以會.라 自是,로 晉人輕魯幣,하
고 而益敬其使.라

14년 봄에, 오나라가 초나라와 싸워 패했음을 진나라에게 고했다. 상(向)에서 회합을 가진 것은, 오나라를 위하여 초나라에 대해서 상의하기 위해서였다. 진나라의 범선자(范宣子)는 오나라가 (초나라가 국상을 당하고 있는데 싸움을 건) 부덕한 짓을 한 데 대하여 책망하고, 오나라 사람을 퇴장시켰다. 그리고 거나라 공자 무루(務婁)를 잡았으니, 그것은 거나라가 초나라에 사자(使者)를 보내어 통했었기 때문이다. 그리고 또 융족(戎族)나라 군주의 아들 구지(駒支)를 잡으려 하여, 범선자가 자신의 조정에서 꾸짖으며 말했다. "여보시오, 강융씨(姜戎氏)여! 옛날, 진(秦)나라 사람이 그대의 할아버지 오리(吾離)를 과주(瓜州)로 몰아 내쫓으니, 그대의 할아버지 오리는 빈털터리가 되어 거적을 걸치고서, 고난의 길을 지나, 우리나라 선군(先君)을 찾아 의지했었소. 그때 우리나라 선군인 혜공(惠公)께서는 그리 많지 않은 토지를 가지고 계셨지만, 나누어 주어 먹고살게 하셨소. 그런데 지금 제후들이 우리나라 군주 모심이 전날과 같이 성실하지 못한 것은, 우리의 말이 새어 나가서인데, 그것은 주로 그대의 나라 때문이오. 내일 아침 상의하는 일에 그대는 참여하지 마시오. 참여한다면, 나는 그대를 잡을 것이오." 이 말에 대해서, 융의 구지는 말했다. "옛날, 진(秦)나라 사람이 군대 수가 많은 것을 믿고, 땅을 탐내어 우리들 모든 융족을 몰아냈습니다. 그랬는데 진(晉)나라 혜공께서는 큰 덕을 밝히시

사, 우리 모든 융족은 옛날 사악(四嶽)의 후손이라 여기시고 말씀하시기를, '이들의 혈통이 끊어지게 버리지 말지어다.'라고 하셨습니다. 그리고 우리에게 남쪽 변경 땅을 하사하셨는데, 그 땅은 여우·살쾡이 떼가 사는 곳이고, 승냥이·이리 떼가 시끌시끌하여 울부짖는 곳이었습니다. 그러나 우리 모든 융족은 그 땅의 가시덩굴을 베어 없애고, 여우·살쾡이·승냥이·이리 등의 떼를 몰아내고 살아, 진나라 선군(先君)에 대해서 침범하지 않고 배반하지 않는 신하가 되어, 지금까지도 다른 마음을 갖지 않았습니다. 지난날 진(晉)나라 문공(文公)께서 진(秦)나라와 같이 정나라를 치심에, 진(秦)나라 사람이 몰래 정나라와 맹약을 맺어, 정나라에 수비병을 두었습니다. 그리하여 진(秦)나라와 효(殽)에서 싸움이 있게 되었습니다. 그때 진(晉)나라는 진군(秦軍)의 머리 부분을 막아내고, 우리 융족 나라는 진군의 후미와 싸웠습니다. 그 싸움에서 진 진(秦)나라 군사가 살아 돌아가지 못했는데, 우리 융족이 잘 싸워 그렇게 했던 것입니다. 그 일을 사슴 잡는 일에 비유한다면, 진(晉)나라 사람은 사슴뿔을 잡고, 모든 융족은 다리를 잡아끌어, 진나라 사람과 함께 사슴을 거꾸러뜨린 격입니다. 그런데 융족이 어째서 책망받음을 면하지 못한단 말입니까? 그후로 진나라의 모든 일에 대해 우리 융족과 그때그때마다 늘 같이해서, 우리가 진나라 집정대신(執政大臣)의 지시를 따랐음이, 효에서 싸웠을 때의 성실한 마음으로였습니다. 우리가 어찌 감히 이탈했을 것입니까? 시금 신나라 버슬아치의 많은 분들 중에 징직 결점이 있어시, 제후들을 이끌지 못함이 있는 게 아니겠습니까? 그런데도 우리 모든 융족에게 죄를 뒤집어쒸우고 계십니다. 우리 모든 융족은 음식과 의복이 중화인(中華人)과 다르고, 재화(財貨)를 선사하여 다른 나라와 교제하지도 않으며, 언어가 서로 통하지도 않습니다. 그런데 어찌 나쁜 짓을 할 수가 있겠습니까? 회합에 참여를 못하더라도, 우리는 역시 답답할 것이 없습니다." 이렇게 말한 그는 청승편(靑蠅篇)의 시를 노래부르고 물러나갔다. 범선자는 사과하고, 상의하는 일에 나와 참여케 했다. 그래서 그는 화락한 군자가 되었다.

이때 노나라 자숙제자(子叔齊子 : 叔老)는 계무자(季武子 : 季孫宿)의 보좌역이 되어 회합에 참가했다. 그리고 이때부터, 진나라 사람은 노나라가 바치는 공물(貢物)을 감해 가볍게 하고, 또 노나라 사자에 대해서 전보다 공경스럽게 대했다.

| 주해 | ㅇ向(상)―정나라 지명. 이미 나왔다.
- ㅇ瓜州(과주)―지금의 감숙성(甘肅省) 서안(西安) 부근.
- ㅇ四嶽(사악)―《서경(書經)》요전(堯典)에 의하면, 중국 고대에 사악(四嶽)이라는 사방을 다스리는 총독관(總督官)이 있었고, 사악의 자손은 성이 강(姜)이었다 한다.
- ㅇ文公與秦(문공여진)―진(晉)나라 문공과 진(秦)나라가 같이 정나라를 친 일은 희공 30년조에 나왔다.
- ㅇ殽之師(효지사)―희공 33년조에 나왔다.
- ㅇ瞢(맹)―답답하게 여김.
- ㅇ靑蠅(청승)―《시경》 소아의 시편 이름. 이 시는 화락한 군자는 남의 모함을 믿어 그릇 판단을 해서는 안된다는 뜻이 담겨 있다.
- ㅇ晉人輕魯幣(진인경로폐), 而益敬其使(이익경기사)―당시 자숙제자도 계손숙과 같이 경(卿)의 지위에 있었다. 그랬는데도 계손숙의 보좌역[副使]이 되어 갔다. 진나라는 그 사실을 보고, 노나라가 진나라를 성심으로 섬기고 회합을 중요시한다고 여겨, 감사하는 마음에서 공물의 할당량을 줄이고, 노나라 사자를 공대했다는 것이다.

<u>오자제번</u> <u>기제상</u> <u>장립계찰</u> <u>계찰사왈</u> <u>조선공지</u>
吳子諸樊,이 **旣除喪**,하고 **將立季札**.이라 **季札辭曰**, **曹宣公之**
<u>졸야</u> <u>제후여조인불의조군</u> <u>장립자장</u> <u>자장거지</u>
卒也,에 **諸侯與曹人不義曹君**,하여 **將立子臧**,하니 **子臧去之**,하여
<u>수불위야</u> <u>이성조군</u> <u>군자왈</u> <u>능수절</u> <u>군</u>
遂弗爲也,하여 **以成曹君**,하니 **君子曰**, **能守節**.이라하였나이다 **君**

義嗣也.라소이다 誰敢奸君.이리오 有國非吾節也.이오니다 札雖不
才.나 願附於子臧.하여 以無失節.이오니다 固立之.하니 棄其室而
耕.이라 乃舍之.라

오나라 세자인 제번(諸樊)이 아버지 상(喪)을 마치고, 동생인 계찰 (季札)을 군주로 세우려 했다. 그러자 계찰은 사양하여 말했다. "조나 라 선공이 세상을 떠난 뒤, 제후들과 조나라 사람들이 새로 된 조나 라 군주가 의롭지 못하다 하여, 자장(子臧)을 군주로 삼으려 하니, 자 장은 나라를 떠나 결국 군주가 되지 않고, 이미 된 군주가 그대로 군 주 노릇을 하게 하니, 군자는 '잘도 절조를 지키었다.'라고 말했사옵니 다. 군주야말로 의로운 후계자이옵니다. 누가 감히 군주를 범하오리 까? 국가를 차지한다는 것은 저의 절조가 아니옵니다. 찰(札) 저는 비록 인재가 아니오나, 조나라 자장의 뒤를 따라, 절조를 잃음이 없도 록 하기를 원합니다." 그러나 굳이 군주로 삼으려 하니, 계찰은 그 의 거처를 버리고 나가 스스로 밭갈이를 하였다. 그래서 그만두었다.

│주해│ ○不義曹君(불의조군) - 조나라 부추(負芻)가 불의한 짓을 하여 군 주가 되었던 일은, 성공 13년조에 나왔다.
○舍之(사지) - 그만두었다. 중지했다.

夏.에 諸侯之大夫從晉侯.하여 伐秦.하여 以報櫟之役也.라 晉
侯待于竟.하여 使六卿帥諸侯之師以進.이러니 及涇不濟.라 叔向
見叔孫穆子.에 穆子賦匏有苦葉.하니 叔向退而具舟.라 魯人·
莒人先濟.라 鄭子蟜見衛北宮懿子曰, 與人而不固.면 取惡莫甚

焉.이라 若社稷何.리오 懿子說.이라 二子見諸侯之師.하여 而勸
之濟.라 濟涇而次.라 秦人毒涇上流.에 師人多死.라 鄭司馬子
蟜帥鄭師以進.하니 師皆從之.라 至于棫林.하여도 不獲成焉.이라
荀偃令曰, 雞鳴而駕.하고 塞井夷竈.하여 唯余馬首是瞻.하라 欒
黶曰, 晉國之命未是有也.라 余馬首欲東.이라 乃歸.하니 下軍從
之.라 左史謂魏莊子曰, 不待中行伯乎.아 莊子曰, 夫子命從帥.
라 欒伯吾帥也.니 吾將從之.하리라 從帥所以待夫子也.라 伯游
曰, 吾令實過.라 悔之何及.가 多遺秦禽.이리라 乃命大還.이라
晉人謂之遷延之役.이라

欒鍼曰, 此役也.는 報櫟之敗也.라 役又無功.이면 晉之恥也.
라 吾有二位於戎路.하여 敢不恥乎.아 與士鞅馳秦師.하여 死焉.
하고 士鞅反.이라 欒黶謂士匄曰, 余弟不欲往.이었거늘 而子召
之.하고 余弟死.나 而子來.라 是而子殺余之弟也.라 弗逐.이면
余亦將殺之.하리라 士鞅奔秦.이라 於是.에 齊崔杼·宋華閱·仲
江.이 會伐秦.이어늘 不書.는 惰也.라 向之會亦如之.라 衛北宮括
不書於向.이나 書於伐秦.은 攝也.라

여름에, 각 제후의 대부들이 진나라 군주를 따라 진(秦)나라를 쳐
역(櫟)에서의 싸움에 대한 보복을 하였다. 진(晉)나라 군주는 국경에

서 기다리고 있으면서, 육경(六卿)에게 제후들의 군사를 이끌고 진격하게 했는데, 경수(涇水) 가에 이르러 강을 건너지 않았다. 진나라 숙향(叔向)이 노나라 숙손목자(叔孫穆子:叔孫豹)를 만나자, 숙손목자가 포유고엽(匏有苦葉)편의 시를 노래불렀더니, 숙향은 돌아가 강을 건널 배를 준비시켰다. 그래서 노나라 사람들과 거나라 사람들이 먼저 건넜다. 그때, 정나라 자교(子蟜)가 위나라 북궁의자(北宮懿子:北宮括)를 만나 말하기를, "다른 나라 사람에게 붙어 한패가 되어서 단단히 협력하지 않는다면, 미움을 사는 데 있어 이보다 더 큰 일이 없소이다. 그러면 나라가 어떻게 될 것이오?"라고 했다. 그랬더니, 북궁의자는 그 말에 동의하여 좋아했다. 그래서 두 사람은 제후들의 군사를 찾아다니며 만나서는, 강을 건너라고 권했다. 그리하여, 진나라 군사는 경수를 건너가 주군했다. 당시, 진(秦)나라 사람이 경수 상류에 독(毒)을 뿌렸기에, 진나라 사람이 많이 죽었다. 정나라 사마(司馬)인 자교가 정나라 군대를 이끌고 진군(進軍)하니, 다른 군대도 다 그 뒤를 따랐다. 진(晉)나라 측의 군사가 역림(棫林)까지 쳐들어가 당도했어도, 진(秦)나라가 화평을 구하는 요청을 받지 못했다. 그러자 진(晉)나라 원수(元帥)인 순언(荀偃)이 명령하여 말하기를, "내일 새벽에 닭이 울면 전차에 말을 매고, 우물을 묻고, 밥 짓는 부뚜막을 다 헐어 없애고서, 나의 말머리가 향하고 있는 곳을 볼지니라."라고 했다. 그러자 하군대장인 난염(欒魘)이 말하기를, "우리 진나라의 명령에는 이런 명령이 내린 일이 아직껏 있지를 않았다. 니의 말머리는 동쪽을 향하게 하련다."라 하고는 돌아가니, 하군(下軍)이 다 그를 따라 돌아갔다. 이에 좌사(左史)로 있는 사람이 하군부장인 위장자(魏莊子:魏絳)에게, "중행백(中行伯:荀偃)님의 명령을 기다리지 않으시렵니까?"라고 했다. 위장자는, "그 어른은 각 군의 대장 명을 따르라고 명하셨소. 난백(欒伯:欒魘)은 나의 대장이니, 나는 그분의 명을 따르리다. 군의 대장을 따르는 것은, 곧 그 어른의 명을 따르는 것이 되오."라고 말하였다. 이에 백유(伯游:荀偃)는, "내 명령이 실로 잘못되었다. 이제 후회한들 무엇하랴? 싸웠다가는 진(秦)나라에게 포로병만을 많이 넘겨줄 것이다."라고 말했다. 그리고 곧 명을 내려 전군이 다 회군했다. 진(晉)나라 사람들은 이를 천연(遷延)의 전쟁이라 말했다.

그때, 진나라 난겸(欒鍼)은 말하기를, "이번의 싸움은 역(櫟)에서 패배당했던 일을 보복하자는 것인데, 이번 싸움에 또한 무공(武功)이 없게 된다면, 우리 진나라의 수치다. 나는 군주께서 타시는 전차에서 모시는 둘째 자리를 차지하고 있으면서, 어찌 부끄럽지 않을손가?"하고, 사앙(士鞅)과 함께 진(秦)나라 군사에게로 달려갔다가 죽고, 사앙은 살아 돌아갔다. 그러자 난염이 사개(士匄)에게 말하기를, "내 동생은 가려 하지 않았는데 그대의 아들이 불러냈고, 내 동생은 죽었으나 그대의 아들은 살아왔네. 이것은 그대의 자식이 내 동생을 죽인 것이오. 그대의 자식을 국외로 쫓아내지 않는다면, 나도 장차 그대의 자식을 죽이겠네."라고 했다. 이에 사앙은 진(秦)나라로 도망갔다. 이때, 제나라 최저(崔杼)와 송나라 화열(華閱)·중강(仲江)이 진(秦)나라 치는 일에 참가했지만, 경문에 그들의 이름을 쓰지 않은 것은, 참가하는 일에 게으름을 피웠기 때문이다. 그리고 (봄 정월에) 상(向)에서의 (오나라 측과) 회합 때에도 역시 그랬다. 위나라 북궁괄을, 상에서 회합 가졌던 일에 대한 경문에 그의 이름은 쓰지 않았으면서도, (4월에) 진나라를 친 일에 대한 경문에 그의 이름을 적은 것은, 그가 잘 협력해서였다.

주해 | ○櫟之役(역지역) – 양공 11년조에 나왔다.
○涇(경) – 강 이름.
○匏有苦葉(포유고엽) – 《시경》 풍(風) 패풍(邶風)의 시편 이름. 이 편의 시에는 강물을 건너는 뜻의 구절이 들어 있다. 당시 노나라 숙손목자는 배가 있으면 강을 건널 수 있다는 뜻으로 이 편의 시를 노래부른 것이다.

ㅇ棫林(역림)-진(秦)나라 지명.
ㅇ塞井夷竈(색정이조)-우물을 묻고 부뚜막을 부수어 없앰. 군진(軍陣)을 다 파괴하고, 결전하여 승패를 가리고, 다시는 그곳에 머물지 않겠다는 뜻을 나타낸 것이다.
ㅇ有二位於戎路(유이위어융로)-융로는 군주가 타는 전차. 이위(二位)는 전차의 오른쪽 전사를 말한다.
ㅇ攝也(섭야)-보좌함, 협력함.

秦伯問於士鞅曰, 晉大夫其誰先亡.고 對曰, 其欒氏乎.인저 秦
伯曰, 以其汰乎.아 對曰, 然.이오이다 欒黶汰虐已甚.이오나 猶可
以免.이옵고 其在盈乎.인저 秦伯曰, 何故.아 對曰, 武子之德在
民,이 如周人之思召公焉.이오이다 愛其甘棠,이었거늘 況其子乎.
인가 欒黶死,하고 盈之善未能及人,에 武子所施沒矣,하고 而黶
之怨實章,이리니 將於是乎在.이리이다 秦伯以爲知言,하여 爲之
請於晉而復之.라

  진(秦)나라 군주는 도망간 진(晉)나라 사앙에게 말했다.
  진 군주-진(晉)나라 대부들 중에서 누가 먼저 망할 것인고?
  사앙-그것은 난씨일까 하옵니다.
  진 군주-난염이 거만해서인가?
  사앙-그렇사옵니다. 난염의 거만함은 아주 심하오나, 그래도 그 자신은 화를 면할 것이옵고, 망하게 되는 것은 그의 아들 난영(欒盈)대에 가서일 것이옵니다.
  진 군주-그것은 무엇 때문인고?

사앙―난염의 아버지 난무자(欒武子)가 베풀었던 덕이 백성들한테 숭앙 받음이, 마치 주나라 사람들이 소공(召公)의 덕을 생각하는 것과 같사옵니다. 소공의 덕을 애모(愛慕)하여, 그가 쉬었던 자리의 감당(甘棠)나무를 사랑하였삽거늘, 그의 친아들이야 더 말할 나위가 있겠나이까? 난염이 죽고, 아들 영(盈)의 착함이 있다 하더라도, 그 착함이 사람들에게 끼쳐지기 전에, 난무자가 베풀었던 덕을 잊게 될 것이고, 난염에 대한 원망은 확실히 나타날 것이오니, 그 대에서 망하게 될 것이옵니다.

진(秦)나라 군주는 사앙의 말을 도리를 아는 사람의 말이라 여기어, 그를 위하여 진(晉)나라에 요청하여 돌아가게 했다.

주해 ○武子(무자)―난염의 아버지였던 난서(欒書)가 죽은 뒤에 주어진 시호(諡號).
○召公(소공)―보통 주나라 주공(周公)의 동생이었던 석(奭)을 말한다. 그러나 《시경》 풍 소남(召南) 감당편(甘棠篇)의 시는 소남 땅을 개척했던 소백(召伯), 즉 호(虎)를 말한 것이라는 설도 있다.
○甘棠(감당)―배나무의 종류. 《시경》 감당편의 시는 소백(召伯:여기에서는 소공이라 말해 있다)이 쉬었던 자리의 감당나무를 사랑하는 뜻을 가지고 소백의 덕을 칭송하고 있다.

위헌공계손문자　영혜자식　　개복이조　　일간불소
衛獻公戒孫文子·甯惠子食,에 皆服而朝,어늘 日旰不召,하여
　이사홍어유　　이자종지　　불석피관이여지언　　이자노
而射鴻於囿.라 二子從之,하니 不釋皮冠而與之言.이라 二子怒.
　　손문자여척　　손괴입사　　공음지주　　　사태사가교언
라 孫文子如戚,하고 孫蒯入使.라 公飮之酒,하고 使太師歌巧言
지졸장　　태사사　　사조청위지　　초　　공유폐첩　　　사사
之卒章,하니 太師辭.라 師曹請爲之.라 初,에 公有嬖妾,하여 使師
조회지금　　사조편지　　공노　　편사조삼백　　　고　사
曹誨之琴.이라 師曹鞭之,에 公怒,하여 鞭師曹三百.이라 故로 師

제15 양공(襄公) 중(中) 14년 … 465

曹欲歌之以怒孫文子以報公.이라 公使歌之,하니 遂誦之.라 蒯
懼,하여 告文子.라 文子曰, 君忌我矣,니 弗先,이면 必死.라 幷帑
於戚,하고 而入見蘧伯玉曰, 君之暴虐,은 子所知也.라 大懼社
稷之傾覆,어늘 將若之何.오 對曰, 君制其國.이라 臣敢奸之.오
雖奸之,라도 庸知愈乎.아 遂行,하여 從近關出.이라 公使子蟜·
子伯·子皮與孫子盟于丘宮,하거늘 孫子皆殺之.라 四月己未,에
子展奔齊,하고 公如鄄,하여 使子行請於孫子,하니 孫子又殺之.라
公出奔齊.라 孫子追之,하여 敗公徒于河澤,하고 鄄人執之.라 初,
에 尹公佗學射於庾公差.라 庾公差學射於公孫丁.이라 二子追
公,하고 公孫丁御公.이라 子魚曰, 射爲背師,요 不射爲戮.이라 射
爲禮乎.인저 射兩軥而還.이라 尹公佗曰, 子爲師,나 我則遠矣.라
乃反之.라 公孫丁授公轡,하여 而射之,하여 貫臂.라 子鮮從公,하
여 及境.이라 公使祝宗告亡,하고 且告無罪.라 定姜曰, 無神,이면
何告.랴 若有,면 不可誣也.라 有罪,어늘 若何告無.이 舍大臣而
與小臣謀,는 一罪也,요 先君有冢卿,하여 以爲師保,나 而蔑之,
는 二罪也,며 余以巾櫛事先君,이나 而暴妾使余,는 三罪也.라 告
亡而已.요 無告無罪.하라

위나라 헌공이 손문자(孫文子 : 孫林父)와 영혜자(甯惠子 : 甯殖)에

게 같이 식사를 하자고 일러, 그들은 예복을 차리고서 입조(入朝)했
는데, 날이 저물도록 부르지 않고, 새와 짐승을 기르는 동산에서 기
러기를 겨냥, 활쏘기만 하였다. 그래서 두 사람은 그곳으로 갔더니,
군주는 가죽으로 만든 관(冠)을 벗지도 않은 채 그들과 말하는 무례
한 짓을 하였다. 두 사람은 화를 냈다. 손문자는 자기의 영유읍(領有
邑)인 척(戚)으로 갔고, 아들인 손괴(孫蒯)가 심부름으로 조정에 들
어갔다. 그랬더니 군주는 그에게 술을 먹이고 태사(太師)에게 교언편
(巧言篇)의 시 끝장을 노래부르게 하니, 태사는 사절했다. 그러자 악
사장(樂士長)인 조(曹)가 노래부르기를 자청했다. 전에, 헌공은 사랑
하는 첩이 있어, 악사장 조로 하여금 그 여자에게 금(琴)을 가르치게
했다. 악사장 조가 금을 가르치다가 그 여자에게 매질을 하니, 헌공
이 노해 조에게 매 3백대를 쳤다. 그랬으므로, 조는 교언편의 시 끝
장을 노래불러서 (손괴가 듣고 말해서) 손문자를 노하게 하여 헌공에
게 보복할 것을 노린 것이다. (속을 모른) 헌공이 조에게 노래부르게
하니, 그 시를 외워 불렀다. 그것을 들은 손괴는 두려워하여 돌아가
손문자에게 그 일을 고했다. 그러자 손문자는, "군주가 나를 싫어하
고 있으니, 내가 선수를 쓰지 않는다면, 나는 반드시 죽게 될 것이
다."라고 말했다. 그리고는 가족들을 다 척으로 불러모으고, 도읍으로
들어가 거백옥(蘧伯玉)을 방문하여 말하기를, "군주가 포악스러운 것
은 당신이 잘 알고 있는 터요. 국가 사직이 기울어질 것이 크게 걱정
되는데 장차 어찌할까요?"라고 했다. 그랬더니 거백옥은 말하였다.
"군주란 그 나라를 지배하는 것이오. 그런데 신하가 감히 군주를 범
할 것인가요? 신하로서 비록 그 자리를 범한다 하더라도, 어떻게 그
사람이 군주보다 정치를 더 잘한다고 알 수 있단 말이오?" 거백옥은
바로 도읍에서 떠나가, 가까운 관문(關門)으로 빠져 외국으로 갔다.
그뒤 헌공은 자교(子蟜)·자백(子伯)·자피(子皮)에게 손문자와 구궁
(丘宮)에서 화해의 맹약을 하게 했는데, 손문자는 공자들을 다 죽였

다. 4월 기미날에, 자전(子展)은 제나라로 도망갔고, 헌공은 견(鄄)으로 가서 자행(子行)을 손문자에게로 화해의 사자(使者)로 보냈는데, 손문자는 또한 그를 죽였다. 그러자 헌공은 제나라로 도망가 버렸다. 손문자는 그 뒤를 쫓아, 헌공을 따르고 있던 사람들의 대열을 하택(河澤)에서 쳐부수고, 도망하는 자들은 견(鄄) 사람들이 잡았다. 전에, 윤공타(尹公佗)는 궁술(弓術)을 유공차(庾公差)한테 배웠다. 그리고 유공차는 공손정(公孫丁)한테서 궁술을 배웠다. 그때 윤공타와 유공차는 손문자 편이 되어 헌공을 몰았고, 공손정은 헌공이 탄 수레를 조종했다. 자어(子魚:庾公差)는 말하기를, "내가 활을 쏜다면 스승을 배반하는 것이 되고, 쏘지 않는다면 벌을 받을 게다. 쏘고서도 예의를 차려야겠네."라 하고, 군주가 탄 수레의 양쪽 멍에[軶]를 쏘아맞히고는 돌아갔다. 그러나 윤공타는, "님에게는 스승이 되지만, 나로서는 인연이 먼 사람입니다."라고 말하고 말머리를 되돌려 몰았다. 이에, 공손정은 잡았던 말고삐를 헌공에게 넘겨주고, 윤공타를 향해 활을 쏘아 팔을 관통시켰다. 당시 자선(子鮮)은 군주를 따라, 그들은 국경까지 갔다. 국경에 도달한 헌공은 종묘에 제사 드리는 일을 관장한 관(官)에게, 자신이 타국으로 망명하는 사실을 종묘에 고하게 하고, 또 자신에게 죄가 없다는 것을 고하게 했다. 그러자 헌공의 어머니이고 정공(定公)의 부인이었던 정강(定姜)은 말하였다. "신(神)이 없다면야, 무엇하러 고할 것이랴? 만약 신이 있다면 신을 속일 수는 없는 것이다. 죄가 있는데도, 이찌하여 없다고 고한단 말인가? 대신(大臣)을 나몰라라 하고서 지체 낮은 신하들과 국사를 상의한 것은 첫째 죄이고, 선대 군주께서 재상을 취하여 스승으로 삼아주셨는데도 그를 멸시한 것은 둘째 죄이며, 나는 정부인(正夫人)으로서 선대 군주를 모셨던 사람인데도 내게 난폭하게 하고 첩이나 사환 취급을 한 것은 셋째 죄이다. 다른 나라로 망명함을 고할 따름이지, 죄가 없다는 것은 고하지 말라."

주해 ○戒(계)……食(식)−식사를 하자고 일렀다.
○日旰(일간)−날이 저물다.
○巧言之卒章(교언지졸장)−교언편의 시 끝장. 교언은 《시경》 소아의 시편 이름. 교언편에는 6장의 시가 들어 있다. 이 편의 끝장은, 의젓하지 못한 소인(小人)이 난동을 부린들 겁낼 것이 없다는 뜻을 말한 것이다. 헌공은 이 시를 노래부르게 해서, 손문자가 척(戚)에서 계략을 꾸민들 겁낼 것이 못된다는 자신의 생각을 전달하려 했던 것이다.
○丘宮(구궁)−척(戚) 부근 땅.
○鄄(견)−지금의 산동성 복현(濮縣) 땅.
○河澤(하택)−위나라의 영내(領內) 땅.
○以巾櫛事先君(이건즐사선군)−얼굴 씻는 수건과 머리 빗는 빗을 가지고 선대 군주를 섬김. 남자가 세수하고 머리 빗을 때, 수건과 빗을 가지고 대기함은 정처(正妻)가 하는 일이었다. 이 말은 곧 정부인으로서 선대 군주를 모셨다는 것이다.

公使厚成叔弔于衛曰, 寡君使瘠이라 聞君不撫社稷하여 而越在他境하곤 若之何不弔리오 以同盟之故로 使瘠敢私於執事曰, 有君不弔하고 有臣不敏하며 君不赦宥하고 臣亦不帥職하여 增淫發洩이면 其若之何오 衛人使大叔儀對曰, 群臣不佞하여 得罪於寡君이라 寡君不以卽刑하시고 而悼棄之하사 以爲君憂라 君不忘先君之好하사 辱弔群臣하시고 又重恤之하심에 敢拜君命之辱하고 重拜大貺이라 厚孫歸復命하고 語臧武仲曰, 衛君其必歸乎인저 有大叔儀以守하고 有母弟鱄以出이라 或撫其內하고 或營其外하니 能無歸乎아

齊人以郲寄衛侯러니 及其復也에 以郲糧歸라 右宰穀從而
逃歸라 衛人將殺之하니 辭曰 余不說初矣라 余狐裘而羔袖.
라 乃赦之라 衛人立公孫剽하고 孫林父‧甯殖相之하여 以聽
命於諸侯라
　　衛侯在郲에 臧紇如齊하여 唁衛侯라 衛侯與之言에 虐이라
退而告其人曰 衛侯其不得入矣라 其言糞土也라 亡而不變이
어늘 何以復國가 子展‧子鮮聞之하고 見臧紇하여 與之言하니
道라 臧孫說하고 謂其人曰 衛君必入이라 夫二子者가 或輓
之하고 或推之하니 欲無入得乎아
　　師歸自伐秦이라 晉侯舍新軍이라 禮也라 成國不過半天子之
軍이라 周爲六軍하니 諸侯之大者는 三軍可也라 於是에 知
朔生盈而死라 盈生六年而武子卒이라 麀裘亦幼라 皆未可立
也에 新軍無帥라 故로 舍之라

　노나라 군주 양공이 후성숙(厚成叔)에게 위나라에 가 위로의 말을
하게 했다. "우리나라 군주께서 척(瘠) 저를 보내셨습니다. 귀국의 군
주께서 국가 사직을 돌보지 않으시고 멀리 다른 나라로 가 계심을 듣
고는, 어찌하여 위로를 하지 않을 것입니까? 동맹국인 인연으로 우리
군주께서는, 척 저로 하여금 와 귀국의 국정을 담당하고 계시는 분에
게 말씀드리게 하시기를, '군주가 신하들을 사랑하지 않음이 있고, 신
하가 어리석음이 있으며, 군주가 신하들을 용납하지 않고, 신하는 또

한 자기들의 직분을 다하지 못해서, 안으로 악(惡)이 커지고 밖으로 확대되어 나간다면, 그것을 장차 어찌할 것이오.'라고 하셨습니다." 이때, 위나라 사람은 대숙의(大叔儀)에게 대답하게 했다. "우리나라 조정의 뭇 신하들이 못나서, 우리 군주께서 죄를 지었습니다. 그런데 우리 군주께서는 곧 형벌을 내리지 않으시고, 한탄하시고는 나라를 버리시어, 귀국의 군주로 하여금 걱정하시게 했습니다. 귀국의 군주께서는 선대 군주 때부터의 우호관계를 잊지 않으시어, 이렇게 우리 뭇 신하들을 감사하게도 위로하시고, 또 거듭 근심을 해주심에, 우리는 감히 군주가 하신 말씀의 고마움을 받들어 감사드리고, 거듭 큰 혜택에 대해서 감사드립니다." 후손(厚孫 : 厚成叔)은 돌아와 복명(復命)하고, 장무중(臧武仲)에게 말하기를, "위나라 군주는 꼭 자기 나라로 돌아갈 것입니다. 위나라에는 대숙의가 있어 나라를 지키고 있고, 군주의 동생인 전(鱄)이라는 이가 있어서 따라다니고 있습니다. 그리하여 한편으로는 국내에서 사람들을 어루만지고, 한편으로는 국외에서 일을 잘 꾀하고 있으니, 돌아가지 않을 수 있겠습니까?"라고 했다.

제나라 사람이 내(郲) 땅을 빌려주어 위나라 군주로 하여금 몸붙이게 했더니, 위나라 군주가 본국으로 돌아감에, 내에 있던 양곡을 가지고 갔다. 위나라 군주가 제나라로 망명했을 때, 위나라 우재(右宰) 곡(穀)이 따라갔다가 도망쳐 본국으로 돌아갔다. 그러자 위나라 사람들이 그를 죽이려 하니 변명하기를, "나는 원래 군주가 타국으로 망명하려 한 당초의 계략을 좋아하지 않았습니다. 나는 값진 여우 가죽옷에다 값싼 염소 가죽 소매만 단 격입니다."라고 했다. 이에, 그를 용서했다. 위나라 사람들은 공손표(公孫剽)를 군주로 모시고, 손임보·영식이 도와 제후들의 회합에도 나갔다.

위나라 군주가 내 땅에 있는 중, 노나라 장흘(臧紇 : 臧孫紇)이 제나라에 갔다가, 위나라 군주를 찾아 위로했다. 그때, 위나라 군주가 장흘과 말을 주고받았는데, 그의 말이 포학(暴虐)스러웠다. 장흘이 그

자리를 물러나와, 그를 따르고 있는 사람에게 말하기를, "위나라 군주는 본국으로 들어갈 수 없을 것이다. 그의 말은 비루하기만 했다. 다른 나라에 망명하여 있으면서도, 자기의 비뚤어진 것을 고치지 못하고 있는데, 어떻게 나라를 다시 차지할 것인가?"라고 했다. 그때 위나라 자전(子展)과 자선(子鮮)이 이 말을 전해 듣고, 장흘을 찾아가 같이 말을 나누었는데, 그들의 말은 도리에 맞았다. 그래서 장손흘은 좋아하고는, 그를 따르고 있는 사람에게 말하기를, "위나라 군주는 꼭 본국으로 들어갈 것이다. 저 두 공자가 한편으로는 앞에서 끌고 한편으로는 뒤에서 미니, 들어가지 않으려 해도 들어가지 않을 수 있으랴?"라고 했다.

노나라 군사가 진(秦)나라를 치는 일에서 돌아왔다. 진(晉)나라 군주가 신군(新軍)을 폐지했다. 그것은 예에 맞는 일이었다. 큰 제후국도 천자가 거느리는 군사의 반을 넘지 않는 것이다. 천자의 나라인 주(周)나라가 육군(六軍)을 두고 있으니, 제후국으로서는 큰 나라라 해도 삼군(三軍)이면 된다. 당시 진나라 지삭(知朔)이 아들 영(盈)을 낳고 죽었다. 그리고 영을 낳은 지 6년에 무자(武子 : 荀罃)가 세상을 떠났다. 체구(虒裘 : 士魴의 아들) 또한 어렸다. 그래서 그들은 둘 다 신군의 장수로 내세울 수가 없어서, 신군에는 장수가 없게 되었다. 그러므로 폐지한 것이다.

주해 ○厚成叔(후성숙) — 후씨(厚氏)는 노나라 공족(公族)의 일파였다. 성숙은 죽은 뒤에 주어진 시호였고, 이름은 척(瘠). 후손(厚孫)이라 불렀다.

○大叔儀(대숙의) — 양공 29년조에는 세숙의(世叔儀)로 나온다.

○郲(내) — 지금의 산동성 황현(黃縣) 근방에 있었던 작은 나라였는데, 제나라가 멸망시켜 차지했다.

○狐裘而羔袖(호구이고수) — 여우 가죽은 염소 가죽보다 값진 것이다. 값진 여우 가죽옷인데 염소 가죽의 소매를 달아, 다소 흠이 된다는 것으

로, 이 말로 나는 근본적으로는 군주 편이 아닌데, 불의에 따라갔기에 흠이 있게 되었다는 것을 나타냈다.
ㅇ成國(성국)−성(成)은 성(盛)과 같다. 성국(盛國)은 곧 큰 나라.
ㅇ新軍無帥(신군무수)−양공 13년에, 순앵(荀罃)과 사방(士魴)이 죽은 뒤에, 신군의 장수가 없게 되었다는 것은 이미 나왔다.

師曠侍於晉侯,에 晉侯曰, 衛人出其君,하니 不亦甚乎.아 對曰, 或者其君實甚.이리이다 良君將賞善,하고 而刑淫,하며 養民如子,하고 蓋之如天,하며 容之如地.이오니다 民奉其君,에 愛之如父母,하고 仰之如日月,하며 敬之如神明,하고 畏之如雷霆,이옵거늘 其可出乎.인가 夫君神之主而民之望也.라소이다 若困民之生,하고 匱神之祀,하여 百姓絶望,하여 社稷無主,이오면 將安用之.리이까 弗去何爲.리오 天生民而立之君,하여 使司牧之,하여 勿使失性.이오니다 有君而爲之貳,하여 使師保之,하고 勿使過度.이오니다 是故로 天子有公,하옵고 諸侯有卿,하오며 卿置側室,하옵고 大夫有貳宗,하오며 士有朋友,하옵고 庶人·工商·皁隷·牧圉皆有親暱,하여 以相輔佐也.이오니다 善則賞之,하옵고 過則匡之,하오며 患則救之,하옵고 失則革之.하오니다 自王以下各有父兄子弟,하여 以補察其政.이오니다 史爲書,하옵고 瞽爲詩,하오며 工誦箴諫,하옵고 大夫規誨,하오며 士傳言,하옵고 庶人謗,하오며 商旅于市,하옵고

百工獻藝.하오니다 故로 夏書曰, 遒人以木鐸徇於路,하고 官師相
規,하며 工執藝事以諫.이라하였나이다 正月孟春,이면 於是乎有,하
니 諫失常也.였나이다 天之愛民甚矣.이오니다 豈其使一人肆於民
上,하여 以從其淫,하여 而棄天地之性.인가 必不然矣.리이다

    악사(樂師) 사광(師曠)이 어느 날 진(晉)나라 군주를 모시고 있었
는데, 그 자리에서 진나라 군주가, "위나라 사람이 그의 군주를 내쫓
았다고 하니, 그것은 심한 일이 아닌가?"라고 했다. 그래서 사광은 대
답하였다. "어쩌면 그 군주께서 실로 심하게 했을 것이옵니다. 좋은
군주는 곧 선(善)함에 대하여 상을 주고, 악한 자에게 형을 가하며,
백성 기르기를 자식같이 하고, 백성들을 가려 덮어주기를 하늘이 만
물을 덮듯이 하며, 백성들을 용납하기를 땅이 만물을 용납하듯이 하
옵니다. 그러면 백성들이 그 군주를 받듦에 부모와 같이 중히 여기고,
군주 우러러봄을 해와 달과 같이하며, 그 군주를 공경함을 신명(神明)
을 공경함과 같이하고, 그 군주를 두려워함은 뇌성벽력과 같이하옵는
것인데, 내쫓을 수 있사오리까? 나라의 군주는 신(神)을 받들어 모시
는 주인공이면서 백성들이 바라다보아 의지하는 존재이옵니다. 만일
백성들의 생활을 곤궁하게 하고, 신에 대한 제사를 궐(闕)하거나 해
서, 백성들이 절망하여, 국가 사직이 주인이 없는 격이 되어질 것 같
사오면, 그런 군주야 어디에 쓸 것이옵니까? 그렇다면 제거하지 않고
서 어찌하오리까? 하늘은 백성들을 내놓고서 그들의 군주감을 내세워
백성들을 다스리어 기르게 하여, 백성들이 천성(天性)을 잃지 않게
하옵니다. 나라에 군주가 있어야 그를 위하여 돕는 보조자가 있어서,
인도하여 국가를 잘 보유케 하고, 법도에서 벗어나지 않게 하는 것이
옵니다. 그러므로 천자에게는 공(公)이 있사옵고, 제후에게는 경(卿)

이 있사오며, 경은 분가(分家) 사람을 두옵고, 대부는 지파(支派) 사람을 두오며, 사(士)는 벗이 있사옵고, 서인(庶人)·공(工)·상(商)·천관하복(賤官下僕)·목부(牧夫)들도 다 친근한 자가 있어서, 서로 돕는 것이옵니다. 즉 선(善)하면 상을 주옵고, 법도에서 벗어났으면 광정(匡正)하오며, 환난을 당하면 구제하옵고, 실패하면 새로 하게 하옵니다. 왕(王) 이하 누구나 다 각기 부형 자제가 있어서, 서로 상대의 행위가 바른가를 살펴 돕는 것이옵니다. 나라의 사관(史官)은 나랏일을 그대로 기록하옵고, 소경이 시를 외워 읊으며, 악공(樂工)은 상대를 경계하는 노래를 부르옵고, 대부는 바로잡고 타이르며, 사(士)는 좋은 말을 전하옵고, 서인은 잘못을 비방하오며, 상인(商人)들은 장마당에서 떠들어대옵고, 여러 가지 일을 하는 공인(工人)들은 각기 재주 부린 것을 바치어 군주를 돕나이다. 그러므로 〈하서(夏書)〉에 이르기를, '노상에서 백성들에게 정령(政令)을 알리는 관원이 목탁을 치며 길거리를 돌아 정령 알리고, 제관사장(諸官司長)은 서로 바르게 하며, 공인들은 재주 부린 일로써 잘못을 충고한다.'라고 하였나이다. 정월, 즉 봄의 처음 달이 되면, 이때 이런 일이 있게 되었사오니, 그것은 군(君)·관(官)·민(民)이 다 상도(常道)를 잊음을 미리 충고하는 일이었나이다. 하늘이 백성들을 사랑함은 아주 크옵니다. 그런데 어찌 단 한 사람으로 하여금 백성들의 위에서 제멋대로 행동하여, 부정(不正)을 마음대로 해서, 백성들이 하늘과 땅에서 받은 본성을 버리게끔 하게 하오리까? 꼭 그렇지 않으오리다."

| 주해 | ○師曠(사광)―악사(樂師) 사광(師曠). 사광은 진나라의 음악가로, 당시에 어진 사람으로 유명했다.
○天子有公(천자유공)―주나라 왕, 즉 천자의 조정에는 태사(太師)·태부(太傅)·태보(太保)의 삼공(三公)이 있었다.
○側室(측실)·貳宗(이종)―둘 다 분가(分家)를 말한다.
○瞽爲詩(고위시)―옛날엔 소경인 악사가 나라의 자제에게 시 외워 읊기

를 가르치되, 시에는 혹 음란한 것이 있어, 낮에 하지 않고 저녁에 했다 한다.
o 夏書曰(하서왈) - 《서경》 하서 윤정편(胤正篇)에 있는 글이다.
o 遒人(주인) - 두예(杜預)는 그의 주에다, 노상에서 정령을 백성들에게 알리는 관원이었다고 말했다.
o 官師(관사) - 여러 관사(官司)의 장.

秋,에 楚子爲庸浦之役故,로 子囊師于棠,하여 以伐吳,이나 吳人不出而還.이라 子囊殿,하여 以吳爲不能,하여 而弗儆.이라 吳人自皐舟之隘要而擊之,에 楚人不能相救.라 吳人敗之,하고 獲楚公子宜穀.이라
王使劉定公賜齊侯命曰, 昔,에 伯舅大公,이 右我先王,하여 股肱周室,하여 師保萬民,에 世胙太師,하여 以表東海.라 王室之不壞,는 繄伯舅是賴.라 今, 余命女環,하노니 玆率舅氏之典,하고 纂乃祖考,하여 無忝乃舊.하라 敬之哉.라 無廢朕命.하라
晉侯問衛故於中行獻子.라 對曰, 不如因而定之.이오니다 衛有君矣,에 伐之,라도 未可以得志,하고 而勤諸侯.이리이다 史佚有言,하되 曰, 因重而撫之.라하였삽고 仲虺有言,하되 曰, 亡者侮之, 하고 亂者取之.라하였나이다 推亡固存,은 國之道也.라소이다 君其定衛,하여 以待時乎.이온저
冬會于戚,은 謀定衛也.라

范宣子假羽毛於齊,하여 而弗歸,하니 齊人始貳.라
楚子囊還自伐吳,하여 卒.이라 將死,에 遺言謂子庚,하되 必城
郢.하라 君子謂,하되 子囊忠.이라 君薨,에 不忘增其名,하고 將死,
에 不忘衛社稷,하니 可不謂忠乎.아 忠民之望也.라 詩曰, 行歸
于周,하니 萬民所望.이라 忠也.라

　가을에 초나라 군주인 자작은, 용포(庸浦)의 싸움에 대한 보복을 위한 이유로 자낭에게 당(棠)에 군사를 모아 오나라를 치게 했으나, 오나라 사람이 나와 싸우지 않기에 돌아갔다. 그때 자낭이 맨 뒤에서, 오나라가 덤벼들 수 없을 것이라 여겨서는, 경비를 하지 않았다. 그런데 오나라 사람들이 고주(皐舟)의 좁은 골짜기로부터 맞이하여 공격하니, 초나라 사람들은 서로 구할 수가 없었다. 오나라 사람들은 초군을 패배시키고, 초나라 공자 의곡(宜穀)을 생포했다.
　주나라 왕(천자)께서 유(劉)나라 정공(定公)을 시켜 제나라 군주에게 다음과 같은 명을 내리게 하셨다. "옛날, 그대의 조상 태공(太公)이 우리 주나라 선조 왕을 도와 주(周) 왕실의 팔다리 노릇을 하여, 잘 지도해서 만민을 보유케 했음에, 대대로 태사(太師) 지위를 이어받아 동해(東海) 지방 제후들의 사표(師表)가 되었소. 우리 주나라 왕실이 무너지지 않은 것은, 그야말로 제나라 군주에게 힘입어서였소이다. 이제 내, 당신 환(環)에게 명하노니, 이에 당신 나라 선조의 법도를 따르고, 할아버지와 아버지의 공적을 계승하여, 옛분들의 명예를 더럽히지 마오. 부디 삼가시오. 그리고 나의 명을 저버리지 마시오."
　진(晉)나라 군주가 위나라 일을 중행헌자(中行獻子 : 荀偃)에게 물었다. 그러자 중행헌자는 대답했다. "지금 그대로 두어 안정시키는 일보다 더 좋은 수는 없사옵니다. 지금 위나라에는 군주가 있는데, 위나라를 치면, 뜻대로 하지도 못하고 제후들만 괴롭히게 되옵니다. 주나라 사일(史佚)이 한 말이 있사온데, '신중한 태도로 무마하라.'라고 하였사옵고, 중훼(仲虺)가 한 말이 있사온데, '망해가는 자는 업신여기고, 어지러운 자는 뺏어 차지해버린다.'라고 하였나이다. 망해 가는 자는 밀어붙이고, 존재할 자는 단단하게 해둠이, 나라 다스리는 길이옵니다. 군주께서는 현재의 위나라를 그대로 안정시키어, 때를 기다리심이 어떠하오리까?"

겨울에 척(戚)에서 회합을 가진 것은, 위나라 정세를 안정시킴에 대해서 상의하기 위해서였다.

범선자(范宣子)가 우모(羽旄)를 제나라한테 빌렸다가 돌려주지 않으니, 제나라 사람이 비로소 진나라에 대하여 두 마음을 품게 되었다.

초나라 자낭이 오나라 치는 일에서 돌아가, 세상을 떠났다. 그는 죽을 때, 자경(子庚)에게 유언하기를, "꼭 영(郢)에 성을 쌓으시오."라고 했다. 군자(君子)는 말했다. "자낭은 충성스러웠다. 그는 군주가 세상을 뜨자 군주에게 좋은 시호(諡號) 주기를 잊지 않았고, 자신이 죽으려 했을 때는 국가 사직 지킴을 잊지 않았으니, 충성스러웠다고 이르지 않을 수 있으랴? 충성스러운 사람은 백성들이 바라보아 의지하는 존재인 것이다. 시에 이르기를, '행함이 다 충성스러움에 귀일(歸一)되니, 만인이 다 바라보는 존재로세.'라고 했다." 충성을 말한 것이다.

▎주해▎ ○棠(당) - 오나라와의 국경 부근에 있었던 초나라 읍. 지금의 강소성 육합(六合) 부근.

○皋舟(고주) - 지금의 강서성 호구(湖口) 부근.

○伯舅太公(백구태공) - 백구는 천자가 이성(異姓)의 제후에 대한 칭호였다. 여기에서는 제나라 군주를 말한다. 태공은 제나라 군주의 시조인 태공망(太公望) 여상(呂尙). 태공망은 주나라 문왕(文王)과 무왕(武王)을 도와 주나라 창건에 큰 공을 세웠다.

○ 表東海(표동해) — 동해 지방 제후들의 사표가 됨.
○ 羽毛(우모) — 우모(羽旄). 꿩깃과 소꼬리를 단 깃발로, 왕의 수레에 세웠다. 당시 제나라 사람이 우모를 만들어 귀중히 여기는 것을 범선자가 빌렸다.
○ 子庚(자경) — 자경은 당시 초나라 사마(司馬)였다. 자경은 자낭과 같이 초나라 장왕(莊王)의 아들.
○ 君薨云云(군훙운운) — 양공 13년조 참고.
○ 詩曰(시왈) — 《시경》 소아 도인사편(都人士篇)의 구절.
○ 周(주) — 시 구절 중의 주는 충성을 의미한다.

經 | ○十有五年春,에 宋公使向戌來聘.이라
○二月己亥,에 及向戌盟于劉.라
○劉夏逆王后于齊.라
○夏,에 齊侯伐我北鄙,하여 圍成,하니 公救成,하여 至遇.라
○季孫宿·叔孫豹帥師,하여 城成郭.라
○秋八月丁巳,에 日有食之.라
○邾人伐我南鄙.라
○冬十有一月癸亥,에 晉侯周卒.이라

15년 봄에, 송나라 군주인 공작이 상술(向戌)에게 예방케 했다.
2월 기해날에, 송나라 상술과 유(劉)에서 맹서하였다.
유하(劉夏)가 왕후(王后)를 제나라에서 맞이했다.
여름에, 제나라 군주인 후작이, 우리 노나라 북쪽 변경을 쳐 성읍(成邑)을 포위하니, 공이 성읍을 구원하여 우(遇)에 이르렀다.

제15 양공(襄公) 중(中) 15년 … 479

계손숙과 숙손표가 군사를 이끌고 성읍의 외곽성(外郭城)을 쌓았다.
가을 8월 정사날에, 일식이 있었다.
주나라 사람이 우리 노나라 남쪽 변경을 쳤다.
겨울 11월 계해날에, 진(晉)나라 군주인 후작 주(周)가 세상을 떠났다.

■주해 ○劉夏(유하)−유나라 정공(定公). 하(夏)는 그의 이름.

■傳│ 十五年春¹⁵⁽⁾, 에 宋向戌來聘, 하고 且尋盟. 이라 見孟獻子, 하여
尤其室曰, 子有令聞, 이나 而美其室, 하니 非所望也. 라 對曰, 我
在晉, 에 吾兄爲之. 라 毀之重勞, 요 且不敢間. 이라
官師從單靖公, 하여 逆王后于齊. 라 卿不行, 하니 非禮也. 라
楚公子午爲令尹, 하고 公子罷戎爲右尹, 하며 蔿子馮爲大司馬,
하고 公子櫜師爲右司馬, 하며 公子成爲左司馬, 하고 屈到爲莫敖,
하며 公子追舒爲箴尹, 하고 屈蕩爲連尹, 하며 養由基爲宮廐尹, 하
여 以靖國人. 이라 君子謂, 하되 楚於是乎能官人. 이라 官人國之
急也. 라 能官人, 이면 則民無覦心. 이라 詩云, 하되 嗟我懷人, 하노
니 寘彼周行. 이라 能官人也. 라 王及公·侯·伯·子·男·甸·
采·衛大夫, 가 各居其列, 이 所謂周行也. 라

15년 봄에, 송나라 상술이 양공을 예방하고, 전에 맺은 동맹을 재확인하여 굳건히 했다. 일을 마친 그는, 맹헌자(孟獻子：仲孫蔑)를

방문하여, 그의 집의 훌륭함을 나무라기를, "님은 세상에 좋은 평판이 있는데도, 이렇게 아름답게 집을 꾸미고 있으니, 사람들이 바라다봄에 의지할 분이 못되는구려."라고 했다. 그러자 맹헌자는 대답하기를, "내가 진(晉)나라에 가 있는 동안에, 나의 형이 이렇게 꾸민 것입니다. 이 집을 헐자니 다시 수고스러운 일이고, 나의 형에게 감히 잘못했다고 말할 수도 없었답니다."라고 하였다.

주나라 조정의 한 부서의 장(長)으로 있는 사람이, 선(單)나라 정공(靖公)을 따라가, 제나라에서 왕후를 맞이했다. 경(卿)이 맞이하러 가지 않은 것은, 예의에 맞지 않는 일이었다.

초나라 공자 오(午:子庚)가 영윤(令尹)이 되고, 공자 피융(罷戎)은 우윤(右尹)이 되었으며, 위자빙(蔿子馮)은 대사마(大司馬)가 되었고, 공자 탁사(橐師)는 우사마(右司馬)가 되었으며, 공자 성(成)은 좌사마(左司馬)가 되었고, 굴도(屈到)는 막오(莫敖:大將軍)가 되었으며, 공자 추서(追舒)는 잠윤(箴尹)이 되었고, 굴탕(屈蕩)은 연윤(連尹)이 되었으며, 양유기(養由基)는 궁구윤(宮廐尹)이 되어, 국민의 인심을 안정시켰다. 군자(君子)는 말했다. "초나라는 이때 관직을 맡는 사람을 잘도 등용했다. 사람을 관직에 붙이는 일은 국가의 중요한 일이다. 관직에 사람을 잘 쓰면, 백성들이 요행을 바라고 넘겨다보는 마음이 없게 되는 것이다. 시에 이르기를, '아아, 나는 좋은 사람을 생각하노니, 인재를 얻으면 주나라 조정의 반열(班列)에 끼어넣으려는도다!'라고 하여 있다." 이것은 관직에 사람을 잘 씀을 말한 것이다. 왕과 공작·후작·백작·자작·남작, 그리고 전복(甸服)·채복(采服)·위복(衛服)의 대부들이, 각각 신분에 알맞는 지위에 있음이 곧 이르는 바 주나라 관인(官人)의 반열, 즉 주항(周行)인 것이다.

주해 ㅇ且不敢閒(차불감간) — 그리고 감히 잘못했다고 말하지 못함.
ㅇ官師(관사) — 한 부서의 장. 여기에서는 유하(劉夏), 즉 유나라 정공을 말한다. 당시 유나라 정공은 주나라의 경이 아니었다.

ㅇ詩云(시운)-《시경》풍 주남(周南) 권이편(卷耳篇)의 구절.

鄭尉氏^{정위씨}·司氏之亂^{사씨지란},에 其餘盜在宋^{기여도재송}.이라 鄭人以子西^{정인이자서}·伯有^{백유}·子産之故^{자산지고},로 納賂于宋^{납뢰우송},하되 以馬四十乘與師茷^{이마사십승여사패}·師慧^{사혜},하고 三月^{삼월},에 公孫黑爲質焉^{공손흑위질언}.이라 司城子罕以堵女父^{사성자한이도여보}·尉翩^{위편}·司齊與之^{사제여지},하고 良司臣^{양사신},하여 而逸之^{이일지},하여 託諸季武子^{탁저계무자},하니 武子寘諸下^{무자치저변}.이라 鄭人醢之三人也^{정인해지삼인야}.라

師慧過宋朝^{사혜과송조},라가 將私焉^{장사언}.이라 其相曰^{기상왈}, 朝也^{조야}.라 慧曰^{혜왈}, 無人焉^{무인언}.이라 相曰, 朝也^{상왈조야}.라 何故無人^{하고무인}.가 慧曰, 必無人焉^{혜왈필무인언}.이리라 若猶有人^{약유유인},이면 豈其以千乘之相易淫樂之矇^{기기이천승지상역음악지몽}.가 必無人焉故也^{필무인언고야}.라 子罕^{자한}聞之^{문지},하고 固請而歸之^{고청이귀지}.라

夏^하,에 齊侯圍成^{제후위성},하니 貳於晉故也^{이어진고야}.라 於是乎城成郛^{어시호성성부}.라

秋^추,에 邾人伐我南鄙^{주인벌아남비}.라 使告于晉^{사고우진},하니 晉將爲會以討邾^{진장위회이토주}·莒^거,나 晉侯有疾^{진후유질},로 乃止^{내지}.라 冬^동,에 晉悼公卒^{진도공졸},하여 遂不克會^{수불극회}.라

鄭公孫夏如晉奔喪^{정공손하여진분상},하고 子蟜送葬^{자교송장}.이라

宋人或得玉^{송인혹득옥},하여 獻諸子罕^{헌저자한},하니 子罕弗受^{자한불수}.라 獻玉者曰^{헌옥자왈}, 以示^{이시}玉人^{옥인},하니 玉人以爲寶也^{옥인이위보야}.라 故^고로 敢獻之^{감헌지}.라 子罕曰^{자한왈}, 我以不貪^{아이불탐}爲寶^{위보},하고 爾以玉爲寶^{이이옥위보}.라 若以與我^{약이여아},면 皆喪寶也^{개상보야},하니 不若人有^{불약인유}其寶^{기보}.라 稽首而告曰^{계수이고왈}, 小人懷璧^{소인회벽},이면 不可以越鄕^{불가이월향}.이라 納此以請^{납차이청}

死也.라 子罕寘諸其里,하고 使玉人爲之攻之,하여 富而後使復
其所.라
十二月,에 鄭人奪堵狗之妻,하여 而歸諸范氏.라

　(지난 양공 10년에 있었던) 정나라 위씨(尉氏)와 사씨(司氏)의 난리에 그 잔당이 송나라로 가 있었다. 그래서 정나라 사람은, (그 난리에 부형을 잃었던) 자서(子西)·백유(伯有)·자산(子産) 등을 위한다는 이유로 송나라에게 선사하되, 말 160필과 악사(樂師)인 사패(師茷)와 사혜(師慧)를 보내고, 3월에는 공손흑(公孫黑)을 인질로 보냈다. 그러자 송나라 사성(司城)인 자한(子罕)은 도여보(堵女父)·위편(尉翩)·사제(司齊)는 돌려보내고, 사신(司臣)만은 좋게 보아 그를 빼돌려, 노나라 계무자(季武子:季孫宿)에게 의탁하니, 계무자는 그를 변(卞)에서 지내게 했다. 정나라 사람은 송나라에서 돌려받은 세 사람을 죽여 소금에 절여 젓을 담았다.
　송나라로 간 정나라 악사 사혜가 송나라 조정 앞을 지나다가, 소변을 보려 했다. 그러자 그를 따르던 사람이 말리어 말하기를, "여기는 조정입니다."라고 했다. 이이 대해서 혜가 말하기를, "사람이 없는데 뭐."라고 했다. 따르던 사람이 다시, "여기는 조정입니다. 어찌하여 사람이 없겠습니까?"라고 말했다. 그러자 혜는 말하였다. "아니다. 반드시 사람이 없을 게다. 만약 사람이 있다고 할 것 같으면, 어찌 전차 천대를 보유하고 있는 제후국이 음탕한 음악을 하는 소경을 정나라 사람들과 바꾸었을 것이냐? 그것은 반드시 이 송나라에 사람 같은 사람이 없기 때문일 것이다." 이 말을 자한이 들었다. 그는 군주에게 간곡히 청하여 사혜를 정나라로 돌려보냈다.
　여름에, 제나라 군주가 노나라 성읍(成邑)을 포위했으니, 그것은 진(晉)나라에 대해 배반하는 마음을 지녔기 때문이었다. 이에 성 주위에 외곽성(外郭城)을 쌓았다.
 가을에, 주나라 사람이 우리 노나라의 남쪽 변경을 쳤다. 사람을 보내어 진나라에게 알리니, 진나라는 제후들을 모아 회합을 갖고 주나라와 거나라를 치려 했지만, 진나라 군주가 병이 났으므로 중지했다. 겨울에 진나라 군주 도공(悼公)이 세상을 떠나, 결국 제후들의 회합은 이루어지지 못했다.
 정나라 공손하(公孫夏)가 조상(弔喪)하러 진나라에 갔고, 또 자교(子蟜)가 장사 지내는 일에 참여했다.
 송나라의 어느 사람이 옥(玉)을 입수하여, 그것을 자한에게 바치니, 자한은 받지 않았다. 그래서 두 사람 사이에는 다음과 같은 말이 오고갔다.
 옥을 바친 사람—이것을 옥 다루는 사람에게 보였더니, 보배가 된다고 했습니다. 그래서 제가 감히 님에게 드리는 것입니다.
 자한—나는 재화를 탐내지 않는 것을 보배로 삼고, 그대는 옥을 보배로 삼는 터네. 만약 그것을 내게 준다면, 나와 그대는 둘 다 보배를 잃게 되니, 우리 두 사람은 각기 자기의 보배를 보유하는 것이 무엇보다 좋네.
 옥을 바친 사람—(머리를 땅 위에 조아리고) 소인이 이 옥을 지니면, 저는 한 마을도 지나갈 수가 없습니다. 저에게 있어 이것을 거두어 넣는 것은 죽음을 청하는 일입니다.
 이에, 자한은 그를 자신의 채읍(采邑)에 있게 하고, 그 옥을 옥 다루는 사람에게 잘 다듬게 하여, 그것으로 다른 많은 재화와 바꾸어, 그의 고향으로 돌려보냈다.
 12월에, 정나라 사람이 도구(堵狗)의 아내를 빼앗아 (그의 친가인 진나라의) 범씨(范氏) 댁으로 돌려보냈다.

| 주해 | ㅇ卞(변)—지금의 산동성 사수현(泗水縣) 땅.

○豈其以千乘之相易淫樂之朦(기기이천승지상역음악지몽), 必無人焉故也(필무인언고야)-이 말은 사혜가, 송나라에는 훌륭한 인재가 없다는 것을 풍자한 것이다. 음악지몽(淫樂之朦)은 음탕한 음악을 하는 소경의 악사, 즉 사혜 자신을 말한 것인데, 정나라의 음악은 가사 내용이 음탕한 것이 많기로 유명했다. 그래서 정나라 음악을 음악(淫樂)이라 한 것이다.

○貳於晉故也(이어진고야)-제나라가 진나라에 대해서 배반하는 마음을 품고 있었기 때문에, 그 적대의식(敵對意識)을 노나라의 성읍을 공격하여 표시한 것이다.

○子蟜(자교)-자언(子偃)의 아들로, 공손채(公孫蠆).

○富而(부이)-'부하여'지만, 여기에서는 '다른 많은 재화와 바꾸어'로 해석된다.

○歸諸范氏(귀저범씨)-도구(堵狗)는 처형된 도여보(堵女父)의 일족으로, 그의 처는 진나라 범씨의 딸이었다. 혹 진나라 범씨의 세력과 결탁하여 보복 행위를 할까 두려워서, 그 화근을 없애기 위하여, 도구의 아내를 빼앗아 돌려보냈다.

經 ┃ ○_{십유육년춘왕정월}十有六年春王正月,에 _{장진도공}葬晉悼公.이라

○_{삼월}三月,에 _{공회진후}公會晉侯·_{송공}宋公·_{위후}衛侯·_{정백}鄭伯·_{조백}曹伯·_{거자}莒子·_{주자}邾子·_{설백}薛伯·_{기백}杞伯·_{소주자우격량}小邾子于湨梁.이라

○_{무인}戊寅,에 _{대부맹}大夫盟.이라

○_{진인집거자}晉人執莒子·_{주자}邾子,하여 _{이귀}以歸.라

○_{제후벌아북비}齊侯伐我北鄙.라

○_하夏,에 _{공지자회}公至自會.라

○_{오월갑자}五月甲子,에 _{지진}地震.이라

○ 叔老會鄭伯·晉荀偃·衛甯殖·宋人,하여 伐許.라

○ 秋,에 齊侯伐我北鄙,하여 圍郕.이라

○ 大雩.라

○ 冬,에 叔孫豹如晉.이라

16년 봄 천자가 쓰는 역으로 정월, 진(晉)나라 군주 도공(悼公)을 장사 지냈다.

3월에, 공이 진(晉)나라 군주인 후작·송나라 군주인 공작·위나라 군주인 후작·정나라 군주인 백작·조나라 군주인 백작·거나라 군주인 자작·주나라 군주인 자작·설나라 군주인 백작·기나라 군주인 백작·소주나라 군주인 자작 등과 격량(溴梁)에서 회합을 가졌다.

무인날에, 각국의 대부들이 맹서를 하였다.

진나라 사람이 거나라 군주인 자작과 주나라 군주인 자작을 잡은 후, 돌아갔다.

제나라 군주인 후작이 우리 노나라 북쪽 변경을 쳤다.

여름에, 공이 회합에서 돌아왔다.

5월 갑자날에, 지진이 있었다.

숙로(叔老)가 정나라 군주인 백작·진(晉)나라 순언(荀偃)·위나라 영식(甯殖)·송나라 사람 등과 회합을 가져, 허나라를 쳤다.

가을에, 제나라 군주인 후작이 우리 노나라 북쪽 변경을 쳐, 성(郕)을 포위했다.

큰 기우제를 지냈다.

겨울에 숙손표가 진나라에 갔다.

傳| 十六年春,에 葬晉悼公.이라 平公卽位,하여 羊舌肸爲傅,하고

張君臣爲中軍司馬,하며 祁奚·韓襄·欒盈·士鞅爲公族大夫,하고 虞丘書爲乘馬御.라 改服脩官,하여 烝于曲沃.이라 警守而下,하여 會于溴梁,하여 命歸侵田.이라 以我故執邾宣公·莒犁比公,하고 且曰, 通齊·楚之使.라

晉侯與諸侯宴于溫,하고 使諸大夫舞曰, 歌詩必類.라 齊高厚之詩不類.라 荀偃怒,하고 且曰, 諸侯有異志矣.라 使諸大夫盟高厚,에 高厚逃歸.라 於是,에 叔孫豹·晉荀偃·宋向戌·衛甯殖·鄭公孫蠆·小邾之大夫盟曰, 同討不庭.이라

16년 봄에, 진나라 군주 도공을 장사 지냈다. 그리고 평공(平公)이 즉위하여, 양설힐(羊舌肸)이 부(傅)가 되고, 장군신(張君臣)이 중군사마가 되었으며, 기해·한양·난영·사앙이 공족대부가 되고, 우구서가 군주가 타는 수레의 조종자가 되었다. 진나라 평공은 상복(喪服)을 제복으로 갈아입고 제관(諸官)을 거느리어, 곡옥(曲沃)의 종묘(宗廟)로 가 겨울 제사인 증제(烝祭)를 지냈다. 그리고 도읍을 단단히 지키게 하고 배로 황하(黃河)를 타고 내려가서, 격량에서 제후들과 회합을 가져, 진나라 군주는 그 회합에서 다른 나라를 침략하여 뺏은 땅을 돌려주라고 명령하였다. 그리고 우리 노나라를 침공했었던 일로 주나라 군주 선공과 거나라 군주 이비공(犁比公)을 잡고, 또 그들이 제나라와 초나라가 서로 통하도록 중간에서 심부름했다고 책망했다.

진나라 군주는 온(溫)에서 제후들과 잔치를 열고, 각국의 대부들에게 춤을 추게 하고 말하기를, "춤을 추며 시(詩)를 노래부르되, 반드시 서로 의미가 통하는 것을 골라서 노래불러라."라고 했다. 그런데

제나라 대부 고후(高厚)가 노래부른 시는 의미가 같은 것이 아니었다. 그러자 진나라 순언(荀偃)이 화를 내며, "제후 중에는 다른 마음을 지니고 있는 분이 있사옵니다."라고 말했다. 그리고 각국 대부들에게 제나라 고후와 맹서를 하게 했는데, 고후는 그만 도망쳐 돌아가고 말았다. 이에 노나라 숙손표·진나라 순언·송나라 상술(向戌)·위나라 영식(甯殖)·정나라 공손채(公孫蠆)·소주나라의 대부가 맹서하여 말하기를, "우리는 같이 불충(不忠)한 자를 칩시다."라고 했다.

| 주해 | ○烝(증) – 하력(夏曆)으로 겨울에, 종묘에서 지내는 제사 이름. 주력(周曆)으로는 봄에 지냈다.
  ○湨梁(격량) – 지금의 하남성 제원현(濟源縣) 땅.
  ○歌詩必類(가시필류) – 전해지는 시(詩) 중에서 골라 노래부르되, 내용이 같은 것을 골라 노래부름.
  ○不庭(부정) – 천자의 왕정(王庭)으로 찾아가지 않는다는 뜻의 말인데, 불충(不忠)의 뜻으로 풀이된다.

許男請遷于晉,에 諸侯遂遷許,러니 許大夫不可,라하여 晉人歸諸侯.라 鄭子蟜聞將伐許,하여 遂相鄭伯,하여 以從諸侯之師.라 穆叔從公,하고 齊子帥師,하여 會晉荀偃.이라 書曰會鄭伯,은 爲夷故也.라 夏六月,에 次于棫林,하여 庚寅伐許,하여 次于函氏.라 晉荀偃·欒黶帥師,하여 伐楚,하여 以報宋楊梁之役.이라 楚公子格帥師,하여 及晉師戰于湛阪,하여 楚師敗績.이라 晉師遂侵方城之外,하고 復伐許,하여 而還.이라 秋,에 齊侯圍郕,하니 孟孺子速徼之.라 齊侯曰, 是好勇.이라

去之,하여 以爲之名.하리라 速遂塞海陘,하여 而還.이라
冬,에 穆叔如晉聘,하고 且言齊故.라 晉人曰, 以寡君之未禘
祀,와 與民之未息.이라 不然,이면 不敢忘.이라 穆叔曰, 以齊人
之朝夕釋憾於敝邑之地,로 是以大請.이라 敝邑之急,은 朝不及
夕.이라 引領西望曰, 庶幾乎.라 比及執事之閒,이면 恐無及也.라
見中行獻子,하여 賦圻父,하니 獻子曰, 偃知罪矣.라 敢不從執事
以同恤社稷,이온마는 而使魯及此.라 見范宣子,하여 賦鴻雁之卒
章,하니 宣子曰, 匃在此.라 敢使魯無鳩乎.아

허나라 군주인 남작이 진나라에 대해서 도읍을 옮기게 해줄 것을 청하니 제후들과 협력하여 곧 허나라 도읍을 옮기기로 했으나, 허나라 대부들이 안된다 하기에, 진나라 사람이 제후들을 돌려보냈다. 정나라 자교(子蟜)가 허나라를 칠 것이라는 소식을 듣고는, 곧 정나라 군주를 도와 군대를 이끌고 제후들의 연합군에 참가했다. 그때 노나라 목숙(穆叔:叔孫豹)은 공을 따라 돌아왔고, 제자(齊子:叔老)가 군사를 이끌고 진나라 순언과 합류했다. 경문에 정나라 군주인 백작 등과 회합을 가졌다고 하여, (제후군의 총책임자는 진나라 순언인데 그를 먼저 쓰지 않고서) 정나라 군주를 먼저 쓴 것은, (순언을 먼저 쓰면, 진나라 신하인 순언과 정나라 군주가) 동등하게 되어지기 때문이었다. 여름 6월에, 제후국의 연합군은 역림(棫林)에 주군하고, 경인 날에는 허나라 도읍을 치고, 함씨(函氏)로 가 주군했다.

진나라 순언과 난염이 군사를 이끌고 초나라를 쳐, 송나라 양량(楊梁)에서의 싸움에 대한 보복을 했다. 그때, 초나라 공자 격(格)이 군

사를 이끌고 진나라 군사와 담판(湛阪)에서 싸워, 초나라 군사가 대패했다. 진나라 군사는 이어 바로 방성(方城) 밖 지방을 침공하고 다시 허나라 도읍을 치고 귀환했다.

가을에 제나라 군주가 노나라 성읍을 포위하니, 맹유자(孟孺子) 속(速)이 제나라 군사에 대적했다. 그러자 제나라 군주는, "이는 용감을 좋아하는 자로구나. 이 사람한테 도망쳐서, 이 사람의 이름이 나게 해주리라."고 말했다. 속은 곧 해형(海陘)의 좁은 골목을 막고 돌아왔다.

겨울에, 목숙이 진나라에 가 군주를 예방하고, 또 제나라가 침공하는 일에 대해서 말했다. 그랬더니 진나라 사람이 말하기를, "우리나라 군주께서는 아직 탈상하여 전 군주의 신령을 사당에 모시는 체(禘) 제사를 지내지 못하셨음과, 우리나라 백성들이 휴식을 취하지 못했으므로 구원을 못하고 있습니다. 그렇지만 않는다면, 감히 노나라 구원함을 잊지 못하지요."라고 하였다. 그래서 목숙은 말했다. "제나라 사람이 조석으로 저희 나라 땅에다 분풀이를 하므로, 이 때문에 구원해 달라고 중대하게 요청합니다. 저희 나라의 위급함은 조석에 걸려 있습니다. 이런 처지에, 우리 노나라에서도 목을 길게 빼어 진나라가 있는 서쪽을 바라보면서 말하기를, '구해 주기를 바랍니다.'라고 하는 것입니다. 귀하께서 한가하게 되어질 때에는, 아마도 우리 노나라를 구출함에는 미치지 못할 것입니다." 그는 중행헌자(中行獻子 : 荀偃)를 방문하여 기보편(圻父篇)의 시를 외워 읊으니, 중행헌자는 말하기를, "순인 저는 (노나라를 구원하지 않은) 죄를 알고 있습니다. 귀하를 따라서 어찌 같이 노나라 사직을 깊이 근심하지 않으오리까마는, 그만 노나라로 하여금 그 지경에 빠지게 하고 말았습니다."라고 하였다. 그는 다시 범선자(范宣子)를 찾아보고 홍안편(鴻雁篇)의 시 끝장을 외워 읊으니, 범선자는 말하였다. "사개가 여기 있습니다. 어찌 노나라로 하여금 평화스럽게 함이 없겠소이까?"

주해 | ○許男請遷于晉(허남청천우진) - 허나라 군주가 도읍을 옮기기를 청한 것은, 진나라에게 친하게 하려는데, 초나라의 공격이 두려워서, 초나라의 공격을 방어할 수 있는 곳으로 천도하였던 것이다.
○鄭子蟜云云(정자교운운) - 당시 정나라는 허나라를 미워하고 있었기에, 허나라를 친다는 소식을 듣자, 군주가 군대를 이끌고 나섰다.
○棫林(역림) - 허나라 지명으로, 지금의 섬서성 화현(華縣) 땅.
○函氏(함씨) - 지금의 하남성 섭현(葉縣) 땅.
○湛阪(담판) - 함씨 부근의 땅.
○圻父(기보) - 《시경》 소아에 든 시편 이름. 기보는 주나라 천자의 직할지의 군사담당관이었다. 이 시는 기보가 무정하고 무능하여, 군졸을 소중히 여기지 않음을 비난한 시이다. 목숙은 이 시를 외워 읊어서, 진나라의 무정을 풍자했다.
○鴻雁(홍안) - 《시경》 소아에 든 시편 이름. 이 시편의 끝장의 시는 주나라의 세력이 쇠퇴했을 때, 선왕(宣王)이 국내의 어지러움을 바로잡아, 백성들을 안정시켰다는 것을 읊은 것이라 한다. 목숙은 이 시를 외워 읊어서 진나라의 구원을 바란다는 뜻을 나타냈다.
○鳩(구) - 백성들이 모여 평화로이 생활함을 뜻한다.

經 | ○十有七年春王二月庚午,에 邾子牼卒.이라
○宋人伐陳.이라
○夏,에 衛石買帥師,하여 伐曹.라
○秋,에 齊侯伐我北鄙,하여 圍桃.라
○高厚帥師,하여 伐我北鄙,하여 圍防.이라
○九月,에 大雩.라
○宋華臣出奔陳.이라

○冬,에 邾人伐我南鄙.라

17년 봄 천자가 쓰는 역으로 2월 경오날에, 주나라 군주인 자작 경(牼)이 세상을 떠났다.

송나라 사람이 진(陳)나라를 쳤다.

여름에, 위나라 석매(石買)가 군사를 이끌고 조나라를 쳤다.

가을에, 제나라 군주인 후작이 우리 노나라의 북쪽 변경을 쳐, 도(桃)를 포위했다.

고후(高厚)가 군사를 이끌고, 우리 노나라의 북쪽 변경을 쳐 방(防)을 포위했다.

9월에 큰 기우제를 지냈다.

송나라 화신(華臣)이 진(陳)나라로 달아났다.

겨울에, 주나라 사람이 우리 노나라의 남쪽 변경을 쳤다.

▎주해▎ ○桃(도)-지금의 산동성 문창(汶昌) 부근.
○防(방)-노나라에 동방(東防:지금의 산동성 費縣 땅)·서방(西防:지금의 산동성 單縣 땅)·북방(北防:지금의 산동성 泰安縣 땅)의 삼방(三防)이 있었는데, 여기에서는 북방으로 장흘(臧紇)의 채읍(采邑)이었다.

▎傳▎ 十七年春,에 宋莊朝伐陳,하여 獲司徒卬,하니 卑宋也.라 衛孫蒯田于曹隧,하여 飮馬于重丘,라가 毁其甁.이라 重丘人閉門而詢之曰, 親逐而君.이라 爾父爲厲,이어늘 是之不憂,하고 而何以田爲.아 夏,에 衛石買·孫蒯伐曹,하여 取重丘,하니 曹人愬于晉.이라

17년 봄에, 송나라 장조(莊朝)가 진(陳)나라를 쳐, 진나라 사도(司徒)인 앙(卬)을 생포했는데, 그것은 진나라가 송나라를 얕보았기 때문이었다.

위나라 손괴가 조나라 땅으로 들어가 산을 끊어낸 길가에서 사냥하여, 중구(重九)에서 말에게 물을 먹이다가, 우물의 두레박을 부수었다. 그러자 중구 사람이 성문을 닫고 욕하여 말하기를, "너의 아버지는 군주를 몰아냈었다. 너희 아버지는 악귀가 되었을 텐데, 그것은 걱정하지 않고 어찌 사냥을 하고 다니는가?"라고 하였다. 여름에 위나라의 석매와 손괴가 조나라를 쳐 중구를 뺏으니, 조나라 사람이 진나라에게 그 일을 호소했다.

| 주해 | ○孫蒯(손괴) – 손임보(孫林父)의 아들.
○重丘(중구) – 지금의 산동성 하택(荷澤) 부근.
○厲(여) – 악귀.

齊人以其未得志于我故,로 秋,에 齊侯伐我北鄙,하여 圍桃,하고 高厚圍臧紇于防.이라 師自陽關逆臧孫.이라 至于旅松,하니 耶叔紇・臧疇・臧賈帥甲三百,하여 宵犯齊師,하여 送之,하고 而復,에 齊師去之.라 齊人獲臧堅,에 齊侯使夙沙衛唁之,하고 且曰, 無死.하라 堅稽首曰, 拜命之辱.이오니다 抑君之賜臣不終.이리이다 姑又使其刑臣禮於士.이오니다 以杙抉其傷而死.라

宋華閱卒.이라 華臣弱皐比之室,하여 使賊殺其宰華吳.라 賊六人以鈹殺諸盧門合左師之後.라 左師懼曰, 老夫無罪.라 賊曰,

皐比私有討於吳也.라 遂幽其妻曰, 畀余而大璧.하라 宋公聞之
曰, 臣也不唯其宗室是暴,하고 大亂宋國之政,하니 必逐之.하라
左師曰, 臣也亦卿也.라소이다 大臣不順,은 國之恥也,이오니 不
如蓋之.이오니다 乃舍之.라 左師爲己短策,하여 苟過華臣之門,이
면 必騁.이라 十一月甲午,에 國人逐瘈狗,어늘 瘈狗入於華臣氏,
하니 國人從之.라 華臣懼,하여 遂奔陳.이라

冬,에 邾人伐我南鄙,는 爲齊故也.라

宋皇國父爲太宰,하여 爲平公築臺,하여 妨於農收.라 子罕請俟
農功之畢,이나 公弗許.라 築者謳曰, 澤門之晳,은 實興我役,이요
邑中之黔,은 實慰我心.이로다 子罕聞之,하고 親執扑,하여 以行築
者,하여 而抶其不勉者曰, 吾儕小人,도 皆有闔廬,하여 以辟燥濕
寒暑.라 今, 君爲一臺,어늘 而不速成,이면 何以爲役,가 謳者乃
止.라 或問其故,하니 子罕曰, 宋國區區,어늘 而有訽有祝,이면
禍之本也.라

齊晏桓子卒,하니 晏嬰麤縗斬,하고 苴絰帶,하며 杖,하고 菅屨,하
며 食鬻,하고 居倚廬,하며 寢苫,하고 枕草.라 其老曰, 非大夫之
禮也.라 曰, 唯卿爲大夫.라

제나라 사람은 우리 노나라에 대해서 마음먹은 대로 되지 않았으므

로, 가을에는 제나라 군주가 우리 노나라 북쪽 변경을 쳐 도(桃)를 포위하고, 고후(高厚)는 장흘(臧紇)의 채읍(采邑)인 방(防)을 포위했다. 그러자 우리 군사가 양관(陽關)으로부터 나가, 장손(臧孫 : 臧紇)을 구출해 맞이하려 했다. 군사가 여송(旅松)에 이르자, 추숙흘(鄒叔紇)·장주(臧疇)·장가(臧賈) 등 세 사람이 무장한 병사 3백명을 거느리고, 저녁에 제나라 군중으로 쳐들어가, 장손을 구출하여 여송으로 데리고 가고, 그들은 다시 방으로 달려갔는데, 그때는 제나라 군사가 떠나버리고 없었다. 그때 제나라 사람이 방의 장견(臧堅)을 잡아갔는데, 제나라 군주는 내시관인 숙사위(夙沙衛)에게 위문하게 하고, "죽지 말라."는 말을 전하게 했다. 그러자 장견은 땅에 머리를 조아리고 말하기를, "명하신 감사한 말씀을 잘 받았나이다. 군주께서 신에게 내리실 은혜는 아직 다 내리시지 않으셨을 것이옵니다. 우선 내시관으로 하여 사(士)인 저에게 위문하는 예를 베푸시는군요."하고 몽둥이로 상처를 긁어 찢어 죽어갔다.

송나라 화열(華閱)이 세상을 떠났다. 동생인 화신(華臣)은 화열의 아들로, 대를 이은 고비(皐比)의 집을 깔보고, 하수인을 시켜 고비의 집안일을 맡은 가신장(家臣長) 화오(華吳)를 죽였다. 그의 하수인 여섯 사람은, 날이 선 창으로 도성의 노문(盧門) 가의 합좌사(合左師 : 向戌)의 집 뒤에서 화오를 죽였다. 그때 그것을 본 좌사는 두려워하고 말하기를, "이 늙은이는 아무 죄가 없네."라고 했다. 그러자 그 하수인들은 말하기를, "고비가 사사로이 이 화오를 처형하는 것입니다."라고 하였다. 화오를 죽이고 난 하수인들은, 곧 죽은 화오의 아내를 잡아 가두고서는, "우리에게 너의 큰 옥(玉)을 달라."고 요구했다. 송나라 군주는 이 일을 듣고 말하기를, "화신은 다만 자기 종실(宗室)에게 포악을 부렸을 뿐만 아니라, 송나라의 정치를 크게 어지럽혔으니, 반드시 그를 내쫓아라."라고 했다. 그러나 좌사는 이르기를, "화신 그도 역시 경(卿)이옵니다. 나라의 대신이 불순했다는 것은 나라의 수치이오니, 이 일을 덮어두는 것보다 좋지 못하옵니다."라고 했다. 그래서 내버려두었다. 그후 좌사는 자기가 가질 짧은 매를 만들어, 화신의 집 문 앞을 지날 때면, 그 매로 말을 때려 빨리 달리게 했다. 11월 갑오날에, 성안의 사람들이 미친개를 몰았는데, 그 미친개가 화신의 집으로 들어가자, 사람들은 개의 뒤를 따라 쫓아갔다. 그러자 화신은 (자기를 죽이려는 줄 알고) 겁을 먹어, 바로 진(陳)나라로 도망갔다.

겨울에 주나라 사람이 우리 노나라의 남쪽 변경을 친 것은, 제나라를 위해서이다.

송나라 황국보(皇國父)가 태재(太宰 : 재상)였는데, 군주 평공을 위하여 높은 집채를 지어, 농민들의 추수일을 해쳤다. 자한(子罕)이 농사일이 다 끝난 뒤에 일할 것을 요청했지만, 군주는 허락하지 않았다. 그래서 일을 하는데, 그 건축일 하는 자들이, "택문(澤門) 가에 사는 얼굴빛 흰 사람은 실로 우리의 이 공사(工事) 일으켰고, 도읍 안에 사는 얼굴빛 검은 사람은 실로 우리들 마음을 위로해 주네."하고 노래불렀다. 자한은 이 노래부름을 듣고, 친히 방망이를 들고 건축일을 하는 사람들 사이를 다니면서, 일을 힘써 하지 않는 자들의 볼기를 치며 말하기를, "우리들 같은 지체 낮은 사람들도 다 집이 있어 메마름과 축축함, 그리고 한서(寒暑)를 피하고 있다. 이제, 군주가 하나의 높은 집채를 짓는데 빨리 낙성(落成)시키지 못한다면, 어찌 일한다고 할 것인가?"라고 했다. 그러자 노래부르는 자가 없게 되었다. 어느 사람이 자한에게 어째서 그랬느냐고 물으니 자한은, "우리 송나라는 작은데, 잘못한다고 저주하는 자가 있고, 또 잘한다고 추켜세우는 자가 있으면, 그것은 곧 화의 근본이 된다."라고 말했다.

제나라 안환자(晏桓子)가 세상을 떠나니, 아들인 안영(晏嬰)은 굵은 삼베옷을 입고, 삼[麻]으로 꼰 띠를 머리와 허리에 두르며, 죽장(竹杖)을 짚고, 짚신을 신으며, 죽을 먹고, 상주(喪主)가 몸붙이는 움

막에서 지내며, 거적 위에서 잠자고, 풀뭉치를 베개삼아 상주 노릇을 했다. 그러자 집안의 노인이 말하기를, "그것은 대부가 지킬 상례가 아닐세."라고 하였다. 그래서 안영은, "경(卿)의 자리에 있는 사람만이 대부가 지킬 상례를 행하는 거지요."라고 말했다.

| 주해 | ○陽關(양관)·旅松(여송) — 방(防)과 가까운 곳으로, 지금의 산동성 태안현(泰安縣) 땅.
○郰叔紇(추숙흘) — 숙량흘(叔梁紇)이라고도 하며 공자(孔子)의 아버지였다고 한다.
○夙沙衛(숙사위) — 내시관.
○抑君之賜臣不終(억군지사신부종), 姑又使其刑臣禮於士(고우사기형신례어사) — 이 말은 제나라 군주가 사(士)의 신분인 장견 자신에게 아주 천한 내시관을 보내 위문한 것은 예의에 맞지 않은 것이라고 비꼬아 한 말이다. 뜻은 '저에게 베푸시는 은혜는 또 있삽겠지요. 우선 천한 내시관을 보내시고, 뒤에 예의에 맞는 심부름꾼을 시켜서 은혜를 베푸시겠지요.' 이런 것이다.
○刑臣(형신) — 거세(去勢)형을 받아 군주를 모시는 신하. 즉 내시관.
○鈹(피) — 날이 선 예리한 창.
○合左師(합좌사) — 상술. 상술의 채읍(采邑)이 합(合).
○太宰(태재) — 재상.
○澤門(택문) — 송나라 도읍의 남문(南門).
○非大夫之禮(비대부지례) — 당시는 상례(喪禮)를 제대로 지키는 사람이 적어, 될 수 있으면 간략하게 하고, 또 자기 신분보다 높은 신분의 사람이 취하는 상례를 취해서 행했다. 그런데 안영은 대부 신분에 있는 자가 취할 예를 정식으로 했다. 그러자 집안 노인이, '대부 신분에 있는 그대는 경(卿)이 취하는 상례를 취하게'라는 뜻으로 이 말을 했다.
○唯卿爲大夫(유경위대부) — '대부로서 취할 상례가 아니라면, 대부로서 취할 상례는 다른 날 경으로 있는 이가 지켜 보일 것입니다'라고 풍자적으로 대답한 것이다.

經│ ○十有八年春,에 白狄來.라
○夏,에 晉人執衛行人石買.라
○秋,에 齊師伐我北鄙.라
○冬十月,에 公會晉侯·宋公·衛侯·鄭伯·曹伯·莒子·邾子·滕子·薛伯·杞伯·小邾子,하여 同圍齊.라
○曹伯負芻卒于師.라
○楚公子午帥師,하여 伐鄭.라

18년 봄에, 백적(白狄)이 찾아왔다.

여름에, 진(晉)나라 사람이 위나라 외교관인 석매(石買)를 잡았다.

가을에, 제나라 군사가 우리 노나라의 북쪽 변경을 쳤다.

겨울 10월에, 공이 진나라 군주인 후작·송나라 군주인 공작·위나라 군주인 후작·정나라 군주인 백작·조나라 군주인 백작·거나라 군주인 자작·주나라 군주인 자작·등나라 군주인 자작·설나라 군주인 백작·기나라 군주인 백작·소주나라 군주인 자작 등과 회합을 가져, 다같이 제나라 도읍을 포위했다.

조나라 군주인 백작 부추(負芻)가 군중(軍中)에서 세상을 떠났다.

초나라 공자 오(午)가 군사를 이끌고 정나라를 쳤다.

傳│ 十八年春,에 白狄始來.라
夏,에 晉人執衛行人石買于長子,하고 執孫蒯于純留,하니 爲曹故也.라

秋,에 齊侯伐我北鄙.라

中行獻子將伐齊,에 夢與厲公訟弗勝.이라 公以戈擊之,하여
首隊於前,에 跪而戴之,하여 奉之以走,하여 見梗陽之巫皐.라 他
日見諸道,하여 與之言,한데 同.이라 巫曰, 今茲,에 主必死.라 若
有事於東方,이면 則可以逞.이라 獻子許諾.이라 晉侯伐齊,하여
將濟河.라 獻子以朱絲繫玉二瑴,하여 而禱曰, 齊環怙恃其險,하
고 負其衆庶,하여 棄好背盟,하여 陵虐神主.이오니다 曾臣彪將率
諸侯,하여 以討焉,에 其官臣偃實先後之.이오니다 苟捷有功,하여
無作神羞,이오면 官臣偃無敢復齊.이리이다 唯爾有神裁之.하소서
沈玉而濟.라

18년 봄에, 백적이 처음으로 찾아왔다.

여름에, 진나라 사람이 위나라 외교관인 석매를 장자(長子)에서 잡고, 또 위나라 손괴를 순류(純留)에서 잡았으니, 그것은 조나라를 위해서였다.

가을에, 제나라 군주가 우리 노나라의 북쪽 변경을 쳤다.

진나라 중행헌자(中行獻子:荀偃)가 장차 제나라를 치러 나가려는데, 어느 날 꿈을 꾸었는바, 여공(厲公)과 재판을 하였는데 이기지 못했다. 여공이 창으로 그를 쳐, 그의 목이 앞으로 떨어져, 그는 무릎을 꿇고 목을 두 손으로 받아, 받쳐들고 달려가다가 경양(梗陽)의 무당 고(皐)를 만났다. 뒷날에 길에서 무당 고를 만나, 그와 꿈얘기를 했더니, 무당 고도 그와 같은 꿈을 꾸었다는 것이다. 그리고 무당 고는 말

하기를, "금년에 님은 꼭 돌아가십니다. 만약 동방에 싸움이 있게 된다면, 님은 뜻대로 하실 수가 있을 것입니다."라고 하였다. 그래서 중행헌자는 고개를 끄덕였다. 진나라 군주가 제나라를 치게 되어, 황하(黃河)를 건너려는 때였다. 중행헌자는 붉은 실에 옥 두 쌍을 매어 가지고서 기도드려 말하기를, "제나라 군주인

옥고리〔環〕

환(環)이, 그 나라 땅의 험악함을 믿고 그 백성의 많음을 믿어 저희 나라와의 우호관계를 버리고, 서로의 맹약을 배반하여, 신(神)을 모시는 백성들을 괴롭히고 있사옵니다. 그래서 신(神)의 천한 신하인 진나라 군주 표(彪)는 제후들을 이끌고, 제나라를 치옵는데, 밑에서 벼슬하고 있는 신하 순언(荀偃) 저는 실로 그의 앞뒤를 지키어 따르고 있사옵니다. 만약 싸움에 이기어 공을 세워 신을 부끄럽게 함이 없사오면, 밑에서 벼슬하고 있는 신하인 순언 저는, 다시 이 황하를 건넘이 없을 것이옵니다. 오직 신께서 살펴 뜻대로 해주소서."하고, 옥을 강물 속에 던지고서 건너갔다.

|주해| ○長子(장자)-진나라 지명으로, 지금의 산서성 장자현(長子縣) 땅.
○純留(순류)-진나라 지명으로, 지금의 산서성 순류현 땅.
○梗陽(경양)-진나라 지명으로, 지금의 하남성 서북쪽 제원(濟源) 부근.
○曾臣(증신)-천한 신하, 말석(末席)의 신하. 여기에서 신하는 신(神)에 대한 신하이다.
○神主(신주)-신을 모시는 주인. 여기에서는 백성들.

冬十月會于魯濟,하여 尋溴梁之言,하고 同伐齊.라 齊侯禦諸平陰,하여 塹防門,하여 而守之,하니 廣里.라 夙沙衛曰, 不能戰,이오니 莫若守險.이오니다 弗聽.이라 諸侯之士門焉,에 齊人多死.라

范宣子告析文子曰, 吾知子,에 敢匿情乎.아 魯人·莒人,이 皆
請以車千乘自其鄕入,하여 旣許之矣.라 若入,이면 君必失國.하리
라 子盍圖之.아 子家以告公,하니 公恐.이라 晏嬰聞之曰, 君固無
勇,이어늘 而又聞是,하니 弗能久矣.라
齊侯登巫山,하여 以望晉師.라 晉人使司馬斥山澤之險,하고 雖
所不至,라도 必斾而疏陳之,하며 使乘車者左實右僞,하여 以斾
先,하고 輿曳柴而從之.라 齊侯見之,하여 畏其衆也,하여 乃脫歸.
하고 丙寅晦,에 齊師夜遁.이라 師曠告晉侯曰, 鳥烏之聲樂,하오
니 齊師其遁.이외다 邢伯告中行伯曰, 有班馬之聲,하니 齊師其
遁.이라 叔向告晉侯曰, 城上有烏,하오니 齊師其遁.이외다

겨울 10월에 노나라 땅으로 흐르는 제수(濟水) 가에서 회합을 가져, 격량(湨梁)에서 맹서한 말을 재확인하고, 다같이 제나라를 치기로 했다. 제나라 군주는 제후들의 연합군을 평음(平陰)에서 막으려 하여, 그곳의 방비용 성벽 문밖에다 참호(塹壕)를 파 지켰는데, 참호의 넓이가 1리(里)나 되었다. 그때, 내시관인 숙사위(夙沙衛)가 말하기를, "우리는 적과 싸울 수가 없사오니, 험악한 곳에서 수비하는 방법보다 더 좋은 수는 없사옵니다."라고 했다. 그러나 군주는 듣지 않았다. 제후들의 병사가 성벽 문에 공격을 가하니, 제나라 사람이 많이 전사했다. 이에, 진나라의 범선자(范宣子)가 제나라 석문자(析文子: 子家)에게 말하기를, "내 당신을 잘 알고 있는 터에, 감히 사정을 숨길 수 있겠소이까? 노나라 사람과 거나라 사람이 각기 전차 천대를 몰아 자

기들의 국내로부터 제나라로 쳐들어가겠다고 청했기에, 우리는 이미 그 청을 허락했소. 그 두 나라의 병력이 만약 제나라로 쳐들어간다면, 제나라 군주께서는 반드시 나라를 잃을 것이오. 그런데 당신은 어째서 그것에 대해 대책을 강구하지 않으려오?"라고 했다. 제나라 자가(子家)가 이 말을 군주에게 고하니, 제나라 군주는 두려워했다. 안영(晏嬰)은 이 일을 듣자, "군주께서는 원래 용맹이 없으신 데다가, 또 그 말을 들으셨으니, 오래 머물러 계실 수가 없을 것이다."라고 했다.

　제나라 군주가 무산(巫山)으로 올라가, 진나라 군사를 바라보았다. 그때, 진나라 사람은 사마(司馬) 벼슬에 있는 사람에게 그 지방 산택(山澤)의 험한 상태를 탐색케 하고, 군대가 비록 비치되어 있지 않은 곳이라 하더라도 긴요한 곳에는 반드시 깃발을 세워서, 먼 데까지 광범위한 군진을 친 것처럼 보이게 하며, 전차 부대로 하여금 각 전차의 왼쪽에는 실제로 전사가 타고, 오른쪽에는 실제로 사람이 탄 것같이 위장하여 앞에다 깃대를 꽂고, 잡부(雜夫)들이 땔나무감의 뭉치를 끌어 먼지를 내게 하면서 전차의 뒤를 따르게끔 시켰다. 제나라 군주는 그 상황을 보고, 진나라 군사가 많다고 여겨 두려워하여, 곧 그곳을 빠져 도읍으로 돌아갔다. 그리고 병인날인 그믐날에, 제나라 군사는 저녁에 다 도망을 쳤다. 그때 사광(師曠)은 진나라 군주에게, "나는 새나 까마귀 우는 소리가 즐겁게 들리오니, 제나라 군사는 도망간 것이옵니다."라고 말했다. 그리고 형백(邢伯)은 중행백(中行伯:荀偃)에게 말하기를, "내열에서 떨어진 말의 울부짖는 소리가 나고 있으니, 제나라 군사는 도망간 것입니다."라고 했다. 또 숙향(叔向)은 진나라 군주에게 고하기를, "성벽 위에 까마귀가 앉아 있사오니, 제나라 군사는 도망간 것이옵니다."라고 했다.

│주해│ ○魯濟(노제)-노나라로 흐르는 제수 가의 땅.
　○平陰(평음)-지금의 산동성 서부의 평음(平陰) 부근.
　○防門(방문)-평음 부근에 있는 방비용 성벽 문.

○ 而守之(이수지), 廣里(광리) - 이 구절을 혹은 한 구절로 읽어, 평음 부근에 광리(廣里)라는 읍이 있다고 가정해, '방문(防門) 이것을 광리에서 지킴'이라고 해석하기도 한다. 그러나 두예(杜預)의 주를 따라 해석했다.

○ 巫山(무산) - 산 이름으로, 지금의 산동성 비성(肥城) 부근에 있어, 현재는 효당산(孝堂山)이라 부른다고 한다.

○ 疏陳(소진) - 각 군진(軍陣) 사이를 멀리 떼어 광범위한 지역에 걸쳐 진을 침.

○ 輿(여) - 사람이 끄는 군수품 운반차. 그러나 여기에서는 끄는 일을 하는 잡부를 말한다.

十一月丁卯朔,에 入平陰,하고 遂從齊師.라 夙沙衛連大車以塞隧, 而殿.이라 殖綽·郭最曰, 子殿國師,는 齊之辱也.라 子姑先乎.인저 乃代之殿,하니 衛殺馬於隘以塞道.라 晉州綽及之,하여 射殖綽,하여 中肩,하니 兩矢夾脰.라 曰, 止,면 將爲三軍獲,이로되 不止,면 將取其衷.이리라 顧曰, 爲私誓.하라 州綽曰, 有如日.이라 乃弛弓而自後縛之,하고 其右具丙亦舍兵,하여 而縛郭最,하니 皆衿甲面縛也,요 坐于中軍之鼓下.라 晉人欲逐歸者,하고 魯·衛請攻險.이라 己卯,에 荀偃·士匄以中軍克京玆.라 乙酉,에 魏絳·欒盈以下軍克邿,로되 趙武·韓起以上軍圍盧,하여 弗克.이라 十二月戊戌,에 及秦周,하여 伐雍門之萩.라 范鞅門于雍門,에 其御追喜以戈殺犬于門中,하고 孟莊子斬其橁,하여 以爲公琴.이라 己亥,에 焚雍門及西郭·南郭,하고 劉難·士弱率諸侯之師,

하여 焚申池之竹木이라 壬寅에 焚東郭·北郭하고 范鞅門于揚
門이라 州綽門于東閭에 左驂迫還于門中하여 以枚數闔이라

11월 정묘날인 초하루에 평음(平陰)으로 쳐들어갔고, 바로 도망가는 제나라 군사의 뒤를 따라 추격했다. 그때, 제나라 군주의 측근인 숙사위(夙沙衛)는 큰 수레들을 연결시켜 좁은 골목을 막고, 도망하는 제나라 군의 후미(後尾)가 되었다. 그러자 식작(殖綽)과 곽최(郭最)가 말하기를, "군주를 측근에서 모시는 자네가 국군의 후미에 선다는 것은 우리 제나라의 수치요. 그러니, 자네는 좀 앞으로 가야만 될 걸세."라고 했다. 그리고 그들이 대신 후미가 되니, 숙사위는 좁은 길에다 말을 죽여 길을 막았다. 진나라 주작(州綽)이 그들이 있는 곳으로 달려 당도해서는, 식작을 향해 활을 쏘아 어깨를 맞혔는데, 두 화살은 목을 중간에 두고 양쪽 어깨에 꽂혔다. 그때, 주작은 식작에게 말하기를, "그대가 거기 머무른다면, 나는 그대를 잡아, 우리 진나라 전군(全軍)의 포로로 삼아 우대할 것이로되, 멈추지 않는다면 이번에는 맞은 그 두 화살의 중간 위치를 쏠 것이니라."라고 했다. 그러자 식작이 뒤돌아보고 말하기를, "그럼 나를 죽이지 않고 그대 말대로 하겠다는 맹서를 하라."고 하니 주작은, "내 저 태양을 두고 맹서함세."라고 말했다. 이에 주작은 활의 줄을 늦추고 식작을 뒤로 묶었고, 그의 전차 오른쪽에 탄 전사 구병(具丙)은 들었던 무기를 놓고 곽최를 묶었는데, 그들 두 사람은 다 무장한 대로 두 손을 뒤로 묶였고, 진나라 중군의 군고(軍鼓)대 밑으로 끌려가 앉혀졌다. 진나라 사람은 도망하는 제나라 군사를 계속 추격하려 했고, 노나라와 위나라는 그 근방의 험한 곳에 있는 제나라 군사를 공격할 것을 요청했다. 기묘날에, 순언과 사개(士匃)는 중군(中軍)으로 경자(京玆)를 쳐 점령했다. 을유날에는, 위강(魏絳)과 난영(欒盈)이 하군(下軍)으로 시(邿)를 쳐 승리했으되,

조무(趙武)와 한기(韓起)는 상군(上軍)으로 노읍(盧邑)을 포위하여 함락시키지 못했다. 12월 무술날에는 진주(秦周)에 이르러, 제나라 도읍의 옹문(雍門)에 서 있는 가래나무를 베었다. 그리고 범앙(范鞅)이 옹문을 공격했는데, 전차를 조종하는 추희(追喜)가 성문 안에서 창으로 개(犬)를 죽였고, 노나라 맹장자(孟莊子 : 孺子)는 참죽나무[檟]를 베어, 노나라 군주의 금(琴)을 만들었다. 기해날에는, 옹문 및 외성(外城) 서쪽과 남쪽을 불에 태우고, 진나라 유난(劉難)과 사약(士弱)은 제후들의 군사를 이끌고, 신문(申門 : 南門) 앞의 못가에 있는 대나무와 나무들을 불살랐다. 임인날에는 외성의 동쪽과 북쪽을 불태우고, 범앙(范鞅)은 양문(揚門)을 공격했다. 주작(州綽)은 동문을 공격했는데, 그때 전차를 끄는 왼쪽 밖의 말이 성질을 부려 성문 안에서 빙빙 돌아, 그 틈에 주작은 성 문짝에 댄 판자쪽의 수를 헤아렸다.

｜주해｜ ○子殿國師(자전국사), 齊之辱也(제지욕야)－군주를 측근에서 모시는 내시관 자네가 국군의 후미가 된다는 것은 국가의 수치다. 즉 숙사위를 무시하여 한 말이다.
○爲三軍獲(위삼군획)－진나라 전군의 큰 전과(戰果)를 삼음.
○衿甲(금갑)－무장한 대로.
○面縛(면박)－두 손을 뒤로 묶음.
○京玆(경자)・邿(시)・盧(노)－모두 평음(平陰) 부근.
○及秦周(급진주)－두예(杜預)는 그의 주에, 진주가 진나라 사람의 이름이라 하여 '진주와'로 보았다. 그러나 진주를 지명으로 보고 해석했다.

齊侯駕_{제후가},하여 將走郵棠_{장주우당},하니 太子與郭榮扣馬曰_{태자여곽영구마왈}, 師速而疾_{사속이질},이나 略也_{약야}.라소이다 將退矣_{장퇴의},어늘 君何懼焉_{군하구언}.인가 且社稷之主_{차사직지주},는 不可以輕_{불가이경}.이외다 輕則失衆_{경즉실중},이리오니 君必待之_{군필대지}.하소서 將犯之_{장범지},에 太

子抽劒하여 斷鞅하니 乃止라 甲辰에 東侵하여 及濰하고 南
及沂라

제나라 군주가 수레에 말을 매어, 우당(郵棠)으로 달아나려 하니, 태자와 곽영(郭榮)이 말고삐를 끌어 잡아당기며 말하기를, "진나라 군사의 진군이 빠르고도 기세가 당당하오나, 우리나라를 대강 짓밟으려는 것이옵니다. 곧 물러갈 것이온데, 군주께서는 어찌 두려워하시옵니까? 그리고 국가 사직의 주인은 경솔한 짓을 할 수 없사옵니다. 경솔하면 국민 대중을 잃을 것이오니, 군주께서는 반드시 기다리소서."라고 했다. 그러나 군주가 그들의 말을 듣지 않고, 자기 생각대로 도망하려 하자, 태자가 칼을 뽑아 말의 배띠를 끊어버리니, 그때서야 그만두었다. 갑진날에, 진나라 군사는 동방으로 침공하여 유수(濰水)까지 이르고, 남쪽으로는 기수(沂水)까지 이르렀다.

주해 | ○郵棠(우당) – 지금의 산동성 동남부의 즉묵(卽墨) 부근.
○速而疾(속이질) – 진군이 빠르고, 기세가 당당함.

鄭子孔欲去諸大夫하여 將叛晉하여 而起楚師하여 以去之라 使告子庚하니 子庚弗許라 楚子聞之하여 使楊豚尹宣告子庚曰, 國人謂하되 不穀主社稷하여 而不出師하니 死不從禮라 不穀卽位하여 於今五年에 師徒不出하니 人其以不穀爲自逸而忘先君之業矣리니 大夫圖之함이 其若之何오 子庚歎曰, 君王其謂午懷安乎아 吾以利社稷也라 見使者稽首而對曰, 諸侯方睦

於晉.이오니다 臣請嘗之.이오니다 若可,이어든 君而繼之.하소서 若
不可.하여 收師而退,하셔도 可以無害,옵고 君亦無辱.이리이다 子
庚帥師,하여 治兵於汾.이라 於是,에 鄭子蟜·伯有·子張從鄭
伯,하여 伐齊,하고 子孔·子展·子西守.라 二子知子孔之謀,하여
完守入保.라 子孔不敢會楚師.라 楚師伐鄭,하여 次於魚陵.이라
右師城上棘,하고 遂涉潁,하여 次于旃然.이라 蒍子馮·公子格率
銳師,하여 侵費滑·胥靡·獻于·雍梁,하고 右回梅山,하여 侵鄭
東北,하여 至于蟲牢而反.이라 子庚門于純門,하여 信于城下而
還.이라 涉於魚齒之下,에 甚雨及之,하여 楚師多凍,하고 役徒幾
盡.이라 晉人聞有楚師.라 師曠曰, 不害.라 吾驟歌北風,하고 又
歌南風,하거늘 南風不競,하여 多死聲,하니 楚必無功.이리라 董叔
曰, 天道多在西北,에 南師不時,니 必無功.하리라 叔向曰, 在其
君之德也.라

정나라 자공(子孔)이 자기가 싫어하는 여러 대부를 제거하려 하여, 진나라에 반기를 들고, 초나라 군사를 일으켜, 대부들을 제거하려 하였다. 그래서 그는 사람을 시켜 초나라 영윤인 자경(子庚)에게 자신의 뜻을 고하게 했더니, 자경은 응낙하지 않았다. 그때, 초나라 군주인 자작이 이 소식을 듣고는, 돈(豚) 고을을 다스리는 지방장관인 양선(楊宣)을 시켜 자경에게 말하게 했다. "나라 사람들은 내가 국가를 맡아 군사를 낸 일이 없으니, 죽은 후 선조들과 같은 예(禮)를 받지

못할 것이라고 여길 것이오. 나는 군주 자리에 올라 이제 5년이 되는데, 군사를 한 번도 내지 않았으니, 사람들은 내가 혼자 안일하게만 지내어, 선대 군주들의 업적을 잊고 있는 것이라고 여길 것이니, 대부는 이 점을 헤아림이 어떻겠소?" 이 말에 자경은 탄식하여 말하기를, "군왕께서는 오(午 : 子庚) 내가 편안한 것만을 생각하고 있다고 여기시는가? 나는 국가 사직을 이롭게 하려는 것인데!"라고 했다. 그리고는 군주의 심부름꾼에게 머리를 조아리고, 군주께 대답의 말을 하였다. "제후들이 한창 진나라에 대해서 친목하고 있사옵니다. 신이 먼저 앞으로 나가 정나라 치는 일을 시험하기를 청원드리옵니다. 만약 잘 되어질 것 같으면, 군주께서 저희 뒤를 이어 출군(出軍)하옵소서. 만일 잘되지 못할 것 같아서 군사를 거두어 퇴군하시더라도, 우리나라에 해가 없사옵고, 군주께서도 욕됨이 없을 것이옵니다." 자경은 군사를 이끌고, 분(汾)에서 군사를 정비했다. 이때, 정나라 자교(子蟜)·백유(伯有)·자장(子張)은 정나라 군주를 따라나가 제나라를 치고 있었고, 자공(子孔)·자전(子展)·자서(子西)가 나라를 지키고 있었다. 자전과 자서 두 공자는 자공의 모략을 알고 있어, 도읍을 완벽하게 수비하고, 궁중에 들어앉아 단단히 경계했다. 그러므로 자공은 감히 나가 초나라 군사와 싸우지 못했다. 초나라 군사는 정나라를 치려고 나가, 어릉(魚陵)에 주군했다. 그리고 우군(右軍)은 상극(上棘)에 성을 쌓고, 곧이어 영수(潁水)를 건너 전연(旃然)에 군진을 잡았다. 그리고 위사빙(蔿子馮)과 공사 격(恪)은 정예부대를 이끌어, 비활(費滑)·서미(胥靡)·헌우(獻于)·옹량(雍梁) 등을 침공하고, 오른쪽으로 매산(梅山)을 돌아, 정나라의 동북지방을 침공하여, 충뢰(蟲牢)까지 도달했다가 돌아갔다. 자경은 정나라 도읍의 순문(純門)을 공격하여, 그 성 밑에서 이틀 저녁을 지내고 돌아갔다. 그런데 어치산(魚齒山) 밑을 지나는데, 심한 비가 내려 초나라 군사가 많이 얼고, 종군한 잡부들은 거의 다 죽었다. 진나라 사람들은 초나라가 군사를 내었다는 것을 들어 알았다. 그때 악사인 사광(師曠)은 말하기를, "우리나라에게는 해가 없다. 나는 가끔 북방의 노래를 부르고, 또 남방의 노래를 부르지만, 남방 나라의 노래는 활기가 없어 죽어가는 소리가 많으니, 초나라 군사는 반드시 아무 공 이룸이 없을 것이다."라 했다. 그리고 동숙(董叔)은 말하기를, "천운이 서북방에 많은데, 남방 국가의 군사가 행동할 때가 아닌데도 행동했으니, 반드시 공 이룸이 없을 것이다."라고 했다. 그리고 또 숙향(叔向)은 말하기를, "국운(國運)은 그 나라 군주의 덕에 달려 있는 것이다."라고 했다.

주해 | ○楊豚尹宣(양돈윤선) - 양돈(楊豚)은 고을 이름이고, 윤은 지방 장관이며, 선은 사람이라는 설도 있다. 불분명하지만, 역자는 양은 성이고, 돈은 고을 이름이며, 선은 사람 이름으로 보고 풀이했다.
○不從禮(부종례) - 선조 대대가 받는 예를 따라 받지 못함.
○汾(분) - 땅 이름. 미상(未詳).
○魚陵(어릉) - 지금의 임여(臨汝) 부근.
○上棘(상극) - 지금의 우현(禹縣) 땅.
○旃然(전연) - 지금의 형양(滎陽) 부근.
○費滑(비활) - 원래 활(滑)이라는 작은 나라가 있었는데, 정나라에 흡수되었다. 그 나라의 도읍을 비(費)라 했으므로, 비활이라 했다. 지금의 언사현(偃師縣) 근방.
○胥靡(서미)·獻于(헌우)·雍梁(옹량) - 모두 지금의 언사(偃師)·임여(臨汝)·우(禹)와 가까운 곳이었다.
○梅山(매산) - 정나라 도읍 서남쪽에 있는 산 이름.
○魚齒(어치) - 지금의 하남성 중부 보풍(寶豊) 부근에 있는 산.

經| ○十有九年春王正月_{십유구년춘왕정월},에 諸侯盟于祝柯_{제후맹우축가}.라
○晉人執邾子_{진인집주자}.라

○公至自伐齊.라
○取邾田自漷水.라
○季孫宿如晉.이라
○葬曹成公.이라
○夏,에 衛孫林父帥師,하여 伐齊.라
○秋七月辛卯,에 齊侯環卒.이라
○晉士匄帥師,하여 侵齊,하여 至穀,이러니 聞齊侯卒,하고 乃還.이라
○八月丙辰,에 仲孫蔑卒.이라
○齊殺其大夫高厚.라
○鄭殺其大夫公子嘉.라
○冬,에 葬齊靈公.이라
○城西郛.라
○叔孫豹會晉士匄于柯.라
○城武城.이라

19년 봄 천자가 쓰는 역으로 정월, 제후들이 축가(祝柯)에서 맹서하였다.

진(晉)나라 사람이 주나라 군주인 자작을 잡았다.

공이 제나라 치는 일에서 돌아왔다.

곽수(漷水)로부터의 주나라 땅을 뺏었다.
계손숙이 진나라에 갔다.
조나라 성공을 장사 지냈다.
여름에, 위나라 손임보가 군사를 이끌고, 제나라를 쳤다.
가을 7월 신묘날에, 제나라 군주인 후작 환(環)이 세상을 떠났다.
진나라 사개가 군사를 이끌고 제나라를 침공하여 곡(穀)에 도달했다가, 제나라 군주인 후작이 세상을 떠난 것을 듣고는, 곧 돌아갔다.
8월 병진날에, 노나라 중손멸이 세상을 떠났다.
제나라가 그 나라의 대부 고후(高厚)를 죽였다.
정나라가 그 나라의 대부인 공자 가(嘉)를 죽였다.
겨울에 제나라 영공을 장사 지냈다.
서쪽 외곽(外郭)에 성을 쌓았다.
숙손표가 진나라 사개를 가(柯)에서 만났다.
무성(武城)에 성을 쌓았다.

|傳| 十九年春,에 諸侯還自沂上,하여 盟于督揚曰, 大毋侵小. 하라 執邾悼公,은 以其伐我故.라 遂次于泗上,하여 疆我田,하고 取邾田自漷水,하여 歸之于我.라 晉侯先歸,하고 公享晉六卿于蒲圃,하여 賜之三命之服,하고 軍尉·司馬·司空·輿尉·候奄皆受一命之服,하며 賄荀偃束錦· 加璧·乘馬,하고 先吳壽夢之鼎.이라 荀偃癉疽生瘍於頭.라 濟河,하고 及著雍病,하여 目出.이라 大夫先歸者皆反.이라 士匄請

제15 양공(襄公) 중(中) 19년 … 511

見_견,이나 弗內_{불내}.라 請後_{청후},하니 曰_왈, 鄭甥可_{정생가}.라 二月甲寅卒_{이월갑인졸}.이라 而視_{이시},
하고 不可含_{불가함}.이라 宣子盟而撫之曰_{선자관이무지왈}, 事吳敢不如事主_{사오감불여사주}.리오 猶視_{유시}.
라 欒懷子曰_{난회자왈}, 其爲未卒事於齊故也乎_{기위미졸사어제고야호}.인저 乃復撫之曰_{내부무지왈}, 主苟_{주구}
終_종,이나 所不嗣事于齊者_{소불사사우제자},이면 有如河_{유여하}.리다 乃瞑_{내명},하고 受含_{수함}.이라
宣子出曰_{선자출왈}, 吾淺_{오천}.이라 之爲丈夫也_{지위장부야}.라

19년 봄에, 제후들이 기수(沂水) 가에서 돌아와, 독양(督揚)에서 맹약을 맺었는데, 그 맹서의 말은, "큰 나라가 작은 나라를 침략하지 말지어다."였다.

당시, 주나라 도공을 잡은 것은, 그가 우리 노나라를 쳤던 일로써였다. 제후들은 맹서를 맺고 나서, 바로 사수(泗水) 가로 가 머물러, 우리 노나라 국경을 바로잡고, 곽수(漷水)에서 북쪽 주나라 땅을 뺏어 우리나라에게 돌려주었다.

진나라 군주는 먼저 귀환하고, 노나라 양공은 진나라의 육경(六卿)을 포포(蒲圃)에서 대접하여, 육경에게 삼명(三命)의 복(의복과 정기)을 하사하고, 진나라 군위(軍尉)・사마(司馬)・사공(司空)・여위(輿尉)・후엄(候奄) 등은 다 일명(一命)의 복을 하사받았으며, 순언(荀偃)에게는 특히 다섯 필(匹) 길이의 비단・비단옷에 붙이는 구슬・네 마리의 말을 선사했는데, 이것들보다 먼저 오나라 군주 수몽(壽夢)이 보내주었던 솥을 주었다. 순언은 귀국 도중 머리에 고열이 나고 아픈데가 부어올라 결국 종기가 났다. 황하(黃河)를 건너고 저옹(著雍)에 이르러서는 중증(重症)이 되어, 눈이 튀어나왔다 그래서 먼저 돌아갔던 대부들이 다 그곳으로 되돌아갔다. 사개가 만나기를 원했지만, 순언은 자기가 있는 방안에 들지 못하게 했다. 사개가 죽은 뒤에 누구를 후계자로 삼을 것인가 지명하기를 원하니, 그는 정생(鄭甥:荀吳)

이 좋다고 했다. 2월 갑인날에, 순언은 세상을 떠났다. 그런데 그는 눈을 감지 않고 입을 벌리지 않아, 죽은 이 입에 넣어 주는 것들을 넣을 수가 없었다. 그래서 범선자(范宣子)는 손을 씻고 눈을 쓰다듬으면서, "우리가 님의 후계자인 순오(荀吳) 섬김을, 어찌 님을 섬긴 듯이 하지 않겠습니까?"라고 말했다. 그러나 역시 눈을 감지 않았다. 그러자 난회자(欒懷子: 欒盈)가 말하기를, "그것은 제나라에 대한 일을 아직 끝내지 않은 때문 아닐까요?"라고 했다. 그리고 그가 다시 눈을 쓰다듬으면서, "님이야 이제 돌아가셨지만, 님이 하시던 제나라에 대한 일을 계승하여 하지 않는 자는, 황하신(黃河神)의 벌을 받을 것입니다."라고 말했다. 그랬더니 그는 눈을 감고 입에 넣는 것을 받아들였다. 범선자는 그 자리에서 나와 말하기를, "나는 천박한 자다. 저이야말로 장부였구나."라고 했다.

│주해│ ○還自沂上(환자기상) - 전해에, 제후들의 연합군은 제나라를 쳐, 기수 가까지 진격했다.

○督揚(독양) - 제나라 지명으로, 경문에 축가(祝柯)라 한 곳. 지금의 산동성 남부의 자양(滋陽) 부근.

○泗(사)·洰(곽) - 둘 다 강 이름. 사수는 노나라 도읍이었던 곡부(曲阜)와, 그 남쪽에 있는 자양을 지나 남쪽으로 흐른다. 곽수는 사수의 지류(支流)로, 이 강 남쪽은 주나라에 속하고, 북쪽은 노나라에 속했다.

○蒲圃(포포) - 노나라 도읍의 동문 밖의 땅으로, 포택(蒲澤)이라고도 했다.

○三命(삼명) - 큰 제후국의 경(卿)으로 최상급관.

○束錦(속금) - 일속(一束)은 다섯 필(匹)의 길이를 말한다. 1필은 4장(丈)으로, 춘추시대의 장(丈)은 2.25미터 길이였다 한다.

○加璧(가벽) - 비단옷 위에 붙이는 벽(璧). 벽은 평원형(平圓形)으로 구멍이 있는 옥(玉).

○癉疽(단저) - 고열이 나고 부어오름.

○著雍(저옹) - 진(晉)나라 지명으로, 지금의 하남성 북부의 수무(修武) 부근.

晉欒鯩師師,하여 從衛孫文子,하여 伐齊.라
季武子如晉,하여 拜師.라 晉侯享之,에 范宣子爲政,하여 賦黍
苗.라 季武子興,하여 再拜稽首曰, 小國之仰大國也,에 如百穀之
仰膏雨焉.이라 若常膏之,면 其天下輯睦.이라 豈唯敝邑.이리오
賦六月.이라 季武子以所得於齊之兵作林鐘,하여 而銘魯功焉.이
라 臧武仲謂季孫曰, 非禮也.라 夫鍾銘天子令德,하고 諸侯言時
計功,하며 大夫稱伐.이라 今稱伐,은 則下等也.라 計功,이면 則借
人也,요 言時,면 則妨民多矣.라 何以爲銘.가 且夫大伐小也,엔
取其所得,하여 以作彝器,하고 銘其功烈,하여 以示子孫,하니 昭
明德,하고 而懲無禮也.라 今將借人之力,하여 以救其死,어늘 若
之何銘之.아 小國幸於大國,하여 而昭所獲焉,하여 以怒之,는 亡
之道也.라

 진나라 난방(欒鯩)이 군사를 이끌고 위나라 손문자(孫文子 : 孫林父)를 따라, 제나라를 쳤다.
 노나라 계무자(季武子 : 季孫宿)가 진나라로 가, 노나라를 위하여 제나라 치는 군사를 내준 데 대해 감사를 드렸다. 진나라 군주가 그에게 대접했는데, 당시에 범선자가 진나라 재상이 되어 있어, 그 자리에서 서묘편(黍苗篇)의 시를 노래불렀다. 그러자 계무자는 자리에서 일어나 재배하고 머리를 조아리며 말했다. "작은 나라가 큰 나라를 우러러보는 것은, 마치 모든 곡물이 잘 자라게 하는 비를 바라는 것

과 같습니다. 만약 (진나라가) 언제나 은택을 베푼다면, 천하의 제후들은 다 화목할 것입니다. 어찌 다만 저희 나라만이 그럴 것입니까?" 그리고 그는 유월편(六月篇)의 시를 노래불렀다. 계무자가 제나라에서 입수한 전리품(戰利品)인 무기를 가지고 임종(林鐘 : 악기로 쓰는 종)을 만들어, 거기에 노나라가 제나라를 쳐 이겼다는 무공(武功)의 글을 새겼다. 그러자 장무중(臧武仲)이 계손(季孫 : 季孫宿)에게 말했다. "그 일은 예의에 어긋난 일이오. 종에는 천자의 덕을 칭송하는 글을 새기고, 제후가 시기에 알맞게 좋은 일 한 것을 칭찬하는 글을 새기며, 대부가 세운 무공을 새기는 것이오. 이제 우리 군주께서 제나라를 친 일을 찬양한 글을 새긴 것은, 곧 군주의 지위를 격하시킨 것이오. 그리고 그 무공을 헤아린다면, 그 무공은 다른 사람들의 힘을 빌어 세운 것이고, 제나라를 친 시기를 따져 말한다면, 실은 제 때가 아니어 백성들의 생업을 해침이 많았소. 그런데 어찌 글을 새기었단 말이오? 그리고 큰 나라가 작은 나라를 쳤음에는, 그 싸움에서 얻은 것을 가지고 종묘(宗廟)에 쓰는 기물(器物)을 만들고, 그것들에다 그 공을 글로 새겨두어 자손들에게 알리는 것인데, 그것은 밝은 덕을 밝히고 무례한 자를 징계하자는 것이오. 이제, 우리나라는 다른 나라의 힘을 빌어 사경(死境)을 구해 냈는데, 어찌 그 싸움의 일을 글로 칭찬하여 새긴단 말이오? 작은 나라가 요행으로 큰 나라를 이겨, 그 싸움에서 얻은 것을 밝혀서, 그 나라 사람을 노하게 한다는 것은, 나라가 망하는 길이오."

주해 ○黍苗(서묘) – 《시경》 소아에 든 시편 이름. 이 시에는 비가 곡물을 잘 자라게 하고, 소백(召伯)이 제후들에게 은혜를 베푼다는 뜻의 구절이 있다. 계무자는 이 시를 노래부름을 듣자, 진나라는 제후들에게 혜택을 계속 베풀겠다는 것을 나타냈다고 여겨, 일어나 감사드린 것이다.
○六月(유월) – 《시경》 소아에 든 시편 이름. 주나라 선왕(宣王) 때에 윤길보(尹吉甫)라는 사람이 이민족의 침략을 격퇴한 것이 읊어져 있다.

계무자는 이 시로 진나라 군사의 위력을 찬양한 것이다.
ㅇ林鐘(임종) - 고대 중국의 음악 곡조에 임조(林調)가 있었다. 그래서 임(林)자를 빌어 음악이라는 뜻을 나타냈다. 임종은 곧 음악 악기의 종이다.
ㅇ彝器(이기) - 종묘에 쓰는 기물.

齊侯娶于魯,하여 曰顔懿姬.라 無子.라 其姪鬷聲姬生光,하여 以爲太子.라 諸子仲子・戎子,에 戎子嬖.라 仲子生牙,하여 屬諸戎子.라 戎子請以爲太子,하니 許之.라 仲子曰, 不可.로소이다 廢常不祥,이오 間諸侯難.이오이다 光之立也,에 列於諸侯矣.이었나이다 今無故而廢之,면 是專黜諸侯,하여 而以難犯不祥也.라소이다 君必悔之.하리이다 公曰, 在我而已.라 遂東太子光,하고 使高厚傅牙,하여 以爲太子,에 夙沙衛爲少傅.라 齊侯疾,에 崔杼微逆光,하고 疾病而立之.라 光殺戎子,하여 尸諸朝.라 非禮也.라 婦人無刑,이오 雖有刑,이라도 不在朝市.라 夏五月壬辰晦,에 齊靈公卒.이라 莊公卽位,하여 執公子牙於句瀆之丘.라 以夙沙衛易己,하니 衛奔高唐,하여 以叛.이라
晉士匄侵齊,하여 及穀,이러니 聞喪而還.이라 禮也.라

제나라 군주가 노나라에서 부인을 맞이하여, 안의희(顔懿姬)라 했다. 그런데 부인 안의희에게는 아들이 없었다. 그의 질녀 종성희(鬷聲姬)가 아들 광(光)을 낳아, 그가 태자가 되었다. 그리고 여러 자씨(子氏)의 여자 중에 중자와 융자가 있었는데, 융자가 군주의 사랑을 받

았다. 중자는 아들 아(牙)를 낳아, 그 아들을 융자에게 뒤를 보아줄 것을 부탁했다. 융자가 아를 태자로 삼을 것을 군주에게 청원하니, 군주는 허락했다. 그러자 중자가 말했다. "그래서는 아니되옵니다. 응당히 태자가 될 사람을 폐하는 것은 좋지 못한 일이옵고, 제후들을 속이기는 어렵사옵니다. 광은 태자가 되어서, 이미 제후들의 회합에 참여하여 왔나이다. 이제 아무런 이유도 없이 그를 폐하옵시면, 그것은 제후들을 배반하여, 어려운 일로 좋지 못한 일을 범하는 것이옵니다. 군주께서는 후일 반드시 후회하실 것이옵니다." 그러나 군주는, "그것은 오직 내 마음먹기에 달려 있는 것이다."라고 말했다. 그리고 바로 태자 광을 동쪽 땅으로 내몰고, 고후(高厚)를 아의 부(傅)가 되게 하여 태자를 삼고, 숙사위(夙沙衛)는 태자의 소부(少傅)가 되었다. 제나라 군주가 병이 나자, 최저(崔杼)는 슬그머니 광을 맞이하고, 군주의 병이 중하게 되자, 광을 다시 태자로 세웠다. 태자로 복귀한 광은 융자를 죽여, 그 시체를 조정에다 내동댕이쳤다. 그것은 예의에 맞지 않는 행위였다. 부인은 사형하는 법이 없고, 사형함이 있다손 치더라도 그 시체를 조정이나 시장에다 내어놓아 구경거리로 삼지는 않는 것이다. 여름 5월 임진날인 그믐날에, 제나라 영공이 세상을 떠났다. 장공이 군주 자리에 올라서는, 공자 아(牙)를 잡아 구독(句瀆)의 언덕에 가두었다. 숙사위는 장공이 자기를 경멸했다고 여기자, 고당(高唐)으로 도망가 반란을 일으켰다.

　진나라 사개가 제나라를 침공하여 곡(穀)까지 쳐들어갔는데, 제나라에 국상(國喪)이 났다는 것을 듣고서는 돌아갔다. 예의에 맞는 처사였다.

주해 | ○ 諸子(제자) — 여러 자씨(子氏).
　○ 句瀆(구독) — 지금의 산동성 서부의 신향(莘鄕) 부근이었다 한다.
　○ 高唐(고당) — 지금의 산동성 서부의 고당(高唐).

於四月丁未,에 鄭公孫蠆卒.이라 赴於晉大夫,하니 范宣子言
於晉侯,하되 以其善於伐秦也.라 六月,에 晉侯請於王,하니 王追
賜之大路,하사 使以行.하시다 禮也.라
秋八月,에 齊崔杼殺高厚於灑藍,하여 而兼其室.이라 書曰齊殺
其大夫,는 從君於昏也.라
鄭子孔之爲政也專,하니 國人患之,하여 乃討西宮之難與純門
之師.라 子孔當罪,에 以其甲及子革·子良氏之甲守.라 甲辰,에
子展·子西率國人,하여 伐之,하여 殺子孔,하고 而分其室.이라
書曰鄭殺其大夫,는 專也.라
子然·子孔,은 宋子之子也.라 士子孔圭嬀之子也.라 圭嬀之
班,은 亞宋子,하여 而相親也.라 士子孔亦相親也.라 僖之四年,에
子然卒,하고 簡之元年,에 士子孔卒,에 司徒孔實相子革·子良
之室,하여 三室如一.이라 故로 及於難.이라 子革·子良出奔楚,
하여 子革爲右尹.이라 鄭人使子展當國,에 子西聽政,하며 立子産
爲卿.이라

4월 정미날에, 정나라 공손채(公孫蠆)가 세상을 떠났다. 진나라 대부들에게 부고를 내니, 범선자(范宣子)가 진나라 군주에게, 공손채가 진(秦)을 쳤을 때에 협조를 잘했다고 말했다. 그래서 6월에, 진나라 군주는 천자에게 포상할 것을 청원드리니, 천자께서는 죽은 공손채에

게 포상으로 천자께서 타시는 수레인 대로(大路)를 하사하사, 그 대로로 장사를 지내게 하셨다. 그 일은 예의에 맞는 일이었다.

가을 8월에, 제나라 최저(崔杼)가 고후(高厚)를 쇄람(灑藍)에서 죽이고, 그의 가산(家產)을 자기의 가산에 합쳤다. 경문에 제나라가 그 나라의 대부를 죽였다고 쓴 것은, 고후가 군주의 그릇된 일에 추종했음을 책해서였다.

정나라 자공(子孔)이 정치를 함에 있어 독단적(獨斷的)이어서, 나라 사람들이 괴로워서, 전에 있었던 서궁(西宮)의 사건과 외적이 순문(純門)을 쳤던 일을 추궁했다. 자공(子孔)은 자신이 죄에 걸리게 되자, 보유하고 있는 군사와 자혁(子革)·자량(子良)의 집 군사로 자신을 수호했다. 그러나 갑진날에, 자전(子展)과 자서(子西)가 나라 사람들을 이끌고, 그를 토벌하여 자공을 죽이고, 그의 가산을 나누어 차지했다. 경문에 정나라가 그 나라의 대부를 죽였다고 말한 것은, 대부인 자공이 정치를 제멋대로 했던 것을 책해서였다.

정나라 자연(子然)과 자공(子孔)은 송나라의 딸 자씨(子氏)가 낳은 아들들이었다. 그리고 사(士) 벼슬에 있었던 자공(子孔)은, 규(圭)나라의 딸 규씨(嬀氏)가 낳은 아들이었다. 규씨의 서열은 송나라의 딸인 자씨 다음이어서, 그들 둘은 서로 친했다. 그리고 규씨가 낳은 사(士)인 자공 또한 자씨가 낳은 아들과 서로 친하게 지냈다. 정나라 희공(僖公) 4년에 자연이 세상을 떠나고, 간공(簡公) 원년에 사(士)인 자공이 세상을 떠나자, 사도(司徒)인 자공은 착실히 자연의 아들인 자혁(子革)과 사였던 자공의 아들인 자량의 집을 돌보아, 세 집이 마치 한집과 같이 지냈다. 그랬으므로, 세 사람은 같이 그 화를 만나게 되었다. 자혁과 자량은 초나라로 도망나가, 자혁은 초나라의 우윤(右尹)이 되었다. 정나라 사람은 자전(子展)에게 모든 국정을 책임지게 하고, 자서로 하여금 정무(政務)를 보게 하니, 자산(子産)을 경으로 삼았다.

주해| ㅇ公孫蠆(공손채)-정나라 목공(穆公)의 아들 자언(子偃)의 아들로 자(字)는 교(蟜)였다.
ㅇ於伐秦(어벌진)-노나라 양공 14년에 진나라를 쳤을 적에.
ㅇ大路(대로)-천자가 타는 수레.
ㅇ灑藍(쇄람)-제나라 도읍 임치(臨淄) 교외(郊外)의 땅.
ㅇ西宮之難(서궁지난)-노나라 양공 10년에 있었던 반란을 말한다. 그때 자공은 사정을 잘 알고 있으면서도 그 반란을 막지 않고, 그 사건을 이용하여 실권을 쥐었다.
ㅇ純門之師(순문지사)-노나라 양공 18년에 자공은 자신이 싫어하는 대부들을 제거하려고 초나라 군사를 불러, 초군이 정나라 도읍의 순문까지 쳐들어갔던 일을 말한다.
ㅇ宋子(송자)-정나라 목공(穆公)의 첩으로, 송은 본가의 나라인 송나라를 말한 것이고, 자(子)는 송나라 공실(公室)의 성(姓)을 말한다.
ㅇ子孔(자공)-송자(宋子)가 낳은 목공의 아들로, 이름은 가(嘉)이고, 공은 자(字)였다.
ㅇ圭嬀(규규)-규는 본가의 나라 이름이고, 규(嬀)는 규나라 공실의 성이었다.
ㅇ士子孔(사자공)-규규가 낳은 목공의 아들로, 이름은 지(志)였고, 자는 공이었다. 송자가 낳은 자공과 구별하기 위하여 사(士)를 더 붙여 말했는데, '사(士)'는 그의 이름인 '지(志)'의 오기라는 설도 있지만, 그가 사법관(司法官)인 사의 벼슬에 있었기에, 그 관직을 '자공(子孔)'의 앞에 붙인 것이라고 여겨진다.
ㅇ僖之四年(희지사년)-정나라 희공 4년은 노나라 양공 6년.
ㅇ簡之元年(간지원년)-정나라 간공 원년은 노나라 양공 8년.

齊慶封圍高唐,하여 弗克.이라 冬十一月,에 齊侯圍之.하여 見
衛在城上,하고 號之,하니 乃下.라 問守備焉,한데 以無備告,하고
揖之,하여 乃登.이라 聞師將傳,하여 食高唐人.이라 殖綽・工僂

會,하여 夜縋納師,하니 醢衛于軍.이라

城西郛,는 懼齊也.라

齊及晉平,하여 盟于大隧.라 故로 穆叔會范宣子于柯.라 穆叔
見叔向,하여 賦載馳之四章,하니 叔向曰, 肸敢不承命.이리오 穆
叔歸曰, 齊猶未也,니 不可以不懼.라 乃城武城.이라

衛石共子卒,에 悼子不哀,하니 孔成子曰, 是謂蹶其本.이라 必
不有其宗.이리라

    제나라 경봉(慶封)은 반란을 일으킨 숙사위(夙沙衛)가 근거삼고 있는 고당(高唐)의 성을 포위하였으나 점령하지 못했다. 겨울 11월에, 제나라 군주가 고당 성을 포위하여, 숙사위가 성벽 위에 있는 것을 보고 그를 부르니, 숙사위는 성 위에서 내려갔다. 군주가 소리쳐 수비하는 상황을 물어보니, 숙사위는 별로 방비하고 있는 것이 없다고 대답하고 읍(揖)하고는, 다시 성 위로 올라갔다. 숙사위는 제나라 군주의 군사가 성을 공박할 것이라는 것을 듣고서는 고당의 성안 사람들에게 먹을 것을 내어 먹였다. 그때, 식작(殖綽)과 공루(工僂)가 성안에 있었는데, 그들은 상의해서, 저녁에 밧줄을 내려 제나라 군사를 성안으로 들어오게 하니, 숙사위는 죽어 몸은 군중에서 젓으로 만들었다.

    노나라가 도읍의 서쪽 외곽에 성을 쌓은 것은, 제나라를 두려워해서였다.

    제나라가 진나라와 화평하기로 하여, 대수(大隧)에서 맹약을 맺었다. 그러므로 노나라 목숙(穆叔:叔孫豹)이 가(柯)에서 진나라 범선자와 만났다. 목숙이 숙향(叔向)을 만나, 재치편(載馳篇)의 제4장 시를 노래부르니 숙향은 말하기를, "힐(肸) 제가 감히 말씀하신 것을 그대로 받아들이지 않겠습니까?"라고 하였다. 목숙은 나라로 돌아와 말하기를, "제나라가 아직 진심으로 화평을 취하려 하지 않고 있으니, 두려워하지 않을 수 없다."라고 했다. 그래서 무성(武城)에 성을 쌓았다.

위나라 석공자(石共子 : 石買)가 세상을 떠났는데, 아들인 도자(悼子 : 石惡)가 슬퍼하지 않으니, 공성자(孔成子)가 말했다. "이같은 자를, 그 근본을 무너뜨리는 자라고 이르는 것이다. 이 자는 반드시 가문을 보존하지 못할 것이다."

주해 | ㅇ師將傅(사장부) - 군사가 공박하려 함.
ㅇ食高唐人(식고당인) - 고당(高唐) 사람들의 용기를 북돋기 위하여 주식(酒食)을 먹임.
ㅇ大隧(대수) - 고당 부근.
ㅇ柯(가) - 제나라의 읍 이름으로, 지금의 하남성 황현(黃縣) 땅.
ㅇ載馳(재치) - 《시경》 풍 위풍(衛風)에 든 시편 이름. 이 시편의 제4장 시에는, 작은 나라가 큰 나라에 의탁하려 해도, 중간에서 매개할 사람이 없음을 탄식하고 있다. 목숙은 이 시로써, 숙향을 매개인 삼아 진나라에게 의탁하겠다는 뜻을 표명한 것이다. 그러자 진나라 숙향은 목숙의 뜻을 알아채고, 당신의 뜻을 받아 노력하겠다는 뜻을 말한 것이다.
ㅇ武城(무성) - 노나라에는 무성이 동(東)과 남(南)에 둘 있었는데, 이때의 무성은 남무성으로, 지금의 산동성 가상(嘉祥) 부근.

經 | ㅇ二十年春王正月辛亥,에 仲孫速會莒人,하여 盟于向.이라
ㅇ夏六月庚申,에 公會晉侯·齊侯·宋公·衛侯·鄭伯·曹伯·莒子·邾子·滕子·薛伯·杞伯·小邾子,하여 盟于澶淵.이라
ㅇ秋,에 公至自會.라
ㅇ仲孫速帥師,하여 伐邾.라

○蔡殺其大夫公子燮,하고 蔡公子履出奔楚.라
○陳侯之弟黃出奔楚.라
○叔老如齊.라
○冬十月丙辰朔,에 日有食之.라
○季孫宿如宋.이라

20년 봄 천자가 쓰는 역으로 정월 신해날에, 중손속(仲孫速)이 거나라 사람과 만나, 상(向)에서 맹서하였다.

여름 6월 경신날에, 공이 진나라 군주인 후작·제나라 군주인 후작·송나라 군주인 공작·위나라 군주인 후작·정나라 군주인 백작·조나라 군주인 백작·거나라 군주인 자작·주나라 군주인 자작·등나라 군주인 자작·설나라 군주인 백작·기나라 군주인 백작·소주나라 군주인 자작 등과 회합을 가져, 전연(澶淵)에서 맹서하였다.

가을에, 공이 회합에서 돌아왔다.

중손속이 군사를 이끌고 주나라를 쳤다.

채나라가 그 나라 대부인 공자 섭(燮)을 죽였고, 채나라 공자 이(履)가 초나라로 달아났다.

진(陳)나라 군주인 후작의 동생 황(黃)이 초나라로 달아났다.

숙로(叔老)가 제나라에 갔다.

겨울 10월 병진날인 초하루에, 일식이 있었다.

계손숙(季孫宿)이 송나라에 갔다.

|주해| ○向(상)-거나라의 읍 이름으로, 지금의 산동성 거현(莒縣)에 있음.
○澶淵(전연)-위나라 지명으로, 지금의 하북성 복양(濮陽) 부근.

傳│ 二十年春,에 及莒平,이라 孟莊子會莒人,하여 盟于向,은 督
揚之盟故也.라

夏盟于澶淵,은 齊成故也.라

邾人驟至,나 以諸侯之事弗能報也,러니 秋,에 孟莊子伐邾,하
여 以報之.라

蔡公子燮欲以蔡之晉,하니 蔡人殺之.라 公子履其母弟也.라
故로 出奔楚.라

陳慶虎·慶寅畏公子黃之偪,하여 愬諸楚曰, 與蔡司馬同謀.
라 楚人以爲討,에 公子黃出奔楚.라 初,에 蔡文侯欲事晉曰, 吾
先君與於踐土之盟,하니 晉不可棄.라 且兄弟也.라 畏楚,하여 不
能行而卒.이라 楚人使蔡無常,에 公子燮求從先君以利蔡,나 不
能而死.라 書曰蔡殺其大夫公子燮,은 言不與民同欲也.라 陳侯
之弟黃出奔楚,는 言非其罪也.라 公子黃將出奔,에 呼於國曰,
慶氏無道,하여 求專陳國,하고 暴蔑其君,하여 而去其親.이라 五
年不滅,이면 是無天也.라

齊子初聘于齊,는 禮也.라

冬,에 季武子如宋,하여 報向戌之聘也.라 褚師段逆之,하여 以
受享.이라 賦常棣之七章以卒.이라 宋人重賄之.라 歸,하여 復命,

하니 公享之라 賦魚麗之卒章하니 公賦南山有臺라 武子去所
曰, 臣不堪也라소이다
衛甯惠子疾에 召悼子曰, 吾得罪於君에 悔而無及也라 名
藏在諸侯之策하니 曰, 孫林父·甯殖出其君이라 君入則掩之
리라 若能掩之면 則吾子也로되 若不能이면 猶有鬼神이라도
吾有餒而已요 不來食矣리라 悼子許諾이라 惠子遂卒이라

20년 봄에 노나라는 거나라와 화평을 하게 되었다. 맹장자(孟莊子:仲孫速)가 거나라 사람과 만나 상(向)에서 맹서한 것은, 독양(督揚)에서 맹약을 맺었던 일에 의해서였다.

여름에 전연(澶淵)에서 맹서한 것은, 제나라와 화평이 성립되었기 때문이었다.

주나라 사람이 자주 우리 노나라를 쳐들어왔지만, 제후들과의 일로 보복전을 할 수 없었는데, 가을에 맹장자가 주나라를 쳐서 보복했다.

채나라 공자 섭(燮)이 (초나라에 가담하고 있는) 채나라를 이끌고 진나라 편으로 가려 하니, 채나라 사람이 그를 죽였다. 공자 이(履)는 공자 섭의 동생이었다. 그래서 그는 초나라로 도망간 것이다.

진(陳)나라 경호(慶虎)와 경인(慶寅)은 공자 황(黃)이 자기들에게 핍박을 가할까 두려워서, 초나라에 거짓말로 일러바치기를 '공자 황이 채나라 사마(司馬)인 공자 섭과, 초나라에서 떨어져 진나라로 붙자고 공모했습니다.'라고 했다. 그러자 초나라 사람이 그를 문책하려는데, 공자 황은 초나라로 도망갔다. 전에, 채나라 문공(文公)이 진나라를 섬기고자 하여 말하기를, "나의 선군 장공(莊公)께서 천토(踐土)에서의 맹약에 참가하셨으니, 진나라는 버릴 수 없다. 그리고, 진나라는 우리와 형제 나라다."라고 했다. 그러나 초나라를 두려워하여, 진나라 편이 됨을 실행하지 못한 채 세상을 떠났다. 초나라 사람이 채나라를 부림이 무상(無常)하기로, 공자 섭은 선대 군주인 문공의 뜻을 따라 진나라 편이 되어 채나라를 이롭게 하자고 했지만, 그 뜻을 이루지 못하고 죽어갔다. 경문에 채나라가 그 나라 대부 공자 섭을 죽였다고 써 말한 것은, 공자 섭이 채나라 백성들과 욕망을 달리했음을 말해 밝힌 것이다. 그리고 진(陳)나라 군주의 동생인 황(黃)이 초나라로 달아났다고 써 말한 것은, 그에게 죄가 없었다는 것을 밝히어 말한 것이다. 공자 황은 달아나려던 참에, 도읍 성내에서 소리쳐 말하기를, "경씨(慶氏)들은 무도하여 진(陳)나라를 자기들 마음대로 하려 하고, 군주를 멸시하여 군주의 친족을 제거하고 있다. 5년 안에 그들이 멸망하지 않는다면, 천신(天神)이 없는 것이 된다."라고 했다.

노나라 제자(齊子 : 叔老)가 (양공 시대에서는) 처음으로 제나라를 예방한 것은 예에 맞는 일이었다.

겨울에, 계무자(季武子 : 季孫宿)가 송나라에 가, 전에 송나라 상술(向戌)이 노나라 군주를 예방한 일에 대하여 보답했다. 송나라에서는 저사단(褚師段)이 그를 접대하여, 연회 대접을 받았다. 그자리에서 그가 상체편(常棣篇)의 제7장, 그리고 그 끝장의 시를 노래불렀다. 송나라 사람들이 그에게 많은 선사를 했다. 그가 노나라로 돌아와 군주에게 복명하니, 군주는 연회를 베풀어 대접했다. 그가 그자리에서 어려편(魚麗篇)의 시 끝장을 노래불렀더니, 공은 남산유대편(南山有臺篇)의 시를 노래불렀다. 그는 자리를 물러나며 말하기를, "신에게 그 노래를 불러 주심은 당치 않사옵니다."라고 했다.

위나라 영혜자(甯惠子 : 甯殖)가 병이 나자, 아들 도자(悼子)를 불러 말했다. "내 군주께 죄를 지었는데, 이제 후회를 한들 소용이 없구나. 내 이름이 제후들 나라의 기록에 실려 있기를, '손임보(孫林父)와 영식이 그의 군주를 내쫓았다.'라고 되어 있다. 앞으로 군주께서 우리나라로 들어오신다면, 내 죄는 덜어지는 것이다. 네가 그 죄명이 덮어지게 할 수 있다면 너는 실로 내 자식이로되, 만일 그러지 못한다면 내 죽어 귀신이 된다 하더라도, 내 귀신은 굶주릴 따름이고, 와서 제사를 받아먹지 못할 것이니라." 이 말에, 도자는 그렇게 하겠다고 했다. 영혜자는 곧 세상을 떠났다.

| 주해 | ㅇ向戌之聘(상술지빙) — 송나라 상술이 노나라 군주를 예방한 것은, 양공 15년의 일.
  ㅇ褚師段(저사단) — 송나라 자석(子石).
  ㅇ常棣(상체) — 《시경》 소아에 든 시편 이름. 이 편에는 8장의 시가 들어 있는데, 제7장과 끝장(제8장)에는 가족이 친화함을 읊었다.
  ㅇ魚麗(어려) — 《시경》 소아에 든 시편 이름. 끝장에 '물기유의(物其有矣), 유기시의(維其時矣 : 여러 가지 것이 갖추어져 있거늘, 때에 알맞는 것들이로세)'란 구절이 있다. 그는 이 시로써, 자기가 사자(使者)로 가 좋은 결과를 낸 것은 자신의 능력으로써가 아니라, 때에 맞추어 간 덕택이었다는 것을 나타냈다.
  ㅇ南山有臺(남산유대) — 《시경》 소아에 든 시편 이름. 이 시는 군자(君子)를 축복함을 읊은 것이다.
  ㅇ甯惠子(영혜자) — 양공 14년에, 손임보와 함께 위나라 군주 헌공(獻公)을 제나라로 몰려 나가게 했다.

제16

양공 하
襄公 下

성공(成公)의 아들. 어머니는 정사(定姒)
재위 기원전 572~542년

經| ○二十有一年春王正月,에 公如晉.이라
　　이십유일년춘왕정월　　공여진

○邾庶其以漆·閭丘來奔.이라
　주서기이칠　여구래분

○夏,에 公至自晉.이라
　하　　공지자진

○秋,에 晉欒盈出奔楚.라
　추　진란영출분초

○九月庚戌朔,에 日有食之.라
　구월경술삭　　일유식지

○冬十月庚辰朔,에 日有食之.라
　동시월경진삭　　일유식지

○曹伯來朝.라
　조백래조

○公會晉侯·齊侯·宋公·衛侯·鄭伯·曹伯·莒子·邾子
　공회진후　제후　송공　위후　정백　조백　거자　주자

于商任.이라
우상임

　21년 봄 천자가 쓰는 역으로 정월에, 공이 진나라에 갔다.
　주나라 서기(庶其)가 주나라의 칠(漆) 땅과 여구(閭丘) 땅을 가지고 노나라로 도망왔다.

여름에, 공이 진나라로부터 돌아왔다.

가을에, 진나라의 난영(欒盈)이 초나라로 달아났다.

9월 경술날인 초하루에, 일식이 있었다.

겨울 10월 경진날인 초하루에, 일식이 있었다.

조나라 군주인 백작이 찾아왔다.

공이 진나라 군주인 후작·제나라 군주인 후작·송나라 군주인 공작·위나라 군주인 후작·정나라 군주인 백작·조나라 군주인 백작·거나라 군주인 자작·주나라 군주인 자작 등과 더불어 상임(商任)에서 회합을 가졌다.

주해 ㅇ庶其(서기) — 주나라 대부로, 주나라 공족(公族)이었다고 본다. 주나라 군주의 성은 조(曹)였다.
ㅇ漆(칠) — 지금의 산동성 추현(鄒縣) 땅.
ㅇ閭丘(여구) — 칠과 근접한 땅.

傳 二十一年春,에 公如晉拜師及取邾田也.라
邾庶其以漆·閭丘來奔,하니 季武子以公姑姉妻之,하고 皆有賜於其從者.라 於是,에 魯多盜.라 季孫謂臧武仲曰, 子盍詰盜.아 武仲曰, 不可詰也,요 紇又不能.이라 季孫曰, 我有四封,하여 而詰其盜,어늘 何故不可.아 子爲司寇,하여 將盜是務去,어늘 若之何不能.가 武仲曰, 子召外盜,하여 而大禮焉,이어늘 何以止吾盜.오 子爲正卿,하여 而來外盜,하고 使紇去之,나 將何以能.가 庶其竊邑於邾以來,하니 子以姬氏妻之,하고 而與之邑,하며 其從

者皆有賜焉.이라 若大盜禮焉以君之姑姉與其大邑,하고 其次皐
牧輿馬,하며 其小者衣裳劍帶,는 是賞盜也.라 賞而去之,는 其或
難焉.이라 紇也聞之,하되 在上位者,가 洒濯其心,하여 壹以待人,
하고 軌度其信,하여 可明徵也,라야 而後可以治人.이라 夫上之所
爲,는 民之所歸也.라 上所不爲而民或爲之,하여 是以加刑罰焉,
이면 而莫敢不懲,이로되 若上之所爲而民亦爲之,면 乃其所也,어
늘 又可禁乎.아 夏書曰, 念茲在茲,하옵고 釋茲在茲,하오며 名言
茲在茲,하옵고 允出茲在茲,하오니 惟帝念功.하소서 將謂由己壹
也.라 信由己壹,이라야 而後,에 功可念也.라
庶其非卿也.라 以地來,면 雖賤,이나 必書,하니 重地也.라

 21년 봄에, 공이 진나라에 가 군사 내준 일과 주나라 땅을 차지한 일에 대해서 감사를 드렸다.

 주나라 서기(庶其)가 칠(漆) 땅과 여구(閭丘) 땅을 가지고 도망하여 오니, 계무자(季武子:季孫宿)는 공의 연상(年上)의 고모를 그의 처로 삼게 하고, 따라온 자들에게도 재화를 주었다. 이때, 노나라에는 도둑이 많았다. 그래서 그 도둑들에 대한 일로 계손숙과 장무중(臧武仲) 사이에 다음과 같은 말이 오고갔다.

 계손숙—당신은 어째서 도둑들을 단속하지 않는 거요?

 장무중—단속할 수가 없습니다. 흘(紇) 저로서는 단속할 수가 없습니다.

 계손숙—우리나라에는 사방의 국경을 지키는 관서(官署)가 있어서

도둑을 단속하는데, 어째서 할 수 없다는 거요? 당신은 사구(司寇)로서 도둑을 없애는 데 힘쓸 책임이 있는데, 어찌하여 할 수 없다는 거요? 장무중—당신이 외국의 도둑을 맞이하여 크게 예우하는데, 어떻게 우리나라 안의 도둑을 없게 한단 말입니까? 당신은 나라의 정경(正卿)으로 있으면서 외국의 도둑을 오게 하고, 흘(紇) 나보고 도둑을 없애라 하니, 무슨 명분으로 그렇게 할 수 있겠습니까? 서기가 주나라 읍(邑)을 훔쳐 가지고 오니, 당신은 공녀인 희씨(姬氏)를 처로 삼게 하고, 채읍(采邑)을 주며, 따라온 자들에게도 다 재화를 주었습니다. 큰 도둑에게 군주의 연상 고모를 처로 삼아주고 큰 읍을 채읍으로써 주어 예우하고, 그 다음 신분의 자에게 하인과 말과 수레를 주며, 하질의 자에게 의복과 대검(帶劍)을 준다는 것은 도둑을 포상하는 일입니다. 한편으로는 포상을 하는데 한편으로는 제거한다는 것은, 그 일을 하는 데 있어 아마 어려울 것입니다. 흘 저는 들었거니와, '윗자리에 있는 이는, 그 마음을 깨끗이하여 한결같이 사람을 대하고, 언행에 법도가 있고 신의가 있어, 그것이 밖으로 밝게 증명이 된 연후라야, 사람들을 다스릴 수가 있다.'고 합니다. 윗사람의 하는 바는, 백성들의 모범이 되는 것입니다. 윗사람이 하지 않는데도 백성으로서 혹하여 그 한 짓에 대하여 형벌을 가한다면, 감히 응징되지 않음이 없을 것이로되, 만일 윗사람이 하는 바여서 백성들 또한 그 짓을 한다면, 그것은 마땅한 일이 됩니다. 그런데도 금할 수 있겠습니까? 〈하서(夏書)〉에 이르기를, '이것을 하려는 생각도 마음에 있사옵고, 이것을 없애는 일도 마음에 있사오며, 이것을 무어라 이름 짓고 어떻게 말할 것인가도 마음에 있사옵고, 모든 것을 언행(言行)으로 사람들에게 나타내어 보이는 것이다. 마음에 있는 것이니, 임금께서는 공(功) 이루기를 생각하옵소서.'라고 했습니다. 이 말 또한 자신의 마음을 한결같이 써야 한다는 것을 이른 것입니다. 실로 자신의 마음을 한결같이 쓴 연후라야 공을 기할 수 있는 것입니다.

서기는 주나라의 경(卿)이 아니었다. 그러나 땅을 가지고 온 자라면, 그가 비록 미천한 사람일지라도, 반드시 그의 이름을 적은 것이니, 그것은 땅을 중히 여겨서였다.

주해 | ○夏書(하서) – 여기에 인용된 말이 든 하서는 없어졌다.
○念玆在玆(염자재자) – 이 글 중의 재자(在玆)는 다 '마음에 있다'이다.

해설 | 주나라 서기가 칠과 여구 땅을 가지고 노나라로 도망해 온 사실, 그리고 노나라 정경(正卿)인 계손숙이 그를 극진히 대한 일, 그리고 또 계손숙과 장무중이 도둑에 대해서 논한 것이 말해져 있다. 이 글에서 주목되는 것은, 많은 사람을 거느린 사람은 모름지기 대중의 모범이 되어야 하고, 윗사람은 나쁜 짓을 하면서 아랫사람들에게 나쁜 짓을 말라고 한다면 다스려지지 못한다는 장무중의 설법이다. '윗물이 맑아야 아랫물이 맑다'는 속담의 실제 예가 이 글 안에 있다.

齊侯使慶佐爲大夫,하고 復討公子牙之黨,하여 執公子買于句瀆之丘.라 公子鉏來奔,하고 叔孫還奔燕.이라
夏,에 楚子庚卒,하니 楚子使薳子馮爲令尹.이라 訪於申叔豫,하니 叔豫曰, 國多寵而王弱,하니 國不可爲也.라 遂以疾辭.라 方暑,에 闕地下氷而牀焉,하여 重繭衣裘,하고 鮮食而寢.이라 楚子使醫視之,에 復曰, 瘠則甚矣,이오나 而血氣未動.이오이다 乃使子南爲令尹.이라

제나라 군주는 경좌(慶佐)를 대부로 삼고, 다시 공자 아(牙)의 무리를 토벌하여, 공자 매(買)를 구독(句瀆)의 언덕에 잡아 가두었다.

그러자 공자 서(鉏)는 우리 노나라로 도망왔고, 숙손환(叔孫還)은 연나라로 도망갔다.

여름에, 초나라 자경(子庚)이 세상을 떠나니, 초나라 군주는 위자빙(薳子馮)을 영윤(令尹)이 되게 했다. 위자빙이 신숙예(申叔豫)를 방문했더니 신숙예가 말하기를, "우리나라에는 군주의 총애를 받는 사람이 많은데다가 국왕이 어리시니, 국정(國政)을 볼 수가 없을 것이오."라고 하였다. 그래서 위자빙은 바로 병이라 핑계대어 사퇴했다. 그는, 바야흐로 한여름이었는데 방안에 땅을 파 그 속에 얼음을 채우고 그 위에다 잠자리를 차려, 솜옷 위에다 가죽옷을 껴입고, 식사를 조금씩 들고는 누워 있었다. 그러자 초나라 군주는 의사를 시켜 가보게 했는데, 의사는 보고 돌아가 말하기를, "여윈 것은 대단하나, 혈기는 변하지 않았나이다."라고 했다. 이에 군주는 자남(子南:追舒)을 영윤이 되게 했다.

│주해│ ㅇ句瀆之丘(구독지구)—양공 19년조에 나왔다.
ㅇ薳(위)—위(蔿)와 같다.
ㅇ血氣未動(혈기미동)—혈맥(血脈)에는 이상이 없음.

欒桓子娶於范宣子,하여 生懷子.라 范鞅以其亡也,에 怨欒氏.
라 故로 與欒盈爲公族大夫,나 而不相能也.라 桓子卒,에 欒祁與
其老州賓通,하여 幾亡室矣.라 懷子患之,어늘 祁懼其討也,하고
愬諸宣子曰, 盈將爲亂,에 以范氏爲死桓主而專政矣,라하여 曰,
吾父逐鞅也,에 不怒而以寵報之,하고 又與吾同官而專之.라 吾
父死而益富,하고 死吾父而專於國,하니 有死而已.라 吾蔑從之

矣.리라 其謀如是.하니 懼害於主.라 吾不敢不言.이라 范鞅爲之
徵.이라 懷子好施.하여 士多歸之.라 宣子畏其多士也.에 信之.라
懷子爲下卿.이라 宣子使城著.하고 而遂逐之.라

난환자(欒桓子:欒黶)는 범선자(范宣子)의 딸을 아내로 맞이하여 회자(懷子:欒盈)를 낳았다. 범앙(范鞅)은 전에 (난염 때문에 秦나라로) 망명했던 일로, 난씨를 원망하고 있었다. 그래서 난영(欒盈)과 같이 공족대부(公族大夫)가 되었으나, 서로 친하지 못했다. 난환자가 세상을 떠나자 그의 처인 난기(欒祁)는 가신(家臣)인 주빈(州賓)과 밀통하고 있어, 가문이 거의 망해가는 형편이었다. 회자는 그 꼴을 걱정하고 있었는데, 어머니인 난기는 자기들이 추궁받을 것을 두려워하여, 친정 아버지인 범선자에게 거짓말로 이르기를, "영(盈)은 난리를 일으키려 하고 있는데, 그는 범씨가 자기 아버지가 죽었다 하여 나라 정치를 제멋대로 한다고 여겨 말하기를, '우리 아버지께서는 범앙을 (죄가 있어) 내쫓았는데, 그에 대해서 노하지 않을 뿐더러 총애로써 위로하고, 또 나와 같은 벼슬을 시켜 전단(專斷)하게 했다. 그리고 나의 아버지가 죽자, 범씨네는 더욱더 부자가 되고, 나의 아버지가 죽었다고 국정을 마음대로 행하고 있으니, 나에게는 죽음이 있을 따름이다. 나는 그를 따르지 않으리라.'라고 했습니다. 그가 꾀함이 이와 같으니, 저는 아버지에게 해를 끼칠까 두렵습니다. 그래서 저는 감히 말씀드리지 않을 수 없습니다."라고 했다. 그러자 범앙은 이 말을 믿게 하기 위하여 증거를 댔다. 회자는 남에게 은혜 베푸는 것을 좋아해서, 사인(士人)이 많이 그를 따랐다. 범선자는 평소 회자에게 따르는 사인이 많음을 두렵게 여겼기에, 딸이 한 말을 믿었다. 그때, 회자는 하경(下卿)이었다. 범선자는 그에게 저읍(著邑)에 성을 쌓게 하고, 곧 그를 추방했다.

주해 ο欒祁(난기) - 난(欒)은 남편의 성이고, 기(祁)는 친정의 본성(本姓).
ο桓主(환주) - 대부 환자(桓子)의 경칭(敬稱).
ο著(저) - 저옹(著雍)과 같다.

秋_추에 欒盈出奔楚_{난영출분초}라 宣子殺箕遺_{선자살기유}·黃淵_{황연}·嘉父_{가보}·司空靖_{사공정}·邴豫_{병예}·董叔_{동숙}·邴師_{병사}·申書_{신서}·羊舌虎_{양설호}·叔羆_{숙비}하고 囚伯華_{수백화}·叔向_{숙향}·籍偃_{적언}이라 人謂叔向曰_{인위숙향왈}, 子離於罪_{자리어죄}는 其爲不知乎_{기위부지호}인저 叔向曰_{숙향왈}, 與其死亡若何_{여기사망약하}오 詩曰_{시왈}, 優哉游哉_{우재유재}여 聊以卒歲_{요이졸세}라 知也_{지야}라 樂王鮒見叔向曰_{악왕부견숙향왈}, 吾爲子請_{오위자청}하리라 叔向弗應_{숙향불응}하고 出_출에 不拜_{불배}라 其人皆咎叔向_{기인개구숙향}하니 叔向曰_{숙향왈}, 必祁大夫_{필기대부}리라 室老聞之曰_{실로문지왈}, 樂王鮒言於君_{악왕부언어군}이면 無不行_{무불행}이라 求赦吾子_{구사오자}어늘 吾子不許_{오자불허}라 祁大夫所不能也_{기대부소불능야}라 而曰必由之何也_{이왈필유지하야}오 叔向曰_{숙향왈}, 樂王鮒從君者也_{악왕부종군자야}어늘 何能行_{하능행}가 祁大夫外擧_{기대부외거}에 不棄讎_{불기수}하고 內擧_{내거}에 不失親_{불실친}하니 其獨遺我乎_{기독유아호}아 詩曰_{시왈}, 有覺德行_{유각덕행}이면 四國順之_{사국순지}라 夫子覺者也_{부자각자야}라 晉侯問叔向之罪於樂王鮒_{진후문숙향지죄어악왕부}하니 對曰_{대왈}, 不棄其親_{불기기친}하니 其有焉_{기유언}이리이다 於是_{어시}에 祁奚老矣_{기해로의}어늘 聞之_{문지}하여 乘駉而見宣子曰_{승일이견선자왈}, 詩曰_{시왈}, 惠我無疆_{혜아무강}하니 子孫保之_{자손보지}라 書曰_{서왈}, 聖有謨勳_{성유모훈}이면 明徵定保_{명징정보}라 夫謀而鮮過_{부모이선과}하고 惠訓不倦者_{혜훈불권자}는 叔向有焉_{숙향유언}이라 社稷之固也_{사직지고야}는 猶將十世宥之_{유장십세유지}하여 以勸能者_{이권능자}라 今壹不免其身_{금일불면기신}하여 以棄

社稷,은 不亦惑乎.아 鯀殛,이나 而禹興,하고 伊尹放太甲,이었거늘
而相之,하여 卒無怨色.이라 管·蔡爲戮,이나 周公右王.이라 若
之何其以虎也棄社稷.가 子爲善,이면 誰敢不勉.이리오 多殺何
爲.오 宣子說,하고 與之乘,하여 以言諸公,하여 而免之.라 不見叔
向而歸,하고 叔向亦不告免焉而朝.라
初,에 叔向之母,가 妬叔虎之母美,하여 而不使.라 其子皆諫其
母,하니 其母曰, 深山大澤,에 實生龍蛇.라 彼美,에 余懼其生龍
蛇以禍女.라 女敝族也.라 國多大寵,에 不仁人間之,하면 不亦難
乎.아 余何愛焉.가 使往視寢,하여 生叔虎.라 美而有勇力,에 欒
懷子嬖之.라 故로 羊舌氏之族及於難.이라

欒盈過於周,에 周西鄙掠之.라 辭於行人曰, 天子陪臣盈,은
得罪於王之守臣,하여 將逃罪,러니 罪重於郊甸,하여 無所伏竄.이
오이다 敢布其死也.라소이다 昔,에 陪臣書,는 能輸力於王室,하여
王施惠焉,이나 其子鷹不能保任其父之勞.였나이나 大君若不棄書
之力,하시면 亡臣猶有所逃.이리이다 若棄書之力,하사 而思鷹之
罪,하시면 臣戮餘也,이오니 將歸死於尉氏.하리이다 不敢還矣,하고
敢布四體,하오니 唯大君命焉,하소서 王曰, 尤而效之,는 其又甚
焉.이라 使司徒禁掠欒氏者,하시고 歸所取焉,하시며 使候出諸轘

원
轅.이라

　가을에, 난영이 초나라로 도망갔다. 범선자는 기유(箕遺)·황연(黃淵)·가보(嘉父)·사공정(司空靖)·병예(邴豫)·동숙(董叔)·병사(邴師)·신서(申書)·양설호(羊舌虎)·숙비(叔羆) 등을 죽이고, 백화(伯華)·숙향(叔向)·적언(籍偃) 등을 잡았다. 어느 사람이 숙향에게 이르기를, "당신이 죄에 걸린 것은, 지혜롭지 못한 때문인가 하오."라고 했다. 그러자 숙향은 말하기를, "죽는 것보다는 어떨까요? 시에 이르기를, '유유히 놀지어다. 이렇게 세월 보내리.'라고 했는데, 이것은 지혜로운 자를 말한 것이오."라고 하였다.

　악왕부(樂王鮒)가 숙향을 찾아보고 말하기를, "내 당신을 위하여 용서를 청원드리리다."라고 했다. 그러나 숙향은 응하지 않고, 악왕부가 돌아가려고 나가는데도 절도 하지 않았다. 그러자 집안 사람들이 다 숙향을 나무라니, 숙향은 말하기를, "나를 구할 사람은 반드시 대부 기씨(祁氏)일 것이다."라고 했다. 그의 집 가신(家臣)의 윗자리에 있는 사람이 이 말을 듣고 말하기를, "악왕부가 군주께 말씀드리면, 안되는 일이 없습니다. 그분이 님을 용서하시기를 요구한다는데, 님은 허락하시지 않았습니다. 말씀하신 기씨 대부는 할 수 없는 일입니다. 그런데도, 반드시 기씨 대부로 말미암아서 된다고 말씀하시는 것은 어째서입니까?"라고 했다. 이에 대해서, 숙향은 말했다. "악왕부는 군주의 뜻을 살피어 그대로 따르는 사람인데, 어찌 내가 용서받도록 할 수 있을 것인가? 기씨 대부는 외인(外人)을 추천함에는 좋은 사람이면 원수라도 빼놓지 않고, 집안 사람을 추천함에는 육친(肉親)이라도 좋은 사람이면 빠지지 않게 했으니, 그분이 나만을 내버려둘 것인가? 시에 이르기를, '공정한 덕행이 있으면, 사방의 나라 사람 다 따를세라.'라고 했는데, 그분이야말로 공정한 분일세."

　진나라 군주가 숙향의 죄를 악왕부에게 물으니 대답하기를, "그는 육친을 버리지 않는 사람이니, 걸리는 점이 있을 것이옵니다."라고 했다. 이때, 기씨 대부인 기해(祁奚)는 은퇴하고 있었지만, 숙향의 일을 듣고는 역마차를 타고 가 범선자를 방문하여 말했다. "시에 이르기를, '나에게 은혜 베풂이 한없으니, 그의 자손 영원할 걸세.'라 했습니다. 그리고 《서경(書經)》에 이르기를, '어질어 국가에 큰 공훈이 있으면, 그 공을 밝히어 그의 몸을 안정케 하고 길이 보존케 한다.'라고 했습니다. 나랏일을 꾀하여 과실이 적고, 사람들에게 은혜를 주고 가르치어 할 일을 게을리하지 않은 사람으로는, 숙향이 있습니다. 국가 사직을 튼튼하게 한 공로자는, 10세까지도 죄를 용서하여, 그렇게 잘할 사람 되기를 권장할 것입니다. 그런데도, 이제 (그의 동생 양설호 때문에) 한 가지 일로 그의 몸을 사면(赦免)하지 않고 국가 사직의 좋은 신하를 버리는 것은 잘못이 아니겠습니까? 옛날에, 곤(鯀)은 처형당했지만 아들 우(禹)는 등용되었고, 이윤(伊尹)이 태갑(太甲)을 추방했건만, 후일 태갑은 임금이 되어 이윤을 재상으로 삼아 끝내 원망하는 빛이 없었습니다. 그리고 주나라 관숙(管叔)과 채숙(蔡叔)은 죽음을 당했지만, 그분들의 형인 주공(周公)께서는 천자를 잘 도왔습니다. 어찌하여 그의 동생인 양설호(羊舌虎)의 일로 국가 사직의 신하를 버린단 말입니까? 님이 착한 일을 하시면, 누가 감히 착한 일에 힘쓰지 않겠습니까? 많은 사람을 죽여 무엇하시렵니까?" 이 말을 들은 범선자는 기뻐하고, 기해와 같이 수레를 타고 가 군주에게 말하여, 숙향을 사면했다. 기해는 숙향을 찾아보지 않고 돌아갔고, 숙향 또한 사면되었다는 것을 기해에게로 가 고하지 않고 그대로 조정에 나가 일을 보았다.

 전에, 숙향의 어머니는 숙호(叔虎 : 羊舌虎) 어머니의 아름다움을 질투하여, 그녀가 남편을 시중들지 못하게 했다. 그래서 아들들이 다 어머니에게 그러지 말라고 충고하니, 어머니는 말하기를, "깊은 산 큰 못에는, 실로 용이 나는 것이다. 저 여자가 아름다우니 나는 그녀가 용과 같은 아들을 낳아, 너희들에게 화를 끼칠까 두려워한다. 너희들은 쇠퇴하고 있는 가문의 사람들이다. 나라에는 군주의 큰 총애를 받는 사람들이 많은데, 어쩌다 어질지 못한 사람이 너희들을 모략이나 한다면, 화를 면하기 어렵지 않겠느냐? 내 어찌 나만을 생각하겠느냐?"라고 했다. 그리고는, 그녀에게 남편의 잠자리를 보살피게 하여, 숙호를 낳게 되었다. 숙호가 얼굴이 아름답고 용력(勇力)이 있자, 난회자는 그를 좋아했다. 그랬으므로, 양설씨(羊舌氏)의 일족이 난회자의 사건에 걸리게 되었던 것이다.

　난영(欒盈)은 (도망가다가) 천자가 직할(直轄)하는 주나라 땅을 지났는데, 그때 주나라 서쪽 변경의 사람이 그가 가지고 가는 물건을 약탈했다. 그러자 난영은 주나라 외교관, 즉 행인을 통하여 호소했다. "천자를 받드는 신하 난영은, 천자의 지방국(地方國)을 다스리는 신하에게 죄를 지어 도망가려는 참에, 천자가 계시는 서울에서 먼 변방에서 다시 죄를 지어, 이제는 엎드려 숨을 곳이 없게 되었나이다. 그래서 감히 죽고자 하옵니다. 지난날, 천자를 받든 신하였던 (저의 할아버지) 난서(欒書)는 왕실을 위하여 힘을 써, 천자께서는 그에게 은혜를 베풀었나이다. 그러나 그의 아들(저의 아버지)인 난염(欒黶)은 그의 아비의 공로를 이어받아 보유할 수가 없었나이다. 천자께서 만약 난서가 바친 공력(功力)을 잊지 않으시온다면, 망명길에 있는 신하 저 또한 도망할 곳이 있을 것이옵니다. 그러나 천자께서 만일 난서의 공력을 돌아보지 않으시고, 난염의 죄만을 생각하옵신다면, 이 신하는 처형받을 자의 가닥이오니, 처형 담당관인 위(尉)에게로 나가 죽을 것이옵니다. 감히 이곳에서 되돌아가지 못하옵고, 저의 몸을 내놓고 있사오니, 천자께서는 어명을 내리소서." 이 호소를 들은 천자인 주나라 왕은, "내 잘못하는 사람을 책하면서도, 잘못하는 사람의 본을 본다는 것은, 그 잘못은 더 심한 것이 된다."고 말씀하셨다. 그리고는, 사도(司徒)로 하여금 난영의 물품을 약탈하지 못하게 하라 하시고, 이미 뺏은 것들을 돌려주게 하시며, 또 사절(使節)이나 객(客)을 접대하는 벼슬인 후(候)에게 그를 환원(轘轅) 땅으로부터 내보내게 하셨다.

주해 | ○優哉(우재), 游哉(유재), 聊以卒歲(요이졸세) – 《시경》에 없는 일시(逸詩)의 구절.
○有覺德行(유각덕행), 四國順之(사국순지) – 《시경》 대아 억편(抑篇)의 구절.
○馹(일) – 역마차.
○惠我無疆(혜아무강), 子孫保之(자손보지) – 《시경》에 없는 일시의 구절.
○書曰(서왈) – 현존하는 《서경》에 없는 일서(逸書)의 문구.
○鯀(곤) – 우임금의 아버지. 곤과 우임금에 대해서는 《서경》 요전(堯典) 및 기타 편에 나온다.
○伊尹(이윤)·太甲(태갑) – 《서경》 상서(商書) 태갑편(太甲篇) 및 기타 편에 나온다.
○管(관)·蔡(채) – 관숙과 채숙에 대해서는, 《서경》 주서(周書) 대고편(大誥篇)·강고편(康誥篇) 등에 나온다.
○郊甸(교전) – 서울의 성밖의 일정한 범위를 교(郊)라 했고, 교의 밖 일정한 범위를 전(甸)이라 했다. 여기에서는 서울에서 먼 변방을 말한다.
○尉氏(위씨) – 위(尉)는 형벌을 장악한 관직 이름. 위씨는 곧 위관(尉官).
○候(후) – 외국의 사절이나 빈객(賓客)의 접대를 맡았던 관직.
○轘轅(환원) – 주나라 지명으로, 지금의 하남성 언사(偃師) 부근.

冬,에 曹武公來朝,는 始見也.라
會於商任,은 錮欒氏也.라
齊侯·衛侯不敬.이라 叔向曰, 二君者必不免.하리라 會朝禮之經也.요 禮政之輿也.며 政身之守也.라 怠禮,면 失政,하고 失

政,이면 不立,이니 是以亂也,라
知起・中行喜・州綽・邢蒯出奔齊,하니 皆欒氏之黨也,라 樂
王鮒謂范宣子曰, 盡反州綽・邢蒯,오 勇士也,라 宣子曰, 彼欒
氏之勇也,라 余何獲焉,가 王鮒曰, 子爲彼欒氏,면 乃亦子之勇
也,라
齊莊公朝,하여 指殖綽・郭最曰, 是寡人之雄也,라 州綽曰,
君以爲雄,에 誰敢不雄,이리인가 然,이나 臣不敏,이로되 平陰之役,
에 先二子鳴,이었나이다 莊公爲勇爵,에 殖綽・郭最欲與焉,이라
州綽曰, 東閭之役, 臣左驂迫,하여 還於門中,에 識其枚數,였나이
다 其可以與於此乎,인가 公曰, 子爲晉君也,라 對曰, 臣爲隷新,
이오니다 然,이나 二子者,는 譬於禽獸,이오면 臣食其肉,하고 而寢
處其皮矣,이외다

겨울에 조나라 무공이 찾아온 것은, 노나라 양공을 처음으로 찾아
본 일이었다.
상임(商任)에서 회합을 가진 것은, 난씨(欒氏)가 도망하고 있는 길
을 막기 위해서였다.
그런데 제나라 군주와 위나라 군주가 협조하지 않는 태도를 취했
다. 그러자 진나라 숙향(叔向)은 말했다. "두 군주는 반드시 화를 면
하지 못하리라. 제후끼리의 회합의 일과 천자를 찾아뵙거나 제후끼리
찾아보는 일은 지켜야 할 예(禮)의 근본이고, 예는 좋은 정치를 떠받

드는 것이며, 좋은 정치는 제후의 몸을 지키는 것이다. 예 지키기를 게을리하면 정치가 잘 행해지지 못하고, 정치가 잘 행해지지 못하면 일신(一身)이 확립되어지지 못하는 것이니, 그래서 나라는 어지러워지는 게다."

진나라 지기(知起)·중행희(中行喜)·주작(州綽)·형괴(邢蒯) 등이 제나라로 도망했는데, 그들은 다 난씨의 무리였다. 그들이 도망가자, 악왕부(樂王鮒)가 범선자에게 말하기를, "어찌 주작과 형괴를 도로 불러들이지 않습니까? 그들은 용사(勇士)들입니다." 그러자 범선자는, "그들은 난씨를 위한 용사였소. 나야 그들한테 무슨 이익을 얻겠소?"라고 말했다. 악왕부는 다시, "님이 그들에 대해서 난씨와 같이 대해 준다면, 그들은 역시 님의 용사가 됩니다."라고 말했다. (그러나 듣지 않았다.)

제나라 장공이 조정으로 나가, 진나라에서 도망간 사람들에게 식작(殖綽)과 곽최(郭最)를 가리켜 말하기를, "이 사람들은 나의 으뜸가는 용사들이다."라고 했다. 그러자 진나라에서 도망간 주작이 말하기를, "군주께서 으뜸가는 용사라 하시온다면, 누가 감히 으뜸가는 용사라 하지 않으오리까? 그러나 신(臣)은 불민(不敏)하옵지만, 평음(平陰)의 싸움에서 저 두 사람보다 먼저 큰소리를 쳤었나이다."라고 했다. 장공이 그 두 사람에게 용사에게 주는 술잔을 주기로 하니, 식작과 곽최가 곧 그 술잔을 받으려 했다. 그러자 주작이 말하기를, "동려(束閭) 싸움에서, 신의 전치를 끄는 왼쪽 밖의 말이 성질을 부려, 성문 안에서 빙빙 돌고 있을 제, 신은 그 성문에 댄 판자 쪽의 수를 헤아려 알았었나이다. 그 일은 지금 군주께서 용사에게 주시는 술잔 받음에 낄 수 있으오리까?"라고 하자 장공은, "그때, 그대는 진나라 군주를 위해서 그런 용감한 일을 한 거지."라고 말했다. 주작은 이 말에 대해서, "신은 군주를 모시는 사람으로서는 신진(新進)이옵니다. 그러나 이 두 사람은 금수에 비유해서 말씀드리자면, 신은 저들의 살을 먹고, 그 가죽을 깔고 잠자고 있는 격이옵니다."라고 했다.

│주해│ ○錮(고)-벼슬길을 막음.
　○平陰之役(평음지역)-양공 18년조 참고. 그 싸움에서, 진나라 주작은 제나라 식작과 곽최를 생포했다.
　○東閭之役(동려지역)-양공 18년조 참고.
　○寢處其皮矣(침처기피의)-그 가죽을 깔고 (위에) 자며 쉼.

│經│ ○^{이십유이년춘왕정월}二十有二年春王正月,에 ^{공지자회}公至自會.라
　○^{하사월}夏四月.
　○^{추칠월신유}秋七月辛酉,에 ^{숙로졸}叔老卒.이라
　○^동冬,에 ^{공회진후}公會晉侯·^{제후}齊侯·^{송공}宋公·^{위후}衛侯·^{정백}鄭伯·^{조백}曹伯·^{거자}莒子·^{주자}邾子·^{설백}薛伯·^{기백}杞伯·^{소주자우사수}小邾子于沙隨.라
　○^{공지자회}公至自會.라
　○^{초살기대부공자추서}楚殺其大夫公子追舒.라

22년 봄 천자가 쓰는 역으로 정월에, 공이 회합에서 돌아왔다.
　여름 4월.
　가을 7월 신유날에, 노나라의 숙로가 세상을 떠났다.
　겨울에, 공이 진나라 군주인 후작·제나라 군주인 후작·송나라 군주인 공작·위나라 군주인 후작·정나라 군주인 백작·조나라 군주인 백작·거나라 군주인 자작·주나라 군주인 자작·설나라 군주인 백작·기나라 군주인 백작·소주나라 군주인 자작 등과 사수(沙隨)에서 회합을 가졌다.

공이 회합에서 돌아왔다.
초나라가 그 나라의 대부인 공자 추서(追舒)를 죽였다.

傳| 二十二年春_{이십이년춘}에, 臧武仲如晉_{장무중여진}에, 雨過御叔_{우과어숙}이라 御叔在其邑_{어숙재기읍}하여 將飮酒_{장음주}하고 曰_왈, 焉用聖人_{언용성인}가 我將飮酒_{아장음주}나 而已雨行_{이이우행}하니 何以聖爲_{하이성위}아 穆叔聞之曰_{목숙문지왈}, 不可使也_{불가사야}라 而傲使人_{이오사인}하니 國之蠹_{국지두}也_야라 令倍其賦_{영배기부}라

夏_하에, 晉人徵朝于鄭_{진인징조우정}하니 鄭人使少正公孫僑對曰_{정인사소정공손교대왈}, 昔在晉先_{석재진선}君悼公九年_{군도공구년}에, 我寡君於是卽位_{아과군어시즉위}라 卽位八月_{즉위팔월}에, 而我先大夫子_{이아선대부자}駟_사가 從寡君_{종과군}하여 以朝于執事_{이조우집사}러니 執事不禮於寡君_{집사불례어과군}하니 寡君_{과군}懼_구라 因是行也_{인시행야}하여 我二年六月而朝于楚_{아이년유월이조우초}라 晉是以有戲之役_{진시이유희지역}이나 楚人猶競_{초인유경}하여 而申禮於敝邑_{이신례어폐읍}이라 敝邑欲從執事_{폐읍욕종집사}나 而懼_{이구}爲大尤_{위대우}하고 曰_왈, 晉其謂我不共有禮_{진기위아불공유례}라 是以不敢攜貳於楚_{시이불감휴이어초}라 我四年三月_{아사년삼월}에, 先大夫子蟜又從寡君_{선대부자교우종과군}하여 以觀釁於楚_{이관흔어초}라 晉於_{진어}是乎有蕭魚之役_{시호유소어지역}하고 謂我敝邑_{위아폐읍}하되 邇在晉國_{이재진국}은 譬諸草木_{비저초목}이면 吾臭味也_{오취미야}라 而何敢差池_{이하감차지}라 楚亦不競_{초역불경}에, 寡君盡其土實_{과군진기토실}하고 重_중之以宗器_{지이종기}하여 以受齊盟_{이수제맹}이라 遂帥群臣_{수솔군신}하여 隨于執事_{수우집사}하여 以_이會歲終_{회세종}하고 貳於楚者子侯・石盂_{이어초자자후·석우}를 歸而討之_{귀이토지}라 湨梁之明年_{격량지명년}에 子蟜老矣_{자교로의}하니 公孫夏從寡君_{공손하종과군}하여 以朝于君_{이조우군}하여 見於嘗酎_{견어상주},

하고 與執燔焉.이라 間二年,하여 聞君將靖東,하여 夏四月又朝以
聽事期.라 不朝之間,에 無歲不聘,하고 無役不從,이나 以大國政
令之無常,으로 國家罷病,하고 不虞荐至,하여 無日不惕.이라 豈
敢忘職.가 大國若安定之,면 其朝夕在庭.이리라 何辱命焉.가 若
不恤其患,하고 而以爲口實,이면 其無乃不堪任君命而翦爲仇讎
아 敝邑是懼.라 其敢忘君命.가 委諸執事,하노니 執事實重圖之.
하라

22년 봄에, 장무중(臧武仲)이 진나라에 갈 때, 빗속에 어숙(御叔)이 있는 곳을 지났다. 어숙은 그때 자기의 채읍(采邑)인 어(御)에 있어, 마침 술을 마시려 하였는데 말하기를, "(장무중은 어진 사람이라는데) 그까짓 어진 사람을 어디에 쓸 것인가? 나는 지금 술을 마시려는데 그 자신은 빗속을 가고 있으니, 어찌 어진 사람이라 할 것이랴?"라고 했다. 목숙(穆叔 : 叔孫豹)이 그 말을 전해 듣고는, "써먹을 수 없는 사람이다. 그리고 사신에게 교만을 부렸으니, 그는 국가의 좀이다."라고 말했다. 그리고 그에게 배의 세(稅)를 물도록 명령했다.

여름에, 진(晉)나라 사람이 정나라 군주에게 진나라 군주를 찾아보기를 요구했다. 이에, 정나라 사람은 소정(少正)인 공손교(公孫僑)에게 다음과 같은 답변을 하게 했다. "지난날 진나라 선대 군주인 도공 9년에, 우리 군주께서 즉위하셨습니다. 즉위하신 지 8개월이 되어 우리나라의 전 대부 자사(子駟)가 군주를 따라, 귀국으로 가 당사관(當事官)을 찾았더니, 그 당사관이 우리 군주에게 예를 하지 않으니, 군주께서는 무슨 일 때문인가 하고 두려워하셨습니다. 그래서 그때 가신 일로 말미암아, 우리 군주의 2년 6월이 되어서는 초나라 군주를 찾아가셨습니다. 그런데 진나라는 그 일로 희(戲) 싸움을 일으켰으나, 초나라 사람도 우리나라를 두고 또한 다투어 우리나라에 대해서 극진한 예로 대했습니다. 우리나라는 귀국의 당사관 말을 따르고 싶었지만, 그 일로 큰 해가 될까 두려워했고, 진나라가 우리 정나라가 예의로 대하는데도 같이 예의를 지키지 않고 공손하지 못하다고 할 것이라고 어느 사람은 말하였습니다. 그래서 우리는 감히 초나라를 배반하지 못했던 것입니다. 우리는 우리 군주의 4년 3월에, 전 대부 자교(子蟜)가 또 군주를 따라가 초나라에서 틈을 살피었습니다. 그런데 진나라에서는 그때 소어(蕭魚) 싸움을 일으키고, 우리나라에 대해서 이르기를, '정나라가 진나라와 친근함은, 초목에 비유한다면 우리 진나라의 냄새요 맛이다. 그런데도 어찌 감히 행동을 어긋나게 한단 말인가?'라고 했습니다. 그무렵, 초나라 또한 우리나라를 두고 다투지 않게 되어 우리 군주께서는 국내의 토산물(土産物)들을 다 갖추고, 거기다가 종묘의 기물까지 덧붙여 진나라 군주에게 바치고서, 엄숙한 맹약을 받아들였던 것입니다. 그리고 바로 여러 신하들을 거느리어 귀국의 당사관을 따라가, 그해 연말의 회합에 참가하셨고, 초나라에게 복종하고자 하는 다른 마음을 가졌던 자후(子侯)와 석우(石盂)를 돌아오셔서 토벌하셨습니다. 그리고 격량(湨梁)에서 회합이 있었던 다음해에, 자교가 은퇴하니, 공손하(公孫夏)가 우리 군주를 따라, 귀국의 군주를 찾으시어, 봄의 새술[新酒]을 선조께 드리는 제사 때에 진나라 군주를 만나시고, 그 제사 뒤에는 제사에 드린 고기를 잡수셨습니다. 2년이 지난 그뒤, 진나라 군주께서 동방(東方)을 평정하신다는 것을 들으시고서는, 여름 4월에 다시 귀국을 찾아가시어 그 일의 시기에 대해서 지시를 받으시었습니다. 그후 우리 군주께서 직접 귀국을 찾아가시지 않은 사이에는, 해마다 사자(使者)로 하여금 예방케 하시고, 진나라가 벌이는 일에 참여하지 않은 적이 없었으

제기(祭器)

나, 큰 나라의 명령이 무상함으로 국가가 피폐되었고, 게다가 불의의 재해가 자주 닥쳐, 근심이 없는 날이 없는 터입니다. 우리 군주께서 어찌 의무적인 일을 잊고 계시겠습니까? 큰 나라가 만약 작은 나라를 잘 안정시킨다면, 작은 나라의 군주야 조석으로 큰 나라의 조정에 대령하고 있을 것입니다. 그런데 어찌 찾아뵈라는 명을 받게 될 것입니까? 그러나 만일, 큰 나라가 작은 나라의 걱정을 불쌍히 여기지 않고 말로만 때운다면, 큰 나라의 군주의 명을 받아 복종하지 않고 떨어져 나가 원수가 됨이 없겠습니까? 우리나라는 이 점을 두려워하고 있습니다. 우리가 어찌 귀국 군주의 명을 잊고 있겠습니까? 당사관인 귀하에게 의탁하니, 당사관께서는 진실하고 신중하게 도모하십시오.”

주해
- ○御叔(어숙) — 어읍(御邑)을 채읍(采邑)으로 지니고 있는 숙(叔)이라 불리운 사람. 어(御)는 지금의 산동성 운성(鄆城) 부근의 어둔(御屯).
- ○聖人(성인) — 지혜가 있는 어진 사람.
- ○少正(소정) — 집정관(執政官)인 대정(大政)에 대한 보좌역.
- ○公孫僑(공손교) — 자발(子發)의 아들로 자산(子産).
- ○大尤(대우) — 큰 해.
- ○我四年(아사년) — 정나라 간공(簡公) 4년, 노나라 양공 11년.
- ○土實(토실) — 토산물.
- ○齊盟(제맹) — 엄숙한 맹약.
- ○子侯(자후)・石盂(석우) — 자후와 석우에 대한 기사는, 양공 11・12년조에 없다.
- ○溴梁(격량) — 양공 16년조 참고.
- ○嘗酎(상주) — 봄에 새술을 종묘에 바침.
- ○口實(구실) — 입으로만 말한다는 뜻으로 풀이된다.

秋에 欒盈自楚適齊라 晏平仲言於齊侯曰, 商任之會에 受

命_명於_어晉_진,이어늘 今_금納_납欒_란氏_씨,이면 將_장安_안用_용之_지,이리오 小_소所_소以_이事_사大_대,는 信_신
也_야.라소이다 失_실信_신,이면 不_불立_립,이오니 君_군其_기圖_도之_지.하소서 弗_불聽_청.이라 退_퇴
告_고陳_진文_문子_자曰_왈, 君_군人_인執_집信_신,하고 臣_신人_인執_집共_공.이라 忠_충信_신篤_독敬_경,은 上_상下_하同_동
之_지,요 天_천之_지道_도也_야.라 君_군自_자棄_기也_야.니 弗_불能_능久_구矣_의.리라
九_구月_월,에 鄭_정公_공孫_손黑_흑肱_굉有_유疾_질,에 歸_귀邑_읍于_우公_공,하고 召_소室_실老_로宗_종人_인,하여
立_입段_단.이라 而_이使_사黜_출官_관薄_박祭_제,하고 祭_제以_이特_특羊_양,하며 殷_은以_이少_소牢_뢰,하여 足_족以_이
共_공祀_사,하고 盡_진歸_귀其_기餘_여邑_읍.이라 曰_왈, 吾_오聞_문之_지,하되 生_생於_어亂_란世_세,하여 貴_귀而_이
能_능貧_빈,이면 民_민無_무求_구焉_언,하여 可_가以_이後_후亡_망.이라 敬_경共_공事_사君_군與_여二_이三_삼子_자.하라
生_생在_재敬_경戒_계,하고 不_부在_재富_부也_야.라 己_기巳_사,에 伯_백張_장卒_졸.이라 君_군子_자曰_왈, 善_선戒_계.
라 詩_시曰_왈, 愼_신爾_이侯_후度_도,하여 用_용戒_계不_불虞_우.하라 鄭_정子_자張_장其_기有_유焉_언.이라
冬_동,에 會_회于_우沙_사隨_수,는 復_부錮_고欒_란氏_씨也_야.라 欒_란盈_영猶_유在_재齊_제.라 晏_안子_자曰_왈, 禍_화
將_장作_작矣_의.리라 齊_제將_장伐_벌晉_진,이리니 不_불可_가以_이不_불懼_구.라

가을에, 난영이 초나라로부터 제나라로 갔다. 제나라 안평중(晏平仲)이 제나라 군주에게 말하기를, "상임(商任)의 회합에서 진나라한테 명령을 받았사온데, 이제 난씨를 받아들여 명령을 받고 약속한 것을 어디에 쓰오리까? 작은 나라가 큰 나라를 섬기는 데 중요한 것은 신의이옵니다. 신의를 잃으면, 서 나갈 수가 없사오니, 군주께서는 헤아리소서."라고 했다. 그러나 군주는 듣지 않았다. 안평중은 군주 앞을 물러나와 진문자(陳文子:陳須無)에게 고하기를, "군주는 신의를 지키고, 신하는 공손을 지키는 것입니다. 충성스럽고 신의적이며 독실

하고 공경스러움이, 위아래 할 것 없이 다 한가지라는 것이 천도(天道)입니다. 군주께서 천도를 스스로 버리시니, 오래 갈 수가 없을 것입니다."라고 했다.

9월에 정나라 공손흑굉(公孫黑肱)이 병이 나, 그는 자신의 채읍(采邑)을 군주에게 돌려주고, 가신(家臣)과 종문 사람들을 불러놓고, 아들 단(段)을 후계자로 삼았다. 그리고 집안일을 보는 사람수를 줄이고, 제사를 간소하게 지내게 하고, 보통의 제사에는 다만 양(羊) 한 마리만 제물로 쓰며, 성대히 지내는 특별한 제사라도 소뢰(少牢), 즉 양과 돼지만을 제물로 드리기로 하여, 제사를 모시는 데에 족할 재산만을 남기고, 그 나머지의 영유지는 다 국가에 되돌려주게 했다. 그리고 말했다. "내 들었거니와, '어지러운 세상에 나서, 귀한 신분에 있으면서도 가난하게 살 수 있다면, 백성들이 그에게 이것저것 요구함이 없어, 다른 사람보다 늦게 망하게 된다.'고 한다. 너는 공경스럽게 군주와 몇분 대신들을 섬기어라. 잘 살아 나감은 남에게 공경스럽고 나를 경계함에 있는 것이지, 부자에게서 있지는 않느니라." 기사날에 백장(伯張 : 黑肱)은 세상을 떠났다. 군자는 말했다. "아들을 잘도 경계했다. 시에 이르기를, '그대 군주의 법도 삼가 지켜, 뜻밖의 일에 대비하여 경계하라.'고 했는데, 정나라 자장(子張 : 黑肱)은 이 정신을 지니고 있었다."

겨울에 사수(沙隨)에서 회합을 가진 것은, 다시 난씨의 앞길을 막기 위해서였다. 그때, 난영은 아직 제나라에 있었다. 제나라 안자(晏子 : 晏嬰)는, "화가 일어날 것이다. 제나라가 장차 진(晉)나라를 치게 될 것이니, 두려워하지 않을 수 없구나."라고 말했다.

주해   ○晏平仲(안평중)―제나라의 어진 사람으로, 이름은 영(嬰)이라 했고, 평중은 그의 자(字)였다. 그는 안약(晏弱)의 아들로, 보통 안자(晏子)라 호칭되었다. 그의 언행록(言行錄)이 《안자(晏子)》라 해서 전한다.
o 陳文子(진문자) - 제나라 호족(豪族)으로, 이름을 수무(須無)라 했다.
o 殷(은) - 특별히 성대하게 지내는 제사.
o 足以共祀(족이공사) - 선조에게 제사 드리는 데 필요한 재물을 족하게 함.
o 詩曰(시왈) - 《시경》 대아 억(抑)편에 든 시의 구절.
o 侯度(후도) - 군주의 법도.
o 沙隨(사수) - 지금의 하남성 영릉(寧陵) 부근.

　　　　초관기유총어령윤자남　　　　　미익록이유마수십승　　　초인
楚觀起有寵於令尹子南,하여 未益祿而有馬數十乘.이라 楚人
　환지　　왕장토언　　자남지자기질위왕어사　　왕매견지
患之,에 王將討焉.이라 子南之子棄疾爲王御士,에 王每見之,면
　필읍　　기질왈　군삼읍신의　　감문수지죄야　　　왕
必泣.이라 棄疾曰, 君三泣臣矣,옵거늘 敢問誰之罪也.이오니다 王
　왈　영윤지불능　이소지야　　국장토언　　이기거호　대
曰, 令尹之不能,은 爾所知也.라 國將討焉.이라 爾其居乎.아 對
　왈　부륙자거　　군언용지　　설명중형　　신역불위
曰, 父戮子居,면 君焉用之.이리오 洩命重刑,이니 臣亦不爲.하리
　　　왕수살자남어조　　　환관기어사경　　자남지신위기질
이다 王遂殺子南於朝,하고 轘觀起於四竟.이라 子南之臣謂棄疾,
　　　청사자시어조　　왈　군신유례　　유이삼자　　삼일
하되 請徙子尸於朝.라 曰, 君臣有禮,하니 唯二三子.라 三日,에
　기질청시　　　왕허지　　기장　　기도왈　행호　왈　오여살
棄疾請尸,하니 王許之.라 旣葬,에 其徒曰, 行乎.아 曰, 吾與殺
　오부　　행장언입　　왈　연즉신왕호　왈　기부사수　　오불
吾父.라 行將焉入.가 曰, 然則臣王乎.아 曰, 棄父事讎,는 吾弗
　인야　　수액이사
忍也.라 遂縊而死.라

　　　　부사위자빙위령윤　　공자기위사마　　굴건위막오　　유
復使薳子馮爲令尹,하고 公子齮爲司馬,하며 屈建爲莫敖.라 有
　총어위자자팔인　　개무록이다마　　타일조　여신숙예언
寵於薳子者八人,하여 皆無祿而多馬.라 他日朝,에 與申叔豫言,
　　　불응이퇴　　종지　　　입어인중　　우종지　　수귀
하니 弗應而退.라 從之,하니 入於人中.이라 又從之,하니 遂歸.라

退朝,하여 見之曰, 子三困我於朝.라 吾懼,하여 不敢不見.이라 吾過,면 子姑告我.하라 何疾我也.오 對曰, 吾不免是懼.라 何敢告子.리오 曰, 何故.아 對曰, 昔,에 觀起有寵於子南,이라가 子南得罪,하고 觀起車裂.이라 何故不懼.아 自御而歸,에 不能當道.라 至,하여 謂八人者曰, 吾見申叔.이라 夫子所謂生死而肉骨也.라 知我者如夫子,면 則可.로되 不然,이면 請止.라 辭八人者.라 而後,에 王安之.라

十二月,에 鄭游眅將如晉,하여 未出竟,에 遭逆妻者,하여 奪之,하여 以館于邑.이라 丁巳,에 其夫攻子明,하여 殺之,하여 以其妻行.이라 子展廢子良,하고 而立大叔曰, 國卿君之貳也,요 民之主也,니 不可以苟.라 請舍子明之類.라 求亡妻者,하여 使復其所,하고 使游氏勿怨曰, 無昭惡也.하라

초나라 관기(觀起)는 영윤인 자남(子南)한테 총애를 받고 있어, 관록(官祿)이 오르지 않았는데도 전차 수십대를 끌 말을 보유하고 있었다. 그래서 초나라 사람들은 그것을 걱정하게 되니, 국왕은 그를 처치하려 했다. 그때, 자남의 아들 기질(棄疾)이 국왕의 측근 신하였는데, 국왕은 언제나 그를 보면 우는 것이었다. 기질이 말하기를, "군주께서는 신에 대해서 세 번이나 우시었는데, 누구의 죄 때문인가를 감히 물어 올리옵니다."라고 했다. 그러자 초왕은, "(그대의 아버지인) 영윤의 무능함은, 그대가 알고 있는 터다. 나라는 그를 처치하려 한다. 그

대는 이대로 있을 건가?"라고 말했다. 이 말에 기질은 말하기를, "아 비가 죽여진 마당에 자식이 있다면, 군주께서 어찌 그 자식을 쓰실 것이옵니까? 군주의 명을 누설시킴은 무거운 형을 받을 죄이오니, 신은 그런 짓도 안하오리다."라고 했다. 국왕은 마침내 자남을 조정에서 죽이고, 관기는 양쪽 수레에 매어 당기어 찢어 죽이는 형에 처하여 국내의 사방에 돌려 보였다. 자남의 가신(家臣)이 기질에게 이르기를, "님의 시체를 조정에서 옮겨내게 해달라고 요청하십시오."라고 하니 기질은, "군신 간에 예법이 있는 것이니, 다만 몇분의 대신들의 처사에 맡겨 두세."라고 말하였다. 그리고 사흘 후에, 기질이 아버지 시체를 내어주기를 요청하니, 국왕은 허락했다. 장사를 지내고 나자 기질의 아랫사람이, "외국으로 떠나시렵니까?"라고 묻자 그는, "나는 아버지 죽이는 일에 참여한 것이다. 외국으로 떠나 어디로 들어간단 말인가?"라고 대답했다. 아랫사람이 다시, "그렇다면, 국왕 밑에서 신하노릇을 하시렵니까?"라고 물으니 그는, "아버지를 버리고 원수를 섬긴다는 짓은, 내 차마 할 수 없네."라고 말했다. 그는 곧 목을 매어 죽었다.

 초나라 군주는 위자빙(薳子馮)을 영윤이 되게 하고, 공자 기(齮)를 사마로 삼으며, 굴건(屈建)을 막오(莫敖)로 삼았다. 위자빙한테 총애를 받는 자 여덟 사람이 있어, 그들은 다 국록을 받지 않는 처지인데도, 각기 말을 많이 가지고 있었다. 어느 날 조정에 나가, 위자빙이 신숙예(申叔豫)를 상대로 말을 거니, 신숙예는 응납하시 않고 사리에서 물러났다. 위자빙이 그의 뒤를 따르니, 신숙예는 사람들 속으로 들어갔다. 그래도 역시 따라가니, 신숙예는 바로 자기 집으로 들어가버렸다. 조정에서 퇴정하여, 위자빙은 신숙예를 찾아보고 말하기를, "당신은 나를 조정에서 세 번이나 곤란케 하셨소. 내 무슨 일이 있나 두려워, 감히 찾아보지 않을 수가 없었소. 내가 무엇인가 잘못했으면, 당신은 내게 솔직히 말하시오. 어째서 나를 미워하오?"라고 했다. 신숙예가 대답하기를, "나는 화를 면하지 못할 것을 두려워하고 있습니다. 내 어찌 감히 당신께 속마음을 말하겠소이까?"라고 했다. 그러자 위자빙은, "무엇 때문에 화를 면할 수가 없단 말이오?"라고 물었다. 이에 신숙예는, "지난날, 관기가 자남한테 총애 받음이 있었다가 자남은 처형당했고, 관기는 수레에 찢겨 죽었소. 그런데 어찌하여 두려워하지 않을 것이오?"라고 대답하였다. 위자빙은 수레를 스스로 조종하여 집으로 갔는데, 정신이 없어서 수레를 제대로 조종하지 못했다. 집에 당도하여, 자기가 거느리고 있는 여덟 사람에게 말하기를, "나는 신숙예님을 방문했었네. 그 어른이야말로, 이르는 바 죽어가는 자를 살피고, 뼈에 살을 붙여주는 분일세. 나를 알고 지내는 자가 그 어른과 같다면 나와 같이 지낼 수 있지만, 그렇지 못하다면야, 같이 지내기를 그만두게 해야겠네."하고, 그 여덟 사람을 파면했다. 그러자, 국왕은 그에 대해서 안심했다.

  12월에, 정나라 유판(游販)이 진(晉)나라에 가려다가, 아직 국경을 넘어서지 않았을 때, 아내를 맞이하고 가는 자를 만나, 그의 아내를 뺏어, 근방의 읍으로 들어가 여관을 잡았다. 정사날에, 그 여자의 남편은 자명(子明 : 游販)을 몰아쳐 죽이고, 아내를 데리고 달아났다. 자전(子展)은 유판의 아들 자량(子良)을 무시하고, 대숙(大叔 : 游販의 동생)을 유판의 후계자로 세우고 말하기를, "나라의 경(卿)은 군주의 짝이요, 백성들의 주관자이니, 함부로 할 수가 없는 것이오 자명과 같은 짓은 하지 마오."라고 했다. 그리고 아내를 뺏겼던 자를 찾아, 원래 집으로 돌아가 살게 하고, 유판의 집 사람에게 원망하지 말게 하고 이르기를, "돌아간 분의 악행(惡行)이 세상에 나타나지 않게 하오."라고 했다.

┃주해┃ ○未益祿(미익록)-아직 관록이 오르지 않았음.
       ○不能當道(불능당도)-길을 제대로 못감.

○游眅(유판)-공손채(公孫蠆)의 아들로 이름은 명(明).

| 經 | ○二十有三年春王二月癸酉朔에 日有食之라
○三月己巳에 杞伯匄卒이라
○夏에 邾畀我來奔이라
○葬杞孝公이라
○陳殺其大夫慶虎及慶寅이라
○陳侯之弟黃이 自楚歸于陳이라
○晉欒盈復入于晉하여 入于曲沃이라
○秋에 齊侯伐衛하고 遂伐晉이라
○八月에 叔孫豹帥師하여 救晉하여 次于雍楡라
○己卯에 仲孫速卒이라
○冬十月乙亥에 臧孫紇出奔邾라
○晉人殺欒盈이라
○齊侯襲莒라

23년 천자가 쓰는 역으로 봄 2월 계유날인 초하루에, 일식이 있었다.

3월 기사날에, 기나라 군주인 백작 개(匄)가 세상을 떠났다.

여름에, 주나라 비아(畀我)가 노나라로 도망쳐 왔다.

기나라 효공(孝公)을 장사 지냈다.

진(陳)나라가 그 나라의 대부 경호(慶虎)와 경인(慶寅)을 죽였다.

진(陳)나라 군주인 후작의 동생 황(黃)이, 초나라로부터 진나라로 돌아갔다.

진(晉)나라 난영(欒盈)이 진나라로 돌아가, 곡옥(曲沃)으로 들어갔다.

가을에, 제나라 군주인 후작이 위나라를 치고, 곧이어 진(晉)나라를 쳤다.

8월에, 노나라 숙손표가 군사를 이끌고 진(晉)나라를 구원하여, 옹유(雍楡)에 주둔했다.

기묘날에, 노나라 중손속이 세상을 떠났다.

겨울 10월 을해날에, 노나라 장손흘이 주나라로 도망갔다.

진나라 사람이 난영을 죽였다.

제나라 군주인 후작이 거나라를 습격했다.

傳| 二十三年春,에 杞孝公卒.이라 晉悼夫人喪之,나 平公不徹樂,하니 非禮也.라 禮爲鄰國闕.이라 陳侯如楚.라 公子黃愬二慶於楚,하니 楚人召之.라 使慶樂往,에 殺之,하니 慶氏以陳叛.이라 夏,에 屈建從陳侯,하여 圍陳.이라 陳人城,에 版隊而殺人,하니 役人相命也,하여 各殺其長,하고 遂殺慶虎·慶寅.이라 楚人納公子黃.이라 君子謂,하되 慶氏不義,하여 不可肆也.라 故로 書曰, 惟命不于常.이라 하다

23년 봄에, 기나라 효공이 세상을 떠났다. (딸 되는) 진(晉)나라 도공(悼公)의 부인은 복상(服喪)했는데도 평공(平公)이 음악을 거두지 않았으니, 그것은 예에 맞지 않은 일이었다. 예의상, 이웃나라에 궂은

일이 있으면 음악을 연주하지 않는 것이다.

　진(陳)나라 군주가 초나라에 갔다. (전에 경씨들 때문에 초나라로 도망가 있던) 진나라 공자 황이, 두 경씨를 초나라에 고자질하니 초나라 사람이 두 경씨를 불렀다. 그러나 두 경씨 자신들이 가지는 않고, 경악(慶樂)에게 가게 했는데 초나라 사람이 그를 죽이니, 경씨들은 진나라 도읍의 세력으로 초나라에 대하여 반기(叛旗)를 들었다. 그러자 여름에, 초나라 굴건(屈建)이 진나라 군주를 앞세우고 따라가, 진나라 도읍을 포위했다. 그때, 진나라 사람들이 성을 쌓고 있었는데 공사장의 널판이 떨어져 사람을 죽게 하니, 일꾼들이 서로서로 시키어 각 반(班)의 반장을 죽이고, 마침내 경호와 경인을 죽였다. 이에, 초나라 사람은 공자 황을 진나라로 들여보냈다. 군자가 이르기를, "경씨는 의롭지 못해서, 자기네 지위를 길이 지탱할 수가 없었다. 그러므로《서경(書經)》에 이르기를, '천명은 한 사람에게 있는 것이 아니다'라고 했다."고 했다.

▌**주해**▐　○公子黃(공자황)－양공 22년조 참고.
　　○書曰(서왈)－《서경》 주서(周書) 강고(康誥)편의 구절.

晉將嫁女于吳,에 齊侯使析歸父媵之,하여 以藩載欒盈及其士,하여 納諸曲沃.이라 欒盈夜見胥午而告之,하니 對曰, 不可.라 天之所廢,를 誰能興之.아 子必不免.이리라 吾非愛死也,요 知不集也.라 盈曰, 雖然,이나 因子而死,면 吾無悔矣.라 我實不天,이나 子無咎焉.이라 許諾.이라 伏之,하여 而觴曲沃人.이라 樂作,에 午言曰, 今也得欒孺子,면 何如.아 對曰, 得主,하여 而爲之死,면

猶不死也.라 皆歎,하고 有泣者.라 爵行,에 又言,하니 皆曰, 得主,면 何貳之有.리오 盈出,하여 徧拜之.라 四月,에 欒盈帥曲沃之甲,하여 因魏獻子,하여 以晝入絳.이라

初,에 欒盈佐魏莊子於下軍,하고 獻子私焉.이라 故로 因之.라 趙氏以原屛之難怨欒氏,하고 韓·趙方睦.이라 中行氏以伐秦之役怨欒氏,하고 而固與范氏和親,하며 知悼子少而聽於中行氏,하고 程鄭嬖於公.이라 唯魏氏及七輿大夫與之.라

欒王鮒侍坐於范宣子.라 或告曰, 欒氏至矣.라 宣子懼,하니 桓子曰, 奉君以走固宮,이면 必無害也.리라 且欒氏多怨.이라 子爲政,하고 欒氏自外.라 子在位,하여 其利多矣.라 旣有利權,하고 又執民柄,이어늘 將何懼焉.가 欒氏所得,은 其唯魏氏乎.인저 而可强取也.라 夫克亂在權,하니 子無解矣.하라

진나라가 공녀(公女)를 오(吳)나라로 시집보내려 하고 있는 터에, 제나라 군주는 석귀보(析歸父)를 그 혼인길을 따라가는 사람으로 보내어, 그 편에 난영과 그를 따르는 사람들을 남의 눈에 띄지 않게 같은 수레에 태워, 진나라 곡옥(曲沃)으로 들여보냈다. 난영은 밤에 서오(胥午)를 찾아가 심중(心中)을 말하니, 서오가 대답하기를, "안됩니다. 하늘이 버린 몸을, 누가 재기(再起)시켜 줄 수 있겠습니까? 님은 반드시 죽음을 면치 못할 것입니다. 나는 죽는 것을 아깝게 여기는 것이 아니라, 일이 잘 되지 않을 것이라 알고 있는 것입니다."라고 하

였다. 그러자 난영이, "그렇기는 하나, 내 자네를 의지했다가 죽는다면, 나에겐 후회할 것이 없을 것일세. 나는 실로 하늘한테 버림을 받은 몸이지만, 자네에겐 아무런 허물이 없네. (그러니 하늘의 도움이 있을 걸세.)"라고 말하자, 서오는 협력하겠다고 응낙하였다. 그리고 난영을 숨겨 두고, 곡옥의 사람들을 불러 술을 먹였다. 술자리에 음악이 시작되자 서오가 사람들에게, "우리가 지금 난씨 가의 젊은 아드님을 모시게 된다면, 어찌하겠소?"라고 말했더니 사람들은, "우리가 그분을 만나, 그분을 위하여 죽는다면, 죽어도 죽지 않은 것같이 여기겠소."라고 말하고, 다들 탄식하고 우는 자도 있었다. 술잔이 더 돈 뒤에 다시 서오가 말하니 다들 말하기를, "그분을 만난다면, 우리가 어찌 배반하는 일이 있겠소?"라고 했다. 이에 난영은 그들 앞으로 나가, 두루 인사했다. 4월에, 난영은 곡옥의 무장병들을 이끌고, 위헌자(魏獻子:魏舒)를 의지하여, 낮에 진나라 도읍 강(絳)으로 들어갔다.

전에, 난영은 위장자(魏莊子:魏絳) 밑에서 하군부장(下軍副將)을 지냈고, 헌자와 개인적으로 친했다. 그래서 그를 의지한 것이다. 그때, 조씨(趙氏)는 원병(原屛)의 일로 난씨를 원망하고 있었고, 한씨(韓氏)와 조씨는 매우 절친한 사이였다. 중행씨(中行氏)는 진(秦)나라를 쳤을 때의 일로 난씨를 미워하였고, 원래 범씨(范氏)와 화목하고 친하며, 지도자(知悼子:荀盈)는 어려서 중행씨가 하라는 대로 하고, 정정(程鄭)은 군주의 총애를 받고 있었다. 그래서 국중에서 다만 위씨와 칠여대부(七輿大夫)만이 난영 편이 되었다.

악왕부(樂王鮒)가 범선자 옆에서 그를 모시고 앉아 있었다. 어느 사람이 와 고하기를, "난씨가 도읍 안으로 들어왔습니다."라고 했다. 그 말을 들은 범선자가 겁을 내니, 환자(桓子:樂王鮒)가 말했다. "군주를 모시고 수비가 단단한 궁전으로 가시면, 반드시 해 당하는 일이 없을 것입니다. 그리고 난씨에게는 원수가 많습니다. 님은 집정(執政)하고 계시고, 난씨는 국외에서 들어왔습니다. 님은 집정관의 자리에 있어, 이점이 많습니다. 이점과 권한을 지니고 계시고, 거기다가 백성들의 지휘권을 쥐고 계시는데, 무엇을 두려워하실 것입니까? 난씨가 자기편으로 넣은 것은, 다만 위씨뿐일 것입니다. 그러나 그 위씨마저 이쪽에서 강제적으로 끌어올 수가 있습니다. 난리를 이겨냄은 권력에 있는 것이니, 권력 쓰기를 늦추지 마십시오."

주해 ○勝(잉) - 원래는 정부인(正夫人)으로 가는 여자를 따라 첩이 되는 사람을 가리키는 것이었으나, 여기에서는 시집가는 길을 따르는 사람으로 풀이된다.
○藩(번) - 눈에 띄지 않게 차린 수레.
○曲沃(곡옥) - 진나라 공가(公家)의 종묘가 있는 읍으로, 신하의 채읍은 아니었다. 그러나 글 내용으로 보아서는, 곡옥에 속하는 땅은 넓어, 그 일부를 난씨 가가 영유했던 것 같다.
○七輿大夫(칠여대부) - 하군(下軍)의 간부. 칠대부. 희공 10년조 참고.
○固宮(고궁) - 두예는 단단히 수비하고 있는 궁전으로 해석했다.

公有姻喪.이라 王鮒使宣子墨縗冒絰.하여 二婦人輦以如公.하여 奉公以如固宮.이라 范鞅逆魏舒.인 則成列旣乘.하여 將逆欒氏矣.라 趙進曰, 欒氏帥賊以入.이라 鞅之父與二三子在君所矣.어늘 使鞅逆吾子.에 鞅請驂乘.이라 持帶.하여 遂超乘.이라 右撫劍.하고 左援帶.하여 命驅之出.이라 僕請.에 鞅曰, 之公.하라 宣子逆諸階.하여 執其手.하고 賂之以曲沃.이라 初.에 斐豹隷也.로 著於丹書.라 欒氏之力臣曰督戎.이라 國人懼之.라 斐豹謂宣子曰, 苟焚丹書.면 我殺督戎.하리다 宣子喜曰, 而殺之.에 所

不請於君焚丹書者^{불청어군분단서자},면 有如日^{유여일}.이라 乃出豹而閉之^{내출표이폐지}.라 督戎從之^{독융종지},
에 踰隱而待之^{유은이대지}.라 督戎踰入^{독융유입},하니 豹自後擊而殺之^{표자후격이살지}.라 范氏之徒^{범씨지도}
在臺後^{재대후},하고 欒氏乘公門^{난씨승공문}.이라 宣子謂鞅曰^{선자위앙왈},矢及君屋^{시급군옥},이니 死之^{사지}.
하라 鞅用劍以帥卒^{앙용검이솔졸},에 欒氏退^{난씨퇴}.라 攝車從之^{섭거종지},하여 遇欒樂^{우란악},하고 曰^왈,
樂勉之^{악면지}.하라 死^사,라도 將訟女於天^{장송여어천}.하리라 樂射之^{악사지},나 不中^{부중}.이라 又^우
注^주,에 則乘槐本而覆^{즉승괴본이복}.이라 或以戟鉤之^{혹이극구지},하여 斷肘而死^{단주이사}.라 欒魴傷^{난방상},
하고 欒盈奔曲沃^{난영분곡옥},하니 晉人圍之^{진인위지}.라

 당시 진나라 군주는 인척(姻戚)의 상(喪)을 당하여 상례를 지키고
있었다. 악왕부(樂王鮒)는 범선자에게 검은 상복과 상복의 띠를 입고
두르게 하여, 두 부인과 같이 보이게 해서 사람이 끄는 수레에 태워
군주 있는 데로 가, 군주를 모시고 단단히 수비하고 있는 궁전으로
갔다. 그리고 범앙(范鞅)은 위서(魏舒)를 맞이하러 갔더니, 그는 데리
고 갈 사람들의 대열을 짓고, 자신은 수레에 타고 있어, 곧 난씨를 맞
이하러 나가려는 참이었다. 범앙은 위서에게로 달려가 말하기를, "난
씨가 도적 떼를 이끌고 들어왔습니다. 저희 아버지는 조정 대신 몇분
과 지금 군주 곁에 가 있는데, 저에게 님을 모셔 오라고 했으니, 같이
수레를 타고 가시기를 바랍니다."라고 했다. 그리고 위서의 허리띠를
움켜잡고, 바로 끌어 수레에 뛰어 탔다. 그는 오른손에 칼을 잡고, 왼
손으로는 위서의 허리띠를 잡고서, 수레를 조종하는 자에게 달려나가
라고 명령했다. 수레 조종자가 어디로 갈 것이냐고 물으니 범앙은,
"군주가 계시는 데로 가라."하고 명했다.
 범선자는 위서를 뜰 계단으로 내려가 맞이하여, 그의 손을 잡고 곡
옥(曲沃) 땅을 주겠다고 했다. 원래 비표(斐豹)는 노예로, 붉은 글씨

로 적은 노예 문서에 실려 있는 것이었다. 그리고 난씨가(欒氏家)의 역사(力士)인 가신(家臣)을 독융(督戎)이라 했다. 나라 사람들은 독융을 무서워했다. 비표가 범선자에게 말하기를, "만약에 저에 대한 노예 문서를 불에 태워 주신다면, 제가 독융을 죽이겠습니다."라고 했다. 범선자는 좋아하고 말하기를, "네가 독융을 죽이고 난 뒤에, 군주께 청원드려 그 노예 문서를 불에 태우지 않는다면, 나는 저 태양한테 벌을 받을 것이다."라고 했다. 그리고 곧 비표를 내보내서 대문을 닫게 했다. 독융이 비표를 모르니, 비표는 안의 담을 넘어 숨어 기다렸다. 독융이 담을 넘어 들어가니, 비표는 뒤에서 쳐죽였다. 그때, 범씨 사람들은 궁대(宮臺) 뒤에 있었고, 난씨 쪽은 궁전의 대문에 육박하고 있었다. 범선자는 아들 범앙에게 말하기를, "적의 화살이 군주 계시는 궁전에 날아들고 있으니, 너는 여기에서 죽어라."라고 했다. 범앙이 칼을 빼들고서 군졸을 이끌고 나가니, 난씨 측은 퇴각했다. 범앙은 (아버지의) 전차를 빌려 타고 쫓아가 난악(欒樂)을 만나자, "악(樂)아, 네 힘껏 싸워 보아라. 내 죽더라도, 저세상에 가 하늘에게 너를 고발할 것이니라."라고 했다. 난악이 활을 쏘았으나 맞지 않았다. 그는 다시 활을 쏘려고 화살을 활에 대는데, 타고 있는 전차 바퀴가 지상으로 튀어나온 느티나무 뿌리 위에 걸려서 그만 전차가 전복되었다. 그러자 어느 사람이 창으로 난악을 당기어 팔을 잘라 죽였다. 그 싸움에서 난방(欒魴)은 부상을 입었고, 난영이 곡옥으로 도망가니, 진나라 사람들은 곡옥성을 포위했다.

┃주해┃　o 輦(연)-사람이 끄는 수레.
　　o 驂乘(참승)-같이 탐.
　　o 丹書(단서)-붉은 글씨로 쓴 문서. 죄인이나 노예의 신상 관계를 쓴 문서.
　　o 攝車(섭거)-전차를 빌려 탐.

秋,에 齊侯伐衛.라 先驅穀榮御王孫揮,하고 召揚爲右.라 申驅
成秩御莒恒,하고 申鮮虞之子傅摯爲右.라 曹開御戎,하고 晏父
戎爲右.라 貳廣上之登御邢公,하고 盧蒲癸爲右.라 啓牢成御襄
罷師,하고 狼蘧疏爲右.라 胠商子車御侯朝,하고 桓跳爲右.라 大
殿商子游御夏之御寇,하고 崔如爲右,에 燭庸之越駟乘.이라 自
衛將遂伐晉.이라 晏平仲曰, 君恃勇力,하여 以伐盟主,시나 若不
濟,면 國之福也,로되 不德而有功,이오면 憂必及君.이리이다 崔杼
諫曰, 不可.이오니다 臣聞之,하되 小國間大國之敗,하여 而毁焉,
이면 必受其咎.라하오니다 君其圖之.하소서 弗聽.이라 陳文子見崔
武子曰, 將如君何.오 武子曰, 吾言於君,이나 君弗聽也.라 以爲
盟主,하여 而利其難.이라 群臣若急,이면 君於何有.아 子姑止之.
하라 文子退告其人曰, 崔子其將死乎.인저 謂君甚而又過之,하니
不得其死.리라 過君以義,라도 猶自抑也,이어늘 況以惡乎.아

齊侯遂伐晉,하시 取朝歌.라 爲二隊,하여 入孟門,하고 登大行,
하며 張武軍於熒庭,하고 戍郫邵,하며 封少水,하여 以報平陰之
役,하고 乃還.이라 趙勝帥東陽之師,하여 以追之,하여 獲晏氂.라

가을에, 제나라 군주가 위나라를 쳤다. 선봉군 대장은 왕손휘(王孫揮)로 곡영(穀榮)이 전차를 조종하고, 소양(召揚)이 오른쪽 전사가

되었다. 제2진의 대장은 거항(莒恒)으로 성질(成秩)이 전차를 조종하고, 신선우(申鮮虞)의 아들인 부지(傅摯)가 오른쪽 전사가 되었다. 조개(曹開)가 군주가 탄 전차를 조종하고, 안보융(晏父戎)이 오른쪽 전사가 되었다. 군주를 호위하기 위한 전차에는 형공(邢公)이 타, 상지등(上之登)이 조종하고, 노포계가 오른쪽 전사가 되었다. 좌익군(左翼軍) 대장은 양피사(襄罷師)로, 뇌성(牢成)이 전차를 조종하고, 낭거소(狼蘧疏)가 오른쪽 전사가 되었다. 우익군(右翼軍) 대장은 후조(侯朝)로, 상자거(商子車)가 전차를 조종하고, 환도(桓跳)가 오른쪽 전사가 되었다. 후군(後軍)대장은 하지어구(夏之御寇)로, 상자유(商子游)가 전차를 조종하고, 최여(崔如)가 오른쪽 전사가 되었는데, 촉용지월(燭庸之越)이 더 탔다. 제나라 군주는 위나라에서 진(晉)나라로 쳐들어가려 했다. 그러자 안평중(晏平仲)이 말하기를, "군주는 우리의 무력을 믿으시어 맹주국(盟主國)인 진나라를 치려 하시오나, 만약 성공하지 못하면 국가의 행복이지만, 부덕(不德)이면서도 전공을 올린다면, 걱정이 반드시 군주께 있게 되올 것이옵니다."라고 했다. 그리고 최저(崔杼)가 충간하기를, "진나라를 쳐서는 아니되옵니다. 신은 들었사온데, '작은 나라가 큰 나라의 화를 틈타서 해를 끼치면, 반드시 그에 대한 벌을 받는다.'고 하옵니다. 그러니 군주께서는 헤아리소서."라고 했다. 그러나 군주는 듣지 않았다. 진문자(陳文子 : 陳須武)가 최무자(崔武子 : 崔杼)를 만나 말하기를, "장차 군주를 어찌해야 할까요?"라고 했다. 그러자 최무자가 말하기를, "나는 군주께 충간의 말을 했으나, 군주는 듣지 않았소. 진나라를 맹주국으로 인정하고 그 나라의 환난을 이용하는 거요. 뭇 신하들이 위급하다고 여기게 된다면, 군주가 존재하게 될 것이오? 당신은 잠시 아무 말 마시오."라고 했다. 진문자는 최저의 앞을 물러나 그의 집 사람에게 이르기를, "최씨는 죽게 될 것이다. 군주보고 잘못이 심하다고 말하면서도, 자신은 군주보다 더 지나치니, 제대로 죽지 못하리라. 의리로 보아 군주보다 낫다 하더라도 역시 자신을 낮추어야 할 것인데도, 악으로 더하는 바에야 다시 말할 것이 있으랴?"라고 말했다.

제나라 군주는 드디어 진나라를 쳐 조가(朝歌)를 점령했다. 그리고 군사를 두 갈래로 나누어 맹문(孟門)으로 들어갔고, 태행산(大行山)을 오르며, 형정(熒庭)에 보루를 쌓고, 비소(郫邵)를 쳐 수비하며 소수(少水) 가에 적군의 시체를 묻는 큰 무덤을 만들어, 전의 평음(平陰)에서의 싸움에 대한 보복을 하고 돌아갔다. 그때 진나라 조승(趙勝: 趙旃의 아들)은 동양(東陽)의 군대를 이끌고 제나라 군을 추격하여, 제나라 대부인 안리(晏氂)를 생포했다.

주해 ㅇ 申驅(신구) - 다음 대열, 제2진.
ㅇ 貳廣(이광) - 군주의 호위 전차, 부전차(副戰車). 군주가 탄 전차, 즉 정차(正車)는 융(戎)이라 했다.
ㅇ 啓(계) - 좌익(左翼).
ㅇ 胠(겁) - 우익(右翼).
ㅇ 大殿(대전) - 후군(後軍).
ㅇ 群臣若急(군신약급), 君於何有(군어하유) - 군신이 위급하게 여기면, 군주를 죽여 없앨 것이라는 말.
ㅇ 謂君甚而又過之(위군심이우과지) - 군주가 맹주국인 진나라를 치는 것은 심한 잘못이라 말하면서, 자신은 신하로서 위급할 때에는 군주를 죽인다는 뜻을 가져, 군주보다도 더 지나친 악한 마음을 지니고 있다는 말.
ㅇ 朝歌(조가) - 진나라 지명으로, 지금의 하남성 급현(汲縣) 부근. 위나라 땅이었다는 설도 있다.
ㅇ 孟門(맹문) - 지금의 하남성 휘현(輝縣) 근방에 있던 좁은 통로(通路)를 일렀다.
ㅇ 大行(태행) - 산 이름. 지금의 산서성 진성(晉城) 동남방에 있다.
ㅇ 熒庭(형정) - 지금의 산서성 익성(翼城) 부근.
ㅇ 郫邵(비소) - 진나라 읍 이름.

ㅇ封少水(봉소수)-소수는 강 이름. 봉은 적군의 시체를 한 군데에 모아 쌓아서 큰 분묘를 만드는 것을 말한다. 그것은 적군의 시체를 잘 묻어 준다는 의도보다는, 자기 쪽의 무공(武功)을 자랑하기 위해서 짓는 것이었다.

ㅇ東陽(동양)-당시 진나라 땅으로, 지금의 하남성 기현(淇縣)에서 하북성 정정(正定)에 걸쳐 있는 땅.

八月,에 叔孫豹帥師,하여 救晉,하여 次于雍楡.라 禮也.라 季武子無適子.라 公彌長,이나 而愛悼子,하여 欲立之.라 訪於 申豊曰, 彌與紇吾皆愛之,나 欲擇才焉而立之.라 申豊趨退歸,하여 盡室將行.이라 他日又訪焉,에 對曰, 其然,이면 將具敝車而行.이리라 乃止.라 訪於臧紇,하니 臧紇曰, 飮我酒.하라 吾爲子立之.하리라 季氏飮大夫酒,하여 臧紇爲客.이라 旣獻,에 臧孫命北面重席,하고 新樽絜之,하여 召悼子,하여 降逆之,하니 大夫皆起.라 及旅,하여 而召公鉏,하여 使與之齒,하니 季孫失色.이라 季氏以公鉏爲馬正,하니 慍而不出.이라 閔子馬見之曰, 子無然.하라 禍福無門,하고 唯人所召.라 爲人子者患不孝,하고 不患無所.라 敬共父命,하라 何常之有.리오 若能孝敬,이면 富倍季氏 可也,로되 姦回不軌,면 禍倍下民可也.리라 公鉏然之,하고 敬共朝夕,하고 恪居官次.라 季孫喜,하여 使飮己酒,하여 而以具往,하여 盡舍旃.이라 故로 公鉏氏富,하고 又出爲公左宰.라

8월에 노나라 숙손표가 군사를 이끌고, 진나라를 구하려고 옹유(雍楡)에 주군했다. 그것은 예에 맞는 일이었다.

노나라 계무자(季武子:季孫宿)에게는 적자(嫡子)가 없었다. (서자로는) 공미(公彌)가 연장이었으나, 그는 그 아래 도자(悼子:紇)를 사랑하여, 그를 후계자로 세우고자 했다. 그는 그 일로 가신(家臣)인 신풍(申豊)에게 물어 말하기를, "미(彌)와 흘(紇) 둘 다 사랑하기는 하나, 그들 중에서 재주있는 쪽을 택해서 후계자로 세우려 한다."고 했다. 그러자 신풍은 달려 물러나 자기 거처로 돌아가, 집안 가구를 다 꾸리어 떠날 준비를 했다. 뒷날 그에게 다시 그 일을 물으니, 신풍은 계무자에게 대답하기를, "그렇게 하신다면, 저는 해진 수레에 짐을 꾸리어 떠나겠습니다."라고 했다. 그리하여 계무자는 일단 중지했다. 그리고 장흘(臧紇)에게 물으니 장흘이 말하기를, "내게 술자리를 마련해 마시게 해주오. 그러면 내 당신을 위해서, (도자를) 후계자로 세워 주리다."라고 하였다. 그래서 계무자는 대부들에게 술잔치를 베풀어 장흘이 그 정객(正客)이 되었다. 손님으로 가 대부들에게 술을 권해 올리게 되자, 장손(臧孫:臧紇)은 그 자리의 북쪽에다 까는 자리를 겹쳐서 좌석을 만들고, 새로 술상을 깨끗이 차려놓게 하여서는, 도자를 불러 스스로 당하(堂下)로 내려가 맞이하니, 술자리에 있던 대부들이 다 일어났다. 주객이 서로 술을 드리는 예식을 하고 나서, 서로들 자유로이 술을 마시는 때가 되었을 때, 공서(公鉏:公彌)를 불러 사람들 사이에 끼게 하니, 그 하는 짓을 보고 있던 계손(季孫:季孫宿)은 공서가 무슨 난동이나 부리지 않을까 염려되어 실색(失色)하였다.

그뒤 계손숙은 공서를 가문의 마정(馬正)이라는 직에 삼으니, 공서는 노하여 나가지 않았다. 그러자 민자마(閔子馬)가 공서를 만나보고 말하기를, "자네는 그러지 말게. 화(禍)와 복은 들어오는 문이 있는 것이 아니고, 그것은 인간이 불러들이는 것일세. 자식 된 자는 자신이

불효인 것이나 걱정할 것이지, 자신의 지위가 없는 것을 걱정하지 말
것일세. 그러니 자네는 아버지의 명령에 대하여 공경스러운 태도를
취하게. 어찌 항상 이런 처지에만 있을 것인가? 자네가 만약 아버지
에게 효도스럽게 공경한다면, 자네는 계손씨의 후계자보다 배나 부유
하게 될 것이지만, 자네가 나쁜 짓을 해서 궤도(軌道)에서 벗어난다
면, 닥쳐오는 화가 저 밑의 천한 백성들이 당하는 화보다 배나 더 큰
것을 당할 것일세."라고 말했다. 이 말을 들은 공서는 옳다고 여기고,
그후로는 아버지를 조석으로 찾아 공경하고, 근신하는 태도로 자기
가문의 일을 보는 집에서 자리를 지키고 있었다. 그러자 계손숙은 기
뻐하여, 자기에게 술자리를 차려 달라 하여, 그 술자리에 필요한 기구
를 가지고 공서의 집으로 가 사용케 하고, 그것들을 그대로 놓아두
곤 했다. 그러므로 공서의 집은 부유하게 되고, 그는 조정으로 나가
좌재(左宰) 벼슬을 하게 되었다.

주해 ○雍楡(옹유)-진나라 지명으로, 이미 나온 조가(朝歌) 부근.
○飮我酒(음아주)-술자리를 베풀어 나를 정객(正客)으로 삼으라.
○旅(여)-여기에서는, 술자리의 사람들이 자유로이 술을 마심.
○馬正(마정)-대부 가문의 군사(軍事)를 취급하는 책임자. 가사마(家司
馬)라고도 했다.
○官次(관차)-관의 집. 관무(官務)를 보는 집으로 해석했다.
○左宰(좌재)-노나라의 관직 이름.

맹손오장손　　　계손애지　　　맹씨지어추풍점호갈야　　　왈
孟孫惡臧孫,하고 季孫愛之.라 孟氏之御騶豊點好鞨也.라 曰,
　종여언　　　필위맹손　　　재삼운　　　갈종지　　　맹장자질
從余言,이면 必爲孟孫.이라 再三云,하니 鞨從之.라 孟莊子疾,
　　　풍점위공서　　　구립갈　　　청수장씨　　　공서위계손왈　유
에 豊點謂公鉏,하되 苟立鞨,이면 靑孀臧氏.라 公鉏謂季孫曰, 孺
　자질고기소야　　　약갈립　　　즉계씨신유력어장씨의　　　불
子秩固其所也,로되 若鞨立,이면 則季氏信有力於臧氏矣.라 弗

應.이라 己卯.에 孟孫卒.하니 公鉏奉羯.하여 立于戶側.이라 季孫
至.하여 入哭而出曰, 秩焉在.아 公鉏曰, 羯在此矣.라 季孫曰,
孺子長.이라 公鉏曰, 何長之有.오 唯其才也.라 且夫子之命也.
라 遂立羯.하니 秩奔邾.라
臧孫入哭.에 甚哀多涕.라 出.하니 其御曰, 孟孫之惡子也.이었
거늘 而哀如是.니 季孫若死.면 子其若何.오 臧孫曰, 季孫之
愛我也疾疢也.요 孟孫之惡我藥石也.라 美疢不如惡石.이라 夫
石猶生我.나 疢之美.는 其毒滋多.라 孟孫死.하니 吾亡無日矣.라
孟氏閉門.하여 告於季孫曰, 臧氏將爲亂.하여 不使我葬.이라 季
孫不信.하고 臧孫聞之戒.라

맹손(孟孫 : 孟莊子)은 장손(臧孫)을 미워하고, 계손(季孫)은 장손을 좋아했다. 맹손의 수레를 조종하고 그의 집 말을 관리하는 풍점(豊點)은 맹손의 아들 갈(羯)을 좋아하고 있었다. 그는 갈에게 말하기를, "내 말을 들으면, 반드시 맹손씨(孟孫氏) 집안의 후계자가 되오"라고 했다. 재삼 이렇게 말하니, 갈은 그의 말을 따르기로 했다. 맹장자(孟莊子)가 병이 나자, 풍점이 공서(公鉏)에게 말하되, "만일 갈을 후계자로 세운다면, 당신이 장씨(臧氏)에게 원수 갚는 한패가 되지요."라고 했다. 공서가 계손씨(季孫氏)에게 말하기를, "어린 아들 질(秩)이 물론 후계자가 될 사람이지만, 만일 갈이 그 댁의 후계자가 되면, 우리 계씨 가문은 정말 장씨보다 유력하게 되어집니다."라고 했다. 그러나 계손씨는 응하지 않았다. 기묘날에 맹손이 세상을 떠나자, 공

서는 갈을 보호하여, 맹손의 시체를 안치한 방의 문가에 서 있었다. 계손이 가, 방 안으로 들어가 곡하고 나와 말하기를, "질은 어디에 있는가?"라고 했다. 그러자 공서가 말하기를, "갈이 여기 있습니다."라고 했다. 계손이, "그 어린 아들이 연장이다."라고 말하니, 공서가 다시 말하기를, "연장이라는 게 어디 있습니까? 오직 재주가 나오면 될 따름입니다. 그리고 돌아가신 어른이 남기신 명이었습니다."라고 했다. 그리고 바로 갈을 후계자로 삼았다. 그래서 질은 주나라로 도망갔다.

장손이 방안으로 들어가 곡했는데, 아주 서럽게 울고 많은 눈물을 흘리는 것이었다. 곡을 끝내고 나오니, 수레를 조종하는 자가 말하기를, "맹손 어른은 님을 미워하셨는데도 이같이 슬퍼하시니, 계손 어른께서 돌아가실 것 같으면, 얼마나 슬퍼하실까요?"라고 하니, 장손은 말했다. "계손씨가 나를 좋아하시는 것은 재환(災患)이 되고, 맹손씨가 나를 미워하신 것은 약석(藥石)이 되었던 것이다. 보기에는 좋지만 재환이 되는 것은 나쁜 돌침만 못한 것이다. 석(石)은 나를 살려주나 재환이 되는데, 보기에 좋은 것은 그 해독이 아주 많게 된다. 맹손씨가 죽었으니, 내가 망할 날이 머지 않을 것이다." 맹씨(孟氏 : 孟孫氏) 집은 대문을 닫고, 계손씨에게 고하기를, "장씨가 난리를 일으키려 하여, 장사를 지내지 못하게 합니다."라고 했다. 그러나 계손씨는 그 말을 믿지 않았고, 장손은 그 소식을 듣고 경계하고 있었다.

주해 ο御騶(어추) — 수레를 조종하고 말을 관리하는 자.
ο羯(갈) — 맹장자의 서자 중 한 사람.
ο孺子秩(유자질) — 유자는 어린 아들. 질은 이름.
ο疾疢(질진) — 열병(熱病). 재환(災患)의 뜻으로도 쓰인다. 계손한테 사랑을 받으면, 그 결과로 타인들한테 미움을 받아 재환의 근원이 된다는 뜻으로 말한 것이다.
ο藥石(약석) — 약과 돌침. 맹손씨한테 미움을 받음으로써, 자신이 경계하여 일신의 안전을 꾀하게 된다는 뜻으로 말한 것이다.

冬十一月,에 孟氏將辟,에 藉除於臧氏.라 臧孫使正夫助之,하
고 除於東門,에 甲從己而視之.라 孟氏又告季孫,하니 季孫怒,하
여 命攻臧氏.라 乙亥,에 臧紇斬鹿門之關,하여 以出奔邾.라
 初,에 臧宣叔娶于鑄,하여 生賈及爲而死.라 繼室以其姪,하니
穆姜之姨子也.라 生紇.이라 長於公宮,에 姜氏愛之.라 故로 立
之,하고 臧賈·臧爲出在鑄.라 臧武仲自邾使告臧賈,하고 且致大
蔡焉曰, 紇不佞,하여 失守宗祧.라 敢告不弔,나 紇之罪不及不
祀.라 子以大蔡納請,이면 其可也.라 賈曰, 是家之禍也.요 非子
之過也.라 賈聞命矣.라 再拜受龜,하여 使爲以納請,하니 遂自爲
也.라
 臧孫如防,하여 使來告曰, 紇非能害也.요 知不足也.였나이다
非敢私請.이오 苟守先祀,하여 無廢二勳,하시면 敢不辟邑.이리오
乃立臧爲.이라 臧紇致防而奔齊.라 其人曰, 其盟我乎.인저 臧孫
曰, 無辭.하리라 將盟臧氏,에 季孫召外史掌惡臣,하여 而問盟首
焉.이라 對曰, 盟東門氏也,에 曰, 毋或如東門遂不聽公命,하고
殺適立庶.하라 盟叔孫氏也,에 曰, 毋或如叔孫僑如欲廢國常,하
여 蕩覆公室.하라 季孫曰, 臧孫之罪,는 皆不及此.라 孟椒曰, 盍
以其犯門斬關.아 季孫用之,하여 乃盟臧氏曰, 無或如臧孫紇干

國之紀,하여 犯門斬關.하라 臧孫聞之曰, 國有人焉.이라 誰居.아
其孟椒乎.인저

　　겨울 11월에, 맹씨(孟氏) 집이 (장례식을 위하여) 길을 넓히려 하여 일꾼을 장씨(臧氏) 집에서 빌리기로 했다. 장손(臧孫)을 인부장(人夫長)으로 하여 그 일을 돕게 하고, 동문(東門)의 일에는, 장손이 무장한 병사를 거느리고 나가 감시했다. 이에, 맹씨 측에서는 다시 계손씨에게 장씨가 난리를 꾸미려 한다고 고하니, 계손씨는 노하여 장씨를 공격하라고 명했다. 을해날에, 장흘(臧紇)은 녹문(鹿門)의 빗장을 끊고 나가 주나라로 도망갔다.
　　전에, 장선숙(臧宣叔)은 주(鑄)나라 군주의 딸을 아내로 맞았는데, 가(賈)와 위(爲)를 낳고는 죽었다. 그래서 그녀의 질녀를 후처로 삼았는데, 그녀는 성공(成公)의 어머니인 목강(穆姜)의 이모의 딸이었다. 그녀가 흘(紇)을 낳았다. 흘은 군주의 궁전 안에서 자랐으며, 목강이 사랑했다. 그래서 그를 가문의 후계자로 삼았고, 장가(臧賈)와 장위(臧爲)는 주(鑄)나라에 가 있었다. 장무중(臧武仲:臧孫)이 주나라로부터 사람을 장가에게 보내어 망명하게 된 일을 고하게 하고, 또 점치는 데 쓰는 큰 거북등을 주고, "흘(紇) 저는 못나, 조상을 모시는 사당을 지키지 못하게 되었습니다. 이제 감히 하늘의 도움은 받지 못하게 되었음을 고하지만, 저의 죄는 후계자가 끊기어 조상의 제사를 지내지 못할 만한 것은 아니었습니다. 그러니 형께서 이 거북등으로 나라로 들어가 가문의 후계자가 될 것을 점치고 들어가게 해달라고 청하면 될 것입니다."라고 말을 전하게 했다. 그러자 장가는 그 심부름꾼을 통해서, "이것은 가문의 화이지, 동생의 잘못이 아닐세. 나는 그대의 부탁을 받아들이네."라고 대답하였다. 그는 재배하고 거북등을 받고, 동생 장위에게 점을 치고 나라로 들어가 후계자가 되게 청하게

했더니, 결국은 자신이 점을 쳐 길(吉)하다는 점괘를 얻었다.
 장손은 자기의 채읍(采邑)인 방(防)으로 가, 조정으로 사람을 보내어 고하기를, "저는 나라를 해치려는 것은 아니었삽고, 지혜가 부족했던 것이옵니다. 저는 이에 사사로이 청원드리옴이 아니옵고, 만약 조상의 제사 지내는 신분을 지키어 전의 두 선대(先代)의 공훈을 멸하지 않으신다면, 제가 어찌 감히 채읍에서 피해 나가지 않으오리까?"라고 했다. 조정은 장위를 후계자로 삼았다. 장흘은 채읍 방을 군주에게 바치고 제나라로 달아났다. 그의 집안 사람이 장흘에게 말하기를, "조정은 우리 가문 사람들과 맹약을 맺을 것입니다."라고 하자 장손은, "맹약 맺을 말이 없을 것이다."라고 대답했다. 조정이 장씨 측과 맹약을 맺으려 하니, 계손씨가 외사(外史)로 악한 짓을 한 신하에 대한 일을 맡고 있는 사람을 불러, 맹약의 말을 어찌할 것인가를 물었다. 그랬더니, 다음과 같이 대답하였다. "전에 동문씨(東門氏)와 맹약을 맺음에는, '동문수(東門遂)와 같이 군주의 명을 듣지 않고, 적자(嫡子)를 죽이고 서자를 세우는 일이 있지 말지어다.'라고 했습니다. 그리고 숙손씨(叔孫氏)와 맹약을 맺었을 때에는, '숙손교여(叔孫僑如)와 같이 국가의 상도(常道)를 무시하여, 공실(公室)을 전복시키려 했던 일이 있지 말라.'고 했습니다." 이 말을 들은 계손씨는 말하기를, "장손의 죄는 어느 모로 보나 다 이두 가지 죄에는 해당하지 않는다."라고 했다. 그러자 맹초(孟椒)가 "어찌 그가 성문의 빗장을 끊은 죄를 범했다고 하지 않으십니까?"라고 말했나. 세손씨는 이 의견을 채용하여, 곧 장씨 측과 맹약을 맺되, "장손흘과 같이 국가의 기강을 범하여, 성문의 빗장을 끊는 일이 있지 말지어다."라고 했다. 장손은 이 일을 듣고 말하기를, "노나라에는 인재가 있구나. 누가 있는가 하면 맹초로다."라고 했다.

|주해| ○正夫(정부)-가신(家臣) 중 인부장.

o 鹿門(녹문)-노나라 도읍 성문의 이름.
o 鑄(주)-지금의 산동성 태안(泰安) 지방에 위치했던 작은 나라.
o 大蔡(대채)-큰 거북. 채(蔡)나라에서는 거북이 많이 나왔다. 그래서 거북을 채라고도 했다. 여기에서는 점을 치는 데 쓴 큰 거북등.
o 納請(납청)-나라로 들어가 후계자가 되게끔 청원함.
o 二勳(이훈)-장문중(臧文仲:臧孫辰)과 장선숙(臧宣叔:臧孫許)을 말한다. 문중은 장공(莊公) 때 공신이었고, 선숙은 선공(宣公) 때 공신이었다.
o 外史(외사)-국가의 기록을 장악한 사관(史官)의 일종.
o 盟東門氏(맹동문씨)-선공 18년의 일.
o 盟叔孫氏(맹숙손씨)-성공 16년의 일.

晉人克欒盈于曲沃,하여 盡殺欒氏之族黨,에 欒魴出奔宋.이라 書曰晉人殺欒盈,하고 不言大夫,는 言自外也.라 齊侯還自晉不入,하고 遂襲莒,하여 門于且于,라가 傷股而退.라 明日將復戰,에 期于壽舒.라 杞殖·華還載甲,하여 夜入且于之 隧,하여 宿於莒郊.라 明日先遇莒子於蒲侯氏,하니 莒子重賂之, 하고 使無死曰, 請有盟.이라 華周對曰, 貪貨棄命,이면 亦君所惡 也.라소이다 昏而受命,하여 日未中而棄之,라면 何以事君.이리오 莒子親鼓之,하여 從而伐之,하여 獲杞梁.이라 莒人行成,에 齊侯 歸.라 遇杞梁之妻於郊,하여 使弔之,하니 辭曰, 殖之有罪,면 何 辱命焉.이리오 若免於罪,면 猶有先人之敝廬在.라소이다 下妾不 得與郊弔.이오니다 齊侯歸弔諸其室.이라

齊侯將爲臧紇田.이라 臧孫聞之,하고 見齊侯,하니 與之言伐晉.
이라 對曰, 多則多矣,로되 抑君似鼠.이오니다 夫鼠晝伏夜動,이나
不穴於寢廟,는 畏人故也.라소이다 今, 君聞晉之亂而後作焉,이오
寧將事之.이오니다 非鼠何如.이리까 乃不與田.이라 仲尼曰, 知之
難也.라 有臧武仲之知,하여 而不容於魯國,은 抑有由也.라 作不
順,하고 而施不恕也夫.아 夏書曰, 念兹在兹.라 順事恕施也.라

 진(晉)나라 사람들이 곡옥(曲沃)에서 난영을 쳐 이겨, 난씨 일족을 다 죽이니, 난방(欒魴)은 송나라로 도망갔다. 경문에 '진나라 사람이 난영을 죽였다.'라 써 말할 뿐 대부라 말하지 않은 것은, 죽은 난영이 다른 나라로 도망나가 일단 대부의 지위를 상실하고, 뒤에 다른 나라로부터 국내로 들어갔다는 것을 밝히어 말한 것이다.
 제나라 군주는 진나라로부터 자기 나라로 돌아가지 않고, 바로 거나라를 습격하여, 저우(且于)를 공격했다가, 다리에 부상을 입고는 퇴각했다. 다음날 다시 싸우려 하여, 수서(壽舒)를 치겠다고 예정했다. 제나라 기식(杞殖)과 화환(華還)은 무장병을 싣고 저녁에 저우의 좁은 길목으로 들어가, 거나라 도읍의 교외에서 밤을 지냈다. 이튿날, 그들이 먼저 거나라 군주를 포후씨(蒲侯氏)의 채읍에서 만나게 되니, 거나라 군주는 그들에게 많은 물건을 보내주고, 그들이 전사하지 않게 하여 (돌려보내고서) 말하기를, "그대들이 내게 맹서하고 돌아가기를 바라네."라고 했다. 이에 대해서 화주(華周 : 華還)가 말하기를, "재화를 탐내고 군주의 명령을 저버리면, 군주께서도 미워하실 일이옵니다. 저녁때 명령을 받고, 다음날 해가 중천(中天)에 이르기도 전에 그 명령을 버린다면 어찌 군주를 섬김이 되오리까?"라고 했다. 그

러자 거나라 군주는 친히 북을 쳐, 그들을 몰아 쳐, 기량(杞梁 : 杞殖)을 죽였다. 그뒤에 거나라 사람이 제나라에 대하여 화평을 맺어, 제나라 군주는 귀환했다. 제나라 군주가 귀환하다가 도읍의 교외에서 기량의 아내를 만나, 사람을 시켜 기량의 죽음에 대한 조문(弔問)을 하게 하니, 그녀는 조문받기를 사퇴하고 말하기를, "남편인 기식이 죄가 있었다면, 어찌 군주가 내리시는 조문의 말씀을 받을 것이옵니까? 그가 만약 죄에 걸리지 않았다면, 선대 때부터 살아온 낡은 집을 아직도 지니고 있사옵니다. 천한 첩(妾)은 교외에서 조문을 받을 수가 없사옵니다."라고 했다. 제나라 군주는 도읍으로 돌아가 그의 집으로 가 조문하게 했다.

제나라 군주는 노나라에서 간 장흘(臧紇)에게 땅을 주려고 했다. 장흘은 그 소식을 듣고 제나라 군주를 찾아뵈니, 제나라 군주는 그에게 진나라를 친 얘기를 하였다. 그러자 장흘은 군주에게 말하기를, "공이 많기는 많사오나, 도대체 군주께서는 쥐와 같사옵니다. 쥐는 낮에는 가만히 엎드려 있다가 저녁이면 활동하오나, 그것이 사람의 침실이나 사당에 구멍을 뚫지 않는 것은, 사람을 무서워하기 때문이옵니다. 이번에, 군주께서는 진나라의 난리를 들으시어, 그후에 군대를 내어 싸움을 일으키시었고, 진나라 사정이 편안해지면, 진나라를 섬기려 하시옵니다. 이것이 쥐가 하는 짓이 아니고 무엇이겠사옵니까?"라고 했다. 이에, 제나라 군주는 그에게 땅을 주지 않았다. 공자(孔子)는 그를 두고 말씀하시기를, "지혜는 쓰기가 어려운 것이다. 장무중의 지혜로도 노나라에 용납되지 못했던 것은, 그럴 이유가 있었다. 그것은 순서에 맞지 않는 짓을 했고, 은혜를 베풀어 억울한 자의 마음을 용서해 주지 않아서였다. 〈하서(夏書)〉에 이르기를, '이것을 생각함은 이 마음에 있다.'고 했는데, 일의 순서를 지키고, 남에게 은혜를 베푸는 것에는 상대의 마음을 용납해야 한다는 것을 말한 것이다."라고 하셨다.

| 주해 |　o且于(저우) - 거나라의 읍 이름. 뒤에 나오는 수서(壽舒)나 포후씨(蒲侯氏)의 땅도, 다 지금의 산동성 거현(莒縣) 서북부 땅.
o獲杞梁(획기량) - 여기에서는 기량을 쳐죽였다는 뜻.《맹자(孟子)》고자편(告子篇) 하(下)에, 화환과 기식은 둘 다 전사(戰死)한 걸로 나온다.
o下妾(하첩) - 천한 첩. 첩은 여자가 군주 앞에서 자칭한 말.
o作不順(작불순) - 장흘이 계손숙의 연장의 아들을 제쳐놓고, 그 밑의 아들을 후계자로 삼아 준 일을 두고 말한다.
o施不恕也夫(시불서야부) - 연장자로서 후계자가 못되었던 계손숙의 아들 공서(公鉏)에게 은혜를 베풀지 않았음을 두고 말한다.
o夏書(하서) - 여기에서 말한 하서는 전해지지 않고 있는 일서(逸書)다.

| 經 |　o二十有四年春,에 叔孫豹如晉.이라
　　　o仲孫羯帥師,하여 侵齊.라
　　　o夏,에 楚伐吳.라
　　　o秋七月甲子朔,에 日有食之,하여 旣.라
　　　o齊崔杼帥師,하여 伐莒.라
　　　o大水.라
　　　o八月癸巳朔,에 日有食之.라
　　　o公會晉侯·宋公·衛侯·鄭伯·曹伯·莒子·邾子·滕子·
　　　　薛伯·杞伯·小邾子于夷儀.라
　　　o冬,에 楚子·蔡侯·陳侯·許男伐鄭.이라
　　　o公至自會.라

○陳鍼宜咎出奔楚.라
○叔孫豹如京師.이라
○大饑.라

24년 봄에, 숙손표가 진(晉)나라에 갔다.
중손갈이 군사를 이끌고, 제나라를 침공했다.
여름에, 초나라가 오나라를 쳤다.
가을 7월 갑자날인 초하루에 일식이 있었는데, 개기식(槪旣食)이었다.
제나라 최저가 군사를 이끌고, 거나라를 쳤다.
큰물이 났다.
8월 계사날인 초하루에, 일식이 있었다.
공이 진(晉)나라 군주인 후작·송나라 군주인 공작·위나라 군주인 후작·정나라 군주인 백작·조나라 군주인 백작·거나라 군주인 자작·주나라 군주인 자작·등나라 군주인 자작·설나라 군주인 백작·기나라 군주인 백작·소주나라 군주인 자작 등과 이의(夷儀)에서 회합을 가졌다.
겨울에, 초나라 군주인 자작·채나라 군주인 후작·진(陳)나라 군주인 후작·허나라 군주인 남작이 정나라를 쳤다.
공이 회합에서 돌아왔다.
진(陳)나라 겸의구(鍼宜咎)가 초나라로 도망갔다.
숙손표가 천자가 계시는 서울에 갔다.
큰 기근이 났다.

│傳│ 二十四年春,에 穆叔如晉.이라 范宣子逆之,하여 問焉曰, 古人有言,하여 曰, 死而不朽.라 何謂也.오 穆叔未對,에 宣子曰,

昔에 匄之祖는 自虞以上爲陶唐氏하고 在夏爲御龍氏하며 在
商爲豕韋氏하고 在周爲唐杜氏였거늘 晉主夏盟에 爲范氏라
其是之謂乎아 穆叔曰 以豹所聞으론 此之謂世祿이오 非不朽
也라 魯有先大夫하여 曰臧文仲이라 旣沒이나 其言立於世라
其是之謂乎인저 豹聞之하되 大上有立德이오 其次有立功이며
其次有立言이라 雖久不廢면 此之謂不朽라 若夫保姓受氏하
여 以守宗祊하여 世不絶祀는 無國無之라 祿之大者也는 不
可謂不朽라

24년 봄에 목숙(穆叔 : 叔孫豹)이 진나라에 갔다. 진나라 범선자(范宣子)가 그를 맞이하여, 물어 말하기를, "옛사람이 말하기를, '죽어서도 썩지 않는다.'라 했습니다. 무엇을 두고 한 말입니까?"라고 했다. 목숙이 이 물음에 대하여 대답하지 않고 있는데, 범선자가 다시 말하기를, "개(匄) 나의 조상은 우순(虞舜), 즉 순(舜)임금 때와 그 전에는 도당씨(陶唐氏)라 했고, 하(夏)나라 때는 어룡씨(御龍氏)라 했으며, 상(商 : 殷)나라 때는 시위씨(豕韋氏)라 했고, 주(周)나라 시대에 들어서는 당두씨(唐杜氏)라 했는데, 우리 진나라가 중원(中原)의 제후국들과 동맹을 맺어 그 맹주(盟主)가 되어서는 범씨(范氏)가 되었습니다. 이렇게 오래 두고 연면하게 이어진 것을 두고 그렇게 이르는 것입니까?"라고 하였다. 이에 대해서, 목숙은 말했다. "표(豹) 제가 들은 바로는, 그것은 가문이 대대로 이어진 천복(天福)이라 하고, 썩지 않는 일은 아닌 것입니다. 저희 노나라에는 돌아간 한 대부가 있어서, 장문중(臧文仲)이라 했습니다. 그분은 이미 세상을 떠났지만,

그분이 남긴 말은 현세에서도 유익하게 작용하고 있습니다. 이런 것을 이르는 것일 겁니다. 제가 듣기로는, '가장 상질인 것은 큰 덕을 세움이고, 그 다음은 큰 공을 세움이며, 그 다음은 훌륭한 말을 남겨두는 것이다.'라 합니다. 이 덕·공·말이 오래되어도 소멸되지 않으면, 그것을 곧 영원히 썩지 않는 것이라 이르는 것입니다. 성을 보존하고 씨(氏)를 이어받아, 조상의 사당을 지켜서, 세세로 제사 지냄을 단절시키지 않는 것은 그 예가 없는 나라가 없습니다. 천복의 큰 것을 썩지 않음이라고는 이를 수가 없습니다."

주해 ○自虞以上爲陶唐氏(자우이상위도당씨) – 우(虞)는 우순(虞舜)으로 순임금을 말한다. 순임금 전의 임금은 요(堯)임금이었다 하는데, 요임금은 도당씨(陶唐氏)였다 한다. 이 말은 곧 범선자 자신이 요임금과 동족의 후손이라는 것을 말한 것이다.
○世祿(세록) – 일반적으로는 '관록(官祿)을 세습(世襲)한다'로 풀이된다. 그러나 여기에서는 선조로부터 오랫동안 계승된 천복이라고 풀이된다.
○臧文仲(장문중) – 노나라의 장손신(臧孫辰).

范宣子爲政,에 諸侯之幣重.이라 鄭人病之.라 二月,에 鄭伯如晉.이라 子産寓書於子西,하여 以告宣子曰, 子爲晉國,하여 四鄰諸侯不聞令德,하고 而聞重幣.라 僑也惑之.라 僑聞,하되 君子長國家者,는 非無賄之患,하여 而無令名之難.이라 夫諸侯之賄,가 聚於公室,이면 則諸侯貳,하고 若吾子賴之,면 則晉國貳.라 諸侯貳,면 則晉國壞,하고 晉國貳,면 則子之家壞.라 何沒沒也.오 將焉用賄.아 夫令名,은 德之輿也.요 德國家之基也.라 有基,면 無

壞,니 無亦是務乎.아 有德,이면 則樂,이오 樂則能久.라 詩云,하되 樂只君子,여 邦家之基.라 有令德也夫.라 上帝臨女,하니 無貳爾心.이라 有令名也夫.라 恕思以明德,이면 則令名載而行之.라 是以,로 遠至邇安,하여 毋寧使人謂子,하되 子實生我,나 而謂子,하되 浚我以生乎.아 象有齒,하여 以焚其身.이라 賄也.라 宣子說,하여 乃輕幣.라

是行也,에 鄭伯朝晉,은 爲重幣故,요 且請伐陳也.라 鄭伯稽首,에 宣子辭.라 子西相曰, 以陳國之介恃大國,하여 而陵虐於敝邑.이라 寡君是以請請罪焉.이라 敢不稽首.아

범선자가 진나라의 정치를 하여, 제후들이 납입(納入)할 재물의 부담이 커졌다. 정나라 사람은 그 큰 부담에 시달렸다. 2월에 정나라 군주가 진나라에 갔다. 그때, 정나라 자산(子産)은 서신을 자서(子西)편에 부쳐 범선자에게 알리게 했다. "님께서 진나라의 정권을 잡자 사방의 제후들은 님의 훌륭한 덕을 전해 듣지는 못하고, 님이 많은 재물을 거두어 들인다는 평만 듣고 있습니다. 그래서 교(僑:子産), 저는 미혹(迷惑)되고 있습니다. 제가 듣기로는, '군자로서 국가의 장(長)이 된 자는, 재화 없음을 근심하지 않고 훌륭한 평판(評判) 없음을 걱정한다.'고 합니다. 제후들의 재화가 진나라 공실(公室)로 모이게 된다면, 제후들은 진나라에 대해서 두 마음을 품을 것이고, 만약 님이 재화를 사유(私有)하게 된다면, 진나라가 님에게 두 마음을 가질 것입니다. 제후들이 두 마음을 가지면 진나라가 무너질 것이고, 진나라가 님에게 다른 마음을 둔다면 님의 가문은 무너질 것입니다. 그런데

어찌 재화에 대해서만 급급하십니까? 대체 재화를 장차 어디에 쓰시렵니까? 훌륭한 평판은 덕을 담는 그릇이고, 덕은 국가를 유지함에 기본이 됩니다. 기본이 서 있으면 무너지지 않는 것이니, 덕 닦음을 힘쓰지 않을 수 있습니까? 덕이 있으면 즐겁고, 즐거우면 무엇이건 오래 지탱할 수가 있습니다. 시에 이르기를, '즐거워하는 군자여, 나라의 기틀이로다.'라 했는데, 이것은 훌륭한 덕을 말한 것입니다. 그리고 '천제(天帝) 그대의 마음에 머물러 있어, 그대의 마음에는 배반이 없을세라.'고 하였는데, 이것은 좋은 평판 있음을 말한 것입니다. 상대편을 너그러이 대하여 생각해서 덕을 밝히면, 좋은 평판은 덕을 실어 사방에 퍼집니다. 그리하여 먼 곳의 사람이 찾고, 가까이 있는 사람은 안정되어져, 차라리 사람이 님을 평해서 말하게 하기를, '님이 우리를 살려주었다.'라고는 할지언정, 님을 평해서 '님이 우리한테 긁어내어 취해서 살아간다.'라고 말할 것입니까? 코끼리는 이[牙]를 가지고 있기에 그 몸을 거꾸러뜨리게 합니다. 이가 보물이기 때문입니다." 범선자는 이 서신을 보고 기뻐하여, 곧 제후들이 바칠 재물의 양을 가볍게 했다.

정나라 군주가 진나라를 찾아간 것은 바칠 재물이 많았기 때문이었고, 또 진(陳)나라를 치게 해달라고 청하는 일로써였다. 정나라 군주가 머리를 조아리는 예를 함에 범선자는 그 절 받기를 사양했다. 그러자 정나라 자서가 군주를 따라 돕고 있으며 말하기를, "진(陳)나라가 큰 나라(초나라)를 믿고 있음으로써, 저희 나라를 못살게 합니다. 저희 군주께서는 그 때문에 진나라를 치게 해달라고 청원드리는 것입니다. 그런데 어찌 머리 조아리는 예를 하지 않겠습니까?"

| 주해 | ○賴之(뇌지) — 여기에서는 사사로 가짐.
○樂只君子(낙지군자), 邦家之基(방가지기) — 《시경》 소아 남산유대편(南山有臺篇)의 구절.
○上帝臨女(상제림여), 無貳爾心(무이이심) — 《시경》 대아 대명편(大明篇)

의 구절.

孟孝伯侵齊_{맹효백침제},는 晉故也_{진고야}.라
夏_하,에 楚子爲舟師_{초자위주사},하여 以伐吳_{이벌오}.라 不爲軍政_{불위군정},하여 無功而還_{무공이환}.이라
齊侯旣伐晉而懼_{제후기벌진이구},하여 將欲見楚子_{장욕견초자}.라 楚子使薳啓彊如齊聘_{초자사위계강여제빙},하고 且請期_{차청기}.라 齊人社_{제인사},하고 蒐軍實_{수군실},하여 使客觀之_{사객관지}.라 陳文子曰_{진문자왈}, 齊將有寇_{제장유구}.리라 吾聞之_{오문지},하되 兵不戢_{병부집},이면 必取其族_{필취기족}.이라
秋_추,에 齊侯聞將有晉師_{제후문장유진사},하여 使陳無宇從薳啓彊如楚辭_{사진무우종위계강여초사},하고 且乞師_{차걸사}.라 崔杼帥師_{최저솔사},하여 送之_{송지},하고 遂伐莒_{수벌거},하여 侵介根_{침개근}.이라
會于夷儀_{회우이의},는 將以伐齊_{장이벌제},나 水_수,하여 不克_{불극}.이라
冬_동,에 楚子伐鄭_{초자벌정},하여 以救齊_{이구제}.라 門于東門_{문우동문},하고 次于棘澤_{차우극택}.이라 諸侯還救鄭_{제후환구정}.이라 晉侯使張骼·輔躒致楚師_{진후사장격보력치초사},하고 求御于鄭_{구어우정}.이라 鄭人卜宛射犬_{정인복완석견},하니 吉_길.이라 子大叔戒之曰_{자대숙계지왈}, 大國之人_{대국지인},은 不可與_{불가여}也_야.라 對曰_{대왈}, 無有衆寡_{무유중과},하고 其上一也_{기상일야}.라 大叔曰_{대숙왈}, 不然_{불연}.이라 部婁無松柏_{부루무송백}.이라
二子在幄_{이자재악},하고 坐射犬于外_{좌석견우외},하며 旣食而後食之_{기식이후식지},하고 使御廣車_{사어광거}而行_{이행},하여 己皆乘乘車_{기개승승거}.라 將及楚師而後從之乘_{장급초사이후종지승},하여 皆踞轉而_{개거전이}鼓琴_{고금}.이라 近_근,에 不告而馳之_{불고이치지},하니 皆取冑於橐而冑_{개취주어고이주}.라 入壘_{입루},에

皆下,하여 搏人以投,하고 收禽挾囚,어늘 弗待而出,하니 皆超乘,하여 抽弓以射.라 旣免,에 復踞轉而鼓琴.이라 曰, 公孫,아 同乘 兄弟也,어늘 胡再不謀.아 對曰, 曩者志入而已.요 今則怵也.라 皆笑曰, 公孫之亟也.여
楚子自棘澤還,하고 使薳啓彊帥師送陳無宇.라

노나라 맹효백(孟孝伯 : 仲孫羯)이 제나라를 침공한 것은, 진(晉)나라를 위하기 때문이었다.

여름에, 초나라 군주는 수군(水軍)을 편성하여 오나라를 쳤다. 그러나 군사 통제가 잘 안되어서, 군공을 이루지 못하고 귀환했다.

제나라 군주는 진나라를 치고 나자 보복을 두려워하여, 초나라 군주를 만나려 했다. 그러자 초나라 군주는 위계강(薳啓彊)에게 제나라를 예방케 하고, 또 만날 시기를 정하게 했다. 그때 제나라 사람은 토지신(土地神)에게 드리는 제사인 사제(社祭)를 지내고, 군용 기물(軍用器物)을 모아 진열하여서, 그 나라를 찾은 객(客)에게 관람시켰다. 그러므로 진문자(陳文子 : 陳須無)는 이르기를, "제나라에는 곧 적(敵)이 있게 될 것이다. 내 들었으되, '무기는 잘 보관하여 두지 않으면, 반드시 그의 겨레를 다치게 한다'고 하였다."라고 했다.

가을에, 제나라 군주는 곧 진나라 군사가 쳐들어올 것이라 듣고, 진무우(陳無宇 : 陳文子)에게 초나라 위계강을 따라 초나라에 가 사정을 말하게 하고, 또 군사를 내달라고 요청케 했다. 그때, 최저는 군사를 이끌고 그들을 보내놓고, 그길로 바로 거나라를 쳐, 개근(介根)을 침공했다.

이의(夷儀)에서 제후들이 회합을 가진 것은, 제나라를 치려는 것이었으나, 물난리가 나 실행하지 못했다.

겨울에, 초나라 군주는 정나라를 쳐서, 제나라를 구원하려 했다. 그래서 정나라 도읍 성의 동문(東門)을 공격하고, 극택(棘澤)에 주군했다. 그러자 제후들이 발길을 돌려 정나라를 구하기로 했다. 진나라 군주는 장격(張骼)과 보력(輔躒)으로 하여금 초나라 군사에게 싸움을 걸게 하고, 그들이 탈 전차의 조종자를 정나라에서 내라고 했다. 그래서 정나라 사람이 그 적임자를 거북등을 구워 완석견(宛射犬)을 두고 점치니, 길(吉)이었다. 공자 대숙(大叔 : 游吉)이 완석견에게 경계해서 말하기를, "큰 나라 사람과는 동등한 입장으로 일을 같이 할 수가 없나니."라고 했다. 그러자 완석견이 대답하기를, "나라의 크고 작은 것이야 말할 것 없고, 윗사람에게 대하는 태도야 한가지지요."라고 했다. 그러자 대숙은, "그렇지 않네. 작은 언덕에는 큰 송백(松柏)이 자라나지 않는 법이야."라고 말하였다.

완석견이 전차 조종자로서 가니, 장격과 보력 두 사람은 군막(軍幕) 안에 있고, 완석견은 그 군막 밖에 앉히며, 그들이 식사를 들고 나서야 밥을 먹이고, 전차를 조종하여 가게 하고서는, 자기들은 둘 다 보통 수레를 타고 갔다. 초나라 군사의 진영에 곧 당도하게 되자, 그때서야 전차로 올라타고는, 두 다리를 뻗고 몸을 이리저리 굴리면서 금(琴)을 타는 것이었다. 초군 진영에 가까이 가, 완석견은 적진에 가까이 왔다는 것도 알리지 않고 달리니, 그들은 전대에서 투구를 꺼내어 썼다. 초군의 보루 안으로 들어가자, 그들은 전차에서 내리더니, 적의 군인을 잡아넌시고, 생포하여 눌이 양쪽에서 끼어 잡았지만, 완석견은 그들을 기다리지 않고 전차를 몰고 나오니, 그들은 뛰어 타고, 활을 빼어들고 쏘았다. 적군의 공격 거리에서 벗어나자, 그들은 다시 두 다리를 뻗고 몸을 굴리며 금을 탔다. 그러면서 말하기를, "정나라 공손(公孫)이여! 전차에 같이 탄 사람은 형제 사이인데, 어찌하여 두 번이나 우리하고 상의하지 않고 달렸소."라고 하였다. 그래서 완석견이, "먼젓번은 적진으로 들어가려고만 했을 뿐이었고, 이번은 두려워서 그랬소이다."라고 하니, 그들은 웃고 말하기를, "공손은 성질도 급하구려!"라고 하였다.

초나라 군주는 극택으로부터 돌아갔고, 위계강에게 군사를 이끌고 진무우를 보내주게 했다.

주해 ㅇ陳無宇(진무우) – 진문자의 아들로 진환자(陳桓子)라 했다.
ㅇ介根(개근) – 지금의 산동성 교현(膠縣) 땅.
ㅇ夷儀(이의) – 원래는 형(邢)나라의 땅. 당시는 위나라 땅이었다. 지금의 산동성 요성(聊城) 부근.
ㅇ棘澤(극택) – 지금의 하남성 신정(新鄭) 동남쪽 땅.
ㅇ不可與也(불가여야) – 동등한 입장으로 일을 같이 할 수가 없음.
ㅇ無有衆寡(무유중과) – 큰 나라, 작은 나라는 말할 것이 없음. 여기에서의 중과는 큰 나라와 작은 나라.
ㅇ其上一也(기상일야) – 아랫사람이 윗사람에 대하는 태도는 같음.
ㅇ部婁無松柏(부루무송백) – 부루는 작은 언덕. 작은 언덕에는 큰 송백은 자라지 않음. 큰 나라와 작은 나라는 인물도 다르다는 뜻의 말.

吳人爲楚舟師之役故,로 召舒鳩人,하니 舒鳩人叛楚.라 楚子師于荒浦,하여 使沈尹壽與師祁犁讓之.라 舒鳩子敬逆二子,하여 而告無之,하고 且請受盟.이라 二子復命,하니 王欲伐之.라 蔿子曰, 不可.이오니다 彼告不叛,하고 且請受盟,이어늘 而又伐之,면 伐無罪也.라소이다 姑歸息民,하여 以待其卒.하소서 卒而不貳,면 吾又何求.이리오 若猶叛我,면 無辭有庸.이리이다 乃還.이라

陳人復討慶氏之黨,하니 鍼宜咎出奔楚.라

齊人城郊.이라 穆叔如周聘,하고 且賀城.이라 王嘉其有禮也,하
사 賜之大路.라
晉侯嬖程鄭,하여 使佐下軍.이라 鄭行人公孫揮如晉聘.이라 程
鄭問焉曰, 敢問,컨데 降階何由.아 子羽不能對.라 歸以語然明,하
니 然明曰, 是將死矣.리라 不然,이면 將亡.하리라 貴而知懼,하고
懼而思降,이면 乃得其階,하니 下人而已.라 又何問焉.고 且夫旣
登,하여 而求降階者,는 知人也,로되 不在程鄭.이라 其有亡釁乎.
인저 不然,이면 其有惑疾.이리라 將死而憂也.라

 오나라 사람이 초나라 수군의 싸움을 이유로, 서구(舒鳩)나라 사람을 유인하여 불러들이니, 서구나라 사람이 초나라에 대해서 배반하게 되었다. 그러자 초나라 군주는 군대를 황포(荒浦)에 주군시키고는, 심윤수(沈尹壽)와 사기리(師祁犂)를 보내어 서구나라를 추궁하게 했다. 그러자 서구나라 군주인 자작은 공손히 두 사람을 맞이하여 배반한 일이 없다고 말하고, 맹서의 말을 받아들일 것을 요청했다. 두 사람이 돌아가 초왕에게 복명하니, 초왕은 서구나라를 치려 했다. 그러자 위자(蔿子 : 蔿子馮)가 말하기를, "그래서는 아니되옵니다. 서구나라 군주가 배반하지 않았다고 고하고, 또 맹약의 말을 받아들이겠다고 요청했는데 역시 치신다면, 죄 없는 나라를 치는 것이 되옵니다. 그러하오니, 잠시 돌아가 백성들을 휴식시키어, 그의 뒷날 태도를 기다리소서. 뒷날까지도 배반하지 않는다면, 우리로서는 또 무엇을 바랄 것이옵니까? 만일 우리를 배반할 것 같으면, (우리가 쳐도) 저쪽으로서는 할 말이 없고, 우리에게는 무공(武功)이 있게 될 것이옵니다."라고 했

다. 그래서 돌아갔다.

　진(陳)나라 사람이 다시 경씨(慶氏) 무리를 토벌하니, 겸의구(鍼宜咎)가 초나라로 달아났다.

　제나라 사람이 주(周)나라 겹(郟)에 성을 쌓았다. 노나라 목숙(穆叔:叔孫豹)이 주(周)나라에 가 천자를 예방하고, 또 겹에 성을 쌓았음을 축하드렸다. 천자께서는 목숙이 예의가 있음을 좋아하사, 그에게 큰 수레를 하사하셨다.

　진(晉)나라 군주가 정정(程鄭)을 사랑하여, 그를 하군부장(下軍副將)이 되게 했다. 정나라 외교관인 행인(行人) 공손휘(公孫揮)가 진(晋)나라에 가 예방했다. 그때, 정정이 그에게 묻기를, "내 감히 묻습니다만, 상대에 대해 낮추어 겸손하는데는 어찌합니까?"라고 했다. 자우(子羽:公孫揮)는 대답할 수가 없었다. 그가 돌아가 연명(然明:鬷蔑)에게 그 일을 말하니, 연명은 말했다. "그는 곧 죽을 것이오. 그렇지 않으면, 그의 가문은 망할 것이오. 귀하게 되어 두려워할 줄 알고, 두려워서 자기 자신을 낮출 것을 생각한다면, 그 겸손할 줄을 깨닫는 것이니, 그것은 타인에게 굽힐 따름인 것이오. 그런데 다시 무얼 물을 것이오? 이미 높은 지위에 올라서, 자신을 낮추어 겸손하기를 생각하는 자는 지혜로운 사람이지만, 정정에게는 그런 지혜가 있지 않소. 그에게 망할 징조가 있는 것이오. 그렇지 않다면, 그는 정신이 흐린 병에 걸리게 될 것이오. 그는 곧 죽게 되어서 걱정하고 있는 것이오."

▎주해▎　○舒鳩(서구)―지금의 안휘성 여강(廬江) 지방에 있었던 나라.
　　○荒浦(황포)―서구나라 지명.
　　○郟(겹)―주나라 천자의 직할 지명으로, 지금의 하남성 낙양(洛陽) 서북부 땅. 겹욕(郟鄏)이라고도 했다. 선공 3년조 참고.

　　　　　　　　이십유오년춘　　　제최저솔사　　벌아북비
▎經▎　○二十有五年春,에 齊崔杼帥師,하여 伐我北鄙.라

○夏五月乙亥,에 齊崔杼弑其君光.이라
○公會晉侯・宋公・衛侯・鄭伯・曹伯・莒子・邾子・滕子・薛伯・杞伯・小邾子于夷儀.라
○六月壬子,에 鄭公孫舍之帥師,하여 入陳.이라
○秋八月己巳,에 諸侯同盟于重丘.라
○公至自會.라
○衛侯入于夷儀.라
○楚屈建帥師,하여 滅舒鳩.라
○冬,에 鄭公孫夏帥師,하여 伐陳.이라
○十有二月,에 吳子遏伐楚,하여 門于巢,라가 卒.이라

25년 봄에, 제나라 최저(崔杼)가 군사를 이끌고, 우리 노나라의 북쪽 변경을 쳤다.

여름 5월 을해날에, 제나라 최저가 그의 군주 광(光)을 죽였다.

공이 진(晉)나라 군주인 후작・송나라 군주인 공작・위나라 군주인 후작・정나라 군주인 백작・조나라 군주인 백작・거나라 군주인 자작・주나라 군주인 자작・등나라 군주인 자작・설나라 군주인 백작・기나라 군주인 백작・소주나라 군주인 자작 등과 이의(夷儀)에서 회합을 가졌다.

6월 임자날에, 정나라 공손사지(公孫舍之)가 군사를 이끌고, 진(陳)나라로 쳐들어갔다.

가을 8월 기사날에, 제후들이 중구(重丘)에서 동맹을 맺었다.

공이 회합에서 돌아왔다.

위나라 군주인 후작이 이의(夷儀)로 들어갔다.

초나라 굴건(屈建)이 군사를 이끌고, 서구나라를 멸망시켰다.

겨울에, 정나라 공손하(公孫夏)가 군사를 이끌고, 진(陳)나라를 쳤다.

12월에, 오나라 군주인 자작 알(遏)이 초나라를 쳐, 소(巢)에서 공격하다가, 세상을 떠났다.

傳| 二十五年春,에 齊崔杼帥師,하여 伐我北鄙,하여 報孝伯之師也.라 公患之,하여 使告于晉.이라 孟公綽曰, 崔子將有大志,하여 不在病我.이리이다 必速歸,이리어늘 何患焉.인가 其來也,에 不寇,하고 使民不嚴,하여 異於他日.이오니다 齊師徒歸.라

25년 봄에, 제나라 최저가 군사를 이끌고, 우리 노나라의 북쪽 변경을 쳐, 효백(孝伯:孟孝伯)의 군사가 쳐들어갔던 일에 대해서 보복했다. 노나라 군주는 이 일을 근심하여, 사람을 시켜 진나라에게 고했다. 그러자 맹공작(孟公綽)이 말하기를, "제나라의 최저는 곧 큰 뜻을 지니고 있어, 그의 마음은 우리를 괴롭히자는 데 있지 않사옵니다. 그는 반드시 빨리 돌아갈 것이온데 어찌 걱정하시옵니까? 그가 와서는 약탈하지 않고, 백성들 부림이 혹독하지 않아, 다른 때와는 다르옵니다."라고 했다. 제나라 군사는 아무런 성과도 없이 돌아갔다.

주해| ○孟公綽(맹공작)-노나라 대부.

○徒歸(도귀)-그저 돌아감. 아무 성과도 없이 돌아감.

齊棠公之妻,는 東郭偃之姉也.라 東郭偃臣崔武子.라 棠公死,

에 偃御武子,하여 以弔焉,이라 見棠姜而美之,하여 使偃取之.라
偃曰, 男女辨姓,이어늘 今君出自丁,하고 臣出自桓,이니 不可.라
武子筮之,하니 遇困≡≡之大過≡≡.라 史皆曰, 吉.이라 示陳文
子,하니 文子曰, 夫從風,하고 風隕妻,하니 不可娶也.라 且其繇
曰, 困于石,하여 據于蒺藜.라 入于其宮,하여 不見其妻,하니 凶.이
라 困于石,은 往不濟也.라 據于蒺藜,는 所恃傷也.라 入于其宮,
하여 不見其妻,하니 凶,이라는 無所歸也.라 崔子曰, 嫠也,에 何害.
아 先夫當之矣.라 遂取之.라 莊公通焉,에 驟如崔氏,하고 以崔子
之冠賜人.이라 侍者曰, 不可.라소이다 公曰, 不爲崔子,라도 其無
冠乎.아 崔子因是,하고 又以其間伐晉也,에 曰, 晉必將報.라 欲
弑公以說于晉,이나 而不獲間.이라 公鞭侍人賈擧,하고 而又近
之.라 乃爲崔子間公.이라

夏五月,에 莒爲且于之役故,로 莒子朝于齊.라 甲戌饗諸北郭,
에 崔子稱疾不視事.라 乙亥,에 公問崔子,하고 遂從姜氏.라 姜氏
入于室,하여 與崔子自側戶出.이라 公拊楹而歌.라 侍人賈擧止
衆從者而入,하여 閉門.이라 甲興,에 公登臺而請,이나 弗許.라 請
盟,이나 弗許,하고 請自刃於廟,나 弗許.라 皆曰, 君之臣杼疾病,
에 不能聽命.이오니다 近於公宮,으로 陪臣干掫,어늘 有淫者,이었

　　　　　부지이명　　　　　　공유장　　　우사지　　중고　　　　반추
나이다 不知二命.이오이다 公踰牆.에 又射之.라 中股.하여 反隊.하
　　수시지
니 遂弑之.라

　　　가거　　주작　　병사　　공손오　　봉구　　탁보　　양이　　누인개사
　　賈擧·州綽·邴師·公孫敖·封具·鐸父·襄伊·僂堙皆死.
　　　축타보제어고당　　　　지　　　　복명　　　불탈변이사어최씨
라 祝佗父祭於高唐.하고 至.하여 復命.하고 不說弁而死於崔氏.
　　신괴시어자　　　　퇴위기재왈　　　이이노면　　　아장사　　기재
라 申蒯侍漁者.라 退謂其宰曰, 爾以帑免.하라 我將死.라 其宰
　왈　면시반자지의야　　　여지개사　　　　최씨살종멸우평음
曰, 免是反子之義也.라 與之皆死.라 崔氏殺鬷蔑于平陰.이라
　　　　안자립어최씨지문외　　　기인왈　　　사호　　　왈　독오군야호
　　晏子立於崔氏之門外.하니 其人曰, 死乎.아 曰, 獨吾君也乎
재　　오사야　　　왈　행호　　왈　오죄야호재　　오망야　　왈
哉.아 吾死也.아 曰, 行乎.아 曰, 吾罪也乎哉.아 吾亡也.아 曰,
귀호　　왈　군사　　안귀야　　　군민자기이릉민　　　사직시주
歸乎.아 曰, 君死.에 安歸也.아 君民者豈以陵民.가 社稷是主.
　　신군자기위기구실　　　　사직시양　　고　　군위사직사　　즉
라 臣君者豈爲其口實.가 社稷是養.이라 故로 君爲社稷死.면 則
사지　　　위사직망　　즉망지　　약위기사　　　이위기망
死之.하고 爲社稷亡.이면 則亡之.라 若爲己死.하고 而爲己亡.엔
비기사닐　　수감임지　　　차인유군　　　이시지　　오언득사
非其私暱.이면 誰敢任之.아 且人有君.하여 而弑之.라 吾焉得死
지　　　이언득망지　　　장용하귀　　문계이입　　　침시고이
之.하고 而焉得亡之.하며 將庸何歸.아 門啓而入.하여 枕尸股而
곡　　　흥　　　삼용이출　　　인위최자　　　필살지　　　최자왈
哭.하고 興.하여 三踊而出.이라 人謂崔子.하되 必殺之.나 崔子曰,
민지망야　　사지　　득민　　　노포계분진　　　왕하분거
民之望也.니 舍之.면 得民.이라 盧蒲癸奔晉.하고 王何奔莒.라

　　제나라 당(棠) 땅을 다스린 사람의 아내는, 동곽언(東郭偃)의 누나
였다. 그리고 동곽언은 최무자(崔武子:崔杼)의 가신(家臣)이었다.
당을 다스리는 사람이 죽자, 동곽언은 최무자가 탄 수레를 조종하고
가 조문했다. 최무자는 죽은 당을 다스린 자의 아내 강씨(姜氏)를 보

고 아름답게 여겨, 동곽언을 통하여 처로 맞이하려 했다. 그러자 동곽언이 말하기를, "부부는 성을 달리하는 것인데, 님은 정공(丁公)의 후손이고, 저는 환공(桓公)의 후손으로 동성(同姓)이니, 아니됩니다."라고 했다. 그래서 최무자는 산가지점을 쳤더니, 곤괘(困卦)가 대과괘(大過卦)로 변하는 점괘가 나왔다. 사관(史官)들은 다 길(吉)하다고 하였다. 진문자에게 보이니, 진문자는 말했다. "남편은 바람[風]을 따르고, 바람은 처(妻)를 떨어뜨리는 괘니, 맞이할 수가 없습니다. 그리고 괘 풀이에 이르기를, '돌한테 고난을 받고 가시가 있는 질려(蒺藜)에 의지한다. 집에 들어가, 그의 아내를 보지 못하니 흉하다.'고 하여 있습니다. 돌한테 고난을 받는다는 것은 앞으로 가 물을 건너지 못한다는 것입니다. 그리고 가시가 있는 질려에 의지한다는 것은, 믿는 것한테 상하게 된다는 것입니다. 그리고 또 집에 들어가 아내를 보지 못하니 흉하다는 것은, 돌아갈 곳이 없다는 것을 말하는 것입니다." 이 말을 들은 최무자는, "그 여자는 과부인데, 무슨 해가 되겠소? 그런 액운(厄運)은 전 남편이 당했던 것이오."라고 말했다. 그리고 바로 그 여자를 아내로 맞았다. 제나라 군주 장공이 최저의 아내와 통하여, 자주 최씨 집을 가, 최씨의 관(冠)을 다른 사람에게 주기까지 했다. 그러자 시종(侍從)이, "아니되옵니다."라고 말했다. 그러나 군주는, "최 같은 사람이야 못된다 하더라도, 관까지 못 쓴단 말이냐?"라고 말하여 듣지 않았다. 최저는 이런 일로 군주를 원망했고, 또 군주가 진나라의 틈을 보아 지니, "진나라는 반드시 보복할 것이나."라 했다. 그는 군주를 죽여 진나라에 대하여 사과의 구실을 삼으려 했으나, 그럴 틈을 잡지 못하고 있었다. 그런데 군주는 자신을 시종하는 가거(賈擧)를 매질하고, 그뒤에도 그를 가까이 두고 있었다. (최저는 가거를 꾀어) 가거는 최저를 위하여 군주의 틈을 보게 되었다.

여름 5월에, 거나라가 저우(且于)에서의 싸움 때문에 거나라 군주가 제나라를 찾아갔다. 그래서 갑술날에 도읍의 북쪽 외곽에서 향연을 베풀었는데, 최저는 병을 핑계삼아 조정 일을 보지 않았다. 을해날에, 군주는 최저를 문병하고, 곧 그의 아내 강씨(姜氏)의 뒤를 쫓아갔다. 그때, 강씨는 방안으로 들어가, 최저와 함께 옆문으로 빠져나갔다. 군주는 기둥을 치며 노래를 부르고 있었다. 시종인 가거는 여러 시종들을 대문 밖에 있게 하고 자신만 들어가, 대문을 걸어 잠궜다. 무장한 병사들이 나타나 덤벼들자, 군주는 높은 대(臺)로 올라가 살려 달라고 청했지만 무장 병사들은 듣지 않았다. 군주가 맹서를 하겠다고 했지만 듣지 않고, 종묘(宗廟)로 가 자살하겠다고 했지만 듣지 않았다. 무장병들이 말하기를, "군주의 신하인 최저는 병이 중하여, 군주의 명을 받들어 일을 보지 못하는 처지이옵니다. 이곳은 군주의 궁전과 가까우므로 배신(陪臣) 저희들이 경비하고 있사온데, 음탕한 자가 있게 되었나이다. 저희들은 최저의 명령 이외에는 다른 명은 받지 않사옵니다."라고 하였다. 군주가 담을 넘으니 활을 쏘았다. 그래서 다리에 화살을 맞아 굴러떨어지니, 바로 죽였다.

이때 가거(賈擧)·주작(州綽)·병사(邴師)·공손오(公孫敖)·봉구(封具)·탁보(鐸父)·양이(襄伊)·누인(僂堙) 등이 다 죽었다. 축타보(祝佗父)는 고당(高唐)의 별묘(別廟)로 가, 제사를 드리고 돌아가, 조정에 복명하고, 제복 차림을 벗지도 않은 채 최저의 집으로 갔다가 죽었다. 신괴(申蒯)는 시어(侍漁)라는 관직에 있었다. 그는 집으로 돌아가 가신장에게, "그대는 가족을 데리고 피해라. 나는 죽을 것이다."라고 말했다. 그러자 그의 가신장은 말하기를, "제가 피한다는 것은, 의리에 배반하는 일입니다."라고 했다. 그리고 같이 둘 다 죽었다. 최저는 종멸(鬷蔑)을 평음(平陰)에서 죽였다.

안자(晏子)가 최씨네 대문 밖에 서 있으니, 그의 부하인 사람이 말을 걸어, 다음과 같은 말이 오고갔다.

부하—죽으시렵니까?

안자—다만 내 군주이신가? 내가 죽다니?

부하―다른 나라로 가시렵니까?

안자―내가 죄를 지었나? 내가 망명을 하다니?

부하―댁으로 돌아가시렵니까?

안자―군주가 죽으셨는데, 어찌 이대로 집으로 돌아갈 건가? 백성들의 군주가 어찌 백성들을 괴롭힐 것인가? 국가 사직을 주관하는 존재일세. 군주에 대해서 신하로 있는 자가, 어찌 입에 넣을 먹을 것을 위해서 있을 건가? 국가 사직을 지키는 존재일세. 그러므로 군주가 국가 사직을 위해서 죽으면 신하도 죽고, 군주가 국가 사직을 위해서 도망하면 신하도 도망하는 것이네. 그러나 군주가 만약 자신의 일 때문에 죽고, 자신만을 위해서 도망가는 때에는 사사로 절친한 사람이 아니라면, 누가 같이 죽고 같이 도망하는 일을 할 것인가? 그리고 신하된 사람이 군주를 모시고 있는 판에, 군주를 죽였네. 그런데 내 어찌 죽을 수 있고, 어찌 도망할 수 있으며, 또한 어찌 집으로 돌아갈 것인가?

이렇게 말한 그는, 대문이 열리자 안으로 들어가, 군주의 시체를 자기 무릎 위에 올리고 곡하고, 일어나 세 번 뛰는 예를 취하고 나갔다. 그 때, 어느 사람이 최저에게 이르기를 안자를 반드시 죽여야 한다고 했지만 최저는, "그 사람은 백성들한테 신망을 받고 있으니, 그를 놓아주면 백성들의 지지를 얻을 것이다."라고 했다. 노포계(盧蒲癸)는 진나라로 도망갔고, 왕하(王何)는 거나라로 도망갔다.

│주해│ ○棠公(당공)―당 땅을 다스리는 관인(官人). 당은 지금의 산동성 당읍(堂邑) 부근. 공(公)은 군주의 직할지(直轄地)를 다스리는 관리의 호칭.

○夫從風(부종풍)―곤괘(困卦)는 아래가 수(水)이고 위는 태(兌:澤)이다. 그리고 대과괘(大過卦)는 아래는 손(巽:風)이고, 위는 태(兌)다. 곤괘가 대과괘로 변하면, 손(巽:風·夫)이 태(兌:澤·妻)를 불어 떨어뜨린다는 말이다.

o 且于之役(저우지역) - 양공 23년조 참고.
o 北郭(북곽) - 도성(都城)이 이중으로 되었을 경우, 안의 성을 다만 성(城)이라 했고, 외성은 곽(郭)이라 했다.
o 高唐(고당) - 지금의 산동성 우성(禹城) 부근으로, 제나라 별묘(別廟)가 있었다 한다.
o 不說弁(불탈변) - 탈(說)은 벗음. 변(弁)은 제복(祭服).
o 口實(구실) - 여기에서는 입에 넣는 먹을 것.
o 民之望也(민지망야) - 백성들의 신망이 있는 사람.

叔孫宣伯之在齊也,에 叔孫還納其女於靈公,하여 嬖生景公.이라 丁丑,에 崔杼立而相之,하고 慶封爲左相.이라 盟國人於大宮曰, 所不與崔慶者.라 晏子仰天歎曰, 嬰所不唯忠於君利社稷者是與,면 有如上帝.라 乃歃.이라 辛巳,에 公與大夫及莒子盟.이라 大史書曰, 崔杼弑其君.이라 崔子殺之.라 其弟嗣書,하여 而死者二人.이라 其弟又書,에 乃舍之.라 南史氏聞大史盡死,하고 執簡以往,하여 聞旣書矣,하고 乃還.이라

閭丘嬰以帷縛其妻,하여 而載之,하고 與申鮮虞乘而出.이라 鮮虞推而下之曰, 君昏,에 不能匡,하고 危,에 不能救,하며 死,에 不能死,하여 而知匿其暱,하니 其誰納之.아 行及弇中,하여 將舍.라 嬰曰, 崔慶其追我.라 鮮虞曰, 一與一,에 誰能懼我.아 遂舍,하여 枕轡而寢,하여 食馬而食,하고 駕而行.이라 出弇中,하여 謂嬰曰,

速驅之.하라 崔慶之衆,은 不可當也.라 遂來奔.이라
崔氏側莊公于北郭,하고 丁亥葬諸士孫之里.라 四翣不蹕,하고
下車七乘,하며 不以兵甲.이라

노나라 숙손선백(叔孫宣伯 : 叔孫僑如)이 제나라에 가 있을 때, 숙손환(叔孫還)이 그의 딸을 제나라 영공(靈公)에게 드려, 사랑받아 경공(景公)을 낳았다. 정축날에, 최저는 경공을 군주로 세워, 자신은 승상이 되고, 경봉(慶封)은 좌상(左相)이 되었다. 나라 사람들이 조묘(祖廟)에서 맹서했는데, 그들은 '최씨, 경씨와 맞서지 않겠다.'라고 했다. 그러나 안자(晏子)는 하늘을 우러러보고 탄식하며 말하기를, "영(嬰), 나는 오직 군주에게 충성을 바치고 국가 사직을 이롭게 하는 자와 같이하지 않으면, 천벌을 받으리라."라고 했다. 그리고는, 다른 맹서할 때에 잡는 희생물의 피를 마셨다. 신사날에는, 제나라 군주와 대부들이 거나라 군주와 맹약을 맺었다. 대사관(大史官)이 역사기록부에, '최저가 그의 군주를 시해(弒害)했다.'라고 기록했다. 그랬더니 최저는 그를 죽였다. 대사의 동생 둘이 계속 그렇게 썼다가 그들 둘도 역시 죽었다. 그들의 동생이 다시 그렇게 쓰니, 그때는 내버려두었다. 남사(南史)가 대사의 형제들이 다 죽었다는 소식을 듣고, 기록한 간(簡)을 가지고 가 이미 기록부에 써 올렸다는 것을 듣고는 돌아갔다.

여구영(閭丘嬰)이라는 사람이 휘장으로 그의 아내를 싸묶어 수레에 태우고, 신선우(申鮮虞)라는 사람과 같이 달아났다. 그런데 신선우가 여구영의 아내를 밀어 아래로 떨어뜨리고 말하기를, "군주가 혼군(昏君) 노릇을 함에 바로잡아

구리로 만든 말〔馬〕

줄 수가 없었고, 군주가 위태롭게 되었음에 구해 낼 수가 없었으며, 군주가 죽었음에 같이 죽지를 못하고서, 자기의 친애하는 사람을 숨길 줄만 알고 있으니, 그 누가 받아줄 것인가?"라고 했다. 그들이 가다가 좁은 길목에 당도하자, (신선우는) 거기서 묵으려 했다. 그래서 여구영이, "최씨, 경씨의 무리가 우리를 몰고 있을 걸세."라고 말하니 신선우는, "여기는 좁은 데라 일대일이 될 텐데, 그 누가 우리를 겁내게 할 수 있단 말인가?"라고 했다. 그래서 그들은 결국 거기서 묵어, 말고삐를 뭉쳐 베개삼고 자고는, 말을 먹이고 자신들도 먹고 말을 수레에 매고는 도망갔다. 그 좁은 골목을 벗어나자 신선우는 여구영에게, "빨리 달리게. 최씨, 경씨의 많은 무리는 감당할 수가 없네."라고 말하였다. 그들은 드디어 우리 노나라로 도망왔다.

최씨는 제나라 장공(莊公)의 시체를 북곽(北郭)으로 옮겼고, 정해날에 사손(士孫)이라는 마을에서 장사를 지냈다. 그때, 영구차 장식용으로 쓰는 큰 부채[扇]는 넷만을 썼고, 길가 사람들을 경계하는 소리를 치지도 않았으며, 같이 매장하는 수레는 일곱 대만 썼고, 무기와 갑옷 등을 같이 묻는 일은 생략했다.

| 주해 | ○叔孫宣伯之在齊(숙손선백지재제) – 성공 16년조 참고.
○大宮(태궁) – 조묘. 제나라 군주의 시조는 태공망(太公望), 즉 여상(呂尙)이었다. 즉 태공망의 사당.
○南史氏(남사씨) – 남사인 사람. 남사는 사관(史官)인데, 남부에 살고 있었기에 이렇게 말한 것 같다.
○丁亥葬(정해장) – 정해날은 장공이 죽은 지 13일 만이었다. 제후는 죽은 지 5개월 후에 장사 지내었는데, 장공의 경우는 그 예법을 무시했다.
○士孫(사손) – 마을 이름.
○四翣(사삽) – 삽은 깃으로 만든 큰 부채. 제후의 영구차에는 삽을 여섯 개 다는 것이었는데, 장공의 경우는 네 개만 썼다.
○蹕(필) – 귀한 사람이 출입할 때, 또는 귀인의 영구차가 나갈 때, 길가

사람들에게 함부로 행동하지 말도록 경계하여 소리침을 말한다.
ㅇ 下車七乘(하거칠승)－제후의 장례식에는 아홉 대의 수레를 같이 묻었는데 일곱 대만 묻은 것을 말한다.

晉侯濟自泮,하여 會于夷儀,하고 伐齊,하여 以報朝歌之役.이라
齊人以莊公說,하여 使隰鉏請成,하고 慶封如師也.라 男女以班,하고 賂晉侯以宗器·樂器,하며 自六正·五吏·三十帥·三軍之大夫·百官之正長師旅及處守者,가 皆有賂.라 晉侯許之,하고 使叔向告於諸侯.라 公使子服惠伯對曰, 君舍有罪,하사 以靖小國,하니 君之惠也.라소이다 寡君聞命矣.니이다
晉侯使魏舒·宛沒逆衛侯,하여 將使衛與之夷儀.라 崔子止其帑,하여 以求五鹿.이라
初,에 陳侯會楚子,하여 伐鄭,에 當陳隧者,면 井堙木刊,하니 鄭人怨之.라 六月,에 鄭子展·子産帥車七百乘,하여 以伐陳,하여 宵突陳城,하고 遂入之.라 陳侯扶其太子偃師,하여 奔墓,라가 遇司馬桓子曰, 載余.하라 曰, 將巡城.이라 遇賈獲載其母妻,에 下之而授公車.라 公曰, 舍而母.하니 辭曰, 不祥.이오니다 與其妻扶其母,하여 以奔墓,하여 亦免.이라
子展命師,하되 無入公宮.이라 與子産親御諸門.이라 陳侯使司馬桓子賂以宗器,하고 陳侯免擁社,하고 使其衆男女別而縶,하여

以待於朝.라 子展執縶而見.하여 再拜稽首.하고 承飮而進獻.이라
子美入數俘而出.이라 祝祓社.하고 司徒致民.하며 司馬致節.하고
司空致地.하니 乃還.이라

진(晉)나라 군주는 반수(泮水)로부터 건너 넘어가, 이의(夷儀)에서 제후들과 회합을 갖고, 제나라를 쳐 조가(朝歌)에서의 싸움에 대한 보복을 했다. 그때, 제나라 사람은 장공(莊公)이 싸움을 일으켰던 것이라는 구실을 삼아 변명하여, 습서(隰鉏)에서 화평 맺기를 요청하고, 경봉(慶封)이 진나라 군진을 찾아갔다. 그리고 남녀가 따로 줄을 지어 항복을 표시하고, 진나라 군주에게 종묘의 기물과 악기를 보내주며, 육경(六卿)으로부터 오부(五部) 장관·30명의 군부 장수·삼군(三軍)의 대부(大夫)·백관(百官)의 장(長)과 속관(屬官)들 및 각 지방을 다스리는 자들이, 다 각기 재물을 내주었다. 그러자 진나라 군주는 화평 맺기를 허락하고, 숙향(叔向)으로 하여금 제후들에게 그 일을 알리게 했다. 노나라 양공은 자복혜백(子服惠伯)에게 대답케 하기를, "군주께서는 죄 있는 자를 용서하사, 작은 나라를 안정케 하시니, 그것은 군주의 은혜이옵니다. 저희 군주께서 내려주신 말씀을 잘 들었사옵니다."라고 했다.

진나라 군주는 위서(魏舒)·완몰(宛沒)에게 (제나라로 도망간) 위나라 군주를 맞이하게 하여, 위나라에 대해서 이의 땅을 주게끔 하려 했다. 그때, 제나라 최저는 위나라 군주의 가족은 그대로 머물러 있게 하며, 오록(五鹿) 땅을 요구하려 했다.

전에, 진(陳)나라 군주가 초나라 군주와 회합을 갖고 정나라를 쳤는데, 그때 진나라 군사가 지나가는 길이라며, 우물을 묻고 나무를 다 베어버리니, 정나라 사람들이 원망했다. 6월에, 정나라 자전(子展)과 자산(子產)이, 전차 7백대를 이끌고 진(陳)나라를 쳐, 저녁에 진나라

성으로 돌격하고, 드디어는 입성했다. 그때, 진나라 군주가 태자 언사(偃師)를 붙들고서 묘지(墓地)로 달아나다가, 사마(司馬)인 환자(桓子)를 만나, "나를 태워 달라."고 했다. 그러자 환자는, "성을 순시하려는 것이옵니다."라고 말하였다. 군주는 다시 가획(賈獲)이 어머니와 아내를 수레에 태우고 가는 것을 만났는데, 가획은 어머니와 아내를 수레에서 내리게 하고는 수레를 군주에게 맡기는 것이었다. 군주가 말하기를, "어머니일랑 그대로 놓아두게나."라고 하자, 가획은 사양하고 말하기를, "여자와 같이 타시는 것은 불길한 일이옵니다."라고 했다. 그리고 아내와 어머니를 부축하며 묘지로 달아나, 그들도 화를 면했다.

제나라 자전은 군사에게 명을 내리되, "궁전으로 들어가지 말라."고 했다. 그리고 자산과 함께 친히 궁전의 대문을 지켰다. 진나라 군주는 사마환자에게 종묘의 기물을 내다주게 하고, 자신은 상복(喪服)을 입고 사직의 신주(神主)를 안고, 여러 남녀들로 하여금 따로따로 죄인처럼 몸을 묶고 조정에서 대령케 했다. 자전은 말의 발을 매는 끈을 손에 쥐고 앞으로 나가, 진나라 군주를 뵈어 재배드리고 머리를 조아렸으며, 잔에 술을 따라 올렸다. 그리고 자미(子美 : 子産)는 들어가 포로의 수를 헤아리고 나갔다. 진나라 신관(神官)이 국가의 재앙을 털어내는 의식을 행하고, 사도(司徒)가 백성들을 안정시키며, 사마가 군대 통솔의 기강을 잡고, 사공(司空)이 국토 관리를 하게 되니, 정나라 군사는 돌아갔다.

│주해│ ○泮(반) — 강 이름. 지금의 산동성 서부 요성(聊城)의 서북쪽을 흐른다.

○朝歌之役(조가지역) — 양공 23년에 있었던 싸움.

○衛侯(위후) — 양공 14년에 제나라로 도망갔던 위나라 헌공(獻公).

○五鹿(오록) — 지금의 하북성 복양(濮陽) 부근. 당시 최저는 자신의 처지가 불안하여 후일을 위하여 오록 땅을 얻으려 했다.

○伐鄭(벌정)-양공 24년의 일.
○隧(수)-좁은 길목, 굴. 여기에서는 군(軍)의 진로(進路).
○免(문)-초상 때 관을 벗고 백포(白布)로 머리를 묶음.
○執縶(집집)-말의 발을 매는 끈을 손에 쥐었음은 신복(臣僕)임을 나타내는 겸손한 태도였다.
○祝祓社(축불사)-축은 신관(神官). 불사는 나라가 망하게 된 재앙을 떨어내고, 새출발을 한다는 것을 의미하는 의식이었다.

|해설| 진(晉)나라가 제나라를 정복하고, 정나라가 진(陳)나라를 정복한 일이 말해져 있고, 정나라 자전(子展)의 어진 행위가 밝혀져 있다.

秋七月己巳,에 同盟于重丘,는 齊成故也.라 趙文子爲政,하여 令薄諸侯之幣,하고 而重其禮.라 穆叔見之,하니 謂穆叔曰, 自今以往,은 兵其少弭矣.라 齊崔慶新得政,에 將求善於諸侯.리라 武也知楚令尹,하니 若敬行其禮,하고 道之以文辭,하여 以靖諸侯,면 兵可以弭.리라

가을 7월 기사날에 중구(重丘)에서 동맹을 맺은 것은, 제나라가 화평을 요청했기 때문이었다. 진(晉)나라 조문자(趙文子 : 趙武)가 정치를 하여 제후들이 바치는 재물의 책임량을 적게 하고, 예의를 잘 차렸다. 노나라 목숙(穆叔 : 叔孫豹)이 그를 만났더니, 그는 목숙에게 말하였다. "이제부터 이후에는, 전쟁은 잠시 없을 것이오. 제나라 최씨와 경씨가 서로 정권을 잡았으니 제나라는 장차 제후들과 좋게 지내기를 구할 것이오. 그리고 조무(趙武), 저는 초나라 영윤을 잘 알고 있으니, 이쪽에서 공손히 예의를 지키어 대하고, 좋은 글과 말로 유도

하여 우리 제후들을 안정케 할 것 같으면, 전쟁은 끝나게 될 것이오."

▎주해▎ ○重丘(중구)-제나라 지명으로 지금의 산동성 요성(聊城) 부근.
○弭(미)-쉬다, 중지되다.

楚蔿子馮卒.이라 屈建爲令尹,하고 屈蕩爲莫敖.라 舒鳩人卒叛
楚,하니 令尹子木伐之,하여 及離城.이라 吳人救之,에 子木遽以
右師先,하고 子彊·息桓·子捷·子駢·子盂帥左師,하여 以退.
라 吳人居其間七日.이라 子彊曰, 久將墊隘,하고 隘乃禽也.라 不
如速戰.이라 請以其私卒誘之.이라 簡師陳,하여 以待我.하라 我
克則進,하고 奔則亦視之.하라 乃可以免.이라 不然,이면 必爲吳
禽.이라 從之.라 五人以其私卒,하여 先擊吳師.라 吳師奔,하여 登
山以望.이라 見楚師不繼,하고 復逐之,하여 傅諸其軍,에 簡師會
之,하여 吳師大敗.라 遂圍舒鳩,하니 舒鳩潰.라

八月,에 楚滅舒鳩,하고 衛獻公入于夷儀.라

鄭子産獻捷于晉,이어늘 戎服將事.라 晉人問陳之罪.라 對曰,
昔,에 虞閼父爲周陶正,하여 以服事我先王.이라 我先王賴其利
器用也與其神明之後也,하사 庸以元女大姬配胡公,하시고 而封
諸陳,하사 以備三恪.이시라 則我周之自出,하여 至于今是賴.라
桓公之亂,에 蔡人欲立其出,이나 我先君莊公奉五父,하여 而立

之,러니 蔡人殺之.라 我又與蔡人奉戴厲公,하고 至於莊·宣皆
我之自立.이라 夏氏之亂,에 成公播蕩,이라가 又我之自入,은 君
所知也.라 今陳忘周之大德,하고 蔑我大惠,하여 棄我姻親,하고
介恃楚衆,하여 以馮陵我敝邑,이나 不可億逞.이라 我是以有往年
之告,하여 未獲成命,이러니 則又有我東門之役,하여 當陳隧者,엔 井
堙木刊.이라 敝邑大懼不競而恥大姬,어늘 天誘其衷,하여 啓敝邑
心,하고 陳知其罪,하여 授手于我.라 用敢獻功.이라 晉人曰, 何故
侵小.아 對曰, 先王之命,에 唯罪所在,엔 各致其辟.이라 且昔天
子之地一圻,요 列國一同,으로 自是以衰.라 今大國多數圻矣.라
若無侵小,면 何以至焉.가 晉人曰, 何故戎服.가 對曰, 我先君
武·莊爲平·桓卿士也.라 城濮之役,에 文公布命曰, 各復舊
職.하라하고 命我文公,하여 戎服輔王,하여 以授楚捷.이라 不敢廢
王命故也.라 士莊伯不能詰,하여 復於趙文子.라 文子曰, 其辭
順.이라 犯順不祥.이라 乃受之.라

冬十月,에 子展相鄭伯,하여 如晉,하여 拜陳之功.이라 子西復
伐陳,이나 陳及鄭平.이라 仲尼曰, 志有之,하되 言以足志,하고 文
以足言.이라 不言,이면 誰知其志.리오 言之無文,이면 行而不遠.
이라 晉爲伯,에 鄭入陳.이라 非文辭,면 不爲功.이라 愼辭哉.여

초나라 위자빙(蔿子馮)이 세상을 떠났다. 그래서 굴건(屈建)이 영윤이 되고, 굴탕(屈蕩)이 막오(莫敖)가 되었다. 서구나라 사람들이 끝내는 초나라를 배반하니, 영윤인 자목(子木 : 屈建)이 서구나라를 쳐, 이성(離城)에 이르렀다. 그때, 오나라 사람이 서구나라를 구원하자, 자목은 급히 우익군(右翼軍)을 이끌고 전진하고, 자강(子彊)·식환(息桓)·자첩(子捷)·자변(子騈)·자우(子盂) 등은 좌익군을 거느리고서 뒤로 처졌다. 그래서 오나라 사람들은 초나라 좌우익군의 중간에 끼어 7일간이나 지내게 되었다. 그러자 자강이 말하기를, "우리가 오래 이러고 있다가는 (비가 와) 진지가 습하고 비좁아지며, 진지가 습하고 비좁아지면 포로가 되오. 그러니 나가 빨리 싸우는 것만 못하오. 우리는 우리들이 거느리고 있는 군대로 적을 유인하기를 원하오. 그리고 정병(精兵)을 뽑아 진을 치게 해서, 우리의 거동을 기다리게 하시오. 우리가 승리하면 그 정병부대도 전진하고, 우리가 몰래 후퇴하더라도 역시 잘 지켜보고 있다가 기회를 보아 행동하게 하시오. 그러면 우리는 패배를 면할 수가 있소. 그러지 않으면, 우리는 반드시 오나라 포로가 되오."라고 하였다. 다른 사람들이 이 의견을 따랐다. 그래서 다섯 사람은 각기 휘하 부대를 이끌고 우선 오나라 군사를 공격했다. 그러자 오나라 군사는 도망하여 산으로 올라가 바라다 보았다. 오나라 군사는 초나라 군사의 뒤를 잇는 부대가 없는 걸 보고, 돌아서 초군을 몰아 바짝 따라붙으니, 초나라의 선발된 정예부대가 덤벼들어 앞에 있는 부대와 합류하여, 오나라 군사가 대패했다. 초군은 그길로 바로 서구나라 도읍을 포위하여, 서구나라는 무너지고 말았다.

8월에, 초나라는 서구나라를 멸망시켰고, 위나라 헌공(獻公)은 이의(夷儀) 땅으로 들어갔다.

정나라 자산(子產)이 (陳나라와 싸워 얻은) 전리품을 진(晉)나라에 바쳤는데, 그때 자산은 군복 차림으로 전리품 바치는 일을 했다. 진나라 사람이 진(陳)나라에 무슨 죄가 있었느냐고 묻게 되었다. 그래서 다음과 같은 문답이 있었다.

자산—옛날, 순(舜)임금의 자손인 알보(閼父)가 주(周)나라 도기공(陶器工)의 장(長)인 도정(陶正) 벼슬이 되어, 우리 주나라 전의 어진 천자를 섬기게 되었습니다. 우리 주나라 선대 어진 천자께서는 그의 재주가 나라에 이롭다는 것과, 신(神)과 같이 어진 덕을 지녔던 순임금의 후손임에 의해서, 큰딸을 호공(胡公:閼父의 아들)의 배필로 삼으시고, 그를 진(陳)나라 땅에 봉(封)하사, 옛날의 세 어진 임금 자손의 나라로 삼으셨습니다. 진나라는 우리 주나라에 의해서 되어 나와, 지금까지 주나라의 힘을 입어 왔습니다. 진나라 환공(桓公) 때의 난리에, 채나라 사람이 그 나라의 딸이 낳은 공자를 군주로 삼으려 했으나, 우리 정나라의 선대 군주 장공(莊公)께서는 오보(五父:佗)를 도와 그를 군주로 세웠으며, 채나라 사람이 그를 죽였습니다. 그래서 우리 정나라는 다시 채나라 사람과 여공(厲公)을 받들어 모셨고, 그 후 장공(莊公)·선공(宣公)까지도 다 우리 정나라에 의해서 군주 노릇을 했던 것입니다. 그리고 하씨(夏氏)의 난리에 진나라 성공(成公)이 사방을 유랑(流浪)하다가, 우리 정나라의 힘에 의해서 본국으로 들어갔던 일은 귀국의 군주께서도 잘 알고 계시는 일입니다. 그런데 지금 진나라는 주나라의 큰 덕을 잊고, 또 우리 정나라의 큰 은혜를 무시하여, 우리 정나라가 인척인데도 모르는 척하고, 다만 초나라의 큰 것을 믿어, 우리나라를 짓밟으려는 것이었으나, 우리로서는 진나라가 제멋대로 행동하게 할 수는 없었습니다. 우리는 이 때문에 전년에 진(晉)나라에게 진(陳)나라를 쳐야겠다는 것을 고하여, 아직 허락한다는 명을 받지 못하고 있었는데, 우리 도읍의 동문(東門)을 공격하는 싸움을 일으켜, 진나라 군사가 지나는 길이라면서 우물을 묻고, 나무를 다 베어버렸습니다. 저희 나라는 진나라와 싸우지 않고서, 옛 어진 천자의 큰딸을 수치스럽게 한다는 것을 크게 두려워하였는데, 하늘이 우리나라 사람들의 마음을 인도하여, 저희 나라 사람들이 용기낼 마음을 열어 주었고, 진나라가 그들의 죄를 깨달아, 우리에게 항복하는 손을 내밀었습니다. 그래서 이에 감히 전리품을 바치는 것입니다.

　진나라 사람—어찌하여 작은 나라를 침략했단 말입니까?

　자산—옛날의 어진 임금의 명(命)에, '죄가 있는 자는, 각기 벌 주는 법을 행(行)하라.'고 하셨습니다. 그리고 옛날에는, 천자의 나라는 사방 천리이고, 제후의 나라는 사방 백리로, 여기에서 아래로 차이가 있었습니다. 그런데 지금에서야, 큰 제후국으로 땅이 많은 나라는 사방 몇 천리를 차지하고 있습니다. 그 나라가 작은 나라를 침략함이 없었을 것 같으면, 어떻게 그 땅을 차지함에 이르렀을 것입니까?

　진나라 사람—당신은 무엇 때문에 군복 차림을 하셨습니까?

　자산—우리나라의 선대 군주이신 무공(武公)과 장공(莊公)께서는 평왕(平王)과 환왕(桓王)의 두 천자님의 경사(卿士)였습니다. 성복(城濮)의 싸움 때, 진(晉)나라 문공(文公)께서는 제후들에게 명령을 내리시기를, '각자 본직(本職)으로 돌아가시오.'라 하시고, 우리 정나라 문공께 명하시어, 군복 차림으로 천자를 돕게 하셔서, 초나라한테 취한 전리품을 천자께 드리게 하셨습니다. 그래서 저는 천자의 명을 어길 수가 없기 때문에 군복 차림을 했습니다.

　자산의 말을 들은 진나라 사장백(士莊伯：士弱)은 자산에게 그 이상 물을 수가 없어서, 조문자(趙文子)에게 보고했다. 그러자 조문자는, "그의 말은 이치에 맞으오. 이치에 맞음을 어기는 짓은 좋지 못한 일이오."라고 했다. 그래서 그 전리품을 받아들였다.

　겨울 10월에, 자전(子展)이 정나라 군주를 도와 진(晉)나라에 가서, 진(陳)나라를 쳐 공을 세운 일을 승인한 데 대하여 감사드렸다. 초나라 자서(子西)가 다시 진(陳)나라를 쳤으나, 진나라는 정나라와 화평을 맺었다. 공자(孔子)께서는 다음과 같이 말씀하셨다. "옛 책에 있되, '말로 뜻을 족하게 하고, 글로 말을 족하게 한다.'고 했다. 사람이 말하지 않으면, 누가 그 뜻을 알 것인가? 그리고 말을 할 뿐 글이 없다면, 그 말 전해짐이 멀지 못한다. 진(晉)나라가 패자로 되어 있는데, 정나라가 허가도 없이 마음대로 진(陳)나라에 쳐들어갔다. (자산의) 글이 될 말이 아니었더라면, 정나라가 한 일이 정당한 무공(武功)이 되지 못했을 것이다. 그러니 말에 정성을 들여야 할 것이니라."

| 주해 | ○離城(이성)-지금의 안휘성 서성(舒城) 부근.
  ○墊隘(점애)-땅이 습하고 좁음.
  ○陶正(도정)-관직 이름으로 도기공의 장.
  ○元女大姬(원녀대희)-원녀의 장녀(長女). 대희는 왕녀에 대한 통칭(通稱). 주나라 무왕(武王)의 장녀를 말한다.
  ○三恪(삼각)-특별히 예우(禮遇)하는 옛 세 나라 왕의 후손국(後孫國). 두예는 그의 주에 순(舜)임금 후손의 나라·하(夏)나라 자손의 나라·은(殷)나라 후손의 나라를 삼각이라 했다고 말했다.
  ○桓公之亂(환공지란)-환공 5년조 참고.
  ○夏氏之亂(하씨지란)-선공 11년조 참고.
  ○億逞(억령)-제멋대로 행동함.
  ○一圻(일기)-사방 천리의 넓이.
  ○一同(일동)-사방 백리의 넓이.
  ○城濮之役(성복지역)-희공 28년에 있었던 싸움.
  ○文辭(문사)-글과 말, 문장. 여기에서는 글이 될 말로 풀이된다.

楚蔿掩爲司馬,라 子木使庀賦,하고 數甲兵,이라 甲午,에 蔿掩
書土田,하고 度山林,하며 鳩藪澤,하고 辨京陵,하며 表淳鹵,하고
數疆潦,하며 規偃豬,하고 町原防,하며 牧隰皋,하고 井衍沃,하며
量入脩賦,하고 賦車籍馬,하며 賦車兵·徒卒·甲楯之數,라 旣

成以授子木.이라 禮也.라
　　　十二月,에 吳子諸樊伐楚,하여 以報舟師之役.이라 門于巢,에
巢牛臣曰, 吳王勇而輕,하니 若啓之,면 將親門.이리라 我獲射之,
면 必殪.리라 是君也死,면 疆其少安.이라 從之.라 吳子門焉,에
牛臣隱於短牆,하여 以射之.라 卒.이라
　　　楚子以滅舒鳩賞子木,하니 辭曰, 先大夫蔿子之功也.라소이다
以與蔿掩.이라
　　　晉程鄭卒.이라 子産始知然明,하고 問爲政焉.이라 對曰, 視民
如子,하고 見不仁者,면 誅之,하되 如鷹鸇之逐鳥雀也.라 子産喜,
하여 以語子大叔,하고 且曰, 他日,에 吾見蔑之面而已,나 今, 吾
見其心矣.라 子大叔問政於子産,하니 子産曰, 政如農功.이라 日
夜思之,하고 思其始而成其終.이라 朝夕而行之,하여 行無越思,를
如農之有畔,이면 其過鮮矣.라
　　　衛獻公自夷儀使與甯喜言,하니 甯喜許之.라 大叔文子聞之曰,
烏呼, 詩所謂我躬不說,에 遑恤我後者也.라 甯子可謂不恤其後
矣.라 將可乎哉.아 殆必不可.리라 君子之行,은 思其終也.요 思
其復也.라 書曰, 愼始而敬終,이면 終以不困.이라 詩曰, 夙夜匪
解,하여 以事一人.이라 今, 甯子視君,에 不如奕棋,하니 其何以免

乎.아 奕者擧棋不定,이면 不勝其耦.라 而況置君而弗定乎.아 必
不免矣.리라 九世之卿族,이 一擧而滅之,는 可哀也哉.라

초나라 위엄(蔿掩)이 사마(司馬)가 되었다. 영윤인 자목(子木)이 그에게 세수(稅收)를 조사하고, 갑옷과 병기의 수를 알아보게 했다. 갑오날에, 위엄은 전답의 면적을 기록하고, 산림의 크기를 재며, 초목이 우거진 큰 늪을 조사하고, 고지와 구릉을 분별하며, 습지대와 불모지를 따로 구별하여 나타내고, 국경과의 하천을 조사하며, 물이 고이는 못의 수와 크기를 알아보고, 원야(原野)와 물가의 경작지의 경계를 정하며, 습택지(濕澤地)를 목지(牧地)로 하고, 비옥한 땅에는 정전법(井田法)을 시행하기로 하며, 수입을 따져서 세(稅)를 부과하기로 하고, 전차 바칠 것을 할당하고, 말[馬]의 소재를 확실히 기록하며, 전차부대가 쓸 무기와 보병이 쓸 무기, 그리고 갑옷과 방패 등의 공납량(貢納量)을 할당했다. 이러한 것의 기록이 다 되어지자, 자목에게 주었다. 그것은 예에 맞는 일이었다.

12월에, 오나라 군주인 제번(諸樊)이 초나라를 쳐, 전의 초나라 수군(水軍)의 싸움에 대해서 보복했다. 오나라 군주가 소(巢)를 공격하자, 소의 우신(牛臣)이 말하기를, "오나라 왕은 용감하나 경솔하니, 만약에 성문을 열어 놓으면, 그가 친히 공격할 것이다. 그때 우리가 그를 쏠 수가 있다면, 그는 반드시 쓰러질 것이다. 그 군주가 죽기만 하면, 우리나라의 국경 지대는 다소 편안하게 된다."라고 했다. 그래서 그의 의견을 따랐다. 오나라 군주가 공격하니, 우신은 낮은 담에 몸을 숨겼다가 활을 쏘았다. 오나라 군주는 세상을 떠났다.

초나라 군주가 서구(舒鳩)나라를 멸망시킨 일로 자목에게 상을 주니, 자목이 사양하여, "그것은 죽어간 대부 위자빙(蔿子馮)의 공이었나이다."라고 말하고, 그 상을 (위자빙의 아들인) 위엄에게 주었다.

진(晉)나라 정정(程鄭)이 세상을 떠났다. 정나라 자산(子産)이 그
제서야 비로소 연명(然明)의 현명함을 알고, 연명에게 정치의 도를
물었다. 그랬더니 연명은 말하기를, "백성들 대하기를 자식같이 하고,
어질지 못한 자를 보면, 벌을 주되 매가 새를 몰듯 하는 것입니다."라
고 하였다. 이 말을 들은 자산은 기뻐하고, 이 말을 자대숙(子大叔)에
게 말하고, 또 다음과 같이 말했다. "지난날 나는 멸(蔑 : 然明)을 만
나면, 그의 얼굴만 보아왔을 뿐이었으나, 이제 나는 그의 마음을 보게
되었소." 자대숙이 정치의 도를 자산에게 물으니, 자산은 말하였다.
"정치는 농사일과 같은 것이오. 낮이나 밤이나 나랏일을 생각하고,
그 처음에 잘 생각하여 그 끝을 잘 성취시키는 것이오. 조석으로 힘
써 일하여, 그 행함이 미리 생각한 것을 넘지 않음을, 농사일의 전답
의 한계를 구분한 두둑이 있어 그 안에서만 하는 것과 같이 하면, 과
실은 적은 것이오."

 위나라 헌공(獻公)이 이의(夷儀)로부터 사자(使者)를 보내어 영희
(甯喜)에게 (자기를 도읍으로 들어가게 해달라고) 말하니, 영희는 그
요구를 받아들였다. 대숙문자(大叔文子)는 이 소식을 듣자 말했다.
"아아, 시에 이른바, '내 한몸 용납되지 못함에, 뒷날을 걱정할 겨를
있으랴?'라는 것과 같도다! 영희님은 뒷일을 걱정하지 못한다고 이
를 수 있구나. 장차 괜찮을까? 아마도 반드시 좋지 못하리라. 군자가
행동함에는 그 종말을 생각하는 것이고, 다시 그대로 행해서 좋은가
를 생각하는 것이나.《서경(書經)》에 이르기를, '처음을 신중히 하고,
그 종말을 경계하면, 결국 곤란하지 않다.'고 했다. 그리고 시에 이르
기를, '조석으로 게을리하지 않고, 한분만을 섬기네.'라고 했다. 이제
영희님은 군주 보기를 바둑 두는 일 같이도 여기지 않으니, 그분이
어떻게 화를 면하랴? 바둑 두는 일은 올바르게 두지 않으면, 상대에
게 이기지 못한다. 그런데 하물며 군주를 모시기를 올바르게 하지 않
는 데서야 말할 나위가 있겠는가? 그분은 반드시 화를 면하지 못하리

라. 9세(世) 간이나 이어진 경(卿)의 가문이, 한 번의 일로 멸망한다는 것은 슬퍼할 일이다!"

주해 ○庀賦(비부)-세(稅)에 관한 일을 조사함.
　○淳鹵(순로)-순은 습지이고 노는 불모지.
　○疆潦(강료)-강은 국경지대이고 요는 수류(水流) 연안(沿岸).
　○偃豬(언저)-물이 고이는 못.
　○町原防(정원방)-정은 한계선을 지음. 원은 들판이고 방은 물가의 땅.
　○舟師之役(주사지역)-양공 24년에 있었음.
　○巢(소)-지금의 안휘성 소현(巢縣) 땅.
　○農功(농공)-농사일.
　○我躬不說(아궁불열), 遑恤我後(황휼아후)-《시경》풍 패풍(邶風) 곡풍편(谷風篇)의 구절. 전해지는 《시경》에는 '열(說)'이 '열(閱)'로 되어 있다.
　○書曰(서왈)-《서경》주서(周書) 채중지명편(蔡仲之命篇)의 구절.
　○夙夜匪解(숙야비해), 以事一人(이사일인)-《시경》대아 증민편(蒸民篇)의 구절.
　○九世(구세)-위나라 무공(武公)의 아들 계자(季子)가 영(甯) 땅을 채읍으로 받아 가문을 세운 뒤, 9세 동안 대대로 경이었다.

傳 會于夷儀之歲,에 齊人城郟.이라 其五月,에 秦·晉爲成,하여 晉韓起如秦,하여 涖盟,하고 秦伯車如晉,하여 涖盟.이라 成而不結.이라

제후들이 이의(夷儀)에서 회합을 가졌던 해에, 제나라 사람이 (천자 직할지) 겹(郟)에 성을 쌓았다. 그 5월에, 진(秦)나라와 진(晉)나라가 화평을 맺어, 진(晉)나라 한기(韓起)가 진(秦)나라에 가 맹약 맺음에 참석했고, 진(秦)나라 백거(伯車)가 진(晉)나라에 가 맹약 맺음

에 참석했다. 그리하여 화평은 성립되었으나, 그 맹약이 단단하지는 못했다.

주해 ○會于夷儀之歲(회우이의지세) – 이의에서 제후들이 회합한 것은 양공 24년과 25년의 일이었는데, 여기에서는 24년의 회합을 말한다. 이 해에 제나라 사람이 겹에 성을 쌓았다.
○齊人城郟(제인성겹) – 양공 24년조 전(傳) 앞을 참고.
○其五月(기오월) – 양공 24년 5월.

해설 이 글은 양공 24년조에 말한 것이 누락되었기에, 여기에다 보충한 것이다.

經 ○二十有六年春王二月辛卯,에 衛甯喜弑其君剽.라 衛孫林父入于戚,하여 以叛.이라
○甲午,에 衛侯衎復歸于衛.라
○夏,에 晉侯使荀吳來聘.이라
○公會晉人·鄭良霄·宋人·曹人于澶淵.이라
○秋,에 宋公殺其世子痤.라
○晉人執衛甯喜.라
○八月壬午,에 許男甯卒于楚.라
○冬,에 楚子·蔡侯·陳侯伐鄭.이라
○葬許靈公.이라

26년 봄 천자가 쓰는 역으로 2월 신묘날에, 위나라 영희(甯喜)가

그의 군주 표(剽)를 살해했다. 그리고 위나라 손임보(孫林父)가 척(戚) 땅으로 들어갔다가, 나라를 배반했다.

갑오날에, 위나라 군주인 후작 간(衎)이 위나라로 복귀했다.

여름에, 진(晉)나라 군주인 후작이 순오(荀吳)로 하여금 노나라를 예방케 했다.

공이 진(晉)나라 사람·정나라의 양소(良霄)·송나라 사람·조나라 사람 등과 전연에서 회합을 가졌다.

가을에, 송나라 군주인 공작이 세자 좌(痤)를 죽였다.

진(晉)나라 사람이 위나라 영희를 잡았다.

8월 임오날에, 허나라 군주인 남작 영(甯)이 초나라에서 죽었다.

겨울에, 초나라 군주인 자작·채나라 군주인 후작·진(陳)나라 군주인 후작이 정나라를 쳤다.

허나라 영공(靈公)을 장사 지냈다.

傳| 二十六年春,에 秦伯之弟鍼,이 如晉,하여 修成.이라 叔向命召行人子員,하니 行人子朱曰, 朱也當御.라 三云,이나 叔向不應.이라 子朱怒曰, 班爵同,이어늘 何以黜朱於朝,라하고 撫劍從之.라 叔向曰, 秦·晉不和久矣,에 今日之事幸而集,이면 晉國賴之,로되 不集,이면 三軍暴骨.이라 子員道二國之言無私,나 子常易之.라 姦以事君者,는 吾所能御也.라 拂衣從之.라 人救之.라 平公曰, 晉其庶乎.인저 吾臣之所爭者大.라 師曠曰, 公室懼卑.리라 臣不心競而力爭,하고 不務德而爭善.이라 私欲已侈,에 能無卑乎.아

26년 봄에, 진(秦)나라 군주의 동생 겸(鍼)이 진(晉)나라에 가, 화평을 굳게 했다. 그때, 진(晉)나라 숙향(叔向)이 외교관인 행인(行人) 자원(子員)을 (진나라의 사자로 접대케 하기 위하여) 부르라 명하니, 역시 행인인 자주(子朱)가, "제가 접대할 차례입니다."라고 말했다. 그는 이 말을 세 번이나 했지만, 숙향은 못들은 체했다. 그러자 자주는 노해서 말하기를, "저는 그와 지위가 같은데, 어찌 주 저를 조정에서 배척하는 것입니까?"라 하고, 칼을 만지작거리며 대들었다. 이에 숙향은, "진(秦)과 진(晉)은 오랫동안 불화하였는데 오늘의 일이 요행히 잘되면, 우리 진나라가 그 힘을 입을 것이지만, 잘되지 못하면, 우리 삼군(三軍)의 전사자 뼈가 전쟁터에 널려질 것일세. 자원은 두 나라 처지를 말하는 언론이 무사공평(無私公平)하지만, 자네는 언제나 경솔하네. 간사한 짓을 하여 군주를 섬기는 자는, 내가 억제해야 할 바네."라고 말했다. 그리고 옷소매를 걷어붙이며 맞섰다. 그래서 사람들이 싸우지 못하게 말렸다. 이에 진나라 평공은 말하기를, "우리 진나라가 잘될 것이다. 나의 신하들의 다투는 바는 정대(正大)하다."라고 했다. 그러나 악사(樂師)인 사광(師曠)은 말했다. "진나라 공실(公室)은 정녕 쇠약해질 것이다. 신하들이 마음을 터놓고 사심 없이 다투지 않고, 세력을 다투고 덕 닦기를 힘쓰지 않고서 자기가 옳다고만 다툰다. 사욕이 매우 많아지고 있는데, 공실이 쇠약해짐이 없을 수 있으랴?"

주해 ○當御(당어)—어느 일을 할 차례가 됨.
○懼卑(구비)—아마도(정녕) 쇠약해질 것이다.

해설 이 글은 경문의 앞에 있는 전문(傳文)과 연결이 된다. 그러므로 경문 앞에 붙은 전문은, 전전해의 기사를 보충하는 동시에, 이 글과 의미가 통하게 하기 위해서 붙인 것이라고 이해된다.

衛獻公使子鮮爲復,이나 辭.라 敬姒强命之,하니 對曰, 君無信,
이오니 臣懼不免.이리이다 敬姒曰, 雖然以吾故也.라 許諾.이라
初,에 獻公使與甯喜言.이라 甯喜曰, 必子鮮在.라 不然,이면 必
敗.라 故로 公使子鮮.이라 子鮮不獲命於敬姒,하여 以公命與甯
喜言曰, 苟反,이면 政由甯氏,하고 祭則寡人.이라 甯喜告蘧伯
玉,하니 伯玉曰, 瑗不得聞君之出,이었거늘 敢聞其入.가 遂行,하
여 從近關出.이라 告右宰穀,하니 右宰穀曰, 不可.라 獲罪於兩
君,이면 天下誰畜之.아 悼子曰, 吾受命於先人,하니 不可以貳.라
穀曰, 我請使焉而觀之.라 遂見公於夷儀.라 反曰, 君淹恤在外
十二年矣.라 而無憂色,하고 亦無寬言,하여 猶夫人也.라 若不
已,면 死無日矣.리라 悼子曰, 子鮮在.라 右宰穀曰, 子鮮在何
益.가 多而能亡.이리라 於我何爲.오 悼子曰, 雖然弗可以已.라
孫文子在戚,하고 孫嘉聘於齊,하며 孫襄居守.라 二月庚寅,에 甯
喜·右宰穀伐孫氏,이나 不克,하고 伯國傷.이라 甯子出舍於郊.라
伯國死,하여 孫氏夜哭.이라 國人召甯子,하니 甯子復攻孫氏,하여
克之.라 辛卯,에 殺子叔及太子角.이라 書曰甯喜弑其君剽,는 言
罪之在甯氏也.라

孫林父以戚如晉.이라 書曰入于戚以叛,은 罪孫氏也.라 臣之

祿,은 君實有之.라 義則進,하고 否則奉身而退.라 專祿以周旋,
은 戮也.라

위나라 헌공이 (동생인) 자선(子鮮)에게 도읍으로 돌아갈 수 있도록 부탁했으나, 자선은 사절했다. 그러자 어머니인 경사(敬姒)가 강제로 들어오게 하라고 명하니, 자선이 대답하기를, "군주인 형님은 신의가 없으시니, 들어오게 한 뒤엔 저는 화를 면하지 못할 것이옵니다."라고 했다. 이에 경사는, "그렇다 하더라도, 나를 위해서 그렇게 해라."고 하였다. 그래서 자선은 할 수 없이 승낙했다. 그전에, 헌공은 사람을 시켜 영희(甯喜)에게 부탁했다. 그러자 영희는, "반드시 자선이 끼게 하시오. 그렇지 않으면 실패합니다."라고 했다. 그래서 헌공은 자선을 그렇게 하라고 시켰던 것이다. 자선은 어머니인 경사한테 자기 뜻대로 함을 용서받지 못하고서는, 헌공의 명이라고 영희와 말해 이르기를, "군주께서는 '만일 복귀한다면, 정치는 영씨가 하고, 제사에 관한 일은 내가 맡겠다.'고 하셨소."라고 했다. 영희는 그 일을 거백옥(蘧伯玉)에게 말하니 백옥은, "원(瑗 : 伯玉) 저는 군주께서 국외로 나가시는 일에 관여하지 않았는데, 어찌 들어오시는 일에 관여할 것이오."라고 말했다. 그리고는, 곧 외국으로 나가기로 하여, 가까운 관문을 통하여 출국했다. 영희가 모든 것을 우재곡(右宰穀)에게 말하니, 우재곡은 말하기를, "그것은 안되오. (당신의 아버지께서는 헌공을 내쫓았고, 당신이 헌공을 복귀시키면 지금의 군주를 내몰게 되어, 부자가 두 군주에게 죄를 짓게 되는데) 두 군주에게 죄를 짓는다면, 천하의 누가 당신을 용납할 것이오."라고 했다. 그러자 도자(悼子 : 甯喜)는 말하기를, "나는 돌아가신 내 선고(先考)한테 헌공을 복귀시키라는 명을 받았으니, 그 명을 어길 수 없소이다."라고 했다. 도자의 이 말에 우재곡은, "그럼 나를 보내어 헌공을 만나보게 하기를 부탁하오."라고 말했다. 그는 곧 이의로 헌공을 찾았다. 돌아가, 그들은 서로 말을 나누었다.

우재곡—군주께서는 외국에서 12년 간이나 오래 고생하셨소. 그런데도 군주의 얼굴에는 근심하는 빛이 없고, 또 관대만 말씀도 하시지 않고, 전의 그대로입니다. 만약 복귀시키는 일을 중지하지 않는다면, 곧 죽게 될 것이오.

도자—자선이 있소이다.

우재곡—자선이 있는 게 무슨 이익이 될 것이오? (우리를 위해서) 많이 애써준다고 해야, 다른 나라로 망명하게 할 정도일 것이오. 우리에게 무엇을 할 것이오.

도자—그렇다 하더라도, 나는 그만둘 수가 없소이다.

손문자(孫文子 : 孫林父)는 채읍인 척(戚)에 가 있었고, 아들인 손가(孫嘉)는 제나라로 예방하러 갔으며, (손가의 동생인) 손양(孫襄)이 도읍에 있는 손씨 집을 지키고 있었다. 2월 경인날에, 영희와 우재곡이 손씨 집을 공격했으나 이기지 못하고, 백국(伯國 : 孫襄)이 부상을 당했다. 영희는 일단 교외(郊外)로 나가 머물고 있었다. 백국이 죽어 손씨 집에서 저녁에 곡하는 소리가 났다. 도읍에 있는 사람이 영희를 불러들이니, 영희는 다시 손씨 집을 공격하여 쳐부수었다. 신묘날에는, 자숙(子叔)과 태자 각(角)을 죽였다. 경문에, 영희가 그의 군주 표(剽)를 죽였다고 써 말한 것은, 죄가 영씨에게 있었다는 것을 말한 것이다.

손임보는 자기 채읍인 척을 소유한 채 진(晉)나라로 갔다. 경문에, 척으로 들어가 국가를 배반했다고 써 말한 것은, 손씨에게 죄를 돌린 것이다. 신하가 지니는 녹(祿)은, 군주가 실로 소유하는 것이다. (신하가 죄를 짓지 않고) 의리를 지키는 입장에서는 그 녹을 받고 나아가 활동하고, 그렇지 못할 경우에는, 몸을 사려 물러나는 것이다. 국가에서 받은 녹을 제멋대로 가지고 돌아다니는 것은 죄악인 것이다.

주해 ○子鮮(자선) – 자선은 헌공의 동생으로, 정공(定公)의 아들. 이름은 전(鱄)이었고, 선은 자(字)였다.
○敬姒(경사) – 위나라 정공(定公)의 첩. 경은 죽은 뒤에 주어진 이름이고, 사는 친정의 성.
○右宰穀(우재곡) – 우재는 위나라의 관직 이름. 원래 곡의 할아버지가 우재였는데, 그후에 성으로 썼던 것 같다.
○兩君(양군) – 헌공과 당시의 군주를 말한다.
○淹恤(엄휼) – 오랫동안 고생함.
○戚(척) – 지금의 하북성 남부의 복양(濮陽) 부근. 당시에 소씨의 채읍이었다.
○子叔(자숙)·太子角(태자각) – 자숙은 목공(穆公)의 아들 흑배(黑背)의 아들로, 이름이 표(剽)였고, 당시 군주로 있었다. 《사기(史記)》에는 그를 상공(殤公)이라 하였다. 각(角)은 표의 아들로 당시 태자였다.
○祿(녹) – 봉록(俸祿). 여기에서는 대부에게 대한 봉록으로 주는 채읍(采邑)을 말한다.

甲午,에 衛侯入.이라 書曰復歸,는 國納之也.라 大夫逆於竟者,는 執其手而與之言,하고 道逆者,는 自車揖之,하며 逆於門者,는 領之而已.라 公至,하여 使讓大叔文子曰, 寡人淹恤在外,에 二三子皆使寡人朝夕聞衛國之言,이었거니와 吾子獨不在寡人.이라 古人有言,하되 曰, 非所怨勿怨.하라 寡人怨矣.라 對曰, 臣知罪矣.이오니다 臣不佞,하여 不能負羈絏以從君扞牧圉,하니 臣之罪一也.라소이다 有出者,하고 有居者,이어늘 臣不能貳通外內之言以事君,하니 臣之罪二也.라소이다 有二罪,에 敢忘其死.리오 乃行,하

여 從近關出_{종근관출},에 公使止之_{공사지지}.라
衛人侵戚東鄙_{위인침척동비},에 孫氏愬于晉_{손씨소우진},하니 晉戍茅氏_{진수모씨}.라 殖綽伐茅氏_{식작벌모씨},
하여 殺晉戍三百人_{살진수삼백인}.이라 孫蒯追之_{손괴추지},나 弗敢擊_{불감격}.이라 文子曰_{문자왈}, 厲之
不如_{불여}.라 遂從衛師_{수종위사},하여 敗之圉_{패지어},하고 雍鉏獲殖綽_{옹서획식작},하여 復愬于晉_{부소우진}.
이라
鄭伯賞入陳之功_{정백상입진지공},하여 三月甲寅朔_{삼월갑인삭},에 享子展_{향자전},하여 賜之先路_{사지선로}·
三命之服_{삼명지복},하고 先八邑_{선팔읍}.이라 賜子産次路·再命之服_{사자산차로·재명지복},하고 先六_{선륙}
邑_읍,에 子産辭邑曰_{자산사읍왈}, 自上以下_{자상이하}, 降殺以兩_{강쇄이량},이 禮也_{예야}.라소이다 臣之_{신지}
位在四_{위재사},요 且子展之功也_{차자전지공야}.라소이다 臣不敢及賞禮_{신불감급상례},이오니 請辭邑_{청사읍}.
이오니다 公固予之_{공고여지},에 乃受三邑_{내수삼읍}.이라 公孫揮曰_{공손휘왈}, 子産其將知政_{자산기장지정}
矣_의.리라 讓不失禮_{양불실례}.라
晉人爲孫氏故_{진인위손씨고},로 召諸侯_{소제후},하니 將以討衛也_{장이토위야}.라

갑오날에, 위나라 군주가 도읍으로 들어갔다. 경문에 복귀(復歸)했다고 써 말한 것은, 나라에서 정식으로 맞이했음을 말한 것이다. (위나라 헌공이 들어감에 있어) 국경까지 나가 맞이한 사람들에 대해서는 일일이 손을 잡고 말을 나누었고, 중도까지 마중나간 사람들에게는 수레에 탄 채 인사의 읍(揖)만을 하며, 도읍의 궁전 대문에서 맞이하는 자들에 대해서는 다만 고개를 끄덕거릴 따름이었다. 헌공은 당도하자, 사람을 시켜 대숙문자(大叔文子)를 책망하여 말하기를, "내가 외국에서 오랫동안 고생하고 있는 동안, 조정의 두세 대신은 조석으로 나에게 위나라의 사정을 알려 듣게 했거니와, 당신만은 홀로 나를

안중에 두지 않았소. 옛사람이 한 말이 있거니와, '원망할 바가 아니면, 원망하지 말라.'고 했소. 그런데 나는 (당신을 원망할 만한 이유가 있으니) 원망하고 있는 거요."라고 했다. 대숙문자는 이 말에 대하여 말하기를, "신은 저의 죄를 알고 있나이다. 신은 못나서 군주께서 타신 수레를 끄는 말고삐를 메고 따르고, 말을 돌봐주는 일을 할 수가 없었사오니, 이것은 신의 죄의 첫째이옵니다. 그리고 군주를 모시고 외국 땅으로 나갔던 자들도 있사옵고, 국내에 남아 있었던 자들도 있사온데, 신은 안팎으로 통하는 말로 두 다리를 걸쳐 군주를 섬길 수가 없었사오니, 이것이 신의 죄의 둘째이옵니다. 두 가지 죄가 있는데도, 어찌 죽어야 함을 잊고 있사오리까?"라고 했다. 그리고는, 외국으로 떠나려고 가까운 관문을 통하여 나가는데, 헌공이 사람을 시켜 중지케 했다.

위나라 사람이 (손임보의 영유지인) 척(戚) 동쪽 변두리를 침범하여, 손씨(孫氏)가 진(晉)나라에 대해서 호소하니, 진나라가 모씨(茅氏)를 수비했다. 그러자 이번에는 위나라 식작(殖綽)이 모씨를 쳐, 진나라 수비병 3백명을 죽였다. 그때 (손임보의 아들인) 손괴(孫蒯)가 추격했으나, 감히 공격을 못했다. 그러자 문자(文子 : 孫林父)가 손괴에게 말하기를, "너는 죽어간 사람들의 영혼(靈魂)만도 못하구나."라고 했다. 이에 손괴는 위나라 군사를 몰아 상대하여 어(圉)에서 쳐부수고, 옹서(雍鉏)는 식작을 잡아서는 진나라에 대해서 위나라가 쳐들어왔나고 호소했나.

정나라 군주는 진(陳)나라에 쳐들어갔던 군공(軍功)을 포상하여, 3월 갑인날인 초하루에, 자전(子展)에게 술자리를 베풀고, 상등급의 수레, 즉 선로(先路)와 최상급 신하의 옷을 하사하고, 이에 앞서 여덟 읍(邑)을 주었다. 그리고 자산(子産)에게는 두번째 고급 수레, 즉 차로(次路)와 두번째 지위의 신하가 입는 옷을 하사하고, 이에 앞서 여섯 읍을 주니, 자산은 읍을 사양하며 말하기를, "맨 윗자리에서 한 단계씩 밑으로 상으로 주는 읍은 둘씩을 더는 것이 예법이옵니다. 그런데 신은 지금 넷째 자리에 있사옵고, 또 그것은 자전의 공이었나이다. 그러니 신은 감히 상 받는 예에 끼일 수 없사오니, 읍 받기를 사양하게 하옵소서."라고 했다. 그러나 군주가 굳이 주니 그는 세 읍만을 받았다. 공손휘(公孫揮)는 그를 두고 말하기를, "자산은 장차 정치를 맡게 될 것이다. 그는 사양하여 의를 잃지 않았다."라고 했다.

진(晉)나라 사람이 손씨를 위하는 일 때문에 제후들을 소집했으니, 그것은 위나라를 치려는 것이었다.

주해| ○大叔文子(대숙문자)-위나라 중신(重臣)으로, 헌공이 외국으로 나간 뒤, 상공(殤公)을 도와 정치를 했다. 대숙의(大叔儀) 또는 세숙의(世叔儀)라고도 했다.
○殖綽(식작)-원래 제나라 사람이었는데, 당시 진(晉)나라에 가 있었다. 양공 18·20·21년조에 나왔다.
○茅氏(모씨)·圉(어)-척(戚) 동쪽 땅으로 원래 위나라 땅이었다.
○厲之不如(여지불여)-위나라의 식작군에게 죽어간 3백명 병사들의 영혼도 원수 갚기를 잊지 않을 텐데, 살아있는 네가 원수 갚기를 못한단 말이냐? 너는 저 영혼들만도 못하구나.
○先路(선로)-제후가 신하에게 내리는 최상급의 수레.
○次路(차로)-제후가 신하에게 내리는 차상급(次上級)의 수레.

夏,에 中行穆子來聘,은 召公也.라
楚子·秦人侵吳.라 乃零婁,하여 聞吳有備,하여 而還,이라가
遂侵鄭,하여 五月至于城麇.이라 鄭皇頡戍之,하여 出與楚師戰,하
여 敗.라 穿封戌囚皇頡,이어늘 公子圍與之爭之,하여 正於伯州
犂.라 伯州犂曰, 請問於囚.하리라 乃立囚.라 伯州犂曰, 所爭君

子也.라 其何不知.아 上其手曰, 夫子爲王子圍,로 寡君之貴介
弟也.라 下其手曰, 此子爲穿封戌,로 方城外之縣尹也.라 誰獲子.
아 囚曰, 頡遇王子弱焉.이라 戌怒.하여 抽戈逐王子圍.나 弗及.
이라 楚人以皇頡歸.라 印董父與皇頡戌城麋,에 楚人囚之.하여
以獻於秦.이라 鄭人取貨於印氏.하여 以請之.라 子大叔爲令正.
하여 以爲請.이라 子産曰, 不獲.이리라 受楚之功.하고 而取貨於
鄭.이면 不可謂國.이라 秦不其然.이리라 若曰, 拜君之勤鄭國.이
오이다 微君之惠.면 楚師其猶在敝邑之城下.리이다이면 其可.리라
弗從.하고 遂行.이라 秦人不予.에 更幣從子産.하고 而後獲之.라

여름에, 진(晉)나라 중행목자(中行穆子 : 荀吳)가 노나라를 예방한 것은, 노나라 양공을 초청함이었다.

초나라 군주와 진(秦)나라 사람이 오나라를 침공했다. 우루(雩婁)까지 진군하여 가던 중 오나라에 방비가 되어 있다는 것을 듣고는 귀환했다가 바로 정나라를 침공하여, 5월에 성균(城麋)에 도달했다. 당시 정나라 황힐(皇頡)이 성균을 지키고 있어, 성을 나가 초나라 군사와 싸워 패했다. 조나라 천봉수(穿封戌)가 황힐을 생포했는데, 공자 위(圍)가 천봉수와 자신이 황힐을 잡았다고 다투어, 백주리(伯州犁)에게 판단케 했다. 그러자 백주리가 말하였다. "잡힌 사람에게 묻도록 합시다." 그리하여 곧 잡힌 자를 증인으로 세웠다. 그리고 백주리는, "다투고 계시는 분들은 훌륭한 어른들이다. 그것을 어찌 알지 못할 건가?"고 손을 들고 말하기를, "저 어른은 왕자 위라는 어른으로, 우리 군주의 귀하신 큰동생이시다."하고, 손을 내리고 다시 말하기를,

"이 어른은 천봉수라는 분으로, 방성현(方城縣) 장관이시다. 어느 분이 그대를 잡으시었는가?"라고 했다. 이에 잡힌 자는, "힐(頡), 나는 왕자를 만나 패했소이다."라고 대답했다. 그러자 천봉수는 화가 나, 창을 빼들고 왕자 위를 몰았으나, 잡지 못했다. 초나라 사람은 황힐을 데리고 돌아갔다. 인근보(印堇父)는 황힐과 같이 성균을 지키고 있었는데, 초나라 사람이 그를 잡아, 진(秦)나라에 넘겨주었다. 정나라 사람은 인씨(印氏)네한테 재화를 받아들여서, 진나라에 대하여 돌려주기를 청하려 했다. 당시 자대숙(子大叔)이 외교 문서를 장악하는 관아의 장관으로 있어, 진나라에 대해서 요청하려고 했다. 그러자 자산(子産)이 말하기를, "잘 안될 것이오. 초나라한테서 군공(軍功)을 양보받고, 게다가 정나라한테 재화를 받는다면, 나라라고 이를 수는 없는 게요. 진나라는 그리하지 않을 것이오. 만약 국교 문서에다가, '군주께서 정나라를 위해 힘써 주신 일에 대하여 감사드리옵니다. 군주의 은혜가 아니었더라면, 초나라 군사는 아직도 저희 나라 도읍의 성 밑에 주군하고 있을 것이옵니다.'라고 써 말한다면, 그 일은 잘될 것이오."라고 했다. 그러나 듣지 않고, 바로 청하러 떠나갔다. 진(秦)나라 사람이 돌려주지 않자, 자대숙은 다시 예물을 갖추고 자산의 말대로 하여 요청하고, 그리고서야 인씨를 돌려받았다.

주해
ㅇ中行穆子(중행목자)-순오(荀吳). 그는 순언(荀偃)의 아들로, 중행백(中行伯)이라고도 했다.
ㅇ雩婁(우루)-초나라 지명으로, 지금의 하남성 상성(商城) 동남쪽 땅.
ㅇ城麇(성균)-지금의 하남성 서화(西華) 부근.
ㅇ公子圍(공자위)-초나라 공왕(共王)의 아들이고, 강왕(康王)의 동생으로, 나중에 영왕(靈王)이 되었다.
ㅇ伯州犁(백주리)-진(晉)나라 백종(伯宗)의 아들로, 성공 15년에 초나라로 갔다.
ㅇ方城(방성)-지금의 하남성 서부의 방성(方城).

六月,에 公會晉趙武·宋向戌·鄭良霄·曹人于澶淵,하여 以討衛,하여 疆戚田,하고 取衛西鄙懿氏六十,하여 以與孫氏.라 趙武不書,는 尊公也,요 向戌不書,는 後也.라 鄭先宋,은 不失所也.라 於是,에 衛侯會之,나 晉人執甯喜·北宮遺,하여 使女齊以先歸,하고 衛侯如晉,하니 晉人執而囚之於士弱氏.라

秋七月,에 齊侯·鄭伯爲衛侯故,로 如晉.이라 晉侯兼享之,하여 晉侯賦嘉樂矣.라 國景子相齊侯,하여 賦蓼蕭,하고 子展相鄭伯,하여 賦緇衣.라 叔向命晉侯拜二君,하고 曰,寡君敢拜齊君之安我先君之宗祧也,요 敢拜鄭君之不貳也.이오니다 國子使晏平仲私於叔向曰, 晉君宣其明德於諸侯,하고 恤其患而補其闕,하며 正其違而治其煩.이라 所以爲盟主也.라 今爲臣執君,은 若之何.오 叔向告趙文子,하고 文子以告晉侯.라 晉侯言衛侯之罪,하여 使叔向告二君.이라 國子賦轡之柔矣,하고 子展賦將仲子兮,하니 晉侯乃許歸衛侯.라 叔向曰, 鄭·七穆,에 罕氏其後亡者也.라 子展儉而壹.이라

6월에, 공이 진나라 조무·송나라 상술·정나라 양소·조나라 사람 등과 전연에서 회합을 가져, 위나라를 치고는 척(戚) 땅 경계를 확실히 정하고, 위나라 서쪽 변경의 의씨(懿氏) 땅의 60정(井)을 빼서 손씨(孫氏)에게 주었다. 경문에 조무(趙武)의 이름을 쓰지 않은 것은

노나라 양공을 높여서였고, 상술의 이름을 쓰지 않은 것은 그가 늦게 도착하여서였다. 그리고 정나라를 송나라 앞에 쓴 것은, 할 일을 실수 없이 해서였다. 이때, 위나라 군주도 그 회합에 참가했으나, 진나라 사람이 위나라 영희(甯喜)와 북궁유(北宮遺)를 잡아, 진나라 여제(女齊)로 하여금 그들을 데리고 먼저 돌아가게 했고, 또 위나라 군주가 진나라에 가 도착하자, 진나라 사람이 잡아 사약(士弱)의 집에다 가두었다.

가을 7월에, 제나라 군주와 정나라 군주가 위나라 군주를 위로하기 위하여 진나라에 갔다. 진나라 군주가 두 군주를 함께 연회에 초청하여 대접하고는, 가락편(嘉樂篇)의 시를 노래불렀다. 국경자(國景子)가 제나라 군주를 모시고 도와 요소편(蓼蕭篇)의 시를 노래부르고, 자전(子展)은 정나라 군주를 모시고 도와 치의편(緇衣篇)의 시를 노래불렀다. 이에 진나라 숙향(叔向)은 진나라 군주에게 제·정 두 나라 군주에게 절하게 하고 말하기를, "저희 군주께서는 제나라 군주께서 우리 선대 군주들을 모시고 있는 종묘가 편안할 것을 빌어 주신 데 대하여 절하시는 것이옵고, 또 정나라 군주께서 두 마음을 갖지 않겠다고 말씀하신 데 대하여 절하시는 것이옵니다."라고 했다. 제나라 국경자는 안평중(晏平仲: 晏嬰)으로 하여금 진나라 숙향에게 사사로이 말하게 했다. "진나라 군주는 밝은 덕을 제후들에게 넓히시고, 그 걱정하는 것을 걱정해 주시고, 그 결점을 보충하시며, 그 잘못은 바로잡고 복잡한 일을 다스려 주셔야 합니다. 이것이 맹주로서 할 일입니다. 그런데 이제 한 신하를 위하여 나라의 군주를 잡은 것은 어찌된 일입니까?" 숙향은 이 말을 조문자(趙文子: 趙武)에게 고했고, 조문자는 진나라 군주에게 고했다. 그랬더니, 진나라 군주는 위나라 군주의 죄를 말하여, 숙향으로 하여금 두 군주에게 고하게 했다. 그러자 국경자가 비지유의편(轡之柔矣篇)의 시를 노래부르고, 자전은 장중자혜편(將仲子兮篇)의 시를 노래불렀다. 그리하여, 진나라 군주는 위나라 군주에게 돌아갈 것을 허락했다. 숙향은 말하기를, "정나라 목공(穆公)의 후손 일곱 가문 중에서, 한씨(罕氏)가 제일 뒤에 망할 것이다. 자전은 검소하고도 마음씀이 한결같다."라고 했다.

주해   ㅇ澶淵(전연)−위나라 지명으로, 지금의 복양(濮陽) 부근.
ㅇ懿氏六十(의씨육십)−의씨라는 땅의 60정(井). 정(井)은 사방 1리(里)의 땅 넓이.
ㅇ嘉樂(가락)−《시경》 대아에 든 시편 이름. 가락(假樂)이라고도 한다. 군주와 백성이 서로 화락하여 하늘의 복을 받는다는 것을 말한 것이다. 여기에서 진나라 군주는 제·정나라 두 군주의 덕을 의례적으로 칭송하는 의미로 이 시를 노래불렀다.
ㅇ國景子(국경자)−제나라 경(卿)으로, 이름은 약(弱).
ㅇ蓼蕭(요소)−《시경》 소아에 든 시편 이름. 쑥이 이슬의 혜택을 받아 성장하는 것과 같이, 신민(臣民)이 군주의 혜택으로 행복하다는 시편의 뜻을 빌어, 진나라가 안태(安泰)함을 찬양하고, 진나라 군주의 은혜로 여러 나라가 안락할 수 있음을 감사하고, 동시에 위나라 군주도 그 혜택을 받게 해달라는 뜻을 넣어 노래불렀다.
ㅇ緇衣(치의)−《시경》 풍 정풍(鄭風)의 시편 이름. 제나라 환공(桓公)과 아들 무공(武公)이 대를 이어 주나라의 경사(卿士)가 되어 공을 세웠음을 찬양한 시라 일러진다. 정나라 군주는 이 시로 진나라 군주가 패자로서 천자를 잘 도와 나라와 백성들을 편안케 한다는 것을 찬양하고, 옛날의 환공과 무공이 천자를 도운 것같이, 자신은 진나라 군주를 돕겠다는 뜻을 나타냈다.
ㅇ晉侯言衛侯之罪(진후언위후지죄)−진후는, 위나라 군주의 죄는 수비병 3백 명을 죽인 것이라고 말했다는 것을 의미한다.
ㅇ轡之柔矣(비지유의)−《시경》에 들지 않은 일시(逸詩). 말[馬]은 원래 난폭하나, 부드러운 고삐로 잘 제어할 수 있다는 것을 말했다 한다. 국경자는 이 시로, 진후가 제후들을 잘 제어해 달라고 희망한 것이다.
ㅇ將仲子兮(장중자혜)−《시경》 풍 정풍(鄭風)에 든 시편. 이 시에는 세상

사람들의 평판을 무시할 수 없으니, 사람들에게 이렇다저렇다 일러짐을 주의해야 한다는 것이 말해져 있다. 자전은 이 시로, 진후가 손임보 때문에 위나라 군주를 잡았다는 나쁜 평이 돌 것을 면해야 한다고 충고한 것이다.

o 七穆(칠목)-목공의 자손은 한(罕)·사(駟)·국(國)·양(良)·유(游)·풍(豊)·인(印) 등의 일곱 성씨로 나누어졌다. 자전은 한씨였고, 자산은 국씨였다.

o 罕氏其後亡者也(한씨기후망자야)-한씨가 제일 뒤에 망한다는 것은, 제일 뒷날까지 계속되어진다는 것을 의미한다.

o 壹(일)-마음 쓰는 것이 이랬다저랬다 하지 않음.

初_초에 宋_송芮_예司_사徒_도生_생女子_{여자}라 赤_적而_이毛_모에 棄_기諸_제堤_제下_하라 共_공姬_희之_지妾_첩이 取_취以_이入_입하여 名_명之_지曰_왈棄_기라 長_장而_이美_미라 平_평公_공入_입夕_석하여 共_공姬_희與_여之_지食_식이라 公_공見_견棄_기也_야하여 而_이視_시之_지尤_우라 姬_희納_납諸_제御_어어늘 嬖_폐하여 生_생佐_좌라 惡_오而_이婉_완하고 太子_{태자}痤_좌美_미而_이很_흔이라 合_합左_좌師_사畏_외而_이惡_오之_지라 寺_시人_인惠_혜牆_장伊_이戾_려爲_위太子_{태자}內_내師_사나 而_이無_무寵_총이라

秋_추에 楚_초客_객聘_빙於_어晉_진이라가 過_과宋_송이라 太子_{태자}知_지之_지에 請_청野_야享_향之_지하니 公_공使_사往_왕이라 伊_이戾_려請_청從_종之_지하니 公_공曰_왈, 夫_부不_불惡_오女_여乎_호아 對_대曰_왈, 小人_{소인}之_지事_사君子_{군자}也_야엔 惡_오之_지라도 不敢_{불감}遠_원하고 好_호之_지라도 不敢_{불감}近_근하여 敬_경以_이待_대命_명이어늘 敢_감有_유貳_이心_심乎_호인가 縱_종有_유共_공其_기外_외나 莫_막共_공其_기內_내이옵기로 臣_신請_청往_왕也_야라소이다 遣_견之_지라 至_지則_즉欲_욕用_용牲_생하여 加_가書_서徵_징之_지하고 而_이聘_빙告_고公_공曰_왈, 太子_{태자}將_장爲_위亂_란이오이다 旣_기與_여楚_초客_객盟_맹矣_의였나이다 公_공曰_왈,

제16 양공(襄公) 하(下) 26년 … 627

爲我子,이거늘 又何求.아 對曰, 欲速.이오니다 公使視之,하니 則
信有焉.이라 問諸夫人與左師,하니 則皆曰, 固聞之.이오니다 公囚
太子.라 太子曰, 唯佐也能免我.라 召而使請,하여 曰, 日中不
來,면 吾知死矣.라 左師聞之,하고 聒而與之語.라 過期,에 乃縊
而死.라 佐爲太子.라 公徐聞其無罪也,에 乃烹伊戾.라
　左師見夫人之步馬者,하고 問之,하니 對曰, 君夫人氏也.라 左
師曰, 誰爲君夫人.가 余胡弗知.인가 圉人歸以告夫人,하니 夫人
使饋之錦與馬,하고 先之以玉曰, 君之妾棄使某獻.이라 左師改
命曰, 君夫人,이라하고 而後再拜稽首受之.라
　鄭伯歸自晉,하여 使子西如晉聘,에 辭曰, 寡君來煩執事,하여
懼不免於戾,하고 使夏謝不敏.이라 君子曰, 善事大國.이라

전에, 송나라 예사도(芮司徒)가 딸을 낳았다. 몸이 붉고 털이 많이 났으므로, 불길하다 하여 냇가의 둑 밑에다 버렸다. 그랬는데, 공공(共公)의 부인이었던 희씨, 즉 공희(共姬)의 시녀가 그 아이를 주워 궁중으로 들여서, 이름을 기(棄)라 했다. 그 아이는 자라나자 예뻤다. 하루는 평공(平公)이 어머니 공희에게 저녁 인사를 드리려고 들어가서 공희와 식사를 같이 들었다. 그때 평공은 기를 보고 눈독을 들였다. 그러자 공희는 기를 평공의 시중을 들게 했더니, 기는 평공의 총애를 받아, 좌(佐)를 낳았다. 좌는 생긴 것은 보기싫었지만 마음씨는 고왔고, 태자 좌(痤)는 잘생겼지만, 마음씨가 악했다. 합(合) 땅을 채읍(采邑)으로 가지고 있는 좌사(左師 : 向戌)는 태자를 두려워하면서

도 미워했다. 그리고 내시인 혜장이려(惠牆伊戾)는 태자를 위해서 궁 안에 모시는 사람들의 장(長)인 내사(內師)였으나, 태자의 사랑을 받지 못하고 있었다.

가을에, 초나라 사자(使者)가 진(晉)나라로 예방차 가는 길에, 송나라를 지나가게 되었다. 태자는 전부터 그 사람을 알고 있었기에, 그를 교외에서 대접하겠다고 원하니, 평공은 가게 했다. 그때 내시 이려(伊戾)가 따라가기를 원하니 평공이 말하기를, "태자는 너를 싫어하지 않느냐?"라고 했다. 그러자 이려는 대답하였다. "천한 사람이 귀하신 어른을 섬김에는, 미워하더라도 감히 멀리하지 못하옵고, 좋아하더라도 감히 지나치게 가까이 못하여, 다만 공경스럽게 명 있을 것만 기다리고 있을 따름이옵는데, 어찌 다른 마음을 가질 것이옵니까? 지금 태자를 위해서는, 비록 밖으로 받들 사람들이야 있사오나, 안으로 받들 사람은 없사옵기로, 신은 따라가기를 원하는 것이옵니다." 이 말에 평공은 그를 보냈다. 그는 나가자 가만히 땅에 웅덩이를 파 맹약 맺을 때에 묻는 희생물을 묻고, 그 위에 맹약을 맺은 것같이 보이게 맹약문을 지어 올려놓아 증거물을 꾸미고, 마차로 달려가 평공에게 고하기를, "태자께서는 난리를 일으키려 하옵니다. 이미 초나라에서 온 사람과 맹약을 맺었나이다."라고 했다. 이 말에 평공이, "군주인 나의 태자가 되었는데, 또 무엇을 구할 것이냐?"라고 말하자 이려는 대답하기를, "빨리 군주가 되고자 하는 것이옵니다."라고 했다. 평공이 사람을 시켜 가 보게 했더니, 과연 그 증거가 있었다. 그 일을 가지고 부인(夫人 : 棄)과 좌사(左師)에게 물었더니 두 사람은, "태자께서 빨리 군주가 되고 싶다고 하셨다는 말씀을 들은 일이 있사옵니다."라고 말하였다. 그래서 평공은 태자를 잡아 가두었다. 이에 태자는 말하기를, "오직 좌(佐)만이 나를 풀려나게 할 수 있다."라 하고 좌를 불러 군주에게 청원드리게 하려 하며, "해 중에 오지 않으면, 나는 죽은 걸로 알라."고 말했다. 좌사가 이 소식을 듣자, 그는 공자 좌를 찾아가 떠들썩하게 얘기를 늘어놓았다. 그래서 시간이 지나게 되어, 태자는 목을 매어 죽었다. 그뒤 좌가 태자가 되었다. 평공은 뒤늦게서야 죽어간 태자에게 죄가 없다는 것을 듣고는, 곧 이려를 삶아 죽이는 형에 처했다.

 좌사가 부인(夫人 : 棄)의 말을 끌고 걸어가는 자를 보고는 누구의 말이냐고 물었더니, 말을 끌고 가던 자가 대답하기를, "군주 부인의 말입니다."라고 하였다. 그래서 좌사가, "누가 군주 부인이라는 말이냐? 군주의 부인이라면 내가 어찌 모를 것이냐?"라고 말했다. 말을 다루는 사람이 돌아가 부인 기에게 고하니, 부인은 사람을 시켜 비단과 말을 보내고 이에 앞서 옥을 보내고 말하게 하기를, "군주의 첩인 기(棄)는 아무개를 시켜 드립니다."라고 했다. 그랬더니 좌사는, '군주의 부인'이라 고쳐 말하고, 재배하고 머리를 땅에 조아리고서 보내준 것들을 받아들였다.

 정나라 군주는 진나라로부터 본국으로 돌아가, 자서(子西)에게 진나라를 예방케 했는데, 자사는 인사말을 하기를, "지난번에 저희 군주께서 오셔서 담당관들을 괴롭게 하여 허물 되어짐을 면할 수 없다고 두려워하셔서는, 하(夏 : 子西) 저로 하여금 불민(不敏)함을 사과케 하셨습니다"라고 했다. 군자(君子)는 평하기를, "잘도 묘하게 큰 나라를 섬겼다."라고 했다.

주해 | ㅇ合左師(합좌사) – 합(合)은 읍 이름으로, 좌사 상술(向戌)의 채읍이었다. 좌사는 관직 이름으로, 우사(右師)와 같이 송나라의 최고 관직이었다.

 ㅇ內師(내사) – 안에서 일하는 사람들의 장(長).

 ㅇ誰爲君夫人(수위군부인) – 누가 군주 부인이 된단 말이냐? 그때, 기(棄)는 정식으로 부인이라고 부를 처지가 아님을 가지고 트집을 잡았다. 즉 상술은 자신이 뒤에서 조종하여 태자를 죽이고 기의 아들 좌(佐)가 태자가 되게 했다. 그러므로 기가 뇌물을 바칠 것을 은근히 기

대하고 있었다가, 마부가 군주 부인이라고 말한 것을 가지고 트집잡았다.

初,에 楚伍參與蔡太師子朝友,하고 其子伍擧與聲子相善也.라 伍擧娶於王子牟,에 王子牟爲申公而亡.이라 楚人曰, 伍擧實送之.라 伍擧奔鄭,하여 將遂奔晉.이라 聲子將如晉,에 遇之於鄭郊,하고 班荊,하여 相與食,하여 而言復故.라 聲子曰, 子行也,면 吾必復子.리라 及宋向戌將平晉·楚,에 聲子通使於晉,하고 還,하여 如楚.라 令尹子木與之語,하여 問晉故焉,하고 且曰, 晉大夫與楚孰賢.가 對曰, 晉卿不如楚,나 其大夫則賢,하여 皆卿材也.라 如杞·梓·皮革自楚往也.라 雖楚有材,나 晉實用之.라 子木曰, 夫獨無族姻乎.아 對曰, 雖有而用楚材實多.라 歸生聞之,하되 善爲國者,는 賞不僭,하고 而刑不濫.이라 賞僭,이면 則懼及淫人,하고 刑濫,이면 則懼及善人.이라 若不幸而過,라하더라도 寧僭無濫,하고 與其失善,은 寧其利淫.하라 無善人,이면 則國從之.라 詩曰, 人之云亡,에 邦國殄瘁.라 無善人之謂也.라 故로 夏書曰, 與其殺不辜,는 寧失不經.하라 懼失善也.라 商頌有之,하되 曰, 不僭不濫,하고 不敢怠皇,하니 命于下國,하여 封建厥福.이라 此湯所以獲天福也.라 古之治民者,는 勸賞而畏刑,하고 恤民不倦,하여 賞以春夏,하고 刑以秋冬.이라 是以將賞,엔 爲之加膳.이라 加膳

則飫賜.라 此以知其勸賞也.라 將刑,엔 爲之不擧.라 不擧則徹
樂.이라 此以知其畏刑也.라 夙興夜寐,하고 朝夕臨政.이라 此以
知其恤民也.라 三者禮之大節也.라 有禮,면 無敗.라 今, 楚多淫
刑,에 其大夫逃死於四方,하여 而爲之謀主,하여 以害楚國,하니
不可救療.라 所謂不能也.라 子儀之亂,에 析公奔晉,하니 晉人寘
諸戎車之殿,하여 以爲謀主.라 繞角之役,에 晉將遁矣,하니 析公
曰, 楚師輕窕,하여 易震蕩也.라 若多鼓鈞聲,하여 以夜軍之,면
楚師必遁.이라 晉人從之,하여 楚師宵潰.라 晉遂侵蔡,하고 襲沈,
하여 獲其君,하고 敗申·息之師於桑隧,하여 獲申麗而還.이라 鄭
於是不敢南面,하고 楚失華夏,하니 則析公之爲也.라 雍子之父
兄譖雍子,에 君與大夫不善是也.라 雍子奔晉,하니 晉人與之鄐,
하여 以爲謀主.라 彭城之役,에 晉·楚遇於靡角之谷,하며 晉將
遁矣,하니 雍子發命於軍曰, 歸老幼,하고 反孤疾,하며 二人役歸
一人,하고 簡兵蒐乘,하매 秣馬蓐食,하고 師陳焚次,하라 明日將
戰.이리라 行歸者,하고 而逸楚囚,러니 楚師宵潰.라 晉降彭城,하여
而歸諸宋,하고 以魚石歸.라 楚失東夷,하고 子辛死之,하니 則雍
子之爲也.라 子反與子靈爭夏姬,하여 而雍害其事,하니 子靈奔
晉.이라 晉人與之邢,하여 以爲謀主,에 扞禦北狄,하고 通吳於晉,

하며 教吳叛楚,하고 敎之乘車・射御・驅侵,하며 使其子狐庸爲
吳行人焉,이라 吳於是伐巢,하고 取駕,하며 克棘,하고 入州來,라
楚罷於奔命,하여 至今爲患,하니 則子靈之爲也,라 若敖之亂,에
伯賁之子賁皇奔晉,하니 晉人與之苗,하여 以爲謀主,라 鄢陵之
役,에 楚晨壓晉軍而陳,하니 晉將遁矣,라 苗賁皇曰, 楚師之良,은
在其中軍王族而已,라 若塞井夷竈,하고 成陳以當之,하여 欒・
范易行以誘之,면 中行・二郤必克二穆,하고 吾乃四萃於其王
族,이면 必大敗,리라 晉人從之,에 楚師大敗,하여 王夷師熸,하
고 子反死之,하며 鄭叛吳興,하여 楚失諸侯,하니 則苗賁皇之爲
也,라 子木曰, 是皆然矣,라 聲子曰, 今又有甚於此者,라 椒擧娶
於申公子牟,하고 子牟得戾而亡,이라 君大夫謂椒擧,하였으되 女
實遣之,라하니 懼而奔鄭,하여 引領南望曰, 庶幾赦余,나 亦弗圖
也,라 今在晉矣,라 晉人將與之縣,하여 以比叔向,이라 彼若謀害
楚國,이면 豈不爲患,가 子木懼,하고 言諸王,하여 益其祿爵,하여
而復之,라 聲子使椒鳴逆,이라

이전에, 초나라의 오삼(伍參)은 채나라 태사인 자조(子朝)와 교분(交分)이 있었고, 아들 오거(伍擧)는 자조의 아들 성자(聲子)와 친하게 지냈다. 오거는 초나라 왕자 모(牟)의 딸을 처로 맞이했는데, 왕자 모가 신(申) 고을의 통치자가 되었다가 죄를 짓고 외국으로 망명했다.

그러자 초나라 사람들은 '오거가 실은 왕자 모를 무사히 내보낸 것이다.'라고 말하였다. 그래서 오거는 정나라로 도망하였다가, 곧 진(晉)나라로 도망가려 했다. 당시 채나라 성자가 진나라에 갔다가, 오거를 정나라 도읍의 교외에서 만나고는, 형초(荊草)를 깔고 앉아 서로 같이 식사를 하면서, 오거의 복귀에 대해서 상의했다. 그때 성자는, "자네가 진나라에 가 있으면 내 반드시 자네를 복귀시킴세."라고 했다. 송나라 상술(向戌)이 진나라와 초나라가 화평하게끔 하려 함에, 초나라 성자는 그 일을 위하여 진나라로 사자가 되어 갔고, 돌아가서는 다시 초나라에 갔다. 그러자 초나라 영윤인 자목(子木)이 성자와 같이 담화하여, 진나라의 사정을 묻고 말하기를, "진나라 대부들과 초나라 대부들과는 어느 편이 현명한 거요?"라고 하였다. 이 질문에 대하여 성자가, "진나라 경(卿)들은 초나라 경들보다 못하나, 그 대부들은 현명하여 다 경이 될 인재들입니다. 지금 형편은 좋은 재목인 기(杞)나무나 재(梓)나무, 또는 피혁 등이 초나라에서 진나라로 들어가는 것과 같이, 인재가 초나라에서 진나라로 들어갔습니다. 초나라에는 비록 인재가 있다 하더라도, 진나라가 실제로는 그 인재를 쓰고 있는 것입니다."라고 말했다. 그러자 자목이, "아니, 진나라라고 하여 공족(公族)이나 인척이 없단 말이오?"라고 말했다. 이에 성자는 대답했다. "비록 있기는 하나, 초나라에서 간 인재를 등용한 예가 실로 많습니다. 귀생(歸生) 제가 듣기로는 '나라의 정치를 잘하는 자는 포상을 공정히 하고, 형벌을 남용하지 않는다'고 합니다. 포상함이 난잡하면 불의의 인물까지 상을 받을 것이 염려되고, 형벌이 남용되면 착한 사람에게까지 형이 가해질 것이 염려되어집니다. 만약 불행히도 잘못하게 되더라도, 차라리 포상을 불공정하게 할지언정 형벌을 남용하지 말고, 착한 사람을 잃는 것보다는 차라리 불의한 사람에게 이익을 주십시오. 나라에 착한 사람이 없게 되면, 나

재(梓, 가래나무)

라의 운수도 그것에 따라 망하게 됩니다. 시에 이르기를, '사람이 망하게 됨에, 나라도 쇠망해진다.'라고 했는데, 이것은 나라에 착한 사람이 없음을 말한 것입니다. 그래서〈하서(夏書)〉에 이르기를, '죄 없는 사람을 죽이는 것보다는, 차라리 옳은 법을 쓰지 못함이 낫다.'고 하였는데, 이것은 착한 사람을 잃게 됨을 걱정한 것입니다.〈상송(商頌)〉에 있되, '(湯王은) 포상을 공정히 행하고, 형벌을 남용하지 않고, 정치를 게을리하지 않으니, 하늘은 작은 나라인데도 천자 되라는 명 내리어, 노력하여 복 크게 누리게 하였네.'라고 하였는데, 이것은 상(商:殷)나라 탕왕이 천복(天福)을 받게 된 까닭을 말한 것입니다. 옛날의 치민자(治民者)는 상주기를 좋아하여 형벌 가하기를 두려워했고, 백성들을 돌봄을 게을리하지 아니하여, 포상은 춘하(春夏)에 행하고, 형벌은 추동(秋冬)에 행했습니다. 그래서 포상을 내림에는 음식상을 푸짐하게 차렸던 것입니다. 밥상에 먹을 것을 많이 올려놓으면, 그 남은 것을 남에게 나누어 먹일 수가 있는 것입니다. 이것으로 그 포상하기를 좋아했음을 알 수 있는 것입니다. 그리고 형벌을 가하려 함에는 먹을 것을 제대로 차려 먹지 않았습니다. 먹을 것을 제대로 들지 않았으니, 음악도 폐했던 것입니다. 이것으로 그 형벌 가하기를 두려워했음을 알 수 있는 것입니다. 그리고 또, 아침 일찍 일어나고 저녁 늦게 자, 조석으로 정치에 힘썼습니다. 이것으로는 그 백성을 잘 돌봤음을 알 수 있는 것입니다. 이 세가지는 예(禮)의 대본(大本)입니다. 예의가 있으면 정치의 실패는 없는 것입니다. 지금 초나라는 부당한 형벌이 많아, 대부들이 사방으로 도망하여 도망가 있는 나라를 위하여 도모하는 중심 인물이 되어, 초나라를 해치고 있으니, 이 점을 바로잡을 수가 없는 터입니다. 이것은 막을 수 없는 적인 것입니다. 자의(子儀)의 난리에, 석공(析公)이 진나라로 도망하니, 진나라 사람이 그분을 군주의 전차 뒤에다 태워 두고는 계략의 주모자로 삼았습니다. 요각(繞角)의 싸움에서, 진나라 군사가 도망하려 하자 석공이 말하기를, '초나라 군사는 경솔하여 동요되기가 쉽다. 만약 많은 북을 쳐 소리를 요란하게 내어 저녁에 공격한다면, 초군은 반드시 도망할 것이다.'라고 했습니다. 진나라 사람이 그 의견을 따라하니, 초군은 그날 저녁에 무너졌습니다. 그러자 진군은 바로 채나라를 침공하고 심(沈)나라를 습격하여, 그 군주를 생포했고, 신(申)과 식(息) 군대를 상(桑)의 좁은 길목에서 쳐부수어, 신려(申麗)를 잡아서는 돌아갔던 것입니다. 이에, 정나라는 남쪽의 초나라를 배반하고, 초는 중원(中原)의 한 편인 나라를 잃게 되었는데, 그것은 석공이 그렇게 한 것이었습니다. 옹자(雍子)의 일가 윗사람들이 옹자를 모함했을 때, 군주와 대부들이 옹자에게 친하게 대하지 않았습니다. 그래서 옹자가 진나라로 도망가니, 진나라 사람이 그에게 축(鄐) 땅을 주고, 계략의 주모자로 삼았습니다. 팽성(彭城)의 싸움에서, 진·초군이 미각(靡角)의 골짜기에서 만나, 진군이 도망하려 하자, 옹자는 진군에게 명령을 내려 말하기를, '늙은 군졸과 어린 군졸은 돌려보내고, 아버지가 없는 자와 병든 자를 돌려보내며, 한 집에서 두 사람이 징병된 경우는 그중 한 사람을 돌려보내고, 무기를 각자 선택하고, 전차를 잘 손질하며, 말에게 먹이를 먹이고, 병사들은 잠자리에서 식사를 들고, 진열을 펴고는, 주군했던 자리의 것들을 다 불에 태워라. 내일은 싸울 것이다.'라 했습니다. 그리고 갈 사람을 돌려보내고, 포로가 된 초나라 사람들을 석방했는데, 초군은 그날 밤에 무너지고 말았습니다. 진군은 팽성을 함락시켜, 팽성을 송나라에게 놀려주고, 그곳에 있던 어석(魚石)을 잡아 데리고 돌아갔습니다. 그때, 초나라는 동이(東夷)한테 배반당해 있었고, 자신(子辛)은 죽었으니, 그것은 옹자가 그렇게 한 일이었습니다. 자반(子反)이 자령(子靈)과 하희(夏姬)를 두고 다투어, 자령의 하는 일을 방해하니, 자령은 진나라로 도망갔습니다. 진나라 사람이 그에게 형(邢) 땅을 주어 계략의 주모자로 삼으니, 북방 오랑캐를 막아내고 오나라를 진나라에 통하게 하며, 오나라로 하여금 초나라를 배반케 하고, 오나라 사람들에게 전차 타기와 활쏘기를 가르치어 초나라를 침공케 하며, 그의 아들 호용(狐庸)에게 오나라의 행인이 되게 했습니다. 그러자 오나라는 그때 소(巢)를 치고, 가(駕)를 쳐 빼앗았으며, 극(棘)을 쳐 이기고, 주래(州來)로 쳐들어갔습니다. 그때, 초군은 초왕의 명으로 사방으로 달리기에 피로하여, 지금까지 해가 되고 있는 형편인데, 그것은 자령이 그렇게 한 일이었습니다. 약오(若敖)의 난리에 백분(伯賁)의 아들 분황(賁皇)이 진나라로 도망가니, 진나라 사람이 그에게 묘(苗) 땅을 주어 계략의 주모자로 삼았습니다. 그리하여 언릉(鄢陵)의 싸움에, 초군이 새벽에 진군을 압도하는 형세로 진을 펴니, 진군이 도망가려 했습니다. 그러자 묘분황(苗賁皇)이 말하기를, '초군의 정예부대는 중군에 있는 왕족군(王族軍)뿐이다. 만약 군진의 우물을 다 묻고 밥 짓는 부뚜막을 다 부수고, 그 위에 군진을 펴 대적하여서는 난씨(欒氏)와 범씨(范氏)가 휘하 군병의 대열을 바꾸어가며 적을 유인한다면, 중행씨(中行氏)와 이극(二郤 : 郤錡와 郤至)은 반드시 초의 이목(二穆 : 子重과 子辛)을 쳐 이길 것이고, 우리가 사방에서 왕족군을 공격하면, 반드시 초군을 대패시킬 것이다.'라고 했습니다. 진나라 사람이 그의 의견을 따라 초군은 대패하여, 초왕께서는 부상하시고, 군사는 지리멸렬되었고, 자반(子反)이 전사하였으며, 정나라는 배반하고 오나라가 흥하여, 초는 여러 제후국을 잃었으니, 그것은 묘분황이 그렇게 한 일이었습니다." 이 말을 들은 자목은, "그것은 다 그랬었습니다."라고 말했다. 그러자 성자는 다시 말했다. "지금 이런 예보다도 더 심한 사람이 있습니다. 초거(椒擧 : 伍擧)는 신공(申公) 자모(子牟)의 딸을 처로 취했고, 자모는 죄를 짓고 외국으로 망명했습니다. 그때, 군주와 대부들이 초거에게 이르기를, '네가 그를 내보냈다.'라고 하니, 그는 두려워 정나라로 일단 도망하여, 목을 늘이고 남방을 바라다보면서, '바라거니와 나를 용서해 주오.'라고 했으나, 초나라에서는 그를 위하여 계책을 세우지 않았습니다. 그는 지금 진나라에 있습니다. 진나라 사람은 앞으로 그에게 고을을 떼어 주고, 진나라 숙향(叔向)과 짝을 삼으려 하고 있습니다. 그가 만일 초나라에게 해 끼칠 일을 꾀하게 된다면, 그 어찌 걱정이 되지 않겠습니까?" 이 말을 들은 자목은 겁을 먹고 그 일을 왕에게 말하여, 오거의 봉록(俸祿)과 관작을 더 많이 주고 더 높여 복귀케 했다. 이에, 성자는 오거의 아들인 초명(椒鳴)에게 오거를 맞이하게 했다.

│주해│   ○子朝(자조) - 채나라 문공(文公)의 아들.
○申公(신공) - 신 고을의 통치자. 신은 지금의 하남성 범수현(氾水縣) 지방.
○班荊(반형) - 형초(荊草)를 깔음. 형은 풀 이름.
○杞梓(기재) - 기와 재는 나무 이름. 기구나 가구를 만드는 데 쓴다.
○夫獨無族姻乎(부독무족인호) - 진나라에는 공족과 인척이 많은데, 그 중에 인재가 없단 말인가의 뜻이 있다.
○歸生(귀생) - 성자의 본래 이름.
○淫人(음인) - 불의(不義)의 사람.
○詩曰(시왈) - 《시경》 대아 첨앙편(瞻仰篇)의 구절.
○夏書曰(하서왈) - 《서경》 대우모편(大禹謨篇)의 구절.
○商頌有之(상송유지) - 《시경》 상송 은무편(殷武篇)의 구절.
○子儀之亂(자의지란) - 문공 14년조 참고.
○析公(석공) - 석 고을의 통치자. 성명은 불명. 석은 지금의 하남성 서부의 내향(內鄕) 부근.
○繞角之役(요각지역) - 성공 6년조 참고.
○雍子(옹자) - 초나라 대부였으나 불명.
○鄐(축) - 지금의 하남성 수무(修武) 부근.
○彭城之役(팽성지역) - 성공 18년조 참고.
○魚石(어석) - 성공 15년조에 나왔다.
○子反(자반) - 자반의 일은 성공 2년조 참고.
○敎吳叛楚(교오반초) - 오나라로 하여금 초나라를 배반케 한 일은 성공 8년조에 나왔다.

○若敖之亂(약오지란)-선공 4년조 참고.
○鄢陵(언릉)-성공 16년조 참고.
○二穆(이목)-초나라 자중(子重)과 자신(子辛)을 말한다. 그들은 둘 다 초왕, 목왕(穆王)계의 사람이다.
○椒擧(초거)-오거. 초는 채읍(采邑)의 이름이었을 것이다.
○比叔向(비숙향)-숙향과 짝을 지어 진나라의 계략의 주모자로 삼는다는 말.

許靈公如楚,하여 請伐鄭,하고 曰, 師不興,이면 孤不歸矣.라 八月,에 卒于楚.라 楚子曰, 不伐鄭,하고 何以求諸侯.아 冬十月,에 楚子伐鄭.이라 鄭人將禦之,에 子産曰, 晉·楚將平,하고 諸侯將和.라 楚王是故眛於一來,하니 不如使遄而歸.라 乃易成也.라 夫小人之性,은 釁於勇而嗇於禍,하여 以足其性,하고 而求名焉者,어늘 非國家之利也.라 若何從之.리오 子展說,하여 不禦寇.라 十二月乙酉,에 入南里,하여 墮其城,하고 涉於樂氏,하여 門于師之梁.이라 縣門發,에 獲九人焉,하여 涉于氾而歸,하고 而後葬許靈公.이라

衛人歸衛姬于晉,하니 乃釋衛侯.라 君子是以知平公之失政也.라

晉韓宣子聘于周,에 王使請事.라 對曰, 晉士起將歸時事於宰旅,하옵고 無他事矣.이오니다 王聞之曰, 韓氏其昌阜於晉乎.인저

辭_사不_불失_실舊_구.라

齊_제人_인城_성郟_겹之_지歲_세其_기夏_하,에 齊_제烏_오餘_여以_이廩_름丘_구奔_분晉_진,하여 襲_습衛_위羊_양角_각,하여 取_취之_지,하고 遂_수襲_습我_아高_고魚_어.라 有_유大_대雨_우,에 自_자其_기竇_두入_입.이라 介_개于_우其_기庫_고,하여 以_이登_등其_기城_성,하여 克_극而_이取_취之_지,하고 又_우取_취邑_읍于_우宋_송.이라 於_어是_시,에 范_범宣_선子_자卒_졸,하여 諸_제侯_후弗_불能_능治_치也_야,어늘 及_급趙_조文_문子_자爲_위政_정,에 乃_내卒_졸治_치之_지.라 文_문子_자言_언於_어晉_진侯_후曰_왈, 晉_진爲_위盟_맹主_주,하오니 諸_제侯_후或_혹相_상侵_침也_야,면 則_즉討_토而_이使_사歸_귀其_기地_지.이니다 今_금, 烏_오餘_여之_지邑_읍,은 皆_개討_토類_류也_야,이옵거늘 而_이貪_탐之_지,면 是_시無_무以_이爲_위盟_맹主_주也_야.라소이다 請_청歸_귀之_지.하오니다 公_공曰_왈, 諾_낙.이라 孰_숙可_가使_사也_야.오 對_대曰_왈, 胥_서梁_량帶_대能_능無_무用_용師_사.리이다 晉_진侯_후使_사往_왕.이라

허나라 영공이 초나라에 가서 정나라 칠 것을 청하고 말하기를, "정나라 치는 군사를 내지 않으면, 나는 돌아가지 않겠소이다."라고 했다. 그런데 8월에, 그는 초나라에서 세상을 떠났다. 그러자 초나라 군주가 말하기를, "정나라를 치지 않고, 어떻게 우리 제후들의 인심을 사겠는가?"라고 했다. 그리하여 겨울 10월에, 초나라 군주는 정나라를 쳤다. 정나라 사람이 초군을 막아내려 함에, 자산(子産)이 말했다. "진나라와 조나라가 곧 화평을 하게 될 것이고, 제후들도 초나라와 화평을 하려 하고 있습니다. 초나라 왕은 이런 기세인지라 이번 기회에 되든 못되든 간에 한번 쳐들어온 것이니, 그저 그가 하고 싶은 대로 하고 돌아가게 하는 것만 못합니다. 그러면 뒤에, 초나라와 화평을 맺기도 쉽습니다. 못난 사람의 성품은, 용맹을 믿고 날뛰고 화를 당한 중에서 자기 일신의 이익을 탐내어, 그의 본성을 만족시키고, 자신의 명예를 구하는 것인데, 그것은 국가의 이익을 위한 짓

이 아닙니다. 어찌 그런 사람이 하자는 대로 따를 것입니까?" 이 말에, 자전(子展)은 좋아하고 쳐들어온 적을 막지 않았다. 12월 을유날에, 초군은 남리(南里)로 쳐들어가 성을 파괴하고, 악씨(樂氏) 나루터에서 강[洧水]을 건너, 정나라 도읍의 한 성문(城門)인 사지량(師之梁)을 공격했다. 그때 성문을 닫는 바람에, 정나라 사람 아홉 명이 들어오지 못했는데, 초군은 그 아홉 사람을 잡아, 범(氾)에서 강[汝水]을 건너 돌아갔고, 그뒤에서야 허나라 영공을 장사 지냈다.

위나라 사람이 위나라 공녀(公女)를 진나라 군주에게로 시집 보내니, 진나라 군주는 그때서야 위나라 군주를 석방했다. 군자(君子)는 이 일을 두고, 진나라 평공(平公)은 정치에 실패할 것이라고 알았다.

진나라 한선자(韓宣子 : 韓起)가 주(周)나라 천자에게로 예방함에, 천자께서는 사람을 시켜 원하는 일이 있는가 물어보게 하셨다. 그랬더니 한선자는 대답하기를, "진나라의 사기(士起 : 韓起)는 시절에 맞추어 올리는 공물을 천자의 재상 부하들에게 드릴 일뿐이옵고, 다른 일은 없사옵니다."라고 했다. 천자께서는 이 말을 들으시고는, "한씨는 진나라에서 번창할 것이로다. 말하는 것이 옛날의 법도에서 벗어나지 않는다."라고 말씀하셨다.

제나라 사람이 겹(郟)에 성을 쌓았던 그해 여름에, 제나라 오여(烏餘)가 자신이 차지하고 있었던 늠구(廩丘) 땅을 그대로 보유한 채 진나라로 도망가서는, 위나라의 양각을 쳐 점령하고, 곧이어 우리 노나라의 고어(高魚)를 습격했다. 그때 큰비가 내렸는데, 그의 군사는 물이 나가는 구멍을 통해서 성안으로 들어왔다. 그래서 무기고(武器庫)에 들어가 무장하여, 성으로 올라가 싸워 이겨 점령하고, 또 송나라 읍(邑)을 점령했다. 이때 진나라 범선자(范宣子)가 세상을 떠나, 진나라는 제후들을 잘 통제하지 못했는데 조문자(趙文子 : 趙武)가 정치를 하게 되어서는, 곧 제후들을 제대로 다스리게 되었다. 그때, 조문자는 진나라 군주에게 말했다. "우리 진나라는 맹주(盟主: 覇者)가 되어 있사오니, 제후들이 혹 서로 침략하면, 책망하여 그 점령한 땅을 돌려주게 할 것이옵니다. 이제 오여가 뺏은 읍들은, 다 책망하여 돌려주게 할 것들이온데, 그것들을 탐내어 소유한다면, 이는 맹주가 될 수 없는 일이옵니다. 그래서 돌려주도록 하시기를 원하옵니다." 이 말을 들은 진나라 군주는, "그러시오. 그런데 그 일을 누구에게 시킬 수 있겠소?"라고 말하였다. 이에 대하여 조문자가, "서량대(胥梁帶)는 군대를 쓸 필요 없이 그 일을 해낼 수 있을 것이옵니다."라고 말했다. 그래서 진나라 군주는 그를 가게 했다.

│주해│ ○小人之性(소인지성)……非國家之利也(비국가지리야) – 초군과 맞서 싸우려고 하는 정나라 사람을 두고 한 말이다.
  ○南里(남리) – 정나라 도읍의 남쪽 읍으로, 지금의 하남성 신정현(新鄭縣) 남쪽.
  ○樂氏(악씨) – 유수(洧水)를 건너는 나루터의 이름.
  ○師之梁(사지량) – 정나라 도읍 성문의 이름.
  ○縣門(현문) – 상하식(上下式)으로 된 성문.
  ○氾(범) – 여수(汝水) 가의 땅 이름으로, 지금의 하남성 양성(襄城) 부근.
  ○君子是以知平公之失政也(군자시이지평공지실정야) – 진나라 평공이 위나라 군주를 구금하고 있다가, 위나라 공녀를 취하고서 석방한 것이나, 진나라 군주와 위나라 군주는 동성(同姓)인데, 동성끼리 결혼한 것은 다 예의에 맞지 않는다. 이런 일로 보아건대, 장차 실정할 것이라고 짐작된다는 뜻이다.
  ○歸時事於宰旅(귀시사어재려) – 시절의 공물을 천자의 재상의 부하들에게 납입함. 시사는 시절에 따라 일정한 공물을 바치는 제후의 의무. 재려는 천사를 돕는 재상의 여러 부하.
  ○昌阜(창부) – 크게 번창함.
  ○烏餘(오여) – 오는 성이고, 여는 이름.
  ○胥梁帶(서량대) – 서갑보(胥甲父)의 아들.

經 | ○二十有七年春,에 齊侯使慶封來聘.이라

○夏,에 叔孫豹會晉趙武·楚屈建·蔡公孫歸生·衛石惡·陳孔奐·鄭良霄·許人·曹人于宋.이라

○衛殺其大夫甯喜.라

○衛侯之弟鱄出奔晉.이라

○秋七月辛巳,에 豹及諸侯之大夫盟于宋.이라

○冬十有二月乙亥朔,에 日有食之.라

27년 봄에, 제나라 군주인 후작이 경봉(慶封)에게 노나라를 예방케 했다.

여름에, 숙손표가 진(晉)나라 조무(趙武)·초나라 굴건(屈建)·채나라 공손귀생(公孫歸生)·위나라 석악(石惡)·진(陳)나라 공환(孔奐)·정나라 양소(良霄)·허나라 사람·조나라 사람 등과 송나라에서 회합을 가졌다.

위나라가 그 나라의 대부 영희(甯喜)를 죽였다.

위나라 군주인 후작의 동생 전(鱄)이 진(晉)나라로 도망갔다.

가을 7월 신사날에, 숙손표가 제후들의 대부들과 송나라에서 맹서하였다.

겨울 12월 을해날인 초하루에, 일식이 있었다.

傳 | 二十七年春,에 胥梁帶使諸喪邑者具車徒以受地,하되 必周.라 使烏餘具車徒以受封.이라 烏餘以其衆出,에 使諸侯僞效烏餘

之封者,하여 而遂執之,하여 盡獲之,하고 皆取其邑,하여 而歸諸
侯,라 諸侯是以睦於晉.이라
齊慶封來聘,에 其車美,라 孟孫謂叔孫曰, 慶季之車,가 不亦美
乎,아 叔孫曰, 豹聞之,하되 服美不稱,이면 必以惡終.이라 美車何
爲,오 叔孫與慶封食,에 不敬,하여 爲賦相鼠,나 亦不知也.라

  27년 봄에, 서량대가 여러 읍을 잃은 나라에게 약간의 전차와 군졸을 이끌고 와 잃은 땅을 돌려받게 하되, 반드시 비밀에 부치게 했다. 그리고 오여(烏餘)에게 약간의 전차와 군졸을 이끌고 와 봉토(封土)를 정식으로 받도록 하라 했다. 오여가 그의 부하들을 이끌고 출두하자, 서량대는 제후들에게 사람들을 오여에게 차지할 땅을 양도(讓渡)하러 온 사람들같이 위장시키게 하여, 그들이 오자 그 무리들을 다 잡고, 오여가 점령한 읍을 다 거두어 제후들에게 돌려주었다. 제후들은 이 일로 진나라와 화목하게 되었다.
  제나라 경봉이 노나라에 예방하였는데, 그의 수레가 아름다웠다. 그러자 노나라 맹손(孟孫:仲孫羯)이 숙손(叔孫:叔孫豹)에게 말하기를, "경계(慶季:慶封)의 수레가 역시 아름답지 않습니까?"라고 했다. 숙손은 말하기를, "표(豹) 제가 듣기로는, '입는 옷이 그의 신분에 알맞지 않으면, 반드시 좋지 못하게 끝난다.'고 합니다. 타는 수레가 아름다워서 무엇할 것입니까?"라고 했다. 숙손이 경봉과 같이 식사를 들었는데, 그는 공손하지 못하여, 상서편(相鼠篇)의 시를 노래불렀건만, 그것도 알아차리지 못하였다.

주해 ㅇ必周(필주)-반드시 비밀로 함.
ㅇ效烏餘之封者(효오여지봉자)-오여가 차지할 봉토를 양도하는 사람.

○相鼠(상서)-《시경》 풍 용풍(鄘風)에 있는 시편 이름. 이 시는, 예의를 분별하지 못하는 자를 풍자하는 뜻이 들어 있다.

衛甯喜專,에 公患之.라 公孫免餘請殺之,하니 公曰, 微甯子,면 不及此.라 吾與之言矣.요 事未可知.라 祗成惡名,이리니 止也.라 對曰, 臣殺之,하리니 君勿與知.하소서 乃與公孫無地·公孫臣謀,하여 使攻甯氏,나 弗克,하고 皆死.라 公曰, 臣也無罪,로 父子死余矣.라 夏,에 免餘復攻甯氏,하여 殺甯喜及右宰穀,하여 尸諸朝.라 石惡將會宋之盟,하여 受命而出,이었거늘 衣其尸,하고 枕之股而哭之,하며 欲斂以亡,이나 懼不免,하고 且曰, 受命矣.라 乃行.이라 子鮮曰, 逐我者出,하고 納我者死.라 賞罰無章,에 何以沮勸.가 君失其信,하고 而國無刑,이니 不亦難乎.아 且鱄實使之.라 遂出奔晉.이라 公使止之,나 不可.라 及河,에 又使止之,하니 止使者而盟於河.라 託於木門,하여 不鄉衛國而坐.라 木門大夫勸之仕,하니 不可.라하고 曰, 仕而廢其事,면 罪也.라 從之,엔 昭吾所以出也,어늘 將誰愬乎.아 吾不可以立於人之朝矣.라 終身不仕.라 公喪之如稅服,하여 終身.이라

公與免餘邑六十,하니 辭曰, 唯卿備百邑,이어늘 臣六十矣.이오니다 下有上祿,은 亂也.라소이다 臣弗敢聞.이오니다 且甯子唯多

邑.이었나이다 故로 死.였나이다 臣懼死之速及也.이오니다 公固與
之,에 受其半.이라 以爲少師,하고 公使爲卿,에 辭曰, 大叔儀不
貳,하고 能贊大事,이오니 君其命之.하소서 乃使文子爲卿.이라

　위나라 영희가 국사를 제멋대로 하여, 위나라 군주 헌공(獻公)이 근심하였다. 공손면여(公孫免餘)가 죽이게 해달라고 요청하니 헌공은, "영희가 아니었더라면, 내 이 처지가 되지 못했을 것이다. 내 그에게 정치는 일체 맡으라고 말했고, 또 일이 잘 되는지 알 수가 없다. 그리고 나의 악명(惡名)이 날 것이니 그만두어라."라고 했다. 그러자 공손면여가 말하기를, "신이 죽일 것이오니, 군주께서는 관여하시어 알려고 하시지 마옵소서."라고 했다. 그리고는 공손무지(公孫無地)와 공손신(公孫臣)과 도모하여 그들로 하여금 영씨를 공격하게 했으나, 이기지 못하고 둘 다 죽었다. 이에 헌공은 말하기를, "공손신은 아무 죄 없이, 부자가 나를 위하여 죽었구나."라고 했다. 여름에, 공손면여는 다시 영씨를 공격하여 영희와 우재곡(右宰穀)을 죽여, 그들의 시체를 조정에다 늘어놓았다. 그때, 석악(石惡)은 송나라에서 있을 맹약(盟約)에 참가하게 되어, 군주의 명을 받고 조정에서 나갔는데, (그들이 죽었다는 소식을 듣자 달려가) 그들 시체에 옷을 입히고, 다리 위에 시체의 머리를 올려놓고 곡했으며, 염(斂)을 하고서는 타국으로 망명하려고 하였으나, 일이 잘되지 않으면 어쩌나 두려웠고, 그리고 '나는 맹약 맺으러 가라는 명을 받았다'고 하여, 곧 송나라로 맹약 맺으러 갔다. 자선(子鮮)은 말하기를, "군주를 내쫓은 자는 외국으로 나가 무사하고, 군주를 맞아들인 자들은 죽었구나. 상벌이 법도가 없다면, 어떻게 악을 막고 선(善)을 권장할 수 있단 말인가? 군주가 신의를 잃고, 나라에 법이 없으니, 나라 다스림이 어렵지 않을손가? 그리고 이번 일은 전(鱄) 내가 실로 있게 한 것이다."라고 했다. 그리고는, 바로

진나라로 달아났다. 헌공은 그에게 나가지 말라고 사람을 시켜 말렸지만, 듣지 않았다. 황하(黃河) 가에 이르렀을 때, 다시 사람을 보내어 말리니, 그는 심부름 갔던 사람을 멈추게 하고 황하의 신에게 돌아가지 않겠다는 것을 맹서하였다. 그는 진나라로 가 목문(木門)에 몸을 의탁하여, 위나라 쪽을 향해서 앉는 일이 없었다. 목문 땅을 차지하고 있는 진나라 대부가, 진나라 조정에 나가 벼슬할 것을 권하니, 그는 안된다며 말하기를, "벼슬하고 있으면서, 맡은 일을 성심껏 하지 않으면 죄가 됩니다. 그리고 당신의 말씀을 따름에는, 내가 본국을 나오게 된 것을 밝혀야 할 것인데, 그것을 내 누구에게 호소할 것입니까? 나는 다른 나라 조정에 나가 일할 수가 없습니다."라고 했다. 그 뒤 그는 종신토록 벼슬하지 않았다. 헌공은 그가 죽은 뒤에 그를 위하여 복상(服喪)하여 검은 상복처럼 옷차림을 하여, 세상을 떠날 때까지 그 옷차림으로 지냈다.

　헌공이 공손면여에게 60읍을 주니 그는 사양하여 말하기를, "경(卿)만이 백읍(百邑)을 소유하옵는데, 신은 이미 60읍을 지니고 있사옵니다. 아래에 있는 자로 윗자리의 녹(祿)을 받는다는 것은 예를 어지럽히는 일이옵니다. 그러니 신은 감히 받아들일 수 없나이다. 그리고 영희는 읍을 많이 가지고 있었사옵니다. 그러므로 그는 죽게 되었습니다. 신은 죽음이 빨리 닥쳐올까 두렵사옵니다."라고 했다. 그래도 헌공이 굳이 받으라 주니, 그는 반만 받았다. 헌공은 그를 소사(少師)에 임명하고, 경이 되게 하니 그는, "대숙의(大叔儀)는 두 마음을 지니지 않고, 국가의 큰 일을 도울 수 있사오니, 군주께서는 그를 경으로 임명하소서."라며 사양해서 말했다. 그래서 문자(文子 : 大叔文子)를 경이 되게 했다.

▌주해▐　○不及此(불급차)-군주 노릇하는 이의 입장이 되지 못했다.
　　○父子死余矣(부자사여의)-공손신(公孫臣)의 아버지는 전에 헌공을 위하여 죽었다고 여겨진다.

o子鮮(자선)-공자 전(鱄).
o實使之(실사지)-자선이 헌공의 복귀를 위하여 중개 역할을 했기에, 자책감으로 이번 일은 실로 자기가 있게 한 것이라고 말한 것이다.
o木門(목문)-지금의 하북성 하간(河間) 부근.
o不鄕衛國而坐(불향위국이좌)-위나라를 향하여는 앉지를 않았다는 것은, 자기 나라를 그리워하지 않았고, 또 돌아갈 의사가 없었다는 것을 표시한 것이다.
o稅服(태복)-검은 상복. 복을 입어야 할 사람의 죽음을 늦게서야 알고 입는 상복을 태복이라 했고, 검은 상복이었다 한다.
o大叔儀(대숙의)-헌공의 동생으로, 세숙의(世叔儀)라고도 했다.

　　　　　　송　상　술　선　어　조　문　자　　　　　우　선　어　령　윤　자　목　　　　　　　욕　미　제　후　지　병
　　　宋向戌善於趙文子,하고　又善於令尹子木.이라　欲弭諸侯之兵
이 위 명　　　　　여 진　　　　　고 조 맹　　　　　조 맹 모 어 제 대 부　　　　　　한 선 자
以爲名.이라　如晉,하여　告趙孟,하니　趙孟謀於諸大夫.라　韓宣子
왈　　병 민 지 잔 야　　　　　재 용 지 두　　　　　소 국 지 대 재 야　　　　　장 혹 미 지
曰,　兵民之殘也,요　財用之蠹,며　小國之大菑也.라　將或弭之,라
　　　수 왈 불 가　　　　　필 장 허 지　　　　　불 허　　　초 장 허 지　　　　　　이 소 제
면　雖曰不可,라도　必將許之.하라　弗許,면　楚將許之,하여　以召諸
후　　　　　즉 아 실 위 맹 주 의　　　　　진 인 허 지　　　　　여 초　　　　　초 역 허 지
侯,이리니　則我失爲盟主矣.라　晉人許之.라　如楚,하니　楚亦許之.
　　　여 제　　　　　제 인 난 지　　　　　진 문 자 왈　　　진 초 허 지　　　　　아 언 득
라　如齊,하니　齊人難之.라　陳文子曰,　晉·楚許之,어늘　我焉得
이　　　　차 인 왈 미 병　　　　　이 아 불 허　　　　　즉 고 휴 오 민 의　　　　　장 언 용
已.아　且人曰弭兵,이나　而我弗許,면　則固攜吾民矣.리라　將焉用
지　　　제 인 허 지　　　　고 어 진　　　　　진 역 허 지　　　　　개 고 어 소 국
之.리오　齊人許之.라　告於秦,하니　秦亦許之.라　皆告於小國,하여
위 회 어 송
爲會於宋.이라
　　　　오 월 갑 진　　　　　진 조 무 지 어 송　　　　병 오　　　　정 량 소 지　　　　유 월
　　　五月甲辰,에　晉趙武至於宋,하고　丙午,에　鄭良霄至.라　六月
정 미 삭　　　　　송 인 향 조 문 자　　　　　숙 향 위 개　　　　　사 마 이 절 조　　　　　예
丁未朔,에　宋人享趙文子.라　叔向爲介,하고　司馬以折俎,하니　禮

^야 ^{중니사거시례야} ^{이위다문사}
也.라 仲尼使擧是禮也,하고 以爲多文辭.라
^{무신} ^{숙손표} ^{제경봉} ^{진수무} ^{위석악지} ^{갑인}
戊申,에 叔孫豹·齊慶封·陳須無·衛石惡至,하고 甲寅,에
^{진순영종조무지} ^{병진} ^{주도공지} ^{임술} ^{초공자흑굉}
晉荀盈從趙武至,하며 丙辰,에 邾悼公至.라 壬戌,에 楚公子黑肱
^{선지} ^{성언어진} ^{정묘} ^{송상술여진} ^{종자목성언}
先至,하여 成言於晉,하고 丁卯,에 宋向戌如陳,하여 從子木成言
^{어초} ^{무진} ^{등성공지} ^{자목위상술} ^{청진} ^{초지종}
於楚.라 戊辰,에 滕成公至.라 子木謂向戌,하되 請晉·楚之從,
^{교상견야} ^{경오} ^{상술복어조맹} ^{조맹왈} ^진 ^초
이 交相見也.라 庚午,에 向戌復於趙孟,하니 趙孟曰, 晉·楚·
^제 ^{진사야} ^{진지불능어제} ^{유초지불능어진야} ^{초군약}
齊·秦四也,에 晉之不能於齊,는 猶楚之不能於秦也.라 楚君若
^{능사진군욕어폐읍} ^{과군감불고청어제} ^{임신} ^{좌사복}
能使秦君辱於敝邑,이면 寡君敢不固請於齊.아 壬申,에 左師復
^{언어자목} ^{자목사일알저왕} ^{왕왈} ^{석제} ^진 ^{타국}
言於子木,하니 子木使馹謁諸王.이라 王曰, 釋齊·秦,하고 他國
^{청상견야}
請相見也.라

송나라 상술(向戌)은 진(晉) 조문자(趙文子 : 趙武)와 친하고, 또 초나라 영윤 자목(子木)과 친했다. 그래서 그는 제후국간의 전쟁을 멈추게 해서 이름을 내려고 하였다. 그리하여 진나라에 가, 조맹(趙孟 : 趙武)에게 그의 뜻을 말하니, 조맹은 여러 대부들과 상의했다. 그 때, 한선자(韓宣子 : 韓起)가 말하기를, "전쟁은 백성을 해치는 것이고, 국가의 재물을 없애게 하는 좀이며, 작은 나라들의 큰 재해(災害)인 것이오. 앞으로 혹 전쟁을 멈추게 하겠다면, 비록 그렇게 되지 못한다 하더라도, 반드시 그의 요구를 들어주도록 하십시오. 그의 요구를 허락하지 않으면, 초나라가 그의 말을 들어 제후국들을 소집할 것이니, 그러면 우리는 맹주(盟主 : 覇者)의 위치를 잃게 됩니다."라고 했다. 이에, 진나라 사람은 그에게 그렇게 하라고 허락했다. 상술이 초나라에 가니, 초나라 또한 찬성했다. 그가 제나라에 가니, 제나라 사람은 난색을 보였다. 그러자 제나라 진문자(陳文子:陳須無)가, "진나라와 초나라가 찬성했는데, 우리가 어찌 그만둘 수 있단 말입니까? 그리고 다른 나라 사람이 전쟁을 멈추게 하자고 말하나, 우리가 찬성하지 않는다면, 정말 우리 백성들이 떨어져나갈 것입니다. 장차 그들을 어떻게 부릴 것입니까?"라고 말했다. 그래서 제나라 사람도 찬성하였다. 그리고 진(秦)나라에 가 말하니, 진나라 또한 찬성했다. 이에, 다른 작은 나라들에게도 다 알려, 송나라에서 회합을 갖기로 했다.

5월 갑진날에 진(晉)나라 조무자가 송나라에 도착하고, 병오날에는 정나라 양소가 도착했다. 6월 정미날인 초하루에, 송나라 사람이 진나라 조문자에게 향연을 베풀었다. 그때, 진나라 숙향(叔向)이 조문자의 부사(副使)가 되었고, 송나라 사마(司馬)가 고기를 잘라 그릇에 담아 대접하는 일을 맡았는데, 그것은 예의에 맞는 일이었다. 공자(孔子)께서는 후일 제자들에게 당시의 예법을 말해 기억케 하셨고, 그자리에서는 좋은 말들이 오고갔다고 말씀하셨다.

무신날에 노나라 숙손표・제나라 경봉・진수무(陳須無)・위나라 석악이 도착했고, 갑인날에는 진(晉)나라 순영(荀盈)이 조무의 뒤를 따라와 도착했으며, 병진날에는 주(邾)나라 도공이 도착했다. 임술날에는 초나라 공자 흑굉(黑肱)이 다른 사람보다 먼저 이르러 맹약 맺을 내용을 진(晉)나라 측과 타협했고, 정묘날에는 송나라 상술이 진(陳)나라로 가 초나라 자복을 만나 맹약 맺을 내용을 초나라와 타협했다. 무진날에는 등나라 성공이 도착했다. 그때, 자목이 상술에게 이르기를, "진(晉)나라와 초나라를 따르고 있는 제후국들이, 서로 진나라 군주와 초나라 군주를 찾아뵙도록 해주오."라고 했다. 경오날에, 상술이 그 조건의 말을 조맹에게 보고하니 조맹은 말하기를, "진(晉)・초・제・진(秦)의 네 나라는 서로 대등한 나라여서, 우리 진(晉)나라가 제나라에 대해서 초나라 군주를 찾아보도록 할 수 없는 입장은, 초나라가 진(秦)나라에 대해서 우리 진나라 군주를 찾아보도록 하라고 이를 수가 없는 것과 같소. 초나라 군주가 진(秦)나라 군주에게 우리 진나라를 찾아주도록 할 것 같으면, 우리 군주가 어찌 제나라에 대해서 초나라 군주를 찾도록 하라고 굳이 청하지 않으시겠소이까?"라고 했다. 임신날에, 송나라 좌사(左師 : 向戌)가 이 말을 자목에게 말하니, 자목은 사람에게 역마(驛馬)를 타고 가 초왕에게 알리게 했다. 그랬더니 초왕은, "제나라와 진(秦)나라만은 제쳐놓고, 그밖의 다른 나라들은 서로 진·초의 군주를 찾아보도록 하라."고 말하였다.

| 주해 | ㅇ擧是禮(거시례) — 거는 잘 기억함. 이 예법을 잘 기억케 했다.
  ㅇ文辭(문사) — 좋은 말.
  ㅇ左師(좌사) — 상술을 가리킨다. 그는 당시 송나라 좌사였다.

秋七月戊寅,에 左師至.라 是夜也,에 趙孟及子晳盟,하여 以齊
言.이라 庚辰,에 子木至自陳,하고 陳孔奐·蔡公孫歸生至,하며
曹·許之大夫皆至,하여 以藩爲軍,에 晉·楚各處其偏.이라 伯
夙謂趙孟曰, 楚氛甚惡,하니 懼難.이라 趙孟曰, 吾左還入於宋,
이면 若我何.아 辛巳,에 將盟於宋西門之外,에 楚人衷甲.이라 伯
州犁曰, 合諸侯之師,하여 以爲不信,이면 無乃不可乎.아 夫諸侯
望信於楚也.라 是以,로 來服.이라 若不信,이면 是棄其所以服諸
侯也.라 固請釋甲.이라 子木曰, 晉·楚無信久矣.요 事利而已.
라 苟得志焉,이면 焉用有信.가 大宰退,하여 告人曰, 令尹將死

矣,로되 不及三年.이리라 求逞志而棄信,이면 志將逞乎.아 志以發
言,하고 言以出信,하며 信以立志,니 參以定之.라 信亡,에 何以及
三.가
　趙孟患楚衷甲,하여 以告叔向.이라 叔向曰, 何害也.아 匹夫一
爲不信,이면 猶不可也.라 單斃其死.라 若合諸侯之卿以爲不信,
이면 必不捷矣.라 食言者不病.가 非子之患也.라 夫以信召人,하
여 而以僭濟之,라도 必莫之與也.리라 安能害我.리오 且吾因宋
以守病,이면 則夫能致死.리라 與宋致死,면 雖倍楚可也.라 子何
懼焉.가 又不及是.이리라 曰弭兵,하여 以召諸侯,하고 而稱兵,하
여 以害我,이면 吾庸多矣,이리니 非所患也.라
　季武子使謂叔孫以公命曰, 視邾・滕.하라 旣而,에 齊人請邾,
하고 宋人請滕,에 皆不與盟.이라 叔孫曰, 邾・滕人之私也,나 我
列國也.라 何故視之.아 宋・衛吾匹也.라 乃盟.이라 故로 不書
其族,하니 言違命也.라 晉・楚爭先.이라 晉人曰, 晉固爲諸侯盟
主,하여 未有先晉者也.라 楚人曰, 子言晉・楚匹也.라 若晉常
先,이면 是楚弱也.라 且晉・楚狎主諸侯之盟也久矣,에 豈專在
晉.가 叔向謂趙孟曰, 諸侯歸晉之德只,요 非歸其尸盟也.라 子
務德,하여 無爭先.하라 且諸侯盟,에 小國固必有尸盟者.라 楚爲

晉細,는 不亦可乎.아 乃先楚人.이라 書先晉,은 晉有信也.라
<small>진세 불역가호 내선초인 서선진 진유신야</small>

가을 7월 무인날에, 송나라 좌사 상술이 (초나라 자목을 만나고) 송나라로 돌아갔다. 그날 밤에, 진나라 조맹은 초나라 자석(子晳 : 黑肱)과 맹서를 맺고, 맹서 맺는 내용을 정했다. 경진날에, 자목이 진(陳)나라로부터 도착했고, 진(陳)나라 공환(孔奐)·채나라 공손귀생(公孫歸生)이 도착했으며, 조나라·허나라 대부들도 다 도착하여, 각기 울타리를 쳐 경계 삼아 군진(軍陣)을 잡으니, 진나라와 초나라는 각각 맨 끝에 자리를 잡았다. 그때 백숙(伯夙 : 荀盈)이 조맹에게 말하기를, "초나라 진영의 분위기가 매우 이상하니, 아마도 무슨 곤란한 일이 있을 것입니다."라고 했다. 그러자 조맹은, "일이 있어 우리가 왼쪽으로 돌아 송나라 도읍으로 들어간다면, 우리를 어찌할 수 있을 건가?"라고 말하였다. 신사날에, 송나라 도읍 성의 서문 밖에서 맹약을 맺으려 하니, 초나라 사람들은 옷 안에 갑옷을 입고 있었다. 백주리(伯州犁)가 말하기를, "제후들의 군사를 모아놓고, 신의가 아닌 짓을 하면, 안되지 않습니까? 제후들은 초나라에게 신의 지킬 것을 바라고 있습니다. 그래서 와 따르고 있는 것입니다. 불신의 짓을 할 것 같으면, 그것은 제후들을 복종시킬 근본을 버리는 것이 됩니다. 저는 굳이 갑옷을 벗도록 하시기를 원합니다."라고 했다. 이에 대하여 자목은 말하기를, "진나라와 초나라가 신의가 없은 지 오래이고, 일은 이익만이 목적이오. 만일 우리 뜻만 이룬다면 그만이지, 신의가 있다는 게 무슨 소용이 있소?"라고 하였다. 태재(大宰) 백주리는 그자리에서 물러나 다른 사람에게 이르기를, "영윤은 곧 죽을 것이되, 3년이 못되어 죽을 것이다. 뜻을 이루고자 하면서 신의를 버리면, 그 뜻이 이루어질 것인가? 지닌 뜻은 말로 나타내고, 말로는 신의를 나타내며, 신의로 뜻이 세워지는 것이니, 뜻·말·신의 이 세가지로 목적이 이루어진다. 신의가 없는데, 어떻게 3년을 지탱하랴?"라고 했다.

조맹이 초나라 사람들이 옷 속에 갑옷을 입고 있는 것이 걱정되어, 그 일을 숙향(叔向)에게 말했더니 숙향이 말하였다. "무슨 해가 있겠습니까? 하찮은 남자도 한번 신의에 맞지 않는 짓을 하면, 안되는 것입니다. 그러면 단지 거꾸러져 죽게 될 따름입니다. 제후국이 경들을 모아두고서 신의에 맞지 않는 짓을 할 것 같으면, 반드시 뜻을 이루지 못할 것입니다. 거짓말 한 자가 재앙에 빠지지 않겠습니까? 님이 걱정할 것이 아닙니다. 신의에 의탁하여 사람들을 부르고서, 거짓 수단으로 뜻을 이루려 한들 반드시 편 되어 줄 사람이 없을 것입니다. 그런데 어떻게 우리에게 해를 끼칠 수 있겠습니까? 그리고 우리가 송나라에 의지해서 재앙을 막아낸다면, 송나라 사람들은 필사적이 될 것입니다. 우리가 송나라 사람들과 필사적으로 싸운다면, 그 세력은 초나라 세력의 두 배가 된다 하더라도, 좋을 것입니다. 님은 어째서 두려워하십니까? 그리고 그런 일이 생기지 않을 것입니다. 전쟁을 멈추게 한다 말하여 제후들을 소집하고, 군대를 동원하여 우리에게 해를 가한다면, 우리의 공이 많아질 것이니, 걱정할 것이 아닙니다."

 계무자(季武子 : 季孫宿)가 숙손표에게 사람을 보내어 공의 명이라고서 이르기를, "맹약을 맺을 때, 주(邾)나라 · 등(滕)나라의 예에 따르라."라고 했다. 맹약을 맺게 되자, 제나라 사람은 주나라는 자기 나라의 속국이니 빼라고 요청하고, 송나라 사람은 등나라는 자기 나라의 속국이니 빼달라고 청하여, 그 두 나라는 다 맹약 맺는 일에 관여하지 않았다. 그때 숙손표는 말하기를, "주나라 · 등나라는 다른 나라의 속국이지만, 우리나라야 독립국이다. 그런데 무엇 때문에 그 예대로 하랴? 송나라 · 위나라도 우리나라와 동등한 나라다."라고 했다. 그리고 맹약에 참가했다. 그랬기에, 경문에 그의 씨족명(氏族名)을 쓰지 않았으니, 그것은 군주의 명을 어겼다는 것을 말한다. 진(晉)나라와 초나라가 먼저 맹서하기를 다투었다. 진나라 사람이 말하기를, "진나라는 실로 제후국의 맹주가 되어, 맹약을 맺는 마당에 우리 진나라보다 다른 나라가 먼저 맹서한 일이 없었소이다."라고 했다. 그러자 초나라 사람은 말하기를, "님은 진나라와 초나라는 동등하다고 말씀하셨소. 만약 진나라가 언제나 먼저라면, 그것은 우리 초나라가 진나라보다 약하다는 것이 되오. 그리고 진과 초는 서로 제후국의 맹약을 주관한 지 오래인데, 어찌 진나라만 앞에 맹서한단 말이오?"라고 하였다. 이에, 숙향(叔向)이 조맹에게 말하기를, "제후들은 진나라의 덕을 따르는 것이고, 맹약의 일을 주관함을 두고 따르는 것이 아닙니다. 그러니 님은 덕을 중요시하여, 앞에 맹서한 것을 다투지는 마십시오. 그리고 제후들이 맹약을 맺음에 있어 작은 나라가 실로 꼭 맹약을 주관하는 일도 있는 것입니다. 이제, 초나라가 진나라의 잔일을 하는 것도 또한 좋지 않습니까?"라고 했다. 그래서 초나라 사람을 먼저 시켰다. 경문에 진나라를 맨 먼저 쓴 것은, 진나라에 신의가 있어서였다.

주해
○ 以藩爲軍(이번위군) - 나무로 울타리를 쳐, 각국 군의 경계 삼아 군진을 침. 평화를 위하는 마당이라, 서로 적대심이 없다는 것을 보이기 위하여 보루를 쌓는다든가 참호를 판다든가는 하지 않았던 것이다.
○ 伯州犁(백주리) - 진(晉)나라 사람으로 초나라로 망명하여 대부가 되었던 백종(伯宗)의 아들.
○ 大宰(태재) - 백주리의 벼슬.
○ 吾庸多矣(오용다의) - 평화를 위하려고 한 공은 우리에게 많이 돌아옴.
○ 視邾·滕(시주등) - 주나라·등나라의 예를 보아 따름. 독립국으로 행세했다가 진나라·초나라에게 공물을 많이 바쳐야 하기에, 맹약에 관여하지 말기를 원해서 이렇게 말한 것이다.
○ 爲晉細(위진세) - 진나라의 잔일을 함.

壬午_에 宋公兼享晉·楚之大夫_에 趙孟爲客_{이라} 子木與之言_에 趙孟弗能對_{하고} 使叔向侍言焉_에 子木亦不能對也_라 乙

酉,에 宋公及諸侯之大夫盟于蒙門之外.라 子木問於趙孟曰, 范武子之德何如.아 對曰, 夫子之家事治,하고 言於晉國無隱情,하며 其祝史陳信於鬼神,하여 無愧辭.라 子木歸以語王,하니 王曰, 尚矣哉.라 能歆神人.이라 宜其光輔五君以爲盟主也.라 子木又語王曰, 宜晉之伯也.라소이다 有叔向,하여 以佐其卿.이오니다 楚無以當之,하오니 不可與爭.이오니다 晉荀盈遂如楚,하여 涖盟.이라

임오날에, 송나라 군주가 진·초 두 나라 대부들에게 한꺼번에 향연을 베푸니, 진나라 조맹이 주빈이 되었다. 초나라 자목이 그와 같이 이야기를 함에 있어서, 조맹은 대답을 제대로 못했고, 숙향에게 옆에서 말을 거들게 하여, 자목 역시 대답을 제대로 못하였다. 을유날에는, 송나라 군주가 제후국의 대부들과 몽문(蒙門) 밖에서 맹서하였다. 자목이 조맹에게 묻기를, "진나라 범무자의 덕은 어떠했소이까?"라고 했다. 그러자 조맹이 대답하기를, "그 어른은 집안일을 잘 다스렸고, 진나라 조정에서 국정을 말함에는 사정을 숨기는 일이 없었으며, 제관(祭官)이 읽는 제문은 신(神)에게 사실대로 고해서, 부끄러운 말이 하나도 없었소이다."라고 했다. 자목이 나라로 돌아가 초왕에게 그 말을 하니 초왕은, "훌륭했소. 신이나 산 사람이 좋아할 수 있게 했던 사람이오. 그가 다섯 군주를 빛나게 도와 진나라가 맹주된 것은 마땅한 일이었소."라고 말하였다. 자목은 다시 왕에게, "진나라가 패자(覇者)인 것은 마땅한 일이옵니다. 숙향이 있어서, 그 나라의 경을 잘도 보좌하옵니다. 우리 초나라에는 그를 당할 사람이 없사오니, 진나라와 다툴 수가 없사옵니다."라고 말했다. 진나라 순영이 곧 초나라에 가,

맹서 맺음에 참석했다.

주해 ○范武子(범무자)-사회(士會).
○其祝史陳信於鬼神(기축사진신어귀신), 無愧辭(무괴사)-제관은 제물에다 말을 좋게만 꾸며 말하는 것이기에, 그 제문을 읽자면 부끄럽게 여겨졌지만, 범무자가 정치를 했을 때에는, 제문에 사실대로만 쓰게 하여, 제관이 읽어 조금도 부끄럽게 여겨지지 않았다는 것이다.
○光輔五君(광보오군)-광보는 훌륭히 빛나게 도움. 오군은 진나라 문공(文公)·양공(襄公)·영공(靈公)·성공(成公)·경공(景公)의 다섯 군주. 사회는 이 다섯 군주를 보필했다.

鄭伯享趙孟于垂隴.이라 子展·伯有·子西·子産·子大叔·二子石從.이라 趙孟曰, 七子從君以寵武也.라 請皆賦以卒君貺,하고 武亦以觀七子之志.라 子展賦草蟲.이라 趙孟曰, 善哉.라 民之主也.라 抑武也不足以當之.라 伯有賦鶉之賁賁.이라 趙孟曰, 牀第之言不踰閾.라 況在野乎.아 非使人之所得聞也.라 子西賦黍苗之四章.이라 趙孟曰, 寡君在矣,에 武何能焉.가 子産賦隰桑.이라 趙孟曰, 武請受其卒章.이라 子大叔賦野有蔓草.라 趙孟曰, 吾子之惠也.라 印段賦蟋蟀.이라 趙孟曰, 善哉.라 保家之主也.라 吾有望矣.라 公孫段賦桑扈.라 趙孟曰, 匪交匪敖,면 福將焉往.가 若保是言也,면 欲辭福祿得乎.아 卒享.이라
文子告叔向曰, 伯有將爲戮矣.리라 詩以言志,에 志誣其上,하

여 而公怨之,하여 以爲賓榮.이라 其能久乎.아 幸而後亡.이리라
叔向曰, 然.이라 已侈.라 所謂不及五稔者,는 夫子之謂矣.리라
文子曰, 其餘皆數世之主也.나 子展其後亡者也.리라 在上,이나
不忘降.이라 印氏其次也.라 樂而不荒,하고 樂以安民,하며 不淫
以使之,리니 後亡不亦可乎.아

    정나라 군주가 (귀국중인) 조맹에게 수롱(垂隴)에서 향연을 베풀었다. 그자리에는 자전(子展)・백유(伯有)・자서(子西)・자산(子産)・자대숙(子大叔)・두 공자 석(石 : 印段과 公孫段)이 군주를 따라 참석했다. 조맹이 말하기를, "일곱 분이 군주를 모시고 이 자리에 와, 조무(趙武) 저를 환대하여 주시는구려. 다들 시를 노래불러 군주께서 내려주신 이 연회를 마치고, 제가 일곱 분의 뜻을 알아보게 해주십시오."라고 했다. 그래서 다들 시를 노래불렀는데, 자전이 초충편(草蟲篇)의 시를 노래불렀다. 조맹은 말하기를, "좋습니다. 백성들의 주인감이십니다. 조무, 저 같은 것이야 그 시에서 말한 훌륭한 사람이라 할 수가 없습니다."라고 했다. 다음에는 백유가 순지분분편(鶉之賁賁篇)의 시를 노래불렀다. 조맹은 말했다. "잠자리에서나 말하는 비밀 얘기는 방의 문지방 밖으로 나가지 않게 하는 것입니다. 그런데 하물며 이 교외에까지 나와 말할 수 있겠습니까? 더군다나 군주의 명을 받고 나온 외국의 사자(使者)인 제가 들을 일은 아닙니다." 그 다음에는, 자서(子西)가 서묘편(黍苗篇)의 제4장 시를 노래불렀다. 그러자 조맹은 "(천자님의 신하의 공로를 말한 그 시는) 우리 군주가 계시는 마당에 조무, 저로서 어찌 들을 수가 있겠습니까?"라고 말했다. 다음으로 자산이 습상편(隰桑篇)의 시를 노래불렀다. 조맹은 말하기를, "저는 그 시편의 끝장 시와 같이 늘 친하게 해주시기를 바

랍니다."라고 했다. 자대숙(子大叔)은 야유만초편(野有蔓草篇)의 시를 노래불렀다. 그러자 조맹은 "(좋은 사람을 만나 즐겁다고 한 그 시와 같이 기쁜데) 이것은 댁이 이리 환대해 주시는 덕택입니다."라고 말했다. 인단(印段)은 실솔편(蟋蟀篇)의 시를 노래불렀다. 조맹은 말하기를, "좋습니다. 가문을 잘 지키실 분이군요. 저는 기대하는 바 있습니다."라고 했다. 끝으로 공손단(公孫段)이 상호편(桑扈篇)의 시를 노래불렀다. 그러자 조맹은, " '교제에 오만하지 않으면, 복이 어디로 갈 것인가?'라고 한 이 시 구절의 말을 지킨다면야, 복과 녹(祿)을 싫다고 한들 다른 데로 갈 것입니까?"라고 말했다. 이렇게 시를 노래부르고 조맹이 말하고 나서, 그 향연을 마쳤다.

문자(文子: 趙武)가 숙향(叔向)에게 말하기를, "백유(伯有)는 곧 죽게 될 것이오. 시(詩)는 자신의 속마음을 나타내는 것인데, 그의 속마음은 윗사람들을 헐뜯어, 공공연히 원망하여, 그것으로 빈객(賓客)을 추어올리는 것이었소. 그래서야 오래 견디어 낼 수가 있겠소? 기껏해야 외국으로 망명하게 될 것이오."라고 했다. 그러자 숙향은 말하기를, "그렇습니다. 그는 지나치게 떠벌렸습니다. '5년을 지탱하지 못한다'고 하는 말은 그런 사람을 두고 하는 말일 것입니다."고 했다. 문자가 다시 말했다. "그밖의 사람들은 다 여러 세대를 지탱할 사람들이지만, 그 중에서도 자전(子展)의 가문은 가장 뒤에 망할 것이오. 그는 윗자리에 있으나, 겸손하기를 잊지 않고 있소이다. 그리고 인씨(印氏)가 그 다음이오. 그는 즐거워하면서도 지나치지 않고, 즐거움으로써 백성을 편안케 하며, 정도를 벗어나지 않게 하여 백성을 부릴 것이니, 다른 사람들보다 늦게 망하는 것이 옳은 일 아니겠소?"

주해 ㅇ垂隴(수롱) - 정나라 지명으로, 지금의 하남성 형양(滎陽) 부근.
ㅇ二子石(이자석) - 인단(印段)과 공손단(公孫段)을 말한다.
ㅇ寵武(총무) - 조무를 특별 대우함. 환대함.

o 草蟲(초충) - 《시경》 풍 소남(召南)에 있는 시편 이름. 이 시에는 '군자를 만날 수가 있어서 기쁘다.'라는 뜻의 구절이 있다. 자전은 조무와 같은 군자를 만나 기쁘다는 뜻을 표명한 것이다. 이에 대해서 조무는, 자신이 시중의 군자가 될 수 없다는 겸손의 말을 했다.
o 鶉之賁賁(순지분분) - 《시경》 풍 용풍(鄘風)에 있는 시편 이름. 이 시는 위(衛)나라 공실(公室)의 추문(醜聞)을 시인이 풍자한 것이라고 알려졌다. 백유는 이 시를 빌어, 정나라 조정의 상부에 불화가 있고, 자신의 지위가 불리하다는 것을 조무에게 호소한 것이다.
o 牀第之言(상제지언) - 잠자리의 말. 비밀의 말.
o 黍苗(서묘) - 《시경》 소아에 있는 시편 이름. 이 시에는, 주(周)나라 대신이었던 소백(召伯)의 공로를 찬양하는 뜻의 구절이 있다. 자서(子西)는 이 시로 조무의 공로가 크다는 것을 찬양했지만, 조무는 그 찬양은 진나라 군주나 받을 것이지, 자기로서는 받을 수가 없다고 말한 것이다.
o 隰桑(습상) - 《시경》 소아에 든 시편 이름. 이 시는 군자를 만나 기쁘다는 마음을 읊고, 그 4장에는 '군자를 잊지 않고 언제나 존경한다.'는 뜻이 들어 있다. 조무는 군자라고는 할 수 없지만, 제4장에서 말했듯이 언제나 잊지 말아 주면 좋겠다고 말했다.
o 野有蔓草(야유만초) - 《시경》 풍 정풍(鄭風)에 든 시편 이름. 군자를 만나 기쁘다는 뜻을 말한 시다.
o 蟋蟀(실솔) - 《시경》 풍 당풍(唐風)에 있는 시편 이름. 어느 것이나 일에 대해서 경계를 게을리하지 말라는 뜻이 들어 있는데, 인단(印段)은 송나라에서 제후들과 맹약을 맺었으며, 초나라에 대해서는 늘 경세해야 한다는 뜻을 표명한 것이다. 이에 대해서 조무는, 국가를 지키는 자는 늘 그 마음이 있어야 하니, 나는 당신에게도 그 마음으로 나라를 지켜 달라고 기대한다고 말했다.
o 桑扈(상호) - 《시경》 소아에 있는 시편 이름.
o 匪交匪敖(비교비오), 福將焉往(복장언왕) - 상호편(桑扈篇)의 끝장 시구절.
o 賓榮(빈영) - 손님을 추켜세움.

宋左師請賞曰, 請免死之邑.하오니다 公與之邑六十,하여 以示
子罕,하니 子罕曰, 凡諸侯小國,이 晉·楚所以兵威之.라 畏而
後,라야 上下慈和,하고 慈和而後,라야 能安靖其國家,하여 以事大
國,은 所以存也.라 無威,면 則驕,하고 驕則亂生,하며 亂生,이면
必滅,하니 所以亡也.라 天生五材,하고 民竝用之,하여 廢一不可,
이어늘 誰能去兵.가 兵之設久矣,에 所以威不軌而昭文德也.라
聖人以興,하고 亂人以廢.라 廢興存亡昏明之術,은 皆兵之由也.
라 而子求去之,하니 不亦誣乎.아 以誣道蔽諸侯,하니 罪莫大焉.
이라 縱無大討,이언정 而又求賞,하니 無厭之甚也.라 削而投之.라
左師辭邑.이라 向氏欲攻司城,하니 左師曰, 我將亡,이어늘 夫子
存我.라 德莫大焉,이어늘 又可攻乎.아 君子曰, 彼己之子,는 邦
之司直,이라함은 樂喜之謂乎.아 何以恤我.가 我其收之,이라함은
向戌之謂乎.아

송나라 좌사(左師)인 상술(向戌)은 군주에게 공로에 대한 상을 요청해서 말하기를, "생사를 걸고 성공해서 죽음을 면한 데 대한 상으로 읍을 주시기를 원하옵니다."라고 했다. 군주는 그에게 60읍을 주었다. 상술이 그 문서를 자한(子罕)에게 보이니, 자한은 말하였다. "모든 제후들의 작은 나라는 다 진나라와 초나라가 병력으로써 맹약 맺기를 위협했던 것이오. 작은 나라가 큰 나라를 두려워하게 된 연후라야 상하가 친화하고, 친화하게 된 연후라야 그 나라를 안정시킬 수가

있어, 큰 나라를 섬기는 것은 나라를 보존케 하는 것이오. 위협이 없으면 교만해지고, 교만하면 곧 난리가 생기며, 난리가 나면 반드시 멸망하는 것이니, 그것이 곧 망하는 이유인 것이오. 하늘은 금(金)·목(木)·수(水)·화(火)·토(土)의 오재(五材)를 낳게 하고, 백성들은 이것들을 써, 이것들 중에서 하나라도 없앨 수가 없는 것인데, 그 누가 금(金)으로 된 병기를 제거할 수가 있겠소? 병기를 만들어 온 것은 오래인데, 그것은 불규칙한 자를 위협하고, 덕을 밝히기 위한 것이었소. 어진 분은 이것을 잘 써 흥하고, 난잡한 사람은 이것을 함부로 써 망했소. 국가가 흥하고 멸하며 이어지고 망하며 어지럽고 밝게 다스려지는 길은 다 병력으로 말미암은 것이오. 그런데 님은 병기 제거하기를 원하니, 허위가 아니오? 허위로 제후들을 속였으니, 그 죄는 막대하오. 비록 크게 벌받음을 당하지 않았을지언정, 또 상을 구했으니, 너무나도 자기만족의 마음이 없는 짓이오." 이렇게 말한 그는, 그 문서에 기록을 다 마치고 내동댕이쳤다. 그래서 좌사는 읍을 상으로 받는 일을 사양했다. 상씨(向氏) 가문의 사람들이 사성(司城)으로 있는 자한을 공격하려 하니, 좌사는 말했다. "내 가문이 곧 망하게 될 뻔했는데, 그분은 보존케 해주었다. 그보다 더 클 것이 없는데, 공격할 수가 있단 말인가?" 군자는 말했다. "'저이야말로 나라의 정의를 받쳐 줄 사람이로다.'라고 이른 것은 악희(樂喜:子罕)를 두고 한 말일까? 그리고 '어떻게 나를 구해 주려나? 나는 그대로 받아들이리라.'라고 이른 것은, 상술을 두고 한 말일까?"

│주해│ ㅇ免死之邑(면사지읍) — 생사를 걸고 성공하여 죽음을 면한 공로에 대한 상의 읍.
ㅇ示子罕(시자한) — 당시 자한은 토목·건축 등에 관한 국사를 장악하는 사성(司城) 벼슬에 있었는데, 글 내용으로는 상벌로 읍을 주고 돌려받는 일처리도 맡았던 것 같다.
ㅇ五材(오재) — 오행(五行)으로 풀이해 왔거니와, 역자는 다섯 가지 것으

로 풀이했다.

o 削而投之(삭이투지) – 그 문서를 무효로 만들기 위해서 기록하고 던졌다.
o 彼己之子(피기지자), 邦之司直(방지사직) – 《시경》 풍 정풍에 있는 고구편(羔裘篇)의 시 구절.
o 何以恤我(하이휼아), 我其收之(아기수지) – 《시경》에 있지 않은 일시(逸詩)의 구절.

齊崔杼生成及彊而寡,하고 娶東郭姜,하여 生明.이라 東郭姜以孤入,하니 曰棠无咎.라 與東郭偃相崔氏.라 崔成有疾,하여 而廢之,하고 而立明.이라 成請老于崔,하니 崔子許之.라 偃與无咎弗予曰, 崔宗邑也,니 必在宗主.라 成與彊怒,하여 將殺之,하고 告慶封曰, 夫子之身,은 亦子所知也.라 唯无咎與偃是從,하여 父兄莫得進矣.라 大恐害夫子,하여 敢以告.라 慶封曰, 子姑退.하라 吾圖之.하리라 告盧蒲嫳,하니 盧蒲嫳曰, 彼君之讎也.라 天或者將棄彼矣.라 彼實家亂,에 子何病焉.가 崔之薄,은 慶之厚也.라 他日又告,에 慶封曰, 苟利夫子,면 必去之.하라 難,이면 吾助女.하리라 九月庚辰,에 崔成·崔彊殺東郭偃·棠无咎於崔氏之朝.라 崔子怒而出,에 其衆皆逃.라 求人使駕,나 不得.이라 使圉人駕,하고 寺人御而出.이라 且曰, 崔氏有福,하여 止余,면 猶可.라 遂見慶封.이라 慶封曰, 崔·慶一也.라 是何敢然.이리오 請爲子討之.라

제16 양공(襄公) 하(下) 27년 … 663

使盧蒲嫳帥甲以攻崔氏.라 崔氏堞其宮,하여 而守之,에 弗克.이
라 使國人助之,하여 遂滅崔氏,하여 殺成與彊,하여 而盡俘其家.
라 其妻縊.이라 嫳復命於崔子,하고 且御而歸之.라 至則無歸矣.
라 乃縊.이라 崔明夜辟諸大墓.라 辛巳,에 崔明來奔,하고 慶封當
國.이라

제나라 최저는 성(成)과 강(彊)을 낳고서 홀몸이 되었고, 동곽강(東郭姜)을 아내로 맞아 명(明)을 낳았다. 동곽강은 아버지 없는 아들 하나를 데리고 시집갔는데, 아들의 이름은 당무구(棠无咎)라 했다. 당무구는 외숙인 동곽언(東郭偃)과 함께 최씨 가문의 일을 돕고 있었다. 최저의 큰아들인 최성이 병이 있어, 그를 후계자 자리에서 폐하고, 대신 명(明)을 후계자로 정했다. 그뒤 성은 채읍인 최읍(崔邑)에서 물러나 있겠다고 요청하니, 최저는 허락했다. 그러나 동곽언과 당무구는 최읍을 내주지 않고 말하기를, "최읍은 최씨 가문의 조상을 모신 사당이 있는 읍이니, 그곳에는 반드시 이 가문의 종주(宗主)가 있어야 할 곳입니다."라고 했다. 이에, 성과 강은 노하여 동곽언과 당무구를 죽이려고, 경봉(慶封)에게 말하기를, "저희들의 아버지인 그 어른의 신상(身上)은 님께서도 잘 아시고 계시는 터입니다. 그 어른은 오직 당무구와 동곽언의 말만을 따라 가문의 다른 어른들도 가까이 못하고 있습니다. 그 어른을 해칠까 크게 걱정되어, 감히 말씀드립니다."라고 했다. 그랬더니 경봉은, "그대들은 잠시 물러가 있게. 내계채을 세운세."라고 대답했다. 그리고는 그 일을 노포별(盧蒲嫳)에게 말하니, 노포별은 말하였다. "최저 그는 군주의 원수입니다. 하늘이 어쩌면 그를 버리려는 겁니다. 그의 집안이 실로 흩어지고 있는데, 님은 무엇을 걱정하십니까? 최씨의 박복은 경씨 가문에 복이 많게 되는

것입니다." 다른 날, 최저의 아들들이 다시 가 말하자 경봉은 말하기를, "만일 부친께 이로운 일이라면, 반드시 그들을 제거해 버리게. 어려운 일이 있게 되면 내 자네들을 도움세."라고 했다.

9월 경진날에, 최성과 최강은 동곽언과 당무구를 최씨 가문의 정사(政事)를 보는 곳에서 죽였다. 그러자, 최저는 노하여 나가려는데, 가신(家臣)들이 다 도망하여 없었다. 사람을 시켜 수레에 말을 채게 하였으나, 사람이 없어 시키지를 못했다. 그래서 할 수 없이 말을 먹이는 사람에게 수레에 말을 채게 하고, 내시(內侍)가 수레를 조종하여 집을 나갔다. 그는 말하기를, "내 최씨 가문에 복이 남아 있어, 누가 나를 나라 안에 머물러 있게 해준다면, 아직도 가문을 다시 재건할 수가 있다."라고 했다. 그는 곧 경봉을 방문했다. 그러자 경봉이 말하기를, "최씨 가문과 저희 경씨 가문은 일체(一體)입니다. 그런데 내가 있는데도 어찌 감히 그런 일을 한단 말입니까? 님을 위해서 그들을 토벌케 하시기를 바랍니다."하고는, 노포별에게 무장병을 이끌고 가 최씨 가문을 치게 했다. 최씨네들은 집 주위에 낮은 담을 쌓아 방비 삼아 지켜, 쳐 이기지를 못했다. 그래서 경봉은 도읍 내의 사람들에게 돕게 하여, 결국은 최씨 가문을 멸망시켜 성과 강을 죽였다. 그리고 살아있는 그 가문의 사람들을 다 잡았다. 그때, 최저의 아내는 목을 매어 죽었다. 노포별은 최저에게 결과를 보고하고, 자신은 최저의 수레를 조종하여 그의 집으로 돌려보냈다. 집에 가니 몸 붙일 데가 없었다. 그래서 그는 목을 매어 죽었다. 최명은 저녁에 최저를 선영에다 묻었다. 그리고 신사날에, 우리 노나라로 도망쳐 왔고, 경봉은 제나라의 국정(國政)을 담당했다.

주해 ㅇ以孤入(이고입)-아버지 없는 아들을 데리고 시집감. 동곽강이 최저와 재혼하게 된 일은 먼저 나왔다.
ㅇ崔(최)-최저의 채읍. 지금의 산동성 중부의 장구(章邱) 부근. 최저는 채읍의 이름을 성으로 삼았다.

楚薳罷如晉,하여 涖盟.이라 晉侯享之.라 將出,에 賦旣醉.라 叔
向曰, 薳氏之有後於楚國也宜哉.로다 承君命,하여 不忘敏.이라
子蕩將知政矣.리라 敏以事君,하여 必能養民,이리니 政其焉往.고
崔氏之亂,에 申鮮虞來奔,하여 僕賃於野,하여 以喪莊公,이러니
冬,에 楚人召之,하니 遂如楚,하여 爲右尹.이라
十一月乙亥朔,에 日有食之.라 辰在申,이었거늘 司曆過也.라
再失閏矣.라

초나라 위피(薳罷)가 진나라에 가, 맹서하는 일에 참여했다. 진나라 군주가 그에게 향연을 베풀었다. 그는 향연 자리에 나가려 하면서 기취편(旣醉篇)의 시를 노래불렀다. 진나라 숙향은 그를 두고 말했다. "위씨 가문이 초나라에서 길이 이어져 있는 것은 마땅한 일이다. 그는 군주의 명을 받들고 와, 세심히 행동할 것을 잊지 않고 있다. 자탕(子蕩:薳罷)은 장차 정치를 담당할 것이다. 세심히 군주를 섬겨 반드시 백성들을 잘 다스릴 것이니, 정권이 어디로 갈 것인가?"

제나라 최씨의 난에 신선우(申鮮虞)는 우리 노나라로 도망쳐 와, 농촌에서 삯일을 하며 제나라 장공(莊公)의 상을 지키더니, 겨울에 초나라 사람이 초청하니, 바로 초나라로 가 우윤(右尹)이 되었다.

11월 을해날인 초하루에 일식이 있었다. 당시 북두칠성이 신방(申方)에 있어 11월이었건만, 역(曆)을 맡은 관원이 과오를 범하고 12월이리 했다. 이것은 윤달[閏月]을 두지 않아서 이런 과오가 생겼는데, 이러한 착오가 생긴 것은 두번째였다.

주해 ㅇ薳罷(위피)-자탕. 피는 자탕의 자(字).

o 旣醉(기취) – 《시경》 대아에 든 시편 이름. 이 편에는 '주연(酒宴)도 훌륭하나, 주인의 덕은 더욱 훌륭하다.'는 뜻을 지닌 구절이 있다. 그는 이 시로써 진나라 군주가 덕이 훌륭하다고 찬양하였다.

經│ o 二十有八年春,에 無冰.이라
　　　　　　　　　이십유팔년춘　　무빙
　　o 夏,에 衛石惡出奔晉.이라
　　　하　　위석악출분진
　　o 邾子來朝.라
　　　주자래조
　　o 秋八月,에 大雩.라
　　　추팔월　　대우
　　o 仲孫羯如晉.이라
　　　중손갈여진
　　o 冬,에 齊慶封來奔.이라
　　　동　　제경봉래분
　　o 十有一月,에 公如楚.라
　　　십유일월　　공여초
　　o 十有二月甲寅,에 天王崩.하다
　　　십유이월갑인　　천왕붕
　　o 乙未,에 楚子昭卒.이라
　　　을미　　초자소졸

28년 봄에, 얼음이 얼지 않았다.
여름에, 위나라 석악이 진(晉)나라로 도망갔다.
주나라 군주인 자작이 찾아왔다.
가을 8월에, 큰 기우제를 지냈다.
중손갈이 진나라에 갔다.
겨울에, 제나라 경봉이 노나라로 도망왔다.
11월에, 공이 초나라에 갔다.
12월 갑인날에 천자께서 붕어(崩御)하셨다.
을미날에는 초나라 군주인 자작 소(昭)가 세상을 떠났다.

傳│ 二十八年春,에 無冰.이라 梓愼曰, 今兹,에 宋·鄭其饑乎.인
저 歲在星紀,이어늘 而淫於玄枵,하여 以有時菑,하니 陰不堪陽.이
라 蛇乘龍.이라 龍宋·鄭之星也,니 宋·鄭必饑.라 玄枵虛中也,
요 枵耗名也.라 土虛而民耗,리니 不饑何爲.아
 夏,에 齊侯·陳侯·蔡侯·北燕伯·杞伯·胡子·沈子·白
狄朝于晉,하니 宋之盟故也.라 齊侯將行,에 慶封曰, 我不與盟,이
었거늘 何爲於晉矣.아 陳文子曰, 先事後賄,는 禮也.라 小事大,
에 未獲事焉,이라도 從之如志,가 禮也.라 雖不與盟,이나 敢叛晉
乎.아 重丘之盟,은 未可忘也.라 子其勸行.하라

28년 봄에, 얼음이 얼지 않았다. 노나라 대부인 재신(梓愼)은 이 일을 두고 말했다. "금년에 송나라와 정나라에 흉년이 들 것 같구나. 올해의 세성(歲星)은 성기(星紀), 즉 축방(丑方:北北東)에 있어야 하는데도, 움직임이 지나쳐 현효(玄枵), 즉 자방(子方:北)에 자리잡고 있어 시절의 재변이 있으니, 이것은 음기가 양기에 눌려 이겨내지 못하고 있는 것이다. 즉 이것은 세성을 상징하는 용(龍)이 현효의 상징인 뱀에 복종하여, 뱀이 용을 타고 있는 격이다. 용은 송나라·정나라를 상징하는 별이기도 하니, 송나라·정나라는 반드시 흉년이 들 것이다. 현효라는 성수(星宿)는 그 중앙에 허성(虛星)만 있어, 가운데가 텅 빈 형용이고, 효(枵)는 물건이 감(減)해진다는 뜻이다. 토지기 텅 비어지고 백성이 감해질 것이니, 기근이 들지 않고 어찌하겠는가?"
  여름에, 제나라 군주·진(陳)나라 군주·채나라 군주·북연나라 군주·기나라 군주·호나라 군주·심나라 군주·백적(白狄)의 군주가

진(晉)나라를 찾았으니, 그것은 송나라에서 맹약 맺은 것을 따라서였다. 제나라 군주가 진나라로 가려 할 때, 경봉(慶封)이 말하기를, "우리나라는 맹약 맺음에 참여하지 않았는데, 어찌 진나라를 위할 것인가?"라고 했다. 그러자 진문자(陳文子:陳須無)는 말했다. "큰 나라를 섬긴다는 것을 우선 생각하고, 바치는 재화(財貨)에 대한 일은 그 다음에 따지는 것이 예의에 맞는 일입니다. 작은 나라가 큰 나라를 섬김에 있어 무슨 일에 대한 성과를 얻지 못하더라도, 그 큰 나라를 따라 그 나라의 뜻을 맞추는 것이 예의에 맞는 일입니다. 비록 맹약 맺음에 참여하지 않았지만, 우리가 감히 진나라를 배반하겠습니까? (2년 전에) 중구(重丘)에서 맺은 맹약은, 우리로서는 아직도 잊을 수가 없습니다. 그러니 님은 군주께서 가시도록 권하십시오."

주해 ○春無冰(춘무빙)―봄은 춘달에 속해 있으니, 마땅히 얼음이 얼어야 했다. 그런데도 얼음이 얼지 않은 것은, 전해에 윤달을 두었어야 했는데도 두지 않았기에, 역(曆)에 착오가 있게 된 까닭이 아닐까?
○歲在星紀(세재성기)―세는 세성(歲星). 세성은 목성(木星)을 말한다. 성기는 축방(丑方)으로 북북동방을 가리킨다.
○蛇乘龍(사승룡)―현효(玄枵)는 북방인데, 이 방향에는 현무(玄武)라는 신비스러운 동물이 있는 것으로 알려졌다. 현무는 뱀과 거북이 합쳐진 동물이라 했다. 그리고 세성, 즉 목성은 동방에 위치하고, 동방에는 청룡(靑龍)이 있다 했다. 그래서 세성이 현효로 바뀌어, 뱀이 용을 타게 되었다고 말한 것이다.
○玄枵虛中也(현효허중야)―현효에는 28숙(宿)의 여(女)·허(虛)·위(危)의 3숙이 있고, 허숙이 그 중앙에 자리잡는다 했다.

衛人討甯氏之黨.이라 故로 石惡出奔晉.이라 衛人立其從子圃,
하여 以守石氏之祀.라 禮也.라

邾悼公來朝,는 時事也.라

秋八月,에 大雩,는 旱也.라

蔡侯歸自晉,에 入于鄭,하니 鄭伯享之,어늘 不敬.이라 子產曰,
蔡侯其不免乎.인저 曰,에 其過此也.라 君使子展廷勞於東門之
外,이었거늘 而傲.라 吾曰, 猶將更之.리라 今還,에 受享而惰,하니
乃其心也.라 君小國而事大國,에 而惰傲,하여 以爲己心,이면 將
得死乎.아 若不免,이라면 必由其子.리라 其爲君也,에 淫而不父.
라 僑聞之,하되 如是者恒有子禍.라

孟孝伯如晉,하여 告將爲宋之盟故如楚也.라

위나라 사람이 영씨 무리를 토벌했다. 그러므로 석악이 진나라로 달아났다. 위나라 사람이 석악의 조카인 석포(石圃)를 그의 후계자로 삼아, 석씨 가문의 제사를 끊어지지 않게 했다. 그 일은 예의에 맞는 일이었다.

주나라 군주 도공이 노나라를 찾아온 것은, 시절마다 찾아오는 예의에 맞는 일이었다.

가을 8월에 큰 기우제를 지낸 것은, 한발이 들어서였다.

채나라 군주가 진나라에서 돌아가는 길에 정나라 도읍에 들어가니, 정나라 군주가 그에게 향연을 베풀었는데, 그의 태도가 공경스럽지 못했다. 그래서 정나라 자산(子產)은 말했다. "채나라 군주는 화를 면하지 못할 것이다. 전날에, 그분은 (진나라에 가기 위하여) 우리나라를 지나갔다. 그때, 우리 군주께서는 자전(子展)에게 동문 밖에서 위로하게 했는데, 오만한 태도였다. 그래서 나는 말하기를, '그렇더라도

앞으로 고칠 것이다.'라고 했다. 그런데 이제 돌아가는 길에, 우리 군주의 향연을 받으면서 예의 지키기를 게을리했으니, 오만함은 그의 본심인 것이다. 작은 나라의 군주가 되어 큰 나라를 섬김에, 예의 지키기를 게을리하고 오만하여 그것을 자기 본심이 그렇다고 보인다면, 장차 제대로 죽을 수가 있겠는가? 그분이 만일 화를 면하지 못할 것 같으면, 그분은 반드시 그 화를 아들로부터 받을 것이다. 그분은 군주가 되었으면서도, 음탕하여 아버지 노릇을 못하고 있다. 교(僑) 나는 들었거니와, '이같은 자는 아들이 끼치는 화를 당하는 것이 상례적(常例的)이다.'라고 한다."

맹효백(孟孝伯: 仲孫羯)이 진나라에 가, 송나라에서의 맹약을 하는 이유로 노나라 군주가 초나라에 간다는 것을 고했다.

주해 ○甯氏之黨(영씨지당) — 영희의 무리를 말한다. 영희의 일은 양공 27년조에 나왔다.
○淫而不父(음이불부) — 채나라 군주는 태자 반(般)의 아내와 정을 통했다. 30년조에 나온다.

蔡侯之如晉也,에 鄭伯使游吉如楚,라 及漢,에 楚人還之曰, 宋之盟,에 君實親辱,이어늘 今, 吾子來,라 寡君謂,하시되 吾子姑還,하라 吾將使馹奔問諸晉以告,하리라 子大叔曰, 宋之盟,에 君命,하시되 將利小國,하고 而亦使安定其社稷,하며 鎭撫其民人,하여 以禮承天之休,라 此君之憲令,이고 而小國之望也,라 寡君是故使吉奉其皮幣,하여 以歲之不易,로 聘於下執事,라 今, 執事有命曰, 女何與政令之有,아 必使而君棄而封守,하여 跋涉山川,하

고 蒙犯霜露,하여 以逞君心.이라 小國將君是望,에 敢不唯命是聽,이리오니 無乃非盟載之言以闕君德而執事有不利焉.가 小國是懼.라 不然,이면 其何勞之敢憚.가
 子大叔歸復命,하고 告子展曰, 楚子將死矣.리라 不脩其政德,하고 而貪昧於諸侯,하여 以逞其願,하니 欲久得乎.아 周易有之,하되 在復☷☳之頤☶☳,하니 曰, 迷復,하니 凶.이라 其楚子之謂乎.인저 欲復其願,이나 而棄其本,하니 復歸無所.라 是謂迷復,이니 能無凶乎.아 君其往也.라 送葬而歸,하여 以快楚心.하라 楚不幾十年,이면 未能恤諸侯也,이리니 吾乃休吾民矣.라 裨竈曰, 今兹,에 周王及楚子皆將死.리라 歲棄其次,하여 而旅於明年之次,하여 以害鳥帑.라 周·楚惡之.라

채나라 군주가 진나라에 갔을 때, 정나라 군주는 유길(游吉)에게 초나라에 가게 했다. 유길이 한수(漢水)에 이르자, 초나라 사람이 그를 돌아가라 하면서 말하기를, "송나라에서 맺은 맹약에, 님의 군주께서 직접 오시기로 했는데, 이제 님이 오셨소. 우리나라 군주께서 말씀하시기를, '그대는 잠시 그대의 나라로 돌아가오. 내 빠른 말로 달려 진나라에게 물어보고, 그 결과를 알려주겠소.'라고 하셨소이다."라고 하였다. 그래서 자대숙(子大叔:游吉)은 말하였다. "송나라에서의 맹약에, 초나라 군주께서 명하시기를, '장차 작은 나라들을 이롭게 하고, 그 나라들로 하여금 각기의 국가 사직을 안정케 하며, 그 백성들을 안착케 하여 예의를 지키면서 하늘의 복을 받게 할지어다.'라고 하셨

소이다. 이것은 초나라 군주께서 천하에 밝히신 명령이고, 작은 나라들이 그러기를 바라고 있는 것이오. 우리나라 군주는 그래서 유길 저에게 가죽 등의 예물을 받들고 가게 하여, 우리나라의 흉년으로 군주께서 친히 못가시고, 저보고 귀국의 하부 담당관을 예방하라 하셨소. 그런데 이제 담당관인 귀하는 군주의 명이 있었다고 말씀하기를, '네가 어떻게 국가 정치에 관한 명령을 들을 수가 있겠는가? 반드시 너의 군주로 하여금 나랏일을 내던지고서, 산천을 건너고 서리 이슬을 맞아가면서 와 초나라 군주의 마음을 만족케 하라.'고 하셨소. 작은 나라로서 장차 초나라 군주를 의지하려 함에 어찌 그 명을 듣지 않을까마는, 맹약의 문서에서 말씀하신 것과는 달리, 군주의 덕을 깎으니, 담당관들에게도 불리한 점이 있지 않겠소이까? 작은 나라로서는 이 점을 염려합니다. 그렇지 않다면 (그런 점을 상관할 것 없다면) 우리 군주께서 초나라에 가시는 수고를 어찌 꺼려하실 것입니까?"

자대숙은 돌아가 복명하고, 자전(子展)에게 말하였다. "초나라 군주는 곧 죽을 것입니다. 그는 정치에 힘쓰지 않고 덕 닦기에 노력하지 않고는, 제후들을 지배할 일에만 어두워 그 소원을 달성하려고 하니, 오래 살려고 한들 그럴 수가 있겠습니까? 주역(周易)에 있되, 복괘(復卦)가 이괘(頤卦)로 변하는 경우, 그 효사(爻辭)에는 '원래 자리로 돌아감에 미혹되니 흉하다.'라고 했습니다. 이것은 초나라 군주 같은 사람을 두고 말한 것이 될 것입니다. 그는 지금 패자의 지위로 다시 복귀하려 원하고 있으나, 그 근본 도리를 버리고 있으니, 복귀하려 해도 그 방도가 없는 것입니다. 이야말로 돌아감에 미혹되고 있는 것이니, 흉한 일이 없을 수 있겠습니까? 그러니 우리 군주께서 가시는 것이 좋습니다. 가셨다가 그를 장사 지내고 돌아오셔서, 초나라 사람의 마음을 기분 좋게 하십시오. 초나라는 앞으로 근 10년이 아니면, 제후들을 돌봐줄 수 없을 것이니, 우리는 그 안에 우리 백성들을 편히 지내게 하십시다." 이 말에 이어 대부인 비조(裨竈)가 말하기를,

"금년에 주나라 천자와 초나라 군주가 다 죽게 될 것입니다. 세성(歲星)이 그 자리를 버리고 명년의 세성 자리로 가 자리잡고 있어, 주나라 천자의 영토와 초나라 땅을 해치고 있습니다. 그래서 주나라와 초나라는 악운(惡運)이 됩니다."라고 했다.

주해 ㅇ憲令(헌령) – 명시된 명령.

ㅇ聘於下執事(빙어하집사) – 하부 담당관을 예방함.

ㅇ以害鳥帑(이해조노) – 당시의 점성술(占星術)에서는, 세성(歲星)이 위치하는 방위의 반대 방위에 재앙이 있다고 여겼다. 이 경우는 현효(玄枵)에 대하는 주조(朱鳥)의 지배 지역에 재앙이 있다고 보았다. 주조에는 순수성(鶉首星:南南西)·순화성(鶉火星:南)·순미성(鶉尾星:南南東)의 세 성수(星宿)가 포함되고, 순화성은 주(周)나라와 대응되며, 순미성은 초나라와 대응된다고 여겼는데, 순화성과 순미성을 조노(鳥帑)라 했다.

九月ᄋᆌ 鄭游吉如晉ᄒᆞ야 告將朝于楚以從宋之盟ᄒᆞ니라 子産相鄭伯ᄒᆞ야 以如楚ᄅᆞ라 舍不爲壇ᄒᆞ니 外僕言曰 昔ᄋᆡ 先大夫相先君ᄒᆞ야 適四國ᄋᆡ 未嘗不爲壇ᄒᆞ니라 自是至今亦皆循之ᄋᆞ늘 今ᄋᆡ 子草舍ᄒᆞ니 無乃不可乎ᄋᆞ 子産曰 大適小則爲壇ᄋᆞ니 小適大苟舍而已ᄋᆞ늘 焉用壇ᄋᆞ리오 僑聞之ᄒᆞ되 大適小有五美ᄒᆞ니 宥其罪戾ᄒᆞ고 赦其過失ᄒᆞ며 救其菑患ᄒᆞ고 賞其德刑ᄒᆞ며 教其不及ᄋᆞ라 小國不困ᄒᆞ고 懷服如歸ᄅᆞ라 是故ᄅᆞ 作壇以昭其功ᄒᆞ고 宣告後人ᄒᆞ야 無怠於德ᄋᆞ라 小適大有五惡ᄒᆞ니 説其罪戾ᄒᆞ고 請其不足ᄒᆞ며 行其政事ᄒᆞ고 共其職貢ᄒᆞ며 從其時

命.이라 不然.이면 則重其幣帛.하여 以賀其福.하고 而弔其凶.이라
皆小國之禍也.라 焉用作壇.하여 以昭其禍.오 所以告子孫.은 無
昭禍焉可也.라

9월에, 정나라 유길(游吉：子大叔)이 진나라에 가, 정나라 군주가 송나라에 맺은 맹약을 따라 초나라를 찾아간다는 것을 고했다. 자산(子産)이 정나라 군주를 도와 초나라에 갔다. 가는 길에 야숙(野宿)을 하는데 군주를 위하여 단(壇)을 쌓지 않으니, 외복(外僕) 벼슬에 있는 자가 자산에게 말하기를, "옛날, 전의 대부가 전의 군주를 도와 모시고 사방을 가실 때는, 단을 쌓지 않은 일이 없었습니다. 그래서 옛날부터 오늘에 이르기까지 역시 다 그 예를 따랐는데, 이제 님은 풀로 잠자리를 만드시니, 안되지 않을까요?"라고 했다. 그러자 자산은 말했다. "큰 나라 군주가 작은 나라에 갈 때는 단을 쌓으나, 작은 나라 군주가 큰 나라에 감에 있어서는 다만 풀자리만 하는 것인데, 어찌 단을 쌓는단 말이오? 교(僑) 내가 들었거니와, '큰 나라 군주가 작은 나라에 감에 있어서는 다섯 가지의 좋은 일이 있으니, 작은 나라의 죄를 용서하고, 그 과실을 관대히 보아주며, 그 재해와 환난을 구해 주고, 그 덕으로 다스린 형벌을 칭찬하며, 그 부족한 바를 가르친다.'고 하오. 그래서 작은 나라는 큰 나라를 섬김에 곤욕을 겪지 않고, 큰 나라에 복종함을 나갔던 사람이 자기 집으로 돌아가는 것같이 여기는 거요. 그러므로 단을 쌓아 그 공을 밝히고, 뒤의 사람들에게 널리 알려 덕에 힘씀을 게을리하지 않게 하오. 그리고 '작은 나라 군주가 큰 나라에 감에 있어서는 다섯 가지 나쁜 일이 있으니, 작은 나라 자체의 죄 지은 것을 말해야 하고, 큰 나라의 부족한 것이 무엇

호(壺)

인가를 물어 공급해야 하며, 큰 나라가 명하는 일을 행해야 하고, 큰 나라에게 공물(貢物)을 바쳐야 하며, 시절마다 찾으라는 명에 따라야 한다. 그렇게 하지 않는다면, 과중한 폐백(幣帛)을 드려 큰 나라의 복을 축하하고, 큰 나라의 흉한 일에 대해서 조문해야 한다.'고 하오. 이것들은 다 작은 나라의 화(禍)요. 그런데 어찌 단을 쌓아서, 그 화를 뒷날에 밝힌단 말이오? 뒤의 자손들에게 알려주는 것으로는 화를 밝히지 않는 것이 좋소이다."

주해 ○外僕(외복)-관직 이름으로, 군주가 밖으로 나갈 때 따라가, 그 뒤치닥거리를 맡는 관원의 장(長)이었던 것 같다.

齊慶封好田而耆酒,하여 與慶舍政,하고 則以其內實遷于盧蒲嫳氏,하여 易內而飲酒,하니 數日國遷朝焉.이라 使諸亡人得賊者以告而反之.라 故로 反盧蒲癸.라 癸臣子之,하여 有寵,하여 妻之.라 慶舍之士謂盧蒲癸曰, 男女辨姓,이어늘 子不辟宗,은 何也.오 曰, 宗不余辟,하거늘 余獨焉辟之.아 賦詩斷章,하니 余取所求焉.이라 惡識宗乎.아 癸言王何,하여 而反之,에 二人皆嬖,하고 使執寢戈而先後之.라

제나라 경봉(慶封)은 사냥을 좋아하고 술을 즐겨, 정치는 아들인 경사(慶舍)에게 맡기고, 집의 실속 있는 재물이나 처첩을 노포별의 집에다 옮겨놓고는 여자를 바꾸어 술을 마시니 수일 내에 그를 찾는 사람들로 나라의 조정이 노포별의 집으로 옮긴 것 같았다. 그는 다른 나라로 망명한 자로 국가의 도적이라고 지명된 자를 잡은 사람이라면 자기에게 알리고 귀국시키게 했다. 그래서 노포계(盧蒲癸)는 귀국했

다. 노포계는 귀국하여 경봉의 아들 지(之 : 慶舍)의 부하가 되어 총애를 받고, 경사는 그에게 딸을 주었다. 경사를 섬기는 사람이 노포계에게 말하기를, "부부는 성이 다른 것인데, 당신이 종가(宗家)의 딸을 맞이함을 피하지 않은 것은 어째서요?"라고 했다. 그러자 노포계는, "종가에서 나를 피하지 않는데, 내가 어찌 피할 것인가? 시를 노래부름에 그때그때 필요한 구절만 끊어 노래부르고 하니, 나도 필요한 것만 취하는 것일세. 내 어찌 종가를 알아볼 것인가?"라고 하였다. 노포계는 (망명중인) 왕하(王何)를 부탁하여 그를 귀국시켜, 둘은 같이 경사의 사랑을 받았고, 경사는 그들에게 잠자리를 지키는 창을 들게 하고, 앞뒤에서 호위하게 했다.

│주해│ ㅇ 內實(내실) - 가재(家財) 중에서 실속 있는 것. 여기에서는 좋은 물건과 처첩을 말한다.
ㅇ 易內(역내) - 첩들을 서로 바꿈.
ㅇ 男女辨姓(남녀변성) - 부부의 성이 다름. 경씨와 노포씨는 다 공실(公室)에서 갈려 나간 강성(姜姓)이었다.

公膳日雙雞.라 饔人竊更之以鶩,하니 御者知之,하고 則去其肉,하여 而以其洎饋,하니 子雅·子尾怒.라 慶封告盧蒲嫳,하니 盧蒲嫳曰, 譬之,면 如禽獸,하고 吾寢處之矣.라 使析歸父告晏平仲,하니 平仲曰, 嬰之衆不足用也,요 知無能謀也.라 言弗敢出,이니 有盟可也.라 子家曰, 子之言云,에 又焉用盟.가 告北郭子車,하니 子車曰, 人各有以事君,에 非佐之所能也.라 陳文子謂桓子曰, 禍將作矣.라 吾其何得.가 對曰, 得慶氏之木百車於莊.

이라 文子曰, 可愼守也已.라 盧蒲癸・王何卜攻慶氏,하여 示子
   문자왈 가신수야이   노포계   왕하복공경씨   시자
之兆曰, 或卜攻讎.라 敢獻其兆.라 子之曰, 克,이나 見血.하리라
 지조왈 혹복공수   감헌기조   자지왈 극   견혈

　　제나라 조정에서 경(卿) 대부(大夫)들에게 공적(公的)으로 먹이는 식사에는, 매일 닭 두 마리씩을 내었다. 어느 날, 요리사가 몰래 닭을 오리로 바꾸었더니, 경 대부들에게 식사 시중을 드는 자가 그것을 알고는, 살은 꺼내고 국물만을 내니, 자아(子雅)와 자미(子尾)가 화를 냈다. 경봉이 그 사실을 노포별에게 말하니 노포별은 말하기를, "비유해서 말하자면, 자아・자미 같은 사람이야 금수와 같은 존재이고, 우리는 그 금수의 가죽을 깔고 잠자는 입장입니다."라고 하였다. 경봉은 석귀보(析歸父)를 시켜 자아와 자미를 칠 일을 안평중(晏平仲)에게 말하게 했더니 안평중은, "영(嬰 : 晏平仲) 저의 부하들은 써먹을 것이 못되고, 저의 지혜는 그 일을 도모할 수가 없소이다. 이 말은 감히 밖으로 내지 못할 일이니, 내 말하지 않겠다는 맹서를 하여도 좋소이다."라고 말했다. 그러자 자가(子家 : 慶封)는 말하기를, "당신이 그렇게 말했는데, 또 어찌 맹서 맺기를 하겠소?"라고 했다. 그리고는, 북곽(北郭)의 자거(子車)에게로 가 말하니 자거는, "사람들이 각각 자기대로 군주를 섬기고 있는 마당에, 좌(佐 : 子車)가 할 수 있는 일은 아니오."라고 말했다. 이때, 진문자(陳文子 : 陳須無)가 아들 환자(桓子)에게 말하기를, "화가 곧 일어날 것이다. 그러면 우리는 무엇을 얻을 것이냐?"라고 하니 환자는, "경씨(慶氏)의 나무 백차를 육방(六方)으로 통하고 있는 큰 거리에서 입수하지요."라고 말하였다. 그러자 진문자는, "삼가 가문을 지켜야 할 따름이니라."라고 말했다. 노포계와 왕하(王何)는 경씨를 치는 일이 유리한가 불리한가를 거북등을 구워 점을 쳐, 거북등에 나타난 징조를 경사에게 보이며 말하기를, "어느 사람이 원수 치기를 점쳤습니다. 이에 그 나타난 징조를 보여드립

니다."라고 했다. 경사는 그것을 보고는, "치면 승리하나 유혈(流血)을 볼 것일세."라고 말하였다.

▌주해┃ ○饔人(옹인)―요리사.
　○洎(계)―국물.
　○子雅(자아)·子尾怒(자미노)―자아와 자미는, 닭을 주지 않은 것은 경봉의 짓이라 여기고, 그에게 불만을 품고 노한 것이다.
　○得慶氏之木百車於莊(득경씨지목백차어장)―경씨지목백차는 나라의 정권을 비유한 말이고, 장(莊 : 육방으로 통하는 큰 길)은 조정을 비유한 말로, 곧 경씨가 쥐고 있는 정권을 우리가 조정에서 이어받는다는 말이다.

冬十月,에 慶封田于菜,하고 陳無宇從.이라 丙辰,에 文子使召之,하니 請曰, 無宇之母疾病,하니 請歸.라 慶季卜之,하고 示之兆曰, 死.라 奉龜而泣.이라 乃使歸.라 慶嗣聞之曰, 禍將作矣.리라 謂子家,하되 速歸.하라 禍作必於嘗,이리니 歸猶可及也.라 子家不聽,하고 亦無悛志.라 子息曰, 亡矣.리라 幸而獲在吳·越.이리라 陳無宇濟水,하여 而戕舟發梁.이라 盧蒲姜謂癸曰, 有事而不告我,면 必不捷矣.리라 癸告之,하니 姜曰, 夫子愎,하여 莫之止,면 將不出,이리니 我請止之.라 癸曰, 諾.이라 十一月乙亥,에 嘗于大公之廟.라 慶舍洎事,에 盧蒲姜告之,하고 且止之,나 弗聽,하고 曰, 誰敢者.아 遂出,하여 如公也.라 麻嬰爲尸,하고 慶奊爲上獻.이라 盧蒲癸·王何執寢戈,하고 慶氏以其

甲環公宮.이라 陳氏・鮑氏之圉人爲優,하니 慶氏之馬善驚.이라 士皆釋甲束馬,하여 而飮酒,하고 且觀優,하여 至於魚里.라 欒・高・陳・鮑之徒,가 介慶氏之甲,하고 子尾抽桷擊扉三也,에 盧蒲癸自後刺子之,하고 王何以戈擊之,하여 解其左肩,이어늘 猶援廟桷動於甍,하고 以俎壺投,하여 殺人而後死.라 遂殺慶繩・麻嬰.이라 公懼,하니 鮑國曰, 群臣爲君故也.이오니다 陳須無以公歸,하여 稅服而如內宮.이라

겨울 10월에 경봉이 내(萊)에서 사냥했고, 진무우(陳無宇:陳桓子)가 따라갔다. 병진날이 되자, 진문자가 아들 진무우를 사람을 시켜 돌아오라 부르니, 진무우가 경봉에게 요청해서 말하기를, "무우 저의 어머니 병이 위독하다 하니 돌아갈 것을 바랍니다."라고 했다. 경계(慶季:慶封)는 그 일을 거북등으로 점을 치고, 거북등에 나타난 징조를 진무우에게 보이면서 말하기를, "자네 어머니는 죽겠네."라고 했다. 그러자 진무우는 그 거북등을 손에 받들고 울었다. 이에, 경봉은 곧 돌아가게 했다. 경사(慶嗣)가 그 일을 듣고 경봉에게 말하기를, "화가 곧 일어날 것입니다."라고 했다. 자가(子家:慶封)에게 말하기를, "속히 돌아가십시오. 화가 일어나는 것은 반드시 상제(嘗祭)날일 것이니, 지금 돌아가시면 됩니다."라고 했다. 그러나 자가는 듣지 않고, 뉘우치는 마음이 있는 것 같지도 않았다. 그러자 자식(子息:慶嗣)은, "망할 것이다. 요행히 오(吳)나라나 월(越)나라에 가 있게 될 것이다."라고 말했다. 진무우는 돌아가는 길에, 강을 건너고는 배를 부수고 다리를 파괴하라고 했다. 노포계의 아내 강씨(姜氏)가 말하기를, "할 일이 있으면서도 내게 말하지 않으면, 그 일은 꼭 성취하지 못할 것이오."라고 했

다. 노포계가 계획하고 있는 일을 말하니 강씨가 말하기를, "저희 아버지는 성질이 괴팍하여, 나가지 못하게 하지 않으면 나가지 않을 것이니, 내가 가 말리게 해주시오."라고 했다. 그래서 노포계는 허락했다.

11월 을해날에, 제나라 군주의 시조인 강태공(姜太公)의 사당에서 상제를 지냈다. 경사가 제사에 참석하려 하니, 그의 딸인 노포계의 아내 강씨가, 화가 날 일을 말하고 나가지 말라고 말렸으나, 듣지 않고 말하기를, "누가 감히 그런 짓을 할 것이냐?"라고 했다. 그는 곧 나가 군주가 있는 데로 갔다. 제사를 지내는 데는 마영(麻嬰)이 임시로 대신 신의 역할을 맡고, 경혈(慶奚)은 초헌(初獻)을 했다. 그때 노포계와 왕하는 경사의 잠자리를 지킬 때에 드는 창을 들고, 경씨는 그의 무장한 군사로 하여금 군주의 궁전을 에워싸 지키게 했다. 그런데 진씨(陳氏)·포씨(鮑氏)네의 말 먹이는 사람들이 광대놀이를 하니, 경씨네 말들이 매우 놀라는 것이었다. 그러자 호위하고 있던 무장 군졸들이 다 갑옷을 벗고 말을 잡아매고서, 술을 마시고, 또 그 광대놀이를 구경하여, 광대놀이꾼들을 따라 어리(魚里)까지 갔다. 이에, 난씨(欒氏)·고씨(高氏)·진씨·포씨네 무리가 경씨네 군졸들이 벗어놓은 갑옷을 입었고, 자미(子尾)는 몽둥이를 빼들어 사당의 대문을 세 번 치니, 그것을 신호 삼아 노포계는 뒤에서 자지(子之 : 慶嗣)를 찌르고, 왕하는 창으로 쳐, 그의 왼쪽 어깨를 잘랐건만, 경사는 그래도 사당의 서까래를 잡아당겨 지붕의 기와가 움직이게 하고, 제기(祭器)와 술병 등을 던져 사람을 죽이고서 죽어갔다. 그들은 이어 경승(慶繩)·마영을 죽였다. 군주가 두려워하니 포국(鮑國)은 말하기를, "여러 신하들이 군주를 위하는 때문이옵니다."라고 했다. 그리고 진수무(陳須無)는 군주를 모시고 조정으로 돌아가, 제복(祭服)을 벗고 내전(內殿)으로 들어갔다.

| 주해 | ○萊(내)—원래 지금의 산동성 동북부의 황현(黃縣) 일대를 차지

한 나라였다. 당시는 제나라에 부속되었던 것 같다.
o嘗(상)−봄·가을로 지내는 큰 제사 이름.
o尸(시)−제사 지낼 때, 임시로 신(神) 노릇을 함.
o盧蒲癸(노포계)·王何(왕하)−이들은 원래 장공(莊公) 측의 사람으로, 양공 25년에 최저의 난리에 망명했고, 귀국해서는 장공의 원수를 갚으려고 노리고 있었다.
o魚里(어리)−동네 이름.
o子尾(자미)−혜공(惠公)의 손자로, 고씨(高氏)였다.

慶封歸,에 遇告亂者,라 丁亥,에 伐西門,이나 弗克,하고 還伐北門,하여 克之,라 入伐內宮,이나 弗克,이라 反陳于嶽,하여 請戰,이나 弗許,라 遂來奔,하여 獻車於季武子,라 美澤可以鑑,이라 展莊叔見之曰, 車甚澤,하니 人必瘁,이라 宜其亡也,라 叔孫穆子食慶封,에 慶封氾祭,하니 穆子不說,이라 使工爲之誦茅鴟,나 亦不知,라 旣而,에 齊人來讓,하니 奔吳,라 吳句餘予之朱方,하니 聚其族焉,하여 而居之,하여 富於其舊,라 子服惠伯謂叔孫曰, 天殆富淫人,인저 慶封又富矣,라 穆子曰, 善人富謂之賞,하고 淫人富謂之殃,이라 天其殃之也,니 其將聚而殲旃矣,라
癸巳,에 天王崩,이시어늘 未來赴,에 亦未書,라 禮也,라

경봉이 사냥에서 돌아감에 도중에서 국내에 난리가 났다는 것을 고하는 자를 만났다. 정해날에, 경봉은 제나라 도읍의 서문을 공격했으나 격파하지 못하고, 돌아서서 북문을 공격하여 이겼다. 그리하여 성

안으로 들어가 궁전의 내궁(內宮)을 공격했으나 승리하지 못했다. 그는 돌아서서 악(嶽)이라는 동네에다 진을 치고, 난리를 일으킨 사람들에게 결전을 하자고 요청했지만, 듣지를 않았다. 그래서 그는 바로 우리 노나라로 도망쳐 와, 그가 타고 온 수레를 계무자(季武子 : 季孫宿)에게 바쳤다. 그 수레가 아름답고 광택이 나, 거울로 삼을 수가 있었다. 전장숙(展莊叔)이 보고는, "수레가 매우 광택이 나니 이렇게 광택이 나게 하느라고 사람들이 반드시 수고했을 것이다. 그러니 경봉이 망한 것은 마땅한 일이다."라고 말했다. 숙손목자(叔孫穆子)가 경봉에게 식사 대접을 했는데, 그때 경봉은 음식을 먹기 전에 음식을 조금씩 떠 조상에게 감사드리는 예를 올린다는 것이 공손함이 부족하여 사방에 헛치니, 숙손목자는 못마땅하게 여겼다. 그래서 악공(樂工)을 시켜 불경스런 태도를 풍자한 모치편(茅鴟篇)의 시를 노래부르게 했으나, 그는 그래도 자신이 공손치 못하다는 것을 알지 못하였다. 그 후에 제나라 사람이 와 경봉을 보호하고 있음을 따지니, 그와 오나라로 도망갔다. 오나라 군주 구여(句餘)가 그에게 주방(朱方) 땅을 주니, 그와 그의 씨족은 그 땅에 모여 살았다. 제나라에 있을 때보다도 더 부유했다. 그러자 노나라 자복혜백(子服惠伯)이 숙손목자에게 말하기를, "하늘은 정녕 무도한 사람을 부유하게 하는가 봅니다. 경봉이 또 부유하게 되었답니다."라고 했다. 그러자 숙손목자는 말하기를, "착한 사람이 부유한 것은 하늘이 상을 내렸다고 하는 것이고, 무도한 사람이 부유한 것은 재앙을 준 것이라고 하는 것이오. 하늘은 지금 그에게 재앙을 내린 것이니, 그의 무리를 한군데에다 모았다가 장차 모조리 없애자는 것일 게요."라고 하였다.

계사날에 주나라 천자께서 붕어하셨지만, 정식 부고가 오지 않았기에, 경문에 또한 그날대로 쓰지 않았다. 이것은 예의에 맞는 일이다.

주해 ○氾祭(범제) – 음식을 먹기 전에 그 음식을 조금씩 떠 조상에게 감사드리는 예를 올린다는 것이, 부주의로 사방에 헛친 것을 말한다.
o 茅鴟(모치) - 《시경》에 있지 않은 일시(逸詩)의 편 이름.
o 朱方(주방) - 지금의 강소성(江蘇省) 단도(丹徒) 지방.
o 癸巳(계사) - 주나라 영왕(靈王)이 세상을 떠난 것은 11월 계사날이었으나, 정식으로 알린 것은 12월 갑인날이었다. 그래서 경문에는 갑인날로 적었다.

崔氏之亂,에 喪群公子.라 故로 公鉏在魯,하고 叔孫還在燕,하며 賈在句瀆之丘.라 及慶氏亡,에 皆召之,하여 具其器用,하고 而反其邑焉.이라 與晏子邶殿其鄙六十,하니 弗受.라 子尾曰, 富人之所欲也,어늘 何獨弗欲.고 對曰, 慶氏之邑足欲.이라 故로 亡.이라 吾邑不足欲也,로되 益之以邶殿,이면 乃足欲.이리라 足欲,이면 亡無日矣,요 在外,면 不得宰吾一邑.이라 不受邶殿,은 非惡富也,요 恐失富也.라 且夫富如布帛之有幅焉,하여 爲之制度,하여 使無遷也.라 夫民生厚而用利.라 於是乎正德以幅之,하여 使無黜嫚.라 謂之幅利.라 利過則爲敗.라 吾不敢貪多,는 所謂幅也.라 與北郭佐邑六十,하니 受之.라 與子雅邑,하니 辭多受少.라 與子尾邑,하니 受而稍致之.라 公以爲忠.이라 故로 有寵.이라 釋盧蒲嫳于北竟.이라 求崔杼之尸,하여 將戮之,에 不得.이라 叔孫穆子曰, 必得之.리라 武王有亂臣十人,이나 崔杼其有乎.아 不十人,이면 不足以葬.이라 旣,에 崔氏之臣曰, 與我其拱璧,이면 吾獻其

구　　　어시득지　　　　십이월을해삭　　　　제인천장공빈우대침
柩.하리라 於是得之.라 十二月乙亥朔,에 齊人遷莊公殯于大寢,
　　　　이기관시최저어시　　　국인유지지　　　개왈최자야
하여 以其棺尸崔杼於市.라 國人猶知之,하고 皆曰崔子也.라

　　최저의 난리에 제나라의 뭇 공자들을 잃었다. 그래서 공서(公鉏)는 노나라에 와 있고, 숙손환(叔孫還)은 연(燕)나라에 가 있었으며, 가(賈)는 구독(句瀆)의 언덕에 가 있었다. 경씨가 망하게 되자, 그들을 다 불러들여 가구를 갖추어 주고, 전에 소유했던 채읍을 돌려주었다. 그리고 안자(晏子)에게 패전(邶殿)에 예속된 60군데의 토지를 주니, 그는 받지 않았다. 그러자 자미(子尾)가 말하기를, "부(富)는 사람들이 바라는 것인데, 어찌하여 당신만은 욕심내지 않는 거요?"라고 하니, 안자는 말하였다. "경씨가 차지한 읍은, 그가 욕심낸대로 족하게 되었습니다. 그래서 그는 국외로 쫓겨났습니다. 내가 지금 소유하고 있는 읍은, 제 욕심에는 차지 않는 것이지만, 패전의 땅을 더한다면, 욕심에 차게 될 것입니다. 욕심에 차게 된다면 국외로 달아날 날이 곧 닥쳐올 것이고, 외국에 가 있으면 나의 한 읍(邑)도 지배할 수 없게 됩니다. 내가 패전의 땅을 받지 않는 것은 부를 싫어서가 아니고, 내가 지금 지니고 있는 부력(富力)을 잃게 됨을 두려워하는 것입니다. 그리고 부라는 것은 마치 베나 비단의 폭(幅)이 있는 것과 같아, 폭이 규제되어, 좁아지지도 않고 넓어지지도 않게 하는 것과 같이, 분수에 맞는 부를 제대로 지켜야 하는 것입니다. 백성은 생활이 풍부하고 쓰는 것이 편리했으면 합니다. 이에 바른 덕으로 규제하여, 지나치게 수준에 부족하게 살거나, 또는 낭비 생활을 하지 않게 해야 합니다. 이것을 폭리(幅利), 즉 이익의 규제라 하는 것입니다. 이가 지나치면 패하게 됩니다. 내가 감히 많은 것을 탐하지 않는 것도 폭(幅)이라고 합니다." 북곽좌(北郭佐 : 子車)에게 60읍을 주니, 그는 받았다. 자아(子雅)에게 읍을 주니, 그는 그 중에서 많은 것을 사양하고 소수의 읍만

받았다. 그리고 자미(子尾)에게 읍을 주니, 그는 일단 다 받고, 얼마 후에 도로 내놓았다. 군주는 그를 충신이라 여겼다. 그래서 총애했다. 노포별은 북쪽 국경에서 추방했다. 그리고 최저의 시체를 찾아내어, 육시(戮屍)하려 했는데, 그의 시체를 찾지 못했다. 이 소식을 들은 노나라 숙손목자는 말하기를, "반드시 찾아낼 것이다. 옛날에, 주나라 무왕(武王)에게는 세상일을 잘 다스리는 신하 열 사람이 있었지만, 최저야 좋은 신하 열 사람이 있을 것인가? 열 사람이 없다면야, 죽은 사람을 잘 장사 지낼 수는 없는 것이다."라고 했다. 그뒤 최씨의 가신(家臣)이었던 사람이 말하기를, "최씨의 관 속에 있는 큰 옥(玉)을 저에게 준다면, 나는 그의 관을 올리겠습니다."라고 했다. 이에 그의 시체를 입수했다. 12월 을해날인 초하루에, 제나라 사람은 장공(莊公)의 가장(假葬)한 시체를 궁(宮)의 침전(寢殿)으로 옮기어 모셔, 장공의 관을 빼어 그 관에다 최저의 시체를 담아 시중(市中)에다 놓았다. 나라 사람들은 그것을 보자 역시 알아차리고, 다들 '이것은 최저다.'라고 말하였다.

주해 | ○崔氏之亂(최씨지란)-양공 21년에, 장공이 최저와 경봉 때문에 여러 공자를 추방했던 일을 말한다. 그러나 최씨의 난이라 하면 25년에 최저가 장공을 죽인 사건을 말하기에, 21년의 일을 두고 이렇게 말한 것은 부당하다.
○句瀆之丘(구독지구)-양공 21년조 참고.
○邶殿(패전)-지금의 산동성 동부의 창읍(昌邑) 부근.
○黜嫚(출만)-출은 지나치게 약삭빠른 것을 말하고, 만은 낭비함을 말한다.
○亂臣(난신)-세상을 잘 다스리는 신하를 말한다. '무왕유란신십인(武王有亂臣十人)'이라는 말은 《논어(論語)》 태백편(泰伯篇)에 나온다.

위송지맹고　　공급송공　　진후　　정백　　허남여초　　　　공과
爲宋之盟故,로　公及宋公·陳侯·鄭伯·許男如楚.라　　公過

鄭에 鄭伯不在하여 伯有迋勞於黃崖어늘 不敬이라 穆叔曰 伯
有無戾於鄭이면 鄭必有大咎리라 敬民之主也라 而棄之면 何
以承守아 鄭人不討면 必受其辜리라 濟澤之阿行潦之蘋藻도
實諸宗室하고 季蘭尸之는 敬也라 敬其可棄乎아

及漢에 楚康王卒이라 公欲反하니 叔仲昭伯曰 我楚國之爲
이오 豈爲一人이리오 行也하소서 子服惠伯曰 君子有遠慮하고
小人從邇이오니다 飢寒之不恤에 誰遑恤其後리오 不如姑歸
也라소이다 叔孫穆子曰 叔仲子專之矣요 子服子始學者也라소
이다 榮成伯曰 遠圖者忠也라소이다 公遂行이라 宋向戌曰 我
一人之爲요 非爲楚也라소이다 飢寒之不恤에 誰能恤楚리오
姑歸而息民하고 待其立君하여 而爲之備하소서 宋公遂反이라

楚屈建卒에 趙文子喪之如同盟이라 禮也라

王人來告喪이라 問崩日하니 以甲寅告라 故로 書之以徵過
也라

송나라에서 맺은 맹약을 지키기 위하여, 노나라 양공 및 송나라 공작·진(陳)나라 후작·정나라 백작·허나라 남작이 초나라에 갔다. 양공이 정나라를 통과했을 때, 정나라 군주가 부재(不在)하여, 백유(伯有)가 황수(黃水) 가로 나가 위로하였는데, 그의 태도가 공경스럽지 못했다. 그러자 노나라 목숙(穆叔:叔孫豹)이 말했다. "백유가 정나

라에서 벌을 받지 않는다면, 정나라는 반드시 큰 화가 있게 될 것이다. 공경스러워야 한다는 것은 백성들의 윗자리에 있는 자가 지켜야할 근본이다. 그런데 그것을 버린다면, 어떻게 그의 몸을 지키겠는가? 정나라 사람이 그를 치지 않는다면, 나라가 반드시 화를 받으리라. 시내[川]나 못 구석, 또는 물둠벙에 나 있는 물풀도 뜯어 종묘(宗廟)의 제사상에 올리고, 어린 계집애가 그것을 뜯어 제사상에 올려도 좋다는 것은, 공경하는 마음으로 하면 된다는 뜻에서이다. 그런데 공경을 버릴 수가 있단 말인가?"

노나라 군주가 한수(漢水)에 이르렀을 때, 초나라 강왕(康王)이 세상을 떠났다. 그래서 양공은 노나라로 돌아오려 했다. 이때, 숙중소백(叔仲昭伯:叔仲帶)이 말하기를, "우리는 초나라를 위함이지, 어찌 초왕 한 분만을 위하는 것이오리까? 가시옵소서."라고 했다. 그러자 자복혜백(子服惠伯)은, "군자는 먼 날을 생각함이 있고, 소인은 가까운 것만을 생각하여 따르옵니다. 우리나라는 당장의 배고프고 추워 떠는 것도 걱정할 틈이 없사온데, 누구에게 먼 뒷날을 걱정할 틈이 있사오리까? 잠시 돌아가시는 것만 못하옵니다."라고 말했다. 숙손목자가 말하기를, "숙중자는 노련하옵고, 자복은 신진(新進)이옵니다."라 했고, 또 영성백(榮成伯:榮駕鵝)은, "먼 날을 도모하는 자가 충성스럽사옵니다."라고 말했다. 양공은 결국 초나라에 갔다. 그때, 송나라의 상술(向戌)이 말하기를, "우리는 초왕 한 분만을 위하는 것이옵고, 초나라를 위함이 아니옵니다. 우리는 낭장에 배고프고 추워 떠는 자를 걱정하지 못하옵는데, 누가 초나라를 걱정할 수 있사오리까? 잠시 돌아가셔서, 백성들을 쉬게 하시고, 초나라의 새 군주가 서는 것을 기다리셨다가, 초나라에 대한 대비를 하소서."라고 했다. 송나라 군주는 곧 돌아갔다.

초나라 영윤인 굴건(屈建:子木)이 세상을 떠나, 진나라 조문자(趙文子:趙武)는 그를 위하여 복을 입었는데 동맹국의 재상이 죽었을 때와 같았다. 그것은 예의에 맞는 일이었다.

천자의 조정 사람이 와 천자께서 돌아가셨다고 알렸다. 붕어하신 날을 물으니, 그는 갑인날이었다고 말했다. 그래서 경에 그대로 써서 그 과오(過誤)를 밝혔다.

주해 ○黃崖(황애)-황수(黃水) 가. 황수는 지금의 하남성 신정(新鄭) 동남쪽으로 흐른다.
○戾(여)-죄, 벌줌.
○濟澤之阿(제택지아)-내와 못 구석.
○行潦(행료)-일시적으로 물이 고이는 물둠벙.
○季蘭(계란)-나이 어린 계집아이.
○專之矣(전지의)-노련(老練)함.
○始學者(시학자)-신진, 초보자.

經 ○二十有九年春王正月,에 公在楚.라
    이십유구년춘왕정월   공재초
○夏五月,에 公至自楚.라
   하오월   공지자초
○庚午,에 衛侯衎卒.이라
   경오   위후간졸
○閽弑吳子餘祭.라
   혼시오자여제
○仲孫羯會晉荀盈·齊高止·宋華定·衛世叔儀·鄭公孫段·
   중손갈회진순영 제고지 송화정 위세숙의 정공손단
曹人·莒人·滕人·薛人·小邾人,하여 城杞.라
 조인 거인 등인 설인 소주인   성기
○晉侯使士鞅來聘.이라
   진후사사앙래빙
○杞子來盟.이라
   기자래맹
○吳子使札來聘.이라
   오자사찰래빙
○秋九月,에 葬衛獻公.이라
   추구월   장위헌공

제16 양공(襄公) 하(下) 29년 … 689

○ 齊高止出奔北燕.이라
　　제고지출분북연

○ 冬,에 仲孫羯如晉.이라
　　동　중손갈여진

29년 봄 천자가 쓰는 역으로 정월, 공이 초나라에 머물러 있었다.

여름 5월에, 공이 초나라로부터 돌아왔다.

경오날에, 위나라 군주인 후작 간(衎)이 세상을 떠났다.

형벌을 받은 뒤 수위(守衛)로 있는 자가, 오나라 군주인 자작 여제(餘祭)를 죽였다.

중손갈(仲孫羯)이 진나라의 순영(荀盈)·제나라의 고지(高止)·송나라의 화정(華定)·위나라의 세숙의(世叔儀)·정나라의 공손단(公孫段)·조나라 사람·거나라 사람·등나라 사람·설나라 사람·소주나라 사람 등과 회합을 갖고, 기나라에 성을 쌓았다.

진나라의 군주인 후작이 사앙(士鞅)에게 노나라를 예방케 했다.

기나라 군주인 자작이 맹약에 왔다.

오나라 군주인 자작이 찰(札)로 하여금 노나라를 예방케 했다.

가을 9월에, 위나라 헌공을 장사 지냈다.

제나라의 고지가 북연(北燕)나라로 도망갔다.

겨울에, 중손갈이 진나라에 갔다.

傳| 二十九年春王正月,에 公在楚,라함은 釋不朝正于廟也.라 楚
　　　이십구년춘왕정월　　공재초　　　　　석부조정우묘야　　초
人使公親襚,에 公患之,하니 穆叔曰, 祓殯而襚,면 則布幣也.라
인사공친수　　공환지　　　목숙왈　불빈이수　　즉포폐야
乃使巫以桃茢先祓殯.이라 楚人弗禁,이러니 旣而悔之.라
내사무이도열선불빈　　　초인불금　　　　기이회지
二月癸卯,에 齊人葬莊公於北郭.이라
이월계묘　　제인장장공어북곽
夏四月葬楚康王.이라 公及陳侯·鄭伯·許男送葬,하여 至于
하사월장초강왕　　　공급진후　정백　허남송장　　　　지우

西門之外,하고 諸侯之大夫,는 皆至于墓.라 楚郟敖卽位,하고 王
子圍爲令尹.이라 鄭行人子羽曰, 是謂不宜.라 必代之昌.이리라
松柏之下,는 其草不殖.이라

29년 봄, 천자가 쓰는 역으로 정월에, 노나라 양공이 초나라에 머물러 있었다고 경문에 썼음은, 공이 종묘에 정월의 참배를 하지 못했다는 것을 설명한 것이다. 초나라 사람이 노나라 군주로 하여금 친히 초왕의 염을 하게 하니 공은 수치라 여겨 기분 나빠하니 목숙(穆叔: 叔孫豹)이 말하기를, "빈소의 악기(惡氣)를 떨어내는 푸닥거리를 하고서 염을 하면, 산 이에게 폐백을 드리는 것과 한가지이옵니다."라고 했다. 그래서 곧 무당을 시켜 복숭아 나뭇가지를 묶은 비로 빈소의 악기를 떨어내는 푸닥거리를 했다. 그때, 초나라 사람은 못하게 금하지 않더니만, 하고 나자 자기 나라의 죽은 왕이 악기를 지니고 있었던 것이 되었음을 부끄럽게 여겨, 노나라 군주에게 염을 시킨 것을 후회하였다.

2월 계묘날에, 제나라 사람이 장공(莊公)을 북곽에다 장사 지냈다.

여름 4월에 초나라 강왕을 장사 지냈다. 노나라 군주 양공은 진(陳)나라 군주·정나라 군주·허나라 군주 등과 같이 영구를 전송하여 서문 밖까지 따라갔고, 제후들의 대부들은 다 묘지까지 따라갔다. 초나라의 겹오(郟敖)가 왕으로 즉위하고, 왕자 위(圍)가 영윤이 되었다. 그러자 정나라의 행인인 자우(子羽)가 말하였다. "이런 관계의 경우를 두고 '알맞지 않는다'라고 이르는 것이다. 반드시 왕자 위가 대신 군주가 되어 창성(昌盛)하리라. 송백 밑에서는 풀이 번식하지 못하는 것이다."

주해 ○朝正(조정)-정월에 종묘에 참배하는 것.

○桃茢(도열)－복숭아 나뭇가지로 맨 비. 복숭아나무는 나쁜 기운을 쫓는 다는 예로부터의 신앙적 생각으로, 이것으로 빈소를 쓸고 털고 했다.
○北郭(북곽)－제나라 도읍의 북쪽. 그곳에 제나라 군주의 선조 묘지가 있었던 것 같다.
○郟敖(겹오)－죽은 강왕(康王)의 아들.
○王子圍(왕자위)－강왕의 동생.
○必代之昌(필대지창)－꼭 위가 겹오 대신 왕이 되어 창성하리라. 소공(昭公) 1년에 위는 왕 겹오를 죽이고 대신 왕이 된다.
○松柏之下(송백지하), 其草不殖(기초불식)－송백과 같이 강한 나무 밑에서는 약한 풀이 영양분을 받아 번식하지 못한다. 이 말은 세력이 강한 자의 옆에서는 약한 자가 경쟁을 못한다는 비유어로 쓰인다.

公還及方城,에 季武子取卞,하여 使公冶問,이라 璽書追而與之,라 曰, 聞守卞者將叛,하여 臣帥徒以討之,하여 旣得之矣,니이다 敢告,하오니다 公冶致使而退,하여 及舍而後聞取卞,이라 公曰, 欲之而言叛,하니 祇見疏也,라 公問公冶曰, 吾可以入乎,아 對曰, 君實有國,이어늘 誰敢違君,이오리오 公與公冶冕服,하니 固辭,하고 强之而後受,라 公欲無入,에 榮成伯賦式微,라 乃歸,라 五月,에 公至自楚,라 公冶致其邑於季氏,하고 而終不入焉,하여 曰, 欺其君,에 何必使余,아 季孫見之,면 則言季氏如他日,이나 不見,이면 則終不言季氏,라 及疾,하여 聚其臣曰, 我死,에 必無以冕服斂,하라 非德賞也,니라 且無使季氏葬我,하라 葬靈王,에 鄭上卿有事,하여 子展使印段往,이라 伯有曰, 弱,하

니 不可.라 子展曰, 與其莫往弱不猶愈乎.아 詩云,하되 王事靡
盬,하니 不遑啓處.로다 東西南北,에 誰敢寧處.리오 堅事晉·楚,
는 以蕃王室也.라 王事無曠,에 何常之有.아 遂使印段如周.라

노나라 양공이 돌아오다 방성(方城)에 이르렀을 때, 노나라에서는 계무자(季武子 : 季孫宿)가 변읍(卞邑)을 점령하여 차지하고 있으면서, 공야(公冶)로 하여금 군주를 위문케 했다. 그리고 공야가 떠난 뒤에, 그는 서신을 써 서명 날인하여 뒤쫓아 보내어 공야에게 가져다가 군주에게 드리게 했다. 그 서신에는, '변읍을 지키고 있는 자가 장차 반란을 일으킬 것이라는 소문을 듣고서, 신이 부하들을 이끌고 토벌하여, 신이 이미 차지하고 있나이다. 그래서 이에 감히 고하나이다.'라고 써 있었다. 공야는 자기의 사명을 마치고 군주 앞을 물러나 숙소에 이른 뒤에야, 계무자가 변읍을 차지했다는 말을 들었다. 그때 양공은 말하기를, "자신이 욕심을 내어 타인이 반란을 일으키려 했다고 말하니, 나는 실로 무시당하고 있구나."라고 했다. 그리고는 공야에게 묻기를, "내 국도(國都)로 들어갈 수가 있는가?"라고 하니, 공야는 대답하기를, "군주께서는 실로 나라를 보유하시는데 누구라 감히 군주를 거역하오리까?"라고 하였다. 이에, 공은 공야에게 경대부(卿大夫)의 예복인 면복(冕服)을 주니, 공야는 굳이 사양하고 억지로 받게 해서야 받았다. 공이 국도로 들어가지 않으려 하자, 영성백이 식미편(式微篇)의 시를 노래불렀다. 그제서야 공은 돌아왔다.

5월에, 공이 초나라로부터 돌아왔다. 공야는 자기가 소유하고 있는 읍(邑)을 계씨(季氏 : 季武子)에게 돌려주고, 죽을 때까지 다시는 계무자의 집에 찾아가지 않기로 하고 말하기를, "군주를 속이는 데, 하필이면 나를 시켰단 말인가?"라고 했다. 그후 그는 계손(季孫 : 季武

子)씨를 만나게 되면, 계손씨에게 전과 같이 공손한 태도로 말하였으나, 그를 만나지 않을 때에는, 끝내 계손씨의 말은 입밖에 내지 않았다. 공야가 병이 나자, 그는 가신(家臣)들을 모아놓고 말하기를, "내가 죽으면 절대로 면복(冕服)으로 염(斂)하지 말라. 그것은 덕으로 받은 상품이 아니다. 그리고, 계손씨가 와 나를 장사 지냄에 관여하게 하지 말라."라고 했다.

주나라 천자 영왕을 장사 지냄에, 정나라의 상경(上卿:子展)은 일이 있어 가지 못하고, 대신 인단(印段)을 가게 했다. 백유(伯有)가, "그는 나이가 적으니 안됩니다."라고 말하니, 자전은 말했다. "아무도 가지 않는 것보다는 어려도 가는 것이 좋지 않소이까? 시에 이르기를, '왕을 위하는 일이 끝나지 않아, 편히 쉴 사이 없구나.'라고 했소. 동서남북 간에 그 누가 감히 편안히 거처할 수가 있단 말이오? 우리가 진(晉)나라와 초나라를 섬기는 것은, 결국 왕실을 지키자는 것이오. 왕을 위하는 일을 소홀히 할 수 없는데, 어찌 일정한 법도만 찾는단 말이오?" 그리고는, 결국 인단을 주나라에 가게 했다.

| 주해 | ○卞(변)-지금의 산동성 사수(泗水) 부근.
 ○公冶(공야)-계손숙의 일족으로, 그의 신하이기도 했다.
 ○式微(식미)-《시경》 풍 패풍(邶風)에 있는 시편 이름. 이 편의 구절에는 외지에서 방랑하는 자에게 곧 집으로 돌아가야 한다고 말한 것이 있다. 그는 이 시로 곧 돌아가야 한다고 권한 것이다.
 ○詩云(시운)-《시경》 소아에 있는 사모편(四牡篇) 구절.
 ○何常之有(하상지유)-당시의 예법으로는, 천자의 장례식에는 상경이 가야 하는 것이었다. 그러나 상경인 자전은 국사 때문에 가지 못했다. 그는 '우리가 애쓰는 것은 다 천자를 위하는 것인데, 할 일을 내던지고, 꼭 법도만을 찾을 것이 있겠는가'라고 말한 것이다.

오 인 벌 월   획 부 언 이 위 혼   사 수 주   오 자 여 제 관 주
吳人伐越,하여 獲俘焉以爲閽,하여 使守舟.라 吳子餘祭觀舟,에

閣以刀弑之.라

鄭子展卒,에 子皮卽位.라 於是,에 鄭饑,나 而未及麥,하여 民病.이라 子皮以子展之命,으로 餼國人粟戶一鍾.이라 是以得鄭國之民.이라 故로 罕氏常掌國政,하여 以爲上卿.이라 宋司城子罕聞之曰, 鄰於善,은 民之望也.라 宋亦饑,하니 請於平公,하여 出公粟以貸,하고 使大夫皆貸,하며 司城氏貸而不書,하고 爲大夫之無者貸,하니 宋無飢人.이라 叔向聞之曰, 鄭之罕, 宋之樂,은 其後亡者也.라 二者其皆得國乎.인저 民之歸也.라 施而不德,하니 樂氏加焉.이라 其以宋升降乎.인저

오나라 사람이 월(越)나라를 쳐, 포로를 잡아 발목을 끊는 형(刑)을 가한 뒤에, 수위(守衛)로 삼아 배를 지키게 했다. 그런데 오나라 군주인 여제(餘祭)가 배를 보러 갔더니, 그 수위가 칼로 군주를 죽였다.

정나라의 자전(子展)이 세상을 떠나자, 그의 아들 자피(子皮)가 대신 전의 관직에 취임했다. 그때, 정나라에 기근이 들었으나, 보리가 날 때까지는 아직 멀어, 백성들이 큰 곤란을 겪었다. 자피는 아버지 자전이 생전에 명했던 것이라 하여, 호당(戶當) 1종(鍾)의 조를 나누어주었다. 그리하여 정나라 국민의 신망을 얻었다. 그러므로 한씨(罕氏)는 언제나 국정을 장악하여 상경(上卿)이 되었다. 송나라의 사성(司城) 자한(子罕)은 이 소식을 듣고 말하기를, "선(善)을 따르는 것은 백성들의 소망이다."라고 했다. 송나라에도 기근이 드니, 자한은 군주 평공에게 요청하여 국가의 조를 내어 빌려 주고, 대부(大夫)들에게도 가지고 있는 양곡을 빌려 주게 하며, 사성 자한의 가문은 빌

려주고도 받은 자의 이름을 기록하지 않고, 대부로서 양곡이 없는 자에게도 빌려 주니, 송나라에 굶는 사람이 없었다. 진(晉)의 숙향(叔向)이 이 일을 듣고는 말했다. "정나라 자전과 송나라 자한은 누구보다도 길이 가문을 이어갈 사람이다. 그 두 사람은 나라의 정권을 차지할 것이다. 그것은 백성들이 따르기 때문이다. 은혜를 베풀고서도 은덕으로 치지 않았으니, 송나라의 악씨(樂氏)가 더 훌륭하다. 악씨는 송나라의 존속(存續)과 함께 길이 존속할 것이다."

┃주해┃ ㅇ閽(혼)-발목을 끊는 형을 가한 뒤에, 수위로 삼은 사람을 혼이라 했다. 흔히 문지기를 시켰다.
ㅇ一鍾(일종)-6섬 4말을 종이라 했다.
ㅇ罕(한)-정나라 자전(子展)의 성(姓).
ㅇ樂(악)-송나라 자한(子罕)의 성.
ㅇ施而不德(시이부덕)-은덕을 베풀고도 은덕으로 치지 않음. 자한이 양곡을 대부하고서도 꾸어간 사람의 이름을 적지 않았음을 두고 한 말이다.

晉平公杞出也.라 故로 治杞.라 六月,에 知悼子合諸侯之大夫,하여 以城杞.라 孟孝伯會之,하고 鄭子大叔與伯石往.이라 子大叔見大叔文子,하여 與之語.라 文子曰, 甚乎其城杞也.라 子大叔曰, 若之何哉.오 晉國不恤周宗之闕,하고 而夏肄是屛.이라 其棄諸姬亦可知也已.라 諸姬是棄,면 其誰歸之.리오 吉也聞之,하되 棄同卽異,는 是謂離德.이라 詩曰, 協比其鄰,에 昏姻孔云.이라 晉不鄰矣,에 其誰云之.아

진(晉)나라 평공은 기나라 공녀(公女)의 소생이다. 그러므로 기나

라에 성 쌓는 일을 했다. 6월에, 진나라의 지도자(知悼子 : 荀盈)가 제후국의 대부들과 협력하여 기나라에 성을 쌓았다. 그때, 노나라에서는 맹효백(孟孝伯 : 仲孫羯)이 참가했고, 정나라에서는 자대숙과 백석이 갔다. 자대숙이 위나라의 대숙문자(大叔文子 : 大叔儀)를 만나 이야기하였다.

대숙문자-기나라에 성을 쌓아 준다는 것은 너무한 일입니다.

자대숙-어찌하겠습니까? 진나라는 종주국인 주(周)나라의 부족한 것은 돕지 않고, 하(夏)나라 후손국(後孫國)을 돕고 있습니다. 이것은 또 여러 같은 희성(姬姓)의 나라는 버린다는 것을 알 수 있게 할 따름입니다. 같은 여러 희성의 나라를 버린다면, 그 누가 따르겠습니까? 길(吉) 저는 들었지만, '동성(同姓)을 버리고 이성(異姓)을 친히 하는 것은, 덕을 배반하는 것이라 이른다.'라 합니다. 시에 이르기를, '가까운 동성의 사람들과 잘 지냄에, 인척도 아주 잘 사귀어진다.'라 했습니다. 진나라가 동성국을 친하게 하지 않는데, 그 누가 사이좋게 할 것입니까?

주해 ○杞(기)-기나라는 지금의 하남성 동부의 기현(杞縣) 일대를 차지했다가, 춘추시대 초기에, 지금의 산동성 중부의 안구(安邱) 일대로 옮겼다. 하(夏)나라 왕손의 나라로 성은 사(姒)였다.
○夏肄(하이)-하나라의 후예.
○詩曰(시왈)-《시경》 소아에 든 정월편(正月篇) 구절.

齊高子容與宋司徒見知伯,에 女齊相禮,라 賓出,에 司馬侯言
於知伯曰, 二子皆將不免.이리라 子容專,하고 司徒侈.라 皆亡家
之主也.라 知伯曰, 何如.아 對曰, 專則速及,하고 侈將以其力
斃.라 專則人實斃之,하고 侈將自及矣.라

范獻子來聘,은 拜城杞也.라 公享之,에 展莊叔執幣.라 射者三
耦,에 公臣不足,하여 取於家臣.이라 家臣展瑕・展玉父爲一耦.
라 公臣公巫召伯仲・顔莊叔爲一耦,하고 鄫鼓父・黨叔爲一耦.라
晉侯使司馬女叔侯來治杞田,에 弗盡歸也.라 晉悼夫人慍曰,
齊也取貨.라 先君若有知也,면 不尚取之.리라 公告叔侯,하니 叔
侯曰, 虞・虢・焦・滑・霍・楊・韓・魏皆姬姓也,나 晉是以
大.이오니다 若非侵小,면 將何所取.리오 武・獻以下,로 兼國多
矣,이었거늘 誰得治之.리오 杞夏餘也,요 而卽東夷,나 魯周公之
後也.요 而睦於晉,하여 以杞封魯猶可,어늘 而何有焉.이인가 魯之
於晉也,는 職貢不乏,하고 玩好時至,하며 公卿大夫相繼於朝,하
여 史不絶書,하고 府無虛月,하여 如是可矣.이오니다 何必瘠魯以
肥杞.이리오 且先君而有知也,면 毋寧夫人.인가 而焉用老臣.이
리오
杞文公來盟,에 書曰子,는 賤之也.라

제나라의 고자용(高子容 : 高止)과 송나라의 사도(司徒:華定)가 진나라의 지백(知伯:荀盈)을 만나봄에, 여제(女齊)가 지백이 예의지킴을 도왔다. 손님이 나간 뒤에, 사마(司馬) 벼슬에 있는 후(侯:女齊)가 지백에게 말하기를, "저 두 사람은 장차 화를 면하지 못할 것입니다. 고자용은 안하무인(眼下無人)이고, 사도로 있는 이는 거만합니다. 그들은 다 가문을 망칠 장본인입니다."라고 하니 지백이, "그것은

어째서인가요?"라고 물었다. 그러자 여제는 대답하기를, "안하무인이면 화가 빨리 오고, 거만하면 자기 힘으로 거꾸러지는 것입니다. 안하무인이면 타인이 거꾸러뜨리고, 교만하면 자신이 화를 일으키게 됩니다."라고 했다.

 진나라의 범헌자(范獻子 : 士鞅)가 노나라를 예방한 것은, 기나라에 성 쌓는 일에 협력했음을 감사드리기 위해서였다. 공이 그에게 향연을 베푸니, 전장숙(展莊叔)이 그에게 선사품을 전했다. 그리고 활쏘기를 하기로 하여, 활쏘는 사람 세 편을 짜는데, 조정의 신하들로는 부족하여, 대부의 가신(家臣) 중에서 활 쏠 사람을 뽑았다. 당시에 대부의 가신으로서는 전하(展瑕)와 전옥보(展玉父)가 한편이 되었다. 그리고 조정의 신하로는 공에게 전속된 무당 소백중(召伯仲)과 안장숙(顔莊叔)이 한편이 되고, 증고보(鄫鼓父)와 당숙(黨叔)이 또 한편이 되었다.

 진나라 군주가 사마(司馬)인 여숙후(女叔侯 : 女齊)에게 노나라에 와 기나라한테 뺏은 토지를 돌려주게 했는데, 기는 다 돌려보내지 않았다. 진나라 평공의 어머니이고 도공(悼公)의 아내인 기나라 공녀는 화를 내어 말하기를, "여제(女齊)는 노나라한테 재화를 받았다. 전대 군주의 영혼이 이 사실을 아신다면, 그가 뇌물 받은 일을 좋아하시지 않으리라."라고 했다. 평공이 이 말을 여숙후에게 말하니, 여숙후는 말하였다. "우(虞)·괵(虢)·초(焦)·활(滑)·곽(霍)·양(楊)·한(韓)·위(魏) 등의 나라는 다 희성(姬姓)이어서 우리나라와 일가 나라였사오나, 우리 진나라는 그 나라들을 합쳐서 크게 되었사옵니다. 작은 나라를 침략한 것이 아니었다면, 어디서 땅을 빼앗았을 것이옵니까? 우리나라에서는 무공(武公)·헌공(獻公) 이후로 다른 나라를 쳐 병합한 일이 많았사온데, 누구라 그 사실들을 잘못된 일이었다고 다스리어 돌려주게 할 수 있을 것이옵니까? 기나라는 하나라 왕실의 후예 나라인데다가 지금 동방의 오랑캐와 단짝이 되어 있사오나, 노나라는 주공의 후손국이오니다. 우리 진나라와 친하여 기나라 전 국토를 노나라에 주어도 좋사온데, 어찌 노나라가 차지한 것을 기나라에 다 돌려줄 필요가 있사오리까? 노나라의 진나라에 대함은 으레 바치는 공물도 적지 않고, 신기하고 좋은 것을 시절마다 보내어 오매, 노나라의 군주·경·대부가 계속 찾아와, 우리나라 사관(史官)이 그 사실을 기록, 끊임없이 쓰옵고 창고에는 다달이 노나라 물건이 들어오지 않음이 없어, 이같이 잘하고 있사옵니다. 그러하온데, 어찌 꼭 노나라를 여위게 하고 기나라를 살찌게 하오리까? 그리고 전대 군주의 영혼이 아신다면, 오히려 어머니를 책할 것이 아니겠사오리까? 어찌 이 늙은 신을 책하오리까?"

　기나라 문공이 노나라로 와 맹약을 맺었는데, 경에 자작(子爵)이라 쓴 것은 그를 천히 여겨서였다.

주해 ○司馬女叔侯(사마여숙후) — 사마는 관직 이름이고, 여는 성씨이며, 숙후는 자(字)였다. 그의 이름은 제(齊)였다.
○治杞田(치기전) — 기나라 땅을 뺏은 것은 잘못이라고 밝히어 돌려줌.
○何有焉(하유언) — 어찌 다 돌려주어야 할 필요가 있겠는가의 뜻으로 한 말이다.
○毋寧夫人(무녕부인) — '오히려 부인(어머니)은 책망하지 않을 것인가'의 뜻으로 한 말이다.
○書曰子(서왈자) — 기나라 군주는 원래 백작인데, 경문에 자작이라 썼다.
○賤之也(천지야) — 기나라 군주가 동방의 오랑캐와 친하여 그 풍속을 따르므로 천하게 여겼다.

吳公子札來聘.이라 見叔孫穆子.하고 說之.라 謂穆子曰, 子其不得死乎.인저 好善而不能擇人.이라 吾聞,하되 君子務在擇人.이라 吾子爲魯宗卿,하여 而任其大政,에 不愼擧,면 何以堪之.리오

禍必及子.리라 請觀於周樂.이라 使工爲之歌周南·召南.하니 曰,
美哉.라소이다 始基之矣.니이다 猶未也,나 然,이나 勤而不怨矣.이
오니다 爲之歌邶·鄘·衛,하니 曰, 美哉.라소이다 淵乎,하여 憂而
不困者也.이오니다 吾聞,하되 衛康叔·武公之德如是.이오니다 是
其衛風乎.인저 爲之歌王,하니 曰, 美哉.라소이다 思而不懼.이오니
다 其周之東乎.인저 爲之歌鄭,하니 曰, 美哉.라소이다 其細已甚.
이오니다 民弗堪也.리니 是其先亡乎.인저 爲之歌齊,하니 曰, 美
哉.라소이다 泱泱乎,하여 大風也哉.이오니다 表東海者其大公乎.인
저 國未可量也.이오니다 爲之歌豳,하니 曰, 美哉.라소이다 蕩乎.라
樂而不淫,하니 其周公之東乎.인저 爲之歌秦,하니 曰, 此之謂夏
聲.이오니다 夫能夏則大,요 大之至也.리이다 其周之舊乎.인저 爲
之歌魏,하니 曰, 美哉.라소이다 渢渢乎,하여 大而婉,하고 險而易
行.이오니다 以德輔此,면 則明主也.리이다 爲之歌唐,하니 曰, 思
深哉.라소이다 其有陶唐氏之遺民乎.인저 不然,이면 何其憂之遠
也.리오 非令德之後,면 誰能若是.리오 爲之歌陳,하니 曰, 國無
主,리니 其能久乎.인가 自鄶以下無譏焉.이라
爲之歌小雅,하니 曰, 美哉.라소이다 思而不貳,하고 怨而不言,
하니 其周德之衰乎.인저 猶有先王之遺民焉.이이다 爲之歌大雅,

하니 曰, 廣哉.라소이다 熙熙乎,하여 曲而有直體,하니 其文王之德
乎.인저 爲之歌頌,하니 曰, 至矣哉.라소이다 直而不倨,하옵고 曲
而不屈,하오며 邇而不偪,하옵고 遠而不攜,하오며 遷而不淫,하옵고
復而不厭,하오며 哀而不愁,하옵고 樂而不荒,하오며 用而不匱,하
옵고 廣而不宣,하오며 施而不費,하옵고 取而不貪,하오며 處而不
底,하옵고 行而不流,하오며 五聲和,하옵고 八風平,하오며 節有度,
하옵고 守有序,하여 盛德之所同也.이오니다
見舞象箾·南籥者,하고 曰, 美哉.라소이다 猶有憾.이오니다 見
舞大武者,하고 曰, 美哉.라소이다 周之盛也,에 其若此乎.인가 見
舞韶濩者,하고 曰, 聖人之弘也,이오나 而猶有慙德,하오니 聖人
之難也.이오니다 見舞大夏者,하고 曰, 美哉.라소이다 勤而不德,하
오니 非禹,면 其誰能修之.리까 見舞韶箾者,하고 曰, 德至矣哉,요
大矣哉.라소이다 如天之無不幬也,요 如地之無不載也.이오니다
雖甚盛德,이라도 其蔑以加於此矣.리이다 觀止矣.하리이다 若有他
樂,이라도 吾不敢請已.이오이다

 오나라의 공자 찰(札)이 노나라를 예방했다. 그가 숙손목자를 만나자 기뻐했다. 그는 숙손목자에게 말했다. "당신께서는 제대로 죽지 못할 것입니다. 선(善)을 좋아하면서도 사람을 잘 고를 수는 없습니다. 내 들었거니와, '군자의 임무는 사람을 잘 고르는 데 있다.'고 합니다.

당신께서는 노나라의 가장 높은 경(卿)이 되어 나라의 정치를 맡고 있는데, 인재 등용에 신중하지 않는다면, 어떻게 그 자리를 감당할 것입니까? 화는 반드시 당신께 미칠 것입니다." 그는 노나라 군주에게 주나라 음악을 들려주기를 요청했다. 그래서 악공(樂工)을 시켜 주남(周南)과 소남(召南)의 민요시를 노래부르게 했더니 말하기를, "아름답사옵니다. 이것은 주나라가 터전으로 삼았던 곳의 노래군요. 시의 내용으로는, 백성들이 아직은 완전히 안정되지 못했음을 보이오나, 그러나 힘을 쓰고 윗분을 원망하지 않았음이 나타나 있사옵니다."라고 했다. 그를 위하여 패(邶)나라·용(鄘)나라·위(衛)나라의 민요시를 노래부르게 했더니, 그는 말하기를, "아름답사옵니다. 뜻이 깊어, 걱정은 하지만 괴로워하지 않는 마음이 나타나 있나이다. 저는 들었거니와, 위나라의 강숙(康叔)과 무공(武公)의 덕이 이와 같았다 하옵니다. 이것은 위나라의 민요겠지요."라고 했다. 그를 위하여 천자 직할지(直轄地)의 민요시를 노래부르게 했더니 그는, "아름답사옵니다. 지난날을 생각하면서 두려워하지 않는 마음이 나타나 있나이다. 주나라가 도읍을 동쪽으로 옮긴 뒤의 노래겠지요."라고 말하였다. 그를 위해서 정(鄭)나라의 민요시를 노래부르게 하니 그는, "아름답사옵니다. 그러나 섬세하기가 너무 심하옵니다. 그 땅의 백성들은 곤란을 감내하지 못할 것이오니, 이 나라는 다른 나라보다 먼저 망할 것이옵니다."라고 말했다. 그를 위해서 제(齊)나라 민요시를 노래부르게 하니 말하기를, "아름답사옵니다. 넓고 넓어, 큰 풍도(風度)가 나타나 있나이다. 동해 지방의 제후들을 대표하는 강태공(姜太公) 후손 나라의 노래겠지요. 그 나라의 운수는 헤아릴 수가 없나이다."라고 했다. 그를 위하여 빈(豳)나라의 민요시를 노래부르게 하니 그는, "아름답사옵니다. 즐거워하면서도 음탕하지 않는 마음이 나타나 있사오니, 주공(周公)이 동방을 평정했을 때의 노래겠지요."라고 말했다. 그를 위해서 진(秦)나라의 민요시를 노래부르게 하니 그는, "이것은 하(夏)나라 땅의 노래라

이르는 것이겠지요. 이런 하나라
땅의 노래를 지을 수가 있었기에
크게 되었고, 앞으로 지극히 크
게 될 것이옵니다. 이야말로 주
나라 옛 고장의 노래겠지요."라

슬(瑟)

고 말하였다. 그를 위하여 위(魏)나라의 민요시를 노래부르게 하니
말하기를, "아름답사옵니다. 풍류적이어서, 웅장하면서도 간들거리는
맛이 있삽고, 까다로운 것 같으면서도 순한 마음이 나타나 있나이다.
이에다 덕을 쌓아 보충한다면, 다른 나라를 이끌 현명한 군주국이 될
것이옵니다."라고 했다. 그를 위하여 당(唐)나라의 민요시를 노래부르
게 하니 그는, "생각한 것이 깊사옵니다. 도당씨(陶唐氏), 즉 요(堯)
임금의 후손국의 노래겠지요. 그렇지 않고서는 어떻게 이렇게 먼 날
을 근심했겠나이까? 훌륭한 덕이 있었던 분의 후손들이 아니고서야,
어느 누가 이런 노래를 지었겠나이까?"라고 말하였다. 그를 위하여
진(陳)나라 민요시를 노래부르게 하니 그는 말하기를, "이 노래를 지
은 나라에는 군주가 없게 될 것이니, 오래갈 수가 있사오리까?"라고
했다. 그리고 회(鄶)나라 이하의 민요시도 노래부르게 했건만, 그는
피평하지 않았다.

이어, 그를 위하여 소아(小雅) 시를 노래부르게 했더니 말하기를,
"아름답사옵니다. 생각함에 배반심이 없삽고, 원망하면서도 노골적으
로 말하고 있지 않사오니, 주나라의 덕이 쇠퇴해져 간 때의 노래겠지
요. 그러나 안에는 역시 옛날의 어진 임금이 가르치신 백성의 미풍이
남아있나이다."라고 했다. 그를 위하여 대아(大雅) 시를 노래부르게
했더니 그는, "뜻이 넓사옵니다. 넓고 넓어서 완곡(婉曲)하면서도 강
직한 본심을 나타내고 있사오니, 문왕(文王)의 덕을 노래한 것이겠지
요."라고 말했다. 그를 위하여 송(頌)시를 노래부르게 했더니, 그는
말하였다. "지극히 좋사옵니다. 강직하면서도 거만하지 않사옵고, 완

곡하면서도 비굴하지 않사오며, 친근하면서도 아주 가까이하지 아니하옵고, 먼 듯하면서도 떨어지지 않사오며, 옮는다 하더라도 도를 벗어나지 않사옵고, 제자리에 돌아가도 싫어하지 않사오며, 서러우면서도 근심을 나타내지 않사옵고, 즐거워하면서도 지나치지 않사오며, 쓰되 다 쓰지 않사옵고, 속마음이 넓어도 떠벌이지 않사오며, 남에게 혜택을 베풀면서도 낭비하지 않사옵고, 손에 넣더라도 탐욕부리지 않사오며, 편안히 거처하더라도 그것에만 멈추어 있지 않사옵고, 앞으로 향해 나가더라도 딸려 나가지 않사오며, 궁(宮)·상(商)·각(角)·치(徵)·우(羽)의 다섯 가지 음조(音調)가 조화되었삽고, 여덟 가지 악기의 소리가 고르오며, 가락에 법도가 있삽고, 음악의 원칙 지킴에 순서가 완연하여, 노래의 대상이 된 어른의 어진 큰 덕과 부합되옵니다."

그는 문왕(文王)의 덕을 상징한 상소(象箾)와 남약(南籥)의 무악(舞樂)을 듣고 말하기를, "아름답사옵니다. 그러나 문왕께서는 유감의 마음을 지니시었던 것 같사옵니다."라고 했다. 무왕(武王)의 덕을 상징한 대무(大武)의 무악을 듣고는, "아름답사옵니다. 주나라가 한창 왕성했었을 때에 무악이 이리도 훌륭했나이까?"라고 말했다. 이어 은(殷)나라 탕왕(湯王)의 무악인 소호(韶濩)를 듣고는, "성인(聖人) 탕왕의 큰 덕이 나타나 있사오나, 역시 덕에 부족함이 있어 부끄러워하는 게 있는 듯하오니, 성인이 되기는 어려운 것이옵니다."라고 말했다. 그리고 우(禹)임금의 무악 대하(大夏)를 듣고는, "아름답사옵니다. 백성들을 위하여 힘을 쓰고도 덕으로 치지 않았사오니, 우임금이 아니고서는 그 누가 그런 덕을 쌓을 것이옵니까?"라고 말했다. 그리고 또, 순(舜)임금의 무악인 소소(韶箾)를 듣고는, "덕의 지극함이 나타나 있사옵고, 위대하옵니다. 그 덕은 하늘이 가리어 주지 않음이 없는 것과 같사옵고, 땅이 올려놓아 주지 않음이 없는 것과 같사옵니다. 비록 아주 큰 덕이라 하더라도, 순임금의 덕보다 더 크지는 못하옵니다. 저는 더 보기를 그만두겠나이다. 다른 음악이 또 있다 하더라도, 저는 더

이상 감히 요청하지 않겠나이다."라고 말하였다.

▮주해▮ ㅇ吳公子札(오공자찰) - 오나라 군주 수몽(壽夢)의 아들로 현인(賢人)이었다. 계자(季子)·계찰(季札)·연주래계자(延州來季子) 등으로 불렸다.
ㅇ子其不得死乎(자기부득사호) - 당신은 제대로(늙거나 병으로) 죽지 못할 것이오. 숙손목자는 노나라의 현인이었지만, 결국 서자 수우(豎牛)한테 죽었다. 소공 4년조 참고.
ㅇ表東海者(표동해자) - 동해편 제후들의 대표.
ㅇ夏聲(하성) - 상고시대 한민족(漢民族)이 생활 근거지로 삼았던 지대를 하(夏)라 했다. 주(周)나라는 원래 현재의 서안(西安 : 漢·唐代의 長安) 부근을 도읍으로 삼았고, 그 부근을 하라 했다. 뒤에, 주나라가 동천(東遷)하자, 그곳을 중심으로 하여 진(秦)나라가 건설되었다. 그래서 계찰은 진나라 땅을 주나라 옛 고장이라 말했다.
ㅇ自鄶以下(자회이하) - 회나라 민요시와 조(曹)나라 민요시를 두고 말한다. 전해지는 《시경(詩經)》에는 15국풍(國風)이 있는데, 계찰은 13국풍에 대해서만 말했다.
ㅇ小雅(소아)·大雅(대아) - 《시경》의 소아·대아에 대해서, 계찰이 평한 유(流)의 논이 나온 것은 훨씬 뒤였다. 아마도 이 대목은 후인(後人)이 《좌씨전》의 작자에 의탁해서 말해 넣은 것이 아닌가 한다.
ㅇ五聲(오성) - 궁·상·각·치·우의 다섯 음조.
ㅇ八風(팔풍) - 여덟 가지 악기 소리. 여덟 가지 악기는 금(金 : 鐘)·석(石 : 磬)·사(絲)·죽(竹)·포(匏 : 笙類)·토(土)·혁(革 : 鼓類)·목(木)의 악기.
ㅇ觀止(관지) - 보기를 그만두다.

기출빙야   통사군야   고   수빙우제   열안평중   위
其出聘也,는 通嗣君也.라 故로 遂聘于齊.라 說晏平仲,하고 謂
지왈   자속납읍여정   무읍무정   내면어난   제국
之曰, 子速納邑與政.하라 無邑無政,이라야 乃免於難.이라 齊國

之政,은 將有所歸,로되 未獲所歸,엔 難未歇也.리라 故로 晏子因
陳桓子,하여 以納政與邑.이라 是以免於欒·高之難.이라
聘於鄭,하여 見子產,하여 如舊相識.이라 與之縞帶,하니 子產
獻紵衣焉.이라 謂子產曰, 鄭之執政侈,하니 難將至矣.리라 政必
及子,리니 子爲政,이면 愼之以禮.하라 不然,이면 鄭國將敗.리라
適衛,하여 說蘧瑗·史狗·史鰌·公子荊·公叔發·公子朝,
하여 曰, 衛多君子,하니 未有患也.라 自衛如晉,에 將宿於戚,이라
가 聞鐘聲焉,하고 曰, 異哉.라 吾聞之也,에 辯而不德,이면 必加
於戮.이라 夫子獲罪於君以在此.라 懼猶不足,이어늘 而又何樂.
가 夫子之在此也,는 猶燕之巢于幕上.이라 君又在殯,이어늘 而
可以樂乎.아 遂去之.라 文子聞之,하고 終身不聽琴瑟.이라
適晉,하여 說趙文子·韓宣子·魏獻子曰, 晉國其萃於三族
乎.인저 說叔向,하고 將行,에 謂叔向曰, 吾子勉之.하라 君侈而多
良大夫,하고 皆富.라 政將在家.리라 吾子好直,이어늘 必思自勉於
難.하라

오나라의 찰(札)이 예방하러 나온 것은, 오나라의 새 군주가 즉위했다는 것을 알리기 위해서였다. 그러므로 그는 곧 제나라를 예방했다. 그는 제나라의 안평중(晏平仲)을 만나 좋아하고, 안평중에게 말했다. "당신은 빨리 영유하고 있는 읍(邑)과 관직을 반납하시오. 읍을

영유하지 않고 벼슬이 없어야만 환난을 면할 것이오. 제나라의 정권은 장차 다른 이에게로 돌아갈 것이지만, 그 어느 분에게 돌아가기 전에는 환난이 그치지 않을 것이오." 그러므로 안평중은 진환자(陳桓子)를 통하여 관직과 영유한 읍을 반납했다. 그래서 안평중은 뒤에 있은 난씨(欒氏)와 고씨(高氏)가 일으킨 난리에서 화를 면했다.

찰이 정나라를 예방하여, 자산(子産)을 보고는, 마치 전부터 잘 아는 사이와 같이 대하였다. 그가 자산에게 비단 띠를 선사하니, 자산은 모시옷을 선사하였다. 그리고 찰은 자산에게, "정나라의 정권을 쥐고 있는 분이 거만하니, 환난이 곧 일어날 것이오. 그때는 정권이 당신에게 올 것이니, 당신은 정치를 하게 되면 근심하여 예(禮)로써 정치를 하시오. 그렇지 않으면 정나라는 패망할 것이오."라고 말했다.

위나라로 가, 거원(蘧瑗)·사구(史狗)·사추(史鰌)·공자 형(荊)·공숙발(公叔發)·공자 조(朝)를 만나 기뻐하고는 말하기를, "위나라에는 좋은 분들이 많으니, 아직 걱정이 없구려."라고 했다. 위나라에서 진(晉)나라에 가는 데 있어 (손임보의 읍인) 척(戚)에서 유숙하였다가, 종소리가 나는 것을 듣고 말하기를, "이상도 하다. 내 들었건대, '구변이 좋고 수단이 좋으면서도 덕이 없으면 반드시 형(刑)을 받게 된다.'고 한다. 손임보(孫林父)는 군주에게 죄를 짓고서 여기에 와 있다. 그이는 무슨 일이 있을까 하고 두려워하는 것만으로는 안될 텐데 그런 처지에 또 무슨 음악을 즐긴단 말인가? 그이가 이곳에 있는 것은 제비가 군막(軍幕) 위에나 집을 짓고 있는 것과 같은 처지로구나. 군주의 시체가 아직 빈소(殯所)에 모셔져 있는데도, 음악을 즐길 수가 있으랴?"라고 했다. 그리고는, 유숙하지 않고 바로 떠났다. 그후, 문자(文子 : 손임보)는 그 말을 전해 듣고, 죽을 때까지 음악을 듣지 않았다.

찰이 진나라 도읍으로 가, 조문자(趙文子 : 趙武)·한선자(韓宣子 : 韓起)·위헌자(魏獻子 : 魏舒)를 만나 기뻐하고 말하기를, "진나라는 이 세 씨족의 손으로 들어갈 것이다."라고 했다. 그리고 숙향(叔向)을 보고 기뻐하여, 떠나려 할 때 숙향에게 말하였다. "당신께서는 처신을 잘하기에 힘쓰시오. 군주는 거만한데다가 훌륭한 대부가 많고, 그이들은 다 부유합니다. 이 나라의 정권은 그들에게 가 있을 것이오. 당신께서는 정직함을 좋아하지만, 자신이 환난을 면할 것을 잘 생각하시오."

주해 ○欒·高之難(난고지난)-소공(昭公) 8년에 있었던 난·고 양씨의 난리를 말한다.
○辯(변)-구변의 재주. 여기에서는 구변이 좋고 수단이 좋음을 의미한다.

秋九月,에 齊公孫蠆·公孫竈放其大夫高止於北燕,하니 乙未出.이라 書曰出奔,은 罪高止也.라 高止好以事自爲功,하고 且專.이라 故로 難及之.라
冬,에 孟孝伯如晉,은 報范叔也.라 爲高氏之難故,로 高豎以盧叛.이라 十月庚寅,에 閭丘嬰帥師,하여 圍盧.라 高豎曰, 苟使高氏有後,면 請致邑.이라 齊人立敬仲之曾孫酀,하니 良敬仲也.라 十一月乙卯,에 高豎致盧,하고 而出奔晉.이라 晉人城緜而寘旃.이라
鄭伯有使公孫黑如楚,하니 辭曰, 楚·鄭方惡,이어늘 而使余往,은 是殺余也.라 伯有曰, 世行也.라 子晳曰, 可則往,이나 難則已.라 何世之有.아 伯有將强使之,하니 子晳怒,하여 將伐伯有

氏,에 大夫和之.라 十二月己巳,에 鄭大夫盟於伯有氏.라 禅諶
曰, 是盟也其與幾何.리오 詩曰, 君子屢盟,이나 亂是用長.이라
今是長亂之道也,요 禍未歇也.라 必三年而後能紓.리라 然明曰,
政將焉往.고 禅諶曰, 善之代不善,은 天命也.라 其焉辟子産.가
擧不踰等,이면 則位班也,요 擇善而擧,면 則世隆也.라 天又除
之,하여 奪伯有魄.이라 子西卽世,에 將焉辟之.아 天禍鄭久矣,어
늘 其必使子産息之.라 乃猶可以戻.리라 不然,이면 將亡也矣.라

　가을 9월에, 제나라의 공손채(公孫蠆:子尾)와 공손조(公孫竈:子雅)가 대부 고지(高止)를 북연(北燕)으로 추방하니, 고지는 을미날에 나라를 떠났다. 경문이 달아났다고 써 말한 것은 고지에게 죄를 돌린 것이다. 고지는 무슨 일이건 자기의 공이라 함을 좋아했고, 또 나랏일을 제멋대로 했다. 그러므로 환난을 당한 것이다.
　겨울에 맹효백(孟孝伯:仲孫羯)이 진나라에 간 것은, 진나라의 범숙(范叔:士鞅)이 노나라를 예방한 일에 대한 답례를 하기 위해서였다.
　제나라의 고씨(高氏)가 환난을 당한 일 때문에, 고지의 아들 고수(高竪)가 노(盧)를 근거로 하여 반란을 일으켰다. 그래서 10월 경인날에, 여구영(閭丘嬰)이 군대를 이끌고 노읍을 포위했다. 그러자 고수는 말하기를, "만일 우리 고씨의 대를 이어지게 해준다면, 나는 채읍(采邑)을 반납하겠습니다."라고 했다. 그래서 제나라 사람은 경중(敬仲)의 증손인 연(酀)을 고씨 가문의 후계자로 삼았으니, 그것은 경중을 훌륭한 인물로 존경해서였다. 그러자 11월 을묘날에, 고수는 노읍을 반납하고, 진나라로 도망쳤다. 진나라 사람은 면(緜)에 성을 쌓아 그를 있게 했다.

정나라의 백유(伯有)가 공손흑(公孫黑 : 子晳)을 초나라에 사자(使者)로 가게 하니, 흑이 사양하여 말하기를, "초나라와 정나라는 사이가 나쁜데, 나로 하여금 초나라에 가게 하는 것은 나를 죽이는 일이오."라고 했다. 그러자 백유가 말하기를, "댁이 대대로 가기로 되었소."라고 했다. 이에 대하여 자석(子晳)은 말하기를, "갈 수 있으면 가는 것이나, 가기 어려우면 그만두는 거요. 어찌 대대로 가야 할 이가 있소?"라고 했다. 그러나 백유가 억지로 가게 하려 하니, 자석은 노하여 백유를 치려 하여, 다른 대부들이 말려 화해를 시켰다. 12월 기사날에는, 정나라의 대부들이 백유의 집에서 맹약을 맺었다. 그때에, 대부인 비심(裨諶)과 연명(然明)이 다음과 같은 말을 주고받았다.

비심—이 맹약이 얼마나 갈 것인고? 시에 이르기를, '윗사람들이 자주 맹약을 맺으나, 난리는 이로 더 많아지누나.'라 했소. 지금 이 맹약 맺는 일은 난리가 많게 하는 길이오. 우리나라의 화는 아직 끝나지 않았소이다. 반드시 3년 뒤에야 다스려질 것이오.

연명—정권은 장차 어디로 갈까요?

비심—선(善)한 사람이 선하지 못한 사람을 대신한다는 것은 천명(天命)인 것이오. 그 천명이 어찌 자산(子産)을 피해 가겠소? 순차(順次)를 뛰어넘지 않는다면, 자산은 다음 차례의 입장에 있고, 선한 사람을 골라서 등용한다 하면 자산은 세상에서 제일로 추앙(推仰)되고 있소이다. 하늘이 그의 길을 터 지금 백유의 넋을 빼앗고 있소이다. 자서(子西)가 세상을 떠나면, 정권이 어찌 자산을 피하여 다른 데로 갈 것이오? 하늘이 정나라에게 화를 내린 지가 오래지만, 반드시 자산으로 하여금 종식(終息)시킬 것이오. 그가 정권을 잡으면 나라가 잘 다스려질 수가 있을 것이오. 그가 정권을 잡지 않는다면 나라는 장차 망하오.

주해   ○盧(노)—지금의 산동성 서부의 장청(長淸) 부근.
　　　　○敬仲(경중)—고해(高傒)의 시호(諡號). 제나라의 경이었다. 그에 대해서

는 장공(莊公) 22년조에 나왔다.
○縣(면)-지금의 산서성 익(翼) 부근.
○詩曰(시왈)-《시경》 소아에 든 교언편(巧言篇)의 구절.
○位班(위반)-반열(班列 : 席次)상 그 위치에 있음.
○卽世(즉세)-세상을 떠남.
○可以戾(가이려)-안정될 수 있음.

|經| ○三十年春王正月,에 楚子使薳罷來聘.이라
　　　　　　삼 십 년 춘 왕 정 월　　　초 자 사 위 피 래 빙

○夏四月,에 蔡世子般弑其君固.라
　　하 사 월　　채 세 자 반 시 기 군 고

○五月甲午,에 宋災.라
　　오 월 갑 오　　송 재

○宋伯姬卒.이라
　　송 백 희 졸

○天王殺其弟佞夫.라
　　천 왕 살 기 제 녕 부

○王子瑕奔晉.이라
　　왕 자 하 분 진

○秋七月,에 叔弓如宋.이라
　　추 칠 월　　숙 궁 여 송

○葬宋共姬.라
　　장 송 공 희

○鄭良霄出奔許,라가 自許入于鄭,하니 鄭人殺良霄.라
　　정 량 소 출 분 허　　　자 허 입 우 정　　　정 인 살 량 소

○冬十月,에 葬蔡景公.이라
　　동 시 월　　장 채 경 공

○晉人·齊人·宋人·衛人·鄭人·曹人·莒人·邾人·滕
　　진 인　제 인　송 인　위 인　정 인　조 인　거 인　주 인　등
人·薛人·杞人·小邾人,이 會于澶淵,하니 宋災故.라
인　설 인　기 인　소 주 인　　　회 우 전 연　　　송 재 고

30년 봄 천자가 쓰는 역으로 정월에, 초나라 군주인 자작이 위피(薳罷)에게 예방케 했다.

여름 4월에, 채나라의 세자 반(般)이 군주 고(固)를 죽였다.

5월 갑오날에, 송나라가 화재를 당했다.

송나라의 백희(伯姬)가 세상을 떠났다.

천자인 주나라 왕이 그의 동생 영부(佞夫)를 죽였다.

왕자 하(瑕)가 진나라로 도망갔다.

가을 7월에, 숙궁(叔弓)이 송나라에 갔다.

송나라 공희(共姬)를 장사 지냈다.

정나라의 양소(良霄)가 허나라로 도망갔다가 허나라에서 정나라로 들어가니, 정나라 사람이 양소를 죽였다.

겨울 10월에, 채나라 경공을 장사 지냈다.

진(晉)나라 사람·제나라 사람·송나라 사람·위나라 사람·정나라 사람·조나라 사람·거나라 사람·주나라 사람·등나라 사람·설나라 사람·기나라 사람·소주나라 사람 등이 전연(澶淵)에서 회합을 가졌으니, 그것은 송나라의 화재 때문이었다.

傳ㅣ 三十年春王正月,에 楚子使薳罷來聘,은 通嗣君也.라 穆叔問,하되 王子之爲政何如.오 對曰, 吾儕小人,은 食而聽事,에 猶懼不給命而不免於戾,어늘 焉與知政.가 固問焉,에도 不告.라 穆叔告大夫曰, 楚令尹將有大事.리라 子蕩將與焉.이라 助之,하여 匿其情矣.라

子産相鄭伯,하여 以如晉.이라 叔向問鄭國之政焉.이라 對曰, 吾得見與否,는 在此歲也.라 駟·良方爭,에 未知所成.이라 若有所成,이면 吾得見乃可知也.라 叔向曰, 不飮和矣乎.아 對曰, 伯

有侈而愎,하고 子晳好在人上,하여 莫能相下也.라 雖其以和也,나 猶相積惡也,하니 惡至無日矣.리라

  30년 봄 천자가 쓰는 역으로 정월에, 초나라 군주가 위피로 하여금 예방케 한 것은, 새로 군주가 즉위했음을 알리기 위해서였다. 노나라의 목숙(穆叔 : 叔孫豹)이 묻되, "영윤(令尹)인 왕자가 정치하는 것은 어떠하오?"라고 했다. 위피는 말하기를, "저같은 소인이야, 녹(祿)을 얻어먹고 명령대로 일을 하더라도, 그 명령대로 다 하지 못하여 허물에서 벗어나지 못할까 두려워하고 있는데, 어찌 정치에 대해서 관여하여 알 것입니까?"라고 하였다. 굳이 물어봐도 그는 사실을 말하지 않았다. 그래서 목숙은 대부들에게 말했다. "초나라의 영윤은 장차 일을 일으킬 것이오. 자탕(子蕩 : 蒍罷)은 영윤과 장차 한패가 될 것이오. 그는 영윤을 도와, 그 실정을 숨기고 있소."

  정나라의 자산(子産)이 정나라 군주를 도와 진나라에 갔다. 진나라의 숙향이 정치를 물었다. 자산이 대답하기를, "내가 그 여하(如何)를 알아볼 수 있는 것은, 이 해가 지나서야입니다. 지금 사(駟 : 子晳)와 양(良 : 伯有)은 한창 다투고 있는데, 그 결말을 알 수 없습니다. 만약 그 결말이 나면, 나는 앞을 내다보아 어찌 될까를 알 수 있습니다."라고 했다. 숙향이, "그이들은 이미 화해를 하지 않았습니까?"라고 말하자, 자산은 대답하였다. "백유(伯有)는 거만한데다가 괴팍하고, 자석(子晳)은 다른 사람보다 위에 서기를 좋아하여, 서로 굽힐 줄을 모릅니다. 그들이 비록 화해를 했다고는 하나, 역시 서로 자꾸만 미워하고 있으니, 그들이 서로 미워하는 것이 극도에 달할 날이 곧 닥쳐옵니다."

주해 ㅇ王子(왕자) – 초나라의 영윤인 왕자 위(圍).
    ㅇ子蕩(자탕) – 위피.

二月癸未,에 晉悼夫人,이 食輿人之城杞者.라 絳縣人或年長
矣,에 無子而往,하여 與於食.이라 有與疑年,에 使之年,하니 曰,
臣小人也,로 不知紀年,이오나 臣生之歲正月甲子朔,으로 四百有
四十五甲子矣,이옵고 其季於今三之一也.이오니 吏走問諸朝,
하니 師曠曰, 魯叔仲惠伯會郤成子于承匡之歲也.라 是歲也,에
狄伐魯,하고 叔孫莊叔於是乎敗狄于鹹,하여 獲長狄僑如及虺也
豹也,하여 而皆以名其子,하였으니 七十三年矣.라 史趙曰, 亥有
二首六身,이니 下二如身,이면 是其日數也.라 士文伯曰, 然則二
萬六千六百有六旬也.라
趙孟問其縣大夫,하니 則其屬也.라 召之,하여 而謝過焉曰, 武
不才,로 任君之大事,하고 以晉國之多虞,로 不能由吾子,하여 使
吾子辱在泥塗久矣,니 武之罪也.라 敢謝不才.라 遂仕之,하여 使
助爲政,이나 辭以老.라 與之田,하여 使爲君復陶,하고 以爲絳縣
師,하고 而廢其輿尉.라 於是,에 魯使者在晉,이러니 歸以語諸大
夫.라 季武子曰, 晉未可婾也.라 有趙孟,하여 以爲大夫,하고 有
伯瑕,하여 以爲佐,하며 有史趙・師曠,하여 而咨度焉,하고 有叔
向・女齊,하여 以師保其君.이라 其朝多君子,어늘 其庸可婾乎.아
勉事之而後可.라

2월 계미날에, 진나라의 도공부인(悼公夫人)이, 기(杞)나라의 성을 쌓는 인부들에게 식사를 먹였다. 그 자리에 강(絳) 고을 사람으로 어느 사람이 늙었으나, 아들이 없어서 그 부역에 갔다 식사에 참여했다. 관리가 그 나이가 의심스러워 나이를 말하게 했더니, 노인은 대답하기를, "신(臣)은 못난 관계로 나이를 알지 못하오나, 생일은 신이 난 해의 정월 갑자날인 초하루로, 이미 4백 마흔다섯번째의 갑자날이 지나갔사오며, 그 끝 갑자날은, 다음에 닥칠 갑자날까지의 3분의 1에 해당되는 날이었사옵니다."라고 하였다. 그래서 관리가 조정으로 달려가 물으니, 악사 사광(師曠)이 말하기를, "노나라의 숙중혜백(叔仲惠伯)이 우리나라의 극성자(郤成子)와 승광(承匡)에서 회합을 가졌던 해가, 그 사람이 난 해요. 그 해에, 적(狄) 오랑캐가 노나라를 쳤고, 숙손장숙(叔孫莊叔)이 적 오랑캐를 함(鹹)에서 쳐부수어, 장적교여(長狄僑如)와 훼(虺)·표(豹)를 쳐죽여 그들의 이름으로 그의 아들들 이름으로 삼았으니, 73년이 되었소."라고 했다. 그리고 대사관(大史官) 사조(史趙)가 "(그의 이름자인) 해(亥)자는 이(二)자의 머리에 육(六)자의 몸이 붙었으니, 이자를 아래로 내려 몸이 되고 있는 육자와 나란히 하면 그가 난 날부터 오늘날까지의 날수가 되오."라고 말했다. 그러자 사문백(士文伯)이 말하기를, "그렇다면, 2만 6천6백60일입니다."라고 했다.

 조맹(趙孟 : 趙武)이 그가 살고 있는 고을을 다스리는 대부가 누구냐고 물으니, 노인은 곧 자기 영유인 고을 사람이었다. 그래서 조맹은 노인을 초대하여 사과하며 말하기를, "조무(趙武), 내가 재능이 없는 몸으로 군주의 큰 일을 맡았고, 이 진나라의 여러 가지 많은 걱정거리 때문에 당신을 제대로 쓰지 못하고는, 당신을 토목 공사에 오랫동안 종사케 했으니, 그것은 이 조무의 죄입니다. 그래서 내 감히 못난 짓한 것을 사과드립니다."라고 했다. 그리고는, 곧 그를 벼슬하게 하여 자신의 정치를 돕게 했지만, 노인은 늙었다며 사양하였다. 그래서 그에게 토지를 주고, 군주의 의복에 관한 일을 맡는 복도(復陶)가 되게 하고, 그리고 강(絳) 고을의 세(稅)를 장악하는 책임자로 삼았다. 그리고는 강 고을의 부역 관계를 맡은 책임관인 여위(輿尉)를 파면했다. 이때, 노나라에서 간 사자(使者)가 진나라에 머물러 있었는데, 그는 노나라로 돌아와, 그 일을 여러 대부들에게 말해주었다. 그랬더니 노나라의 계무자(季武子 : 季孫宿)는 말하였다. "진나라는 소홀히 할 수 없는 나라요. 조맹 같은 이가 대부로 있고, 백하(伯瑕 : 士文伯) 같은 이가 있어 정치를 도우며, 사조·사광 등이 있어 고문(顧問)이 되고, 숙향(叔向)·여제(女齊) 같은 이가 있어 군주의 스승이 되어 돕고 있소. 그 나라의 조정에는 잘난 사람이 많은데, 어찌 소홀히 대할 수가 있겠소. 우리는 진나라를 성의껏 섬겨야만 되오."

│주해│ ○絳縣(강현)−진나라의 도읍 강(絳)을 중심으로 한 일대를 말한다.
○魯叔仲惠伯會郤成子于承匡(노숙중혜백회극성자우승광)−문공(文公) 11년조 참고.
○亥有二首六身(해유이수륙신)−해(亥)자에는 이(二)자의 머리가 있고, 육(六)자의 몸이 있다. '해'자의 고형(古形)에는 二ㄴㄱㄱ 이런 것이 있었고, 'ㄱ ㄴ' 이것들은 옛날의 '여섯'을 나타내는 기호였다. 만일에 머리가 되고 있는 '二'자를 옆으로 나란히 하면, '二ㄴㄱㄱ' 이래서 이것은 곧 '2666(이)' 이런 수로 풀이된다.
○復陶(복도)−의복을 관리하는 벼슬.
○縣師(현사)−고을의 세를 장악하는 벼슬.
○輿尉(여위)−부역에 관한 일을 장악하는 책임관.

夏四月己亥,에 鄭伯及其大夫盟.이라 君子是以知鄭難之不已也.라

蔡景侯爲太子般娶于楚,하여 通焉,에 太子弑景侯.라

初,에 王儋季卒,하고 其子括將見王,하여 而歎.이라 單公子愆
期爲靈王御士,에 過諸廷,이라가 聞其歎而言也.란데 曰, 烏乎.라
必有此夫.리라 入以告王,하고 且曰, 必殺之.하소서 不感而願大,
하옵고 視躁而足高,하여 心在他矣.이오니다 不殺,이면 必有害.이오
리이다 王曰, 童子何知.아 及靈王崩,에 儋括欲立王子佞夫,나 佞
夫不知.라 戊子,에 儋括圍蔿,하여 逐成愆,하니 成愆奔平畤.라 五
月癸巳,에 尹言多·劉毅·單蔑·甘過·鞏成殺佞夫,하니 括·
瑕·廖奔晉.이라 書曰天王殺其弟佞夫,는 罪在王也.라

或叫于宋大廟,하여 曰譆譆出出,하고 鳥鳴于亳社,하여 如曰譆
譆.라 甲午,에 宋大災,하여 宋伯姬卒,하니 待姆也.라 君子謂宋共
姬,하되 女而不婦.라 女待人者也.로되 婦義事也.라

六月,에 鄭子産如陳,하여 涖盟.이라 歸復命,하여 告大夫曰, 陳
亡國也.니 不可與也.라 娶禾粟,하고 繕城郭,하여 恃此二者,하여
而不撫其民.이라 其君弱植,하고 公子侈,히며 太子卑,하고 大夫
敖,하며 政多門,하여 以介於大國,하니 能無亡乎.아 不過十年矣.
리라

여름 4월 기해날에, 정나라 군주가 그 나라 대부들과 맹약을 맺었
다. 군자(君子)는 이 일로 정나라의 환난이 끝나지 않을 것을 알았
다. 채나라 군주인 경공이 태자 반(般)을 위하여 초나라의 공녀(公女)

를 배필로 맞이하였으나 그 여자와 간통하니, 태자가 경공을 죽였다.
　전에, 왕자(王子) 담계(儋季)가 세상을 떠나자, 아들인 괄(括)이 천자를 뵈려고 궁중으로 가 탄식했다. 당시에, 선(單)나라의 공자 건기(愆期)가 천자 영왕(靈王)을 측근에서 모시고 있었는데, 마침 조정에서 괄 앞을 지나다가 괄이 탄식하는 것을 듣고 말하기를, "아아, 반드시 이 사람이 정권을 차지할 것이다!"라고 하였다. 그리고는, 궁 안으로 들어가 천자에게 그 사실을 고하고 또, "반드시 그를 죽이소서. 그는 아버지가 세상을 뜬 일에 대해서는 슬퍼하지 않고서도 바라는 것만 크오며, 불경스럽게도 보는 눈이 불안정한데다가 걷는 발걸음이 높사와, 그의 마음은 천자님을 뵙는 데 있지 않고, 다른 데에 두고 있나이다. 그를 죽이지 않으시오면 반드시 해가 있을 것이옵니다."라고 말했다. 그러나 왕은, "어린것이 무엇을 알겠느냐?"라고만 말하였다. 영왕이 붕어하자, 담괄(儋括)은 왕자 영부(佞夫)를 천자로 세우려 했지만, 영부는 그 내력을 전연 알지 못하고 있었다. 무자날에, 담괄이 위(蔿)를 포위하여 선나라 공자 성건(成愆)을 몰아내니, 성건은 평치(平畤)로 도망갔다. 5월 계사날에, 윤언다(尹言多)·유의(劉毅)·선멸(單蔑)·감과(甘過)·공성(鞏成) 등이 영부를 죽이니, 괄(括)·하(瑕)·요(廖) 등이 진나라로 달아났다. 경문에 천자인 왕이 동생 영부를 죽였다고 써 말한 것은, 죄가 천자에게 있어서였다.
　송나라 태조묘(太祖廟)에서 소리지름이 있어, "아아! 오오!"를 연발했고, 새가 은(殷)나라 옛 서울 땅에다 토지신(土地神)을 위하여 지어 놓은 사당에서 우는데, 그 소리가 "아아!"하는 소리와 같이 우는 것이었다. 그러더니 갑오날에, 송나라에 큰 화재가 나, 송나라 군주의 부인인 노나라 공녀 백희(伯姬)가 세상을 떠났는데, 그는 시녀의 부축을 기다리다가 불 속에서 죽었다. 군자는 송나라 공공(共公)의 부인이었던 공희(共姬), 즉 백희를 평하되, "시집가지 않은 처녀의 태도였지, 부인의 태도는 아니었다. 처녀라면 일이 있을 때에 시중 드는 사람의 부축을 기다리는 것이지만, 부인이야 일이 있을 때에 스스로 판단하여 행동하는 것이다."라고 했다.

6월에, 정나라의 자산(子産)이 진(陳)나라에 가 맹약 맺는 일에 참석했다. 그리고 귀국하여 복명(復命)하고, 대부들에게 말했다. "진(陳)나라는 망할 나라이니, 한편이 될 수는 없습니다. 그 나라는 많은 곡식을 모으고, 성곽(城郭)을 잘 손질해 놓고서는, 많은 양곡과 튼튼한 성곽 이 두 가지를 믿고는 백성을 사랑하지 않고 있습니다. 그 나라 군주는 약질이고, 공자들은 거만하며, 태자는 무력하고, 대부들은 세력을 믿어 오만하며, 정치는 중구난방(重口難防)인데다가, 진(晉)·초(楚)의 큰 두 나라 사이에 끼어 있으니, 망하지 않을 수가 있겠습니까? 아마 10년을 넘지 못할 것입니다."

| 주해 |
  o 王儋季(왕담계) – 왕자 담계. 주나라 간왕(簡王)의 아들이고 영왕(靈王)의 동생.
  o 有此夫(유차부) – 조정, 이것을 차지하리라.
  o 蔿(위) – 건기(愆期)의 채읍으로, 지금의 하남성 맹진(孟津) 부근.
  o 平畤(평치) – 위의 근방 땅 이름.
  o 佞夫(영부) – 주나라 경왕(景王)의 동생.
  o 譆譆(희희) – 슬퍼하는 소리로, 아아!
  o 出出(출출) – 슬퍼하는 소리로, 오오!
  o 亳社(박사) – 박은 은(殷)의 옛 서울 땅으로, 지금의 하북성 북부. 사는 토지신을 제사 지내는 사당. 송나라는 은나라 임금 후에의 나라이기에, 박에 사를 두었다.

秋七月,에 叔弓如宋,은 葬共姬也.라
鄭伯有耆酒,하여 爲窟室,하여 而夜飮酒擊鐘焉,하여 朝至未已.
라 朝者曰, 公焉在.오 其人曰, 吾公在壑谷.이라 皆自朝布路而

罷.라 旣而朝,하여 則又將使子晳如楚,하고 歸而飮酒.라 庚子,에
子晳以駟氏之甲伐而焚之.라 伯有奔雍梁,하여 醒而後知之,하고
遂奔許.라 大夫聚謀,에 子皮曰, 仲虺之志云,하되 亂者取之,요
亡者侮之.라 推亡固存,이 國之利也.라 罕·駟·豐同生,이오 伯
有汰侈.라 故로 不免.이라 人謂子産,하되 就直助彊.하라 子産曰,
豈爲我徒.아 國之禍難,을 誰知所敝.오 或主彊直,이면 難乃不
生.이라 姑成吾所.리라
辛丑,에 子産斂伯有氏之死者,하여 而殯之,하고 不及謀,하여
而遂行,에 印段從之.라 子皮止之,하니 衆曰, 人不我順,이어늘
何止焉.고 子皮曰, 夫子禮於死者.라 況生者乎.아 遂自止之.라
壬寅,에 子産入,하고 癸卯,에 子石入,하여 皆受盟于子晳氏.라
乙巳,에 鄭伯及其大夫盟于大宮,하고 盟國人于師之梁之外.라
伯有聞鄭人之盟己也,하여 怒,하고 聞子皮之甲不與攻己也,하곤
喜曰, 子皮與我矣.라 癸丑,에 晨自墓門之瀆入,하여 因馬師頡介
于襄庫,하여 以伐舊北門,하니 駟帶率國人,하여 以伐之.라 皆召
子産,이나 子産曰, 兄弟而及此,하니 吾從天所與.리라 伯有死於
羊肆.라 子産襚之,하고 枕之股而哭之.라 斂而殯諸伯有之臣在
市側者,하고 旣而葬諸斗城.이라 子駟氏欲攻子産,하니 子皮怒之

曰, 禮國之幹也.라 殺有禮,면 禍莫大焉.이라 乃止.라
於是,에 游吉如晉還,하여 聞難,하여 不入.이라 復命于介,하고
八月甲子,에 奔晉.이라 駟帶追之,하여 及酸棗,하여 與子上盟,하
고 用兩珪質于河.라 使公孫鉏入盟大夫,하고 己巳復歸.라 書曰
鄭人殺良霄,하여 不稱大夫,는 言自外入也.라
於子蟜之卒也,에 將葬,하여 公孫揮與裨竈晨會事焉.이라 過伯
有氏,에 其門上生莠.라 子羽曰, 其莠猶在乎.인저 於是歲在降
婁,하고 降婁中而旦,에 裨竈指之曰, 猶可以終歲,나 歲不及此
次也已.리라 及其亡也,에 歲在娵訾之口,하고 其明年乃及降婁.
라 僕展從伯有,하여 與之皆死.라 羽頡出奔晉,하여 爲任大夫.라
雞澤之會,에 鄭樂成奔楚,라가 遂適晉.이라 羽頡因之,하여 與之
比而事趙文子,하여 言伐鄭之説焉,이라 以宋之盟故不可.라 子皮
以公孫鉏爲馬師.라

가을 7월에 노나라 숙궁(叔弓)이 송나라에 간 것은, 공희를 장사 지내기 위해서였다.

정나라 백유(伯有)는, 술을 좋아하여 집에 지하실을 만들어, 밤이면 거기서 술을 마시며 종(鐘) 악기를 치면서 즐겨, 날이 새어 아침이 되어도 그치지를 않았다. 그리하여 조신(朝臣)들이 모여, "백유님은 어디에 계신가?"라고 하면 백유의 가신(家臣)은, "나으리는 지하실에 계십니다."라고 대답했다. 그래서 조신들은 하는 수 없이 흩어져 돌아

갔다. 백유는 군주를 뵈러 나가 자석(子晳)을 초나라에 보내려 하고, 집에 돌아와 술을 마셨다. 경자날에 자석은 자기 가문 사씨(駟氏)네의 무장병을 이끌고 백유를 공격하여 그 집을 불살라 버렸다. 백유는 옹량(雍梁)으로 도망가, 그때서야 술에서 깨어 일이 난 줄 알고는 바로 허나라로 도망갔다. 정나라 대부들이 모여 상의하였는데 자피(子皮)가 말하기를, "중훼(仲虺)에 써 이르기를, '어지러운 자는 쳐 빼앗고, 도망하는 자는 업신여긴다.'라 했소. 망할 자는 밀어 넘어뜨리고, 존립(存立)할 자는 도와 굳건하게 함이, 국가의 이익이 되오."라고 했다. 한(罕 : 子皮)·사(駟 : 子晳)·풍(豊 : 公孫段) 등은 형제들이고, 백유는 지나치게 거만했다. 그래서 화를 면하지 못한 것이다. 어느 사람이 자산에게 말하기를, "곧은 편에 붙고 강한 편을 도우시오."라고 했다. 그러자 자산은 말했다. "그들이 어찌 내 편 될 사람들이란 말이오? 나라의 재난을 그 누가 잘 해결할 것인지를 알 수 있겠소? 혹 강하고 곧은 것을 주장으로 삼았다면야, 환난은 나지 않았을 것이오. (그러니 지금 그런 존재는 있지 않소.) 나는 당분간 나의 주장대로 하겠소."

　(7월) 신축날에, 자산은 백유의 부하로서 죽은 자들의 시체를 거두어 가매장(假埋葬)하고는 대부들과 의논하지 않고 곧 다른 나라로 떠나려 하니, 인단(印段)이 그를 따랐다. 그때, 자피(子皮)가 말리게 하니 여러 사람들은 말하기를, "그는 우리를 따르지 않는데, 어찌 말린단 말이오?"라고 했다. 그러자 자피는, "그분은 죽은 사람들에게 예의를 지켰소. 하물며 산 사람들에게야 다시 말할 수 있겠소?"라고 말하고, 바로 자신이 가 다른 나라로 못나가게 말렸다. 임인날에, 자산이 도읍으로 되돌아왔고, 계묘날에는 자석(子石 : 印段)이 되돌아와, 모두 자석의 집에서 맹약을 받았다. 을사날에는, 정나라 군주가 대부들과 조묘(祖廟)에서 맹약을 맺고, 나라 사람들과 사지량문(師之梁門) 밖에서 맹약을 맺었다. 백유는 정나라 사람들이 자기를 두고 맹약을

맺었다는 소식을 듣자 노했고 한편, 자피의 무사(武士)들은 자기들을 공격하는 일에 참가하지 않았다는 소식을 듣고는 기뻐하여 말하기를, "자피는 나에게 편들 것이다."라고 했다. 계축날에, 그는 새벽에 묘지로 통하는 성문 가의 개천 구멍으로 성내로 들어가, 마사(馬師)인 힐(頡:羽頡)의 힘을 입어, 양고(襄庫)에서 무장하여, 구북문(舊北門)을 공격하니, 사대(駟帶)가 나라 사람들을 이끌고 백유를 쳤다. 그들 두 편은 다 자산에게 편들어 달라고 요청하였으나 자산은, "서로 형제간이면서도 이런 꼴이 되었으니, 나는 하늘이 편드는 바를 따르리라."라고 말했다. 백유는 양(羊)을 파는 가게에서 죽었다. 자산은 그에게 수의(襚衣)를 입히고, 그의 머리를 자신의 다리 위에 올려놓고 곡(哭)했다. 그리고는 염(斂)하여 백유의 가신으로 시장 옆에 사는 자의 집에다 안치했다가 얼마 있다가 두성(斗城)에다 장사 지내 주었다. 이에 자사씨(子駟氏)네 사람들이 자산을 치려고 하니, 자피가 노해서 말하기를, "예의는 국가의 근본이오. 예의가 있는 이를 죽이면, 그 화가 막대할 것이오."라고 했다. 그래서 중지되었다.

이때, 유길(游吉)은 진나라로 갔다 돌아오는 중에, 난리가 났다는 것을 듣고 국도(國都)로 들어가지 않았다. 그는 복명을 부사(副使)에게 맡기고, 8월 갑자날에 진나라로 도망쳤다. 그랬더니 사대가 그의 뒤를 쫓아 산조(酸棗)에서 붙들어, 유길은 자상(子上:駟帶)과 맹약을 맺고 두 개의 서옥(瑞玉)을 황하(黃河)의 신에게 드리고 그 맹약의 표적으로 삼았다. 그리고 공손힐(公孫肸)을 국도로 들어가 대부늘과 맹약을 맺게 하고, 기사날에 국도로 돌아갔다. 경문에 정나라 사람이 양소를 죽였다고 써 말할 뿐, 대부라고 말하지 않은 것은, 그가 일단 국외로 나가 대부 자격을 상실했다가, 국외에서 다시 들어갔다는 것을 밝혀 말한 것이다.

자교(子蟜:公孫蠆)가 죽었을 때, 장사를 지내려 하여, 공손휘(公孫揮)와 비조(裨竈)가 새벽에 그 일에 참가했다. 그들이 백유의 집

앞을 지났는데, 그의 집 대문 위에 가라지[莠]가 나 있었다. 그것을 본 자우(子羽:公孫揮)가, "그는 죽어도 저 가라지는 남아 있을 것이다."라고 말했다. 그때 세성(歲星)은 강루(降婁)의 성수(星宿) 위치에 가 있었고, 강루의 성수는 하늘의 중앙에 있어 날이 밝아지고 있어, 비조가 그것을 가리키며 말하기를, "백유는 이 해야 잘 넘길 수가 있겠지만, 세성이 다음의 강루 위치에 가는 해까지는 살지 못하리라."라고 했다. 그런데 백유가 죽은 해에 세성은 추자(娵訾)의 성수 언저리에 자리잡고 있었고, 다음해에 강루의 성수에 자리잡았다. 복전(僕展)이라는 대부는 백유를 따라, 백유와 같이 죽었다. 우힐(羽頡)은 진나라로 도망가, 임(任) 땅의 대부가 되었다. 계택(雞澤)에서 회합이 있었을 때, 정나라 악성(樂成)은 초나라로 도망갔다가, 그뒤 바로 진나라로 갔다. 우힐은 악성을 중개(仲介)삼아 짝이 되어 진나라 조문자(趙文子)를 섬기어, 정나라를 쳐야 한다는 설득의 말을 했지만, 조문자는 송나라에서 맺은 맹약 때문에 안된다고 했다. 자피는 공손서(公孫鉏)를 마사(馬師)로 삼았다.

주해 ○公焉在(공언재) - 여기에서의 공(公)은 백유를 두고 한 말이다.
○壑谷(학곡) - 구렁, 지하실.
○布路(포로) - 흩어짐.
○雍梁(옹량) - 지금의 하남성 우현(禹縣) 땅.
○仲虺之志(중훼지지) - 《서경》 상서(商書)의 중훼지고편(仲虺之誥篇)을 말한다.
○襄庫(양고) - 정나라 양공(襄公)이 지은 무고(武庫).
○馬師(마사) - 관직 이름.
○頡(힐) - 우힐(羽頡). 자우(子羽)의 손자.
○駟帶(사대) - 자서(子西)의 아들로, 자석(子晳)의 집안 종주(宗主)였다.
○斗城(두성)·酸棗(산조) - 지금의 하남성 진류(陳留) 부근.
○子蟜之卒(자교지졸) - 자교가 죽은 것은 양공 19년의 일이다.

○降婁(강루)-성수(星宿) 이름. 28수(宿)의 규(奎)와 누(婁)에 해당된다. 이 성수가 새벽에 중천(中天)에 보이는 것은, 주력(周曆)으로 8월 경이다.
○歲不及此次也(세불급차차야)-세성이 이 자리에 다시 자리잡는 때에는 미치지 못함. 즉 별이 한 바퀴 돌아 전의 자리로 돌아오기까지 12년이 걸리는데, 백유가 앞으로 12년은 못살 것이라는 말이다.
○娵訾(추자)-성수 이름. 28수의 벽(壁)과 실(室)에 해당된다.

_{초공자위살대사마위엄} _{이취기실} _{신무우왈} _{왕자}
楚公子圍殺大司馬蔿掩,하여 而取其室,이라 申無宇曰, 王子
_{필불면} _{선인국지주야} _{왕자상초국} _{장선시봉식}
必不免,이리라 善人國之主也.라 王子相楚國,하여 將善是封殖,이
_{이학지} _{시화국야} _{차사마령윤지편} _{이왕지사}
어늘 而虐之,하니 是禍國也.라 且司馬令尹之偏,이요 而王之四
_{체야} _{절민지주} _{거신지편} _{애왕지체} _{이화기국}
體也.라 絶民之主,하고 去身之偏,하며 艾王之體,하여 以禍其國,
_{무불상대언} _{하이득면}
하니 無不祥大焉.이라 何以得免.이리오
_{위송재고} _{제후지대부회} _{이모귀송재}
爲宋災故로 諸侯之大夫會,하여 以謀歸宋財.라
_{동시월} _{숙손표급진조무} _{제공손채} _{송상술} _{위북궁타}
冬十月,에 叔孫豹及晉趙武·齊公孫蠆·宋向戌·衛北宮佗·
_{정한호급소주지대부회우전연} _{기이} _{무귀어송} _고
鄭罕虎及小邾之大夫會于澶淵.이라 旣而,에 無歸於宋,이라 故로
_{불서기인} _{군자왈} _{신기불가불신호} _{전연지회} _{경불}
不書其人.이라 君子曰, 信其不可不愼乎.인저 澶淵之會,에 卿不
_시 _{불신야} _{부제후지상경} _{회이불신} _{총명개기}
書,는 不信也.라 夫諸侯之上卿,이라도 會而不信,이면 寵名皆棄.
_{불신지불가야여시} _{시왈} _{문왕척강} _{재제좌우} _신
라 不信之不可也如是.라 詩曰, 文王陟降,하여 在帝左右.라 信
_{지위야} _{우왈} _{숙신이지} _{무재이위} _{불신지위야}
之謂也.라 又曰, 淑愼爾止,하고 無載爾僞,하여 不信之謂也.라
_{서왈} _{모인모인회우전연} _{송재고} _{우지야} _{불서로대}
書曰, 某人某人會于澶淵,하니 宋災故,는 尤之也.라 不書魯大
_부 _{휘지야}
夫,는 諱之也.라

초나라 공자 위(圍)가 대사마인 위엄(蔿掩)을 죽이고, 그의 가산(家産)을 차지했다. 그러자 신무우(申無宇)가 말했다. "왕자는 반드시 화를 면치 못할 것이다. 선인(善人)은 나라의 기둥이다. 왕자는 초나라 재상으로서, 앞으로 선인을 불러야 할 것이어늘 오히려 선인을 죽였으니, 이는 곧 나라에 화를 끼치는 일이다. 그리고 사마(司馬)는 영윤의 한쪽 몸이고, 국왕의 수족이다. 그런데도 백성들을 고이는 기둥을 잘라버리고, 자신의 한쪽 몸을 제거하며, 국왕의 수족을 베어버리어 나라에 화를 끼치니, 상서롭지 못함이 이보다 더 큰 것은 없다. 어떻게 화를 면할 수 있으랴?"

송나라의 화재로 제후들의 대부들이 회합을 가져, 송나라에 재화(財貨)를 보태어 주자고 상의했다.

겨울 10월에, 노나라 숙손표(叔孫豹)는 진나라 조무·제나라 공손채·송나라 상술·위나라 북궁타·정나라 한호·소주나라 대부 등과 전연(澶淵)에서 회합을 가졌다. 그러나 회합을 갖고도 송나라에 보태준 것이 없었다. 그러므로 경문에 그 회합에 참가한 사람들의 이름을 적지 않았다. 군자는 이 일을 두고 말했다. "신의는 삼가 지키지 않으면 안될 것이다. 전연의 회합에, 각국 경의 이름을 경문에 쓰지 않은 것은, 신의를 지키지 않아서였다. 제후들의 상경(上卿)일지라도 회합을 갖고 신의를 지키지 않으면, 성명을 다 감추는 것이다. 신의를 지키지 않음이 안됨은 이와 같은 결과가 된다. 시에 이르기를, '문왕(文王)의 신령(神靈) 오르기도 하며 내리기도 하면서, 언제나 천제(天帝)의 좌우에 계시네.'라고 하였는데, 이것은 주 문왕이 하늘의 명을 잘 지킨 신의를 말한 것이다. 또 이르기를, '네 거동을 삼가고, 네 거짓을 행하지 말라.'고 하였는데, 이것은 불신의 행위를 경계해서 말한 것이다. 경문(經文)에, 어느 사람 어느 사람이 전연에서 회합을 가졌으니, 그것은 송나라의 화재 때문에서였다고 쓴 것은, 그 불신을 책한 것이다. 노나라 대부를 경문에 쓰지 않은 것은, 그 회합을 꺼려서였다."

주해 ○謀歸宋財(모귀송재)-송나라에 재화를 보내줄 것을 상의함.
○文王陟降(문왕척강), 在帝左右(재제좌우)-《시경》 대아에 있는 문왕편(文王篇)의 구절.
○淑愼爾止(숙신이지), 無載爾僞(무재이위)-《시경》 대아 억편(抑篇)의 구절.

鄭子皮授子産政,하니 辭曰, 國小而偪,하고 族大寵多,하니 不
可爲也.라 子皮曰, 虎帥以聽,이면 誰敢犯子.리오 子善相之.하라
國無小.라 小能事大,면 國乃寬.하리라 子産爲政.이라 有事伯石,
하여 賂與之邑.이라 子大叔曰, 國皆其國也,어늘 奚獨賂焉.가 子
産曰, 無欲實難.이라 皆得其欲,하여 以從其事.라 而要其成,이면
非我有成.가 其在人乎.인저 何愛於邑.가 邑將焉往.고 子大叔
曰, 若四國何.오 子産曰, 非相違也,하여 而相從也.라 四國何尤
焉.가 鄭書有之,하되 曰, 安定國家,에 必大焉先.이라 姑先安大,
하여 以待其所歸.하리라 旣,에 伯石懼而歸邑,이나 卒與之.라 伯
有旣死.라 使大史命伯石爲卿,에 辭.라 大史退,하니 則請命焉.이
리 復命之,에 又辭.라 如是三,에 乃受策,하여 入拜.라 子産是以
惡其爲人也,나 使次己位.라

子産使都鄙有章,하고 上下有服,하며 田有封洫,하고 廬井有

伍,하며 大人之忠儉者,는 從而與之,하고 泰侈者,는 因而斃之.라 豊卷將祭,하여 請田焉,에 弗許曰, 唯君用鮮,이오 衆給而已.라 子張怒,하여 退而徵役,이라 子産奔晉,에 子皮止之,하고 而逐豊卷,하니 豊卷奔晉.이라 子産請其田里,하고 三年而復之,하여 反其田里及其入焉.이라 從政一年,에 與人誦之曰, 取我衣冠,하여 而褚之,하고 取我田疇,하여 而伍之.라 孰殺子産,이면 吾其與之.리라 及三年,에 又誦之曰, 我有子弟,하니 子産誨之.라 我有田疇,하니 子産殖之.로다 子産而死,면 誰其嗣之.리오

정나라 자피(子皮)가 자산(子産)에게 정권을 넘겨주니, 자산이 사양하여 말하기를, "나라가 작아 큰 나라한테 핍박받고, 국내에는 호족(豪族)이 많고 권세 부리는 사람이 많으니, 저는 정치를 할 수 없습니다."라고 했다. 그러자 자피가 말하기를, "호(虎 : 子皮) 내가 다른 사람들을 통솔하고 당신의 정치를 따르면, 누가 감히 당신에게 덤벼들 것이오? 당신은 나랏일을 잘 돌보시오. 나라가 작다고 할 것 없소. 작지만 큰 나라를 잘 섬기면, 나라는 편안할 것이오."라고 하였다. 그래서 자산은 정치를 맡게 되었다. 그는 백석(伯石 : 公孫段)을 부릴 일이 있어서, 그에게 읍(邑)을 주었다. 그랬더니 자대숙(子大叔)이 말하기를, "나랏일은 다 국민이 할 일인데, 어찌 그에게만 읍을 주어 일을 시킨단 말이오?"라고 했다. 자산이 말하기를, "사람에게 욕심이 없다는 것은 실로 어려운 일이오. 사람들은 다 욕심을 그가 할 일에 집중하오. 그리하여 그 일을 성취하면, 그 성과가 내게 있는 것이 되지 않겠소? 읍이야 우리나라 사람에게 있게 되오. 그런데 어찌 읍 주는

일에 대하여 애석히 여길 것이오. 그 읍이 장차 어디로 간단 말이오?"라고 하니, 자대숙이 말하기를, "사방 나라의 평판(評判)은 어찌할 것이오?"라고 했다. 그러자 자산은 말했다. "우리 국내에서 서로 다투는 것이 아니라, 서로 화합하자는 것이오. 그런데 사방의 나라가 어찌 이 일을 책할 것이오? 우리 정나라의 전해지는 기록에 이르기를, '나라를 안정시킴에는 반드시 큰 씨족을 먼저 다스린다.'라고 하여 있소. 잠시 먼저 큰 씨족을 안심시키고서, 그 돌아가는 바를 기다리겠소." 읍을 주고 나니, 백석은 차지하기를 두려워하여, 읍을 반납하였지만, 끝내 소유하게 되었다. 그때는, 백유(伯有)가 죽어 없는지라, 태사(大史)에게 백석을 그 빈 자리인 경 자리에 취임토록 임명하였으나 백석은 사양했다. 그래서 태사가 물러나가니, 자산은 임명하겠으니 받으라고 요청했다. 다시 임명하니 백석은 또 사양했다. 이같이 세 번을 반복하고 나니, 그때서야 백석은 임명의 사령을 받아 조정으로 들어가 인사를 드렸다. 자산은 이 일로 백석의 사람됨을 싫어했으나, 백석을 자기 다음 지위로 삼았다.

자산은 도읍과 지방간의 생활기준에 차등(差等)을 두어 밝히고, 상하간의 복제(服制)를 분별하며, 경작지의 경계를 분명히 하고, 정전법(井田法)에 의해서 한 구역에서 농사짓는 사람끼리 한 반(班)을 짓게 하며, 상류계급의 사람으로서 나라에 충성을 바치고 검약(儉約)하는 자는 그 정도 여하에 따라 상을 주고, 사치하고 거만한 자는, 그 정도에 의해서 멸망시켰다.

풍권(豊卷)이 제사를 지내려 하여 사냥하게 해달라고 요청하니, 자산은 허락하지 않고 말하기를, "군주만이 제사에 사냥을 하여 신선한 고기를 쓰고, 일반 사람들이야 고기를 사서 쓸 따름인 것이오."라고 했다. 그러자 자장(子張 : 豊卷)은 노하여, 조정에서 물러나가 군사를 모았다. 자산이 진나라로 도망가려고 하니, 자피가 못하게 하고 풍권을 내쫓으니, 풍권은 진나라로 도망갔다. 자산은 풍권의 소유지를 자신이 관리할 것을 요청하고, 3년 뒤에 풍권을 불러들여, 전의 소유지와 그 소유지에서 거둬들인 것을 돌려주었다. 그가 정치한 지 1년에, 대중들이 노래불러 이르기를, "우리의 의관(衣冠)을 못 입게 하여 저장하게 하고, 우리의 경작지를 제멋대로 정리하고는 우리에게 반(班)을 짜라 했네. 누가 자산을 죽인다면, 내 그 편 들어 주려네."라고 했다. 그러나 3년이 지나자, 사람들은 다시 노래불러 이르기를, "우리에게 자제(子弟) 있고, 자산이 그들을 잘도 가르쳤네. 우리에게 논밭 있으니, 그것은 다 자산이 불려 준 걸세. 자산이 죽으면 그 누가 뒤를 이을까?"라고 했다.

주해 | ㅇ其在人乎(기재인호)-우리나라 사람에게 있음.
  ㅇ四國(사국)-사방의 외국.
  ㅇ大史(태사)-사관(史官)의 장으로, 조정 신하의 임명에 관한 사무도 맡아보았다.
  ㅇ廬井有伍(여정유오)-정전법(井田法)에 의해서 정전의 중앙에 작은 집을 두었는데, 그 집을 중심으로 여덟 가호가 한 반이 됨을 말한다.
  ㅇ用鮮(용선)-사냥하여 신선한 고기를 제사에 씀.
  ㅇ衆給而已(중급이이)-일반인들은 입수(入手)되는 것을 쓸 따름임.
  ㅇ取我衣冠(취아의관), 而褚之(이저지)-있는 의관을 쓰지 못하게 하여 저장해 두게 함. 곧 일만 하게 했다는 뜻이다.

經 | ㅇ三十有一年春王正月.이라 (삼십유일년춘왕정월)
  ㅇ夏六月辛巳,에 公薨于楚宮.이라 (하유월신사, 공훙우초궁)
  ㅇ秋九月癸巳,에 子野卒.이라 (추구월계사, 자야졸)
  ㅇ己亥,에 仲孫羯卒.이라 (기해, 중손갈졸)
  ㅇ冬十月,에 滕子來會葬.이라 (동시월, 등자래회장)

○癸酉_{계유}에 葬我君襄公_{장아군양공}이라
○十有一月_{십유일월}에 莒人弑其君密州_{거인시기군밀주}라

31년 봄 천자가 쓰는 역으로 정월.
여름 6월 신사날에, 양공이 초궁(楚宮)에서 훙거(薨去)했다.
가을 9월 계사날에, 자야(子野)가 세상을 떠났다.
기해날에, 중손갈(仲孫羯)이 세상을 떠났다.
겨울 10월에, 등나라 군주인 자작이 와 장례식에 참가했다.
계유날에, 우리 노나라 군주 양공을 장사 지냈다.
11월에, 거나라 사람이 그의 군주 밀주(密州)를 죽였다.

傳| 三十一年春王正月_{삼십일년춘왕정월}에 穆叔至自會_{목숙지자회}라 見孟孝伯語之曰_{견맹효백어지왈}, 趙_조
孟將死矣_{맹장사의}리라 其語偸_{기어투}하여 不似民主_{불사민주}라 且年未盈五十_{차년미영오십}이나 而_이
諄諄焉如八九十者_{순순언여팔구십자}라 弗能久矣_{불능구의}리라 若趙孟死_{약조맹사}면 爲政者其韓_{위정자기한}
子乎_{자호}인저 吾子盍與季孫言之_{오자합여계손언지}아 可以樹善_{가이수선}이라 君子也_{군자야}라 晉君_{진군}
將失政矣_{장실정의}어늘 若不樹焉_{약불수언}하여 使早備魯_{사조비노}하고 旣而_{기이}에 政在大夫_{정재대부}
면 韓子懦弱_{헌지나야}에 大夫多貪_{대부다탐}하여 求欲無厭_{구욕무염}이리라 齊·楚未足與_{제 초미족여}
也_야니 魯其懼哉_{노기구재}라 孝伯曰_{효백왈}, 人生幾何_{인생기하}오 誰能無偸_{수능무투}아 朝不及_{조불급}
夕_석이이늘 將安用樹_{장안용수}오 穆叔出_{목숙출}하여 而告人曰_{이고인왈}, 孟孫將死矣_{맹손장사의}리라
吾語諸趙孟之偸也_{오어저조맹지투야}였거늘 而又甚焉_{이우심언}이라 又與季孫語晉故_{우여계손어진고}하니
季孫不從_{계손부종}이라 及趙文子卒_{급조문자졸}에 晉公室卑_{진공실비}하여 政在侈家_{정재치가}라 韓宣_{한선}

子爲政,이나 不能圖諸侯,하고 魯不堪晉求,하며 讒慝弘多.라 是
以,로 有平丘之會.라

31년 봄 천자가 쓰는 역으로 정월에, 노나라 목숙(穆叔:叔孫豹)이 회합에서 돌아왔다. 그는 맹효백(孟孝伯:仲孫羯)에게 말하였다. "조맹(趙孟)은 곧 죽을 것이오. 그의 말이 경박(輕薄)하여 국민들의 어른답지 않았소. 그리고 나이가 아직 50세가 안되었으면서도 한 말을 또하고, 한 말을 다시 하고 하여, 마치 8,90세나 된 사람 같았소. 그러니 오래 살지 못할 것이오. 조맹이 죽을 것 같으면, 집정(執政)할 이는 한자(韓子:韓起)일 것이오. 그러니 당신은 계손씨(季孫氏:季孫宿)와 상의하지 않으시려오? 한기와 미리 친밀히 하는 것이 좋소. 한기는 군자요. 진나라 군주는 장차 정권을 잃을 것인데, 만약 미리 한기와 친밀한 사이를 맺지 않고서, 진나라 사람들이 일찍부터 우리 노나라에 눈독들이게 하고, 그런 뒤에 진나라 정권이 대부들에게 있게 되면, 한기는 나약한 터에, 대부들은 욕심을 많이 부려 우리나라에 대해서 요구함이 한이 없을 것이오. 지금, 제나라 초나라는 우리나라의 맹주국(盟主國)이 될 수는 없으니, 노나라로서는 진나라가 두려운 존재인 것이오." 이 말에 대하여 맹효백은, "사람이 살면 얼마나 살 것이오? 누구라 경박한 말 하는 일이 없겠소? 아침 일이 저녁때까지 있지 못할 판인데, 무엇하러 미리 친밀책을 쓴단 말이오?"라고 했다. 그러자 목숙이 물러나가 다른 사람에게 말하기를, "맹손(孟孫)은 곧 죽을 것이오. 내 진나라 조맹의 경박을 말했는데, 그의 경박은 더 심합디다."라고 했다. 그는 다시 계손씨와 진나라의 사정을 말하니, 계손씨는 그의 의견을 따르지 않았다. 진나라 조문자(趙文子:趙孟·趙武)가 세상을 떠나자, 진나라 공실(公室)의 위력이 약해져서, 정권은 세력을 펴는 대부들의 손에 있게 되었다. 한선자(韓宣子:韓起)가 정권을 잡았으나 제후들을 통솔할 수가 없고, 노나라는 진나라의 요구를 견디어낼 수가 없었으며, 제후국간에는 모함과 간악한 일이 많이 생겨났다. 그래서 평구(平丘)에서의 회합이 있게 되었다.

주해 ○樹善(수선)-친밀히 함.
○平丘之會(평구지회)-소공(昭公) 13년에 있었다. 이 회합에서, 노나라는 다른 작은 나라한테 고발당해서 책망받았다.

齊子尾害閭丘嬰,하여 欲殺之,하여 使帥師以伐陽州,에 我問師
故.라 夏五月,에 子尾殺閭丘嬰,하여 以說于我師.라 工僂灑·渻
竈·孔虺·賈寅出奔莒,하고 出群公子.라
公作楚宮.이라 穆叔曰, 大誓云,하되 民之所欲,은 天必從之.라
君欲楚也夫.라 故로 作其宮.이라 若不復適楚,면 必死是宮也.리
라 六月辛巳,에 公薨于楚宮.이라 叔仲帶竊其拱璧,하여 以與御
人,하니 納諸其懷,어늘 而從取之.라 由是得罪.라 立胡女敬歸之
子子野,하여 次于季氏,러니 秋九月癸巳卒.이라 毁也.라

제나라 자미(子尾)는 여구영(閭丘嬰)이 자기에게 방해가 된다 하여 그를 죽이고자, 그에게 군사를 이끌고 우리 노나라의 양주(陽州)를 치게 하니, 우리 노나라는 군사를 출동시킨 까닭을 물었다. 여름 5월에, 자미는 여구영을 죽여, 우리 군사에게 변명했다. 이때, 제나라 공루쇄(工僂灑)·성조(渻竈)·공훼(孔虺)·가인(賈寅) 등은 거나라로 도망가고, 여러 공자들도 쫓겨나갔다.
노나라 양공이 초나라식의 궁전을 지었다. 목숙이 말하기를, "《서

경(書經)》〈태서편(大誓篇)〉에 이르기를, '백성들이 하고자 하는 것은, 하늘이 반드시 따라준다.'고 했다. 우리 군주께서는 초나라에 호의를 가지고 계신가 보다. 그래서 초나라식 궁전을 지으신 것이다. 만약 다시 초나라에 가시지 못한다면, 군주께서는 반드시 이 궁전에서 죽으실 것이다."라고 했다. 6월 신사날에, 양공이 초궁에서 훙거했다. 그때, 숙중대(叔仲帶)가 공께서 지녔던 큰 옥을 훔쳐 그것을 공의 측근자에게 넘겨주니, 그는 그것을 품안에 넣었는데, 숙중대가 그에게로 쫓아가 그 옥을 뺏었다. 숙중대는 이 일로 말미암아 죄에 빠졌다. 호(胡)나라 공녀(公女)인 경귀(敬歸)가 낳은 아들 자야(子野)가 공의 후계자가 되어, 계손씨의 집에 머물러 있으면서 상주 노릇을 하고 있었는데, 가을 9월 계사날에 세상을 떠났다. 그것은 복을 입고 있으면서 너무나 슬퍼하여 몸이 쇠약해서였다.

주해 | ○齊子尾(제자미) - 양공 28년의 경봉(慶封)이 추방된 사건 참고. 이때의 일은 그 사건의 여파(餘波)였다.
○陽州(양주) - 노나라 땅으로, 지금의 산동성 동평(東平) 부근.
○大誓(태서) - 《서경》의 편명으로, 전해지는 《서경》에는 있지 않은 일서(逸書).
○拱璧(공벽) - 두 손으로 들 큰 옥.

己亥,에 孟孝伯卒.이라 立敬歸之娣齊歸之子公子裯.라 穆叔不
欲曰, 太子死,에 有母弟,면 則立之,하고 無,면 則立長,하며 年
鈞,이면 擇賢,하고 義鈞,이면 則卜,함이 古之道也.라 非適嗣,엔 何
必娣之子.아 且是人也,는 居喪而不哀,하고 在感而有嘉容.이라
是謂不度.라 不度之人,은 鮮不爲患.이라 若果立之,면 必爲季氏

憂.리라 武子不聽,하고 卒立之.라 比及葬三易衰,나 襄衽如故衰.
라 於是,에 昭公十九年矣,로되 猶有童心.이라 君子是以知其不
能終也.라

冬十月,에 滕成公來會葬.이라 惰而多涕.라 子服惠伯曰, 滕君
將死矣.리라 怠於其位,하여 而哀已甚.이라 兆於死所矣,에 能無
從乎.아

癸酉,에 葬襄公.이라

기해날에 맹효백이 세상을 떠났다. 양공의 첩이었던 경귀(敬歸)의 여동생 제귀(齊歸)가 낳은 아들인 공자 주(裯)를 군주로 세웠다. 목숙은 그를 세울 생각이 없어 (계손숙에게) 말했다. "태자가 돌아가시면, 같은 어머니 동생이 있으면 그분을 세우고, 없으면 이복형제 중에서 연장자를 세우며, 후보자가 같은 나이면 그 중에서 어진 분을 택하고, 조건이 똑같으면 점을 쳐 정하는 것이 예로부터의 도리요. 적자(嫡子)가 아닌 바에는, 어찌 꼭 태자의 어머니 동생의 아들을 택해야 하오? 그리고 그는 상중에 있으면서도 슬퍼하지 않고, 슬퍼해야 할 때인데도 편안한 얼굴빛을 하고 있습니다. 그는 버릇이 없다고 이를 것이오. 버릇없는 사람은, 환난을 일으키지 않음이 적습니다. 만일 그를 군주로 세운다면, 반드시 계씨(季氏) 가문의 걱정거리가 될 것입니다." 그러나 계무자(季武子 : 季孫宿)는 듣지 않고, 마침내 그를 군주로 세웠다 양공을 장사 지낼 때까지, 공자 주는 상복을 세 번이나 새로 바꾸어 입었으나, 그가 입고 있는 상복의 깃은 낡은 상복과 같았다. 그때 소공(昭公 : 공자 裯)은 나이가 열아홉이었으나, 아직도 어린애의 마음을 가지고 있었다. 군자는 이 일로 그가 무사히 끝을 맺지 못할 것을 알았다.

　겨울 10월에, 등나라 성공이 와 장례식에 참석했다. 그는 예의를 제대로 지키지 않고, 눈물만 많이 흘렸다. 그러자 자복혜백(子服惠伯)이 말했다. "등나라 군주는 곧 죽을 것이다. 그가 지킬 위치에서 예의를 제대로 못지키면서, 슬퍼하기를 심하게 하였다. 남의 죽은 마당에서 그가 죽을 징조를 보이니, 그 징조대로 되지 않으랴?"

　계유날에 양공을 장사 지냈다.

주해　○義鈞(의균), 則卜(즉복) - 조건이 같으면, 점을 쳐 결정함.
　　　○不度(부도) - 불법, 버릇없음.

公薨之月(공훙지월)에 子産相鄭伯(자산상정백)하여 以如晉(이여진)이라 晉侯以我有喪故(진후이아유상고)로 未之見也(미지견야)라 子産使盡壞其館之垣(자산사진괴기관지원)하여 而納車馬焉(이납거마언)이라 士文伯讓之曰(사문백양지왈), 敝邑以政刑之不脩(폐읍이정형지불수)로 寇盜充斥(구도충척)하여 無若諸侯之屬(무약제후지속) 辱在寡君者何(욕재과군자하)라 是以(시이)로 令吏人完客所館(영리인완객소관)하여 高其閈閎(고기한굉)하고 厚其牆垣(후기장원)하여 以無憂客使(이무우객사)라 今吾子壞之(금오자괴지)어늘 雖從者能戒(수종자능계)로되 其若異客何(기약이객하)오 以敝邑之爲盟主(이폐읍지위맹주)로 繕完葺牆(선완즙장)하여 以待賓客(이대빈객)에 若皆毀之(약개훼지)면 其何以共命(기하이공명)가 寡君使匃請命(과군사개청명)이라 對曰(대왈), 以敝邑編小(이폐읍편소)로 介於大國(개어대국)하여 誅求無時(주구무시)라 是以(시이)로 不敢寧居(불감영거)하고 悉索敝賦(실색폐부)하여 以來會時事(이래회시사)나 逢執事之不閒(봉집사지불한)하여 而未得見(이미득견)하고 又不獲聞命(우불획문명)하며 未知見時(미지견시)로 不敢輸幣(불감수폐)요 亦不敢暴露(역불감폭로)라 其輸之(기수지)면 則君之府實也(즉군지부실야)에 非薦陳之(비천진지)니 不敢輸也(불감수야)라 其暴露之(기폭로지)면

則恐燥濕之不時而朽蠹,하여 以重敝邑之罪.라 僑聞,하되 文公之
爲盟主也,엔 宮室卑庳,하고 無觀臺榭,하여 以崇大諸侯之館,하여
館如公寢,하고 庫廐繕脩,하며 司空以時平易道路,하고 圬人以時
塓館宮室,하며 諸侯賓至,면 甸設庭燎,하고 僕人巡宮,하며 車馬
有所,하고 賓從有代,하여 巾車脂轄,하고 隷人牧圉,가 各瞻其事,
하며 百官之屬,이 各展其物,하고 公不留賓,하사 而亦無廢事,하시
고 憂樂同之,하시며 事則巡之,하시고 敎其不知,하시며 而恤其不
足,이시라 賓至如歸,에 無寧菑患.이라 不畏寇盜,하고 而亦不患
燥濕.이라 今,엔 銅鞮之宮數里,나 而諸侯舍於隷人.이라 門不容車,
하고 而不可踰越,하며 盜賊公行,하고 而夭癘不戒.라 賓見無時,
요 命不可知.라 若又勿壞,면 是無所藏幣,하여 以重罪也.라 敢
請,컨대 執事將何所命之.오 雖君之有魯喪,이나 亦敝邑之憂也.
라 若獲薦幣,하여 脩垣而行,이면 君之惠也.라 敢憚勤勞.아

노나라 양공이 훙거한 달에, 자산(子産)이 정나라 군주를 도와 진나라에 갔다. 진나라 군주가 우리나라의 상(喪) 때문에 정나라 군자를 미처 만나지 못하고 있었다. 그러자 자산은 영빈관(迎賓館)의 담을 다 헐게 해서, 수레나 말을 안으로 들여놓았다. 이에, 진나라 사문백(士文伯)이 가서 이 일을 문책했다. "저희 나라는 정치와 형벌이 잘 되지 않기 때문에, 도적들이 횡행(橫行)하여, 제후들의 사자(使者)들이 우리나라 군주를 찾아오시는 경우 어찌할 줄을 모릅니다. 그래

서 관리에게 영빈관을 완전케 하여 대문을 높이 하고, 담장을 두텁게 쌓아, 손님으로 오신 분들이 걱정없게 했습니다. 그랬는데 님께서 담을 허물었는데, 님의 일행이야 비록 데리고 온 사람들이 잘 지킨다 할지라도, 다른 손님의 경우는 어찌하겠습니까? 저희 나라는 맹주국(盟主國)으로서, 영빈관의 지붕을 완전하게 하고 담을 완전하게 쌓아 빈객(賓客)을 모시고 있는데 다 헐어버리면, 저희들이 어떻게 빈객의 뜻을 맞추겠습니까? 그래서, 저희 군주께서는 저로 하여금 하시는 말씀을 들어 보라 하셨습니다." 이에 대해서, 자산이 대답했다. "저희 나라는 아주 작은 주제에, 큰 나라 사이에 끼어있어서 무시(無時)로 큰 나라들한테 공물(貢物)을 요구당하고 있습니다. 그래서 저희들은 편안히 있지를 못하고, 저희 나라 사람들한테 거두어들인 것들을 다 차려가지고, 이 시절에 인사차 찾아왔으나, 담당관들의 한가롭지 못한 때를 당하여, 아직껏 귀국의 군주를 뵐 수가 없고, 또 어찌 하라는 명도 받지 못했으며, 언제나 귀국의 군주를 뵙게 될는지 그 때도 알지 못하므로, 가지고 온 물건을 드릴 수 없고, 그것들을 한데에다 아무렇게나 놓아둘 수도 없습니다. 그것들을 들여보내면, 귀국 군주의 부고(府庫)로 바로 들어가버려, 그것은 군주 앞에다 펴 보이고 드림이 되지 않으니, 감히 들여보내지 못합니다. 그리고 그것들을 한데다 아무렇게나 놓아두면, 메마르거나 습기가 차 불시에 썩고 좀먹어, 결국은 저희 나라 죄가 중(重)하게 됩니다. 교(僑:子産) 제가 들었습니다만, 귀국의 문공(文公)께서 제후들을 통솔하는 맹주(盟主)가 되셨을 때는, 궁실은 아주 낮고, 볼 수 있는 누대(樓臺) 같은 것은 없으나, 제후들을 위한 영빈관은 높고 크게 지어, 그 본관은 제후들의 본국 거처소와도 같았고, 마구간이나 물건을 넣는 창고를 잘 손질했으며, 사공(司空) 벼슬에 있는 분이 때를 맞추어 사람들을 내어 길을 평탄하게 닦고, 미장이가 제때 영빈관의 벽을 곱게 바르며, 제후국의 빈객이 도착하면, 시탄(柴炭)에 관한 일을 맡는 관원이 마당에 불을 놓아

어둠을 밝히고, 야경꾼은 관(館)을 돌아 순
시하며, 수레나 말이 제자리에 있게 하고,
빈객을 따라온 사람들 대신 귀국의 사람들
이 일을 하여, 수레에 포장을 치거나 수레
의 굴대빗장에 기름을 치고, 하인과 말 먹
이는 사람들이 각기 할 일을 하며, 백관(百
官)의 관속(官屬)들이 각자 맡은 것을 돌

임차(臨車, 攻城具・雲梯)

보고, 문공(文公)께서는 찾아온 빈객이 오래 머물지 않게 하시어, 하
실 일을 제대로 하시지 않는 일도 없으시고, 제후들과 근심이나 즐거
움을 같이 나누시며, 일이 있으면 친히 돌아보시고, 알지 못한 것이
있으면 잘 가르치시며, 부족한 것이 있으면 도와주셨다는 것입니다.
그래서 빈객이 진나라에 오는 것을 다른 곳에 있다가 자기 집으로 돌
아간 것과 같이 여겨, 아무런 걱정이 없었습니다. 그랬기에 도적을 두
려워하지 않았고, 가지고 온 물건들이 메마른다든가 습기가 차는 것
도 걱정하지 않았던 것입니다. 지금 귀국의 동제(銅鞮)에 있는 별궁
은 그 넓이가 몇리가 된다지만, 제후들을 맞는 집채는 하인의 집에
비교됩니다. 대문은 수레가 들어가지 못하고, 담이 높아 넘어 들어갈
수가 없으며, 도적들이 공공연하게 날뛰고, 천재(天災)에 대해서 대비
하고 있지 않습니다. 거기다가, 빈객인 저희들이 귀국의 군주를 뵐 때
가 정해져 있지 않고, 무슨 명이 나올 것인지도 알 수가 없습니다. 이
런 마당에, 담이라도 헐지 않을 것 같으면, 가지고 온 바질 물건들을
둘 데가 없어, 중한 죄를 짓게 될 것입니다. 감히 묻습니다만, 담당관
께서는 저희들에게 무엇을 명하시려는 것입니까? 귀국의 군주께서 노
나라 국상(國喪)에 대한 예를 지키고 계시기 때문이라 하오나, 노나
라의 국상은 저희 나라의 근심이기도 합니다. 만일 곧 가지고 온 물
건들을 드리고서, 헌 담을 수리하고 돌아가게 된다면, 그것은 귀국 군
주의 은혜가 됩니다. 그러면 감히 귀국을 위해서 힘쓸 것을 꺼리겠습

니까?"

주해 ○君之府實也(군지부실야) – 군주의 부고에 들어감.
○銅鞮(동제) – 진나라 지명으로, 지금의 산서성 남부의 심주(沁州) 부근.
○天癘(천려) – 천재(天災).
○亦敝邑之憂也(역폐읍지우야) – 정나라 군주도 주나라 왕가(王家)에서 분가되어 노나라 군주와 동성이기에, 노나라 국상에 대해서는 정나라 군주도 걱정하게 된다는 것. 진나라 군주도 노나라 군주와 동성이었다.

文伯復命,하니 趙文子曰, 信.이라 我實不德,하여 而以隸人之垣,하여 以羸諸侯.라 是吾罪也.라 使士文伯謝不敏焉.이라 晉侯見鄭伯有加禮,하고 厚其宴好,하여 而歸之.라 乃築諸侯之館.이라 叔向曰, 辭之不可以已也如是夫.라 子産有辭,하여 諸侯賴之.라 若之何其釋辭也.아 詩曰, 辭之輯矣,면 民之協矣.요 辭之繹矣,면 民之莫矣.라 其知之矣.라
鄭子皮使印段如楚,하여 以適晉告.라 禮也.라

문백(文伯)이 조정으로 가 그 일을 복명(復命)하니, 조문자(趙文子 : 趙武)가 말하기를, "사실 그렇소. 내 실로 부덕하여, 하인들이 살 집을 가지고 제후들을 맞이했소. 그것은 나의 죄요."하고, 사문백에게 가 자신이 불민(不敏)했음을 사과했다. 그리고 진나라 군주가 정나라 군주를 만났는데, 그자리에서는 특별히 예를 갖추고, 후한 향연을 베풀고 좋은 물건을 후하게 선사하고 본국으로 돌려보냈다. 그리고 곧 제후들을 맞이할 영빈관을 새로 지었다. 숙향(叔向)은 이 일을

두고 말했다. "좋은 말은 하지 않으면 안되어, 그 중요함은 이 경우와도 같다. 자산이 좋은 말을 하여, 제후들이 힘입게 되었다. 그러니 어찌 좋은 말 하기를 피할 것이랴? 시에 이르기를, '말이 온화하면 온 사람들의 마음이 화합하게 되고, 말이 부드러우면 온 사람들이 안정되어지네.'라고 했다. 자산은 이 뜻을 잘 알고 있었던 것이다."

정나라 자피(子皮)는 인단(印段)에게 초나라에 가, 정나라 군주가 진나라에 간 것을 고하게 했다. 그것은 예에 맞는 일이었다.

▎주해▎ ㅇ嬴(영)-채운다, 수용한다. 여기에서는 맞이했다로 풀이했다.
ㅇ厚其宴好(후기연호)-그에게 후한 잔치를 베풀고 좋은 물건을 후하게 주었다.
ㅇ詩曰(시왈)-《시경》 대아에 있는 판편(板篇)의 구절.

莒犂比公生去疾及展輿,라 旣立展輿,라가 又廢之.라 犂比公虐,하여 國人患之.라 十一月,에 展輿因國人,하여 以攻莒子,하여 弑之,하고 乃立.이라 去疾奔齊,하니 齊出也.라 展輿吳出也.라 書曰莒人弑其君買朱鉏,는 言罪之在也.라

吳子使屈狐庸聘于晉,하니 通路也.라 趙文子問焉曰, 延州來季子其果立乎.아 巢隕諸樊,하고 閽戕戴吳,하여 天似啓之,어늘 何如.오 對曰, 不立.이리라 是二王之命也,요 非啓季子也.라 若天所啓,면 其在今嗣君乎.인저 甚德而度.라 德不失民,하고 度不失事.라 民親而事有序.라 其天所啓也.라 有吳國者,는 必此君之子孫,으로 實終之.리라 季子守節者也.니 雖有國,이라도 不立.이

리라

 거나라 군주 이비공(夷比公)은 거질(去疾)과 전여(展輿) 두 아들을 낳았다. 그는 일찍이 전여를 태자로 세웠다가, 뒤에 폐위시켰다. 이비공은 잔학하여 나라 사람들이 걱정하였다. 11월에 전여가 나라 사람들을 의지하여 거나라 군주를 공격하여 죽이고, 자신이 군주가 되었다. 이에 거질은 제나라로 도망했으니, 그는 제나라 공녀의 소생이었다. 그리고 전여는 오나라 공녀 소생이었다. 경문에 거나라 사람이 그의 군주 매주서(買朱鉏)를 죽였다고 써 말한 것은, 그에게 죄가 있었음을 말한 것이다.

 오나라 군주가 굴호용(屈狐庸)에게 진나라를 예방케 했는데, 그것은 국교를 트는 일이었다. 진나라 조문자가 그에게 묻기를, "연주래(延州來)의 읍을 차지하고 있는 계씨(季氏 : 季札)가 과연 군주가 될까요? 전에 초나라 소(巢) 땅 사람이 오왕 제번(諸樊)을 죽이고, 문지기가 대오(戴吳)를 죽여, 하늘이 그의 앞길을 터준 것 같은데, 어찌 될까요?"라고 했다. 굴호용이 대답하였다. "그분은 국왕이 되지 않을 것입니다. 그 두 국왕은 각기 천명(天命)으로 죽은 것이고, 계자의 앞길을 터준 것이 아닙니다. 하늘이 앞길을 터준 것이라 말할 것 같으면, 그것은 지금 국왕 자리를 이어받고 계시는 분에게 그 운이 있을 것입니다. 현재의 국왕은 덕이 아주 크고 법도가 있습니다. 그 덕은 백성들을 잃지 않고, 그 법도는 하는 일에 실수가 없습니다. 백성들을 친히 여기고 나랏일에 질서가 있습니다. 그야말로 하늘이 그분에게 앞길을 터주고 있는 것입니다. 앞으로 오나라를 보유할 분은, 반드시 현재의 군주 자손이어서, 실로 끝까지 이어질 것입니다. 계자는 수절(守節)할 분이니, 비록 나라를 차지한다 하더라도, 군주가 되지 않을 것입니다."

주해 | ○買朱鉏(매주서) ― 거나라 군주의 칭호인데, 성명인지 여하는 알

○屈狐庸(굴호용)-굴무(屈巫:申公巫臣)의 아들. 굴무는 성공(成公) 7년조에 나왔다.
○通路也(통로야)-오와 진의 국교는 양공 14년 이후 단절되었었다. 그랬던 것이 이번의 예방으로 재개되었다.
○延州來(연주래)-계찰(季札)의 채읍.
○巢鄖諸樊(소운제번)-소나라 사람이 오왕 제번을 죽인 일은, 양공 25년조 참고.
○戴吳(대오)-대오가 죽은 일은 양공 29년조 참고.
○今嗣君(금사군)-당시의 오나라 군주는 이매(夷昧)였다.

十二月에 北宮文子相衛襄公以如楚하니 宋之盟故也라 過鄭에 印段廷勞于棐林이었거늘 如聘禮而以勞辭라 文子入聘에 子羽爲行人하여 馮簡子與子大叔逆客이라 事畢而出하여 言於衛侯曰 鄭有禮하여 其數世之福也이오리다 其無大國之討乎인저 詩云 誰能執熱하여 逝不以濯고 禮之於政에 如熱之有濯也이오니다 濯以救熱이면 何患之有리오 子産之從政也에 擇能而使之라 馮簡子能斷大事하고 子大叔美秀而文이라 公孫揮能知四國之爲하고 而辨於其大夫之族姓·班位·貴賤·能否하여 而又善爲辭令이라 裨諶能謀에 謀於野則獲이나 謀於邑則否라 鄭國將有諸侯之事면 子産乃問四國之爲於子羽하고 且使多爲辭令하여 與裨諶乘以適野하여

使謀可否,하고 而告馮簡子,하여 使斷之.라 事成,이면 乃授子大叔,하여 使行之,하여 以應對賓客.이라 是以,로 鮮有敗事.라 北宮文子所謂有禮也.라

12월에, 위나라 북궁문자(北宮文子 : 北宮佗)가 위나라 군주 양공을 도와 초나라에 갔으니, 송나라에서의 맹약에 따라서였다. 정나라를 지날 때 정나라는 인단(印段)이 비림(棐林)으로 가 위나라 군주 일행을 위로했는데, 그는 마치 제후국을 예방하는 때와 같이 예의를 갖추어 위로의 말을 하였다. 그때, 위나라 북궁문자는 정나라 국도(國都)로 들어가 예방함에 있어, 정나라에서는 자우(子羽)가 외교관인 행인이 되어, 풍간자(馮簡子)와 자대숙(子大叔)과 함께 빈객(賓客)인 북궁문자를 맞이했다. 예방을 마치고 나와, 위나라 군주에게 말했다. "정나라는 예의가 있어서, 그것은 수대(數代)의 복이 될 것이옵니다. 그러니 큰 나라가 정나라를 칠 리가 없을 것이옵니다. 시에 이르기를, '그 누가 뜨거운 것 잡고서, 그 손을 찬물에 담그지 않을 건가?'라 했사옵니다. 예의는 정치상 뜨거운 것을 잡은 손을 찬물에 담그는 것과 같은 것이옵니다. 찬물에 담그어 뜨거운 열기를 없앤다면, 무슨 근심거리가 있겠사옵니까?"

정나라 자산(子産)이 정치를 함에 있어, 재능있는 사람을 골라 등용했다. 풍간자는 큰 일을 잘 판단하고, 자대숙은 모습이 아름답고 수려한 데다가 행동이 단정하고 말을 잘했다. 공손휘(公孫揮 : 子羽)는 사방 나라의 사정을 잘 알고, 각국 대부들의 친족관계・조정에서의 서열・귀천 여하・능력 여하를 잘 분별하고, 또 외교상의 문서를 잘 지었다. 그리고 비심(裨諶)은 도모를 잘하였는데, 국도(國都) 밖에 있으며 계획을 세우면 좋은 계획을 내나, 도읍 안에서 계획을 세우면 좋은 계획을 내지 못하였다. 그래서 정나라에 다른 제후국을 상

대하는 일이 있게 되면, 자산은 사방 나라의 사정을 자우(子羽：公孫揮)에게 묻고, 그에게 여러 가지로 외교 문서를 짓게 하여서, 비심과 같이 수레를 타고 국도 밖의 촌으로 가, 그 일에 대한 가부를 도모케 하고, 그것을 풍간자에게 말해서 판단하게 했다. 그리하여 그 일에 대한 방침이 결정나면, 그것을 자대숙에게 넘겨 실행하게 하여, 상대국의 빈객을 대했다. 그래서 실패하는 일이 적었다. 위나라 북궁문자가 정나라에 예의가 있다고 말한 것은, 이런 신중한 점을 두고 말한 것이다.

주해 ｜ ○裨林(비림) - 지금의 하남성 신정(新鄭) 부근.
○羽(우) - 공손휘의 자(字).
○詩曰(시왈) - 《시경》 대아 상유편(桑柔篇)의 구절.

鄭人游于鄕校,하여 以論執政.이라 然明謂子産曰, 毁鄕校如何.오 子産曰, 何爲.아 夫人朝夕退而游焉,하여 以議執政之善否,에 其所善者,는 吾則行之,하고 其所惡者,는 吾則改之.라 是吾師也,어늘 若之何毁之.리오 我聞忠善以損怨,이나 不聞作威以防怨.이라 豈不遽止.아 然,이나 猶防川.이라 大決所犯,은 傷人必多,하여 吾不克救也.라 不如小決使道.라 不如吾聞而藥之也.라 然明曰, 蔑也今而後知吾子之信可事也.라 小人實不才.라 若果行此,면 其鄭國實賴之.리라 豈唯二三臣.이리오 仲尼聞是語也曰, 以是觀之,면 人謂子産不仁,이라도 吾不信也.라

子皮欲使尹何爲邑,하니 子産曰, 少,하니 未知可否.라 子皮曰,

^원 ^{오애지} ^{불오반야} ^{사부왕이학언} ^{부역유}
愿.이라 吾愛之.하니 不吾叛也.리라 使夫往而學焉,이면 夫亦愈
^{지치의} ^{자산왈} ^{불가} ^{인지애인} ^{구리지야} ^금 ^오
知治矣.리라 子産曰, 不可.라 人之愛人,엔 求利之也.라 今, 吾
^{자애인} ^{즉이정} ^{유미능조도이사할야} ^{기상실다}
子愛人,하여 則以政,이나 猶未能操刀而使割也.라 其傷實多.리라
^{자지애인} ^{상지이이} ^{기수감구애어자} ^{자어정국동야}
子之愛人,이 傷之而已,면 其誰敢求愛於子.리오 子於鄭國棟也.
^{동절최붕} ^{교장염언} ^{감부진언} ^{자유미금} ^불
라 棟折榱崩,이면 僑將厭焉,이어늘 敢不盡言.가 子有美錦,에 不
^{사인학제언} ^{대관대읍} ^{신지소비야} ^{이사학자제}
使人學製焉.이리라 大官大邑,은 身之所庇也,이어늘 而使學者製
^언 ^{기위미금불역다호} ^{교문학이후입정} ^{미문이정학}
焉.가 其爲美錦不亦多乎.아 僑聞學而後入政,이나 未聞以政學
^{자야} ^{약과행차} ^{필유소해} ^{비여전렵} ^{사어관}
者也.라 若果行此,면 必有所害.리라 譬如田獵,이면 射御貫,인
^{즉능획금} ^{약미상등거사어} ^{즉패적염복시구} ^하
則能獲禽,이로되 若未嘗登車射御,인 則敗績厭覆是懼,이어늘 何
^{가사획} ^{자피왈} ^{선재} ^{호불민} ^{오문} ^{군자무지대}
暇思獲.가 子皮曰, 善哉.라 虎不敏.이라 吾聞,하되 君子務知大
^{자원자} ^{소인무지소자근자} ^{아소인야} ^{의복부재오신}
者遠者,나 小人務知小者近者.라 我小人也.라 衣服附在吾身,은
^{아지이신지} ^{대관대읍소이비신야} ^{아원이만지} ^{미자}
我知而愼之,나 大官大邑所以庇身也,어늘 我遠而慢之.라 微子
^{지언} ^{오부지야} ^{타일} ^{아왈} ^{자위정국} ^{아위오가}
之言,이면 吾不知也.라 他日,에 我曰, 子爲鄭國.하라 我爲吾家,
^{이비언} ^{기가야} ^{금이후지부족} ^{자금청수오가}
하여 以庇焉,이면 其可也.라 今而後知不足.이라 自今請雖吾家
^{청자이행} ^{자산왈} ^{인심지부동야} ^{여기면언} ^{오기감}
聽子而行.이라 子産曰, 人心之不同也,는 如其面焉.이라 吾豈敢
^{위자면여오면호} ^{억심소위위} ^{역이고야} ^{자피이위충}
謂子面如吾面乎.아 抑心所謂危,하여 亦以告也.라 子皮以爲忠.
^고 ^{위정언} ^{자산시이능위정국}
이라 故로 委政焉.이라 子産是以能爲鄭國.이라

정나라 사람들이 향교(鄕校)에 모여 놀던 중 정치를 맡고 있는 자

산을 논평하였다. 그러자, 연명(然明 : 鬷蔑)이 자산에게 말하여, 다음과 같은 말이 오고갔다.

연명―향교를 헐면 어떨까요?

자산―어찌 그런단 말이오? 사람들이 조석으로 하는 일에서 물러나 모여 놀아, 정치하는 사람의 좋은 점 나쁜 점을 가지고 의논하여, 그 의논 중에서 좋다고 말하는 것은 내 그대로 실행하고, 그 의논 중에서 나쁘다고 말하는 것은 내가 고치는 것이오. 그래서, 그들의 논평은 나의 스승인데, 어찌하여 향교를 헌단 말이오? 나는 충실히 하고 선(善)하게 해서 원망을 줄이는 것은 들었으나, 위세를 부려서 원망을 막는다는 것은 듣지 못했소. 내 (권력을 쓴다면) 어찌 일시에 그들의 논평을 못하게 할 수가 없겠소? 그러나 사람들의 입을 막는 것은, 내〔川〕의 물길을 막는 일과 같소. 막았던 냇물의 제방을 크게 터, 한꺼번에 와르르 흐르는 것은, 사람을 상하게 함이 반드시 많은 것이오. 그러면 나는 그 수해를 구하지 못할 것이오. 그러니 작게 둑을 터놓아, 넘치는 물이 흘러 나가게 하는 것만 못한 것이오. 내 그들의 논평을 들어서 그것을 약으로 삼는 것만 못하오.

연명―멸(蔑) 저는 이제서야 님을 믿고 섬겨야 할 분임을 알았습니다. 소인은 실로 재능이 부족합니다. 만일 님의 말씀대로 정치를 행한다면, 우리 정나라는 실로 님을 의지할 것입니다. 어찌 조정의 몇 사람만 님을 신뢰할 것입니까?

중니(仲尼 : 孔子)께서 자산의 이 말을 들으시고는, "이 말로써 보건대 어느 사람이 자산이 어질지 못하다고 이르더라도, 나는 믿지 못할 것이다."라고 말씀하셨다.

자피(子皮)가 윤하(尹何)에게 자기가 소유하고 있는 어느 읍을 다스리게 하려 하자, 자산과 다음과 같은 말이 오고갔다.

자산―(윤하는) 나이가 적으니, 그가 할 수 있을지 못할지를 알지 못하겠습니다.

자피―윤하는 신중하고 착한 사람이오. 내가 그를 사랑하고 있으니, 그는 나를 배반하지 않을 것이오. 읍으로 나가 정치를 배우게 하면, 그도 차츰차츰 정치를 알게 될 것이오.

　자산―아니됩니다. 사람이 다른 사람을 사랑함에는, 그에게 이로운 일이 있게 되기를 원합니다. 이제, 님께서는 타인을 사랑하시어 백성을 다스리는 일을 맡기고자 하시지만, 그것은 칼을 쓸 수 없는데도 큰 것을 칼로 자르게 하는 것과 같은 일입니다. 그러면 그에게 상처 남이 실로 많게 될 것입니다. 님의 타인 사랑하심이, 상처나게 할 뿐이라면 그 누가 감히 님의 사랑을 받으려 하겠습니까? 님은 우리 정나라의 동량(棟梁)이십니다. 동량이 끊어지고 서까래가 무너지면, 님의 비호를 받고 있는 교(僑), 저는 눌려 죽을 것인데, 감히 속마음을 다 말하지 않겠습니까? 아름다운 비단이 있는 마당에 님은 그것으로 옷 짓기를 배우는 사람에게 옷을 만들라고 시키시지는 않으실 것입니다. 큰 벼슬이나 큰 읍은 많은 사람들의 몸을 감싸주는 것인데, 배우고 있는 자에게 시험삼아 다스리게 하신단 말씀입니까? 큰 벼슬과 큰 읍의 중요성은 아름다운 비단보다 역시 많은 것이 아닙니까? 교 저는, 배우고 나서 정치하러 들어간다는 것은 들었으나, 정치를 해가면서 배운다는 것은 듣지 못했습니다. 만일 정말로 그렇게 하신다면, 반드시 해가 있게 될 것입니다. 수렵에 비유한다면, 활쏘기와 수레 조종에 익숙하면 짐승을 잡을 수가 있으되, 만약 수레를 타고서 활을 쏘고 조종한 일이 없었으면, 실수하여 수레가 뒤집혀질까 두려워하기만 할 것인데, 어찌 짐승 잡을 것을 생각할 틈이 있겠습니까?

　자피―훌륭하오! 호(虎), 나는 어리석었소. 내 들었거니와 '군자는 큰 일과 먼 앞날의 일을 알려고 함을 힘쓰고, 소인은 작은 일, 눈앞의 일을 알려고 함을 힘쓴다.'라 하오. 나는 역시 소인이오. 의복이 내 몸에 붙어 있음은, 내 잘 알아 (이 작은 눈앞의 것에 대해서는) 주의를 하나, 큰 벼슬 큰 읍은 여러 사람의 몸을 비호하는 것인데도, 멀리하여 소홀히 여겼소. 당신의 말이 없었더라면, 나는 깨닫지 못했을 것이오. 지난날 나는 당신에게 말하기를, '당신은 정나라를 다스리시오. 내 나의 집안을 다스리어, 당신을 비호하면 되오.'라고 했소. 그랬으나 이제서야, 나는 내가 부족한 사람임을 알았소. 이제부터는 비록 내 집안일이라 하더라도 당신의 가르침을 받고서 행하게 해주오.

자산─사람들의 마음이 서로 같지 않음은, 마치 사람들의 얼굴이 서로 같지 않음과 같습니다. 그런데 제가 어찌 감히 님의 얼굴을 저의 얼굴같이 하라고 말하겠습니까? 저는 문득 위험한 일이라고 여겨져서 의견을 고한 것입니다.

이 일이 있고 나서, 자피는 자산이 충실하다고 여겼다. 그러므로 정나라 정치를 전적으로 맡겼다. 자산은 충실했으므로 정나라를 잘 다스렸다.

주해 ○鄕校(향교)─주례(周禮)에 의하면, 1만 2천5백호(戶)를 향(鄕)이라 하고, 그 구역 내에 두는 학교를 향교라 했다. 그러나 꼭 주례에 말한대로 학교를 설치한 것은 아니고, 요소요소에 학교를 두었던 것이라고 여겨진다.
○然明(연명)─정나라 대부. 양공 24년조 참고.

해설 여기에는 정나라 위정자(爲政者)인 자산(子産)과 그의 부하 연명과의 대화, 그리고 자산과 그를 뒤에서 적극적으로 도와주었던 자피와의 대화가 들어 있다. 여기에서 우리는 자산의 공명정대한 정신과, 자피의 관대하고도 무사(無私)한 정신에 감복되어진다.

衛侯在楚,에 北宮文子見令尹子圍之威儀,하고 言於衛侯曰
令尹似君矣.이오니다 將有他志,이어늘 雖獲其志,라도 不能終也.
리이다 詩云,하되 靡不有初,나 鮮克有終.이라하였나이다 終之實難.

이오니다 令尹其將不免.이리이다 公曰, 子何以知之.아 對曰, 詩
云,하되 敬愼威儀,라야 惟民之則.이라하였나이다 令尹無威儀,하여
民無則焉.이외다 民所不則,하여 以在民上,이면 不可以終.이오니다
公曰, 善哉.라 何謂威儀.아 對曰, 有威而可畏謂之威,요 有儀
而可象謂之儀.이오니다 君有君之威儀,면 其臣畏而愛之,하고 則
而象之.하오니다 故로 能有其國家,하고 令聞長世.이오니다 臣有
臣之威儀,면 其下畏而愛之.하오니다 故로 能守其官職,하고 保族
宜家.이오니다 順是以下皆如是.이오니다 是以로 上下能相固也.
라소이다 衛詩曰, 威儀棣棣,하여 不可選也.라하였나이다 言君臣·
上下·父子·兄弟·內外·大小之皆有威儀也.라소이다 周詩
曰, 朋友攸攝,은 攝以威儀.라하였나이다 言朋友之道必相敎訓以
威儀也.라소이다 周書數文王之德曰, 大國畏其力,하고 小國懷其
德.이라하였나이다 言畏而愛之也.라소이다 詩云,하되 不識不知,에
順帝之則.이라하였나이다 言則而象之也.라소이다 紂囚文王七年,에
諸侯皆從之囚.였나이다 紂於是乎懼而歸之,하니 可謂愛之.이오니
다 文王伐崇,에 再駕而降爲臣,하고 蠻夷帥服,하니 可謂畏之.이
오니다 文王之功,은 天下誦而歌舞之,하니 可謂則之,요 文王之
行,은 至今爲法,이니 可謂象之,옵거늘 有威儀也.라소이다 故로 君

子在位可畏,하고 施舍可愛,하며 進退可度,하고 周旋可則,하며 容止可觀,하고 作事可法,하며 德行可象,하고 聲氣可樂,하며 動作有文,하고 言語有章,하여 以臨其下,하옵거늘 謂之有威儀也.라 소이다

 위나라 군주가 초나라에 머물고 있는 중에 북궁문자가 초나라 영윤 자위(子圍)의 위엄있는 풍채를 보고, 위나라 군주에게 말함으로써 다음과 같은 말이 오고갔다.
 북궁문자―영윤은 마치 군주와 같사옵니다. 그는 장차 다른 뜻을 가질 것이온데, 비록 그의 뜻을 성취하더라도 좋은 끝을 맺을 수는 없을 것이옵니다. 시에 이르기를, '누구나 일은 시작하나, 좋은 끝을 맺는 이 적도다.'라 하였사옵니다. 유종의 미를 거둔다는 것은 실로 어려운 일이옵니다. 영윤은 장차 화를 면치 못할 줄로 아옵니다.
 위나라 군주―그대는 어떻게 그것을 아오?
 북궁문자―시에 이르기를, '위의를 공경스럽게 여기고 삼가야만, 백성의 모범 삼겠네.'라 하였나이다. 영윤에게는 진실한 위의가 없어, 백성들이 본받을 것이 없나이다. 백성들이 본받지 못할 사람이면서 백성들의 위에 서게 되어서는, 필시 유종의 미를 거둘 수는 없사옵니다.
 위나라 군주―옳은 말이오. 그런데 무엇을 위의라 하오?
 북궁문자―위엄이 있어서 두려워할 수 있음을 위(威)라 이르고, 거동에 법도가 있어서 모범이 될 수 있음을 의(儀)라 하옵니다. 군주가 군주로서의 위의를 지니오면, 그의 신하들이 두려워하면서도 사랑하옵고, 모범 삼아 본받시옵니다. 그러므로 그의 나라를 잘 보유할 수 있고, 좋은 평판을 후세에 길이 남기게 되옵니다. 신하들이 신하로서의 위의를 지니오면, 그들 아랫사람들이 두려워하고 사랑하옵니다. 그러므로 그의 관직을 지킬 수 있고, 또 그의 일족을 지탱하고, 그의

집을 잘 이끄옵니다. 이에 따라 그 아랫사람들도 다 이같이 되옵니다. 그래서 상하가 서로 굳건하게 되어지는 것이옵니다. 위(衛)나라 민요시(民謠詩)에 이르기를, '위의 의젓하여, 그 가지가지의 것 셀 수가 없구나.'고 하였나이다. 이것은 군신·상하·부자·형제·내외(內外)·크고 작은 사람들이 다 위의가 있음을 말한 것이옵니다. 주시(周詩)에 이르기를, '벗들이 서로 바르게 해줌은, 위의를 바르게 함이라.'고 했사옵니다. 이것은 벗을 사귀는 도(道)는 반드시 서로 교훈함에 위의를 가지고 한다는 것을 말한 것이옵니다. 주서(周書)에 문왕(文王)의 덕을 들추어 이르기를, '큰 나라는 문왕의 힘을 두려워하고, 작은 나라는 문왕의 덕을 친밀히 여겼다.'라 하였나이다. 이것은 두려워하고 사랑한 것을 말한 것이옵니다. 시에 이르기를, '모르는 사이에 천제(天帝)의 법을 따르네.'라 하였나이다. 이것은 모범 삼아 본따는 말한 것이옵니다. 은(殷)나라 주왕(紂王)이 문왕을 잡아 7년을 가두었음에, 제후들이 다 문왕을 따라 잡히려 했나이다. 그러자 은나라 주왕은 이에 두려워하여 문왕을 석방하여 돌려보냈사오니, 이 일은 (제후들이 문왕을) 사랑했다고 이를 수 있는 것이옵니다. 문왕이 숭(崇)나라를 침에 있어, (처음에는 항복하지 않아) 두 번째로 군사를 내자 항복하여 신하가 되었고, 사방의 오랑캐나라들이 서로 이끌고 따라 복종하였으니, 그것은 문왕을 두려워했다고 이를 수 있는 것이옵니다. 문왕의 공은, 천하 사람들이 외워 노래부르고 춤추었으니, 그것은 문왕을 본받은 일이었다고 이를 수 있사옵고, 문왕의 행위는 오늘에 이르도록 사람들의 법도가 되고 있사오니, 이것은 본받음이라고 이를 수 있는 것이옵는데, 문왕에게 위의가 있어서였나이다. 그러므로 군자는, 그의 지위를 지킴에 있어 사람들을 두렵게 하고, 은혜를 베풀고 물건을 줌에 사랑하게 하며, 진퇴에 본이 되게 하고, 주선(周旋)함에 본받게 하며, 몸가짐에 보기 좋게 하고, 일을 함에 법도가 되게 하며, 덕행을 본받게 하고, 음성은 들어 즐겁게 하며, 동작은 우아함이 있고, 언어는 아름답게 하여, 그의 아랫사람들에게 군림하는 것이옵는데, 이것을 위의가 있는 것이라고 이르는 것이옵니다.

주해 ○靡不有初(미불유초), 鮮克有終(선극유종)－《시경》 대아 탕편(蕩篇) 구절.
○敬愼威儀(경신위의), 惟民之則(유민지칙)－《시경》 대아 억편(抑篇) 구절.
○衛詩(위시)－《시경》 패풍(邶風)에 든 백주편(栢舟篇) 구절.
○周詩(주시)－《시경》 대아 기취편(旣醉篇)을 말한다.
○周書(주서)－현존의 《서경》에는 있지 않은 일서(逸書).
○不識不知(불식부지), 順帝之則(순제지칙)－《시경》 대아 황의편(皇矣篇) 구절.

754 ··· 춘추좌씨전(春秋左氏傳) 중(中)

● 양공(襄公) 시대 연표

기원전	周	燕	鄭	曹	蔡	陳	衛	宋	楚	秦	晉	齊	魯	중요 사항
572	簡王 14	武公 2	成公 13	成公 6	景公 20	成公 27	獻公 5	平公 4	共王 19	景公 5	悼公 1	靈公 10	襄公 1	제후군이 송나라 팽성(彭城)을 포위하다 9월, 주나라 간왕 붕어
571	靈王 1	3	14	7	21	28	6	5	20	6	2	11	2	노나라 제강(齊姜), 세상을 떠나다 진(晉)나라, 호뢰(虎牢)에 성을 쌓다
570	2	4	僖公 1	8	22	29	7	6	21	7	3	12	3	초나라가 오나라를 치다 진나라 기해(祁奚) 은퇴하다
569	3	5	2	9	23	30	8	7	22	8	4	13	4	진(晉)나라가 위강(魏絳)을 시켜 융(戎)과 화평(和平)관계를 맺게 하다
568	4	6	3	10	24	哀公 1	9	8	23	9	5	14	5	초나라의 영윤이 교체되다 오나라가 완전히 진(晉)나라 편이 되다 노나라 계문자가 죽다
567	5	7	4	11	25	2	10	9	24	10	6	15	6	제나라가 내나라를 멸망시키다
566	6	8	5	12	26	3	11	10	25	11	7	16	7	진나라 한무기(韓無忌) 어진 행동을 취하다 정나라 희공 살해되다 진(陳)나라 군주 회합에서 도망치다
565	7	9	簡公 1	13	27	4	12	11	26	12	8	17	8	정나라가 채나라를 치고, 초나라가 정나라를 치다
564	8	10	2	14	28	5	13	12	27	13	9	18	9	진(秦)이 진(晉)을 침공하다 진(晉)이 정나라를 치다
563	9	11	3	15	29	6	14	13	28	14	10	19	10	핍양(偪陽)나라가 멸망되다 정나라에 내란이 일어나다
562	10	12	4	16	30	7	15	14	29	15	11	20	11	노나라 3군을 편성하다 진(秦)과 진(晉)이 싸워 진(晉)이 패하다
561	11	13	5	17	31	8	16	15	30	16	12	21	12	주나라 영왕이 제나라 공녀(公女)를 왕후로 맞기로 하다 진(秦)나라 공녀가 초왕에게 시집가다
560	12	14	6	18	32	9	17	16	31	17	13	22	13	초나라 공왕이 세상을 떠나다 초나라가 정나라 행인(行人)을 돌려보내다
559	13	15	7	19	33	10	18	17	康王 1	18	14	23	14	오나라 계찰 군주자리를 사양하다 위나라 군주 쫓겨나다 진나라 사광(師曠)이 좋은 말을 군주에게 하다

제16 양공(襄公) 하(下) 31년 … 755

기원전	周	燕	鄭	曹	蔡	陳	衛	宋	楚	秦	晉	齊	魯	중요 사항
558	14	16	8	20	34	11	殤公1	18	2	19	15	24	15	송나라가 정나라 도여보 등을 돌려보내다 송나라 자한(子罕)이 옥을 거절하다
557	15	17	9	21	35	12	2	19	3	20	平公1	25	16	진(晉)이 허(許)나라와 초나라를 치다 노나라 목숙(穆叔)이 진에 가 구원을 요청하다
556	16	18	10	22	36	13	3	20	4	21	2	26	17	송나라 화신(華臣)이 진(陳)으로 도망가다
555	17	19	11	23	37	14	4	21	5	22	3	27	18	진나라가 제나라를 치다 초나라가 정나라를 치다
554	18	文公1	12	武公1	38	15	5	22	6	23	4	28	19	진나라 순언(荀偃) 죽다
553	19	2	13	2	39	16	6	23	7	24	5	莊公1	20	채나라가 공자 섭(燮)을 죽이다.
552	20	3	14	3	40	17	7	24	8	25	6	2	21	초나라 위자빙이 영윤을 사퇴하다 진나라 난영을 몰아내다 10월 21일, 공자(孔子) 태어나다
551	21	4	15	4	41	18	8	25	9	26	7	3	22	제나라 안평중이 군주에게 충간하다
550	22	5	16	5	42	19	9	26	10	27	8	4	23	진나라 사람이 경호와 경인을 죽이다 난영이 본국으로 들어가 난리를 일으키다 노나라 장무중이 제나라로 도망가다
549	23	6	17	6	43	20	10	27	11	28	9	5	24	목숙이 불후(不朽)를 논하다 정나라 연명(然明), 진(晉)의 정정(程鄭)을 평하다
548	24	懿公1	18	7	44	21	11	28	12	29	10	6	25	제나라 최저가 군주를 죽이다 진(晉)의 정정 죽다
547	25	2	19	8	45	22	12	29	13	30	11	景公1	26	위나라 영후가 군주를 죽이다
546	26	3	20	9	46	23	獻公1	30	14	31	12	2	27	송나라 상술이 제후들의 화평회의를 중개하다 제나라 경봉이 최저의 가문을 멸망시키다
545	27	4	21	10	47	24	2	31	15	32	13	3	28	제나라 경봉 오나라로 도망가다 제나라 안자(晏子), 상으로 주는 땅을 받지 않다

기원전	周	燕	鄭	曹	蔡	陳	衛	宋	楚	秦	晉	齊	魯	중요 사항
544	景王 1	惠公 1	22	11	48	25	3	32	郟敖 1	33	14	4	29	노나라 공야(公冶)가 무례한 짓을 하다 오나라 계찰(季札), 각국을 예방하다
543	2	2	23	12	49	26	襄公 1	33	2	34	15	5	30	송나라에 큰 화재가 일어나다 정나라 자산(子産)이 정치를 하다
542	3	3	24	13	靈公 1	27	2	34	3	35	16	6	31	노나라 양공 졸하다 정나라 자산의 여러 일

春秋・戰國時代

吳

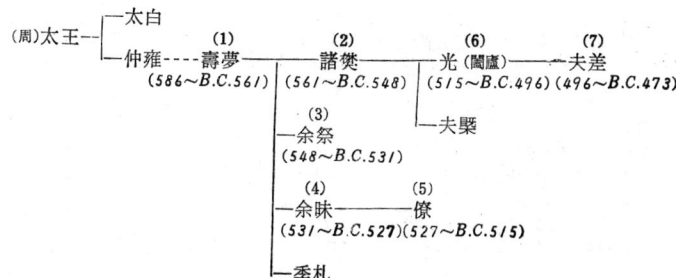

齊(呂氏)

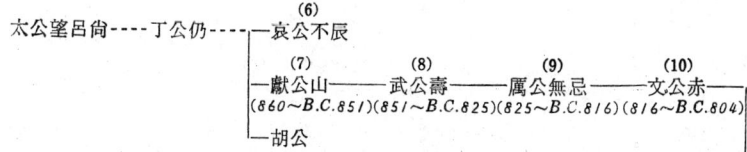

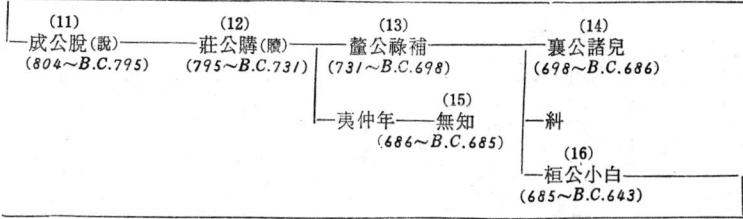

中國 歷代 世系表

```
    (28)           (29)
─悼公陽生───簡公壬
(489~B.C.485) (485~B.C.481)
    (27)          (30)          (31)          (32)
─晏孺子荼    ─平公驁───宣公積───康公貸
(490~B.C.489)(481~B.C.456)(456~B.C.405)(405~B.C.379)
```

魯

```
 (1)      (2)      (3)
周公旦──伯禽──┬─考公酋
              │  (999~B.C.995)
              │   (4)              (5)
              └─煬公熙──┬─幽公宰
                 (995~B.C.989) │ (989~B.C.975)
                               │  (6)           (7)
                               └─魏公濞───厲公擢
                                  (975~B.C.925)(925~B.C.888)
                                            (8)
                                           ─獻公具
                                           (888~B.C.856)
   (9)                (12)           (13)
─┬─眞公濞      ┌─孝公伯御───惠公弗湟(生)
 │(856~B.C.826)│  (807~B.C.769) (769~B.C.723)
 │  (10)       │  (11)
 └─武公敖──┬─括
    (826~B.C.816)└─懿公戲
                  (816~B.C.807)
    (14)           (17)
─┬─隱公息      ┌─湣公開
 │(723~B.C.712)│ (662~B.C.660)
 │ (15)    (16)│
 └─桓公允──┬─莊公同─┬─班
   (712~B.C.694)(694~B.C.662)│
              ├─慶父  │ (18)          (19)         ┌─惡
              ├─叔牙  └─釐公申───文公興──┼─視
              └─季友    (660~B.C.627)(627~B.C.609)│ (20)
                                                  └─宣公俀(倭)
                                                    (609~B.C.591)
   (21)          (22)
─┬─成公黑肱──襄公午─┬─裯
 │(591~B.C.573)(573~B.C.542)│ (23)
 │                          └─昭公裯
 │                            (542~B.C.510)
 │   (24)          (25)          (26)          (27)
 └─定公宋───哀公將───悼公寧───元公嘉
   (510~B.C.495)(495~B.C.468)(468~B.C.432)(431~B.C.410)
   (28)          (29)          (30)          (31)          (32)          (33)
─穆公顯───共公奮───康公屯───景公匽───平公叔───文公賈
(410~B.C.377)(377~B.C.355)(355~B.C.346)(346~B.C.317)(317~B.C.295)(295~B.C.272)
```

```
     (34)
  ─傾公讎
(272~B.C.248)
```

燕

```
   (1)           (9)         (10)         (11)        (12)        (13)
  召公奭------惠侯────釐 侯────頃 侯────哀 侯────鄭 侯──┐
            (865~B.C.827)(827~B.C.791)(791~B.C.767)(767~B.C.765)(765~B.C.729)
   (14)         (15)         (16)         (17)        (18)        (19)
  ─繆 侯────宣 侯────桓 侯────莊 公────襄 公────桓 公──┐
  (729~B.C.711)(711~B.C.698)(698~B.C.691)(691~B.C.658)(658~B.C.618)(618~B.C.602)
   (20)         (21)         (22)         (23)        (24)        (25)
  ─宣 公────昭 公────武 公────文 公────懿 公────惠 公──┐
  (602~B.C.587)(587~B.C.574)(574~B.C.555)(555~B.C.549)(549~B.C.545)(545~B.C.535)
   (26)         (27)         (28)         (29)        (30)        (31)
  ─悼 公────共 公────平 公────簡 公────獻 公────孝 公──┐
  (535~B.C.529)(529~B.C.524)(524~B.C.505)(505~B.C.493)(493~B.C.465)(465~B.C.450)
   (32)         (33)         (34)         (35)        (36)        (37)
  ─成 公────湣 公────釐 公────桓 公────文 公────易 王──┐
  (450~B.C.434)(434~B.C.403)(403~B.C.373)(373~B.C.362)(362~B.C 333)(333~B.C.321)
   (38)         (39)         (40)         (41)        (42)        (43)
  ─王 噲────昭 王────惠 王────武成王────孝 王────王 喜──┐
  (321~B.C.312)(312~B.C.279)(279~B.C.272)(272~B.C.258)(258~B.C.255)(255~B.B.222)

  ─太子丹
```

晉

```
  (1)           (2)           (6)           (7)          (8)          (9)
 唐叔虞────晉侯燮----靖侯宜臼────釐侯司徒────獻侯籍────穆侯費生──┐
                    (859~B.C.841)(841~B.C.823)(823~B.C.812)(821~B.C.785)
                                                                 (10)
                                                                ─殤叔
                                                               (785~B.C.781)
   (11)         (12)         (13)         (14)         (15)         (16)
  ─文侯仇────昭侯伯────孝侯平────鄂侯郄────哀侯光────小子侯
  (781~B.C.746)(746~B.C.739)(739~B.C.724)(724~B.C.718)(718~B.C.709)(709~B.C.706)
                                                         (17)
                                                        ─晉侯滑
                                                       (706~B.C.679)
                                    (18)
  ─成師(桓叔)────鱓(莊伯)────武公稱
                              (679~B.C.677)

   (19)
  ─獻公詭諸────申生
  (677~B.C.651)
```

```
       (20)              (25)              (26)
      ─奚齋            ─襄公歡───          ─靈公夷皋
       (B.C.651)         (628~B.C.621)     (621~B.C.607)
       (21)
      ─悼子            ─伯鯈              ─捷(桓叔)───談(景伯)
       (B.C.651)
       (24)              (27)              (28)              (29)
     ─文公重耳────成公黑臀───景公據───厲公壽曼
      (637~B.C.628)    (607~B.C.600)   (600~B.C.581)   (581~B.C.573)
       (22)              (23)
     ─惠公夷吾        ─懷公圉
      (651~B.C.637)    (B.C.637)

     (30)              (31)              (32)              (33)              (34)              (35)
   ─悼公周────平公彪────昭公夷────頃公棄疾───定公午────出公鑿
    (573~B.C.558) (558~B.C.532) (532~B.C 526) (526~B.C.512) (512~B.C.475) (475~B.C.485)
                                                                              (36)
                    ─雍(戴子)────忌─────哀公驕
                                                    (458~B.C.440)

     (37)              (38)              (39)              (40)
   ─幽公柳────烈公止────孝公頎────靜公俱酒
    (440~B.C.422) (422~B.C.395) (395~B.C.378) (378~B.C.376)
```

楚

```
                    (9)              (11)
                  ─熊勇            ─熊霜
                  (848~B.C.838)    (828~B.C.822)
           (1)
  鬻熊----熊繹
                   (10)             (12)             (13)             (14)             (15)
                  ─熊嚴───────熊徇───熊咢───熊儀若敖───霄敖熊坎─
                  (838~B.C.828)(822~B.C.800)(800~B.C.791)(791~B.C.764)(764~B.C.758)

    (16)                             (19)
  ─蚡冒熊眴                        ─杜敖熊囏
   (758~B.C.741)                   (677~B.C.672)
    (17)             (18)             (20)             (21)             (22)             (23)
  ─武王通────文王貲───成王惲───穆王商臣───莊王侶───共王審─
   (741~B.C.690)(690~B.C.677)(672~B.C.626)(626~B.C.614)(614~B.C.591)(591~B.C.560)

    (24)             (25)
  ─康王昭────郟敖員
   (560~B.C.545)(545~B.C.541)
    (26)
  ─靈王圍
   (541~B.C.529)
    (27)           ─太子建───勝(白公)
  ─平王居(棄疾)
   (529~B.C.516)    (28)             (29)             (30)             (31)             (32)
                  ─昭王珍────惠王章───簡王中───聲王當───悼王疑─
                  (516~B.C.489)(489~B.C.432)(432~B.C.408)(408~B.C.402)(402~B.C.381)
```

中國 歷代 世系表

```
    (33)
 ─肅王臧
 (381~B.C.370)
    (34)          (35)        (36)        (37)         (38)
 ─宣王良夫──── 威王商──── 懷王槐──── 頃襄王横──── 考烈王元─
 (370~B.C.340)(340~B.C.329)(329~B.C.299)(299~B.C.263)(263~B.C.238)
                                        └─□────懷王心(義帝)

    (39)
 ─幽王悍
 (238~B.C.228)
    (41)
 ─負芻
 (228~B.C.223)
    (42)
 ─哀王猶
 (B.C.228)
```

趙

```
                                                    (1)           (3)
 趙夙────文子────簡子──┬─襄子                   列侯籍─────敬侯章─
                       └─伯魯────代成君────獻侯─┤(408~B.C.400) (387~B.C.375)
                                                    (2)
                                                   └武公
                                                   (400~B.C.387)

    (4)         (5)         (6)         (7)         (8)         (9)
 ─成侯種───── 肅侯語───── 武靈雍───── 惠文王何───── 孝成王丹───── 悼襄王偃─
 (375~B.C.350)(350~B.C.326)(326~B.C.299)(299~B.C.266)(266~B.C.245)(245~B.C.236)

    (10)
 ─幽愍王遷
 (236~B.C.228)
 ─代王嘉
 (228~B.C.222)
```

魏

```
                                     (1)         (2)         (3)
 畢萬────昭子絳────獻子────桓子────文侯───── 武侯───── 惠王─
                                  (424~B.C.387)(387~B.C.371)(371~B.C.335)

    (4)         (5)         (6)         (7)         (8)         (9)
 ─襄王───── 哀王───── 昭王───── 安釐王───── 景湣王───── 王假
 (335~B.C.319)(319~B.C.296)(296~B.C.277)(277~B.C.243)(243~B.C.228)(228~B.C.225)
                                  └─信陵君
```

韓

```
                    (1)         (2)         (3)         (4)         (5)
 韓武子────獻子────景侯───── 列侯───── 文侯───── 哀侯───── 莊侯─
                  (408~B.C.400)(400~B.C.387)(387~B.C.376)(376~B.C.371)(371~B.C.359)

    (6)         (7)         (8)         (9)         (10)        (11)
 ─昭侯───── 宣惠王───── 襄王───── 釐王───── 桓惠王───── 王安
 (359~B.C.333)(333~B.C.312)(312~B.C.296)(296~B.C.273)(273~B.C.239)(239~B.C.230)
```

齊(田氏)

```
                        (1)                  (2)         (3)
田敬仲完----釐子乞----太公和────侯剡────桓公午────威王因齊─
                    (386~B.C.383)      (383~B.C.374)(356~B.C.319)
    (4)         (5)         (6)        (7)
─宣王辟彊───湣王地───襄王法章───王建
(319~B.C.301)(301~B.C.283)(283~B.C.264)(264~B.C.221)
─嬰──文(孟嘗君)
```

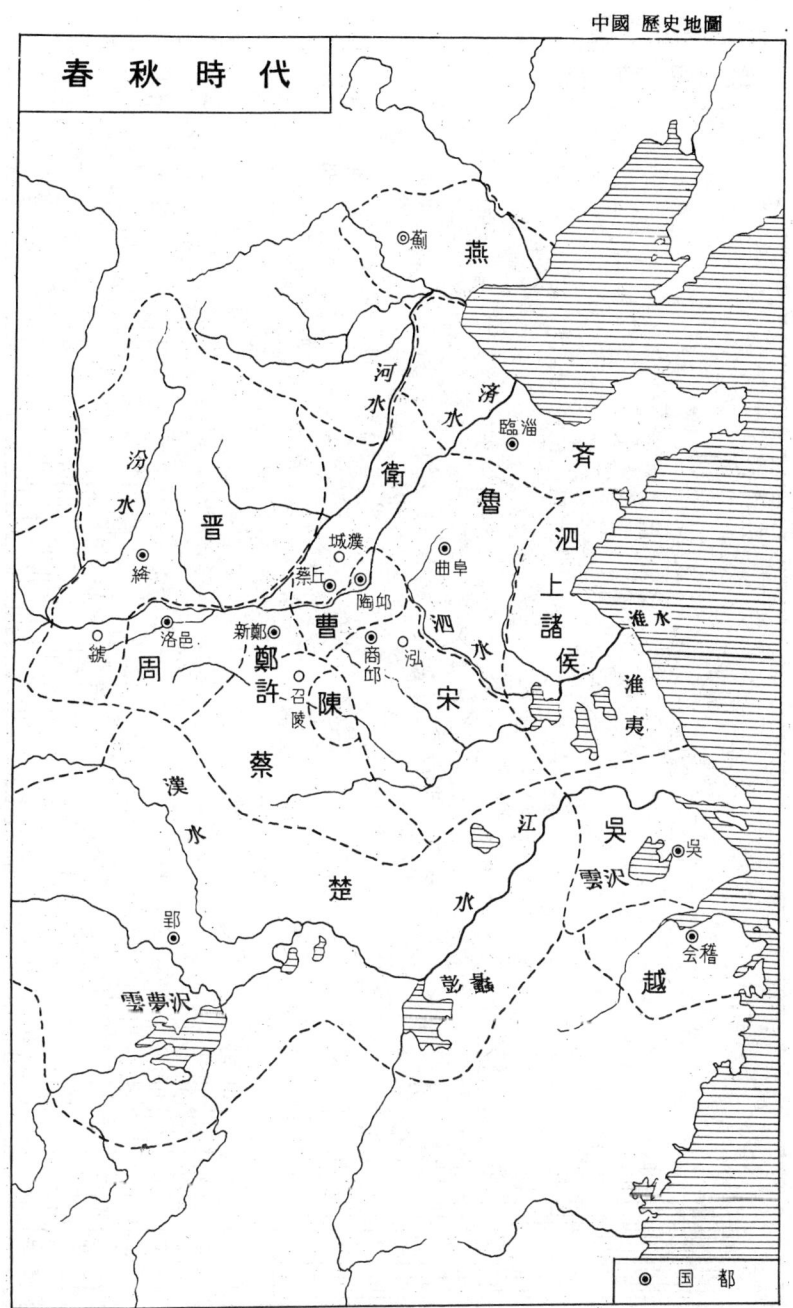

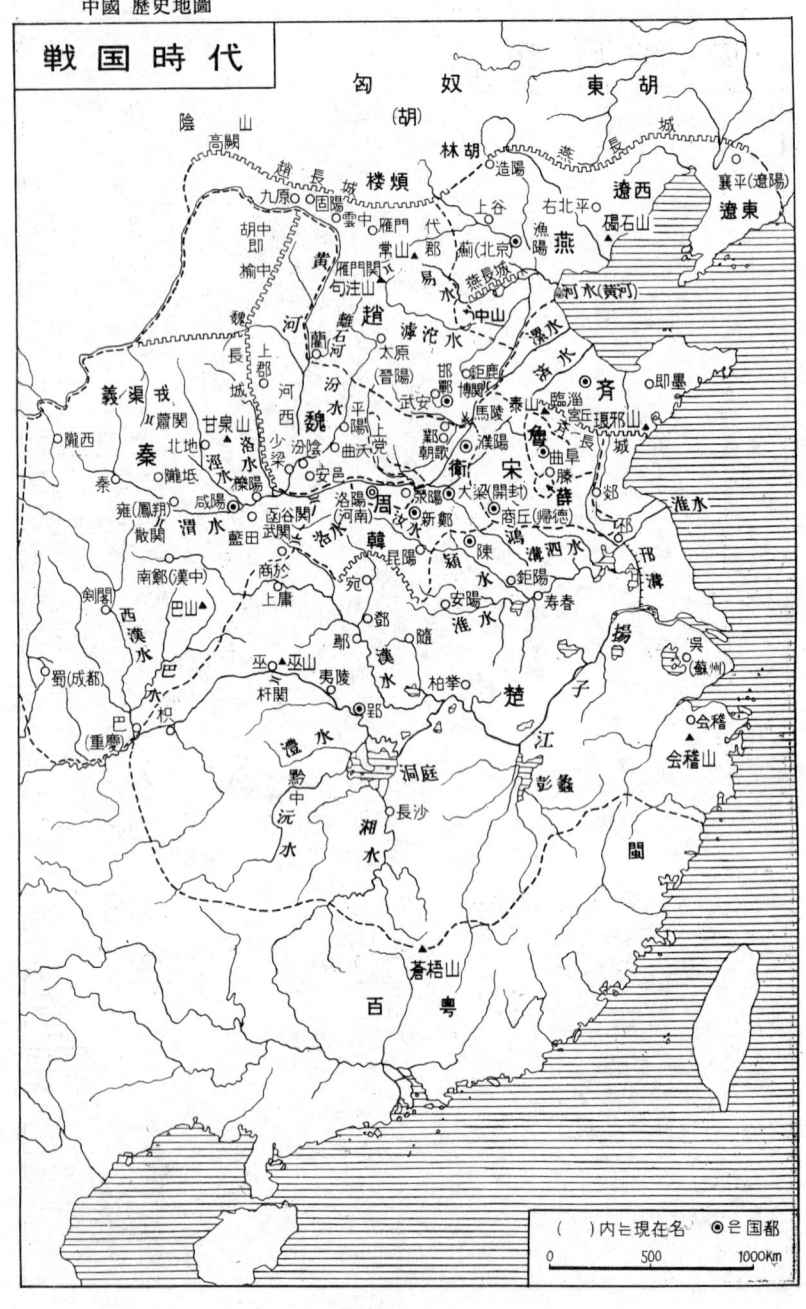

新完譯 春秋左氏傳(中)

초판 발행 – 1985년 7월 15일
개정신판 1쇄 발행 – 2009년 3월 16일
2쇄 발행 – 2015년 9월 15일

역저자 – 文 璇 奎
발행인 – 金 東 求
발행처 – 명 문 당(창립 1923년 10월 1일)
　　　　서울특별시 종로구 윤보선길 61(안국동)
　　　　우체국 010579-01-000682
　　　　전 화 (02) 733-3039, 734-4798
　　　　FAX (02) 734-9209
　　　　Homepage www.myungmundang.net
　　　　E-mail mmdbook1@hanmail.net
　　　　등록 1977.11.19. 제1-148호

∎

* 낙장 및 파본은 교환해 드립니다
* 불허 복제
* 정가 20,000원

ISBN 978-89-7270-884-1
　　　89-7270-052-5(세트)

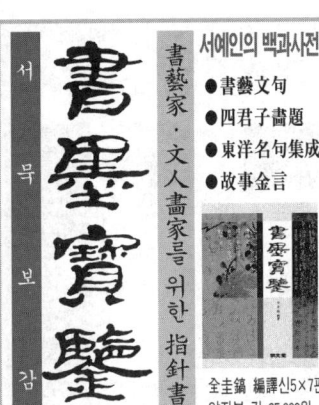

書墨寶鑑
서예인의 백과사전!!
書藝家·文人畵家를 위한 指針書
● 書藝文句
● 四君子畵題
● 東洋名句集成
● 故事金言
全圭鎬 編譯/신5×7판
양장본 값 35,000원

草書完成
이 책은 楷書를 기초로 하고 옛 선인들의 行草체를 참고하였으며, 현재 중국에서 통용되는 簡字의 行草를 선별하여 가장 빠르고 배우기 쉬운 방법으로 엮었다.
전규호 편저 신국판 양장
값 15,000원

綜合漢文解釋
한문독해를 위한 최고의 지침서
장기근 著/신5×7판/값 25,000원

中國古典漢詩人選

● 中國古典漢詩人選 **1**
改訂增補版 新譯 **李太白**
張基槿 譯著 신국판 값 12,000원, 4×6배판 값 17,000원

五體字類 金星元 譯編 값 10,000원
新書道字典
書道愛好家研究會 編 값 20,000원

● 中國古典漢詩人選 **2**
改訂增補版 新譯 **陶淵明**
張基槿 譯著 신국판 값 12,000원, 4×6배판 값 17,000원

● 中國古典漢詩人選 **3**
改訂增補版 新譯 **白樂天**
張基槿 譯著 신국판 값 12,000원, 4×6배판 값 17,000원

杜律分韻·完譯 두율분운·완역 두보율시

杜甫律詩

《두율분운》을 해제와 주석을 곁들여 완역하여
《완역 두보율시》를 펴냄으로써,
두보 시의 핵심인 율시의 세계를
일관성과 통일성 있게 조망!!
이영주·간선위·홍상훈 譯解/시국판 양장/값 35,000원

● 中國古典漢詩人選 **4**
改訂增補版 新譯 **杜 甫**
張基槿 譯著 신국판 값 12,000원, 4×6배판 값 17,000원

중국명시감상

현역 중국문학자 116명이 뽑아 엮은 애송시모음
전국 각 대학의 중문학과 교수들이 선정한
역대 최고의 중국 문인들이 쓴 명시선집
고대의 중국시로부터 현대의 시가까지를
이 한권으로 주옥같은 명시를 음미할 수 있다.
이동향 외 엮음/신국판/값 20,000원

● 中國古典漢詩人選 **5**
改訂增補版 新譯 **屈 原**
張基槿·河正玉 譯著 신국판 값 12,000원, 4×6배판 근간

1923년 10. 1 창립   출판역사 **86**년   **명문당**

김학주 교수의 주옥같은 중국명저향연

중국학

- 개정증보판 中國 古代의 歌舞戲 金學主 著 신국판 양장 값 17,000원
- 중국고전희곡선 元雜劇選 金學主 編譯 신국판 양장 값 20,000원
- 漢代의 文學과 賦 金學主 著 신국판 양장 값 15,000원
- 修訂增補 墨子, 그 생애·사상과 墨家
  金學主 著 신국판 양장 값 20,000원
- 중국의 희곡과 민간연예 金學主 著 신국판 양장 값 20,000원
- 중국의 경전과 유학 金學主 著 신국판 양장 값 20,000원
- 中國古代文學史 金學主 著 신국판 양장 값 20,000원
- 新完譯 近思錄 朱熹·呂祖謙 編著 金學主 譯 신국판 양장 값 25,000원
- 東西洋의 사상과 종교를 찾아서
  林語堂·金學主 譯 신국판 값 7,500원
- 徐花潭文集 金學主 譯 신국판 양장 값 25,000원
- 공자의 생애와 사상 金學主 著 신국판 값 12,000원
- 노자와 도가사상 金學主 著 신국판 값 12,000원
- 중국의 전통연극과 희곡문물·
  민간연예를 찾아서 金學主 著 신국판 값 15,000원

名漢詩選

- 중국 고대시에 관한 담론 金學主 著 신국판 양장 값 20,000원
- 新譯 清代詩選 金學主 譯著 신국판 양장 값 20,000원
- 新譯 明代詩選 金學主 譯著 신국판 양장 값 20,000원
- 修訂新版 漢代의 文人과 詩 金學主 著 신국판 양장 값 15,000원
- 修訂增補 樂府詩選 金學主 著 신국판 양장 값 15,000원
- 改訂增補 新譯 陶淵明 金學主 譯 신국판 양장 값 12,000원
- 新譯 唐詩選 金學主 譯著 신국판 양장 값 25,000원
- 新譯 宋詩選 金學主 譯著 신국판 양장 값 25,000원
- 新譯 詩經選 金學主 譯著 신국판 양장 값 20,000원

新選明文東洋古典大系

- 改訂增補版 新完譯 詩經 金學主 譯著 신국판 값 18,000원
- 改訂增補版 新完譯 書經 金學主 譯著 신국판 값 15,000원
- 新完譯 墨子(上·下) 金學主 譯著 신국판 값 각 15,000원
- 新完譯 孟子 金學主 譯著 신국판 값 20,000원
- 新完譯 古文眞寶前集 黃堅 編纂 金學主 譯著 신국판 20,000원 양장 25,000원
- 新完譯 古文眞寶後集 黃堅 編纂 金學主 譯著 신국판 25,000원 양장 30,000원
- 新完譯 傳習錄 金學主 譯著 신국판 20,000원 양장 값 25,000원
- 新完譯 孝經 金學主 譯著 신국판 값 10,000원
- 新完譯 忠經 金學主 譯著 신국판 값 8,000원
- 新完譯 大學·中庸 金學主 譯著 신국판 값 10,000원
- 新完譯 老子 金學主 譯解 신국판 값 10,000원
- 新譯 列子 金學主 譯解 신국판 값 3,900원
- 新完譯 孫子·吳子 金學主 譯解 신국판 값 7,500원